XIBEIMINZUDAXUE NIANJIAN

西北民族大学

年鉴·2020

西北民族大学学校办公室 编

民族出版社

领导关心

2020年5月9日,敦煌研究院副院长罗华庆一行来学校调研交流

2020年7月15日,甘肃省副省长、省招委会主任张世珍一行来校检查指导全省2020年航空服务艺术与管理专业统一考试和高考评卷工作

领导关心

2020年10月20日,甘肃省教育厅厅长王海燕一行4人来校调研学科建设与博士硕士学位授权点申报工作

2020年11月4日,教育部发展规划司副司长楼旭庆一行来学校调研

领导关心

2020年12月3日,国家民委党组成员、副主任边巴扎西来学校调研

2020年12月11日,甘肃省委常委、省委统战部部长、省政协党组副书记马廷礼来学校作宣讲报告

2020年12月18日,青海省副省长杨志文来学校调研

党建思政工作

2020年2月28日,学校为抗击新冠肺炎疫情交纳特殊党费

2020年4月21日,学校举行意识形态工作会议

党建思政工作

2020年4月25日,学校承办第六届民族(地区)高校马克思主义理论学科研究生论坛

2020年5月26日,学校召开机关党委理论学习中心组学习(扩大)暨党风廉政宣讲教育月报告会

2020年6月24日,学校举办宣传思想工作骨干培训班

党建思政工作

2020年7月1日，组织西北民族大学庆祝中国共产党成立99周年"共过政治生日 不忘誓言初心"活动

2020年7月13日，学校召开民主党派负责人和党外代表人士"十四五"规划建言献策座谈会

党建思政工作

2020年9月25日,甘肃省高校2020年秋季"形势与政策"课集体备课会在学校举行

2020年10月17日,"不忘初心 牢记使命"主题教育活动第三指导组组长曾明在榆中校区调研

2020年10月28日,延安精神宣讲会在学校大礼堂举行

教学工作

2020年省级一流本科课程入选名单

序号	课程名称	负责人	类型
1	大学生心理健康教育	王荣山	线上一流课程
2	普通话语音	沙文杰	线下一流课程
3	博物馆学概论	吴伟	线下一流课程
4	中国古代史	尹伟先	线下一流课程
5	藏族民间文学	万玛项欠	线下一流课程
6	舆论学	卢毅刚	线下一流课程
7	中国民族史	俄琼卓玛	线下一流课程
8	社区社会工作	唐梅	线下一流课程
9	化学反应工程	苏琼	线下一流课程
10	动物生物化学	蔡勇	线下一流课程
11	基础会计	丁玉芬	线下一流课程
12	公共管理学	龚霄侠	线下一流课程
13	管理运筹学	安金朝	线下一流课程
14	牙体牙髓病学	李志强	线下一流课程
15	声乐	常虹	线下一流课程
16	意笔人物写生 I	王万成	线下一流课程
17	中国民族民间舞3	翁彬彬	线下一流课程
18	普通物理 I	张国恒	线下一流课程
19	公司金融	李月良帆	线上线下混合式一流课程
20	高分子化学	乌兰	线上线下混合式一流课程
21	组织学与胚胎学	张雅青	线上线下混合式一流课程

教学工作

2020年9月7日,西北民族大学"铸牢中华民族共同体意识教育教学基地"在八路军兰州办事处纪念馆揭牌

2020年11月16日,西北民族大学召开深化新时代教育评价改革暨第五轮学科评估工作部署会

教学工作

2020年11月24日,学校召开本科"强基行动"工作研讨会

2020年12月24日,学校召开2020年本科教学工作会议暨新文科建设工作启动会

校庆工作

2020年9月21日,庆祝建校70周年《黄河之滨也很美》音乐会在兰州音乐厅举行

2020年10月15日,国家民委党组副书记、副主任刘慧同参加"加强铸牢中华民族共同体意识学科专业建设"研讨会的19所民族(地区)院校主要负责人座谈

校庆工作

2020年10月15日,国家民委党组副书记、副主任刘慧来校调研

2020年10月15日,学校举行"石榴花开"——庆祝建校70周年教学成果展示

校庆工作

2020年10月16日,学校举行建校70周年纪念大会

2020年10月16日,学校举行建校70周年纪念大会

2020年10月16日,学校举行建校70周年纪念大会

合作交流

2020年1月16日,学校与兰州市城关区人民政府协作办学协议授牌仪式在兰举行

2020年5月6日,学校与玉门市政府签署校地合作协议

合作交流

2020年5月12日,四川大学华西临床医学院、华西医院西北民族大学附属医院对口支援合作协议签订仪式

2020年6月2日,学校与甘肃省委政法委举行《甘肃省"十四五"社会心理服务体系建设规划》委托编制协议签约仪式

2020年6月6日,"铸牢中华民族共同体意识研究院"在学校揭牌

合作交流

2020年6月12日,西北民族大学与甘肃省高级人民法院签订战略合作框架协议

2020年7月2日,学校与敦煌市政府签署校地合作协议

2020年7月15日,西北民族大学在青海省贵德县举行"铸牢中华民族共同体意识研究与实践基地"授牌仪式

2020年9月1日,校领导与附属小学、附属幼儿园师生交流

2020年9月12日,甘肃民族师范学院党委书记杨卓玛一行来校调研

2020年9月19日,"北京大学社会学人类学研究所铸牢中华民族共同体意识协同创新研究基地"在学校揭牌

合作交流

2020年9月23日,西北民族大学与酒泉市政府举行校地合作框架协议签约仪式

2020年11月23日,西北民族大学与河北民族师范学院签订合作协议

2020年12月1日,学校与甘肃易览大数据科技有限公司合作框架协议签约仪式暨兰州牛肉面大数据报告发布会

合作交流

2020年12月15日,学校与武威市人民政府签订合作框架协议

2020年12月18日,学校与临夏州举行合作框架协议签约仪式

2020年12月28日,校领导到学校附属中小学调研

学生工作

2020年6月22日,学校举行2020年毕业典礼

2020年8月26日,学生荣获"中国大学生广告艺术节"创意作品银奖

2020年9月2日,学校举办2020年大学生应征入伍欢送仪式

学生工作

2020年9月10日，学校举行新学期升国旗仪式

2020年9月23日，学校举行2020级新生开学典礼暨军训开训仪式

2020年9月29日，学校师生在母亲河畔唱响《我爱你中国》

学生工作

2020年12月11日,舞蹈学院汇报演出《绽放》

2020年12月25日,学校原创舞蹈作品《胡杨赞》荣获甘肃省第六届大学生艺术展演一等奖

2020年12月25日,学校原创舞蹈作品《胡杨赞》荣获甘肃省第六届大学生艺术展演一等奖

社会服务

2020年6月12日,西北民族大学助力临夏市第二届马家庄冬春季乡村文化旅游节开幕演出

2020年7月7日,校领导赴临潭县开展入户帮扶

2020年12月4日,第九届国家民委青年读书演讲活动选拔赛在学校举行

其他活动

2020年4月17日,学校开展校友捐赠树苗活动

2020年6月22日,学校召开"战'疫'归来话初心"抗疫英雄事迹报告会

2020年10月12日,学校开展抗疫与健康知识宣讲

目 录

学校概况

学校简介 ·· 3
  附件 1：西北民族大学 2020 年干部队伍基本情况统计表 ·· 5
  附件 2：西北民族大学 2020 年师资队伍基本情况统计表 ·· 5
  附件 3：西北民族大学 2020 年离退休人员情况统计表 ··· 6
  附件 4：西北民族大学 2020 年在校研究生情况统计表 ··· 6
  附件 5：西北民族大学 2020 年普通在校学生情况统计表 ·· 7
  附件 6：西北民族大学 2020 年科研情况统计表 ·· 7
  附件 7：西北民族大学 2020 年校舍情况统计表 ·· 7
  附件 8：西北民族大学 2020 年继续教育与职业教育学生情况统计表 ···························· 8
  附件 9：西北民族大学 2020 年资产情况统计表 ·· 8

西北民族大学章程

西北民族大学章程 ··· 11

工作总结、工作计划

西北民族大学 2020 年工作要点 ··· 25
西北民族大学 2020 年工作总结 ··· 32

西北民族大学 70 周年建校纪念活动

在西北民族大学建校 70 周年纪念大会上的讲话 ···
·· 国家民族事务委员会副主任、党组副书记　刘慧 / 37

在西北民族大学建校 70 周年纪念大会上的讲话 ……… 甘肃省委副书记、省长　唐仁健 / 40

在西北民族大学建校 70 周年纪念大会上的讲话

……………………………………………… 西北民族大学党委副书记、校长　郭郁烈 / 42

在西北民族大学建校 70 周年之际的讲话——砥砺七秩铸辉煌　壮心西北奏弦歌

…… 西北民族大学党委书记　邓光玉　西北民族大学党委副书记、校长　郭郁烈 / 46

在西北民族大学建校 70 周年之际的讲话

——铸牢中华民族共同体意识　建设现代化高水平大学 … 西北民族大学党委书记　邓光玉 / 53

石榴花开黄河岸　峥嵘七秩展芳华

——专访西北民族大学党委副书记、校长郭郁烈 ……………………………………………… 60

　　　附件：西北民族大学 70 周年校庆工作先进集体、先进个人名单 …………………… 66

疫情防控工作

西北民族大学 2020 年暑假及秋季开学常态化疫情防控工作实施方案 …………………… 69

西北民族大学疫情防控期间研究生教育教学工作方案 ……………………………………… 73

西北民族大学新冠肺炎疫情防控期间学生返校工作方案 …………………………………… 76

西北民族大学疫情防控期间本（预）科在线教学工作实施方案 …………………………… 81

西北民族大学新冠肺炎疫情防控期间学生管理工作方案 …………………………………… 86

西北民族大学传染病管理和疫情报告管理办法 ……………………………………………… 90

抗击疫情　他们奋战在一线

——记西北民大附属医院（甘肃省第二人民医院）支援湖北医疗队抗"疫"的 38 天 ………… 93

西北民族大学疫情防控期间学生违纪处理暂行规定 ………………………………………… 97

党建与思想政治工作、统战工作

在西北民族大学"不忘初心、牢记使命"主题教育总结大会上的讲话

………………………………………………………… 西北民族大学党委书记　邓光玉 / 101

在西北民族大学 2020 年全面从严治党工作会议上的讲话

………………………………………………………… 西北民族大学党委书记　邓光玉 / 107

在西北民族大学 2020 年全面从严治党工作会议上的工作报告

………………………………………………… 西北民族大学党委常委、纪委书记　杨晓 / 113

在西北民族大学庆祝中国共产党成立99周年"共过政治生日 不忘誓言初心"活动上的讲话
....西北民族大学党委书记 邓光玉 / 117
在2020年度二级单位党组织书记抓基层党建述职评议考核会上的讲话
....西北民族大学党委书记 邓光玉 / 120
中共西北民族大学委员会2020年党建工作要点.................................... 124
中共西北民族大学委员会2020年全面从严治党工作主要任务及责任分工.................. 130

工作规则办法

中共西北民族大学委员会常务委员会会议议事规则.................................... 135
西北民族大学校长办公会议议事规则.. 140

扶贫工作

西北民族大学2020年脱贫攻坚帮扶工作方案.. 147
中共西北民族大学委员会落实甘肃省中央脱贫攻坚专项巡视"回头看"和2019年度国家脱贫攻坚成效考核反馈意见工作方案.. 150
  附件：临潭县驻村帮扶工作队队员调整名单.................................... 152

干部人事、机构调整工作

西北民族大学教职工因私出国（境）管理办法.. 155
西北民族大学绩效工资实施办法（试行）.. 158
西北民族大学2020—2022年干部教育培训规划...................................... 163
西北民族大学处科级干部选拔任用工作实施办法...................................... 169
  附件1：2020年西北民族大学青年教师成才奖获得者名单（15位）................ 180
  附件2：2020年西北民族大学教学名师名单（5位）............................ 180

教学工作

在学校视频教学工作会议上的讲话............西北民族大学党委副书记、校长 郭郁烈 / 183
在学校视频教学工作会议上的讲话............西北民族大学党委常委、副校长 王彦斌 / 185

在教材工作领导小组会议上的讲话……………………西北民族大学党委书记　邓光玉 / 186
中共西北民族大学委员会贯彻落实《关于加快和扩大新时代教育对外开放的意见》实施方案……… 189
西北民族大学疫情防控期间本（预）科在线教学工作实施方案……………………………………… 192
西北民族大学教材建设与管理办法…………………………………………………………………… 197
西北民族大学本科"强基行动"实施方案……………………………………………………………… 200
西北民族大学本科学生转专业管理办法……………………………………………………………… 205
西北民族大学推荐优秀应届本科毕业生免试攻读硕士学位研究生实施办法………………………… 207
　　附件1：西北民族大学2020年普通本科及预科招生录取工作领导小组成员名单………………… 211
　　附件2：西北民族大学2020届本科毕（结）业学生名单…………………………………………… 212

科研工作

在科研工作推进会上的讲话——凝心聚力推动校地（企）合作取得新突破
……………………………………… 西北民族大学党委副书记、校长　郭郁烈 / 243
西北民族大学学术不端行为处理办法（试行）………………………………………………………… 247
西北民族大学科学研究领域落实意识形态工作责任制审核管理办法………………………………… 252
西北民族大学国家级科研项目培育管理办法（试行）………………………………………………… 254
西北民族大学横向科研项目管理办法（试行）………………………………………………………… 256
西北民族大学横向科研项目经费管理办法（试行）…………………………………………………… 260
西北民族大学纵向科研项目经费管理办法（试行）…………………………………………………… 263
西北民族大学创新团队建设管理办法（试行）………………………………………………………… 269
　　附件1：2020年横向联合研究项目………………………………………………………………… 272
　　附件2：2020年结项项目…………………………………………………………………………… 275
　　附件3：2020年立项各类项目……………………………………………………………………… 282
　　附件4：国家民委"一带一路"国别与区域研究中心学术委员会成员名单……………………… 300
　　附件5：西北民族大学成立"创意管理研究中心"等二级单位内设科研机构…………………… 301
　　附件6：西北民族大学成立"慢病及健康管理研究所"…………………………………………… 301

学生管理工作

西北民族大学学生会组织改革方案…………………………………………………………………… 305

西北民族大学关于进一步做好2020届毕业生就业工作的意见 …………………………… 311

西北民族大学2020年暑假留校学生管理服务工作方案 …………………………………… 314

西北民族大学2020年秋季学期学生返校及新生入校工作方案 …………………………… 318

  附件：西北民族大学2019—2020学年优秀学生奖学金获奖名单 ………………… 323

学科建设与研究生工作

西北民族大学学科专业结构布局优化调整方案 …………………………………………… 345

西北民族大学一流学科建设项目管理办法（试行）………………………………………… 352

西北民族大学一流学科建设专项资金管理办法（试行）…………………………………… 356

西北民族大学学科建设经费管理办法（试行）……………………………………………… 359

西北民族大学2020年博士研究生招生工作办法（网络远程版）………………………… 361

西北民族大学研究生科研创新奖学金评选办法（试行）…………………………………… 367

西北民族大学国家和行业急需紧缺学科研究生资助办法（试行）………………………… 371

西北民族大学研究生学业奖学金评定办法 ………………………………………………… 372

  附件1：西北民族大学新增博士硕士学位授权点申报工作领导小组成员名单 …… 376

  附件2：学校博士后管理办公室组成人员调整名单 ………………………………… 376

  附件3：西北民族大学2020级研究生新生学业奖学金获奖名单 …………………… 377

  附件4：西北民族大学2019—2020学年研究生优秀学生奖学金获奖名单 ………… 379

国际合作与交流工作

西北民族大学2020年出国（境）留学学生信息一览表 …………………………………… 397

西北民族大学2020年短期来校访学国（境）外专家信息一览表 ………………………… 399

西北民族大学2020年国际学生信息一览表 ………………………………………………… 400

西北民族大学2020年因公出国（境）信息一览表 ………………………………………… 401

西北民族大学2020年长期国（境）外专家聘任信息一览表 ……………………………… 402

教代会、工代会

在第八届教代会暨工会第十一届工代会三次会议上的讲话

………………………………………………… 西北民族大学党委书记 邓光玉 / 405

在西北民族大学第八届教职工代表大会暨工会第十一届会员代表大会三次会议上的报告
——盯紧目标 抓紧落实 以优异成绩庆祝建校70周年
　　…………………………………………………… 西北民族大学党委副书记、校长　郭郁烈 / 408

财务工作

在西北民族大学2020年度内部控制暨内部审计工作会议上的讲话
　　…………………………………………………………… 西北民族大学党委书记　邓光玉 / 419
在西北民族大学2020年度内部控制暨内部审计工作会议上的讲话
　　…………………………………………………… 西北民族大学党委副书记、校长　郭郁烈 / 421
在财务工作会议上的讲话……………………………… 西北民族大学党委书记　邓光玉 / 427
在财务工作会议上的讲话……………………… 西北民族大学党委副书记、校长　郭郁烈 / 432
在财务工作会议上的报告——2019年财务工作回顾及2020年财务工作安排意见
　　…………………………………………………… 西北民族大学党委副书记、副校长　李辉 / 434
在学校内部控制建设培训暨启动会上的讲话
　　…………………………………………………… 西北民族大学党委副书记、校长　郭郁烈 / 441
西北民族大学内部控制建设工作实施方案……………………………………………… 444
西北民族大学经济活动内部控制建设工作管理办法…………………………………… 448

综合治理与安全保卫工作

西北民族大学安全管理包抓机制工作方案……………………………………………… 455
西北民族大学突发公共卫生事件应急处置预案………………………………………… 458
　　附件：2019年度校园安全稳定综合治理工作优秀单位、良好单位、优秀责任人、先进个人名单 … 462

西北民族大学2020年大事记

西北民族大学2020年大事记……………………………………………………………… 465

学校概況

学校简介

西北民族大学坐落于"一带一路"重要节点城市兰州，是中华人民共和国成立后创建的第一所民族高等院校。隶属于国家民委，是国家民委与教育部、国家民委与甘肃省人民政府共建院校，被甘肃省确定为高水平大学建设单位。学校具有学士、硕士、博士学位授予权，设有博士后科研流动站。

学校肇始于1949年9月中国人民解放军第一野战军在兰州开办的藏民问题研究班和藏民学校，1950年1月改建为西北人民革命大学兰州分校第三部，1950年8月正式成立西北民族学院，2003年4月更名为西北民族大学。2007年以"优秀"成绩通过教育部本科教学工作水平评估。

学校建有2个校区、1所附属医院，设有22个教学单位、3个独立建制的科研机构，拥有各类图书和电子图书400万余册、博物馆馆藏文物3300余件，教学科研仪器设备总值约5亿元，智慧校园建设成效显著。有56个民族的全日制在校学生2万余人，在职教职工近2千人。有"全国黄大年式教师团队"1个，"国家西部大开发突出贡献集体"1个，"全国专业技术人才先进集体"1个，国家级教学团队1个，"国家百千万人才工程"人选1人，全国劳动模范1人，享受国务院政府特贴专家6人。

建校70年来，学校始终不忘立德树人初心、牢记为党育人为国育才使命，始终坚持以铸牢中华民族共同体意识为主线，始终坚持为国家战略和民族团结进步事业服务，已培养各级各类人才18万余人。学校学科门类齐全、特色鲜明，涵盖11个学科门类，拥有73个本科专业，面向全国31个省、自治区、直辖市和香港、澳门特别行政区、台湾地区招生。

学校现有27个省部级重点学科。在甘肃省"双一流"学科建设中，民族学被确定为优势学科，中国语言文学、计算机科学与民族信息技术、生物工程被确定为特色学科。拥有中国语言文学一级学科博士学位授权点、中国语言文学博士后科研流动站，15个一级学科硕士学位授权点，2个二级学科硕士学位授权点，1个交叉学科硕士学位授权点，8个硕士专业学位类别；具有推荐优秀应届本科毕业生免试攻读硕士研究生学位资格和招收"少数民族高层次骨干人才计划"硕士、博士研究生资格。

学校现有1个国家级实验教学示范中心，1个国家级虚拟仿真实验教学中心；1个国家级专业综合改革试点项目，1个国家级卓越农林人才培养模式改革试点项目；4个国家级特色专业，2个国家级一流专业建设点。建有1个国家国际合作联合实验室，1个教育部重点实验室，2个国家民委重点实验室，3个甘肃省重点实验室；1个甘肃省新型研发机构（培育）。建有1个教育部民族教育研究发展中心重点研究基地，1个中国统一战线理论研究会民族宗教理论甘肃研究基地，2个国家民委人文社科重点研究基地，3个国家民委"一带一路"国别和区域研究中心，1个甘肃省哲学社会科学重大研究基地；3个甘肃省人文社会科学重点研究基地，1个甘肃省中华优秀传统文化传承基地，2个甘肃高校新型智库。学校是"甘肃省民族信息技术协同创新中心"牵头主持单位。

2001年以来，学校承担各类科研项目近4000项。学校研发的《藏汉双语信息处理系统》荣获1999年国家科技进步二等奖，《藏文视窗平台、字处理软件和藏文网站》荣获2001年国家科技进步二等奖，受到了党和国家领导人的高度评价。学校编辑出版的《法藏敦煌藏文文献》《英藏敦煌藏文文献》，被誉为敦煌文献整理中的又一个里程碑。在学校三代科研人员的不懈努力下，多民族、多语种的三卷30册约2500万字的学术著作《格萨尔文库》于2018年11月出版面世。学校民海生物工程有限公司被列为"甘肃省战略性新兴产业第一批骨干企业"，提供了国内新冠肺炎病毒灭活疫苗70%以上的生产用血清。

学校出版发行《西北民族研究》《西北民族大学学报》，其中《西北民族研究》是中国社会科学引文索引（CSSCI）来源期刊、中国人文社会科学A类核心期刊（AMI）、人大复印报刊资料重要转载来源期刊，2019年被评为"改革开放40年我最喜爱的优秀甘版期刊"，被学术界称为西北区域学术研究期刊"一点（《敦煌研究》）、一线（《丝绸之路》）、一面（《西北民族研究》）"中的"一面"。《西北民族大学学报》连续多年入选中文社会科学引文索引（CSSCI）扩展版来源期刊，被评为"全国高校优秀期刊""全国优秀社科学报"。

在玉树抗震救灾中，学校师生受到中共中央、国务院和中央军委嘉奖。学校两次被国务院授予"全国民族团结进步模范集体"荣誉称号；多次被团中央评为"全国大中专学生志愿者暑期'三下乡'社会实践活动优秀单位"荣誉称号，被文化部确定为"全国首批非遗保护传承试点单位"。学校参与"三区三州"、武陵山片区和甘肃省临夏州、甘南州临潭县等地脱贫攻坚帮扶，在2018年甘肃省脱贫攻坚帮扶工作考核中获"优秀"等次。面对突如其来的新冠肺炎疫情，学校附属医院选派6批次32人白衣执甲、驰援武汉，并率先提供心理咨询服务，彰显各民族手足相亲，守望相助的团结大爱。

学校秉承"高端引领、整体推进、立足学科、建设体系"的理念，构建结构合理、项目丰富、管理高效的国际化交流合作平台，先后同美国、英国、俄罗斯、乌兹别克斯坦、马来西亚等数十个国家和地区的大学、科研机构建立了校际合作交流关系，选派师生赴国（境）外开展科研合作、文化交流活动；引进国（境）外智力，提升国际化办学水平；响应"一带一路"倡议，拓展与"一带一路"沿线国家高校和科研机构的实质性合作交流。

学校坚持以习近平新时代中国特色社会主义思想为指导，扎根西北大地办学，弘扬以"黄土地"和"黄河"为表征、以"朴实无华，甘于清贫，淡泊名利，无私奉献"和"志存高远，奔流不息，百折不挠，勇往直前"为核心的西北民族大学精神，把学校建设成为坚持党的领导的坚强阵地、新时代中国特色社会主义建设者和接班人的培养高地、构筑中华民族共有精神家园的模范之地、服务协调推进"四个全面"战略布局的特色智库,绘就新时代学校改革发展新篇章,写好西部地区民族高等教育奋进之笔,为建设现代化高水平大学、培养担当民族复兴大任的时代新人而努力奋斗!

(2020年10月1日更新数据)

附件1:西北民族大学2020年干部队伍基本情况统计表

西北民族大学干部队伍基本情况统计表

单位:人

项目	合计				学历					年龄						
	男	女	少数民族	中共党员	博士	硕士	大学本科	大学专科	中专及以下	35岁及以下	36岁至40岁	41岁至45岁	46岁至50岁	51岁至55岁	56岁至60岁	60岁及以上
处级	187	70	138	227	46	54	151	6	0	0	26	56	49	71	55	0
科级	83	121	84	192	1	149	51	2	1	99	78	13	7	5	2	0
总计	270	191	222	419	47	203	202	8	1	99	104	69	56	76	57	0

备注:36~40岁出生日期为1980—1984年,以此类推。

附件2:西北民族大学2020年师资队伍基本情况统计表

西北民族大学师资队伍基本情况统计表

单位:人

项目	合计						学历				年龄						
	男	女	少数民族	中共党员	博士	硕士	研究生	大学本科	大学专科	中专及以下	35岁以下	36岁至40岁	41岁至45岁	46岁至50岁	51岁至55岁	56岁至60岁	61岁及以上
正高级	156	109	113	152	104	71	149	114	2	0	0	3	27	56	76	102	1
副高级	230	283	148	304	225	219	406	104	3	0	7	131	182	98	57	38	0
中级	201	268	136	318	68	369	424	45	0	0	173	189	77	24	5	1	0
初级	12	26	21	35	1	24	25	13	0	0	27	9	1	0	1	0	0
未定职称	12	16	9	21	7	21	28	0	0	0	25	2	0	0	1	0	0
总计	611	702	427	830	405	704	1032	276	5	0	232	334	287	178	140	141	1

附件3：西北民族大学2020年离退休人员情况统计表

西北民族大学2020年离退休人员情况统计表

单位：人

类别	性别		其中	总数
	男	女	干部	
离休	8	5	13	13
退休	288	346	485	634

附件4：西北民族大学2020年在校研究生情况统计表

西北民族大学2020年在校研究生情况统计表

单位：人

类别 \ 项目	招生数	毕业生数				在校研究生数			
		合计	毕业生人数	合计	学位授予人数	合计	2018	2019	2020
总计	753	587	597	587	587	1997	601	645	751
其中：女	421	338	338	338	338	1130	333	377	420
博士生	43	31	31	31	31	155	70	42	43
硕士生	710	556	556	556	556	1842	531	603	708
国家任务合计	753	587	597	587	587	1997	601	645	751
博士生	43	31	31	31	31	155	70	42	43
硕士生	710	556	556	556	556	1842	531	603	708
委培任务合计									
博士生									
硕士生									
自筹经费合计									
博士生									
硕士生									
备注：在校研究生合计人数中包括延期至2018年毕业的研究生57人，在校研究生共计1997人。									

附件5：西北民族大学2020年普通在校学生情况统计表

西北民族大学2020—2021学年度普通在校学生统计表

单位：人

项目 层次 人数	在校普通本科、预科学生分年级情况统计					
	总数	2016级	2017级	2018级	2019级	2020级
本科	24211	311	5930	5953	5948	6069
预科	416	0	0	0	45	371
合计	24627	311	5930	5953	5993	6440

附件6：西北民族大学2020年科研情况统计表

西北民族大学2020年科研情况统计表

省部级以上奖励	省部级以上项目结项数	新增省部级以上项目	著作出版	发表学术论文	授权专利
13项	93项	104项	67部	670篇	110项

附件7：西北民族大学2020年校舍情况统计表

西北民族大学2020年全校校舍情况统计表

单位：平方米

项目		学校产权建筑面积		正在施工
		总计	当年新增	
1.教学及辅助用房	教室	197539.91		榆中校区文科楼：7698.90
	图书馆	50187		
	实验室	38865		实验实训大楼一期工程：11977.12
	体育馆	24874.28		
	会堂	4000		
	小计	315466.19		
2.行政办公用房		15807		

续表

项目		学校产权建筑面积		正在施工
		总计	当年新增	
3.生活用房	学生宿舍（公寓）	243561.36		西北新村校区留学生公寓：6921.04
	学生食堂	46299.8		
	生活福利及其他	41632.72		
	教工宿舍（公寓）	35867.6		
	小计	367361.48		
4.教工住宅		49800.78		新建3、4、5、10号教职工公寓：70088.78
总计		748435.45		

附件8：西北民族大学2020年继续教育与职业教育学生情况统计表

西北民族大学继续教育学院在校生人数统计表

单位：人

年级	校本部							联合办学						合计
	函授生		夜大生			自考生		函授生		夜大生		自考生		
	专本	专科	高本	专本	专科	专本	专科	专本	专科	专本	专科	专本	专科	
2018								184		162		604		950
2019						273		254		320	107	237	152	1343
2020						283		1185		663	0	123	194	2448
小计						556		1623		1145	711	360	346	4741
合计						556		1623		1856		706		4741

附件9：西北民族大学2020年资产情况统计表

西北民族大学2020年全校资产情况统计表

占地面积（平方米）			图书藏量		教学用计算机（台）	语音实验室座位数	多媒体教室座位	固定资产总值（元）	
合计	绿化用地面积	运动场地面积	一般图书（万册）	电子图书（万册）				合计	教学科研仪器设备
2047454.91	862899.83	45925			9632			4005813384.65	499610597.37

西北民族大学章程

西北民族大学章程

西北民族大学是中华人民共和国成立后创建的第一所民族高等院校。学校肇始于1949年9月中国人民解放军第一野战军在兰州开办的藏民问题研究班和藏民学校，1950年1月改建为西北人民革命大学兰州分校第三部，1950年8月正式成立西北民族学院。2003年4月更名为西北民族大学。

学校遵循"以人为本，助人成功"的办学理念，坚持"立足西北，服务民族"的办学宗旨，弘扬以"黄土地"和"黄河"为表征，以"朴实无华，甘于清贫，淡泊名利，无私奉献"和"志存高远，奔流不息，百折不挠，勇往直前"为核心的西北民族大学精神，恪守"勤学、敬业、团结、创新"的校训，突出办学特色，提升教育教学质量，服务国家战略，服务少数民族和民族地区，办人民满意的民族大学。

第一章 总则

第一条 为保障学校依法办学和自主管理，根据《中华人民共和国教育法》《中华人民共和国高等教育法》等法律、法规，结合学校实际，制定本章程。

第二条 学校名称为西北民族大学，中文简称"西北民大"，英文名称为 Northwest Minzu University，简称"NWMU"。学校网址为 http://www.xbmu.edu.cn。

第三条 学校住所地为甘肃省兰州市城关区西北新村1号，设西北新村校区和榆中校区。榆中校区地址为甘肃省榆中县夏官营镇。经举办者批准可视需要设立和调整校区及校址。

第四条 学校为非营利性事业单位，具有独立法人资格，依法享有办学自主权，独立承担法律责任。

校长是学校的法定代表人。

第五条 学校实行中国共产党西北民族大学委员会（以下简称"校党委"）领导下的校长负责制，坚持教授治学和民主管理。

第六条 学校建立科学、民主、规范的议事规则和决策制度。

学校重大事项决策前须进行合法性审查，除依法保密的以外，决策事项、决策依据、决策过程和决策结果应当公开。

第七条 学校坚持民主管理，依法保障教职工和学生在学校管理中的知情权、监督权和参与权。

第八条 学校坚持依法治校，实行校务公开和信息公开制度，依法接受社会监督。

第二章　举办者与学校

第九条　学校是由国家举办的全日制普通高等学校,主管部门为国务院民族事务部门。学校的分立、合并与终止等重要事项由举办者作出决定。

第十条　举办者支持学校依照法律、法规和本章程自主办学,按照有关规定任命学校领导;依法监督和规范学校办学行为,维护学校合法权益;为学校提供办学条件,保障学校办学资金;履行法律法规规定的其他权利和义务。

第十一条　学校享有下列权利:

(一)依法行使办学自主权,制定学校发展规划并组织实施;

(二)按照章程管理学校,制定相应的管理制度,开展教育教学、科学研究、技术开发和社会服务活动;

(三)决定学校教学、科学研究、行政管理等机构设置,任免内部组织机构负责人,聘任和解聘教师及其他工作人员;

(四)按照国家有关政策招收学生,对学生进行学籍管理,颁发相应的学业证书;

(五)依法自主管理和使用学校的资产和经费,依据国家事业单位收入分配政策自主确定内部收入分配;

(六)拒绝任何组织和个人对学校自主办学活动的非法干涉;

(七)法律法规规定的其他权利。

第十二条　学校履行下列义务:

(一)遵守国家法律、法规,贯彻党和国家教育方针和民族政策;

(二)履行人才培养、科学研究、社会服务、文化传承创新等基本职能,提高办学水平;

(三)维护师生员工的合法权益,改善师生员工的学习、工作和生活条件;

(四)接受举办者和主管部门的指导和监督;

(五)实施学校信息公开,接受师生和社会公众的监督与评议;

(六)法律法规规定的其他义务。

第三章　学校功能与教育形式

第十三条　学校贯彻党和国家教育方针,坚持社会主义办学方向,遵循高等教育规律,把握民族高等教育特殊性,履行人才培养、科学研究、社会服务和文化传承创新等基本职能。

第十四条　学校把人才培养作为办学的根本目标和中心工作,引导学生牢固树立"三个离不开"思想,不断增强"五个认同",树立正确的国家观、民族观、宗教观、历史观、文化观,主动适应国家战略和少数民族、民族地区经济社会发展需要,培养德智体美全面发展,专业基础扎实,实践能力强,综合素质高,富有创新精神和发展潜能的专门人才。

第十五条　学校营造良好的学术环境和科学研究氛围，鼓励师生开展基础研究、应用研究与技术开发，促进知识创新、技术创新和成果转化，提升学校的创新能力。

第十六条　学校充分发挥学科专业特色和多语种教学科研优势，通过多种形式和途径开展社会服务，推动国家和民族地区经济社会发展和民族团结进步。

第十七条　学校坚持社会主义文化发展道路，吸收和借鉴人类优秀文明成果，促进少数民族优秀文化和中华多民族文化遗产的研究、传承与弘扬，促进多民族文化和谐发展。

第十八条　学校按照国家有关规定，全方位、多层次、宽领域地开展国（境）外交流与合作，引进国（境）外智力和优质教育资源，促进教育国际化。

第十九条　学校实施普通高等教育，主要教育形式为全日制学历教育。以本科教育为主，大力发展研究生教育，积极发展预科教育、职业技术教育、继续教育和国际教育。

第二十条　学校根据国家政策、社会需要及学校办学实际，自主制定招生方案，以少数民族生源为主。学校根据国家核定的办学规模，合理确定和调整办学规模。

第二十一条　学校根据社会需求、办学宗旨和培养目标，注重学科交叉融合，依法自主设置、调整学科和专业。

第二十二条　学校依法确定和调整学历教育修业年限，实行修业年限与学分相结合的弹性学制。

第二十三条　学校根据人才培养需要和各民族学生特点，因材施教，自主制定人才培养计划、选编教材、组织实施教学活动和决定学生考试考核评判标准。

第二十四条　学校建立科学合理的教学管理制度，加强对教学质量的监控与评价，定期公布教学质量报告，不断提高教育教学质量，提高人才培养水平。

第二十五条　学校依法颁发学业证书，依法授予学士、硕士和博士学位。

学校可向对社会作出卓越贡献的杰出人士，依法授予名誉博士学位或其他荣誉称号。

第四章　学校成员

第一节　学生

第二十六条　学生是指被学校依法录取，取得入学资格，具有学校学籍的受教育者。

学校以学生为中心，关心爱护学生，引导和激励学生勤奋学习，全面发展。

第二十七条　学生享有下列权利：

（一）知悉学校改革发展及涉及切身利益的重大事项，参与民主管理和监督；

（二）接受学校教育，合理利用学校公共教育资源；

（三）按规定条件和程序选择专业，跨学科、学院选修课程；

（四）达到规定的学历和学位条件后，获得学历和学位证书；

（五）依照法律和学校规定组织和参加学生社团；

（六）按照规定申请国家和学校的资助；

（七）获得就业创业指导和职业生涯规划指导；

（八）公平获得各级各类荣誉称号和奖励，就评优评奖、纪律处分和涉及自身利益的相关决定表达意见和提出申诉；

（九）申请退学和依照规定转学；

（十）法律法规规定的其他权利。

第二十八条　学生应履行下列义务：

（一）遵守宪法、法律法规；

（二）努力学习，完成规定学业；

（三）遵守学术道德和学术规范，践行学术诚信；

（四）珍惜和维护学校名誉，维护学校合法权益；

（五）尊重各民族风俗习惯，维护民族团结；

（六）按规定缴纳学费及有关费用，履行获得奖励、资助的相应义务；

（七）爱护并合理使用教育设备和生活设施；

（八）法律法规规定的其他义务。

第二十九条　学生在学习和生活中遇到特殊困难时，学校应按相关规定提供必要的扶持和帮助。

第三十条　学生在德智体美等方面全面发展，或在思想品德、学业成绩、科技创新及社会服务等方面表现突出，或为学校争得荣誉，学校给予表彰和奖励；对违纪学生给予批评教育或纪律处分。

第三十一条　学校建立学生权利保护机制，设立学生申诉处理委员会，按规定程序受理学生申诉，维护学生合法权益。

第三十二条　在学校接受培训、成人教育、在职学习等其他类型的无学籍受教育者，其权利义务由受教育者与学校按照平等自愿的原则依法另行约定。

第二节　教职工

第三十三条　学校教职工包括教师、其他专业技术人员、管理人员和工勤人员等。

学校以教师为办学主体，尊重和爱护教师，为教师开展教学、科研、社会服务活动提供必要的条件和保障。

第三十四条　教职工享有下列权利：

（一）知悉学校改革发展及涉及切身利益的重大事项，参与民主管理和监督；

（二）公平使用学校公共资源、享受相应待遇；

（三）公平获得自身发展所需的工作机会和条件；

（四）公平取得教师资格和其他专业技术资格，获得专业技术职务评聘机会；

（五）在品德、能力和业绩等方面获得公正评价，公平获得各级各类奖励及各种荣誉称号；

（六）公平获得国内外学习、交流、进修机会；

（七）就职称评聘、福利待遇、评优评奖、纪律处分等事项表达异议和提出申诉；

（八）法律、法规规定和聘约规定的其他权利。

第三十五条　学校教职工履行下列义务：

（一）遵守宪法、法律、法规；

（二）忠诚民族教育事业，爱岗敬业、教书育人、严谨治学；

（三）为人师表，尊重、爱护学生，促进学生全面发展；

（四）遵守学术道德和学术规范，践行学术诚信；

（五）珍惜和维护学校名誉，维护学校合法权益；

（六）尊重各民族风俗习惯，维护民族团结；

（七）法律、法规规定和聘约规定的其他义务。

第三十六条　学校建立教职工发展制度，建立和完善培训体系，鼓励和支持教职工开展国内外学术交流与合作。

第三十七条　学校对教职工的思想政治表现、职业道德、业务能力和工作业绩进行考核，并实施奖惩制度。

第三十八条　学校建立教职工权利救济机制，设立教职工申诉委员会，发挥工会职能，保障教职工合法权益。

学校鼓励和支持教职员工通过教职工代表大会等形式依法民主参与、民主管理、民主监督学校事务。

第三十九条　学校全面贯彻落实国家离退休政策，关心离退休教职工生活，发挥离退休教职工在学校改革、发展、稳定和关心教育青年一代中的作用。

第五章　学校治理结构

第一节　校党委与校长

第四十条　校党委是学校的领导核心，依法领导学校工作，支持校长独立负责地开展工作。其主要职责是：

（一）全面贯彻执行党的路线方针政策，坚持社会主义办学方向，坚持立德树人，依法治校，依靠全校师生员工推动学校科学发展，培养德智体美全面发展的中国特色社会主义事业合格建设者和可靠接班人；

（二）讨论决定事关学校改革发展稳定及教学、科研、行政管理中的重大事项和基本管理制度；

（三）按照干部管理权限，负责干部的选拔、教育、培养、考核和监督，讨论决定学校内部组织

机构的设置及其负责人的人选,依照有关程序推荐校级领导干部和后备干部人选;

(四)讨论决定学校人才工作规划和重大人才政策,创新人才工作体制机制,优化人才成长环境,统筹推进学校各类人才队伍建设;

(五)领导学校思想政治工作和德育工作,坚持用中国特色社会主义理论体系武装师生员工头脑,培育和践行社会主义核心价值观,牢牢掌握学校意识形态工作的领导权、管理权、话语权。维护学校安全稳定,促进和谐校园建设;

(六)加强大学文化建设,发挥文化育人作用,培育良好校风学风教风;

(七)加强对学校基层党组织的领导,做好党员发展和党员教育、管理、服务工作,充分发挥基层党组织的战斗堡垒作用和党员的先锋模范作用;

(八)领导学校党的纪律检查工作,落实党风廉政建设主体责任,推进惩治和预防腐败体系建设;

(九)做好统一战线工作,领导学校工会、共青团、学生会等群众组织和教职工代表大会;

(十)讨论决定其他事关师生员工切身利益的重要事项。

第四十一条 校党委由党员代表大会选举产生,每届任期5年。校党委全体委员会会议(以下简称"党委全委会")每学期至少召开1次,如遇重大问题可随时召开。党委全委会须有2/3以上委员到会方能召开。表决事项时,以同意人数超过应到会委员人数的半数为通过。

党委全委会闭会期间,由其选举产生的常务委员会(以下简称"党委常委会")作为常设机构依其议事规则履行职责。党委常委会由校党委书记召集并主持,会议须有1/2以上常务委员到会方能召开;讨论决定干部任免等重要事项时,应有2/3以上常务委员到会方能召开。表决事项时,以同意人数超过应到会常务委员人数半数为通过。

校党委实行"集体领导、民主集中、个别酝酿、会议决定"的议事和决策制度,依照其规则议事和决策。

第四十二条 中国共产党西北民族大学纪律检查委员会是学校的党内监督机构,在学校党委和上级纪委的领导下,落实党风廉政建设监督责任,围绕学校中心工作,履行党章、党内法规规定的职责,保障学校各项事业的健康发展。

第四十三条 学校设校长、副校长、总会计师,根据工作需要可设立校长助理。副校长、总会计师和校长助理共同协助校长管理学校行政事务。

第四十四条 校长主持学校行政工作,全面负责教学、科学研究和其他行政管理工作。其主要职责是:

(一)组织拟订和实施学校发展规划、基本管理制度、重要行政规章制度、重大教学科研改革措施、重要办学资源配置方案。组织制定和实施具体规章制度、年度工作计划;

(二)组织拟订和实施学校内部组织机构的设置方案。按照有关规定,推荐副校长人选,任免内部组织机构的负责人;

（三）组织拟订和实施学校人才发展规划、重要人才政策和重大人才工程计划。负责教师队伍建设，依据有关规定聘任与解聘教师以及内部其他工作人员；

（四）组织拟订和实施学校重大基本建设、年度经费预算等方案。加强财务管理和审计监督，管理和保护学校资产；

（五）组织开展教学活动和科学研究，创新人才培养机制，提高人才培养质量，推进文化传承创新，服务国家和民族地区经济社会发展；

（六）组织开展思想品德教育，负责学生学籍管理并实施奖励或处分，开展招生和就业工作；

（七）做好学校安全稳定和后勤保障工作；

（八）组织开展学校对外交流与合作，依法代表学校与各级政府、社会各界和境外机构等签署合作协议，接受社会捐赠；

（九）向党委报告重大决议执行情况，向教职工代表大会报告工作，组织处理教代会、学代会、工代会和团代会有关行政工作的提案。支持学校各级党组织、民主党派组织、群众组织和学术组织开展工作；

（十）履行法律法规和学校章程规定的其他职责。

第四十五条 校长办公会议是学校行政议事决策机构，是校长行使职责的基本形式，由学校领导班子成员、总会计师、校长助理组成。校长办公室、发展规划、监察、教代会、工会等部门负责人和校长根据审议事项指定的相关人员列席会议。

校长办公会议由校长召集并主持或由校长指定的副校长主持。实际到会人数达到应参会人数半数以上方可召开。会议决议由校长在广泛听取与会人员意见基础上作出决定，依照其规则议事和决策。

第四十六条 学校实行校、院两级管理体制，按照精简效能的原则设置其内部组织机构：

（一）根据人才培养和学科建设的需要设立学院、研究院（所、中心）、重点实验室。其设立、变更或撤销，由校长在广泛听取意见和充分调研论证的基础上，提交学术委员会审议，经校长办公会议讨论通过后，由校党委常委会审定。

（二）根据人才培养、办学需要设置职能部门，承担学校党政工作的计划、组织、指挥、协调、服务和对外联络等职责。

（三）根据办学活动需要和生活服务需要设置直（附）属单位，为教学、科研提供图书资料、档案信息、网络信息、后勤保障、医疗卫生等公共服务保障。

第四十七条 学校根据需要设置招生、学生工作、国际交流、大学文化建设等管理服务类专门委员会，各委员会依据学校授权或各自章程履行职责。

第四十八条 学校举办、投资的或与学校具有附属关系的具有独立法人资格的机构，依法实行相对独立的运营与管理。

第二节　学术治理

第四十九条　学校设立学术委员会。学术委员会是学校最高学术机构，统筹行使学术事务的决策、审议、评定和咨询等职权。其主要职责是：

（一）对学校重大发展规划，教学、科研、学科建设和国际合作交流中的重大问题提出意见和建议；

（二）审议学科、专业的设置和调整方案；

（三）审议学术机构设置方案、交叉学科、跨学科协调创新机制的建设方案、学科资源的配置方案；

（四）审议教育教学方案、人才培养质量标准及考核办法；

（五）审议学位授予标准、学历教育的培养标准、教学计划方案；

（六）审议学术评价、学术争议的处理规则，裁决学术纠纷，裁定学术不端行为；

（七）审议学术委员会专门委员会组织规程、学院教授委员会章程；

（八）评定教学、科学研究成果和奖励、教师的学术成就；

（九）其他应由学术委员会审议和评定的学术事项。

第五十条　学术委员会就学科建设、教师聘任、教学指导、科学研究、学术道德等事项设若干专门委员会。各专门委员会根据法律、学术委员会授权及各自章程或规程开展工作。

第五十一条　学术委员会应由不同学科、专业的教授和其他具有正高级专业技术职务的人员组成，并应有一定比例的青年教师。学术委员会委员由自下而上的民主推荐、公开公正的遴选方式产生候选人，经校长办公会议审定，由校长聘任，每届任期4年。

学术委员会人数应当与学校的学科、专业设置相匹配，并为不低于15人的单数。学术委员会组成人员中，担任学校及职能部门党政领导职务的委员，不超过委员总人数的1/4；不担任党政领导职务及学院主要负责人的专任教授，不少于委员总人数的1/2。

学术委员会设主任委员1名，副主任委员若干名。主任委员候选人由校长提名，全体委员选举产生。学术委员会会议由主任委员主持，按其章程议事并开展工作。实际到会人数达到应到会人数的2/3以上方可召开，议事决策实行少数服从多数的原则，重大事项应当以与会委员的2/3以上同意，方可通过。

第五十二条　学校设立学位评定委员会。

学位评定委员会依照有关规定制定学校学位授予办法，负责学位的评定、授予、撤销以及研究和处理授予学位的争议和其他事项，负责研究生培养方案审定和研究生指导教师遴选等工作。

学位评定委员会可按学位的学科门类设置若干分委员会，按其章程组建并履行职责。

第三节　民主管理与监督

第五十三条　学校实行以教师为主体的教职工代表大会制度（以下简称"教代会"）。

教代会是学校教职工依法行使民主权利、参与学校民主管理与监督的基本形式和制度，是学校治理体系的重要组成部分，其主要职责是：

（一）听取学校章程制定和修订情况报告、学校年度工作报告、学校重大改革和重大问题解决方案等报告，提出意见和建议；

（二）讨论通过与教职员工切身利益有关的重大事项和重要规章制度；

（三）按照有关规定和安排评议学校各级党政负责人，民主评议学校各项工作，监督学校章程、重要规章制度和重大决策的落实情况，提出整改意见和建议；

（四）学校委托的其他需要教职工代表大会审议或者决定的事项。

教代会代表由教职工民主选举产生，实际到会人数达到应到会人数的2/3以上方可召开，采取表决制作出决定，赞成人数超过应到会人数的半数方为通过。

第五十四条　学校设立教代会常设主席团。

教代会常设主席团由教代会选举产生，在校党委领导下开展工作。教代会闭会期间，由教代会常设主席团按有关规定履行职责。

第五十五条　学校工会是学校党委和上级工会组织领导下的教职员工自愿参加的群众组织，代表教职工利益，维护教职工的合法权益。依照有关法律和其章程开展工作。

第五十六条　学校团委是学校先进青年的群众组织。在校党委和上级团组织的领导下，依照法律、法规和其章程履行职责。

第五十七条　学生代表大会是学生实现自我管理、自我教育和自我服务，参与学校民主管理和监督，维护学生合法权益的重要组织形式。学生代表大会在学校党委领导下，按其章程开展活动，闭会期间由学生会代为行使职权。

第五十八条　学校支持校内各民主党派组织及社会团体按照各自章程开展活动，参与学校民主管理和监督。

第四节　教学科研机构

第五十九条　学校设立学院。

学院作为人才培养、科学研究、社会服务和文化传承创新的具体组织实施单位，在学校授权范围内实行自主管理。

学校本着事权相宜和权责一致的原则，在人、财、物等方面规范有序地赋予学院相应管理权，指导和监督学院相对独立地自主运行，学校定期评估学院的绩效。

第六十条　学院根据学校规划、规定或者授权，履行以下职责：

（一）制定学院发展规划；

（二）组织开展教学、学科建设、科学研究、社会服务和学生思想品德教育，实施专业建设、课程建设和教学改革，保证教育教学质量；

（三）设置学院内部管理机构和教学、科研基层组织；

（四）建立学院财务与资产具体工作制度，统筹管理使用学院办学资源；

（五）负责本院教职工的管理与考核；

（六）负责本院学生教育和管理；

（七）制定内部工作规则；

（八）行使学校赋予的其他职责。

第六十一条　学院设院长、副院长，副院长协助院长开展工作。

院长是学院的行政负责人，全面负责学院的教育教学、科学研究、学科建设、专业建设、课程建设、师资队伍建设和教学改革及行政管理事务。

第六十二条　学院党组织发挥政治核心作用，贯彻落实党的路线、方针、政策和学校的决定与规章制度，负责学院教职工和学生的思想政治教育和党建工作，参与讨论决定学院教学、科研、行政管理工作中的重要事项，支持院长在其职责范围内独立负责地开展工作。

第六十三条　学院党政联席会议是学院议事决策的主要形式，讨论决定学院发展规划、党建和思想政治工作、人才培养、科学研究、学科建设、队伍建设等重要事项。

党政联席会议由院长、书记、副院长、副书记等人员组成，根据需要相关人员可以列席会议。党政联席会议根据会议议题，由院长或书记主持，实际到会人数达到应到会人数的2/3以上方可召开。会议采取表决制作出决定，赞成人数超过应到会人数的半数方为通过。党政联席会议依其议事规则开展工作。

第六十四条　学院设立教授委员会。

教授委员会是学院的学术咨询、监督和决策机构。履行学术评价、学术决策、学术论证、学风建设、教学指导与评价、专业技术职务评聘初步审查或推荐、审议专业技术人员引进等学术职责，按其章程组建并开展工作。

教授委员会接受校学术委员会的监督和指导。

第六十五条　学院按照学校规定，可按专业建设需要提出设立系、研究所（中心）等学术机构建议方案，报学校审批。

第六十六条　学院建立教职工代表大会制度，设立二级工会委员会。

学院实行院务公开，院长定期向本单位教职工大会或教职工代表大会报告工作，接受教职工监督。

第六十七条　科研机构是学校依据交叉学科研究需要和科学研究任务需要而设置的、以科学研究为主要任务的学术机构，根据有关规定和学校授权开展活动。

第六章　学校与社会

第六十八条　学校积极开展与各级政府、社会团体、行业组织、科研院所、企业单位以及国际组织和机构等的合作，争取广泛的社会支持。

第六十九条　学校可以与公民、法人和其他组织联合设置教学科研机构，开展合作办学、合作研究与社会服务等活动。

第七十条　学校依据有关规定，遵循公正、公平、便民的原则，开展信息公开工作，保障公民、法人和其他组织依法获取学校信息。

第七十一条　学校建立全过程、全方位、常态化的监督体系和问责机制，依法接受政府、社会、教职工和学生的监督。

第七十二条　校友是指曾在学校学习或工作过的中外人士，以及被学校授予荣誉称号的人员等。

学校鼓励校友参与学校的建设与发展。对学校建设做出突出贡献的校友，学校授予荣誉称号。

第七十三条　学校设立校友联络组织机构，依据国家有关规定及章程开展活动，负责联系和服务校友，凝聚校友力量，利用社会资源，促进学校事业发展。

学校鼓励和支持校友成立具有届别、行业、地域等特点的校友会和校友分会。

第七十四条　学校设立理事会。理事会是学校加强社会合作，争取办学资源，扩大决策民主，加强社会监督，促进学校发展改革的咨询、协商、审议与监督机构，按其章程组建和开展工作。

第七十五条　学校设立教育发展基金会。通过教育基金会接受社会捐赠，管理捐赠项目和基金，支持学校事业发展。教育基金会按其章程开展活动。

第七章　经费、资产、后勤

第七十六条　学校的经费来源主要包括举办者的财政补助收入，事业收入、上级补助收入、附属单位上缴收入、经营收入、和其他收入等。

第七十七条　学校实行"统一领导、集中核算、分级管理"的财务管理体制。

第七十八条　学校实行经济责任制度，严格执行国家有关财经方面的法律、法规，建立审计和监察制度，完善监督机制，保障资金运行安全。

第七十九条　学校资产包括流动资产、固定资产、在建工程、无形资产和对外投资等。学校对占有、使用的资产，依法自主管理和使用，保障学校资产安全、完整。

第八十条　学校后勤服务部门坚持为学校教学、科研、师生服务的宗旨，为师生员工的学习、工作和生活做好后勤保障工作，接受学校教职工和学生的监督。

第八十一条　学校加强办学资源监控，优化资源配置，提高资金使用效益，建设节约型校园。

第八章　学校标识

第八十二条　学校校徽包括徽志和徽章。

徽志由学校中、英文校名、学校创立时间等组成的双圆套形复合图案。

徽章为题有毛体汉字校名的长方形证章。

第八十三条　学校校旗为长方形旗帜，中央印有中文校名，中文校名正下方为英文名称，左上角配以学校徽志。

第八十四条　学校校歌为《西北民族大学校歌》。

第八十五条　学校校庆日为8月8日。

第九章　附则

第八十六条　本章程的制定和修订提交教职工代表大会讨论，校长办公会议审议通过后，由党委全委会审定，经主管部门同意，报国务院教育行政部门核准。

第八十七条　学校依据本章程制订、修改校内其他规章制度，建立健全章程配套制度体系。

第八十八条　由校长提议，或者教代会三分之一以上代表联名提议，经校党委常委会研究决定，可启动本章程修订程序。

第八十九条　本章程由校党委会负责解释。

第九十条　本章程经核准，自发布之日起施行。

工作总结、工作计划

西北民族大学 2020 年工作要点

2020年，学校总体工作思路是：以习近平新时代中国特色社会主义思想为指导，全面贯彻党的十九大和十九届二中、三中、四中全会精神，增强"四个意识"，坚定"四个自信"，做到"两个维护"，坚持把党的领导贯穿办学治校全过程，把思想政治工作贯穿教书育人全过程，把全面从严治党贯穿教育管理全过程，统筹推进疫情防控和学校高质量发展，奋力夺取双胜利，以优异成绩庆祝建校70周年。

一、深入学习贯彻习近平新时代中国特色社会主义思想，全面加强学校党的建设

1.加强党的政治建设。深入贯彻《中共中央关于加强党的政治建设的意见》《2019—2023年全国党政领导班子建设规划纲要》等维护党中央权威和集中统一领导的各项制度。坚持以党的政治建设为统领，严肃政治纪律和政治规矩，切实抓好中央巡视反馈意见的整改落实，巩固深化巡视巡察整改成果。做好"不忘初心、牢记使命"主题教育"回头看"工作。严格执行党委领导下的校长负责制，严格落实新修订的党委常委会会议、校长办公会议议事规则，规范学院党组织会议、党政联席会议制度。

牵头单位：党委办公室、纪监审办公室、组织人事部

2.强化思想理论武装。持续推进习近平新时代中国特色社会主义思想"三进"工作。抓好党的十九届四中全会精神学习培训，加强制度自信教育。把"不忘初心、牢记使命"作为加强学校党建的永恒课题和党员干部的终身课题，把提高政治能力、提升防范化解重大风险本领作为党委理论学习中心组学习、校院两级党校培训的必修课，巩固拓展主题教育成果。进一步规范教职工政治学习，举办处级干部暑期专题培训班，引导党员师生用好"学习强国""甘肃党建"信息平台。

牵头单位：宣传部、统战部、组织人事部

3.抓实基层党组织建设。开展庆祝建党99周年系列活动。落实"三会一课"制度，提高民主生活会、组织生活会质量。提升教师党支部书记"双带头人"建设质量，实现全覆盖。持续推进党支部标准化建设和党建"双创"工作，总结推广先进经验，推动党支部建设均衡发展。进一步落实做好少数民族学生党员发展工作，聚焦高层次人才、优秀青年教师发展党员。继续推动基层党建工作创新。加强对年轻干部选拔和骨干人才培养力度。

牵头单位：组织人事部

4.推进纪律作风建设。召开学校全面从严治党工作会议。落实《中共西北民族大学委员会校内巡

察工作规划（2018-2022年）》，扎实开展第三轮校内巡察，适时开展巡察"回头看"。落实领导班子成员深入一线联系师生制度。深入贯彻中央八项规定及其实施细则精神，严格落实解决形式主义官僚主义突出问题为基层减负工作要求，严控文件、会议数量。深化运用"四种形态"，严格落实问责条例。坚持不懈开展纪律教育，对新任职党员领导干部进行廉政谈话。严格执行领导干部报告个人有关事项规定。

牵头单位：纪监审办公室、党委办公室、组织人事部

5. 加强党对统一战线和离退休、群团工作的领导。坚持和完善党建带群建工作机制。加强民主党派、统战团体、党外代表人士、新归侨及侨眷、归国留学人员等的思想政治引领。完善与党外代表人士定期座谈和党派建言献策制度。发挥离退休干部的独特优势，依法保障离退休干部各项权益，主动为他们排忧解难，让广大离退休干部安心舒心暖心。召开"两代会"，进一步发挥校院两级教代会在学校民主管理中的作用。召开第二十一次学生代表大会，加强学生会、学生社团管理和学生干部教育培养。

牵头单位：宣传部、统战部、工会、离退休干部处、学生工作部（处）、团委

二、坚决打赢新冠肺炎疫情防控阻击战

6. 靠实疫情防控工作责任。全面贯彻习近平总书记关于疫情防控工作的重要讲话、指示批示精神和党中央、国务院决策部署，严格落实教育部"五个一律"要求和属地各项工作要求，确保各项工作措施全面覆盖，坚决防止疫情向校园蔓延，确保师生生命安全，切实做到守土有责、守土有方。

牵头单位：新冠病毒肺炎疫情防控工作领导小组办公室

7. 抓紧抓实抓细开学前后工作。制定实施学校《疫情防控期间在线教学组织管理与服务保障工作方案》，实现线上教学同质等效。严格学校门卫制度，刚性执行隔离要求。加强疫情信息发布和舆论管控。强化应急设施设备、救治药品等物资的调度和保障。做好公共区域、关键部位的消毒杀菌工作。保护关心爱护学校一线医护人员。科学制定复工复产、学生分批返校等方案，坚持全年工作目标不动摇、不断档、不掉线。

牵头单位：教务处、保卫处、宣传部、统战部、国有资产管理处、后勤管理处、基建处、学生工作部（处）、团委

三、坚持正确办学方向，牢牢把握意识形态工作领导权

8. 严格落实意识形态责任制。签订意识形态和网络意识形态责任书，落实主管主办责任。定期召开意识形态工作专题会和形势研判会。落实意识形态工作月报制、半年报制。持续强化对教育教学、科学研究、会议培训、论坛讲座、教材讲义等的政治把关和全过程审查。抓好巡视指出的问题整改。

牵头单位：宣传部、统战部、教务处、研究生处、科研处、国际合作交流处、继续教育学院、信

息化建设与服务中心

9.加强意识形态阵地管理。强化意识形态领域阵地建设，守好政治安全底线。提升网络舆情监测应对水平，加强网络安全防护能力建设。加强新闻信息发布审核，弘扬主旋律，提升宣传实效。坚决做好防范抵御"三股势力"渗透工作。深入开展稳预期、稳思想、稳人心工作。

牵头单位：宣传部、统战部、保卫处、信息化建设与服务中心

10.持续防范化解重大风险。强化安全稳定风险隐患排查与技术支撑，创建平安校园。加强涉民族、宗教、高教因素突发事件跟踪、研究，健全值班值守、会商研判、应急处置、信息报送等工作机制。做好重大活动安保、重大敏感节点维稳、重点群体教育管控工作，坚决维护国家政治安全和校园安全稳定。

牵头单位：宣传部、统战部、校长办公室、保卫处、信息化建设与服务中心

四、完善"三全育人"机制，健全"大思政"工作格局

11.构建"五育"并举全面培养教育体系。以社会主义核心价值观为引领加强德育工作。深入学习贯彻中央民族工作会议、全国民族团结进步表彰大会精神，开展第25个民族团结进步教育月活动，铸牢中华民族共同体意识。加强学生管理和服务。坚持抓好"一院一节一特色"为主的校园文化建设。持续开展社会实践活动，深入推进新疆家访工作，落实学校"第二课堂成绩单"制度。进一步加强学生学业援助、心理危机救助、生活困难资助。加大文明宿舍建设力度，让学生宿舍成为健康成长的重要场所。发挥学校美育优势，促进学生全面发展。

牵头单位：宣传部、统战部、学生工作部（处）、团委、发展规划与学科建设处、教务处、马克思主义学院

12.推进思政工作质量提升。全面落实教育部《高校思想政治工作质量提升工程实施纲要》，推进实施《思想政治理论课创优行动一体化实施方案》，探索符合师生实际的思政课堂教学革命。完成"马克思主义三重工程""三个100"课程思政建设工程年度任务，把课程思政作为落实立德树人根本任务的关键环节。做到"马工程"重点教材应用全用，促进教材体系向教学体系转化，努力实现课程思政、专业思政工作全覆盖。加强一体化育人项目、思政工作创新项目、辅导员思想政治工作精品项目等项目化平台建设，建立思想政治工作案例库，推动"十大"育人体系建设提质增效。

牵头单位：教务处、学生工作部（处）、团委、宣传部、统战部、马克思主义学院

13.加强新时代教师队伍建设。贯彻《关于加强和改进新时代师德师风建设的意见》，落实新时代高校教师职业行为十项准则，全面加强教师队伍思想政治工作，大力提升教师职业道德素养，将师德师风建设要求贯穿教师管理全过程。全面落实学校《高层次人才引进办法》《教职工教育培训工作管理办法》《科研机构人员聘任及管理暂行办法》，进一步完善人才引进、公开招聘、职称评审、考核评价等制度建设以及与之相互配套、衔接的一系列办法措施；落实"兰山学者"人才计划、教辅队伍专

业化水平提升计划、管理服务队伍整体素质提升计划，推动提升人才队伍学历层次和教学科研水平，力争取得新的突破。采用合同聘用、项目合作、指导团队形式，支持各类引进人才开展工作，产出标志性成果，提升学科专业建设水平。计划公开招聘专任教师55名、专职辅导员13名，引进特设岗位高端人才1-3名，柔性引进高层次人才3-5名。选树优秀教师典型，从严查处师德失范行为，坚决清除害群之马。加强教师教学发展中心建设，以开展线上教学为契机，促进教师媒介素养教育，提升教师能力水平。积极参与国家及上级部门开展的各类人才工程项目，强化对教学骨干、教学名师、"双师型"人才的培养力度，挖掘现有教师队伍潜力。

牵头单位：组织人事部、教务处、研究生处、教科院

五、推进学校综合改革，构建现代大学治理体系

14. 启动学校"十四五"规划编制工作。召开"十三五"规划总结和"十四五"发展思路座谈研讨会。开展调研论证，科学确定学校"十四五"总体、专项和院部（中心）发展规划。做好与国家民委、教育部、甘肃省"十四五"规划编制的有效衔接，确保编制出一个贯彻新发展理念、符合学校实际的高质量"十四五"规划。

牵头单位：发展规划与学科建设处

15. 深化若干重点改革。全面深化学科改革，召开学科建设工作会议。落实《关于深化新时代教育督导体制机制改革的意见》，进一步深化教育督导管理体制改革，建立覆盖人才培养全过程的闭环质量监控体系。深化本科教育教学改革，培育高质量教学成果，建立"互联网＋教学""智能＋教学"新形态。建立人员聘用年薪制、协议工资、项目工资等灵活薪酬分配体系。深化团学工作改革。健全基本科研业务费绩效评估办法，深化学术评价体系和管理方式改革。结合智慧校园和大数据平台应用（二期）建设，推动"互联网＋"改革。持续推进"放管服"改革。

牵头单位：发展规划与学科建设处、组织人事部、学工部（处）、团委、教务处、科研处、信息化建设与服务中心

16. 完善制度体系。坚持党对学校全面领导的制度体系，加强对中国特色社会主义制度和国家治理体系的宣传教育和理论研究，引导师生增强制度自信。加强学生法制教育，增强学生法治意识。强化制度执行，努力把制度优势转化为治理效能。完成学校章程修订，持续推进规章制度"废、改、立、释"工作。

牵头单位：发展规划与学科建设处、学生工作部（处）、团委

六、聚焦内涵发展，推动双一流建设

17. 推进一流学科建设。召开学科建设工作会议。以"五个一流"学科建设为引领，形成学科建设梯次，辐射带动15个一级学科、27个省部级重点学科建设发展。抓紧建立与国家战略需求和区域

经济社会发展需求相适应的学科体系。全力做好第五轮学科评估参评、生物工程等一级博士学位授权点申报和中国语言文学博士后流动站评估工作。启动实施"基础学科拔尖学生培养计划2.0"，建设基础学科拔尖学生培养基地。

牵头单位：发展规划与学科建设处、研究生处、教务处

18. 全面加强本科教育。持续深化新工科、新农科建设，推进新医科、新文科建设。按照学校教学工作会议提出的"健全问题、课程、政策、任务、责任五个清单和台账，逐项抓好落实"要求和"两个根本、两个基础、两个革命、两个建设、两个保障"的思路，细化分解各项工作任务，明确年度工作目标，并切实落实到位。立项建设教育教学改革重大项目5项、重点项目10项、一般项目40项。优化调整专业结构，积极开展专业优化、调整、升级、换代和新建工作，抢抓一流专业"双万计划"机遇，实施一流专业建设"1125工程"，推进学校一流本科专业点建设，做好2020年度校级、省级及国家级一流专业建设点的遴选认定工作，制定专业认证实施方案。全面开展一流课程建设，落实"四个回归"，继续强化教授为本科生上课制度，积极申报省级、国家级一流课程，打造"金专""金课"。积极探索给本科生"增负"的路径、方法。推进智慧教室建设。

牵头单位：教务处

19. 促进研究生教育内涵发展。全面落实临床医学硕士专业学位授权点整改任务。提高研究生生源质量，强化研究生导师遴选和日常管理，扎实做好研究生联合培养，推进研究生教育质量保障体系建设。完善研究生学位论文质量监督体系，提高学位论文质量。

牵头单位：研究生处、医学部等临床医学硕士专业学位整改领导小组成员单位

20. 做好招生就业与创新创业工作。进一步完善本科招生、就业、培养联动机制，持续推进一本招生，提高生源质量。坚持立德树人。升级"互联网＋就业"信息管理系统，构建高质量用人单位网络。实施精准困难学生就业帮扶，做好西部基层就业、应征入伍等专项工作。贯彻实施能力导向一体化人才培养体系，优化各类教学资源配置，进一步加强创新创业平台建设，努力培养学生的实践能力、创新能力和创业能力，深入开展师生创新创业项目，特别是"互联网＋"大赛项目，实现新的突破。完善"双创"教育制度保障。

牵头单位：教务处、研究生处、学生工作部（处）、团委、保卫处

21. 提升科研创新能力。完善科技创新和成果转化激励机制，建设科技成果转化示范基地和"双创"示范园，突出应用型研究，促进科研反哺教学。出台学校《学术不端行为处理办法》《横向科研项目管理办法》《2020年度校地合作联合资助项目实施方案》。实施"科研管理系统升级改造项目"，推行"一站式"科研管理服务。抓好已获批国家社科基金重大项目执行工作，组织好本年度各类重大项目选题征集、申报。以"中亚与中国西北边疆研究中心"等三个"一带一路"国别和区域研究中心获批建设、共建甘肃省"丝绸之路信息港中国－中西亚研究院"为契机，做好项目横向结合文章，加大平台建设力度。做好年度调研规划和组织实施，力争产出高水平调研成果，强化智库贡献。

牵头单位：科研处、资产经营公司、社会科学研究院、中国民族信息技术研究院

22.进一步提升开放办学水平。加大对少数民族优秀传统文化研究力度，主动对接甘肃省十大生态产业带动性工程，提升服务社会能力。加力校地校企合作，助力甘肃"十大"产业发展、兰州"都会城市，精致兰州"建设和民族地区发展，不断优化改善办学环境。拓展与国内、省内高校合作渠道，逐步实现资源共享、平台共建、人才互用。制定学校《对口支援管理办法》，进一步推动四川大学对口支援学校项目落实。发挥学校区位优势和学科特色，拓展与"一带一路"沿线国家高校和科研机构的实质性合作。持续加强外专引智共享机制建设，深化同港澳台高校及相关社会机构在文化交流、联合培养、师资培训等方面的交流合作。提升国际学生培养质量，力争在国际学生培养层次和规模上有所突破。

牵头单位：科研处、发展规划与学科建设处、国际合作交流处、社会科学研究院

七、加强协调服务保障，进一步提升学校社会影响力

23.助力打赢脱贫攻坚收官战。依托国家民委双语人才培训基地，举办武陵山片区、援疆援藏、临夏州脱贫攻坚专题培训班，推进武陵山片区和"三区三州"科技扶贫项目落地落实。加强帮扶地困难学生精准资助。继续做好入村入户帮扶，有序推进各项智力扶贫工作。加大教育引导和政策宣传力度，做好扶贫点巩固脱贫防返贫工作。

牵头单位：继续教育学院、组织人事部、学工部（处）、团委、宣传部、统战部

24.做好庆祝建校七十周年各项工作。加强校友会和基金会建设，完善校友信息，多角度服务校友，多渠道争取社会捐赠，增强学校办学实力。完成校庆公告发布和校史、校友风采录编纂、学校画册、学校宣传片制作等工作。围绕建设文明校园、和谐校园、美丽校园、法治校园、平安校园主题，开展系列文化活动，总结办学经验，增强办学自信。做好校庆基础设施条件提升相关工作。

牵头单位：校长办公室、学生工作部（处）、团委、宣传部、统战部、科研处、保卫处、后勤管理处

25.加强基本办学条件保障。抢抓榆中生态创新城规划建设机遇，协调榆中校区南侧道路、南大门和教职工住宅区建设。实现西北新村校区教职工10号公寓楼竣工、3、4、5号主体结构封顶，文科教学楼、留学生公寓楼工程正式投入使用；加快推进实验实训大楼工程建设进度和大学生室内活动中心立项。全面更新两校区多媒体教学设备。与地方教育部门共建学校附属中学、小学、幼儿园，提升附属医院主要医疗指标与综合能力。力争实现旧住宅楼加装电梯零的突破、协调11路公交车由东向西线路设立学校站点。

牵头单位：基建处、国有资产管理处、后勤管理处、信息化建设与服务中心、财务处、工会、离退休干部处

26.强化服务支撑体系建设。召开全校内控（审计）会议，强化内审监督，提高资金使用效益。

建立预算绩效管理机制，提升财务核销服务水平，增强涉税业务管理服务能力。抓紧预算项目招标采购、加快资产报废处置。加强节能减排工作，提升后勤服务保障质量和水平。完善学校大型仪器设备共享机制和实验室开放管理机制，强化实验室安全管理。推进智慧图书馆升级，完成西北新村校区安防升级改造、档案资源数字化项目。结合疫情防控，切实提高校医院公共卫生服务水平。

牵头单位：纪监审办公室、财务处、国有资产管理处、后勤管理处、实验教学部、保卫处、图书馆、学校办公室、校医院

西北民族大学 2020 年工作总结

2020 年，在国家民委党组和甘肃省委坚强领导下，学校坚持以习近平新时代中国特色社会主义思想为指导，深入学习十九大和十九届二中、三中、四中、五中全会精神，以铸牢中华民族共同体意识为主线，统筹推进常态化疫情防控和学校高质量发展，成功举办 70 周年校庆活动，各项事业取得新进展、呈现出新气象。

一、在共同战疫中砥砺初心使命

一是加强组织领导、周密安排部署，成立领导小组，制定在线教学、开学返校、教育教学等各类方案预案，加强疫情防控知识学习培训，形成党委统揽全局、协调各方、全校协同推进工作格局。二是积极投身抗疫，诠释使命担当。学校附属医院 32 名医护人员白衣执甲、驰援武汉，40 名医生率先入驻省新冠肺炎在线咨询平台；630 名党员志愿者组建 8 支疫情防控服务小分队，全面落实防控措施。学校生物医学研究中心为国内新冠肺炎病毒灭活疫苗提供 70% 以上生产用血清；音乐学院创作抗疫主题歌曲《平凡的守望》，以民族高等教育的初心和医者仁心书写了抗疫的"民大答卷"。三是强化保障措施，做好常态化疫情防控。看望慰问援鄂医疗队员亲属，召开抗"疫"队员座谈会，举办战"疫"归来话初心——抗"疫"英雄事迹报告会，深入开展爱国卫生运动，积极稳妥推进全面复学复课，常态化疫情防控和学校各项工作有序开展。

二、在全面从严治党中践行"两个维护"

一是把政治建设的统领作用落到实处。实施《加强党的政治建设的具体措施及重点任务分解方案》，始终把政治建设摆在首位，坚决维护党中央权威和集中统一领导，自觉在思想上政治上行动上同以习近平同志为核心的党中央保持高度一致。二是持之以恒加强思想建设。党委常委会会议、党委理论中心组学习习近平新时代中国特色社会主义思想 28 次，坚持用马克思主义中国化最新成果武装头脑、指导实践、推动工作。"形势与政策教育"公众号获评中宣部"优秀理论宣讲公众号"。三是提升基层党组织建设。开展基层党建"书记项目"立项，新建 6 个"党建文化长廊"，2 个"样板党支部工作室"，1 个"双带头人工作室"。四是弛而不息推进纪律作风建设。召开全面从严治党会议，开展第三轮校内政治巡察，巩固深化"基层减负年"成果。原创舞蹈作品《曙光》获第七届全国高校廉洁教育活动暨"携手打击腐败"公益广告表演艺术类精品项目。五是严格落实意识形态工作责任制。

坚持教育与宗教相分离原则,做好讲坛、教材等各类意识形态阵地自查检查督查,坚决防范抵御"三股势力"渗透,意识形态正面积极、健康向上,确保了政治安全和校园稳定。六是做好统战和群团工作。获批省侨联经费,建设"侨胞之家"。学校教师获评农工党中央先进个人、当选省侨联副主席;深化群团改革,召开第二十一次学生代表大会、第八届教代会暨工会第十一届代表大会三次会议。

三、在立德树人中突出铸牢中华民族共同体意识

一是聚焦工作、研究、教育"三大体系"建设。调整办学定位和服务面向,制定学校《关于铸牢中华民族共同体意识的实施意见》,成立铸牢中华民族共同体意识工作领导小组、研究院,组建中华民族共同体建设工作处,筹建中华民族共同体学院;在凉州会盟旧址等地建设铸牢中华民族共同体意识研究基地,《西北民族高校大学生中华民族共同体意识培育研究》获国家社科基金高校思政课研究专项立项;将铸牢中华民族共同体意识纳入人才培养目标,开设中华民族共同体教育系列课程,筹备申报铸牢中华民族共同体意识一级博士、硕士学位授权点及本科专业。二是推广普及国家通用语言文字。组建中国语言文学学部,研发网络学习平台,建立综合培训示范基地。建成国家通用语言文字实验教学中心和省内唯一的少数民族汉语水平等级测试考点,成为甘肃省首批省级国家语言文字推广基地。三是民族团结进步创建成果丰硕。开展第 25 个民族团结进步教育月、"一院一节一特色"活动,参与全国民族团结进步示范区第三方评估,与阿克塞县等共建民族团结进步联创基地。《铸牢中华民族共同体意识"互联网"+行动成果展》获全国民族团结进步创建重点扶持项目,《格萨尔》文化传承与保护研究基地被命名为第六批全国民族团结进步教育基地。四是思政教育成效显著。将思政课程与课程思政、专业思政同铸牢中华民族共同体意识深度融合,立项 17 门校级课程思政示范课,学校思政项目成果——剧情片《十月》获第十届中国高校影视"学院奖"一等奖,"任嵘·红色灯塔"辅导员工作室获评省首批辅导员名师工作室。五是内涵建设全面提速。申报生物工程等 14 个博士、硕士点;参加第五轮学科评估;制定学校《本科"强基行动"实施方案》;落实川大华西医院与学校附属医院对口支援合作协议,推进临床医学硕士专业学位授权点整改。1 项目获《国家哲学社会科学成果文库》立项;获批国家社科基金重大项目 2 项、国家社科基金项目 13 项、国家自然科学基金项目 8 项;新增"甘肃省生态环境智联网工程研究中心"等两个省部级科研平台,新增 27 个实习基地、14 个校级一流本科专业建设点;建设校级慕课 15 门,获批省级教学团队 2 个;学生学科竞赛获国际级奖 6 项,国家级奖 29 项。

四、在决胜脱贫攻坚中彰显价值追求

一是脱贫攻坚帮扶深入有力。全年实施帮扶项目 62 项、投入经费 500 万;全面落实驻村帮扶、对口帮扶、"一户一策"帮扶措施;组织暑期"三下乡"社会实践、与帮扶地开展党支部共建,践行医疗文化扶贫、推进教育培训科普扶贫,培训 1600 余人次。二是人才智力优势充分发挥。学校"一

带一路'特色农产品多语言电子商务平台"已有300多家农产品企业入驻，为武陵山片区和甘肃县域开展电子商务培训300余人次；举办甘肃省藏汉双语综合素质强化等14期培训班，培训600余人，充分发挥了学科专业和人才智力优势。三是脱贫帮扶成果丰硕。通过参与脱贫攻坚，学校广大干部坚定了理想信念，锻炼了意志品质。学校帮扶地退出贫困县序列，在2019年省直和中央在甘单位帮扶工作考核中学校获评"好"等次，学校驻村队长分获"甘肃省脱贫攻坚帮扶先进个人""甘南州脱贫攻坚奖先进个人奉献奖"。

五、在校庆筹办中提振精气神

一是紧扣"铸牢中华民族共同体意识 建设现代化高水平大学"校庆主题。坚持把举办纪念活动与学习贯彻习近平总书记关于教育和民族工作重要论述相结合，坚决贯彻落实国家民委党组和甘肃省委决策部署，在策划、实施校庆系列活动中始终聚焦主题，设计制作校庆吉祥物"石榴娃"，开展铸牢中华民族共同体意识大学习大宣讲。二是营造"中华民族一家亲，同心共筑中国梦"校庆氛围。光明日报、经济日报、中国教育报、中国青年报等刊发校庆主题文章，组织校旗全球云传递、校歌云接力等活动，在学习强国等平台设置校庆话题，阅读量达700万；人民网、光明网等新媒体平台直播校庆活动，点击量突破600万人次。三是周密组织校庆日活动。精心筹备纪念大会、教学成果展、学科专业建设研讨交流3项活动，讲好民大团结奋进故事，唱响铸牢中华民族共同体意识时代主旋律，全面鼓舞了士气人心，极大振奋了师生员工奋进新时代的精气神，学校铸牢中华民族共同体意识，建设现代化高水平大学的新征程迈出坚实步伐。

西北民族大学 70 周年建校纪念活动

在西北民族大学建校 70 周年纪念大会上的讲话

国家民族事务委员会副主任、党组副书记　刘慧

尊敬的林铎书记、仁健省长、欧阳坚主席，各位领导、各位来宾，同志们、老师们、同学们：

深秋十月，我们相聚在皋兰山下、黄河岸边，共同庆祝西北民族大学建立 70 周年。这是民族工作的一件喜事，更是西北民族大学发展进程中的一件大事。首先，我受全国政协副主席、中央统战部副部长、国家民委党组书记、主任巴特尔委托，代表国家民委，向西北民族大学全体师生员工和海内外校友，致以热烈祝贺和亲切问候！向长期以来关心支持学校发展的中央有关部门、甘肃省委省政府、社会各界人士，表示诚挚敬意和由衷感谢！

西北民族大学是新中国成立后，我们党创建的第一所民族高等院校，被誉为"共和国民族院校的长子"。70 年前，在党中央和毛主席的亲切关怀下，在周恩来、彭德怀、习仲勋等老一辈无产阶级革命家的亲自指导下，学校前身西北民族学院正式成立。70 年来，西北民族大学传承红色基因、秉持初心使命，落实立德树人根本任务，投身民族团结进步事业，为巩固红色政权、维护国家统一、促进民族团结、推动民族地区发展，为铸牢中华民族共同体意识，发挥了重要作用，成为我国民族高等教育镶嵌在大西北的一颗璀璨明珠。

这 70 年，是西北民大各项建设取得历史性成就的 70 年。从赤地立新到形成两校区发展办学新格局，从只有 8 名学员的"藏民问题研究班"到拥有 3 万余名各民族师生的综合性大学，学校办学规模逐步扩大、办学条件持续改善、办学质量显著提升，走出了一条在西部地区办高水平大学的特色发展之路。

这 70 年，是西北民大办学层次和优势不断提升的 70 年。坚持特色办学、内涵发展，从单纯培养少数民族政工干部到今天拥有本硕博三级学位授予资格，办学层次水平显著提升。学科专业结构不断优化，以格萨尔、民族信息技术为代表的一批学科专业达到了国内领先水平。特别是自国家民委与甘肃省人民政府共建以来，学校发展汇聚起了更大的合力。

这 70 年，是西北民大民族团结进步宣传教育和创建持续推进的 70 年。坚持把民族团结作为生命线，促进各民族师生争做民族团结"践行者"、当好民族团结"连心桥"，不断铸牢中华民族共同体意识。学校两度被党中央、国务院授予"全国民族团结进步模范集体"荣誉称号。今年，面对新冠疫情的严峻考验，学校附属医院 32 名医护人员白衣执甲、驰援武汉，彰显了各民族手足相亲、守望相助的团结大爱。

这70年，是西北民大更好融入和服务全国改革发展大局的70年。累计培养了18万余名各民族优秀人才，为甘肃省培养了50%的民族地区乡镇基层干部、近35%的乡镇医院骨干医生。近年来，"一带一路"特色农产品多语言电子商务平台带动民族地区产品走向世界，生命科学与工程学院被授予"国家西部大开发突出贡献集体"荣誉称号。

西北民族大学70年的辉煌成就，是党中央坚强领导的结果，是全校各族师生员工拼搏奋斗的结果，是各地各部门支持帮助的结果，是我国民族工作成功实践的生动缩影。所有亲身经历学校发展进步的师生员工，所有关心支持学校改革发展的各界人士，都有理由为之喜悦和自豪！

同志们、老师们、同学们：

党的十八大以来，以习近平同志为核心的党中央高度重视民族工作，形成以铸牢中华民族共同体意识为核心要义的民族工作创新理论体系，指引我国民族团结进步事业取得新的历史性成就。在去年9月召开的全国民族团结进步表彰大会上，习近平总书记明确强调，要以铸牢中华民族共同体意识为主线，把民族团结进步事业作为基础性事业抓紧抓好。在前不久召开的中央第七次西藏工作座谈会、第三次中央新疆工作座谈会上，习近平总书记反复强调，要不断铸牢中华民族共同体意识。这些都为我们做好新时代民族工作指明了前进方向，也为进一步办好西北民族大学提供了根本遵循。我们要以学校成立70周年为新的起点，深入学习贯彻习近平新时代中国特色社会主义思想，全面贯彻党的民族政策和教育工作方针，增强"四个意识"，坚定"四个自信"，做到"两个维护"，以铸牢中华民族共同体意识为主线，加快建设现代化高水平大学，培养德智体美劳全面发展的社会主义建设者和接班人，努力成为新时代民族团结进步事业的重要窗口和示范基地。

第一，把铸牢中华民族共同体意识作为办学治校必须坚持的正确方向。铸牢中华民族共同体意识是重大的战略任务，是民族院校必须担负起的神圣职责和使命。要进一步把铸牢中华民族共同体意识贯穿到办学治校全过程，修订完善学校章程和各项制度，建立健全体制机制，推动学校一切工作由此着眼，一切资源往此着力。要将铸牢中华民族共同体意识融入校园文化建设，全面推广普及国家通用语言文字，树立和突出各民族共享的中华文化符号和中华民族形象，促进各族师生广泛交往、全面交流、深度交融，不断增强对伟大祖国、中华民族、中华文化、中国共产党、中国特色社会主义的认同。要引导各族师生树立正确的祖国观、民族观、文化观、历史观、宗教观，严密防范、坚决打击各种渗透颠覆破坏活动。要聚焦民族领域基础理论问题和重大现实问题，开展中华民族共同体历史、中华民族多元一体格局的研究，拿出一批有影响、有价值的成果，为铸牢中华民族共同体意识提供理论支撑。

第二，大力培养投身中华民族伟大复兴事业的更多有用之才。要坚持立德树人，进一步把学校的红色基因发扬好、红色血脉传承好、红色故事宣讲好，教育引导各族师生做习近平新时代中国特色社会主义思想的坚定信仰者和忠实实践者，立志肩负起民族复兴的时代重任。要坚持改革创新精神，推进教育教学综合改革，加快学科专业调整优化，把人才培养、创新能力和服务贡献作为现代化高水平大学建设的核心要素，努力在创新教育理念和人才培养模式上迈出更大的步子。要加强教师队伍建设，把师德师风作为评价教师队伍素质的第一标准，把"四有好老师"标准和"三个特别"民族地区好干部标准结合起来，打造一支高素质专业化的教师队伍。

第三，全面提升服务民族地区现代化的能力。要围绕党和国家中心任务，把学校发展同"一带一路"建设、乡村振兴、黄河流域生态保护和高质量发展、新时代推进西部大开发形成新格局、兴边富民等国家战略紧密结合起来，进一步增强教书育人、科研调研、社会实践等工作的针对性、适应性，全面提高民族院校服务民族地区现代化的能力。要坚持以人民为中心的发展理念，聚焦各族群众关心关注的难点热点问题，深入调查研究、提出对策建议、推动工作落实，不断增强各族群众的获得感、幸福感、安全感。要积极投身西部地区、民族地区建设，推进产学研协同创新，把教学科研成果写在祖国的广袤大地上，把智慧心血倾注在各民族共同走向现代化的历史进程中。

第四，切实加强党对学校工作的全面领导。要围绕培养什么人、怎样培养人、为谁培养人这一根本问题，全面加强党对学校工作的领导。要不忘立德树人初心、牢记为党育人为国育才使命，坚定不移维护党中央权威和集中统一领导，自觉在政治立场、政治方向、政治原则、政治道路上同党中央保持高度一致。要坚持党委领导下的校长负责制，发挥好学校党委把方向、管大局、做决策、抓班子、带队伍、保落实的作用，确保党的路线方针政策不折不扣得到贯彻落实。思想政治工作是学校各项工作的生命线，要精心培养和组织一支会做思想政治工作的政工队伍，把思想政治工作做在日常、做到个人。要以党的政治建设为统领，深入推进全面从严治党，加强党员日常教育，持之以恒落实中央八项规定及其实施细则精神，着力营造风清气正的政治生态和校园环境。

同志们、老师们、同学们：

七十年砥砺前行铸辉煌，新时代赓续奋进谱华章！我们相信，在以习近平同志为核心的党中央坚强领导下，在各民族师生员工不懈奋斗下，西北民族大学一定能够谱写下一个十年的精彩华章，为"中华民族一家亲、同心共筑中国梦"作出新的更大贡献！

在西北民族大学建校 70 周年纪念大会上的讲话

甘肃省委副书记、省长　唐仁健

尊敬的刘慧主任，老师们，同学们，同志们：

十月金城枫尽染，积水连山胜画中。在这个美好时节，非常高兴与大家一起庆祝西北民族大学建校七十周年。首先，我谨代表甘肃省委、省政府，向西北民族大学各族师生员工和海内外校友表示热烈祝贺，向长期关心、支持甘肃教育事业发展的国家民委等国家部委和社会各界人士致以衷心感谢！

西北民族大学的建设发展，充分体现了我们党对民族工作的高度重视。70 年前，在彭德怀、习仲勋等老一辈无产阶级革命家的直接关怀下，西北民族学院作为新中国成立后创建的第一所民族高等院校，立校办学。习仲勋同志对学校的办学方针、目标任务作出重要指示。

70 年来，西北民族大学扎根西北大地，立足黄河之滨，始终弘扬以"黄土地"和"黄河"为表征、以"朴实无华、甘于清贫、淡泊名利、无私奉献"和"志存高远、奔流不息、百折不挠、勇往直前"为核心的民大精神；秉承"勤学、敬业、团结、创新"的校训，坚持为党育人、为国育才。经过几代人孜孜求索，丹心励耘，如今的西北民族大学已经发展成为一所学科门类齐全、特色优势鲜明的综合性大学，先后向国家和社会输送了 18 万余名各族优秀学子。在"双一流"建设中，西北民族大学被我省确定为高水平大学建设单位，已成为民族高等教育镶嵌在西北大地的一颗璀璨的明珠。

70 年来，西北民族大学把自身发展同西部地区、甘肃发展紧紧联系起来，与祖国同呼吸、与民族共命运、与地方齐奋进，坚持把论文写在陇原大地上，始终聚焦民族地区发展、民族文化遗产保护传承和构筑中华民族共有精神家园，开展教学研究，在助力民族地区经济发展与民族团结进步中不断做出新贡献。主动承担各级各类人才，特别是少数民族人才培养任务，在推动我省高素质人才队伍建设中不断展现新作为。积极选派优秀干部、教师赴临夏州、临潭县等地开展脱贫帮扶，在助力我省"两州一县"决战决胜脱贫攻坚中不断彰显新担当。大力推动动物血清系列产品、建筑节能结构一体化装配式墙体技术的科技成果转化，在加快自主创新中不断迸发新活力。全面加强与兰州、酒泉、玉门、敦煌等地方政府的战略合作，在充分发挥服务社会职能中不断实现新跨越。扎实推进"一带一路"特色农产品多语言电子商务平台落地实施，在积极服务"一带一路"建设中不断实现新突破。所有这些，都为甘肃高质量发展提供了强有力的支撑、做出了重要贡献、赢得了社会的广泛赞誉和一致好评。

当今世界正面临百年未有之大变局，我国正处于实现两个一百年奋斗目标的历史交汇期和实现中华民族伟大复兴的关键阶段。全省上下正在深入贯彻落实习近平总书记对甘肃重要讲话和指示精神，凝聚各方面智慧和力量，努力谱写加快建设幸福美好新甘肃、不断开创富民兴陇新局面的时代篇章。甘肃的今天和明天，比以往任何时候都更需要高质量的高等教育、更需要高层次的人才和智力支持。省委、省政府将以更大力度支持西北民族大学建设发展，全方位做好服务，努力创建更一流的学科建设、学术研究、人才培养、就业创业环境和条件。

老师们、同学们、朋友们：

我们真诚希望西北民族大学能以建校七十周年为新起点，以委省共建为契机，坚持以习近平新时代中国特色社会主义思想为指导，坚持立德树人根本任务，把铸牢中华民族共同体意识作为办学方向和重大系统工程抓紧抓好。要积极立足地方、扎根地方、服务地方，主动适应西部和甘肃经济发展、产业转型方向，更好服务经济社会高质量发展。

我们真诚希望各位老师不忘初心、争当教育家，进一步爱岗敬业、严谨治学、潜心育人，以"四有好老师"标准积极投入到终身教育和终身学习中去，不断为甘肃和国家培育英才，努力成为教育事业的奋进人、学生成长的引路人。

我们真诚希望各位同学坚定对马克思主义的信仰、对中国特色社会主义共同理想的信念，对中华民族伟大复兴的信心，志存高远、脚踏实地、刻苦学习，努力成为可堪大用、能负重任的栋梁之才，不负青春、不负韶华、不负时代，让奋斗成为青春最亮丽的底色。

最后，衷心祝愿老师们同学们身体健康、工作顺利、学业进步，衷心祝愿西北民族大学各项事业继往开来、宏图大展、再谱华章。谢谢大家！

在西北民族大学建校 70 周年纪念大会上的讲话

西北民族大学党委副书记、校长　郭郁烈

尊敬的林铎书记、刘慧主任、唐仁健省长、欧阳坚主席，各位校友，老师们、同学们：

大家上午好！

十月的金城，硕果累累；金秋的民大，喜气洋洋。在全面建成小康社会进入决战决胜、新冠肺炎疫情防控斗争取得重大战略成果之际，今天我们相聚线下云端，共庆西北民族大学建校 70 周年。在此，我谨代表学校 56 个民族 3 万余名师生，向长期以来关心支持学校建设发展的各级领导、各界朋友表示衷心的感谢！向 70 年来为学校改革创新做出贡献的老领导、老同志致以崇高的敬意！向海内外校友、全校各族师生员工送上节日的祝贺！

70 年前，百废待兴，百业待举。为培养西北民族地区革命和建设急需的干部，在毛泽东主席、周恩来总理亲切关怀下，在彭德怀、习仲勋等老一辈无产阶级革命家的决策部署下，新中国第一所民族高等院校诞生在黄河之滨、丝路重镇兰州。70 年来，这所承载着先辈夙愿、传承着红色基因、肩负着重要使命、扎根在陇原热土的大学，在国家民委、甘肃省委省政府的坚强领导下，在巩固新生政权、服务国家战略和民族团结进步事业中做出了不可替代的贡献。

我们永远不会忘记彭德怀、习仲勋、汪锋、张养吾等奠基者，为了学校建设呕心沥血、殚精竭虑；我们永远不会忘记中央国家机关、地方各级党委政府对学校工作的悉心指导、鼎力支持；我们永远不会忘记兄弟院校、社会各界、全体校友的热忱关爱、无私帮助；我们永远铭记所有为西北民族大学事业发展做出过贡献的人们！

70 年建校史，是一部胼手胝足、赤地立新的创业史，是一部攻坚克难、砥砺实干的改革史，是一部爬坡过坎、滚石上山的拼搏史，更是一部交往、交流、交融的团结史。

——七十载，我们始终紧扣立德树人根本任务。学校坚持社会主义办学方向，坚持把为党育人、为国育才作为使命自觉，坚持把人才培养质量作为学校生命线，坚持打造"四有"好老师队伍，全力构建"三全育人"新格局。70 年来，以黄奋生、谢再善、段克兴、贡却才旦、才旦夏茸、王沂暖、李国香、唐祈、孙艺秋、梁兆年等为代表的先贤名士在此弘文励教、广育英才；以"国家西部大开发突出贡献集体""首批全国高校黄大年式教师团队"为代表的"筑梦人"，把爱国之情、报国之志融入祖国改革发展的伟大事业中。70 年来，以政界代表石宗源、次仁卓嘎、沙明，"中国好人""医者楷模"马娟文，欧洲华人十大科技领军人才张传芳，中国克隆猪第一人潘登科，中国电影"华表奖"获得者汪小平，商界精英陈喆等为代表的18万余名民大学子，将砥砺前行的足迹留在了镌刻有"勤学、敬业、团结、创新"校训的62级台阶上，用青春铺路，让理想延伸，从这里选择扎根西北、服务边疆，从这里奔赴五湖四海、世界各地。这些拼搏出彩、追求出色的民大人，让我们更加无怨无悔承担起传播知识、传播思想、传播真理，塑造灵魂、塑造生命、塑造新人的时代重任。

——七十载，我们始终服务民族团结进步事业。学校坚持不懈引导各族师生树牢"三个离不开"思想，不断增进"五个认同"，做民族团结进步事业的模范践行者、积极传播者、坚定维护者。深入持久地开展民族团结进步教育和创建，全面推进铸牢中华民族共同体意识工作，不断加强国家通用语言文字教育，大力促进各民族师生广泛交往、全面交流、深度交融，着力营造共居共学共事共乐的学习生活环境。学校两次被国务院授予"全国民族团结进步模范集体"荣誉称号；连续16年获"全国大中专学生志愿者暑期'三下乡'社会实践活动优秀单位"；在玉树地震救灾中，师生受到中共中央、国务院和中央军委嘉奖。这个手足相亲、守望相助的"民大家庭"，让我们更加珍惜各民族和睦相处、和衷共济、和谐发展的大好局面，像爱护自己的眼睛一样爱护民族团结，像珍视自己的生命一样珍视民族团结。

——七十载，我们始终把论文写在祖国大地上。学校注重发挥学科优势和区位特色，瞄准经济社会发展主战场，以服务求支持、以贡献促发展。于洪志教授团队研发的《藏文视窗平台字处理软件和藏文网站》等成果，两度荣获国家科技进步二等奖，党和国家领导人称赞"有骨气，为中国人民争了光"；建成了世界首家藏文网站"同元藏文网站"，并写入《中国人权白皮书》。三代格萨尔史诗研究专家以"板凳要坐十年冷"的恒心韧劲，搜集、整理、翻译、研究出版了2500余万字的《格萨尔文库》，推动中华优秀文化的传承保护和创新交融。学校高新技术企业兰州民海公司研发的动物血清系列产品，销量占全国市场份额的40%，国内新冠肺炎病毒灭活疫苗70%以上的生产用血清都由我校提供；组建"甘肃鸿智达网络技术股份有限公司"，以独立研发、国内唯一的"一带一路特色农产品多语言电商平台"，带动民族地区特色农产品走向世界。这种孜孜求索、守一不移的学术情怀，让我们更加懂得：要走出"象牙塔"，自觉服务社会，与祖国和时代同前进；要牢牢把握中华优秀传统文化根基，不忘本来，吸收外来，面向未来！

——七十载，我们始终走开放式办学的道路。从2011年起，四川大学对口支援学校，让我们充分感受到了社会主义大家庭的温暖；2015年以来，学校相继成为委部、委省共建高校和高水平大学建设单位，一举跃入高质量发展的快车道；2019年，国家民委与甘肃省共建共管学校附属医院，解决了学校办学近70年没有附属医院的历史问题……此后学校的"命运共同体""朋友圈"越来越广泛而紧密——与兰州、遵义、张家界等地方政府共谋发展，加速校地合作；与中科院、中国人民解放军联勤保障部队九四〇医院、敦煌研究院等"大院大所"携手合作，加快科教融合；与四川大学等联合培养博士生，加大合作办学力度；与民航、文旅、医疗等多个行业、酒钢集团等大型企业协同育人，深入推进产学研用一体化；与地方教育部门通力协作，共同建设学校附属幼儿园、中小学，持续增强办学辐射能力、放大办学效益。获批省内首个中外合作办学本科项目，参与发布《敦煌共识》，共同打造"一带一路"高等教育共同体。这股创新发展、勇立潮头的精气神，让我们更有理由坚信：惟创新者行稳致远。不固步自封，不抱残守缺，才能把高质量发展的主动权牢牢掌握在自己手中！

各位领导、各位校友，老师们、同学们：

——70年实践充分证明，党的领导是引领新时代民族高等教育事业不断前进的最大政治优势，是办好中国特色社会主义大学的根本政治保证。我们必须坚持办学正确政治方向，牢牢掌握党对学校工作的领导权，培育和践行社会主义核心价值观，办党和人民满意的现代化高水平大学。

——70年实践充分证明，创办民族院校是中国共产党解决民族问题的一大创举，是党的民族政策的重要体现。我们必须坚持走中国特色解决民族问题的正确道路，把民族团结进步事业作为基础性事业抓紧抓好，不忘办学初心、牢记教育使命，有力维护学校改革发展稳定大局，让民族团结进步之花在校园常开长盛。

——70年实践充分证明，理念先进、特色鲜明、中国智慧的大学文化，是大学生命力、竞争力、凝聚力的重要源泉。我们必须坚持弘扬以"黄土地"和"黄河"为表征的西北民族大学精神，秉承黄河胸襟、黄土风骨、丝路气韵、家国情怀，融入一代代民大人的血液和灵魂，成为推动学校发展进步生生不息的强大精神支撑。

——70年实践充分证明，发展是第一要务，是解决一切问题的基础和关键。我们必须扎根西北大地办大学，推进学科专业结构性改革，把学校自身发展同各族人民对美好生活的向往紧密结合起来，做好西部文章，坚定不移走特色发展、内涵发展、高质量发展之路，把学校越办越好、越办越强。

各位领导、各位校友，老师们、同学们：

七秩华诞铸辉煌，壮心西北奏弦歌。我们将以建校70周年为新的起点，深入贯彻落实习近平总书记关于教育和民族工作的重要论述，以铸牢中华民族共同体意识为主线，坚持立德树人根本任务，为梦想而负重，秉初心以前行，朝着现代化高水平大学奋勇前进。

——以习近平新时代中国特色社会主义思想引领奋进之路，努力把学校建设成为坚持党的领导的坚强阵地。坚持以党的创新理论为指引，全面贯彻落实党的教育方针，把党的领导贯穿于办学治校、教书育人的全过程。教育引导各族干部师生树牢"四个意识"、坚定"四个自信"、做到"两个维护"，永远听党话、感党恩、跟党走，让党旗始终在学校各条战线高高飘扬。

——以立德树人为根本任务，努力把学校建设成为社会主义事业建设者和接班人的培养高地。坚持把立德树人成效作为检验学校一切工作的根本标准，内化到学校建设和管理各领域、各方面、各环节，融入思想道德教育、文化知识教育、社会实践教育，强化思想引领和价值塑造。全面提高人才培养能力，深化教育综合改革，不断完善更全面的教育体系、更高水平的培养体系、更科学的评价体系、更有力的保障体系，培养德智体美劳全面发展的中国特色社会主义建设者和接班人。

——以铸牢中华民族共同体意识为根本方向，努力把学校建设成为构筑中华民族共有精神家园的模范之地。坚持把铸牢中华民族共同体意识作为主题主线和办学方向，贯穿到学校事业的方方面面，全面推动宣传无死角、教育全覆盖、研究出成果、创建上水平，促进各民族师生像石榴籽一样紧紧拥抱在一起，凝聚起民族复兴的磅礴力量，写好新时代铸牢中华民族共同体意识的西北民大答卷。

　　——以"四个服务"为根本要求，努力把学校建设成为服务协调推进"四个全面"战略布局的特色智库。按照习近平总书记在全国高校思想政治工作会议上强调的"四个服务"要求，坚持需求导向，不断提升教育服务经济社会发展的能力。开展重大理论问题和现实问题前瞻性、对策性研究，不断提升决策咨询和政策建议的精准度、有效性。加强教产学研融合，加快科研成果转移转化，发挥民族高校智囊团、思想库作用。

各位领导、各位校友，老师们、同学们：

　　桃李成蹊万千树，香溢民大七秩春。教育路上，我们都在努力奔跑，我们都是追梦人。让我们齐声高唱铿锵校歌，弘扬传承"黄土地""黄河"精神，为铸牢中华民族共同体意识，为实现中华民族伟大复兴的中国梦戮力同心，只争朝夕，赓续奋进！谢谢大家！

在西北民族大学建校 70 周年之际的讲话
——砥砺七秩铸辉煌　壮心西北奏弦歌

西北民族大学党委书记　邓光玉

西北民族大学党委副书记、校长　郭郁烈

壮丽七十载，奋斗新时代。西北民族大学在中国共产党解放大西北的隆隆炮火声中诞生，在老一辈无产阶级革命家的亲切关怀下创建，是共和国民族院校的"长子"。建校 70 年来，学校始终坚守为党育人、为国育才的初心使命，始终恪守"勤学、敬业、团结、创新"的校训，筚路蓝缕、薪火传承、砥砺前行，已建设成为涵盖 11 个学科门类、73 个本科专业、本硕博三级学位授权资格、56 个民族全日制在校生近 2.8 万人的综合性大学，成为民族高等教育镶嵌在祖国大西北的一颗璀璨明珠。

一、红色血脉，初心如一，写七秩峥嵘

70 年前，为巩固新生的人民政权，培养一大批懂政策、懂民族、懂语言、干革命的少数民族干部，在中共西北局领导下，学校应运而生，这是党和国家解决我国民族问题的一大创举。

筹建初创。1949 年 9 月，彭德怀指示第一野战军政治部在兰州成立藏民问题研究班。同年 11 月，藏民问题研究班扩大为藏民学校。1950 年初，藏民学校更名为西北人民革命大学兰州分校第三部。1950 年 8 月，经中央批准，西北民族学院正式成立。1960 年建校十周年时，学校已发展为拥有政治系等 10 个系科、在校学生 2500 余人的民族高等学府，初步形成了本科、专科、中专、干训、预科等办学层次和法学、医学等多学科协调发展的办学格局。

曲折前行。学校在"文革"初期停止招生，各项事业陷入停滞。1973 年 3 月，在周恩来总理的直接关怀下，学校恢复办学。1978 年至 1985 年的 8 年时间里，学校恢复和新建 9 个系 15 个专业及干训部、预科部，有各类在校生 3000 余人，成为综合性民族高等院校。1981 年 11 月，学校获批为首批硕士学位授予单位。1982 年 1 月，学校被确定为首批可授予学士学位的院校。

加速发展。按照《面向 21 世纪教育振兴行动计划》要求，学校全面落实扩大本科生、研究生招生计划的教育改革政策，到 2000 年，学校已有 3 个教学分院、15 个系（部）、20 个专业硕士学位点，有来自 30 个省（自治区、直辖市）的 8000 多名学生在校学习深造。2003 年 4 月，学校更名为西北民族大学；同年 9 月，增列为博士学位授予单位。2005 年 9 月，榆中校区竣工并投入使用。2007 年，学校以优秀等次通过教育部本科教学工作水平评估。

乘势而上。进入新时代，学校全面落实立德树人根本任务，加快现代化高水平大学建设步伐。2015年，国家民委先后与教育部、甘肃省人民政府签署协议，学校成为委部、委省共建高校，并被甘肃省确定为高水平大学建设单位。2019年，签署《国家民委 甘肃省人民政府共建共管西北民族大学附属医院协议》，将甘肃省第二人民医院建成学校附属医院，解决了学校70年来医学教育没有附属医院的问题。2020年，签署《兰州市城关区人民政府 西北民族大学协作办学协议》，协同建设学校附属中小学、幼儿园，着力构建结构完善、特色鲜明、质量领先的环高校教育发展生态圈。

二、壮志满怀，日新日进，谱七秩华章

70年来，一代代民大人自强不息，开拓进取，与民族同命运，与祖国共前进，创造了骄人的业绩。党的建设全面加强、民族团结进步教育深入推进、人才培养质量不断提升，办学规模、办学层次、办学水平都取得了令人瞩目的成就。

一以贯之，党建引领高质量发展。学校坚持把党建和思政工作摆在突出地位，不折不扣贯彻落实党的路线方针政策和重大决策部署。进入新时代，学校坚持以习近平新时代中国特色社会主义思想武装党员干部和广大师生，成功召开第六次党代会，坚定办好中国特色社会主义大学的自信，吹响了奋力建设现代化高水平大学的号角。加强党的政治建设，坚定社会主义办学方向，树牢"四个意识"，坚定"四个自信"，做到"两个维护"。以提升组织力为重点，加强基层党组织建设。牢牢把握意识形态工作领导权，落实意识形态工作责任制，固本培元、守正创新。强化师德师风建设，统筹推进思政课程和课程思政建设，努力提升育人实效。加强民族团结进步创建，连续25年开展"民族团结进步教育月"系列活动。配齐建强党务、思政工作队伍，思政课教师、辅导员队伍按规定配备，专职组织员全覆盖。持续深化机构改革和人事分配制度改革，激发全校上下内生动力和创新活力。推进教师党支部书记"双带头人"培育工程、"对标争先"建设计划和"十百千万"创建活动。学校两次被国务院授予"全国民族团结进步模范集体"荣誉称号，格萨尔研究中心、博物馆获批"全国民族团结进步教育基地"，1名教师被评为"全国民族团结进步模范个人"，2个基层党组织入选全国样板党支部创建单位，学校连续15年获得"全国大中专学生志愿者暑期'三下乡'社会实践活动优秀单位"。在新冠肺炎疫情防控斗争中，学校32名医务工作者逆行出征，白衣执甲，驰援武汉，让党旗在疫情防控第一线高高飘扬，彰显铸牢中华民族共同体意识新高度。

育人为本，人才培养质量稳步提升。学校坚持落实立德树人根本任务，培养"又红又专"人才。1950年11月，政务院《培养少数民族干部试行方案》规定了学校以"培养普通政治干部为主，迫切需要的专业与技术干部为辅"的办学方针。20世纪90年代，学校加快发展步伐，深化教学改革、优化专业结构、组建特色学科群。进入新时代，学校整合学科资源组建中国语言文学学部等9个学部，学科建设取得新突破，现有省部级重点学科27个，民族学获批一流学科建设优势学科，中国语言文学等3个学科获批一流学科建设特色学科。召开新时代本科教育工作会议，坚持"以本为本"，推进

"四个回归",制定《西北民族大学加快建设一流本科教育行动计划（2018—2022）》。中国少数民族语言文学和舞蹈表演2个专业获批国家级一流本科专业建设点，社会学等12个专业获批省级一流本科专业建设点；大类招生稳步推进，29个本科专业在部分省区一本批次招生；学科竞赛、创新创业屡创佳绩，近年来，获批国家级大学生创新创业训练计划项目751项，学生获国际级奖项59项、国家级奖项392项、省级奖项770项，学校获"全国高等学校创业教育研究与实践先进单位"。大力发展研究生教育，招生规模持续扩大，拥有中国语言文学一级学科博士学位授权点、博士后科研流动站，15个一级学科、2个二级学科、1个交叉学科硕士学位授权点，8个硕士专业学位类别；具有推荐优秀应届本科毕业生免试攻读硕士研究生学位资格和招收"少数民族高层次骨干人才计划"硕士、博士研究生资格。学校继续教育、预科教育稳步推进。70年来，培养了包括贵州省委原书记石宗源，华表奖获得者、著名导演汪小平，中国好人、医者楷模马娟文，2019欧洲华人十大科技领军人才张传芳等在内的18万余名各民族学子。

广聚贤才，人才队伍建设成效显著。学校坚持人才强校战略，不断加强师资队伍建设。早在二十世纪六七十年代，就涌现出以才旦夏茸、王沂暖、黄奋生、唐祈、李国香等为代表的著名专家学者。进入新时代，学校进一步强化制度保障，搭建教师发展平台。2019年，学校召开人事人才工作会议，制定《新时代全面加强人才队伍建设工作的指导意见》，把政治标准放在首位，出台包括高层次人才、柔性人才引进办法在内的人才激励制度，实施"兰山学者"等人才计划，人才队伍总量持续增加、结构不断优化。学校高级职称教师占比为60.99%。入选"国家百千万人才"工程国家级人选1人，享受国务院政府特殊津贴专家5人，省部级领军人才26人，省部级教学名师6人、省部级突出贡献专家6人。获批首批"全国高校黄大年式教师团队"等国家级省部级优秀团队3个，"全国专业技术人才先进集体"1个，省级教学团队9支。

锐意创新，科学研究成果丰硕。学校坚持把论文写在祖国大地上，涌现出了以于洪志教授为代表的一批优秀专家学者。学校研发的《藏汉双语信息处理系统》《藏文视窗平台、字处理软件和藏文网站》两次获国家科技进步二等奖，受到党和国家领导人高度评价。"一带一路"特色农产品多语言电子商务平台研究成果在甘肃省政府的大力推动下落地实施。学校科研团队、平台建设卓有成效。现有7个省部级创新团队和创新群体、24个省部级科研平台，建有6个省部级重点实验室、11个省部级人文社科重点研究基地、2个新型智库和1个协同创新中心，建有甘肃省技术创新中心、国际科技合作基地、新型研发机构（培育）、工程中心。近年来，承担国家科技支撑项目、"863"项目、国家社科基金重大招标项目等各类科研项目3673项，承担重大新药创制国家科技专项1项。双一流建设以来，获批国家社科基金重大项目全国排名第57位。建设西北民族大学科技园，推进校地、校企合作。马忠仁教授团队研发的动物血清系列产品，在国内人用病毒类疫苗生产中占40%以上的市场份额，在新冠病毒灭活疫苗研究和生产中获得70%以上的订单；曹万智教授研发的"外墙保温及围护用断热节能复合砌块与工艺设备成套技术"荣获甘肃省科技进步一等奖；三代格萨尔研究专家搜集整理、翻译研究、出版了2500余万字的格萨尔研究集大成之作——《格萨尔文库》；编辑出版《法藏敦煌藏文文献》《英藏敦煌藏文文献》，实现了我国珍贵历史文献的回归与面世，被誉为敦煌文献整理研究中的又一个里程碑。专业学术刊物《西北民族研究》学术影响力和声誉不断扩大，2019年获评"国家社科基金优秀期刊"。

善作善成，服务社会彰显担当。学校充分发挥区位特色和智力优势，积极发挥服务社会职能。近年来，依托国家民委"双语"人才培训基地，承担并完成最高人民法院、原文化部、原兰州军区委托培训项目以及藏区医疗卫生人才定向培养任务，培训干部、专业技术人才近4000人。中国-马来西亚国家联合实验室的组建、石油污染土壤修复技术、藏文自动分词与标注系统等横向合作项目的开展，产生了良好的社会效益和经济效益。进入新时代，学校积极举办"一带一路"建设与文化遗产研究论坛等学术活动，被原文化部确定为国家级非物质文化遗产代表性项目保护单位。学校作为首席单位申报的国家科技支撑计划项目"新丝路经济带少数民族特色农产品品牌培育科技示范工程"获得科技部资助立项，总经费5431万元，带动民族地区特色农产品走向世界，助力脱贫攻坚。选派数十名干部、教师赴武陵山片区、临夏州、临潭县等地担任联络员、驻村工作队员参加脱贫帮扶，积极推动藜麦种植、加工等31个帮扶项目的实施，在助力"三区三州"脱贫攻坚等各项工作中成效显著，学校获甘肃省委省政府颁发的"民心奖"；学校派往甘南州临潭县3名驻村干部被授予"全省脱贫攻坚帮扶先进个人"。生命科学与工程学院被国务院授予"国家西部大开发突出贡献集体"荣誉称号。

携手同行，合作交流共谋发展。学校注重"开门办学"，校地、校企、校校合作等方面取得积极成效。与兰州、酒泉、遵义、张家界等地方政府共谋发展，加强校地合作；与民航、文旅、医疗等多个行业和酒钢集团等企业通力协作，推进产学研用一体化；与甘肃省属国资企业组建"甘肃鸿智达网络技术股份有限公司"，共建"丝绸之路信息港大数据研究中心"，促进相关研究成果转化；与中科院近物所、联勤保障部队第九四〇医院、敦煌研究院等"大院大所"携手合作，加快科教融合。四川大学对口支援学校成果斐然，联合培养博士生，加大合作办学力度。学校共有237名骨干教师、35名中层干部赴四川大学深造学习、挂职锻炼；两校联合培养国际汉语教育、俄语专业本科生300余名。获批省内首个中外合作办学本科项目。外专引智稳步推进，留学生扩大至32个国家。参与发布《敦煌共识》，共同打造"一带一路"高等教育共同体。

勠力同心，办学条件持续改善。1951年3月，学校从临时校址西果园迁至西北新村，开始了大规模的基本建设。2005年，学校建成榆中校区，极大缓解了校园面积、校舍建筑面积不足的矛盾，校区面积从300多亩增加到1776亩，固定资产总值39亿元，其中教学、科研仪器设备总值4.9亿元，拥有各类图书和电子图书400余万册，馆藏文物3381件。建有2个国家级、8个省部级实验教学示范中心、254个校外实践教学基地、81个教学实验室。建成直属附属医院、大学生实践创新中心、工程训练中心、大学生学习援助中心等教学实践支持和科研服务平台。数字化教学系统功能日趋完善，智慧校园服务效能多维度提升，为学校人才培养、科学研究奠定了坚实基础。

70年来，一代代西北民大人栉风沐雨、不懈奋斗，实现了学校跨越式发展，留下了许多弥足珍贵的办学经验和启示。

始终坚持和加强党的全面领导。认真贯彻党的教育方针，坚持社会主义办学方向，坚守为党育人、为国育才的初心使命，全面谋划和系统推进学校党的建设及思想政治工作，牢牢掌握党对学校工作领导权，牢牢掌握意识形态工作领导权，以高质量党建引领和保障学校各项事业持续健康发展。

始终坚持走内涵式高质量发展道路。落实立德树人根本任务，"五育"并举、质量为本、学科牵引，不断深化综合改革，推进现代大学制度建设和人才队伍建设，充分释放办学活力，为建设现代化高水平大学提供不竭动力。

始终坚持扎根陇原大地办大学。学校坚持为人民做学问的立场，与祖国同呼吸、共命运，把学校的发展同各族人民对美好生活的向往紧密结合起来，不断找准服务国家战略、服务中华民族伟大复兴的杠杆和支点，培养高素质人才，产出高水平成果，提供高效益服务。

始终坚持弘扬"黄河""黄土地"精神。秉承红色基因、黄河胸襟、黄土风骨、丝路气韵、家国情怀，使之深深融入各族师生的血液和灵魂，成为特有的精神印记和文化符号，激励着一代代西北民大人以"敢叫日月换新天"的豪情壮志艰苦奋斗、无私奉献，百折不挠、勇往直前。

始终坚持走中国特色解决民族问题的正确道路。全面深入持久地开展民族团结进步教育和创建工作，坚持不懈地引导各族师生树牢"三个离不开"思想，增进"五个认同"，促进交往交流交融，努力构筑师生共居共学共事共乐的人文环境，铸牢中华民族共同体意识。

三、继往开来，逐梦前行，续七秩辉煌

立德树人七十载，丹心励耘展宏图。70年来，西北民族大学始终坚持与全国各族人民同心同力、与高等教育事业同向同行、与区域经济社会发展同频共振。党的十九大为教育事业发展擘画了宏伟蓝图，立足新时代新征程，我们要以庆祝建校70周年为契机，深入学习贯彻落实习近平总书记关于教育和民族工作的重要论述，不负初心，赓续奋进，努力建设让党和人民满意的现代化高水平大学。

以习近平新时代中国特色社会主义思想引领奋进之路，努力把学校建设成为坚持党的领导的坚强阵地。党的领导是中国特色社会主义最本质的特征，是引领学校不断发展进步的最大政治优势和根本政治保证。习近平总书记指出，办好我国高等教育，必须坚持党的领导，牢牢掌握党对高校工作的领导权，使高校成为坚持党的领导坚强阵地。在新时代长征路上，我们要坚持以习近平新时代中国特色社会主义思想为指导，围绕培养什么人、怎样培养人、为谁培养人这一根本问题，全面贯彻党的教育方针，加强党对学校工作的全面领导，教育引导广大师生树牢"四个意识"、坚定"四个自信"、做到"两个维护"。坚持党委领导下的校长负责制，提高党委管党治党、办学治校的能力和定力，充分发挥学校党委把方向、管大局、做决策、抓班子、带队伍、保落实的领导核心作用。以党的政治建设为统领，贯彻新时代党的建设总要求，全面加强学校党的基层组织建设。与时俱进，坚持不懈地传播马克

思主义科学理论，培育和弘扬社会主义核心价值观，促进学校和谐稳定，培育优良校风和学风，把党建和思政工作优势转化为学校的发展优势，让党的基本理论、基本路线、基本方略在学校落地生根。

以立德树人为根本任务，努力把学校建设成为社会主义事业建设者和接班人的培养高地。立德树人是高校立身之本。习近平总书记指出，培养一代又一代拥护中国共产党领导和我国社会主义制度、立志为中国特色社会主义奋斗终身的有用人才，这是教育工作的根本任务，也是教育现代化的方向目标。在新时代长征路上，我们要把立德树人的成效作为检验学校一切工作的根本标准，把立德树人内化到学校建设和管理各领域、各方面、各环节，融入思想道德教育、文化知识教育、社会实践教育。牢牢把握学校办学初心、时代使命，强化思想引领和价值塑造，把建校70年的红色资源利用好、红色传统发扬好、红色基因传承好。更加突出人才培养中心地位，按照"六个下功夫"要求，用习近平新时代中国特色社会主义思想铸魂育人，不断健全"三全育人"体制机制。科学编制学校"十四五"发展规划，制定《"五育"并举一体化育人实施方案》。以"双一流"建设及"双万计划"为契机，优化学科专业布局，打造"金专""金课"，实施"质量革命"。加大内培外引，大力建设一支高素质专业化的教师队伍。深化教育综合改革，用好办学自主权，不断完善更全面的教育体系、更高水平的培养体系、更科学的评价体系、更有力的保障体系，努力培养德智体美劳全面发展、有根有魂的社会主义建设者和接班人。

以铸牢中华民族共同体意识为主线，努力把学校建设成为构筑中华民族共有精神家园的模范之地。铸牢中华民族共同体意识是习近平总书记关于民族工作重要论述的核心与精髓，是新时代民族工作的鲜明主线。习近平总书记指出，加强中华民族大团结，长远和根本的是增强文化认同，建设各民族共有精神家园，积极培育中华民族共同体意识。在新时代长征路上，我们要牢固树立正确的祖国观、民族观、文化观、历史观，坚持把铸牢中华民族共同体意识作为主线和衡量标准，融入教育教学、科学研究、校园文化建设、社会实践活动、治理体系和治理能力现代化、网络文化育人、全面从严治党等学校工作的方方面面，学校学科体系、教学体系、教材体系、管理体系等要紧紧围绕这条主线来设计。加强《中华民族共同体概论》课程建设，持续开展民族团结进步宣传教育和创建，推进"互联网＋民族团结"行动，全面推动宣传无死角、教育全覆盖、研究出成果、创建上水平，切实深化各族师生相互嵌入式社会结构和社会环境的民大实践。推动中华民族优秀传统文化创造性转化和创新性发展，充分发挥以文化人、以文育人功能，不断增强文化认同感，教育引导师生努力争做"中华民族一家亲，同心共筑中国梦"的坚定维护者、践行者、推动者，写好新时代铸牢中华民族共同体意识的西北民族大学答卷。

以服务求支持，以贡献促发展，彰显使命追求，努力把学校建设成为服务协调推进"四个全面"战略布局的特色智库。服务社会是高校的重要职能，是衡量现代大学办学是否成功的显著标志。习近平总书记指出，我国高等教育发展方向要同我国发展的现实目标和未来方向紧密联系在一起，为人民服务，为中国共产党治国理政服务，为巩固和发展中国特色社会主义制度服务，为改革开放和社会主义现代化建设服务。在学校新时代长征路上，我们要坚持以全局谋划一域，以一域服务全局，不断提升教育服务经济社会发展的能力。坚持需求导向，坚持把论文写在祖国大地上，聚焦"一带一路"建设、黄河流域生态保护和高质量发展、新时代西部大开发形成新格局等国家战略，聚焦甘肃省十大生态产业、榆中生态创新城建设，调结构、搭平台、创载体、建机制，着力打造一批国家和地方（行业）急需、优势突出、特色鲜明的学科专业。加快学科链、科技链、创新链与产业链、服务链紧密对接，加强产教融合，加快科研成果转移转化，助力脱贫攻坚、乡村振兴。构建协同创新体系，建立与政府、行业、企业、科研机构、兄弟院校等政产学研协同创新机制。充分发挥智力支持优势，做好资政、咨询服务，围绕服务国家战略、服务铸牢中华民族共同体意识、服务中华民族伟大复兴等开展重大理论问题和现实问题前瞻性、对策性研究，发挥民族大学应有的智囊团、思想库作用。

风劲帆满海天阔，俯指波涛更从容。面对新时代新使命，西北民族大学各族师生始终坚持以习近平新时代中国特色社会主义思想为指导，站在"两个一百年"奋斗目标的历史高度，自觉投身"四个伟大"历史进程，矢志不渝，赓续奋斗，奋力朝着建设现代化高水平大学阔步前行，为铸牢中华民族共同体意识、实现中华民族伟大复兴作出新的更大贡献！

在西北民族大学建校 70 周年之际的讲话
——铸牢中华民族共同体意识 建设现代化高水平大学

西北民族大学党委书记 邓光玉

壮丽七十载，奋斗新时代。西北民族大学在中国共产党解放大西北的隆隆炮火声中诞生，在老一辈无产阶级革命家的亲切关怀下创建，是共和国民族院校的"长子"。建校70年来，学校始终坚守为党育人、为国育才的初心使命，始终恪守"勤学、敬业、团结、创新"的校训，筚路蓝缕、薪火传承、砥砺前行，已建设成为涵盖11个学科门类、73个本科专业、本硕博三级学位授权资格、56个民族全日制在校生26000余人的综合性大学，成为镶嵌在祖国大西北的一颗民族高等教育璀璨明珠。

红色血脉 初心如一 写七秩峥嵘

70年前，为巩固新生的人民政权，培养一大批懂政策、懂民族、懂语言、干革命的少数民族干部，在中共西北局领导下，西北民族学院（即西北民族大学的前身）应运而生，这是党和国家解决我国民族问题的一大创举。

筹建初创。1949年9月，彭德怀指示第一野战军政治部在兰州成立藏民问题研究班；11月，藏民问题研究班扩大为藏民学校。1950年初，藏民学校更名为西北人民革命大学兰州分校第三部。1950年8月，经党中央批准，西北民族学院正式成立。1951年，时任中共西北局书记习仲勋亲临学校，在首届开学典礼上指出："我们的民族学院是在共产党和人民政府领导之下，为各少数民族培养干部，培养各种建设人才，为各族人民服务，为建设各少数民族的团结和民主幸福的生活而斗争。"

1960年建校10周年时，学校已发展为拥有政治系等10个系科、18个民族、在校学生2500余人、校舍面积45400平方米、图书馆藏书达30万册的民族高等学府，初步形成了本科、专科、中专、干训、预科等办学层次以及法学、教育学、文学、工学、农学、医学、艺术学等多学科协调发展的办学格局。

曲折前行。学校在"文革"中停止招生，各项事业陷入停滞。1973年3月，在周恩来总理的亲切关怀下，学校恢复办学。1978年至1985年，学校恢复和新建9个系15个专业及干训部、预科部，各类在校生3000余人，成为综合性民族高等院校。1981年11月，学校获批为首批硕士学位授予单位。1982年1月，学校被确定为首批可授予学士学位的院校。1985年5月，习仲勋同志委托伍修权同志召开座谈会，形成《关于西北民族学院问题座谈会纪要》，对维护学校安定团结、推动学校教育事业健康发展发挥了重要作用。

加速发展。按照《面向21世纪教育振兴行动计划》要求，学校全面落实扩大本科生、研究生招生计划的教育改革政策。到2000年，学校已有3个教学分院、15个系（部）、20个专业硕士学位点，有来自30个省（自治区、直辖市）36个民族的8000多名学生在校学习深造；2003年4月16日，学校更名为西北民族大学；同年9月，增列为博士学位授予单位；2005年9月，榆中校区竣工并投入使用；2007年，以"优秀"成绩通过教育部本科教学工作水平评估。

乘势而上。进入新时代，学校全面落实立德树人根本任务，加快现代化高水平大学建设步伐。2015年起，国家民委先后与教育部、甘肃省人民政府签署协议，学校成为委部、委省共建高校，并被甘肃省确定为高水平大学建设单位。2019年，签署《国家民委 甘肃省人民政府共建共管西北民族大学附属医院协议》，将甘肃省第二人民医院建成学校附属医院，解决了学校70年来医学教育没有附属医院的历史问题。2020年，签署《兰州市城关区人民政府 西北民族大学协作办学协议》，协同建设学校附属中小学、幼儿园，着力构建结构完善、特色鲜明、质量领先的环高校教育发展生态圈。

壮志满怀　日新日进　谱七秩华章

70年来，一代代民大人自强不息，开拓进取，与民族同命运，与祖国共前进，创造了骄人的业绩。党的建设全面加强、民族团结进步教育深入推进、人才培养质量不断提升，办学规模、办学层次、办学水平都取得了令人瞩目的成就。

一以贯之，党建引领高质量发展。学校坚持把党建和思政工作摆在突出地位，不折不扣贯彻落实党的路线方针政策和重大决策部署。进入新时代，学校坚持以习近平新时代中国特色社会主义思想武装党员干部和广大师生，胜利召开第六次党代会，坚定办好中国特色社会主义民族大学的自信，吹响了奋力建设现代化高水平大学的号角。加强党的政治建设，坚定社会主义办学方向，增强"四个意识"，坚定"四个自信"，做到"两个维护"。以提升组织力为重点，加强基层党组织建设。牢牢把握意识形态工作领导权，落实意识形态工作责任制，固本培元、守正创新。强化师德师风建设，统筹推进思政课程和课程思政建设，努力提升育人实效。加强民族团结进步创建，连续25年开展民族团结进步教育月系列活动。配齐建强党务、思政工作队伍，思政课教师、辅导员队伍按规定配备，专职组织员全覆盖。持续深化机构改革和人事分配制度改革，激发全校上下内生动力和创新活力。推进教师党支部书记"双带头人"培育工程、"对标争先"建设计划和"十百千万"创建活动。学校两次被国务院授予"全国民族团结进步模范集体"荣誉称号，格萨尔研究中心获批全国民族团结进步教育基地，1名教师被评为全国民族团结进步模范个人，2个基层党组织入选全国样板党支部创建单位，连续15年获得"全国大中专学生志愿者暑期'三下乡'社会实践活动优秀单位"。在新冠肺炎疫情防控工作中，学校32名医务工作者逆行出征，白衣执甲，驰援武汉，让党旗在疫情防控第一线高高飘扬，彰显了铸牢中华民族共同体意识的新高度。

育人为本，人才培养质量稳步提升。学校坚持落实立德树人根本任务，培养"又红又专"人才。1950年11月，依据《培养少数民族干部试行方案》，政务院规定了学校以"培养普通政治干部为主，迫切需要的专业与技术干部为辅"的办学方针。上世纪90年代，学校加快发展步伐，深化教学改革、优化专业结构、组建特色学科群。进入新时代，学校整合学科资源组建中国语言文学学部等9个学部，学科建设取得新突破，现有省部级重点学科27个，民族学获批一流学科建设优势学科，中国语言文学等3个学科获批一流学科建设特色学科。召开新时代教育工作会议，制定《西北民族大学加快建设一流本科教育行动计划（2018—2022年）》。中国少数民族语言文学和舞蹈表演2个专业获批国家级一流本科专业建设点，社会学等12个专业获批省级一流本科专业建设点；大类招生稳步推进，29个本科专业在部分省区获批一本批次招生；学科竞赛、创新创业屡创佳绩。近年来，获批国家级大学生创新创业训练计划项目751项，学生获国际级奖项59项、国家级奖项392项、省级奖项770项，学校获"全国高等学校创业教育研究与实践先进单位"。大力发展研究生教育，招生规模持续扩大，拥有中国语言文学一级学科博士学位授权点、博士后科研流动站，15个一级学科、2个二级学科、1个交叉学科硕士学位授权点，8个硕士专业学位类别；具有推荐优秀应届本科毕业生免试攻读硕士研究生学位资格和招收少数民族高层次骨干人才计划硕士、博士研究生资格。继续教育、预科教育稳步推进。70年来，培养了包括原贵州省委书记石宗源，华表奖获得者、著名导演汪小平，中国好人、医者楷模马娟文，2019欧洲华人十大科技领军人才张传芳等在内的18万余名各民族学子。

锐意创新，科学研究成果丰硕。学校坚持把论文写在祖国大地上，涌现出了以"新时代文成公主"于洪志教授为代表的一批优秀专家学者。学校研发的藏汉双语信息处理系统、藏文视窗平台、藏义字处理软件和藏义网站两次荣获国家科技进步二等奖，受到党和国家领导人高度评价。"一带一路"特色农产品多语言电子商务平台研究成果在甘肃省政府的大力推动下落地实施。学校科研团队、平台建设卓有成效。现有7个省部级创新团队和创新群体、24个省部级科研平台，建有6个省部级重点实验室、11个省部级人文社科重点研究基地、2个新型智库和1个协同创新中心，建有甘肃省技术创新中心、国际科技合作基地、新型研发机构（培育）、工程中心。近年来承担国家科技支撑项目、"863"项目、国家社科基金重大招标项目等各类科研项目3673项，承担重大新药创制国家科技专项1项。

广聚贤才，人才队伍建设成效显著。学校坚持人才强校战略，不断加强师资队伍建设。早在上世纪六七十年代，就涌现出以才旦夏茸、王沂暖、黄奋生、唐祈、李国香等为代表的著名专家学者。进入新时代，学校进一步强化制度保障，搭建教师发展平台。2019年，学校召开人事人才工作会议，制定《新时代全面加强人才队伍建设工作的指导意见》，把政治标准放在首位，出台包括高层次人才、柔性人才引进办法在内的人才激励制度，实施"兰山学者"等人才计划，人才队伍总量持续增加、结构不断优化，学校高级职称教师占比为60.99%。入选国家百千万人才工程国家级人选1人，享受国务院政府特殊津贴专家5人，省部级领军人才26人，省部级教学名师6人，省部级突出贡献专家6人。获批首批全国高校黄大年式教师团队等国家级省部级优秀团队3个，全国专业技术人才先进集体1个，省级教学团队9支。

善作善成，服务社会彰显担当。学校充分发挥区位特色和智力优势，积极发挥服务社会职能。近年来，依托国家民委双语人才培训基地，承担并完成最高人民法院、文化和旅游部、原兰州军区委托培训项目以及藏区医疗卫生人才定向培养任务，培训干部、专业技术人才近4000人。进入新时代，学校积极举办"一带一路"建设与文化遗产研究论坛等学术活动，被文化和旅游部确定为全国首批非遗保护传承单位。学校作为首席单位申报的国家科技支撑计划项目"新丝路经济带少数民族特色农产品品牌培育科技示范工程"获得科技部资助立项，总经费5431万元，带动民族地区特色农产品走向世界。在助力"三区三州"脱贫攻坚等各项工作中成效显著，学校获甘肃省委、省政府颁发的"民心奖"；学校派往甘南州临潭县3名驻村干部被授予"全省脱贫攻坚帮扶先进个人"。生命科学与工程学院被国务院授予"国家西部大开发突出贡献集体"荣誉称号。

携手同行，合作交流共谋发展。学校注重"开门办学"，校地、校企、校校合作等取得积极成效。与兰州、酒泉、遵义、张家界等地方政府共谋发展，加强校地合作。与民航、文旅、医疗等多个行业和酒钢集团等企业通力协作，推进产学研用一体化。与甘肃省属国资企业组建甘肃鸿智达网络技术股份有限公司，共建丝绸之路信息港大数据研究中心，促进相关研究成果转化。与中科院近代物理所、联勤保障部队第九四〇医院、敦煌研究院等"大院大所"携手合作，加快科教融合。四川大学对口支援学校成果斐然，联合培养博士生，加大合作办学力度。学校共有237名骨干教师、35名中层干部赴四川大学深造学习、挂职锻炼，两校联合培养国际汉语教育、俄语专业本科生300余名。获批省内首个中外合作办学本科项目。外专引智稳步推进，留学生扩大至32个国家。参与发布《敦煌共识》，共同打造"一带一路"高等教育共同体。

励精图治，办学条件持续改善。1951年3月，学校从临时校址西果园迁至西北新村，开始了大规模的基本建设。2005年，学校建成榆中校区，校区面积从300多亩增加到1776亩，固定资产总值39亿元，其中教学、科研仪器设备总值4.9亿元，各类图书和电子图书400余万册，馆藏文物3381件。建有2个国家级、8个省部级实验教学示范中心、254个校外实践教学基地、81个教学实验室。建成直属附属医院、大学生实践创新中心、工程训练中心、大学生学习援助中心等教学实践支持和科研服务平台。数字化教学系统功能日趋完善，智慧校园服务效能多维度提升，为学校人才培养、科学研究奠定了坚实基础。

70年来，一代代西北民大人栉风沐雨、不懈奋斗，实现了学校跨越式发展，留下了许多弥足珍贵的办学经验和启示。

一是始终坚持和加强党的全面领导。认真贯彻党的教育方针，坚持社会主义办学方向，坚守为党育人、为国育才初心使命，全面谋划和系统推进学校党的建设及思想政治工作，牢牢掌握党对学校工作领导权，牢牢掌握意识形态工作领导权，以高质量党建引领和保障学校各项事业持续健康发展。

二是始终坚持走内涵式高质量发展道路。落实立德树人根本任务，"五育"并举、质量为本、学科牵引，不断深化综合改革，推进现代大学制度建设和人才队伍建设，充分释放办学活力，为建设现代化高水平大学提供不竭动力。

三是始终坚持扎根陇原大地办大学。坚持为人民做学问的立场，与祖国同呼吸、共命运，把学校的发展同各族人民对美好生活的向往紧密结合起来，不断找准服务国家战略、服务中华民族伟大复兴的杠杆和支点，培养高素质人才，产出高水平成果，提供高效益服务。

四是始终坚持弘扬"黄河"与"黄土地"精神。秉承红色基因、黄河胸襟、黄土风骨、丝路气韵、家国情怀，使之深深融入各族师生的血液和灵魂，成为民大特有的精神印记和文化符号，激励着一代代民大人以"敢叫日月换新天"的豪情壮志艰苦奋斗、无私奉献、百折不挠、勇往直前。

五是始终坚持走中国特色解决民族问题的正确道路。全面深入持久地开展民族团结进步教育和创建工作，坚持不懈地引导各族师生铸牢中华民族共同体意识，树牢"三个离不开"思想，增进"五个认同"，促进交往交流交融，努力构筑各族师生共居共学共事共乐的人文环境，铸牢中华民族共同体意识。

继往开来　逐梦前行　续七秩辉煌

立德树人七十载，丹心励耘展宏图。70年来，学校始终坚持与国家民族同心同力、与高等教育事业同向同行、与区域经济社会发展同频共振。党的十九大为教育事业发展擘画了宏伟蓝图，立足新时代新征程，我们要以庆祝建校70周年为契机，深入贯彻落实习近平总书记关于民族工作和教育的重要论述，不负初心，赓续奋进，努力建设让党和人民满意的现代化高水平大学。

以习近平新时代中国特色社会主义思想引领奋进之路，努力把学校建设成为坚持党的领导的坚强阵地。党的领导是中国特色社会主义最本质的特征，是引领学校不断发展进步的最大政治优势和根本政治保证。在新时代长征路上，我们要坚持以习近平新时代中国特色社会主义思想为指导，围绕培养什么人、怎样培养人、为谁培养人这一根本问题，全面贯彻党的教育方针，加强党对学校工作的全面领导，坚持党管办学方向、管改革发展、管干部人才，教育引导广大师生增强"四个意识"，坚定"四个自信"，做到"两个维护"。坚持党委领导下的校长负责制，提高党委管党治党、办学治校的能力和定力，充分发挥学校党委把方向、管大局、做决策、抓班子、带队伍、保落实的领导核心作用。以党的政治建设为统领，贯彻新时代党的建设总要求，全面加强学校党的基层组织建设。与时俱进，坚持不懈传播马克思主义科学理论，坚持不懈培育和弘扬社会主义核心价值观，坚持不懈促进学校和谐稳定，坚持不懈培育优良校风和学风，把党建和思政工作优势转化为学校发展优势，使党的基本理论、基本路线、基本方略在学校落地生根。

以立德树人为根本任务，努力把学校建设成为社会主义事业建设者和接班人的培养高地。立德树人是高校立身之本。在新时代长征路上，我们要把立德树人的成效作为检验学校一切工作的根本标准，把立德树人内化到学校建设和管理各领域、各方面、各环节，融入思想道德教育、文化知识教育、社会实践教育。牢牢把握学校办学初心、时代使命，强化思想引领和价值塑造，把建校70年红色资源利用好、红色传统发扬好、红色基因传承好。更加突出人才培养中心地位，按照"六个下功夫"要求，用习近平新时代中国特色社会主义思想铸魂育人，不断健全"三全育人"体制机制。科学编制学校"十四五"发展规划，制定《"五育"并举一体化育人实施方案》。以"双一流"建设及"双万计划"为契机，优化学科专业布局，打造"金专""金课"，实施"质量革命"。加大内培外引，大力建设一支高素质专业化的教师队伍。深化教育综合改革，用好办学自主权，不断完善更全面的教育体系、更高水平的培养体系、更科学的评价体系、更有力的保障体系，努力培养德智体美劳全面发展、有根有魂的社会主义建设者和接班人。

以铸牢中华民族共同体意识为根本方向，努力把学校建设成为构筑中华民族共有精神家园的模范之地。铸牢中华民族共同体意识是习近平总书记关于民族工作重要论述的核心与精髓，是新时代民族工作的鲜明主线。在新时代长征路上，我们要牢固树立正确的祖国观、民族观、文化观、历史观，坚持把铸牢中华民族共同体意识作为主线和衡量标准，融入教育教学、科学研究、校园文化建设、社会实践活动、治理体系和治理能力现代化、网络文化育人、全面从严治党等学校工作的方方面面，学校学科体系、教学体系、教材体系、管理体系等要紧紧围绕这条主线来设计。加强中华民族共同体概论课程建设，持续开展民族团结进步宣传教育和创建，推进"互联网＋民族团结"行动，全面推动宣传无死角、教育全覆盖、研究出成果、创建上水平。切实深化各族师生相互嵌入式社会结构和社会环境的民大实践。推动中华优秀传统文化创造性转化和创新性发展，充分发挥以文化人、以文育人功能，不断增进文化认同，教育引导师生努力争做"中华民族一家亲，同心共筑中国梦"的坚定维护者、践行者、推动者，写好新时代铸牢中华民族共同体意识的西北民族大学答卷。

以服务求支持、以贡献促发展彰显使命追求，努力把学校建设成为服务协调推进"四个全面"战略布局的特色智库。服务社会是高校的重要职能，是衡量现代大学办学是否成功的显著标志。在新时代长征路上，我们要坚持以全局谋划一域，以一域服务全局，不断提升教育服务经济社会发展的能力。坚持需求导向，坚持把论文写在祖国大地上，聚焦"一带一路"建设、黄河流域生态保护和高质量发展、西部大开发等国家战略，聚焦甘肃省十大生态产业、榆中生态创新城建设，调结构、搭平台、创载体、建机制，着力打造一批国家、地方（行业）急需、优势突出、特色鲜明的学科专业。加快学科链、科技链、创新链与产业链、服务链紧密对接，加强产教融合，加快科研成果转移转化，助力脱贫攻坚、全面小康和乡村振兴。构建协同创新体系，建立与政府、行业、企业、科研机构、兄弟院校等政产学研协同创新机制。充分发挥智力支持优势，做好资政、咨询服务，围绕服务国家战略、服务铸牢中华民族共同体意识、服务中华民族伟大复兴等开展重大理论问题和现实问题前瞻性、对策性研究，发挥民族大学应有的智囊团、思想库作用。

　　风劲帆满海天阔,俯指波涛更从容。面对新时代新使命,我们要坚持以习近平新时代中国特色社会主义思想为指导,站在"两个一百年"奋斗目标的历史高度,自觉投身"四个伟大"历史进程,矢志不渝,赓续奋斗,奋力朝着现代化高水平大学的目标阔步前行,为铸牢中华民族共同体意识、实现中华民族伟大复兴作出新的更大贡献!

石榴花开黄河岸　峥嵘七秩展芳华
——专访西北民族大学党委副书记、校长郭郁烈

石榴花开黄河岸，峥嵘七秩展芳华。西北民族大学坐落于"一带一路"重要节点城市兰州，是新中国成立后创建的第一所民族高等院校，隶属国家民委，是国家民委与教育部、国家民委与甘肃省人民政府共建院校，是甘肃省高水平大学建设单位。

建校70年来，特别是党的十八大以来，学校坚持以习近平新时代中国特色社会主义思想为指导，紧紧围绕铸牢中华民族共同体意识这一主线，扎根西北大地，弘扬以"黄土地"和"黄河"为表征的西北民族大学精神，努力把学校建设成为坚持党的领导的坚强阵地、社会主义事业建设者和接班人的培养高地、构筑中华民族共有精神家园的模范之地、服务协调推进"四个全面"战略布局的特色智库，绘就出"中华民族一家亲、同心共筑中国梦"的时代新篇。在喜迎西北民族大学70华诞之际，学校党委副书记、校长郭郁烈接受了本刊记者专访。

记者：西北民族大学建校70年来，特别是党的十八大以来，紧紧围绕铸牢中华民族共同体意识这一主线，不断拓展、深化民族团结进步教育和民族团结进步创建工作，促进各民族交往交流交融，推动各民族像石榴籽一样紧紧拥抱在一起，成果丰硕。请您介绍一下学校在这个方面取得的主要成果和重要经验。

郭郁烈：今年是西北民族大学建校70周年。首先我在这里感谢天南海北、全国各地长期以来一直关心、支持学校发展壮大的各族各界朋友和广大校友。70年来，特别是党的十八大以来，西北民族大学党委坚持以习近平新时代中国特色社会主义思想为指导，全面贯彻党的教育方针，落实立德树人根本任务，践行举旗帜、聚民心、育新人、兴文化、展形象的使命任务，以铸牢中华民族共同体意识为主线，以培养担当民族复兴大任的时代新人为目标，坚持完善"三全育人"融入机制，推进新时代学校思想政治工作稳步发展，在固本培元、守正创新上谋划布局，在树牢56个民族师生"三个离不开"思想、增强"五个认同"上凝心聚力。

一是将维护民族团结进步、国家统一教育融入思想政治教育中。

发挥党委理论中心组学习示范引领作用，推进学习型党组织建设。改进和创新思想政治理论课教育教学，推进习近平新时代中国特色社会主义思想进教材、进课堂、进头脑。着力深化课程和教学内容建设，着力创新教学方式方法，通过创建主题教育、精品课程、对话课堂、实践课题，落实"三进"

工作。

去年国庆期间，学校及时召开党委常委会会议，传达学习全国民族团结进步表彰大会精神，提出要把学习宣传和贯彻落实好表彰大会精神作为当前和今后一个时期学校工作的重要任务。当前，学校正在加快推进中华民族共同体概论课程建设。

学校制定实施领导干部深入基层联系学生工作方案。校、院领导坚持带头上讲台讲思想政治课、形势政策专题课及党课，还围绕"纪念五四运动100周年"、学习贯彻十九届四中全会精神、"不忘教育报国初心"等主题开展丰富多彩的宣讲活动。

二是大力推进民族团结进步创建工作。

学校将每年的10月确定为民族团结进步教育宣传月，迄今已连续举办25届民族团结进步教育月活动，形成了民族团结进步创建工作全域覆盖、全员参与、全面推进的生动局面。坚持开展和谐校园建设活动，坚持开展铸牢中华民族共同体意识"爱我祖国，兴我中华"等主题教育活动。认真做好民族团结进步创建活动典型培养和宣传工作。2012年，学校被确定为甘肃省首批民族团结进步教育基地；2013年被评为甘肃省民族团结进步宣传月活动先进集体；2015年被授予甘肃省民族团结进步模范集体称号；2016年，学校博物馆确定为全国民族团结进步创建活动教育基地；2019年，于洪志教授被评为全国民族团结进步模范个人，格萨尔研究中心荣获甘肃省民族团结进步模范集体和第六批全国民族团结进步教育基地称号。

2019年，学校首次采取立项方式，推动民族团结进步创建工作项目化管理，创新和丰富创建形式，取得良好成效。

三是成立研究机构，夯实铸牢中华民族共同体意识的理论基础。

今年6月，学校成立铸牢中华民族共同体意识研究院。研究院将依托优势特色学科和人文社科重点研究基地，集中专门骨干力量深入开展中华民族共同体意识理论和实践研究，聚焦中华民族共同体建设的重大现实问题，形成具有重要现实意义的对策建议，努力把研究院建成集科研、教学、培训、咨询、交流、合作多功能于一体的具有重要影响的研究基地和智库平台。

记者： 立德树人，是教育事业发展必须要落实好的根本任务。党的十八大以来，学校在培养中国特色社会主义建设者和接班人方面取得了哪些成就和经验？

郭郁烈： 按照习近平总书记的要求，紧紧围绕培养什么人、怎样培养人、为谁培养人这个根本问题，西北民族大学坚持立德树人根本任务，牢牢抓住全面提高人才培养能力这个关键，坚持把促进学生成长成才作为学校一切工作的出发点和落脚点，把德育置于教育工作的首要位置，把思想政治工作贯穿教育教学全过程；努力构建全员育人、全过程育人、全方位育人良好格局；强化思想理论教育和价值引领，推进思想政治工作改革创新，不断提高学生思想水平、政治觉悟、道德品质和文化素养；始终扎根祖国大地，努力培养德智体美劳全面发展的社会主义事业合格建设者和可靠接班人。

一是深化师德师风建设。学校围绕立德树人根本任务，通过建制度、重宣传、抓教育、促改革，强化政治理论学习。通过组织"四有好老师""不忘初心、潜心育人""立德树人、教书育人"等专题网络培训、师德师风建设报告会、座谈会，干部轮训等多种方式，大力提升教师队伍思想政治素质。2015年，修订印发《西北民族大学关于进一步加强和改进师德建设的实施意见》，提出了进一步加强和改进师德建设的原则要求和措施；2016年制定印发并于2019年修订《西北民族大学师德标兵、"三育人"模范评选表彰办法》《西北民族大学师德考核、监督、激励、惩处办法》。今年，学校党委组织开展了"铸牢中华民族共同体意识、落实立德树人根本任务"主题党日活动，产生了良好的效果。

二是创新学生思政工作。学校坚持立德树人根本任务，坚持社会主义办学方向，形成了校党委统一领导、党政齐抓共管、职能部门组织实施、二级学院具体落实的学生思政工作格局。加强思政队伍建设和辅导员队伍建设。着力打造以班主任、班干部、班集体为核心的"三班建设"体系。夯实学生管理工作基础。建立目标责任制管理制度和例会制度，以新生入学教育、毕业生离校教育、学生日常安全管理教育、爱国主义教育为载体，丰富学生日常教育的形式。

通过开展习近平新时代中国特色社会主义思想"四进四信"（进支部、进社团、进网络、进团课，树立对党的科学理论的信仰、坚定走中国特色社会主义道路实现中国梦的信念、增强对党和政府的信任、增进对以习近平同志为核心的党中央的信任）活动、"铸牢中华民族共同体意识"和"不忘初心跟党走"主题团日活动、学习《习近平的七年知青岁月》、"我与祖国共奋进——国旗下的演讲"、参观爱国主义教育基地、观看爱国影片等多种方式，激发广大学生爱国热情；通过网上共青团建设，不断完善宣传思想工作格局，及时引导疏通，弘扬主旋律，凝聚正能量；通过落实"三会两制一课"，增强团员意识教育；通过开展"五四表彰"，树立青年榜样；通过规范"入党推优"环节，为党组织输送新鲜血液，广大青年学子争做社会主义核心价值观的坚定信仰者、积极传播者、模范践行者，做到坚定不移跟党走。2019年，学校举办了"我与祖国共奋进"主题教育活动和庆祝中华人民共和国成立70周年文艺汇演。学校万余名师生同唱一首歌，同挥一面旗，爱国热情空前高涨，各族师生进一步增强"四个意识"，坚定"四个自信"，做到"两个维护"，努力以昂扬的奋进姿态为实现"两个一百年"宏伟目标而奋斗。

今年初，在疫情最紧张的阶段，为全力支持重点疫区湖北，西北民族大学直属附属医院5批共32名医护人员援鄂战"疫"。这些逆行天使们用实际行动，践行了学校"立德树人"的根本使命，彰显了中华民族共同体意识新高度。

三是不断深化教学改革，提高教学质量。学校根据国家教育教学改革新要求，及时调整修订培养方案，加强课程建设，鼓励教师开展高教理论、教学改革、课程建设、教材建设、实践教学等方面的研究与实践，打造"金专""金课"。学校现有10个国家级、省级教学团队，11个国家级、省级实验教学示范中心，2个省级创新创业教学团队。近年来，学校获得省部级教学成果奖58项，获得国家民委教育教学改革研究项目及省级创新创业教育教学改革项目、省级教育教学成果培育项目67项。学校制定加快建设一流本科教育行动计划、教育教学改革研究项目建设与管理办法等规章制度，明确教学改革方向、思路、任务、措施与组织管理，推进教育教学改革不断深化。

学校充分发挥课程思政、专业思政的示范引领作用，制定推进《思想政治理论课创优行动一体化实施方案》《"三个100"课程思政建设工程实施方案》，强化思政课程与课程思政、专业思政的深度融合、同向发力，力争实现所有学科专业课程思政的"全覆盖"。

记者：科研是一所大学的强校之本。请问，党的十八大以来学校在推进科研创新发展方面取得的成效如何？

郭郁烈：党的十八大以来，西北民族大学以提升科研质量和水平为根本出发点，不断优化科研工作环境，增强科技创新能力。一是大力加强重大科研项目申报的前期培育，提高争取和承接国家及地方重大科研项目的竞争力。紧密围绕国家级重大科研项目及甘肃省重大基础研究和前瞻性研究目标，积极培育具有较强竞争力的预研项目；二是加强项目申报力度，根据国家需求，全方位扩展项目申报渠道，突出特色和优势，培育新的增长点；三是加强项目管理力度，适度增加项目立项、结项奖励；四是加强科研工作的宣传力度，邀请专家学者对项目申报进行辅导，加强对主管科研领导和科研干事的业务培训，提高教职员工对科研重要性的认识和管理服务水平。

2010年以来，学校共承担各类科研项目2960项，项目年立项数由2010年的105项增加到2019年的401项，国家级重大研究项目取得新突破。建设西北民族大学科技园，推进校地、校企合作。马忠仁教授团队研发的动物血清系列产品，销量占全国血清市场40%左右的份额；今年新冠肺炎疫情发生后，马忠仁教授团队与武汉病毒所等多家科研单位合作，在疫苗研发中发挥了重要作用，先后在《柳叶刀》等刊物发表论文4篇，待发表3篇，产生了广泛的社会影响；曹万智教授团队研发的外墙保温及围护用断热节能复合砌块与工艺设备成套技术荣获甘肃省科技进步一等奖；三代格萨尔研究专家搜集整理、翻译研究、出版了2500余万字的格萨尔研究集大成之作——《格萨尔文库》；编辑出版《法藏敦煌藏文文献》《英藏敦煌藏文文献》，实现了我国珍贵历史文献的回归与面世，被誉为敦煌文献整理中的又一个里程碑。专业学术刊物《西北民族研究》学术影响力和声誉不断扩大，2019年获评国家社科基金优秀期刊。

记者：社会服务彰显大学使命。党的十八大以来，立足西北地区的西北民族大学是如何充分发挥好服务社会这一职能的？特别是围绕决战决胜脱贫攻坚、全面小康，学校做出了怎样的努力？成效如何？

郭郁烈：服务民族地区经济社会发展，是西北民族大学义不容辞的责任。近年来，学校紧紧围绕"三地一库"建设目标，彰显人才培养和智力支持两大作用，在服务民族地区经济社会发展和国家战略方面做了大量工作，特别是在助力民族地区决战决胜脱贫攻坚、全面小康方面成绩显著。

积极参与地方扶贫工作。2012年开始，学校成立扶贫领导小组办公室，组织全校128名处级干部帮扶318户贫困户，直接参与甘肃省甘南藏族自治州临潭县扶贫工作。2012年以来，学校先后分七批次选派5名校领导、51名干部赴武陵山片区担任联络员，持续开展调查研究、教育培训、招商引资、民族团结进步创建等工作，实施民族特色农产品品牌培育科技示范工程、民族特色农产品多语言网络交易展示平台、关键技术集成与应用示范基地等项目，举办干部能力、民族文化、教师素养提升、动物疫病防治等培训班，积极为片区区域发展和脱贫攻坚作贡献。2018年，学校成立由党委书记任组长的"三区三州"脱贫攻坚服务工作领导小组，制定西北民族大学对接"三区三州"脱贫攻坚工作方案，选派一名处级干部赴"三区三州"深度贫困地区临夏州挂职，15个职能部门和学院对接"三区三州"临夏州脱贫攻坚15个服务项目，形成了医疗保健、订单农业、电子商务、基础教育办学条件改善、科研成果转化、生产生活资料帮扶等实施方案。按照党中央、国务院决策部署，西北民族大学在助力"三区三州"之甘肃甘南临潭、临夏州和武陵山片区以及国家民委定点帮扶地内蒙古巴林右旗、广西德保、江西乐安等地脱贫攻坚工作中，坚持精准扶贫、精准脱贫的基本方略，坚持发挥智力优势，坚持扶贫扶志相结合，坚持短期帮扶和长期帮扶相结合，统筹谋划，周密部署，强化措施，各项工作成效显著。

记者：党的十八大以来，学校在民族文化传承发展与创新交融方面做了哪些工作？取得了怎样的成效？在国际交流与合作特别是服务"一带一路"建设方面都有哪些成果？

郭郁烈：2019年3月，在中华人民共和国成立70周年到来之际，由西北民族大学格萨尔研究院主持编纂的国家"十三五"重点出版规划项目、国家出版基金项目、全30册的《格萨尔文库》在北京发布，为新中国70华诞献上了一份厚礼。《格萨尔文库》约2500万字，兼顾藏族、蒙古族、土族、裕固族《格萨尔》史诗，全部加以汉译。其中，对有本民族文字的藏族、蒙古族《格萨尔》着重进行多种译本的精选、规范、注释和版本说明。可以说，《格萨尔文库》的出版是民族文化传承保护和创新交融的典范。

党的十八大以来，学校连续七年获批国家社科基金重大项目及教育部哲学社会科学研究重大课题攻关项目等高层次重大课题。尤其是2019年获批国家社科基金重大项目4项，立项数创学校历史新高，排名全国第21位。

近年来，学校结合自身优势、特色，积极拓展与"一带一路"沿线有关国家相关高校和科研机构的交流合作。牵头实施中国—马来西亚国家联合实验室建设项目；建立中亚与中国西北边疆研究中心、西亚东非研究中心、喜马拉雅区域研究中心平台；牵头实施国家科技支撑计划项目新丝路经济带少数民族特色农产品品牌培育科技示范工程；与甘肃省国资委、国资企业丝绸之路信息港股份有限公司签订合作协议，合资组建甘肃鸿智达网络技术股份有限公司，共同建设丝绸之路信息港大数据研究中心、丝绸之路信息港中国—中西亚研究院；邀请100多名来自"一带一路"沿线国家的长短期外籍专家来校任教或开展短期访学、学术交流及科研合作活动；协助甘肃省教育厅邀请美国福特海斯州立大学、马来西亚吉隆坡建设大学加盟"一带一路"高校联盟并参与系列活动，同时选派多个校际合作交流团组及学术交流团组赴"一带一路"沿线国家高校和科研机构开展合作。

2019年7月，我校26名师生赴联合国维也纳总部承担丝绸之路中国民族非物质文化遗产展演及扶贫成果展开幕式演出任务，举办"丝路·彩虹"中国民族音乐舞蹈专场演出，多国大使、外交官、国际组织官员近500人观看演出，给予了高度赞誉。

记者：中华民族一家亲，同心共筑中国梦。进入新时代，总结70年来的办学经验，西北民族大学还将在哪些方面继续努力？

郭郁烈：展望未来，牢记使命。学校将以马克思列宁主义、毛泽东思想、邓小平理论、"三个代表"重要思想、科学发展观、习近平新时代中国特色社会主义思想为指导，进一步解放思想、开拓进取，加强党的建设和思想政治工作，坚持社会主义办学方向，坚持立德树人，坚持改革创新，坚持内涵发展，突出特色立校、质量强校、开放兴校、依法治校，铸牢中华民族共同体意识，积极参与创新驱动发展战略，着力培养德智体美劳全面发展的中国特色社会主义合格建设者和可靠接班人，又好又快地推进现代化高水平大学建设，谱写民族高等教育事业发展更加辉煌的新篇章。

附件：西北民族大学 70 周年校庆工作先进集体、先进个人名单

一、先进集体（12个）

学校办公室，宣传部、统战部，工会、离退休工作处，学生工作部（处）、团委，教务处，科研处，保卫处，后勤管理处，体育学院，中国语言文学学部，音乐学院，舞蹈学院。

二、先进个人（70人，按姓氏笔画为序）

丁艳伟、丁运来、于凌霄、马文君、马龙、马丽英、马明辉、马剑、马健、马睿、王振国、王超、牛丽娟、牛原、巴特尔、田富鹏、加沙拉提、刘畅、刘维元、刘璇、刘曜、汤宁、孙罡、李国剑、李明哲、李宝明、李积生、李琦、李鹏（体育学院）、杨才恩加、杨丽霞、杨俊、吴昊廓、吴浩田、宋佳、张帆、张雨、张辉刚、张鹏（宣传部）、张骞、陈洁、陈瑾、果建华、罗佳、罗晶、念学睿、周大永、周自高、郑艳华、郑颖、赵志桥、赵学东、赵维胜、赵鑫、胡俊、秦鑫、贾云丽、贾文青、郭天龙、桑吉顿珠、黄波、笪川、寇亮、彭菲、蒋应利、缑婷、黎明东、薛珊、魏小琴、魏俊闪。

疫情防控工作

西北民族大学 2020 年暑假及秋季开学常态化疫情防控工作实施方案

为认真贯彻落实中央关于新冠肺炎疫情常态化防控工作的有关决策部署和《国务院应对新型冠状病毒感染肺炎疫情联防联控机制关于做好新冠肺炎疫情常态化防控工作的指导意见》等文件精神，深入落实全国教育系统疫情防控调度视频会议和省教育厅专题会议要求，切实做好暑假期间和秋季开学疫情防控工作，防止新的外来输入感染及疫情扩散，确保师生生命健康安全和学校高质量发展，制定本实施方案。

一、主要目标

坚持"外防输入、内防反弹"防控策略，毫不放松抓紧抓实抓细常态化疫情防控各项工作，坚决克服麻痹思想、厌战情绪、侥幸心理、松劲心态，对防控漏洞再排查、对防控重点再加固、对防控要求再落实，坚决防止疫情新燃点，持续巩固、深化防控成果，决不让来之不易的校园防控形势发生逆转。

二、防控措施

（一）严格人员管理

1. 建立离校学生"一人一档"信息台账。通过发放离校通知向学生、家长告知离校注意事项和暑期居家疫情防控要求，确保离校学生底数清、返家行程可追踪、家校协同有反馈，精准有序组织学生离校。要组织召开安全教育专题会议，对春季学期未返校学生，要逐人通知暑期居家疫情防控要求并督促落实。

责任单位：学生工作部（处）、团委，各教学单位、研究生培养单位

2. 摸清底数，建立留校学生"一人一档"信息台账。暑期学生公寓实行封闭管理，留校学生外出须按规定履行请销假手续。加强对留校学生的组织，结合本科生"强基计划"，充分利用暑期时间，科学合理安排留校学生开展校园文化活动，补足学生在外语知识、写作水平、创新创业、资格考试、体质健康等方面的短板弱项。组织好学生"三下乡"暑期社会实践，强化实践育人成效。安排好假期学习教室、自习室和阅览室。及时关注学生健康状况，若发现发热症状学生，要及时就医，明确诊断，一旦出现疫情情况，应当立即向学校疫情防控领导小组报告，并配合做好相关处置工作。

责任单位：学生工作部（处）、团委，教务处，校医院，各教学单位、研究生培养单位

3.严格执行师生外出离兰请销假制度。建立教职员工"一人一档"信息台账，精准掌握行踪信息；在校工作的教职员工尽量实行"两点一线"上下班模式。全体师生要减少不必要外出，原则上不前往国外和国内中高风险地区、不跨省域长途旅行，如确需离兰外出，须严格履行请销假手续。

责任单位：学生工作部（处）、团委，组织人事部，教务处，各教学单位、研究生培养单位

4.全面落实省教育厅关于涉外人员疫情防控工作的系列工作安排，统筹做好外籍人员和我校在国（境）外留学人员的日常管理、教育教学、服务引导、人文关怀等工作。

责任单位：国际合作交流处，组织人事部，各相关单位、研究生培养单位

（二）落实"四早"措施

1.早发现。落实图书馆、教学楼等重点公共场所体温检测措施，保持办公室、教室、食堂等公共场所室内常通风，宿舍间不串门，切实减少非必要的聚集性活动。做到对确诊病例、疑似病例、无症状感染者的"早发现"。

责任单位：校医院，后勤管理处，各相关单位

2.早报告。一旦发现异常情况，须立即向校医院报告；居住在校外的师生员工和居住在校内的非师生员工，应严格遵守当地街道和疾控部门的相关规定，不得瞒报、漏报、迟报。

责任单位：校医院

3.早隔离。及时对确诊病例、无症状感染者及疑似病例进行隔离，密切接触者实行14天集中隔离医学观察。尽最大可能降低感染风险。

责任单位：校医院

4.早治疗。按照属地管理原则和省市县疫情防控文件规定，配合做好相关工作。

责任单位：校医院

（三）全力维护校园安全稳定

1.教育引导师生遵守学校门卫制度，教职员工须凭教工卡、学生须凭学院（学部、研究院）请假单进出校园；校内施工人员按照"谁管理，谁负责"的原则，持施工管理部门办理的出入证进出校园；校外人员一律不准进入校园，确因工作来访的，做好备案、核验、登记等工作；加大校园（含家属区）的巡逻巡查力度。

责任单位：基建处，保卫处，各相关单位

2.严格落实食品安全管理制度，定期开展食品安全隐患排查，规范食品加工制作流程和分区管理。加强实验室安全管理，严格执行实验室准入制度。抓好防火防汛工作。

责任单位：后勤管理处，实验教学部，保卫处

（四）统筹兼顾做好各项工作

1. 充分利用假期开展社会调查、科学研究、下学期教育教学工作准备等；要树立学习意识，合理安排学习活动，通过温习专业知识、广泛阅读书籍、学习备考等方式全面提升自我，使假期学习成为在校学习的有力补充。

责任单位：科研处，学生工作部（处）、团委，教务处

2. 持续推进人才引进工作，加强人才队伍建设，做到不停档、不断线，成熟一个、报告一个、研究一个。

责任单位：组织人事部，相关教学单位

3. 进一步加强毕业生就业服务工作，密切与毕业生联系，掌握就业动态，推动学生抓紧就业。

责任单位：学生工作部（处）、团委，各学院（学部），研究生培养单位

4. 按照"错区域、错层次、错时、错峰"原则，协同配合、认真谋划，提前制定、适时启动秋季开学工作方案和迎新工作方案，合理安排各类学生返校报到时间。新生录取后，招生办公室要及时向学生工作部（处）移交数据库，学生工作部（处）及时将其纳入常态化疫情防控范围，实施健康管理。做好线上或线上线下相结合的教学准备，科学制定"一院一策、一院多策"教学方案。

责任单位：学生工作部（处）、团委，教务处，研究生处，各教学单位

5. 持续开展校园爱国卫生运动，确保师生健康和校园公共卫生安全。完善清洁消毒设施设备和防疫物资保障，引导全校师生员工切实增强自身防护意识，养成勤洗手、多运动、用公筷等良好生活习惯，保持1米以上的社交距离；要随身携带口罩，在人员密集的封闭场所、与他人小于1米距离接触时佩戴口罩；在密闭公共场所工作的食堂员工、保洁员、司乘人员、宿管、保安、校医院工作人员和就医人员要佩戴口罩。

责任单位：爱卫会，国有资产管理处，后勤管理处，保卫处，校医院

6. 扎实有序做好70周年校庆准备工作，各工作组和责任单位要团结协作、密切配合，增强责任感、紧迫感，统筹兼顾，处理好校庆与常态化疫情防控的关系，圆满完成70周年校庆各项任务。

责任单位：校庆办，各工作组

7. 推进全国文明城市创建工作。积极落实开展"公益宣传、文明示范、志愿服务、文明实践、诚信治理、环境清洁"六大行动，加大专项整治力度，着力打造文明整洁有序的校园环境。

责任单位：宣传部，学生工作部（处）、团委，爱卫会

8. 认真做好假期值班工作。相关部门做好两校区值班。严格落实24小时值班制度。严格执行每天14∶30-16∶00的"零报告"制度，带班领导和值班人员做到在岗、在位、在状态。对因瞒报、迟报、漏报、谎报、错报等造成重大经济损失、重大舆情事件等的，依规依纪追究责任。

责任单位：学校办公室，保卫处，学生工作部（处）、团委，后勤管理处，纪监审办公室，各相关单位

三、组织保障

（一）加强组织领导。要落实主体责任，坚持依法防控、科学防控、联防联控，加强医疗物资动态储备，提升防控和应急处置能力，严格落实常态化防控各项措施要求。要因地制宜、因时制宜，不断完善疫情防控应急预案和各项配套工作方案，实施精准防控。

（二）加强沟通协作。学校应对新冠肺炎疫情防控领导小组办公室、各工作组要建立常态化长效防控机制，密切协作，履职尽责，持续抓好疫情防控各项工作。要切实做好应急值班值守，确保应急突发疫情快速协调处置。

（三）加强督导检查。要加强对密集场所常态化疫情防控落实情况的督导检查，力戒形式主义、官僚主义，一旦发现违规行为，立即督促整改。要把"严"字贯穿始终，突出抓好重点地区、重点人群、重点节点、重点事件，防输入、防反弹、防突发、防松懈，着力完善常态化疫情防控机制，确保校园绝对安全、万无一失。

西北民族大学疫情防控期间研究生教育教学工作方案

为贯彻落实党中央、国务院关于新型冠状病毒感染的肺炎疫情防控工作的有关精神，根据《教育部应对新型冠状病毒感染肺炎疫情工作领导小组办公室关于在疫情防控期间做好普通高等学校在线教学组织与管理工作的指导意见》《国家民委关于进一步落实委党组部署统筹安排好疫情防控期间教育教学工作的通知》《甘肃省学位委员会 甘肃省教育厅关于做好疫情防控期间研究生教学和管理工作的通知》《甘肃省教育厅 甘肃省通信管理局关于做好疫情防控延期开学期间网络教育有关工作的指导意见》等文件要求，结合学校实际，制定疫情防控期间研究生教育教学工作方案。

一、总体要求

（一）充分利用线上教学的优势，以信息技术与教育教学深度融合的教与学改革创新，推进学习方式变革，提高教学效率、保证教学质量、完成教学任务。在疫情防控期间，按照"停课不停学、停课不停教"的要求，因课制宜采取多样方式，教师开展线上教学，导师开展远程指导，方便学生自主灵活学习，有序有效开展课程教学，做到"标准不降、学习不停、研究不断"。保证疫情解除学生返校后，可迅速切换为正常教育教学方式。

（二）改进工作方式，采用线上提交，网上审批，通讯评审、在线视频等多种形式推进学位工作，要求研究生以诚实守信、严谨认真的态度完成学位论文的撰写、修改完善和材料申报工作，积极通过网络、电话等通讯工具与导师保持沟通，导师要加强学术指导，把好学位论文的意识形态和质量关，保障学位论文质量。

二、研究生教学工作

（一）在线教学工作组织

疫情防控期间各项研究生教学工作于3月2日正式开展，各学院制定好课程在线教学预案，先期做好2020年3月2日至3月29日（即校历第1-4周）线上开课的各项准备工作。学院组织任课老师根据课程内容合理选择教学方式，充分利用直播授课、录播授课、研讨授课、视频会议、电子邮件、微信群等各种信息化方式，任课教师远程指导与学生自主灵活学习相结合，确保完成教学任务。2月20日前各任课老师确定网络教学或教学指导方式、提出课程教学要求和学习安排，提供学习建议、阅读要求、学习材料等，学院负责审核课程教学资料，并将所有课程的教学方式汇总后报送研究生处培养科。同时，各学院须对本学期所有教师任课情况进行排摸，及时掌握确因疫情不能按时授课的教师名单，做好预案。

（二）在线教学方式

1. 直播授课：教师按照课表时间在线授课，学生在线实时观看学习。

2. 录播授课：教师提前录制讲课视频或配语音解说的课件（PPT课件或手写课件），发送给学生；教师定时（一般应在课表时间，特殊情况开课后与学生约定时间）开展线上答疑等，学生按要求完成学习（包括上传作业）。

3. 慕课授课：教师利用中国大学MOOC、学堂在线等慕课平台上现有的慕课资源（包括教师自己制作或者利用其他在线慕课）授课。学生可以按教师要求学习，完成作业。

4. 研讨授课：教师提前将学习资料发送给学生，提出详细具体的学习要求；教师定时（一般应在课表时间，特殊情况开课后与学生约定时间）开展线上答疑、讨论；学生按教师要求完成学习任务。

5. 其他形式授课：教师还可通过视频会议、微信群、电子邮件等多种方式开展网络教学。

6. 延期授课：个别课程确实无法采用远程方式授课，在不影响研究生整体培养进度的前提下，经任课教师和学生同意，可以延期授课。

所有任课教师须从上述授课方式中选择一种方式，对疫情防控期间的教学内容做出明确安排。

（三）在线学习质量要求

1. 计划开展在线课程教学的任课老师应尽快熟悉各种网络教学平台和在线授课方式，并根据线上教学要求及时上传教学资料，迅速完成在线课程的建设，任课教师应及时主动与研究生共享课件、讲义、文献资料等教学资源，确保在开学前做好各项教学活动的准备工作。

2. 研究生线上教学工作按照2019-2020学年第二学期研究生课程安排计划进行。任课教师应加强学生线上学习的过程管理，利用同步课堂、直播教学等方式开展好线上教学、线上讨论、答疑等课堂教学活动，布置在线作业，进行在线测试等学习考核，保证线上线下课堂教学质量实质等效，学生考核资料应存档备查。

3. 在线课程开放期间，学生应按照任课老师要求认真参加网络课程学习，完成好各项学习任务，包括观看课程视频、提交作业、参与课程讨论答疑、参加课程考核等。

三、研究生学位工作

（一）研究生毕业资格审核工作

2020届硕士研究生毕业资格审核全部通过"研究生管理信息系统"进行，要求各培养单位严格按照系统操作流程开展审核工作，相关纸质材料待正式开学后补报。博士研究生毕业资格审核材料中需报送的发表论文，改为提交电子版，可以是论文原件的照片、扫描件或从知网上下载的论文原件的 PDF 等，其中发表的 SCI 论文需提交论文检索单照片或扫描件。论文电子版需清晰显示发表论文的刊物名称、期号、作者姓名及单位等信息。毕业生科研创新项目结项改为提交电子版结项，需结项的毕业生提交结项报告和发表论文的电子版进行审核，纸质材料返校后补齐。

（二）学位论文预答辩工作

学院负责组织开展 2020 届研究生学位论文预答辩工作，研究生指导教师通过网络、视频等方式，认真评阅学位论文并指导学生修改论文；各研究生培养单位须在 3 月 31 日前完成学位论文预答辩工作，在疫情防控和延期开学期间可采取通讯预答辩（包括电子邮件、电话、视频等）方式进行，做好预答辩材料或视频材料保存。

（三）网络检测工作

2020 届毕业研究生学位论文网络检测工作由各学院研究生干事负责，在 4 月 10 日前通过"检测系统"完成，学位论文检测结果处理按相关规定及各学院制定的《学位论文学术不端行为检测处理意见》执行。学院和导师要对检测结果中"文字复制比"较高的论文进行严格审查，发现疑似抄袭的论文要严肃处理，检测未通过的不能进行论文送审和答辩。

（四）学位论文评阅工作

学院对所有 2020 年申请学位的博士、硕士论文（包括研究生处抽检的匿名评阅论文）开展学位论文匿名评阅工作，研究生处对博士和随机抽取的硕士学位论文进行抽审。以往学位论文抽检中存在问题的论文、匿名评审不合格、答辩未通过的申请者均必须参加此次匿名评审，不在随机抽取范围内。学位论文评阅结束后，各学院将《西北民族大学研究生学位论文评阅意见汇总表》电子版报送研究生处学位科，按照《西北民族大学研究生学位论文工作管理办法》通过论文评阅的，方可参加论文答辩。

（五）学位论文答辩

根据疫情防控进展情况和教育部相关工作部署，研究生处将及时发布学位论文答辩具体要求和时间安排，各学院应适时组织对评阅合格学位论文的答辩，保证答辩工作顺利开展。延期开学期间不组织学位论文答辩。

四、实习实践工作

在疫情防控期间，各学院暂停组织研究生参加各类社会实习、实训、实践等活动，相应的社会实习实践应根据开学延迟时间做好调整和统筹安排，具体另行通知。

西北民族大学新冠肺炎疫情防控期间学生返校工作方案

为做好新冠肺炎疫情防控期间学生管理及返校工作，根据教育部、国家民委、甘肃省教育厅等有关文件精神，特制定西北民族大学新冠肺炎疫情防控期间学生返校工作方案。

一、工作原则

学校学生返校工作，坚持"疫情不解除不返校、学校疫情防控物资和相关条件未准备到位不返校、学生所在地政府管控措施未解除不返校"原则，根据甘肃省教育厅"先本地后外地、先近处后远处、先低年级后高年级、先本科生后研究生、先无病例地区后有病例地区"要求，充分考虑学校生源分布、专业教学特点、学院学生数量等综合因素，统筹安排学生错峰返校。

二、组织领导

学生返校工作由学校新冠肺炎疫情防控工作领导小组（以下简称"领导小组"）统一领导；根据返校工作要求，成立综合协调、信息统计、条件保障、宣传引导、返校接站、公寓管理、应急处置 7 个工作组，具体负责学生返校工作。

（一）综合协调组

工作任务：协调各工作组完成工作任务，督促工作落实，处置突发事件。

组　长：王彦斌

成　员：冶生贵、李志强、段小强、原牧

联络员：果建业

（二）信息统计组

工作任务：负责疫区疫情信息、出行信息、管控信息统计工作；负责统计、汇总、核实、报送返校前、返校期间学生健康状况、行程安排、到校时间站点等信息；负责工作动态、工作资料的汇编报送；保障校园网络畅通，负责学生健康打卡系统与服务器的管理维护。

组　长：李辉

成　员：久美道杰、田富鹏、马鸿波，各学院、研究院、学部负责人

联络员：孙向涛、赵鑫

（三）条件保障组

工作任务：负责学生返校所需物资采购、车辆调度、校园卫生防疫、安全检查等工作。

组　　长：马世俊

成　　员：马国柱、马志学、杨朝继、杨永昌、刘丽江，各学院、研究院、学部负责人

联络员：卢敏、陈倩

（四）宣传引导组

工作任务：负责宣传学校返校工作安排、路途疫情防疫知识，引导学生正确认识错峰返校重要性，引导舆论，宣传典型，营造氛围。

组　　长：石迎春

成　　员：韩瑛、许国栋、马丽英

联络员：胡俊

（五）返校接站组

工作任务：负责错峰返校期间机场、火车站、汽车站接站工作。

组　　长：李辉

成　　员：冶生贵、刘曜、马莉、刘丽江

联络员：于凌霄、咸金龙、朱学明、刘承宙、仁钦东珠、伊里哈木江（当批所涉及学院领导及工作人员）

（六）公寓管理组

工作任务：负责学生返校入住、出入体温检测、入住统计、信息反馈等工作。

组　　长：李辉

成　　员：冶生贵、马鸿波、格尔勒（当批次返校涉及学院领导和工作人员）

联络员：晁代发

（七）应急处置组

工作任务：负责学生返校期间出现的疑似病例、校园人员聚集等突发情况的处置。

组　　长：王彦斌

成　　员：刘丽江、齐卫权、杨永昌、马志学

联络员：陶昱彤、贾曼

各学院、研究院、学部应成立由学生工作领导小组为主体，包括辅导员、班主任的疫情工作领导

小组负责落实各项工作要求。

三、工作安排

（一）错峰返校

学生返校拟定＊月＊日开始，＊月＊日结束，具体如下：

到兰时间	学院、研究院、学部	总人数
第一批（＊月＊日）	电气工程学院、生命科学与工程学院（含住宿榆中校区的研究生57人）	3520
第二批（＊月＊日）	数学与计算机科学学院、化工学院（含住宿榆中校区的研究生66人）	3885
第三批（＊月＊日）	土木工程学院、教育科学与技术学院、管理学院	3810
第四批（＊月＊日）	新闻传播学院、体育学院（含住宿榆中校区的研究生113人）、经济学院、民族学与社会学学院	3918
第五批（＊月＊日）	外国语学院、历史文化学院、汉语言文学学院、法学院	3472
第六批（＊月＊日）	中国少数民族语言文学学院（藏语言文学系、蒙古语言文学系、维吾尔语言文学系）、预科教育学院	2623
第七批（＊月＊日）	医学部、音乐学院、舞蹈学院、美术学院	3506
第八批（＊月＊日）	住宿西北新村校区全体研究生	1493
第一临床医学院（银川）学生（含研究生）按当地规定和要求由该院酌情安排。		414
累计返校人数		26641

注：因目前甘肃省具体返校时间还未通知，开学时间以＊代替，待甘肃省教育厅发布通知后学校再做具体时间安排。

方案暂按学校学生总数错峰安排返校，湖北省和其他重点疫区学生返校根据疫情发展和当地政府规定适时安排。

（二）工作环节

1.返校前的防控与准备工作

（1）确定正式开学时间后，第一时间通过各种媒介通知学生错峰返校时间及有关安排；各学院、研究院、学部通过辅导员、班主任与学生联系，逐一准确通知各自学生的返校时间，便于学生提前购票，有序返校。

（2）学生返校前三天，通过民大青年APP学生健康打卡系统统计学生返校的具体行程、健康状况等最新信息；辅导员、班主任与每一位学生直接联系，核准有关信息，并登记造册，报学生工作部（处）、团委；同时告知学生返校途中防护要点和注意事项。有异常情况随时报送学生工作部（处）、团委、学校总值班室及学校疫情防控领导小组办公室。

（3）有以下情况之一者一律不返校：

①近期出现不明原因发热、咳嗽、呕吐、乏力、咽痛、腹泻等身体症状体征者。

②近两周与疑似、确诊患者有接触史。

③被地方医疗防疫部门集中观察和就诊的人员。

（4）学生工作部（处）、团委汇总全校返校学生数据，提前向后勤管理处、校医院反馈，做好车辆调度、卫生防疫准备工作。接站人员按实时数据做好接站准备工作。

2. 返兰途中的防控

（1）学生返兰期间，学生工作部（处）、团委、各学院、研究院、学部负责人和辅导员、班主任全员在岗，随时跟踪学生返校动态。

（2）返兰途中学生出现发热、咳嗽等疑似症状，由交通部门按疫情防控程序规定处置。各学院、研究院、学部要第一时间掌握信息并上报学校疫情防控领导小组办公室，对学生突发情况学院领导、班主任要紧盯不放、实时跟进关注，每日动态上报。

3. 返校接站工作

（1）错峰返校期间计划在中川机场、兰州火车站、兰州西站、榆中高铁站、原夏官营火车站、客运中心、汽车东站、汽车南站、汽车西站、汽车北站设立返校学生接站点。

（2）各接站点做好车辆停靠、秩序维护、学生身份验证、体温测量和车辆信息登记，保障有序乘车；根据学生返程信息情况，设立24小时接站点确保学生及时离站到校；每辆接站车安排2名工作人员对学生进行初次体温检测和统计。学校医院做好发热或有疑似症状学生诊断、分检隔离观察各项准备。

（3）对于乘坐私家车或以其他方式返校的，学生必须提前报告，私家车和陪同家属一律不得入校；学校在校门处进行身份核验和体温检测并回收旧口罩，合格后方可进入学校。

4. 入公寓前检测

返校学生进入校园，在学生公寓门口设置体温检测点，对每一名学生再次进行体温检测，登记造册；如发现症状，第一时间由应急处置组进行诊断、分检和隔离留观，上报学校疫情防控领导小组办公室；在各宿舍楼设立口罩回收专用箱。

（三）日常管理与保障

学校购置准备足够数量的疫情防护物资，口罩按每生每天2个，按14天计，额温计按每100名学生配备一个准备。教务处、研究生工作处、学生工作部（处）、团委、后勤管理处、校医院等单位根据学校总体方案和部门工作安排认真做好返校后各项工作，做到严格管理，确保校园安全、工作规范有序。(各单位工作方案工作计划见附件)

四、工作要求

(一)提高政治站位,落实主体责任

各单位主要负责同志要切实提高站位、统一思想,增强"四个意识",坚定"四个自信",做到"两个维护",全面落实主体责任;要深刻认识疫情防控的严峻形势,把学生生命安全和健康放在第一位,把疫情防控作为当前最重要的工作来抓;严格落实学校党委疫情防控的工作要求,主动认领学校学生返校工作部署安排,认真制定疫情防控期间本部门学生返校及管理工作方案,明确措施,责任到人,抓好落实。

(二)强化全局意识,加强沟通协调

各单位要增强大局意识和全局观念,履好职、担起责,坚决服从党中央统一指挥、统一协调、统一调度,做到令行禁止。根据学校党委统一部署,做好各部门间的信息沟通和工作协调,确保学生返校前后各项工作有序开展,切实保障全体学生的身体健康和生命安全,维护校园和谐稳定。

(三)严明纪律规矩,严肃责任追究

各单位必须严明纪律,严守规矩,层层压实责任,坚决服从学校返校工作的部署安排,严格执行,不打折扣。因个人工作失误,影响学校整体工作者,报学校纪检监察部门严肃处理。

西北民族大学疫情防控期间本（预）科在线教学工作实施方案

为贯彻落实习近平总书记关于坚决打赢疫情防控狙击战的重要指示精神，针对新冠肺炎疫情对学校正常开学和课堂教学造成的影响，根据《教育部应对新型冠状病毒感染肺炎疫情工作领导小组办公室关于在疫情防控期间做好普通高等学校在线教学组织与管理工作的意见》（教高厅〔2020〕2号），结合学校实际，制定2020学年春季学期本（预）科在线教学组织与管理实施方案。

一、组织领导

学校成立在线教学工作领导小组，负责疫情防控期教学工作总体安排。

组　　长：邓光玉、郭郁烈

副组长：王彦斌、李辉、石迎春

成　　员：教务处、组织人事部、学生工作部（处）、教师教学发展中心、信息化建设与服务中心、各学院（部）主要负责人、业务副院长

领导小组下设办公室，负责组织实施疫情防控期间教学工作。

主　　任：段小强

办公室成员由教务处、教师教学发展中心、信息化建设与服务中心相关人员及各教学单位分管教学的副院长组成。

二、基本原则

充分发挥教师的主导作用和学生的主体作用，积极开展线上授课和线上学习，以信息技术与教育教学深度融合的教与学改革创新，推进学习方式变革；坚持学生不离家、不返校，教师不停教、学生不停学，教学管理不放松、教学质量不降低的原则。

三、总体要求

在学校党委和行政统一领导下，教务处负责制定学校本（预）科在线教学工作总体方案，各学院（部）根据学校要求，做好在线教学组织与管理工作，确保学校本（预）科按原定开课时间（2020年3月2日）启动教学，原则上按照教学计划落实各项教学任务，重修课将根据学校实际开学时间顺延

开展。

教师准备线上教学时，务必要以任课教师的教学资料为主体，教学内容必须紧扣课程教学大纲，讲授内容以教师选用教材、讲义、教案为主，也可适当选用与课程相匹配的慕课资源为辅助开展混合式教学，同时借助超星、雨课堂等网络学习平台（工具）开展教学，确保疫情防控期间线上教学工作平稳有序开展。待疫情解除学生返校后，学校将适时切换到正常教学模式。

（一）课程教学安排

线上教学课程包括2020年度春季学期全部本（预）科生课程。授课教师要紧紧围绕课程教学大纲要求，科学制定教学安排。

1. 理论课

（1）通识平台选修课授课方式不变，已选课学生仍使用学校超星尔雅学习平台，完成线上视频学习，系统记录学生所有线上学习行为，作为认定学分的依据。

（2）对于学校已有的在线课程资源，由任课教师根据教学计划安排实施混合式教学，以视频学习、讨论互动、直播授课等方式组织教学。

（3）充分利用中国大学MOOC、超星尔雅、学堂在线等开放平台的线上优质慕课，由教师采用混合式教学模式上课。学生线上学习慕课资源，教师组织线上互动和直播。在疫情防控期间完成教学任务的，可以组织线上课程考核，也可以待返校后组织课程考核。在疫情防控期未完成教学任务的，返校后按照常规教学模式接续完成教学任务。

（4）无法获得慕课资源的课程，教师可根据专业、课程特点及对平台工具的熟悉程度，选用网络教学平台上传教学大纲、教案、课件等，开展直播授课、互动研讨、线上作业等教学形式，落实形成性考核。

（5）学校提倡以教学团队、课程组等形式协同合作、朋辈互助，发挥优势，帮助计算机应用及现代教育技术能力不足教师全面落实网络教学任务，进一步提高线上教学能力和课程建设质量。

（6）各任课教师要利用好线上教学平台积极教书育人，增强"四个意识"，坚定"四个自信"，做到"两个维护"，坚持"以本为本"，践行"四个回归"，做好学生的思想政治工作，重视学生心理健康疏导，重视学生安全教育，科学防护、战胜疫情。

2. 特别类型课程

（1）思政类课程：马克思主义学院制定详细教学方案和考核方案。

（2）大学英语：外国语学院制定详细教学方案和考核方案。

（3）公共体育：体育学院制定详细教学方案和考核方案。

（4）数学类、计算机类公共课程：数学与计算机科学学院制定详细教学方案和考核方案。

（5）大学语文：文学部制定详细教学方案和考核方案。

（6）普通物理：电气工程学院制定详细教学方案和考核方案。

（7）教育学、心理学公共课程：教育科学与技术学院制定详细教学方案和考核方案。

（8）应届班课程：各开课单位可根据实际情况作出必要的时间安排和内容调整，制定在线课程学习学分互认预案，也可视疫情情况酌情减免应届生应修读的实践创新学分，切实保障学生学业不受疫情影响。

（9）艺术、体育、设计、实操类课程：开课单位指导任课教师根据授课计划，适当调整授课内容，采取直播交流、指导学生在线自主学习、讨论答疑、布置安排作业等方式合理开展教学与考核。

（二）教学准备

针对疫情防控需要，各开课单位要合理调整、统筹安排 2020 学年春季学期课程教学计划。

1. 各开课单位主要负责人、分管责任人、各教研室主任应督促任课教师在相应教学平台创建在线教学班。各在线教学班群聊不得发布与教学无关的信息。

2. 线上教学课程，上课时间和修读学生名单，原则上应与学校教学管理信息系统保持一致，线上教学期间不得随意更改教学时间及调换老师，如需更改，须履行相关调课手续，报教务处备案。

3. 任课教师依据专业人才培养方案，结合课程教学要求、学生人数等，制定每门课程的线上教学方案，要求任课教师先对前四周教学内容（3月2日—29日）作出明确安排，并提前准备两周线上教学材料，至少包括课程名称、授课教师、授课时间、授课平台、授课方式等，经开课单位审议后公布并提交教务处备案。

4. 各开课单位组织相关教师整理好课程电子教材、教案、课件、作业、推荐参考文献等教学资料，上传至相应网络教学平台，为网络授课做好准备工作。对于在公开慕课平台可以匹配的课程，教师可参考在线资源辅助开展线上+直播混合式教学。

5. 所有学生要及时关注学校、学院（部）工作动态及班级、课程群等各项通知，在任课教师、班主任、辅导员的指导下，制定学习计划、积极自主学习，主动通过网络、电话等方式向任课教师或导师请教，不能因新冠肺炎（NCP）疫情影响学业。

6. 任课教师如因疫情不能及时返校、隔离观察、生病治疗等特殊原因，不能开展线上教学的，由开课学院临时调换任课教师或调整开课安排，全力保障落实教学工作任务。

7. 对因条件限制、身体或学习困难等导致无法完成线上学习的学生，各开课单位应认真摸清情况，建立学生帮扶清单，主要通过信息技术手段，加强朋辈互助、同辈帮扶和心理辅导，多方协助学生开展学习并完成学业。

（三）教学开展与组织

1. 课前：发布学习任务。使用慕课资源开展线上+直播混合式教学的教师，课前发布慕课视频观看、章节测验、文档阅读任务；不使用慕课资源开展直播教学的教师，通过相关网络教学平台在课前发布讨论、阅读相应文献资料等教学任务。

2.课中：开展直播授课。可利用相关网络教学平台等 APP 发布课件，教师直播授课，并开展主题讨论、抢答、测验等课堂活动，学生做好课堂笔记。

3.课后：讨论答疑。可布置作业、发布讨论、课外阅读，各开课单位应组织教师团队在线为学生答疑。

（四）教学评价与质量保障

1.设置考核权重。各开课单位组织教师研讨决定课程考核权重，权重可由观看视频、参与讨论、作业、考勤、课堂笔记、读书笔记、考试等形成性评价与终结性评价的比例组合构成。

2.记录并反馈教学与评价数据。使用相关网络教学平台课程的教学班，教学过程中各项教学数据将实时记录在相关网络教学平台后台，教务处将定期向各开课单位反馈教学数据。使用其他平台开展教学的，由任课教师在相应平台获得教与学数据留存与备案。

（五）培训与服务

教务处、教师教学发展中心提供疫情期间中国大学 MOOC、超星学习通、学堂在线（雨课堂）网络教学平台操作指南，并组织开展线上培训。在线开课期间，技术人员将实时为开课教师提供技术支持，以保障教学顺利开展。

四、实习、实践（验）课程教学安排

（一）实习、实践：疫情解除前，学校不再新安排一切校外实习、实践、实训活动，包括以分散形式进行的毕业实习，重启时间视疫情发展另行通知；暂停各类学科竞赛的集中培训活动，尽量采用线上方式进行学习；临床医学专业已在岗实习的学生要切实做好安全防护，严格遵守学校和实习单位各项管理规定和要求；原计划进行的寒假社会实践活动可推移到下一学年或下一学期进行，各开课单位须根据专业特点制定详细方案，经学院（部）教学委员会审议通过后报教务处备案；

（二）实验类课程：各开课单位要充分利用好国家虚拟仿真实验教学项目共享平台免费提供的 2000 余门虚拟仿真实验课程资源尽可能地开展实验教学，掌握仪器使用、熟悉操作流程，并提供在线实验教学支撑和教学考核管理，为返校后提高实体实验排课密度创造条件；原计划开学第一周完成的实验教学安排，由各学院（部）根据教学计划调整、统筹情况作出详细安排，实行分阶段排课；前四周实验教学课表报教务处审核后实施，其余实验教学安排待疫情解除学生返校后一周内提交。

（三）毕业论文（设计）：为确保应届生按时完成毕业论文（设计），各教学单位应安排指导老师充分利用网络技术开展远程指导，要求学生主动与指导老师联系；确需实验、实践、调研等数据支撑的毕业论文（设计）选题，要求学生及时与指导老师协商做好选题调整，尽力做好可能的先期各项工作，以便条件允许时能够尽快完成毕业论文（设计），同时做好后续开题、答辩等相关预案。

五、工作进度安排

（一）学校《西北民族大学疫情防控期间本（预）科在线教学工作实施方案》印发后，各教学单位依照学校总体工作安排部署，制定本单位在线教学工作实施方案。

（二）2月13日，各教学单位组织召开会议（可采取视频会议等多种方式），安排部署工作任务，启动在线教学培训（2月14日—19日为前期培训阶段）。各单位务必做到教职工全员覆盖，参加会议人员及安排部署情况于2月14日报教务处备案。

（三）2月20日，各教学单位报送教职工阶段性培训学习情况，包括任课教师对相关网络学习平台、慕课资源学习及拟选用情况，教学、学生管理人员对各类网络学习平台的熟悉掌握情况。

（四）2月21日，各教学单位报送本单位在线教学工作实施方案，学校在线教学工作领导小组办公室审定后执行。

（五）2月23日，各教学单位报送分专业每门课程教学组织详细信息，教务处审定。

（六）2月24日，各教学单位召开本单位学生工作会议（可采取视频等多种方式），详细说明开课、组班情况，确保所有学生全覆盖。

（七）2月25日，各教学单位报送分专业任课教师网络学习平台、线上教学方式正式选用情况，各授课班级组建情况。

（八）2月26日，任课教师完成前两周教学资料的上传工作，开始进行在线教学模拟测试（2月26日-2月27日），解答学生疑问。每位教师每门课程至少模拟测试2次以上，各教学单位要认真督查教师模拟测试情况，及时解决存在的问题，确保在线教学工作顺利实施。

（九）2月28日，各教学单位将任课教师线上教学模拟测试情况报教务处。

各教学单位具体实施方案及相关材料（电子版）报送至教务处教学运行科。

联系人：郎文星（电话15117001109，邮箱116547252@qq.com）；赵松（电话15002644832，邮箱1982234664@qq.com）。

有关网络教学平台培训可咨询学校教师教学发展中心。联系人：肖同梅，电话13919291837。

西北民族大学新冠肺炎疫情防控期间学生管理工作方案

为切实保障返校学生身体健康，防止疫情在校园蔓延，按照党中央、国务院关于新冠肺炎疫情防控工作有关要求，根据国家民委、教育部、甘肃省委安排部署，依据《西北民族大学新型冠状病毒感染的肺炎疫情防控工作预案》，特制定西北民族大学疫情防控期间学生管理工作方案。

一、总体要求

坚决贯彻习近平总书记关于疫情防控重要批示指示精神和党中央、国务院决策部署，认真落实国家民委、教育部、甘肃省委和省教育厅工作要求，坚持"五个一律"原则，切实完成好学校党委制定的关于疫情防控的各项任务措施，依法依规、合理应对、有力有序推进疫情防控工作，将学生生命安全和身体健康放在第一位，以高度的政治责任和强烈的使命担当，全力做好疫情防控期间学生管理工作，切实做到"严防扩散、严防爆发、确保一方净土、确保生命安全"，坚决打赢校园疫情防控阻击战。

二、组织领导

学生返校及返校后日常管理工作由学校新冠肺炎疫情防控工作领导小组（以下简称"领导小组"）统一领导，领导小组办公室下设学生工作组具体负责。

三、管理措施

（一）做好疫情防控假期相关工作

及时向学生传达习近平总书记关于疫情防控重要批示指示精神和党中央、国务院、国家民委、教育部、甘肃省委和省教育厅工作要求；加大新闻宣传和舆论引导，传播正能量弘扬主旋律，选树典型，为武汉加油为中国加油；根据学校疫情防控总体工作方案细化学生管理措施，统计核准学生信息，发出致青年学子一封信，加强学生健康信息线上线下统计；明确责任、细化分工、措施到人，确保疫情防控期间就业、心理、资助、志愿服务等各项工作不断线。[责任单位：学生工作部（处）、团委]

（二）做好学生返校工作方案确保学生安全返校

根据教育部和甘肃省教育厅要求，在充分考虑学校生源分布、专业教学特点、学院规模搭配的基础上，按照先理工科学院后文科学院、先榆中校区后西北新村校区、先本科后研究生和疫区学生不返校的原则，制定学生返校工作方案并按照方案组织落实学生有序错峰返校。[责任单位：学生工作部（处）、团委，各学院、研究院、学部、校医院]

（三）开好第一次班会

开学第一次班会利用微信、QQ等网络平台线上召开，班主任逐一落实学生返校情况，做好新学期登记注册工作；班会除安排开学有关事宜外，重点强调疫情防控期间学生管理有关规定以及防控要求。[责任单位：各学院、研究院、学部]

（四）坚持晨午检工作制度

体温检测时间为早上8:30前、下午15:00前。体温检测采用线上线下同步进行，线上是指学生通过"民大青年APP"中健康打卡模块填报体温及其他事项，数据由学生工作部（处）、团委负责汇总并报校医院；线下是指各学院、研究院、学部以班级为单位由班主任具体负责监督学生进行体温检测，并将晨午检登记表填写汇总后，由各单位领导网上签字后上报学生工作部（处）、团委，学生工作部（处）、团委集中汇总后报校医院。学生出现疑似症状学生单位要第一时间上报学校疫情防控领导小组办公室（总值班室）和学生工作部（处）、团委，由应急处置组进行隔离、分检、留观并建立疫情信息管理台账。[责任单位：学生工作部（处）、团委，各学院、研究院、学部、校医院]

（五）公寓封闭式管理

疫情防控期间两校区28栋学生公寓全部施行封闭式管理，不得擅自外出、相互串访；非本楼住宿人员不得进入，如有特殊情况者，需严格审批后方可入内；公寓管理人员要指导学生每日对本宿舍至少进行一次消毒清扫；公寓楼电梯配备纸巾用于触控电梯按键，电梯每天由后勤管理处安排消毒3次；为进一步保证学生体温检查真实性，公寓管理人员随机深入宿舍进行体温抽检。[责任单位：学生工作部（处）、团委]

（六）学生"人盯人"管理

在全面摸清、准确掌握学生所在地区、健康状况等信息的基础上采取"人盯人"管理。对于来自湖北的学生主要由辅导员、团干、学生党员负责一对一的"人盯人"管理；对于其他学生由班主任、联系班级的机关领导负责一对多的"人盯人"管理，及时掌握和沟通情况。[责任单位：学生工作部（处）、团委，各学院，研究院，学部，联系班级的处级干部]

（七）严格执行请销假制度、因病缺勤病因追查与登记制度和复课查验制度

进校后学生不得擅自离开校园，确有特殊情况外出，学生须向所在学院请假限时外出；走读学生

需要向学院报备，学院派专人负责走读学生的日常管理，走读学生每日只允许进出一次校园；课堂考勤情况由任课教师第一时间反馈班主任，班主任核实情况后登记备案并报学院，学院按照以上相应制度对照执行。[责任单位：学生工作部（处）、团委，各学院，研究院，学部]

（八）加强正面宣传引导

疫情防控期间，要通过微信、微博、APP、抖音等各类媒体，及时宣传贯彻习近平总书记重要指示，积极落实党中央、国务院决策部署和教育系统落实进展，加大相关政策举措解读，教育引导师生党员在防控疫情工作中走在前、干在先、做表率；教育引导学生配合学校疫情防控管理工作，合理做好个人防护，公共场所佩戴口罩，不随意外出，不接触校外人员，主动做好晨午检，保持个人宿舍卫生；及时宣传教育战线落实中央部署要求的措施成效，深入挖掘宣传涌现出的感人事迹，全面展现广大师生干部团结一心、奋力战"疫"的精神风貌。[责任单位：党委宣传部]

（九）加强心理咨询服务

防控期间，心理咨询中心要密切关注学生心理、思想动态，特别是疫情较重地区学生的心理情况，进一步加强学生心理辅导与疏通工作，耐心细致的做好学生思想工作，消除不必要的紧张和恐惧心理，稳定学生情绪，妥善进行危机干预，坚定广大学子打赢疫情防控阻击战的信心和决心。[责任单位：学生工作部（处）、团委]

（十）加强值班管理

开学后，各学院、研究院、学部党政领导、工作人员落实好值班带班制度，严格辅导员入住公寓制度，加强对学生宿舍的检查巡查。特别是根据寒假期间建立的湖北籍学生和有过与湖北籍人员接触史的学生台账，配合校医院重点进行检查，严防严控，不留死角。对拒不配合检查的学生，进行劝服教育，情节严重的按照有关规定给与纪律处分。[责任单位：学校总值班室、学生工作部（处）、团委，各学院、研究院、学部]

（十一）暂停开展聚集性活动

除正常的课堂教学活动外，暂停一切人员聚集性活动。疫情防控志愿服务队等各类学生组织因工作需要尽可能减少直接与学生的面对面、近距离接触进行线上服务。[责任单位：学生工作部（处）、团委]

（十二）加强志愿服务工作

组建疫情防控工作青年志愿服务队，设立党员先锋队、团员先锋岗。加强志愿服务工作的组织、报名、选拔、培训及管理工作,引导学校广大青年志愿者和各级各类志愿服务组织科学、有序、专业开展疫情防控应急志愿服务工作。[责任单位:学生工作部(处)、团委]

四、协调保障

(一)后勤管理处做好学生返校接站的车辆保障,并做好卫生消毒工作;做好饮食、洗浴等学生基本生活的条件保障;学生返校前一周,做好校园卫生防疫和扫除工作,做好重点区域和场所卫生全面消毒,不留死角。

(二)资产经营公司保障学生超市正常营业,特别是保证学习、生活必需品齐全,尽量减少学生外出购物需求。

(三)校医院做好隔离、分检和留观工作必须的医疗物资和场所准备。设置独立隔离区,购置充足的口罩、橡胶手套、医用酒精、红外测温仪等防护储备物资;协助做好对返校学生接站人员、志愿服务队人员必要的培训工作,调配备足学生返校接站、日常管理、学生公寓管理工作人员的口罩、非接触型额温枪、体温计等物资。

(四)保卫处做好两校区门禁管理,要切实强化阵地意识,严格管控学校校门,校外无关人员和车辆一律不准进校门,师生进入校门一律核验身份和检测体温,对发烧咳嗽者一律实行医学隔离观察,不服从管理者一律严肃处理。

(五)图书馆合理安排开闭馆时间和馆内人员数量,避免大规模学生聚集图书馆。

(六)信息化建设与服务中心保障校园网络畅通、校园卡正常使用。为避免频繁使用校园卡带来的接触性风险,建议微信或支付宝扫码吃饭付款,做好学生管理、就业服务等各类平台服务器的维护。

(七)各学院、研究院、学部根据此方案,制定疫情防控期间本单位学生管理工作方案。

五、工作要求

各学院、研究院、学部、校属有关单位主要负责同志要切实提高站位、统一思想,增强"四个意识"、坚定"四个自信"、做到"两个维护",全面落实主体责任;要深刻认识疫情防控的严峻形势,把学生生命安全和健康放在第一位,把疫情防控作为当前最重要的工作来抓;要增强大局意识和全局观念,履好职、担起责,做好各部门间的信息沟通和工作协调,确保学生返校后各项工作有序开展;要严明纪律,严守规矩,层层压实责任,严格执行学校新冠肺炎疫情防控期间学生管理工作方案的要求;因个人工作失误,影响学校整体工作者,报学校纪检监察部门严肃处理。

西北民族大学传染病管理和疫情报告管理办法

第一条 为进一步加强校园传染病疫情报告管理，提供及时、准确、完整的监测信息，提高报告效率和质量，根据《中华人民共和国传染病防治法》和《执业医师法》等相关法律法规，制定本办法。

第二条 在校医院成立传染病管理和疫情报告管理小组。

组　长：刘丽江

副组长：赵国琴　赵兴荣　魁发瑞

组　员：张银霞　马玉萍　郑艳华　彭嘉瑞　郎万春　高静　曾茂兰　杨爱珍　饶新渭

第三条 传染病管理和疫情报告管理小组职责。

负责监督检查传染病管理工作，每年对上年度传染病管理工作进行总结评估，根据疫情监测情况及时调整次年度传染病管理的工作重点。定期检查传染病报告的及时性和准确性，核查学校医院门诊日志、住院登记本、检验科报告记录是否有漏报、迟报、瞒报的传染病病例。

第四条 传染病报告种类和时限。

（一）甲类（2种）：鼠疫、霍乱，报告时限为2小时。

（二）乙类（27种）：新型冠状病毒肺炎、传染性非典型肺炎、艾滋病、病毒性肝炎、脊髓灰质炎、人感染高致病性禽流感、麻疹、流行性出血热、狂犬病、流行性乙型脑炎、登革热、炭疽、痢疾、肺结核、伤寒、流行性脑脊髓膜炎、百日咳、白喉、新生儿破伤风、猩红热、布鲁氏菌病、淋病、梅毒、钩端螺旋体病、血吸虫病、疟疾、人感染H7N7禽流感，报告时限为24小时。

（三）丙类（11种）：流行性感冒、流行性腮腺炎、风疹、急性出血性结膜炎、麻风病、流行性和地方性斑疹伤寒、黑热病、包虫病、丝虫病、除霍乱、细菌性和阿米巴性痢疾、伤寒和副伤寒以外的感染性腹泻病，手足口病，报告时限为24小时。

（四）法定传染病以外的其它传染病：非淋菌性尿道炎、尖锐湿疣、生殖器疱疹、水痘、肝吸虫病、生殖道沙眼衣原体感染、恙虫病、森林脑炎、结核性胸膜炎、人感染猪链球菌、人粒细胞无形体病、不明原因肺炎、AFP、发热伴血小板减少综合症、中东呼吸综合症、埃博拉出血热，报告时限为24小时。

第五条 传染病的监测与报告。

（一）实行首诊医生负责报告制，根据要求详细、完整填写中华人民共和国传染病报告卡，并在规定的时限内交学校医院保健科进行网络直报。

（二）发现重大传染病疫情或疑似病例、群体性不明原因疾病，首诊医生必须在 1 小时内向校医院传染病管理和疫情报告管理小组组长报告。

（三）校医院传染病管理和疫情报告管理小组组长接到报告后，要立即通知小组成员赶赴现场，在诊治患者的同时要组织相关人员初步进行风险评估，并采取相应的消毒隔离措施。

（四）根据初步的疫情风险评估，由组长在 2 小时内向学校主管领导和学校总值班室报告，同时上报辖区疾病预防与控制中心。

（五）传染病的信息报告要及时、准确、全面，任何人不能擅自向外散布虚假信息。

第六条　特殊管理的传染病病种。对乙类传染病中的传染性非典型肺炎、炭疽中的肺炭疽、人感染高致病性禽流感及新型冠状病毒肺炎均采取甲类传染病的报告时限及预防和控制措施进行管理。

第七条　传染病报告的病例分类。

（一）疑似病例。

（二）临床诊断病例。

（三）实验室确诊病例。

（四）病原携带者。

第八条　分型报告的传染病。

（一）炭疽分为肺炭疽、皮肤炭疽和未分型三类。

（二）病毒性肝炎分为甲型、乙型、丙型、丁肝、戊型和未分型六类。

（三）梅毒分为一期、二期、三期、胎传、隐性五类。

（四）疟疾分为间日疟、恶性疟和未分型三类。

（五）肺结核分为利福平耐药、病原学阳性、病原学阴性和无病原学结果四类。

（六）伤寒分伤寒和副伤寒两类。

（七）痢疾分细菌性痢疾和阿米巴性痢疾两类。

（八）新型冠状病毒肺炎分轻型、普通型、重型和危重型四类。

第九条　传染病的订正报告。

（一）报告病例诊断变更、已报告病例死亡、填卡错误时，要重新填写传染病报告卡，卡片类别选择订正项，并注明原报告病名。

（二）对报告的疑似病例，应及时进行排除或确诊，并进行订正报告。

（三）转诊病例发生诊断变更、死亡时，由转诊医疗机构填写订正卡并进行报告。

（四）发现传染病报告卡信息有误或排除原来报告病例时要及时订正报告。

第十条　传染病的补报与查重。

（一）补报：责任报告单位发现本年度内漏报的传染病病例，应及时补报。

（二）查重：首诊医生在填报传染病报告卡时对一些慢性传染病（如慢性乙肝）要向患者询问清

楚，避免重报。保健科工作人员每日对报告信息进行审核，删除重复报告的病例。

第十一条 传染病报告管理。

（一）学校医院门诊日志填写要项目完整，包括姓名、性别、年龄、住址、职业、诊断、发病日期、就诊日期、初复诊日期。

（二）传染病登记要及时、全面。

（三）传染病报告卡填写要字迹清晰、地址详细、全面完整，14岁以下患儿要求填写家长姓名。

（四）学校医院出入院登记本的管理：病人入院后，必须填写完整的相关内容，包括姓名、性别、年龄、职业、详细住址、入院日期、入院诊断、出院日期、出院诊断、转归情况。出院时，根据病历所书写的最后诊断填写病人的出院诊断。

（五）学校医院检验科化验结果登记必须有病人姓名、性别、年龄、送检科室、检验日期、检验项目、检验结果、检验科人员签名、与传染病诊断有关的异常检验结果的反馈记录（以医生签字为准）。

（六）学校医院放射科检查结果登记必须有病人姓名、性别、年龄、送检科室、检查日期、检查项目、检查结果、放射科医生签名、与传染病诊断有关的异常检查结果的反馈记录（以医生签字为准）。

（七）首诊医生接到传染病疫情报告后，在诊治的同时要认真做好疫情记录，登记报告人、报告电话、疫情发生时间、地点、发病人数、发病原因等，及时向校医院传染病管理和疫情报告管理小组组长报告。

第十二条 学习培训。

（一）每年组织学校医院职工学习《中华人民共和国传染病防治法》《突发公共卫生事件应急条例》《突发公共卫生事件与传染病疫情监测信息报告管理办法》《传染病信息报告工作管理规范》《传染病监测信息网络直报工作技术指南》，学习结束后考试。

（二）要求学校医院相关科室每年根据传染病的流行趋势和季节性发病规律，加强医护人员的应急技术培训，提高突发事件的应急处置能力。

（三）学校医院新入职的医生必须进行传染病相关知识培训，疫情管理人员和网络直报人员必须接受上级疾控部门的培训。

第十三条 传染病管理奖惩。每月总结通报上月疫情报告情况（包括疫情动态，迟报、漏报的检查结果，并作出惩罚通告）。传染病报告包括常规疫情报告（法定传染病报告）和特殊疫情报告（暴发疫情、重大疫情、新发现的传染病、突发原因不明的传染病）。如果出现传染病隐瞒、谎报、缓报现象（指在没有发生传染病流行或暴发的情况下），首诊医生写出书面检查，并在学校医院晨会上通报批评。如发现传染病漏报3次及以上者，首诊医生不得参加当年考核评优。造成传染病传播、流行或其他严重后果的，依照《中华人民共和国传染病防治法》追究责任。

第十四条 本办法由学校医院解释。

第十五条 本办法自印发之日起施行。

抗击疫情　他们奋战在一线
——记西北民大附属医院（甘肃省第二人民医院）支援湖北医疗队抗"疫"的 38 天

疫情发生以来，学校附属医院医护人员积极响应党中央号召，踊跃报名驰援武汉，截至目前有 6 批 32 人奔赴武汉抗疫一线。他们践行民族高等教育初心使命和医者仁心，发扬各民族共同团结奋斗的伟大精神，成为最美逆行者。国家民委党组高度重视医护人员驰援武汉工作，委领导多次通过学校关心他们的生活，了解他们的工作。现将支援湖北医疗队抗"疫"的 38 天的工作点滴呈现给大家，以表达对他们的敬意。

风月同天，共克时艰。西北民族大学附属医院医护工作者以医者的责任和担当，描绘了当代最美"逆行者"群像，他们是平日里平凡的医者，却成为不顾个人安危奔赴抗"疫"一线，与新型冠状病毒肺炎殊死搏斗的英雄。

38 天，38 个日夜，他们带着责任、带着使命，分别坚守在武汉协和医院西院区、武汉市中心医院后湖院区、武汉市优抚医院、武汉城市客厅方舱医院、沌口方舱医院，全力以赴，在战"疫"一线书写医者担当。

疫情即战情　白衣战士勇赴一线

"我是呼吸科医生，我有 20 多年的呼吸内科工作经验，我主动请缨去支援！""我没结婚，没有后顾之忧，我要去！""我是党员，也是重症医学专家，我要冲锋在前，发挥自己的特长，我去！" 38 天前，西北民族大学附属医院医护人员主动请缨，支援武汉。短短 20 天，6 批次，32 人，23 名护士，9 名医师，医护工作人员主动请缨，听从召唤，一批又一批毅然逆行，义无反顾火速集结，驰援武汉！

转眼间，32 名医护人员已经在武汉坚守了 38 天，在这 38 天里，他们克服各种困难，奋力战"疫"，守护着那些被病毒折磨的生命……

"我们分为重症组、护理组等不同的组倒班，防护服一穿就是一个班，期间不能脱，病人太多了。"医护人员为了节约时间、节省防护服，大多穿着尿不湿。"男同事也穿着尿不湿呢，"刘丽华笑着说，笑着笑着，却哭了。西北民族大学附属医院第一批支援武汉的医护队员刘丽华，她所在的医院为武汉中心医院后湖院区，刚到武汉，刘丽华有些水土不服，出现了腹泻，为了不影响工作，她一整天都不吃不喝。"在宿舍里反而睡不着，上班一看那么多病人需要我，也就来了精神"。1月31日晚上夜班，她晚上没吃，直到1日11点才吃了午饭。

为了不让80多岁患癌症的父亲担心，刘丽华在出发前说自己去培训了，"我父亲不知道我在武汉，现在还以为我在宁卧庄培训"，她咬着嘴唇，半天说不出话来，眼里都是泪，掩面而泣。很快，她又恢复了平静，"这也没啥，我们一起来的护士还有孩子一岁多的，有二胎的妈妈，但大家都克服了困难，愿意为祖国的召唤而来，这也是我们的职责！"

"守护生命，就是守护我们的初心"

"作为一名90后的男护，能来武汉支援，也是对我职业信仰的一种锤炼，看着武汉空荡荡的街道，看着病人咳嗽不止，用尽全身的力气呼吸着，我很难受，那一刻，我真正明白医护职业的意义，明白守护生命就是守护我们对这份职业的初心"，90后的苗渝奇正处于而立之年，在来武汉的这段日子，让他更加明白了生命和守护生命的意义。

生命，平凡而伟大，却又短暂而脆弱，她在守护陌生的生命，却不能见熟悉的"她"最后一面。2月18日，当家人发信息告诉婆婆去世的消息后，杨晓娜心情无比沉痛，她坐到地上，半天说不出话来，整个人都呆滞了，出发前，婆婆絮絮叨叨的叮嘱还在耳边，而慈祥的她竟天人永隔，眼泪顺着脸颊流下来，这是性格坚强果敢的她第一次流泪。"我的痛苦改变不了现状，也帮不上家人什么，我一蹶不振只会让他们更难过，也让关心我的人更牵念。我明白我的岗位需要我，临床护理工作依然要有序开展，还有那么多病人需要我来护理，这是我的职责。"是啊，杨晓娜不仅是一个儿媳妇，更是一名护理工作者，在她站立的地方——武汉协和医院，还有那些患者等着她去救治，因为那些躺在病床上的患者，也是别人的母亲、婆婆、爱人、女儿……整理好心情，杨晓娜化悲痛为力量，继续投入到自己负责的护理工作中。

在于婧工作的病区，30床的患者是一位思维清晰、病情较重的老人。由于疫情来得突然，他的家人不能来探望，老人的心情很低落。于婧每天都要耐心地开导老人，和他一起聊开心的事情，帮助老人重新收获信心和希望。渐渐地，老人的心情开始好转。"一定要感谢甘肃医疗队的队员"，老人打电话给儿子，通话内容却只有一句话，老人重复了好多遍。于婧，对于他而言不仅是管他的护士，更像是女儿。"千言万语也不能表达我的感激之情，谢谢你对我父亲的鼓励和照顾。"老人的儿子说，"不要说谢谢，在这个特殊的时刻，我们一定会倾尽全力救治、照顾老人的，因为这是我们的职责。"于婧回应着……简单的对话，让于婧再一次泪目。2月26日，是西北民族大学附属医院第一批支援湖北医疗队队员于婧在武汉奋战的第30天。回想这30天，她身心疲惫过，也骄傲自豪过，但她坚信，云开疫散的那一天终会到来。

抗"疫"之路也是"守护生命"之路，在这条路上，杨晓娜、刘丽华、陈雪、顾小萍、王效白、王继、徐建东……这些西北民族大学附属医院的白衣天使们以人民群众生命安全和身体健康为重，夜以继日、艰苦奋战、倾心奉献，与疫魔战斗，用实际行动践行着"大医精诚 敬佑生命"的医者初心。

"当病人致谢的那一刻，所有的付出都值得"

连日来，在抗"疫"一线，西北民族大学附属医院医疗队的队员们不仅以严谨、专业的医术为患者带去良好的疗效，还用爱温暖着那些备受病毒折磨的患者，正是因为他们的付出，赢得患者的是点赞和致谢！他们书写了一个又一个感人的医患故事。

"再次感谢第一天来安慰紧张的我，住在博物馆的李培慈小哥哥……谢谢你们的无私和伟大，你们是我们重生的守护天使。"2月22日，西北民族大学附属医院第三批支援湖北医疗队员李培慈和同事收到了一封手写的感谢信，王继、蔡小娟、王效白也纷纷收到了患者手写的感谢信，这是他们在驰援武汉后收到的第一封感谢信，他们坦言，内心十分感动，瞬间感到如春日般的温暖，再多的疲倦辛苦都刹那间消失殆尽。

"婆婆，一会儿我们要把您口腔里的这根管子取出来，那样您就不难受了，一定要好好咳嗽把痰咳出来啊，加油，我们马上就要胜利了！"就像照顾卧病在床的母亲，方岩每次对这位老人总是轻声细语，悉心照顾。婆婆紧紧握住他的手，隔着护目镜他看到了沈婆婆用眼神表达对他的谢意。气管插管呼吸机辅助通气近一周的沈婆婆终于安全撤机拔管了，婆婆眼含泪花，伸出大拇指，点头致谢的那一刻，所有的付出都值了！

人间自有真情在，宜将寸心报春晖。面对患者的感谢，西北民大附属医院支援武汉的医护人员们说："疫情当前，医护人员只是做了自己该做的事情，却收获了这么多温暖与感激，我很开心，很自豪。累吗？累。身心俱疲值得吗？值。只要患者们都能尽快好起来，一切都值得。"

党旗引领　争做战"疫"先锋

"为什么要来这里？我压根没有刻意寻找过原因，从开始关注疫情进展之时出于医生的职业本能，作为一名中共党员、一名医生，心中时刻涌动冲动，我知道那是一种责任，是一个党员铭刻于心的使命担当，一个医生固化于形的职责所在，来武汉是一名医生、一名党员应该做的事！"共产党员韩浩的心声朴素而又真实。

来到武汉，韩浩就被安排到武汉中心医院后湖院区，他进入病区收治病人，倒班值守，抢救危重，安抚疏导，一切都是在有序严密的组织领导下开展，工作很累很辛苦，但在他眼中，参加援助湖北医疗队是作为一名中共党员的本分，是作为一名临床医生的职责，是践行初心使命的本能之举。

一个党员就是一面旗帜，一个支部就是一座堡垒，战"疫"一线，无数个像韩浩一样的共产党员勇挑重担，率先垂范，冲锋在抗疫一线，而他们的事迹，也感染着身边的医护人员，在抗疫一线，许多表现优异的医护人员纷纷递交入党申请书，火线入党。

3月2日，经过组织批准，西北民族大学附属医院第一批支援武汉医疗队队员于婧、寇星火线入党，他们面向党旗庄严宣誓，成为党组织的新生力量；姚婵娟、谭锦柯光荣的成为一名预备党员，屈延、刘斌斌、郑慧、陶小芳、刘艳春、逯敏、蔡小娟、吴钰、徐鹏娟、李培慈、苗渝奇因身边共产党员的精神感召郑重提出了入党申请，也光荣地成为了入党积极分子。

西北民大附属医院的党员医护工作者在关键时刻冲得上去、危难关头豁得出来，在战疫一线，一大批抗疫"战士"的请战书就是申请书，他们把初心落在行动上，把使命担在肩膀上，在危难时刻挺身而出、舍生忘死，冲锋在第一线、战斗在最前沿。在严格把关之下，他们"火线"入党，为抗疫一线党组织带来新的战斗力量。艰难困苦，玉汝于成，在"火线"经受灵魂的洗礼和非凡考验，更见真心和信念，更显忠诚与担当。

西北民族大学附属医院奋战在武汉抗"疫"一线的医护人员是：刘丽华、寇星、于婧、方岩、顾小萍、杨晓娜、陈雪、靳雪萍、吴钰、谭锦柯、张小蓉、徐鹏娟、蔡小娟、王效白、王欣、李培慈、苗渝奇、王继、韩浩、屈延、夏泫慧、陶璐、王燕君、刘世杰、杨雪娇、徐建东、刘斌斌、刘艳春、陶小芳、姚婵娟、郑慧、逯敏。

战"疫"还在继续，我们祈愿这些平凡的医者、英雄的抗疫"战士"，早日战胜疫情，平安归来！

西北民族大学疫情防控期间学生违纪处理暂行规定

根据新冠肺炎疫情防控工作要求，为切实保障广大学生身体健康和生命安全，根据《西北民族大学学生违纪处理办法》（民大发〔2017〕365号）第十四条第六款，制定本规定。

第一条 学生不服从学校返校工作安排，私自返校的，给予记过处分。

第二条 不服从接站人员、安全检查人员管理，不配合身份验证、健康码查验、体温检测等工作的，视其情节，给予严重警告及以上处分。

第三条 学校封闭管理期间，学生不得私自出入校园，确需出校的按规定办理审批手续。不如实报告请假原因的，给予警告处分；私自出校的，给予严重警告处分；造成后果的，视其情节给予记过及以上处分。

第四条 不按规定时间测量上报晨、晚检体温数据的，给予警告处分；经批评教育仍不改正的，给予严重警告处分；虚报、谎报的，给予记过处分；造成后果的，视其情节给予留校察看及以上处分。

第五条 在宿舍组织聚会的，召集人给予留校察看处分，参与人给予记过处分；未经批准在校外租房居住、入住酒店的，给予记过处分。

第六条 未经学校批准组织聚集性活动的，给予召集人留校察看处分，给予参与人记过处分；情节严重的，给予召集人开除学籍处分。

第七条 在互联网等媒介编造疫情虚假信息，传播谣言的，给予严重警告及以上处分。

第八条 不遵守学校疫情防控期间其它规定和要求的，视情节给予警告及以上处分。

第九条 本规定自印发之日起施行，由学生工作部（处）、团委负责解释。

党建与思想政治工作、统战工作

在西北民族大学"不忘初心、牢记使命"主题教育总结大会上的讲话

西北民族大学党委书记　邓光玉

（2020年1月11日）

根据国家民委党组部署和指导组安排，今天，我们召开主题教育总结大会，主要任务是，深入学习贯彻习近平总书记在中央"不忘初心、牢记使命"主题教育总结大会上的主要讲话精神，认真总结学校主题教育取得的成效经验，对巩固深化主题教育成果进行安排部署。刚才，郁烈同志通报了学校党委领导班子专题民主生活会召开情况，过会儿，国家民委党组直属高校主题教育第三指导组组长曾明同志要作重要讲话，我们要结合实际抓好贯彻落实。这里，我讲几点意见。

一、坚决贯彻中央和国家民委党组决策部署，有序有力推进主题教育

主题教育开展以来，在第三指导组有力指导下，学校党委高度重视、周密组织，始终把开展主题教育作为重大的政治任务抓紧抓实，坚持高标准、严要求，突出以上率下、示范带动，学做结合、查改贯通，不折不扣贯彻中央和国家民委党组决策部署，扎实推进主题教育各项工作。

一是切实加强组织领导。我们提前谋划部署，在第一批主题教育期间，通过党委常委会会议、理论学习中心组学习、举办干部培训班等方式，深入学习习近平总书记关于主题教育的重要讲话和重要指示批示精神，特别是习近平总书记关于民族工作、教育工作的重要论述，为高质量启动学校主题教育做好思想、认识和行动上的准备。我们精心有序安排，制定实施方案，成立主题教育领导小组，发挥严督实导作用，建立日报告、周计划、月总结工作机制，部署调度主题教育各项工作；二级单位党组织成立相应工作机构，结合实际细化方案，形成了全校协同的工作格局。我们注重教育引导，邀请国家民委原副主任罗黎明和省委常委、统战部部长马廷礼等宣讲民族理论政策、四中全会精神，开展向敦煌研究院先进群体学习活动，选树于洪志教授、格萨尔研究团队等身边可学可信的先进典型，在"学习强国"APP、学校主题教育专题网站、微信、微博、抖音等新媒体平台加大宣传力度，着力营造浓厚的氛围。

二是突出主题主线。我们紧紧围绕学习贯彻习近平新时代中国特色社会主义思想这一主线、"不忘初心、牢记使命"这一主题，"守初心、担使命，找差距、抓落实"这一总要求，在学习教育中深学细

悟、在调查研究中寻策问道、在检视问题中对标找差距、在整改落实中真改实改，确保主题教育不走神。我们突出抓好学习研讨，聚焦解决思想根子问题，校领导班子成员带头领学宣讲、上党课、集中交流研讨，以"关键少数"示范带动"绝大多数"，开展20次中心组专题学习、8次专题党课、7次专题辅导报告、2期集中学习读书班、2期网络交流研讨班；各二级单位党组织书记讲党课35次，各支部书记讲党课、报告个人学习体会225次；撰写调研报告148篇，推动学习教育走深走实走心。我们接受思想洗礼和政治体检，赴八路军驻兰州办事处纪念馆、南梁革命纪念馆等教育基地开展革命传统教育，到兰石集团开展学习"大国工匠"精神现场教学，在八步沙林场开展"为时代楷模立像"主题党日活动，认真学习党史、新中国史，重温入党誓词、重忆入党经历、重问入党初心，进一步筑牢信仰之基、补足精神之钙。我们围绕落实立德树人根本任务，增强为党育人、为国育才、为人民做学问的初心使命。坚持把主题教育同破解学校改革发展稳定突出问题和党的建设紧迫问题结合起来，同推进学校"三地一库"建设结合起来，加强学科专业建设，深化教育教学改革，纵深推进民族团结进步创建工作。

三是强化鲜明问题导向。我们坚持带着问题学，围绕专项整改临床医学硕士专业学位授权点、调整优化中国语言文学学科资源、落实基层减负等重点问题，积极向上级有关部门请示报告，赴兄弟院校调研学习，努力从习近平总书记关于民族工作、教育工作的重要论述中找方法找答案，进一步凝聚了共识、推动了工作。我们坚持奔着问题查，按照"四个对照""四个找一找"要求，找差距、找问题，梳理形成学校领导班子检视问题25个，形成思想、工作问题2个清单和《检视问题整改方案》；聚焦17个突出问题，细化整改任务32个、措施103项，开展精准化项目化集中专项整治；坚持开门搞教育，召开民主党派、党外代表人士座谈会，走访老干部、老党员，上门听取意见建议100余次。我们坚持盯着问题改，以"小切口"带动大整改，以"项目制"倒逼责任制，与联勤保障部队940医院签订合作协议，挂牌临床医学院；成立中国语言文学学部、医学部；落实精文减会要求，全校发文数、会议数同比均下降1/3；为学生食堂投入物价平抑基金；建设融媒体中心等8个立行立改的问题，让师生看到真改进、真变化、真实效。

四是加强爱国主义教育。2019年是中华人民共和国成立70周年，我们引导广大师生坚定爱国信念，宣传贯彻落实《新时代爱国主义教育实施纲要》，参观甘肃省庆祝建国70周年主题展，发挥学校"黄大年式教学团队"榜样作用，将爱国元素、奋斗精神融入开学典礼、新生军训，始终高扬爱国主义旗帜。我们升华爱国情怀，编演话剧《雨花台》、原创舞蹈诗《灯塔》，创作《黄河之滨也很美》主题歌曲，组织"青春为祖国歌唱"师生文艺晚会、"我和祖国共成长"艺术作品展、"辉煌七十年，奋进新时代"教职工歌咏比赛、万名师生升旗仪式和70周年校庆启动仪式等系列主题活动，激发爱国热情。我们激扬爱国之志，深入开展"弘扬爱国奋斗精神、建功立业新时代"活动，召开教师节表彰大会，颁发"庆祝中华人民共和国成立70周年"纪念章，举行2019年入伍学生欢送会，开展品读红色家书活动，引导师生增强教育报国的责任感与使命感。

五是铸牢中华民族共同体意识。我们深入贯彻全国民族团结进步表彰大会精神，按照习近平总书记提出的"九个坚持"要求，始终秉持"重在平时、重在交心、重在行动"工作理念，促进各民族师生交往交流交融，更有成效地推进民族团结进步创建工作。制定《关于全面深入持久开展民族团结进步创建工作铸牢中华民族共同体意识的实施方案》，举办"第24届民族团结进步教育月"活动，推进建立相互嵌入式的校园环境，健全民族团结进步创建常态化机制，教育引导全校师生牢固树立"三个离不开"思想，不断强化"五个认同"，为"中华民族一家亲、同心共筑中国梦"贡献力量，增强铸牢中华民族共同体意识的自信自觉。

3个多月来，第三指导组认真贯彻中央和国家民委党组关于主题教育的决策部署，政治站位高、理论素养深、指导及时精准，确保了学校主题教育高质量开展、圆满完成。特别是曾明组长始终亲力亲为、靠前指挥、全程指导，既鼓劲打气，又及时提出意见建议，让我们深受感动、备受教育。借此机会，让我们以热烈的掌声，向第三指导组表示衷心的感谢和崇高的敬意！

二、牢牢把握目标要求，主题教育取得重大成果

这次主题教育是新时代深化党的自我革命、推动全面从严治党向纵深发展的生动实践。学校广大党员干部普遍感到这是一次深刻的思想革命、严肃的政治洗礼、严格的党性锻炼，进一步提高了思想境界、政治境界和道德境界。

一是理论学习有了新进步。我们聚焦"理论学习有收获"，深入推进解放思想，提升开拓创新力。通过主题教育，进一步深化了党员干部对习近平新时代中国特色社会主义思想丰富内涵和精髓要义的理解和领会，进一步增强了贯彻落实习近平总书记重要指示批示精神和党中央决策部署的自觉性坚定性，进一步立足"培养什么人、怎样培养人、为谁培养人"这一根本问题，坚定传承学校红色基因，扎根陇原大地办大学的信念。大家充分认识到，科学理论是我们推动工作、解决问题的"金钥匙"，越学越觉得有信心，越学越觉得有力量。主题教育期间，党委领导班子成员在《光明日报》《中国民族报》《甘肃日报》等发表理论文章6篇，《中国民族》全面报道学校主题教育开展情况。

二是思想政治经受新锤炼。我们聚焦"思想政治受洗礼"，深入锤炼坚强党性，提升政治战斗力。通过主题教育，进一步坚定了对马克思主义的信仰、对中国特色社会主义的信念，进一步加深了对"两个维护"本质、内涵、标准以及实践要求的理解，进一步增强了拥护核心、跟随核心、捍卫核心的思想自觉政治自觉行动自觉。学校又有1个党支部入选全国第二批"样板党支部"、1名教师获全国民族团结进步模范个人、1个研究机构获第六批全国民族团结进步教育基地和甘肃省民族团结进步模范集体、1名教师获"全国高校思政课教学展示活动二等奖"，1个原创舞蹈作品入选教育部2020年思政培育建设项目，2名辅导员分别荣获"甘肃省辅导员年度人物"、入围"全国辅导员年度人物"。

三是担当精神实现新提升。我们聚焦"干事创业敢担当"，推动改革发展稳定，提升担当执行力。

通过主题教育，我们进一步坚定了"立足西北，服务民族"办学宗旨，自觉把对初心和使命的坚守转化为锐意进取、开拓创新的精神和埋头苦干、真抓实干的具体行动。历史性签署《国家民委、甘肃省人民政府关于共建共管西北民族大学直属附属医院合作协议》，将甘肃省第二人民医院建成学校附属医院，解决了学校办学近70年一直要解决而未解决的问题；学校16个学科入选甘肃省重点学科，14个专业确定为国家和省级一流本科专业，临床医学、英语等20个专业列入甘、青、宁等省区本科第一批次招生；获批4项国家社科基金重大项目、3项"冷门绝学"，首次获甘肃省发明专利奖，获评甘肃省2019年脱贫攻坚帮扶工作考核"优秀"等次。

四是宗旨意识得到新强化。我们聚焦"为民服务解难题"，深入转变工作作风，提升模范带动力。通过主题教育，更加自觉地把群众观点和群众路线深深植根于思想中、具体落实在行动上，认真履职尽责，着力解决好师生最急最忧最盼的问题，以师生为中心的发展思想树立得更加牢固。学校增设三处通勤车停靠点，集中安装电吹风，优化公共卫生服务；开设"深夜食堂"，提升师生用餐满意度；推进智慧校园建设，以"网络跑"代替"群众跑"；完成留学生公寓和文科楼建设，实验实训大楼完成招标即将建设，学生活动中心审批进展顺利，教工住宅楼建设顺利推进，师生学习、工作、生活条件得到进一步改善；特别是目前正在推进与城关区政府、兄弟高校合作，尽力解决教职工子女入园、入学问题，以看得见的变化回应师生员工的期盼。

五是廉政建设取得新进展。我们聚焦"清正廉洁作表率"，深入涵养政治生态，提升自我净化力。通过主题教育，进一步搞清楚了"我是谁、为了谁、依靠谁"的问题，增强了对党纪、对国法的敬畏之心，增强了忠诚干净担当的主动性和自觉性，筑牢拒腐防变的"思想长城"。学校开展第二轮校内巡察，加强警示教育，以案示警、以案明纪，配合中央巡视延伸调研，举办第十二届党风廉政宣传教育月、"守纪律、讲规矩"报告会、纪检委员主题教育研讨班，召开落实专项整治违反中央八项规定精神、漠视群众利益及整治利用名贵特产、特殊资源谋取私利问题工作会议，推动形成党风正、校风清、学风好的校园生态。

我们在充分肯定成绩的同时，也要清醒看到存在的问题，主要是：带着问题学、联系实际学、学用结合还要进一步加强；推动调研成果转化力度上还需要进一步下功夫；对中长期整改深入研究要进一步加强等等。我们要善始善终、善作善成，推进学校全面从严治党真正落地见效。

三、巩固深化主题教育成果，写好新时代学校发展的"奋进之笔"

党的十九届四中全会强调要建立"不忘初心，牢记使命"的制度。习近平总书记在"不忘初心、牢记使命"主题教育总结大会上发表重要讲话，明确提出"不忘初心、牢记使命必须完善和发展党内制度，形成长效机制"，强调"推动不忘初心、牢记使命的制度落实落地"，为新形势下不断深化党的自我革命，持续推动全党不忘初心、牢记使命，提供了根本遵循，指明了努力方向。学校各级党组织要把学习贯彻习近平总书记重要讲话精神作为重要政治任务抓紧抓好。领导班子要安排专门时间集中学习讨论，组织广大师生、党员干部专题学习，全面领会讲话的精神实质和工作要求，自觉把思想和行动统一到讲话精神上来。要以这次主题教育为新的起点，把不忘初心、牢记使命作为加强党的建设的永恒课题和全体党员干部的终身课题，持续巩固深化主题教育成果，切实把主题教育激发的工作热情和奋斗精神转化为推动新时代学校改革发展的强大动力，转化为担当作为、干事创业的实际行动。

一是在抓好学习教育上继续下功夫。习近平总书记指出，不忘初心、牢记使命，必须用马克思主义中国化最新成果统一思想、统一意志、统一行动。我们要把学习贯彻党的创新理论作为思想武装的重中之重，同学习马克思主义基本原理贯通起来，同学习党史、新中国史、改革开放史、社会主义发展史结合起来，同我们推进新时代学校内涵建设的丰富实践联系起来，真正做到学懂弄通做实，切实增强贯彻落实的思想自觉和行动自觉。当前，我们要抓好十九届四中全会和全国民族团结进步表彰大会、主题教育总结大会精神的学习领会，重温党章，重温自己的入党誓言，重温革命烈士的家书，带着责任、带着问题读原著学原文，以习近平新时代中国特色社会主义思想滋养初心、引领使命。

二是在推动自我革命上继续下功夫。习近平总书记指出，不忘初心、牢记使命，必须以正视问题的勇气和刀刃向内的自觉不断推进党的自我革命。我们要对照中央关于民族工作、教育工作的重大决策部署，对照党章党规，对照中央巡视反馈意见，对照师生反映的新情况新问题，把问题剖析得更清楚，把问题根源找得更准更实，把整改措施落细落小落具体，决不能出现"烂尾"工程。要严肃党内政治生活，用好批评和自我批评这个武器，驰而不息正风肃纪，不断增强自我净化、自我完善、自我革新、自我提高的能力。

三是在强化担当作为上继续下功夫。习近平总书记指出，不忘初心、牢记使命，必须发扬斗争精神，勇于担当作为。我们要在推进学校高质量发展中敢于啃硬骨头，敢于涉险滩，破解前进中遇到的困难和挑战，破除妨碍发展的体制机制障碍。广大党员干部要坚持底线思维，增强忧患意识，勇于担当，善于作为，在有效应对学校重大挑战、抵御重大风险、克服重大阻力、解决重大矛盾中迎难而上、冲锋在前、建功立业。

四是在狠抓长效机制上继续下功夫。习近平总书记指出，不忘初心、牢记使命，必须完善和发展党内制度，形成长效机制。我们要深入学习贯彻四中全会精神，落实建立"不忘初心、牢记使命"制度，规范党内政治生活，坚定党员干部师生政治信仰。按照现代大学制度建设的相关要求，以修订学校《章程》为契机，积极稳妥推进学校治理体系和治理能力现代化，构建落实学校党的全面领导制度。坚持制度制定与执行并重，引导师生强化制度意识，自觉尊崇制度，严格执行制度，坚决维护制度，健全权威高效的制度执行机制。

五是在发挥"头雁效应"上继续下功夫。习近平总书记指出，不忘初心、牢记使命，必须坚持领导机关和领导干部带头。我们要深入贯彻落实新时代党的组织路线和党政领导班子建设规划纲要。作为学校事业发展的"关键少数"，学校各级领导干部要在推进学校中心工作、重点工作中做表率。要深刻认识自身的责任,时刻保持警醒,经常对照检查、检视剖析、反躬自省。

同志们,2020年是决胜全面建成小康社会、打赢精准脱贫攻坚战、实现"十三五"规划收官之年。让我们紧密团结在以习近平同志为核心的党中央周围,以习近平新时代中国特色社会主义思想为指导,不断增强"四个意识",坚定"四个自信",做到"两个维护",以永不懈怠的精神状态坚守初心,以一往无前的奋斗姿态担当使命,以优异成绩迎接建校70周年!

在西北民族大学 2020 年全面从严治党工作会议上的讲话

西北民族大学党委书记　邓光玉

（2020 年 3 月 20 日）

今天，学校党委召开 2020 年全面从严治党工作会议，主要任务是：以习近平新时代中国特色社会主义思想为指导，深入贯彻党的十九大和十九届二中、三中、四中全会精神，增强"四个意识"，坚定"四个自信"，做到"两个维护"，深入贯彻落实"不忘初心、牢记使命"主题教育总结大会、十九届中央纪委四次全会有关决策部署，贯彻落实国家民委 2020 年全面从严治党工作会议和甘肃省纪委十三届四次全会精神，坚持社会主义办学方向，落实立德树人根本任务，持续深化全面从严治党，为推动学校事业高质量发展提供坚强政治保证。

在十九届中央纪委四次全会上，习近平总书记发表重要讲话，深刻总结了新时代全面从严治党的历史性成就，深刻阐释了我们党实现自我革命的成功道路和有效制度，深刻回答了全面从严治党涉及的一系列重大问题，对以全面从严治党新成效推进国家治理体系和治理能力现代化作出战略部署，对新时代深化党的自我革命、推动全面从严治党向纵深发展，指明了努力方向，提供了根本遵循。各级党组织，各部门各单位要把思想和行动统一到习近平总书记重要讲话精神上来，坚定不移把全面从严治党推向前进。

根据会议安排，杨晓同志还要进行 2020 年党风廉政建设工作安排，常委会会议已审议通过，我完全赞同，大家要认真抓好贯彻落实。下面，我就讲两个方面。

一、2019 年全面从严治党工作回顾

2019 年，学校党委坚持以习近平新时代中国特色社会主义思想为指导，坚决贯彻落实党中央和国家民委党组、甘肃省委的决策部署，全面贯彻新时代党的建设总要求，坚定不移全面从严治党，使学校党的建设和各项事业取得了新的成就。学校各民族师生隆重庆祝中华人民共和国成立 70 周年，极大的鼓舞了青年学生的学习激情，极大的激发了广大师生的爱国热情和奋斗精神。扎实开展"不忘初心、牢记使命"主题教育，使各级党组织和党员干部增强"四个意识"，坚定"四个自信"，做到"两个维护"的行动更加自觉。一年来，学校党委旗帜鲜明坚持党对高校的全面领导，深入推进从严治党工作，强化思想政治建设，践行育人初心和使命。深化教育教学改革，提升人才培养质量，优化学科专业资源整合，推进科研创新，加强对外交流，推进"双一流"建设等重大部署有力实施，各级

党组织锤炼的更加坚强。学校党委持之以恒落实中央八项规定及实施细则精神，坚决纠正形式主义、官僚主义，积极开展廉洁教育，推进师德师风建设，强化国家安全观教育，解决了师生不少痛点难点关注点问题，巩固和拓展了党风廉政建设和反腐败斗争成果。

（一）始终坚持把政治建设摆在首位

学校党委坚持不懈用习近平新时代中国特色社会主义思想武装头脑，以党的政治建设为统领，认真学习贯彻党中央《关于加强党的政治建设的意见》《新形势下党内政治生活若干准则》《中共中央政治局关于加强和维护党中央集中统一领导的若干规定》等党内法规，坚决维护习近平总书记党中央的核心、全党的核心地位，坚决维护党中央权威和集中统一领导。坚持社会主义办学方向，坚定走中国特色社会主义教育发展道路，坚持以人民为中心发展教育的价值追求，坚守服务中华民族伟大复兴的使命担当，坚持不懈传播马克思主义科学理论、弘扬和培育社会主义核心价值观、培育优良校风学风、促进和谐稳定，以政治上的坚定推动全面从严治党向纵深发展。学校党委持续完善党建工作考核机制，通过党建目标任务考核，增加党建工作权重，实行党建工作"一票否决"制，完善二级单位党组织书记抓基层党建述职评议考核，压实党建工作责任，抓实基础工作。持续强化巡视整改，把2016年中央巡视组巡视国家民委党组延伸调研反馈意见整改、2017年国家民委党组开展巡视"回头看"反馈意见整改和"不忘初心、牢记使命"检视问题整改、审计发现问题整改结合起来，建立整改长效机制。持续推进校内巡察，着力发现问题，提出建议，推动整改，确保学校始终成为坚持党的全面领导的坚强阵地。

（二）始终坚持不懈加强思想建设

学校党委坚持用党的科学理论武装头脑，高标准开展"不忘初心、牢记使命"主题教育，大力推进习近平新时代中国特色社会主义思想进教材进课堂进头脑，坚定理想信念、厚植爱国主义情怀、加强品德修养、增长知识见识、培养奋斗精神、增强综合素质。深入学习贯彻习近平总书记关于教育的重要论述，贯彻全国高校思想政治工作会议精神，牢牢把握立德树人根本任务，筑牢理想信念根基。深入学习贯彻习近平总书记关于民族工作的重要论述，坚持不懈开展马克思主义祖国观、民族观、文化观、历史观教育，打牢思想基础，铸牢中华民族共同体意识。在教书育人过程中，始终加强思想政治引领。实施思想政治理论课创优行动、"三个100"课程思政建设工程，配齐配强政治辅导员、思政课专任教师、心理健康教育教师。组织致敬"五四"百年、献礼新中国成立70周年等大型活动。让初心和使命在讲台、舞台、实践中绽放美丽光芒。深化民族团结教育，落实意识形态工作责任制，提升"平安校园"建设，防范化解重大风险。教育引导广大师生自觉做共产主义远大理想和中国特色社会主义共同理想的坚定信仰者和忠实实践者。

(三)始终坚持推动基层组织建设

学校党委全面贯彻新时代党的组织路线,着力培养忠诚干净担当的高素质干部队伍,信念坚定、为民服务、勤政务实、敢于担当、清正廉洁;着力聚集爱国爱岗奉献的教师队伍,有理想信念、有道德情操、有扎实学识、有仁爱之心。制定了关于鼓励干部新时代新担当新作为的实施意见,修订完善了人才引进办法和激励机制。严把选人用人和招聘人员政治关、品行关、能力关、作风关、廉洁关,为全面贯彻党的教育方针,落实立德树人根本任务,培养德智体美劳全面发展的社会主义建设者和接班人提供坚强组织保证。认真落实支部工作条例,全面提升党支部组织力,强化党支部政治功能,充分发挥党支部在教研室、实验室、教学科研团队、学生班级的战斗堡垒作用,教师党支部"双带头人"比例达到94%,音乐学院西洋管弦教工党支部获评全国第二批"样板党支部"。抓好基层党建创新工作,设立创新项目40项。加强民主集中制建设,进一步规范党支部"三会一课"、民主生活会、组织生活会、党日活动等制度,切实把抓好党支部组织建设作为管党治党的基本任务。

(四)始终坚持抓实纪律作风建设

学校党委严明党的政治纪律和政治规矩,把严格落实中央八项规定及其实施细则精神作为增强"四个意识"、坚定"四个自信"、做到"两个维护"的具体行动。学校党委进一步加强作风建设和纪律建设,根据工作重点和师生关心的热点难点问题,深入教学、管理一线开展调研;发挥书记、校长信箱作用,坚持落实校领导接待日制度;严守外事纪律,规范外事出访;明确出席活动新闻报道数量和篇幅,厉行勤俭节约,反对铺张浪费,控制各项经费支出,规范参加庆典、研讨会、论坛等的审批报备制度。坚决贯彻落实中央"基层减负年"部署要求,结合学校实际,聚焦突出问题,出台有力措施,精简会议文件,着力解决发文过多、以文件落实文件、以会议落实会议等问题。通过全面整治,全校发文数量、学校层面组织会议数同比下降了三分之一。学校党委充分运用"四种形态",特别是第一种形态,坚持抓早抓小,加强廉洁教育,培育风清气正、蓬勃向上、奋发有为的育人环境。

(五)始终坚持推进完善制度建设

学校党委认真贯彻党的十九届四中全会精神,引导党员干部充分认识我国国家制度和国家治理体系的显著优势,坚定不移坚持和巩固中国特色社会主义制度的根本制度、基本制度、重要制度。深刻认识到要办好中国特色社会主义民族高校、提高我国民族高等教育发展水平、开创我国民族高等教育事业发展新局面,加强党对民族高校的全面领导是根本保证。学校党委进一步完善领导方式和体制机制,严格落实党委领导下的校长负责制,修订完善党委常委会会议、校长办公会议事规则,制定"三重一大"决策制度实施办法,充分发挥党委把方向、谋全局、定政策、促改革的重要职责,确保党中央和国家民委党组、甘肃省委决策部署在学校落实落地。进一步完善二级单位工作机制建设,充分发挥各级学术委员会、教学委员会、教职工代表大会等作用。进一步加强党委全面监督,纪律检查机构专责监督，党的工作部门职能监督，党的基层组织日常监督，党员民主监督，全面提升学校治理体系和治理能力现代化。

经过各级党组织和大家一年的努力，学校全面从严治党取得了新成效。通过扎实开展"不忘初心、牢记使命"主题教育，进一步凝聚了人心、改进了作风、提升了正气，各级党组织的创造力、凝聚力、战斗力进一步增强。面对突如其来爆发的新型冠状肺炎疫情，在学校党委的统一领导下，各级党组织、广大师生、党员干部，迎难而上、勇于奉献、敢于担当，使疫情防控工作有力有序推进。

回顾一年来全面从严治党工作，也发现还存在一些薄弱环节和需要解决的突出问题，我们必须要下功夫予以解决，坚持问题导向，坚决贯彻中央八项规定精神和纪律执行，保持定力、寸步不让，防止"疲劳综合征"，对反复出现的问题，要在严肃整治的同时，推动完善制度，强化纪律底线意识，防止老问题复燃、新问题萌发、小问题坐大。

二、2020年全面从严治党主要任务

2020年，是全面建成小康社会和"十三五"规划收官之年，也是建校70周年，做好全面从严治党工作意义重大。总体要求是：要坚持以习近平新时代中国特色社会主义思想为指导，深入贯彻落实党的十九大和十九届二中、三中、四中全会精神，深入贯彻落实十九届中央纪委四次全会和国家民委全面从严治党工作会议、甘肃省纪委四次全会精神，巩固"不忘初心、牢记使命"主题教育成果，增强"四个意识"，坚定"四个自信"，做到"两个维护"，坚持和加强党对学校工作的全面领导，坚定不移推进全面从严治党，以党的政治建设为统领，全面落实新时代党的教育方针，聚焦立德树人根本任务，铸牢中华民族共同体意识，统筹做好疫情防控和学校事业发展各项工作，为夺取疫情防控和学校高质量发展提供坚强政治保证。

（一）突出思想政治引领，增强"两个维护"的自觉性坚定性

不忘初心，牢记使命是加强党的建设的永恒课题和全体党员的终身课题，也是对各级党组织、广大党员干部的政治要求。要始终加强思想政治引领，持之以恒学懂弄通做实习近平新时代中国特色社会主义思想，不断巩固深化主题教育成果。要不断提高政治站位、政治觉悟，坚决维护习近平总书记党中央的核心、全党的核心地位，坚决维护党中央权威和集中统一领导，自觉在政治上思想上行动上同以习近平同志为核心的党中央保持高度一致。要严明政治纪律和政治规矩，深入学习贯彻习近平总书记对教育工作和民族工作的重要指示批示精神，认真学习党章、纪律处分条例、重大事项报告等党内法规和规范性文件，全面落实从严治党主体责任，督促广大党员干部在内心深处筑牢为党育人为国育才的初心使命，把"两个维护"真正落实到行动上。坚持正确办学方向，以凝聚人心、完善人格、开发人力、培育人才、造福人民为目标，培养一代又一代全面发展、担当民族复兴大任的时代新人。

（二）履行管党治党责任，坚定不移抓好全面从严治党

习近平总书记在十九届中央纪委四次全会上强调，要一以贯之、坚定不移全面从严治党，坚持和完善党和国家的监督体系，强化对权力运行的制约和监督。学校党委要坚决把思想和行动统一到党中央决策部署上来，持续压紧压实管党治党责任，坚定不移把全面从严治党延伸到基层。要继续有效推进校内巡察制度，全面查找严肃纠正党的领导弱化、党的建设缺失、管党治党不力等方面的问题，切实维护和落实党对学校的全面领导。要持续巩固马克思主义在学校意识形态领域的指导地位，牢牢掌握意识形态工作领导权，发出好声音，凝聚正能量，守好主阵地。要持续坚持民主集中制原则和正确选人用人导向，突出政治标准，更加注重干部的政治纪律和道德品行，坚持严管和厚爱结合、激励和约束并重，完善干部考核评价制度。要持续坚持以问题、目标、效果为导向，不折不扣抓紧抓严抓实巡视、巡察、审计整改，强化权力的监督和约束，坚持抓"关键少数"和管"绝大多数"相结合，充分认识将"四种形态"作为全面从严治党政策策略的重要意义，切实一体推进不能腐、不敢腐、不想腐。

（三）推进党风廉政建设，营造风清气正的政治生态和校园风气

坚持用习近平新时代中国特色社会主义思想武装头脑、坚定信念，用优秀传统文化滋养精神、凝聚意志。要积极开展党风廉政教育宣传，引导广大党员干部正心修身、涵养文化，筑牢思想防线，大力提倡和弘扬廉洁自律，秉公办事，不徇私情，清白做人，为师生服务的理念。要切实加强纪律教育，使铁的纪律真正转化为党员干部的日常习惯和自觉遵循；强化纪律执行，让党员干部知敬畏、存戒惧、守底线，习惯在受监督和约束的环境中工作生活。要进一步健全党风廉政建设责任制度，学校党委是党风廉政建设的责任主体者，学校领导班子成员是职责范围内党风廉政的主要负责人，各二级单位职能部门主要负责人是本单位、本部门党风廉政建设的第一责任人。各级领导班子成员要根据工作分工，认真履行"一岗双责"责任，严格落实党风廉政建设责任制。要进一步加强警示教育，以曝光案例、以案说纪、以案警示、廉政早提醒等形式，做到提醒常在、警钟长鸣。各级党组织、纪检监察机构要认真学习贯彻《纪检监察机关处理检举控告工作规则》，坚决维护当事人的权利和义务，对采取捏造事实、伪造材料等方式反映问题，意图使他人受到不良政治影响、名誉损失或者责任追究的诬告陷害行为，要依规依纪依法严肃查处，加大营造新时代新担当新作为的良好氛围。

（四）加强制度建设，发挥制度的作用和纪律刚性约束

习近平总书记在十九届中央纪委四次全会上指出，没有严明纪律作保障，制度就是一纸空文。要完善制度执行监督机制，强化日常检查和专项检查，确保制度真正落到实处，让制度管用见效，坚决杜绝做选择、搞变通、打折扣等现象。要增强制度意识，加强制度的维护，各部门各单位要带头维护制度权威，作制度执行的表率，带动广大师生自觉尊崇制度、严格执行制度、坚决维护制度。要充分

运用纪律手段，严肃查处对制度缺乏敬畏，不按制度办事的各类错误行为和问题，不断增强党员干部执行制度的自觉性和主动性。要进一步加强制度建设，通过清晰的制度导向，形成求真务实、清正廉洁的新风尚，不断增强制度的权威性和执行力。

落实好全面从严治党工作，意义重大，责任重大。近期，中共中央办公厅印发了《党委（党组）落实全面从严治党主体责任规定》，各级党组织、各部门各单位要认真抓好学习贯彻。让我们更加紧密地团结在以习近平同志为核心的党中央周围，团结一心，开拓进取，一以贯之、推进全面从严治党，切实抓好党风廉政建设，不忘初心，赓续奋进，努力写好学校高质量发展的新篇章！

谢谢大家。

在西北民族大学 2020 年全面从严治党工作会议上的工作报告

西北民族大学党委常委、纪委书记 杨晓

（2020 年 3 月 20 日）

为深入学习贯彻十九届中央纪委四次全会和国家民委 2020 年全面从严治党工作会议、甘肃省纪委十三届四次全会精神，根据会议安排，现就学校 2019 年党风廉政建设工作做简要回顾，对 2020 年重点工作进行安排部署。

一、学校 2019 年党风廉政建设工作回顾

2019 年，学校党委坚持以习近平新时代中国特色社会主义思想为指导，紧紧围绕教育教学中心工作，以政治建设为统领，贯彻党的教育方针和民族政策，落实立德树人根本任务，不断增强"四个意识"，坚定"四个自信"，做到"两个维护"，深化运用"四种形态"，强化监督执纪问责，扎实推进党风廉政建设工作，为学校高质量发展提供坚强政治保障。

（一）强化理论武装，不断提高思想认识和政治站位

学校党委按照中央统一部署，以县处级以上领导干部为重点，在全校开展"不忘初心、牢记使命"主题教育。各级党组织精心谋划、精心组织，聚焦主题、创新方式，通过专题学习、研讨交流、主题党课等形式，组织广大党员干部深入学习领会习近平新时代中国特色社会主义思想和党的十九大、十九届二中、三中、四中全会精神，深刻领会思想精髓、核心要义，在学思践悟中融会贯通，在实际工作中提高站位。进一步筑牢同以习近平同志为核心的党中央保持高度一致的思想根基，推动广大党员干部把忠诚核心、拥戴核心、维护核心的要求转化为思想自觉、党性观念、纪律要求和行为规范。

（二）开展党风廉政教育，增强党员干部纪律规矩意识

高质量开展第十二届党风廉政宣传教育月活动，认真学习习近平总书记关于全面从严治党和党风廉政建设的重要论述，召开党风廉政集体约谈会，举办党风廉政教育讲坛，进一步筑牢干部拒腐防变的思想防线。开展信访举报宣传周活动，使广大师生深入了解信访举报工作的办理流程和程序要求。在全校师生中开展"廉洁、奋斗、成长"为主题的微课视频征集与评选活动，着力营造崇廉尚洁的校园文化氛围。紧盯元旦、春节等重要时间节点，利用短信、微信向党员干部发送廉洁过节提醒信息，严明纪律要求，确保节日期间风清气正。

（三）监督执纪问责，推进党风廉政建设

贯彻落实党风廉政建设工作责任制，推进依法治校，不折不扣做实做细监督执纪工作，深化运用监督执纪"四种形态"。严把党风廉政意见回复关，健全完善干部廉政档案。组织开展领导干部利用名贵特产类特殊资源谋取私利问题以及纪检监察信访举报处理工作中的形式主义、官僚主义问题专项整治工作，认真落实中央八项规定精神，深化校内巡察，巩固深化作风建设，持续保持纠正"四风"高压态势。

（四）健全规章制度，发挥制度机制长效作用

修订《中共西北民族大学委员会关于落实党风廉政建设党委主体责任、纪委监督责任实施办法》，聚焦主体责任，履行监督责任，把纪律和规矩挺在前面，不断推动党风廉政建设"两个责任"落实。进一步规范纪检监察信访举报、问题线索处置工作，修订《西北民族大学信访举报、问题线索处置工作实施办法》，进一步提高信访工作水平。贯彻落实《中国共产党党内监督条例》，加强对领导干部的教育和监督，修订完善纪检监察室约谈谈话实施办法，督促落实党风廉政建设责任制。

（五）加强自身建设，提升纪检监察工作水平

按照政治过硬、本领高强的要求，从严从实加强纪检监察队伍建设，积极选派纪检监察干部参与上级主管部门执纪审查工作，以干代训，丰富监督执纪实战经验。举办纪检委员"不忘初心、牢记使命"主题教育研讨班，进一步增强纪检委员履职尽责意识。认真学习贯彻执行《中国共产党纪律检查机关监督执纪工作规则》，进一步强化纪法思维特别是程序意识，规范工作流程，提高监督执纪工作水平。

二、2020年党风廉政建设工作要点

坚持以习近平新时代中国特色社会主义思想为指导，不断增强"四个意识"、坚定"四个自信"、坚决做到"两个维护"，认真贯彻落实全面从严治党的方针和要求，加强作风和纪律建设，推动全面从严治党和党风廉政建设工作再上新水平。

（一）强化责任意识，持续推进党风廉政建设

各级党组织要压紧压实"两个责任"，要始终明确党组织书记是党风廉政建设第一责任人，全面承担加强和落实党风廉政建设的政治责任，不断强化"两个责任"意识，层层传导压力，压紧压实责

任，切实抓好班子、带好队伍、管好自己。学校纪委要履行好监督责任，强化责任追究，对不认真履职以致分管范围发生严重问题的，实行"一案双查"，坚决做到失责必问、问责必严。

（二）加强政治监督，切实履行"两个维护"重大政治责任

持之以恒学懂弄通做实习近平新时代中国特色社会主义思想，以初心使命作为政治本色和前进动力，不断增强"两个维护"的自觉性坚定性。全面加强党的纪律建设，严格执行党的政治纪律、组织纪律、工作纪律、廉洁纪律和生活纪律，把严明政治纪律放在首位，严格执行请示报告制度，坚决查处违反政治纪律的行为，把党的纪律融入立德树人根本任务和教育改革各项措施，持续净化党内政治生态。

（三）持续深化"三转"，提升监督执纪工作水平

贯彻落实纪检部门"三转"要求，进一步聚焦主责主业，依规依纪依法开展监督执纪问责。强化日常监督，严格执行领导干部年度、聘期述廉制度，实事求是运用"四种形态"，精准把握政策策略，严格规范工作程序，提升监督执纪规范化水平。针对基建项目、科研经费、物资采购、财务管理、招生招录以及与师生切身利益密切相关的重点领域和关键环节，加强权力监督，建立健全风险预警、内外监督、考核评价和责任追究等机制，早发现、早提醒、早纠正苗头性倾向性问题，确保权力在正确的轨道上运行，一体推进不敢腐、不能腐、不想腐。

（四）巩固巡视成果，提升内部巡察质量

要把巡视整改作为当前重大政治任务和今后一个时期的重点工作，针对整改具体问题认真研究制定整改措施，坚持"举一反三"，堵塞制度漏洞，健全长效机制，以制度机制巩固巡视整改成果，努力把巡视整改成果转化为推动事业高质量发展的强劲动力。牢牢把握政治巡察内涵，进一步提升校内巡察质量，把巡察监督与校内各类监督检查贯通融合，运用好巡视巡察成果。

（五）做好日常监督，持之以恒正风肃纪

要紧盯重要时间节点，做实日常监督，狠抓作风建设，巩固拓展作风建设成效，推动化风成俗、成为习惯。锲而不舍落实中央八项规定精神，紧盯"四风问题"不放松，深化治理贯彻党的决策部署只表态不落实、维护师生利益不担当不作为、困扰基层的形式主义官僚主义等问题。加强警示教育，用身边事教育身边人，教育党员干部明法纪、知敬畏、守底线。

（六）加大廉政宣传，营造反腐倡廉氛围

积极开展校园廉洁文化创建活动，深入学习《纪检监察机关处理检举控告工作规则》，扎实推进

廉洁文化进校园，将校园廉洁文化做实做细，针对领导干部、党政管理人员、专任教师、学生四大群体的不同特点和多民族不同语言文化风俗习惯，创新校园廉洁文化教育的方式方法，扎实开展第十三届党风廉政宣传教育月活动。

（七）加强培训交流，提高综合业务素质

要进一步加大纪检监察干部培训交流力度，积极选派干部参与上级部门执纪审查、巡视巡察等工作，丰富实践经验，提高履职能力。持续开展纪检委员业务培训，全面提升纪检干部理论素养、知识水平和业务能力。要在提高纪检监察干部运用制度能力上下功夫，持续加大纪法培训、安全培训、信息化培训力度，努力建设政治过硬、本领高强、忠诚干净担当的纪检监察干部队伍。

在西北民族大学庆祝中国共产党成立99周年"共过政治生日 不忘誓言初心"活动上的讲话

西北民族大学党委书记 邓光玉

（2020年7月1日）

各位老领导、各位老师、同志们、同学们：

在全面建成小康社会和"十三五"规划收官之年，脱贫攻坚决战决胜之年和西北民族大学建校70周年之际，我们怀着无比激动的心情，迎来了我们党99岁生日。在此，我代表学校党委向全校各族党员师生致以节日的问候和良好的祝愿。为了庆祝中国共产党成立99周年，学校党委安排部署了一系列活动。上午，全校党员师生在两校区参加了庄严的升国旗仪式，重温入党誓词。两委委员赴兰州战役纪念馆，瞻仰革命历史展览。各党组织书记聆听了巴特尔主席的专题党课。刚才，我们一起温誓词、忆初心、谈感言、励斗志、强担当，共同回顾党的光辉历程，缅怀党的丰功伟绩，激励广大党员师生爱国爱党热情，增强党性观念，树牢宗旨意识，继续在铸牢中华民族共同体意识和建设高水平大学和一流民族大学的征程上奋勇前进。

99年来，我们党始终坚守为中国人民谋幸福、为中华民族谋复兴的初心和使命，矢志不渝、前赴后继、英勇奋斗。在99年波澜壮阔的奋斗历程中，我们党团结带领各族人民，克服无数艰难险阻，取得了一个又一个胜利，创造了一个又一个彪炳史册的人间奇迹。特别是党的十八大以来，以习近平同志为核心的党中央，站在新的历史起点，统揽伟大斗争、伟大工程、伟大事业、伟大梦想，带领14亿中华儿女万众一心、砥砺奋进，推动党和国家事业取得历史性成就、发生历史性变革，谱写出实现中华民族伟大复兴新的壮丽篇章。年初，面对突如其来的疫情，在以习近平同志为核心的党中央坚强领导下，全国上下团结一致，众志成城完成了很多看似不可能完成的任务，疫情防控取得了重大战略成果。我们深切感受到，我们党、我们国家和中华民族的伟大，抗击疫情的成效，是我们党向世界和人民交出的一份令世界震惊的"中国答卷"。历史和实践充分证明，中国共产党不愧为伟大、光荣、正确的马克思主义政党，没有共产党就没有新中国和今天的幸福生活；历史和实践充分证明，办好中国的事情，关键在党；决胜全面建成小康社会，夺取新时代中国特色社会主义伟大胜利，关键在党。

回望学校70年栉风沐雨的建设发展历程，学校的发展历史就是一部践行初心和使命的奋斗史。

70年来，西北民族大学始终与民族休戚与共，与祖国同向而行，风雨兼程、砥砺奋进，走出了一条铿锵发展之路。今日之民大，党的建设扎实有力、立德树人步履坚定；各项建设加快推进，学术声誉持续提升；人才培养锐意创新，"三全育人"深入人心；科研成果竞相涌现，师资力量人才队伍逐步增强；现代大学制度和治理体系不断完善……各族师生心怀梦想，脚踏实地，不断刷新事业发展的新高度，矗立起了一座座新的丰碑。对历史最好的致敬，是书写新的历史；对未来最好的把握，是开创美好的未来，对建党99周年最好的纪念，就是在办学治校中秉持创办民族大学的初心，传承和弘扬大学精神和学校的优良传统，进一步凝心聚力、劈波斩浪、筑梦前行。习近平总书记指出，"把不忘初心、牢记使命作为加强党的建设的永恒课题，作为全体党员、干部的终身课题"。按照"守初心，担使命，找差距，抓落实"的总要求，我们要把不忘初心的标尺立起来，把牢记使命的责任扛起来，把党员干部的先锋形象彰显出来。当前，学校正处于建设改革发展的关键时期，也是广大党员师生实现人生价值的最好时代。我们要从初心和使命中汲取力量，积极投身高水平大学和一流民族大学建设，学习传承老一辈的建设者、奋斗者的精神和作风，以最坚定、最自觉、最实在的行动，向党的生日献礼。借此机会，我谈几点感受与大家共勉。

一是以党员身份为荣，坚定理想信念追求，不忘"教育报国"的初心。共产党员是光荣的象征、先进的代表、时代的担当。我们要时刻牢记自己的第一身份是共产党员，第一职责是为党工作，第一自觉是倍加珍惜党员身份。我们要时刻牢记"教育报国"的初心，回答好"为什么办教育、为谁办教育""办什么样的大学、怎样办大学"等问题。我们要时刻牢记"四个服务"，贯彻党的教育方针，坚持正确办学方向，自觉从办人民满意的教育的高度推进学校事业发展，努力培养堪当民族复兴大任的时代新人。这份初心承载着西北民大人的家国情怀和对社会、对历史、对时代的责任担当，我们每一名党员有责任和义务将她薪火相传、积淀洗练、永不中断，用信念和忠诚描绘新时代丹心报国的新篇章。

二是以党性修养为根，争当党员先锋模范，不忘"自我革命"的初心。党性修养是党员立身、立业、立言、立德的基石。勇于自我革命，是我们党最鲜明的品格、最大的优势。我们党之所以能够始终走在时代前列，始终成为中国人民和中华民族的主心骨，根本原因就在于始终保持自我革命精神，敢于刀刃向内，不断革故鼎新。我们一定要严于律己，主动对标，查摆不足，自我净化、自我完善，倡导和弘扬忠诚老实、公道正派、实事求是、清正廉洁的价值观，全面加强理论修养、政治修养、道德修养、纪律修养、作风修养和专业素养，修好共产党人的"心学"，更加自觉地筑牢信仰之基、补足精神之钙、把稳思想之舵，保持政治本色。在校园处处树立起"我是党员我光荣""我是党员我带头"的标杆，积极践行"勤学 敬业 团结 创新"的校训，传承以"黄土地、黄河"精神为内核的学校精神，在推动学校事业高质量发展中勇当先锋、做好表率。

三是以政治建设为基，扛起时代历史使命，不忘"对党忠诚"的初心。面对新时代新形势新任务，我们要坚持用"四个意识"导航、用"四个自信"强基、用"两个维护"铸魂，抓好政治建设这一党的根本性建设，永远听党话、坚定跟党走。在新时期，对党忠诚，就是要把讲规矩守纪律摆在更加重要的位置，锤炼忠诚干净担当的政治品格，打造政治上的绿水青山。哪里是事业发展的主战场，哪里就是自身奋斗的大舞台。按照"工作紧起来、作风实起来、标准高起来、纪律严起来、节奏快起来"的要求，广大党员干部要在干事创业中冲锋在前、奉献在先，当好主力军、打好主动仗，在破解学校事业发展难题中担当有为，在推进"三地一库"建设中担当有为，在办好人民满意的高水平大学和一流民族大学中担当有为。

四是以务实为民为本，提升人才培养质量，不忘"立德树人"的初心。我们党来自人民，为人民而生，因人民而兴。全校各级党组织和广大党员干部要自觉践行党的根本宗旨，坚守人民立场，坚持以人民为中心的发展思想，树立以师生为中心的发展理念，全心全意依靠师生员工办学，着力为师生排忧解难，增进师生的获得感、幸福感、安全感，坚定把师生满不满意、拥不拥护、支不支持当作检验我们工作的"试金石"。新时代高等教育的初心和使命，就是要扎根中国大地，紧紧围绕"立德树人"根本任务，解决好"为谁培养人、培养什么人、怎样培养人"等首要问题；就是要立足"四个服务"，不断提升育人质量和办学水平，这是我们办大学、办好大学的根本方向和基本原则。学校提出建设"高水平大学"的奋斗目标，"高水平"这三个字，意味着突出人才培养中心地位，把质量作为办学治校的生命线，努力办同行认可、社会信赖、家长满意、师生校友骄傲的民族大学。我们要以更高的站位来看待自身的社会责任、特殊使命，牢牢以提升人才培养质量为价值原点，把培养中国特色社会主义事业合格建设者和可靠接班人作为办学第一要务，坚持政治建校、质量立校、科研兴校、人才强校、开放办校，在新的长征路上成就一段发展图强、腾飞跨越的新佳话。

同志们、老师们、同学们，无论我们走得多远，都不能忘记来时的路，更不能忘记为什么而出发。唯有不忘初心，方可告慰历史、告慰先辈，方可赢得时代、一往无前。让我们以信仰坚守初心，以行动诠释使命，以热血铸就忠诚，以情怀放飞梦想，努力书写新时代学校为党育人、为国育才、为人民做学问的新答卷！

谢谢大家。

在2020年度二级单位党组织书记
抓基层党建述职评议考核会上的讲话

西北民族大学党委书记 邓光玉

（2020年12月21日）

同志们：

开展党组织书记抓基层党建述职评议考核是推进全面从严治党向基层延伸的重要举措，是层层压实管党治党政治责任的重要抓手。经过五年，学校二级单位党组织现场述职已实现全覆盖。刚才，8个二级单位党组织书记作了现场述职，总体感觉，大家的发言主题明、内容实、亮点多、措施新，展现了新时代学校党建工作总体情况。在此，代表学校党委对各二级单位党组织书记一年来的辛勤工作表示衷心感谢。刚才甘肃省委组织部和甘肃省委教育工委两位负责同志作了讲话，对学校党建工作给予了有力指导和勉励鞭策，也一针见血地指出了需要加强和改进的问题，对下一步学校党建工作提出了明确要求，要切实抓好贯彻落实。

2020年，在国家民委党组、甘肃省委坚强领导下，在甘肃省委组织部、甘肃省委教育工委等有关部门的有力指导下，学校各级党组织坚持以党的政治建设为统领，以铸牢中华民族共同体意识为主线，以立德树人为根本任务，按照习近平总书记关于统筹推进疫情防控和经济社会发展工作的重要讲话精神，在全面从严治党中践行"两个维护"，在立德树人中突出铸牢中华民族共同体意识，在共同战役中砥砺初心使命，在决胜脱贫攻坚中彰显价值追求，在校庆筹办中激励担当作为，全力推进学校党的建设，用高质量党建引领高质量发展。特别是守牢了政治底线，在大是大非面前态度鲜明、立场坚定，始终在政治立场、政治方向、政治原则、政治道路上同以习近平同志为核心的党中央保持高度一致。党的建设不断加强，主要表现在：

一是党的政治领导进一步加强。坚决贯彻党中央大政方针，贯彻落实国家民委党组和甘肃省委重大决策部署，牢牢把握社会主义办学方向，把握社会主义大学特别是民族院校的政治属性，进一步强化政治立校。严格执行党委领导下的校长负责制和民主集中制。规范党委全委会会议、常委会会议和校长办公会议事规则，修订院系党政联席会议和党组织会议议事规则，认真履行党委把方向、管大局、作决策、抓班子、带队伍、保落实的领导职责。深学细悟党的十九届五中全会精神，将习近平总书记强调的"五个坚持"作为谋划学校"十四五"发展规划的基本遵循，推进新时代教育评价改革落实落地，奋力推进学校事业高质量发展。

二是管党治党责任意识进一步增强。学校从2016年以来，接受了3次巡视和巡视延伸调研。经过三轮巡视整改，管党治党责任意识不断增强。学校党委始终将党的政治建设放在首位，坚持党建工作与业务工作同谋划同部署同考核。每年初召开全面从严治党工作会议，对党建工作进行全面部署，制定党建工作要点，建立工作台账。坚持二级单位党组织书记抓党建述职评议，把党的建设工作情况纳入年度考核评价体系，并突出其权重。

三是师生政治信仰进一步坚定。坚定不移用习近平新时代中国特色社会主义思想铸魂育人，推进习近平新时代中国特色社会主义思想"三进"工作，教育引导广大青年学生做习近平新时代中国特色社会主义思想的坚定信仰者和忠实实践者。这方面工作，国家民委给予了充分肯定，并专门出简报进行了宣传总结。全面落实意识形态工作责任制，这么多年意识形态工作未出现任何问题，此项工作也受到国家民委党组的充分肯定。学校"学习强国号"在国家民委系统率先上线。推进共青团、学生会组织改革，突出政治性、思想性，通过政治引领把各族师生紧紧团结在党的周围。

四是育人政治标准进一步突出。加强思想政治工作，强化思想教育和价值引领，不断推进社会主义核心价值观培育、"三个文化"教育和铸牢中华民族共同体意识教育，在坚定理想信念、厚植爱国主义情怀、加强思想品德修养、增长知识见识、培养奋斗精神、增强综合素质等方面持续下功夫。通过"一院一节一特色"文化品牌活动，涵养文化情感，以文化人、以文育人，打造各民族师生交往交流交融平台。诗歌文化节入选教育部"礼敬中华文化"特色项目，"大学生点赞新时代"获教育部突出贡献奖，获批国家民委中华民族共同体研究基地。加强思政课程和课程思政建设，"中国近现代史纲要课程"获首届全国思政课教学展示二等奖，"形势与政策教育"公众号被中宣部评为全国高校唯一的"优秀理论宣讲公众号"。建立处级以上干部联系班级、学生支部和名师担任班主任制度，组织员、辅导员、思政课教师、心理辅导员全部配备到位。

五是基层党组织政治功能进一步发挥。加强支部标准化规范化建设，有力推进"四抓两整治""对标争先""双带头人"工作。教师党支部书记"双带头人"实现全覆盖。坚持教育和宗教相分离原则，坚决抵御和防范宗教向校园渗透。充分发挥"甘肃党建"信息化平台六大功能，严格落实党内组织生活制度，年底各项指标达到100%。发挥广大党员干部先锋模范作用，服务抗疫大局，32名医护人员驰援武汉，10名医护人员火线入党；为新冠肺炎病毒灭活疫苗研制提供70%以上血清；在《柳叶刀》发表新冠肺炎疫情学术论文4篇，让党旗在疫情防控第一线高高飘扬。参与决战决胜脱贫攻坚，帮扶的临潭县一镇一乡六村全部脱贫，考核优秀，1名驻村队长获"全国脱贫攻坚贡献奖"提名。

面对新形势新任务新要求，看到成绩的同时，我们也要正视工作中存在的短板和弱项，必须认真加以解决。

一是党组织政治功能还要充分发挥。总体来看，各级党组织履行主体责任的意识不断增强，但二级单位党组织战斗堡垒作用和党员先锋模范作用发挥还不够平衡。政治能力、斗争意识还需进一步加强。在健全完善责任链条，逐级分解任务，切实解决压力传导"最后一公里"上还需持续用力、久久为功。

二是党建基础工作还要不断夯实。夯实基层基础的力度还不够强，大抓基层的效果还不够显著，提升基层党组织的组织力，发挥战斗堡垒作用方面，举措还不够有力有效，支部党建质量还不够高，管理教育党员的作用发挥还不够充分，《中国共产党支部工作条例》还需落实落细。同时，党建工作创新性不足，包括对好的经验、好的做法、工作品牌总结提炼推广不够。

三是铸牢中华民族共同体意识主线还要更鲜明突出。铸牢中华民族共同体意识这一工作主线还需进一步增强，工作体系、研究体系、教育体系还需要进一步建立健全，中华民族共同体教育的学科、专业、课程、教材建设还需加快设计论证、推进实施。铸牢中华民族共同体意识的理论实践研究还需要进一步加强，精品力作、重大成果比较少，服务贡献能力需要进一步提升。

四是思政工作还要切实加强。突出育人政治标准、"五育并举"融合推进的育人机制还需进一步健全。师德师风建设需要进一步加强，思政课程和课程思政建设还要加大力度，"十大育人"体系构建还需要更加协同发力，思政工作的亲和力、感染力、针对性、实效性还需要进一步增强。

五是意识形态工作责任制还要靠实。抵御防范"三股势力"的渗透、争夺依然严峻复杂，二级单位意识形态工作责任制落实情况还不够平衡。对网络意识形态工作的把握、引导、驾驭、保障能力还不够强，防范化解意识形态领域风险的能力水平还需要进一步提高。

同志们，站在"两个一百年"历史交汇点，立足学校事业发展新阶段，要按照新时代党的建设总要求，贯彻落实好中央和国家民委党组、甘肃省委重大决策部署，奋力开创新时代学校党的建设工作新局面。

一是聚焦政治引领，不断加强党的政治建设。学校各级党组织和全体党员要不断增强"四个意识"、坚定"四个自信"、做到"两个维护"。行动上要坚决贯彻中央重大决策部署，言行上对违反政治纪律政治规矩的要敢于亮剑。坚持把推动学校高质量发展、落实立德树人根本任务、推进全面从严治党等重大工作的成效作为检验和衡量做到"两个维护"的重要标尺，确保学校各项事业始终沿着正确的政治方向前进。

二是聚焦立德树人，坚持不懈抓好思政工作。贯彻落实好全国思想政治工作会议精神，坚持立德树人根本任务，全面构建"十大"育人体系，牢牢掌握思想政治工作主导权，把思想政治工作贯穿教育教学全过程，铸牢中华民族共同体意识。牢牢把握意识形态工作领导权主导权话语权，全面落实意识形态工作责任制，强化意识形态阵地管理，加强舆论正面引导，不断巩固壮大主流思想舆论，弘扬时代主旋律，唱响时代最强音，保证学校始终成为培养社会主义事业建设者和接班人的坚强阵地。

三是聚焦功能发挥，全面夯实基层组织基础。以提升组织力为重点，突出政治功能，进一步夯实基层基础，优化组织设置，创新活动方式，推动基层党组织全面进步、全面过硬。加强支部标准化规范化建设，继续培育创建全国标杆院系、样板党支部，推广建设成果，加强示范引领。按照"五个到位""七个有力"的建设标准,建强学院各级党组织。重视在青年优秀教师和少数民族学生中发展党员,加强党员日常教育管理。

四是聚焦两个责任,抓廉政强监督确保风清气正。把严的主基调长期坚持下去,持之以恒加强作风建设,不断巩固拓展整治"四风"成果,锲而不舍落实中央八项规定及其实施细则精神,力戒形式主义、官僚主义,抵制特权思想。要认真分析本单位党风廉政建设情况,紧盯重点部门关键环节,梳理权力事项和审批程序,明晰廉政责任的范围和内容,强化政治纪律和政治规矩,把纪律挺在前面,构建良好的政治生态。

五是聚焦担当作为,抓党建促现代化高水平大学建设。推进现代化高水平大学建设是学校工作的落脚点和衡量标准,要落实好习近平总书记关于民族工作和教育的重要论述、关于铸牢中华民族共同体意识的重要论述,切实增强责任感和使命感,加强党性修养,不断提高"八种本领""七种能力",切实担当新发展使命,为加快学校高质量发展担起应有的责任。

中共西北民族大学委员会 2020 年党建工作要点

2020年是全面建成小康社会决胜之年，是全面打赢脱贫攻坚战的收官之年，也是学校建校70周年。2020年学校党建工作总体要求是：坚持以习近平新时代中国特色社会主义思想为指导，全面贯彻落实党的十九大和十九届二中、三中、四中全会精神，认真落实全国、全省组织部长会议精神，遵循新时代党的建设总要求和新时代党的组织路线，坚定不移加强党的全面领导，增强"四个意识"，坚定"四个自信"，做到"两个维护"，以党的政治建设为统领，抓实基础，补齐短板，创新方法，完善机制，全面推动党的政治建设、思想建设、组织建设、作风建设、纪律建设、制度建设，全面提升学校党的建设质量，为学校高质量发展提供坚强保证。

一、坚决做到"两个维护"，推进政治建设提升

（一）坚持党的政治领导。认真贯彻落实《中共中央关于加强党的政治建设的意见》《中国共产党重大事项请示报告条例》等党内法规和规范性文件，建立健全坚持和加强党的全面领导的组织体系、制度体系、工作体系，把增强"四个意识"、坚定"四个自信"、做到"两个维护"的要求落实和体现到行动上，自觉在思想上政治上行动上同以习近平同志为核心的党中央保持高度一致。跟踪督办各级党组织落实习近平总书记关于民族工作和教育工作重要论述、重要指示批示精神情况，确保习近平总书记重要指示和中央重大决策部署落到实处、见到实效。

（二）严肃党内政治生活。严格执行《关于新形势下党内政治生活的若干准则》，认真落实"三会一课"制度，纠正党内政治生活不认真不严肃以及在坚持民主集中制、开展批评和自我批评等方面存在的突出问题，进一步增强党内生活的政治性、时代性、原则性和战斗性。坚持党员领导干部讲党课制度，严格党员领导干部参加双重组织生活制度。充分发挥红色资源优势，开展重温入党誓词和入党志愿书、过"政治生日"等活动，增强党性修养。

（三）防范化解政治风险。教育引导党员干部居安思危，增强政治敏锐性和政治鉴别力，强化涉民族因素舆情治理能力，做好舆情监测预警、分析研判和有效引导。紧盯重要节点，做好统一思想的工作，及时排查意识形态领域风险点，坚决防止出现大的意识形态事件和舆论，全力保障政治安全和意识形态安全。

（四）提高政治能力。加强思想教育引导作用、选人用人引导作用、述职考核评议作用、日常管理约束作用，促进领导干部加强党性锻炼，经常进行政治体检，提高政治免疫力。重视把斗争精神、

斗争本领作为教育培训干部的重要内容，作为考察识别干部的重要方面，作为选拔任用干部的重要依据，作为管理监督干部的重要约束，教育引导广大党员干部特别是领导干部敢于斗争、善于斗争。

（五）压实疫情防控政治责任。深入贯彻落实习近平总书记关于新冠肺炎疫情防控工作重要讲话和重要指示批示精神，落细落实中央和国家民委党组、甘肃省委疫情防控部署要求，切实把思想和行动统一到党中央决策部署上来，按照坚定信心、同舟共济、科学防治、精准施策的要求，发挥各级党组织和广大党员先锋模范作用，全面压实疫情防控政治责任，把党的政治优势、组织优势、密切联系群众优势转化为疫情防控的强大工作优势，毫不放松抓紧抓实各项防控工作，坚决打赢疫情防控总体战。

二、坚持科学理论武装头脑，推进思想建设提升

（六）深入学习贯彻习近平新时代中国特色社会主义思想。始终把学习宣传贯彻习近平新时代中国特色社会主义思想作为首要政治任务，认真落实党委常委会会议学习、党委理论学习中心组等各项学习制度。提升党委理论学习中心组学习质量和效果，制定理论学习中心组 2020 年学习计划。引导各级党组织和党员干部读原著、学原文、悟原理，及时跟进学习习近平总书记最新重要讲话和重要指示批示精神，深刻领会习近平总书记关于民族工作和教育工作的重要论述，坚持融入思想学、形成体系学、带着问题学、提升本领学，把学习的成效转化为推动学校各项事业改革发展的强大动力。

（七）落实意识形态工作责任制。健全完善意识形态领域制度体系，坚持月研判、月报告联动机制，定期听取分析、安排部署意识形态工作。开展专项督查，严排意识形态阵地管理漏洞、风险隐患和薄弱环节，及时采取措施改进完善。发挥意识形态工作、民族宗教工作、教材建设工作等领导小组职能，加强日常监管。加强教材、讲台等阵地管理，严格科研论文意识形态审查，严格执行"一会一报""一事一报"制度。严格审批程序和环节，压实网站、新媒体、自媒体规范管理责任。

（八）提高思想政治工作质量。推动"三全育人"综合改革，加强基层党建创新项目、一体化育人项目、思政工作创新项目、民族团结进步创建项目、辅导员思想政治工作精品项目等项目化平台建设，建立思想政治工作案例库，不断推动"十大"育人体系建设提质增效。贯彻《新时代爱国主义教育实施纲要》，加强师生爱国主义教育。

（九）加强师德师风建设。贯彻落实新时代高校教师职业行为十项准则，健全师德师风建设长效机制，制订《西北民族大学健全教师思想政治教育和师德师风建设长效机制实施方案》。加强教师队伍思想政治工作，落实年度教师理论学习任务，开展师德师风专题教育。强化宣传引导，积极挖掘树立优秀师德典型，形成院院有典型、榜样在身边、人人可学习的局面。强化师德师风管理，抓好校院两级师德师风管理者队伍培训，将师德师风建设要求贯穿教师管理全过程。建强师德师风督导队伍，严肃查处师德失范行为。创新师德建设工作模式，形成师德师风建设多部门联动机制。

（十）提升重点马克思主义学院建设水平。贯彻落实学校思想政治理论课教师座谈会精神，坚持

重点马克思主义学院建设标准，坚持以"四个自信"统揽学校思政课建设，推动实施思政课提质创优，努力形成学校特色思政课课程体系。继续做好甘肃省"形势与政策"课集体备课会工作和"形势与政策"课建设。加强习近平新时代中国特色社会主义思想理论研究，激励广大教师积极参与开展原创性学理化学科化研究阐释，在"四报一刊"等发表更多理论研究成果，把理论学习和研究成果融入课堂教学，发挥理论育人功效。

（十一）加强思政课教师队伍建设。研究加强新时代高等学校思政教师队伍建设的各项举措，着力从配齐配强思政教师队伍，优化管理机制，完善培训体系，加强培训力度，提升思政教育能力，合理设置职称评定标准，保证教师待遇等方面持续用力。深化思政课教学改革，全面推进习近平新时代中国特色社会主义思想、铸牢中华民族共同体意识等进教材、进课堂、进头脑，提升课程育人质量。积极探索思政课教学方式方法改革，鼓励队伍建设和课程建设创新，总结推广经验。

（十二）加强校园文化建设。落实学校《关于全面深入持久开展民族团结进步创建工作铸牢中华民族共同体意识的实施方案》，深化"五个认同"教育，铸牢各族师生中华民族共同体意识。编制校园文化建设"十四五"发展规划，持续开展文明校园创建工作，抓好法治文化建设。以建校70周年校史续编为契机，传承校史文化，弘扬校训精神。持续开展"礼敬中华优秀传统文化"活动，提升"一院一节一特色"校园文化品牌内涵，培育孵化优秀文化成果。在广大青年学生中开展"青春心向党、建功新时代"主题宣传教育实践活动。

（十三）加强党对统一战线工作的领导。贯彻落实《中国共产党统一战线工作条例（试行）》，深化统一的多民族国情和民族团结进步教育。进一步强化统战部门、相关职能部门、各二级单位党组织在推动学校统战工作中的职能和责任。坚决抵御境外宗教渗透和防范校园传教，坚持教育与宗教相分离原则，引导广大师生树立正确的宗教观。

（十四）加强和改进党对群团组织的领导。进一步深化工会教代会体制机制改革，持续做好民主管理、文化建设和智慧工会建设。全面加强党对团组织和学生会、研究生会工作的领导和指导，加强学生社团管理，创新思想政治引领格局，深化学生社团育人功能。

三、坚持事业为上，推进干部人才队伍建设提升

（十五）加强领导班子和干部队伍建设。学习贯彻《党政领导干部选拔任用工作条例》，严格执行《西北民族大学处科级干部选拔任用工作实施办法》，坚决按照规定和程序开展干部选拔任用工作，坚持把政治标准放在首位，坚持精准科学选人用人，坚持将从严要求贯穿始终，坚决遏制选人用人上的不正之风，营造良好用人环境。

（十六）激发干部队伍活力。贯彻落实中央和国家民委党组《关于进一步激励广大干部新时代新担当新作为的意见》《关于适应新时代要求大力发现培养优秀年轻干部的意见》，积极研究解决影响干部积极性的突出问题，切实激发干部担当作为的内生动力，鲜明树立注重实干实效的用人导向，提高

优秀年轻干部提拔使用比例，充分发挥考核评价的激励鞭策作用。推动建立健全正向激励和容错纠错机制，着力提升能干事干成事的本领能力。落实干部谈心谈话制度，推动形成关心关爱干部的良好氛围，广泛凝聚创新创业的强大合力。

（十七）深化人事人才发展体制机制改革。坚持党管人才，持续抓好《中共西北民族大学委员会关于新时代全面加强人才队伍建设工作的指导意见》的贯彻落实，进一步完善人才队伍建设的制度和机制保障，积极谋划人才队伍发展，搭建合作交流平台，统筹解决人才服务保障问题，不断增强选人留人的吸引力。优化人才引进政策，拓宽人才引进渠道，加强中青年人才职业发展规划，加快高层次人才队伍建设，进一步提高学校人才队伍水平，提升人才核心竞争力。持续开展"弘扬爱国奋斗精神、建功立业新时代"活动，加强对人才的政治引领和政治吸纳。

（十八）建立健全干部人才教育培训体系。充分发挥党校干部教育培训主渠道作用，完善规章制度，开展强化政治理论、增强政治定力、提高政治能力、防范政治风险、意识形态教育等专题培训。进一步发挥学校智力资源优势，制定2020年学校干部人才教育培训计划，鼓励各部门各单位结合自身工作任务和特点，举办校内专题培训班，持续提升干部人才政治素质、能力担当和业务水平。注重分类培训和重点培训，对政治立场坚定、敢于担当作为的优秀年轻干部人才进行有计划有重点地培训，促进干部成长成才。积极组织参加上级单位安排的教育培训工作，邀请校外专家来校进行专题讲座，加强干部人才党性修养和思想认识。

四、坚持夯实基层基础，推进组织建设提升

（十九）加强党的组织体系建设。完善《西北民族大学党建工作例会制度》，充分发挥党建工作领导小组作用，统筹谋划学校党建工作，全面从严落实党建责任和要求。定期开展集中学习、工作部署通报，针对党建重点难点问题，研究新情况、解决新问题。各二级单位党组织每学期初召开党建工作专题会议，研究本单位党建工作，层层传导责任和压力。做好医学部党委、中国少数民族语言文化学院党委和汉语言文化学院党委新一届委员会委员选举工作。

（二十）推进党支部建设标准化。认真贯彻《中国共产党支部工作条例（试行）》《甘肃省事业单位党支部建设标准化手册》，落实学校《党支部建设标准化实施方案》，强化党支部政治功能，全面提升党支部战斗力。做好教育部第一批党建样板支部验收工作，建强建好第二批样板支部。做好校级样板党支部建设验收工作，总结推广先进经验，推动党支部建设均衡发展、功能有效发挥、组织力全面提高。落实党员领导班子成员联系党支部工作制度，推动党员领导干部下支部、抓支部。不断优化党支部设置，扩大党组织覆盖面。

（二十一）加强党员教育管理监督。贯彻落实《中国共产党党员教育管理工作条例》，加强党员日常管理监督，规范党员发展、组织关系转入转出、党员参加组织生活等情况。从严抓好党员教育管理工作，综合运用创新手段，提升党员教育管理实效。加大对基层党务干部的指导帮助力度，指导二级

单位党组织加强党支部书记的教育培训。利用多种渠道展示先进党支部工作案例和优秀党支部书记经验做法。组织好每年一次的党务工作者培训、组织员培训、教师党支部书记和学生党支部书记轮训及党员干部网络培训等。充分利用学习强国、甘肃党建APP等信息化手段和大数据资源，切实提高党员教育管理的有效性。

（二十二）加强党支部班子建设。及时将政治强、业务精、作风正、敢担当的优秀教师选举到支委班子中来，选好配强党支部书记，发挥"头雁效应"和"雁阵效应"，增强基层党组织战斗力。持续推进教师党支部书记"双带头人"建设。提升建设质量，加强重点培养，2020年底实现教师党支部书记"双带头人"全覆盖。通过专家报告、党建工作案例教学、党务工作经验交流、组织参观学习等形式，不断提高党支部书记的综合素质和工作能力。

（二十三）提高发展党员质量。严格贯彻《中国共产党发展党员工作细则》，按照甘肃省委组织部2020年指导性计划要求，有序推进发展党员工作。始终把政治标准放在首位，严把党员入口关，注重向少数民族学生和高知识群体倾斜。落实校领导、二级单位党组织成员、专家教授、学术带头人联系青年教师入党积极分子制度和谈心谈话制度，注重把思想引导融入培养，不断激发高知识群体向党组织靠拢的政治热情。

（二十四）完善党建基础保障机制。根据各教学单位工作实际，选优配强专职组织员。继续推动党员活动室建设，创新党员教育服务载体。加大党建工作经费投入，确保基层党组织建设各项工作顺利开展。完善教师党支部保障机制，进一步明确相关措施，发挥教师党支部书记在教职工职称晋升、岗位调整和各类评奖评优等工作中的影响力和号召力。推动实现将教职工党支部书记岗位作为学校干部培养的有效渠道，党支部书记经历作为干部选拔的参考依据。

五、坚持完善监督体系，推进纪律建设提升

（二十五）落实中央八项规定精神。持续推动党的作风建设，坚决防止和反对特权思想、特权现象，聚焦师生反映强烈的突出问题整风肃纪，盯紧关键环节和重要节点动真碰硬。精减文件、改进文风会风，进一步规范会议、文件和督查检查考核，严格落实公务接待相关要求，坚决防止"四风"问题反弹回潮。落实党委书记、校长带头深入基层，班子其他成员深入分管和联系点单位开展调查研究、现场办公等制度，建立问题清单和整改台账，解决师生最急最忧最盼的实际问题。

（二十六）深化校内巡察。强化巡视整改和成果运用，抓好中央巡视反馈意见整改工作，督促各部门认真落实整改主体责任确保整改任务不折不扣落到实处。按照《中共西北民族大学委员会巡察工作规划（2018-2022年）》，高质量推进校内巡察全覆盖，推进全面从严治党向基层延伸。

（二十七）严明党的纪律。召开学校全面从严治党工作会，压实党风廉政建设责任制。加强纪律教育，以反面典型为案例，持续开展警示教育。深化以案为鉴、以案促改，加强思想道德和党纪国法教育，增强不想腐的自觉，强化党员干部的纪律规矩意识。积极开展校园廉政文化创建活动，开展第十三届党风廉政宣传教育月活动，扎实推进廉政文化进校园。

六、健全党的制度体系，提升制度化水平

（二十八）建立"不忘初心、牢记使命"主题教育制度。深入学习贯彻习近平总书记在"不忘初心、牢记使命"主题教育系列重要讲话精神，巩固和拓展主题教育成果，对主题教育检视问题、专项整治、民主生活会查摆问题整改落实情况开展"回头看"，认真自查、深入分析研判、持续深化整改。推动落实"不忘初心、牢记使命"制度，做到学习教育常态化、调查研究常态化、检视问题常态化和整改落实常态化，把"不忘初心、牢记使命"作为加强党的建设的永恒课题和全体党员、干部的终身课题，形成长效机制。

（二十九）强化制度意识。持续抓好十九届四中全会精神学习培训，加强中国特色社会主义制度和国家治理体系的理论研究和宣传教育。增强党员干部制度意识、规则意识，推动高素质专业化干部队伍建设。强化制度执行，努力把制度优势转化为治理效能。加大督查力度，加强跟踪了解，加强对制度贯彻落实情况的检查。

七、持续加大帮扶力度，推进脱贫攻坚水平提升

（三十）加强组织领导确保完成脱贫攻坚目标任务。学习贯彻落实习近平总书记在决战决胜脱贫攻坚座谈会上的讲话精神，克服疫情影响，凝心聚力打赢脱贫攻坚战。关心关爱奋斗在一线的扶贫干部。制定完善学校2020年脱贫攻坚方案，瞄准突出问题和薄弱环节狠抓工作落实。接续推进全面脱贫与乡村振兴有效衔接，确保如期完成脱贫攻坚目标任务。

中共西北民族大学委员会 2020 年全面从严治党工作主要任务及责任分工

2020 年，是全面建成小康社会和学校"十三五"规划收官之年，是学校全面落实全国教育大会精神、推进学科建设和"双一流"建设的关键之年，也是学校建校 70 周年的喜庆之年，我们必须坚持党对教育工作的全面领导，深刻领会习近平总书记在十九届中央纪委四次全会上的重要讲话精神，纵深推进全面从严治党，为学校事业高质量发展提供政治保证。

一、突出思想政治引领，增强"两个维护"的自觉性坚定性

1. 不忘初心、牢记使命是加强党的建设的永恒课题和全体党员的终身课题，也是对各级党组织、广大党员干部的政治要求。要始终加强思想政治引领，持之以恒学懂弄通做实习近平新时代中国特色社会主义思想，不断巩固深化主题教育成果。要不断提高政治站位、政治觉悟，坚决维护习近平总书记党中央的核心、全党的核心地位，坚决维护党中央权威和集中统一领导，自觉在思想上政治上行动上同以习近平同志为核心的党中央保持高度一致。

牵头单位：宣传部、组织人事部、党委办公室

责任单位：二级单位党组织、校属各单位

2. 严明政治纪律和政治规矩，深入学习贯彻习近平总书记对教育工作和民族工作的重要指示批示精神，认真学习党章、纪律处分条例、重大事项报告等党内法规和规范性文件，全面落实从严治党主体责任，督促广大党员干部在内心深处筑牢为党育人为国育才的初心使命，把"两个维护"真正落实到行动上。

牵头单位：宣传部、党委办公室、组织人事部、纪监审办公室

责任单位：二级单位党组织、校属各单位

3. 坚持正确办学方向，以凝聚人心、完善人格、开发人力、培育人才、造福人民为目标，培养一代又一代全面发展、担当民族复兴大任的时代新人。

牵头单位：教务处、学生工作部、团委、研究生处

责任单位：二级单位党组织、校属各单位

二、履行管党治党责任，坚定不移抓好全面从严治党

4. 坚定不移落实全面从严治党责任，不断完善学校监督体系，强化对权力运行的制约和监督，坚决

把思想和行动统一到党中央决策部署上来，持续压紧压实管党治党责任，把全面从严治党延伸到基层。

牵头单位：党委办公室、组织人事部、纪监审办公室

责任单位：二级单位党组织、校属各单位

5.继续有效推进校内巡察制度，全面查找、严肃纠正党的领导弱化、党的建设缺失、管党治党不力等方面的问题，切实维护和落实党对学校的全面领导。

牵头单位：巡察工作领导小组办公室、党委办公室

责任单位：二级单位党组织、校属各单位

6.持续巩固马克思主义在学校意识形态领域的指导地位，牢牢掌握意识形态工作领导权，发出好声音，凝聚正能量，守好主阵地。

牵头单位：宣传部、统战部、马克思主义学院

责任单位：二级单位党组织、校属各单位

7.持续坚持民主集中制原则和正确选人用人导向，突出政治标准，更加注重干部的政治品质和道德品行，坚持严管和厚爱结合、激励和约束并重，完善干部考核评价制度。

牵头单位：组织人事部

责任单位：二级单位党组织、校属各单位

8.持续坚持以问题、目标、效果为导向，不折不扣抓紧抓严抓实巡视、巡察、审计整改，强化权力的监督和约束，坚持抓"关键少数"和管"绝大多数"相结合，充分认识将"四种形态"作为全面从严治党政策策略的重要意义，切实一体推进不能腐、不敢腐、不想腐。

牵头单位：巡视整改工作领导小组办公室、纪监审办公室、党委办公室、组织人事部、宣传部、统战部

责任单位：二级单位党组织、校属各单位

三、推进党风廉政建设，营造风清气正的政治生态和校园风气

9.坚持用习近平新时代中国特色社会主义思想武装头脑、坚定信念，用优秀传统文化滋养精神、凝聚意志。积极开展党风廉政宣传教育，引导广大党员干部正心修身、涵养文化，筑牢思想防线，大力提倡和弘扬廉洁自律、秉公办事、不徇私情、清白做人，为师生服务的理念。切实加强纪律教育，使铁的纪律真正转化为党员干部的日常习惯和自觉遵循；强化纪律执行，让党员干部知敬畏、存戒惧、守底线，习惯在受监督和约束的环境中工作生活。

牵头单位：纪监审办公室、宣传部、学生工作部、团委、组织人事部

责任单位：二级单位党组织、校属各单位

10.进一步健全党风廉政建设责任制度，学校党委是党风廉政建设的责任主体，学校领导班子成员是职责范围内党风廉政的主要负责人。各部门各单位主要负责人是本单位（部门）党风廉政建设的

第一责任人，领导班子成员要根据工作分工，认真履行"一岗双责"责任，严格落实党风廉政建设责任制。

  牵头单位：纪监审办公室、党委办公室

  责任单位：二级单位党组织、校属各单位

  11.进一步加强警示教育，以曝光案例、以案说纪、以案警示、廉政早提醒等多种形式，做到提醒常在、警钟长鸣。各级党组织、纪检监察机构要认真学习贯彻《纪检监察机关处理检举控告工作规则》，坚决维护当事人的权利和义务，对采取捏造事实、伪造材料等方式反映问题，意图使他人受到不良政治影响、名誉损失或者责任追究的诬告陷害行为，要依规依纪依法严肃查处，加大营造新时代新担当新作为的良好氛围。

  牵头单位：纪监审办公室

  责任单位：二级单位党组织、校属各单位

四、加强制度建设，发挥制度的作用和纪律刚性约束

  12.完善制度执行监督机制，强化日常检查和专项检查，确保制度真正落到实处，让制度管用见效，坚决杜绝做选择、搞变通、打折扣等现象。增强制度意识，加强制度的维护，各部门各单位主要负责人要带头维护制度权威，作制度执行的表率，带动广大师生自觉尊崇制度、严格执行制度、坚决维护制度。

  牵头单位：党委办公室、纪监审办公室

  责任单位：二级单位党组织、校属各单位

  13.充分运用纪律手段，严肃查处对制度缺乏敬畏、不按制度办事的各类错误行为和问题，不断增强党员干部执行制度的自觉性和主动性。

  牵头单位：纪监审办公室

  责任单位：二级单位党组织、校属各单位

  14.进一步加强制度建设，通过清晰的制度导向，形成求真务实、清正廉洁的新风尚，不断增强制度的权威性和执行力。

  牵头单位：发展规划与学科建设处

  责任单位：二级单位党组织、校属各单位

  各级党组织、各部门各单位要认真学习贯彻中共中央办公厅《党委（党组）落实全面从严治党主体责任规定》，不折不扣落实全面从严治党责任。让我们更加紧密地团结在以习近平同志为核心的党中央周围，团结一心，开拓进取，一以贯之推进全面从严治党，切实抓好党风廉政建设，不负初心，赓续奋进，努力写好学校高质量发展的新篇章！

工作规则办法

中共西北民族大学委员会常务委员会会议议事规则

一、总则

第一条 根据《中国共产党章程》《中华人民共和国高等教育法》《中国共产党普通高等学校基层组织工作条例》《关于坚持和完善普通高等学校党委领导下的校长负责制的实施意见》等法规文件和《西北民族大学章程》《西北民族大学工作规则》有关规定，结合学校实际，制定本规则。

第二条 坚持和加强党对学校工作的全面领导，以政治建设为统领全面加强党的建设，全面贯彻党的教育方针，坚持社会主义办学方向，落实立德树人根本任务，把党的领导贯穿办学治校、教书育人全过程。

第三条 坚持党委领导下的校长负责制。学校党的委员会对学校工作实行全面领导，履行管党治党、办学治校的主体责任，发挥把方向、管大局、作决策、抓班子、带队伍、保落实的领导作用，支持校长依法独立负责地行使职权，保证以人才培养为中心的各项任务完成。

第四条 坚持民主集中制，实行集体领导和个人分工负责相结合的制度。凡属重大问题必须按照集体领导、民主集中、个别酝酿、会议决定的原则，由党委集体研究决定。

第五条 学校党的委员会经党员代表大会选举产生，对党员大会负责并报告工作。学校党的委员会全体会议在党员大会闭会期间领导学校工作，党委常委会主持党委经常工作。

二、议事决策范围

第六条 党委常委会会议讨论决定以下事项：

（一）学校党的建设重要事项。

1.学习贯彻习近平新时代中国特色社会主义思想，落实党的路线方针政策和上级党组织决策部署的重要措施；

2.加强党的政治建设的重要事项、重要措施；

3.学校党建工作规划和年度工作计划；

4.师生思想政治工作、师德师风建设的重要事项；

5.意识形态工作和民族宗教工作的重要事项；

6.基层党组织和党员队伍建设的重要事项；

7.党的纪律检查工作、党风廉政建设和巡察工作的重要事项；

8.加强对学校工会、共青团、学生会、研究生会、学生社团等群众组织，学术委员会、学位委员会等学术组织，教职工代表大会、统一战线、老干部和离退休等工作领导的重要事项。

（二）事关学校改革发展稳定及教学、科研、行政管理工作的重要事项。

1.学校年度工作总结及年度工作计划。

2.涉及治理体系治理能力、教师队伍建设、学生培养、学科建设、校园建设等学校内涵发展的重要工作规划和工作计划，重要改革措施，重要规章制度；

3.学校内部组织机构和人员编制的设置与调整；

4.学校年度财务预算方案的审定和决算情况通报，100万元以上的预算外支出事项和年度追加预算，重大捐赠，以及其他大额度资金运作事项；

5.学校重要资产处置、重要办学资源配置、无形资产授权使用方案；

6.国家或地方各类重点建设项目、国内国（境）外科学技术文化交流与合作重要项目、重大合资合作项目，大宗物资采购或购买服务、重大基本建设和大额度基建修缮项目等学校重大项目设立和安排方案；

7.学术委员会、学位委员会等学术组织建设，以及学校学术评价、审议、评定工作中的重要事项；

8.省部级以上重大表彰推荐，校级重大表彰事项；

9.学校安全稳定重要事项和重大突发事件的处理。

（三）干部选拔任用和干部队伍建设的重要事项。

1.学校干部队伍建设规划和干部教育、管理、监督的重要事项；

2.学校党政机构、学院（系）、直属附属机构、科研机构等内部组织机构领导班子成员的选拔任用；

3.学校全资、控股企业校方董事、监事及企业主要负责人人选；

4.学校中层以上干部在企业、社会团体的兼任职务；

5.推荐优秀年轻干部和上级党代会代表、人大代表、政协委员等人选。

（四）人才工作的重要事项。

1.学校人才工作规划、重要人才政策和重要人才工程计划；

2.人才工作体制机制创新、人才成长环境优化的重要措施；

3.人才政治把关的重要措施。

（五）学校文化建设和校风教风学风建设的重要事项。

（六）教职工薪酬体系、收入分配及福利待遇、奖励、惩处和其他事关师生员工切身利益的重要事项。

（七）决定召开党委全体会议，并对提议事项先行审议、提出意见。

（八）需要党委常委会会议讨论决定的其他事项。

三、议事决策原则和程序

第七条　党委常委会会议一般每两周召开一次，遇有重要情况经党委书记同意可以随时召开。会议由党委书记召集并主持。党委书记不能参加会议的，可以委托党委副书记召集并主持。

第八条　会议的出席成员为党委常委会委员。会议必须有半数以上党委常委会委员到会方可召开；讨论决定干部任免等重要事项，必须有三分之二以上党委常委会委员到会。党委常委会委员因故不能出席时，须在会前向党委书记请假。

不是党委常委会委员的行政领导班子成员、校长助理、党委办公室主任、纪委副书记可以列席党委常委会会议，议题相关单位负责人可根据需要列席会议，涉及师生切身利益的重大议题可以邀请师生代表列席。党委常委会会议列席人员有发言权，没有表决权。

第九条　党委常委会会议议题由党委书记提出，也可以由党委常委会其他委员或学校领导班子其他成员提出建议、经党委书记综合考虑后确定。重要议题党委书记应当在会前听取校长意见，意见不一致的议题应暂缓上会。集体决定重大事项前，党委书记、校长和有关领导班子成员要个别酝酿、充分沟通。

凡属学校党委常委会委员自身职权范围内决定的事项，一般不提交党委常委会研究讨论。

第十条　拟提交党委常委会会议研究讨论的重要事项，议题相关单位应深入开展调查研究，充分听取各方面意见，进行合法合规性审查和风险评估。

1. 对事关师生员工切身利益的重要事项，应通过教职工代表大会或其他方式，广泛听取师生员工的意见。

2. 对专业性、技术性较强的重要事项，应经过专家评估及技术、政策、法律咨询，涉及学术的重要事项，应充分听取学术委员会等学术组织意见。

3. 规章制度、涉及法律问题的重要事项，应由发展规划与学科建设处、法律顾问进行审核。审核主要内容包括：是否与法律、法规、上级规章及校内现行制度相抵触，是否会引起其他不适当问题等。

4. 涉及学校改革发展的重大事项，应成立专门工作小组，在调查研究基础上提出建议方案，并反复听取意见、研究讨论、修改完善；涉及多部门的重要事项，由议题提交部门分管领导主持召开协调会议，征求意见，充分讨论。形成上会成熟意见后，提交会议审议。

5. 涉及经费的事项，应事先征求学校财务处意见。

第十一条　党委常委会会议议题实行一事一报制度，议题相关材料应至少在会前2个工作日（通过综合门户"请示报告"模块或纸质形式）提交至学校党委办公室。会议议题经党委书记同意后，议题材料由党委办公室及时送达、转发有关参会人员。若议题涉及保密事项或因其它特殊原因难以提前报送的，经会议主持人同意后，可将有关材料直接带到会场分发。会议最终议题单经党委书记同意后，由党委办公室提前通知与会人员。

第十二条　党委常委会会议按既定议程逐项进行，无特殊情况或未经会议主持人同意，一般不临时动议议题。

第十三条　党委常委会会议议题由党委常委会委员或分管校领导汇报，相关单位也可以参加汇报。

第十四条　党委常委会会议议事和决策实行民主集中制，在充分讨论的基础上，按照少数服从多数的原则形成决议或决定。如对重要问题发生较大意见分歧，一般应当暂缓作出决定。党委书记、校长应当最后表态。

第十五条　党委常委会会议讨论决定重要事项时应当进行表决，表决可以根据讨论和决定事项的不同，采用口头、举手、无记名投票或者记名投票等方式进行，赞成票超过应到会党委常委会委员半数为通过。未到会党委常委会委员的意见可以用书面表达，但不得计入票数。会议讨论和决定多个事项，应当逐项表决；决定多名干部任免时，应当逐人表决。

一般情况下，分管领导不能到会时，分管部门提交的议题缓议。其分管议题有时限要求须在规定时间做出决定的，可委托其他校领导或以其他方式提出意见。

紧急情况下不能及时召开党委常委会会议决策的事项，党委书记、副书记或者党委常委会其他委员可以临机处置，事后应当及时向党委常委会报告并按程序予以确认。

第十六条　党委常委会会议议题审议时应当通知相关单位负责人到会，听取意见，回答问询。

第十七条　党委常委会会议决议分为以下几种：批准或通过；原则批准或通过，按要求作相应修改后实施或发布；暂不形成决议，责成相关单位另行提出意见再行研究；不予批准。

第十八条　党委常委会会议议题涉及与会人员本人及其亲属的，本人必须回避。

第十九条　党委常委会会议作出的决定或决议，适合公开的应当依据有关规定及时公开。对需保密的会议内容和尚未正式公布的会议决定，参会人员应当遵守保密规定。

四、议定事项执行与监督

第二十条　党委常委会会议决定的事项，由学校分管领导或相关单位负责组织实施，由学校党委办公室负责督办，确保决策落实。执行情况及时向党委书记或党委常委会汇报。

第二十一条　党委常委会会议决定的事项，各单位和个人应当及时执行。对推诿扯皮或拖延不办、敷衍塞责以及长期不反馈办理情况和结果的，要给予通报批评，并限期办理落实；对因推诿扯皮造成重大损失和不良影响的，要严肃追究责任。决策执行过程中需作重大调整的，应提交党委常委会会议决定；需要复议的，要按程序重新提交议题。

五、附则

第二十二条 学校党委办公室负责党委常委会会议的会务工作，主要包括：收集议题，印发、上传会议材料，通知参会人员，做好会议记录，编发会议纪要，分送学校领导和有关单位，归档会议材料。

第二十三条 本规则由学校党委常委会负责解释，具体工作由学校党委办公室承担。

第二十四条 本规则自印发之日起施行。原《西北民族大学党委常委会议议事规则》同时废止。

西北民族大学校长办公会议议事规则

一、总则

第一条 根据《中华人民共和国高等教育法》《中国共产党普通高等学校基层组织工作条例》《关于坚持和完善普通高等学校党委领导下的校长负责制的实施意见》和《西北民族大学章程》《西北民族大学工作规则》等法规文件，制定本规则。

第二条 坚持党委领导下的校长负责制。校长在学校党委领导下，组织实施学校党委有关决议，行使高等教育法等规定的各项职权，全面负责教学、科研、行政管理工作。

第三条 校长办公会议是学校行政议事决策机构，坚持全面贯彻党的教育方针，坚持社会主义办学方向，落实立德树人根本任务，紧密围绕学校改革发展稳定，科学决策、民主决策、依法决策，推进学校人才培养、科学研究、社会服务、文化传承创新、国际交流合作等工作。

二、议事决策范围

第四条 校长办公会议主要研究提出拟由党委常委会讨论决定的重要事项方案，具体部署落实党委常委会决议的有关措施，研究决定教学、科研、行政管理工作。

第五条 校长办公会议研究提议的重要事项：

1.教师队伍建设、学生培养、学科建设、校园建设等学校内涵发展的重要工作规划，学校教学、科研、行政管理的重要改革措施、重要规章制度、重要工作计划等。

2.学校行政管理组织机构和人员编制的设置与调整方案，学术组织机构的设置与调整方案。

3.学校人才工作规划、重要人才政策、重要人才工程计划，涉及人才工作体制机制创新、人才成长环境优化等重要事项。

4.学校年度财务预算方案、决算情况的审定，100万元以上的预算外支出事项和年度追加预算，重大捐赠，以及其他大额度资金运作事项。

5.学校重要资产处置、重要办学资源配置、无形资产授权使用方案。

6.国家或地方各类重点建设项目、国内国（境）外科学技术文化交流与合作重要项目、重大合资合作项目、重要设备和大宗物资采购或购买服务、重大基本建设和大额度基建修缮项目等学校重大项目设立和安排方案。

7.学术委员会、学位委员会等学术组织建设，以及学校学术评价、审议、评定工作中的重要事项。

8. 教学、科研、行政管理的省部级以上重大表彰推荐和校级重大表彰事项。

9. 大学文化建设和校风教风学风建设的重要事项。

10. 教职工薪酬体系、收入分配及福利待遇、奖励、惩处和其他事关师生员工切身利益的重要事项。

11. 校长认为需要提交党委常委会讨论决定的其他事项。

12. 党委常委会认为需要先由校长办公会议审议的事项。

第六条　校长办公会议讨论决定的事项：

1. 贯彻落实党的教育工作方针政策以及上级部门决策部署，加强教学、科研、行政管理的工作措施。

2. 执行学校党委常委会决定或决议事项的实施方案和重要措施。

3. 学校教学、科研、行政管理等具体规章制度和工作计划安排。

4. 学校人才引进、培养、使用工作的重要事项。

5. 学校教师以及内部其他工作人员的人事聘任、解聘、考核、晋升、管理等重要事项。

6. 学校年度财务预算方案的执行，50万元（含）—100万元（不含）的预算外支出事项、年度追加预算、大额度资金调动、使用和运作的具体安排，以及财务管理与监督审计的重要事项。

7. 学校重要资产处置、重要办学资源配置、无形资产授权使用方案实施中的重要事项。

8. 学校重大建设、合作、采购项目实施中的重要事项。

9. 学校年度审计计划安排、重点审计项目执行等年度审计事项。

10. 学校学科设置、建设与评估，专业设置与调整，学位授权点的申报与建设等重要事项。

11. 人才培养方案制定与修订，课程体系建设和调整，教材编审，年度招生就业和学生毕业等重要事项。

12. 科研项目设立，科研经费管理，科研成果申报、奖励与转化等重要事项。

13. 学校服务国家和地方经济社会发展的重要事项。

14. 学校对外交流与合作的重要事项。

15. 实施思想品德教育，推进课程思政建设和教师、学生社会实践的重要措施。

16. 学校学术委员会、学位委员会等学术组织提交审议的相关事项。

17. 教师及内部其他工作人员政务处分，学生学籍管理、奖励及违规处理等重要事项。

18. 学校安全稳定和后勤保障工作的重要事项。

19. 教职工代表大会、学生代表大会、研究生代表大会、工会会员代表大会和团员代表大会有关行政工作的提案、意见办理事项。

20. 其他事关学校事业发展、师生员工切身利益的重要行政事项。

21. 按规定需要由校长办公会议审议的其他事项。

三、议事决策原则和程序

第七条　校长办公会议原则上每2周召开一次，遇有重要情况经校长同意可以随时召开。会议由校长召集并主持。校长不能参加会议的，可以委托副校长召集并主持。

第八条　校长办公会议成员一般为学校行政领导班子成员。会议必须有半数以上成员到会方能召开。会议成员因故不能出席时，应当在会前向校长请假。

学校党委书记、副书记、纪委书记等可视议题情况参加会议。校长助理、学校办公室主任、发展规划与学科建设处处长、纪监审办公室主任、工会常务副主席、教代会常设主席团主席列席会议；议题相关单位和部门负责人根据需要可以列席相关议题；涉及师生切身利益的重大议题可以邀请师生代表列席。

第九条　校长办公会议议题由校长提出，也可以由学校领导班子其他成员提出、校长综合考虑后确定。重要议题校长应当在会前听取党委书记意见，意见不一致的议题应暂缓上会。集体决定重要事项前，党委书记、校长和有关领导班子成员要个别酝酿、充分沟通。

凡属学校行政领导班子成员自身职权范围内决定的事项，一般不提交校长办公会议研究讨论。

第十条　会议议题在呈报校长办公会议审定前，应深入开展调查研究，充分听取各方面意见，进行合法合规性审查和风险评估。

1.涉及师生切身利益的重要事项，应通过教代会或执委会、专题座谈会等方式，广泛听取师生员工意见。

2.涉及专业性、技术性较强的重要事项，应经过专家评估及技术、政策咨询，涉及学术的重要事项，应充分听取学术委员会等学术组织意见。

3.规章制度、涉及法律问题的重要事项，应由发展规划与学科建设处、法律顾问进行合法性审查。审查的主要内容包括：是否与法律、法规、上级规章及校内现行制度相抵触，是否会引起其他不适当的问题等。

4.涉及学校改革发展重大问题，应当成立专门的工作小组，在调查研究基础上提出建议方案，视议题情况听取中层干部、民主党派、基层组织和师生等各方面意见，在反复听取意见、研究讨论的基础上完善后再提交会议审议。

5.涉及经费事项的，应当事先征求财务处的意见。

6.涉及多部门的重要事项，提交校长办公会议前，应由议题提报部门的分管校领导主持召开协调会议，征求意见，充分讨论，并与其他相关校领导做好沟通；如事关重大，可邀请其他相关校领导或校长参加。前期的沟通讨论不能代替校长办公会议决策。

7.议题提交前应向校长汇报。涉及学校改革发展重大问题，需校长办公会议讨论决定的，也应向党委书记提前汇报。

第十一条　校长办公会议议题实行一事一报制度，议题相关材料应至少在会前3个工作日（通过综合门户"请示报告"模块提请，涉密文件须提交纸质材料）提交至学校办公室。经学校办公室审查，报送的会议材料符合规定要求的，列入校长办公会议议题，并由学校办公室提前将会议议题及相关材料送达有关参会人员；报送的会议材料不符合要求的，由学校办公室通知提报部门补正或者退回重新制作。

第十二条　校长办公会议按既定议程逐项进行。无特殊情况或未经会议主持人同意，一般不临时动议议题。

第十三条　校长办公会议议题由分管校领导或相关单位负责人汇报。出席人员应当充分讨论，对决策建议明确表示同意、不同意或缓议的意见，并说明理由。未到会领导班子成员的意见可以书面形式表达。校长应当最后表态。

第十四条　校长办公会议研究讨论议题时，校长应当广泛听取与会人员意见建议，在此基础上对研究讨论的事项作出决定。如对重要问题发生较大意见分歧，一般应当暂缓作出决定。

第十五条　紧急情况下不能及时提交校长办公会议研究讨论的事项，可由校长与分管校领导共同商议临机处置，事后应及时向校长办公会议通报。

第十六条　校长办公会议审议议题时应当通知相关单位负责人到会，听取意见，回答问询。

第十七条　校长办公会议议题涉及与会人员本人及其亲属的，本人必须回避。

第十八条　校长办公会议作出的决定，适合公开的应当依据有关规定及时公开。对需保密的会议内容和尚未正式公布的会议决定，参会人员应当遵守保密规定。

四、议定事项执行与监督

第十九条　校长办公会议讨论决定的事项，由学校分管领导或相关单位负责组织实施。执行情况应当及时向校长或校长办公会议汇报。明确由相关单位负责的，由学校办公室负责传达和督促检查。

学校应当建立有效的督查、评估和反馈机制，确保决策落实。

第二十条　校长办公会议讨论决定的事项，学校行政领导班子成员、相关单位和个人应当及时执行；对执行不力的，应当依照有关规定问责追责；决策执行过程中需作重大调整的，应当提交校长办公会议决定；需要复议的，按照第九条规定重新提交议题。

五、附则

第二十一条　学校办公室负责校长办公会议的会务工作，主要包括：收集议题，印发会议材料，通知参会人员，做好会议记录，编发会议纪要，分送校领导和有关部门，归档会议材料。

第二十二条　本规则由学校校长办公会议负责解释，具体工作由学校办公室承担。

第二十三条　本规则自印发之日起施行。原《西北民族大学校长办公会议议事规则》（党委发〔2017〕126号）同时废止。

扶贫工作

西北民族大学 2020 年脱贫攻坚帮扶工作方案

为贯彻落实党中央和国家民委党组、甘肃省委关于脱贫攻坚的决策部署，在决胜全面建成小康社会、决战脱贫攻坚之年，充分发挥学校智力帮扶优势和各级党组织在脱贫攻坚工作中的战斗堡垒作用，扎实做好学校 2020 年脱贫攻坚帮扶工作，进一步推动甘南临潭县、"三区三州"临夏州、武陵山片区、国家民委定点帮扶、对口支援、援疆援藏等各项帮扶任务落地落实。经研究，制定学校 2020 年脱贫攻坚帮扶工作方案。

一、指导思想

2020 年，学校脱贫攻坚帮扶工作以习近平新时代中国特色社会主义思想为指导，认真贯彻党的十九大精神和习近平总书记关于脱贫攻坚工作系列重要讲话精神、重要指示批示精神，坚决落实国家民委党组和甘肃省委的决策部署，增强"四个意识"，坚定"四个自信"，做到"两个维护"，始终把脱贫攻坚帮扶工作作为学校重要的政治任务，统筹谋划，周密部署，强化措施，综合保障，以高度的政治责任感，坚持主动作为，在党建引领、教育培训、文化扶志、健康保障、科技支撑、产业帮扶等方面细化、量化、深化帮扶措施，高质量完成各项帮扶任务。

二、工作任务

结合学校优势，围绕帮扶地区需求，制定分类帮扶措施。

（一）党建引领带脱贫。突出党建引领带动脱贫，充分发挥基层党组织战斗堡垒和党员干部的先锋模范作用，继续做好学校六个二级单位党组织同临潭县六个村党支部结对共建工作，共同开展主题党日活动，交流党组织建设经验，共同研究解决党组织建设中遇到的问题，开展党性教育，加强对贫困群众的宣传教育引导动员，进一步发动群众、激发群众内生动力，帮助把六个村党支部打造成为带领群众脱贫致富的坚强战斗堡垒。在学校 70 周年校庆之际，举办脱贫攻坚地区扶贫论坛，同时开展送党课下乡活动。

（二）教育培训助脱贫。加强教育培训，为甘南临潭县、"三区三州"临夏州、武陵山片区、内蒙古巴林右旗、广西德保县、江西乐安县等地区举办党员干部、农技人员、中小学教师各类培训班 26 班次，计划培训近 1000 人，把习近平新时代中国特色社会主义思想特别是扶贫开发战略思想作为培训的中心内容，教育引导广大干部群众切实增强贯彻落实党中央决策部署的思想自觉和行动自觉，提升推进精准扶贫的政策理论素养、专业知识和能力水平，以更加明确的目标、更加有力的举措、更加有效的行动，打好脱贫攻坚战。

（三）文化扶志促脱贫。坚持守初心、担使命，以扶志培育内生动力，以文化助力精准脱贫，推动物质脱贫与精神脱贫协同用力、统筹推进，为帮扶地区实现全面脱贫提供有力的思想保证、精神动力和文化条件。开展暑期"三下乡"社会实践活动、留守儿童进校园等文化活动，从文化挖掘、文化宣传、文化传承、文化演出、文化旅游等方面打造文化扶贫新模式，让广大群众了解政策、接受教育，将"等、靠、要"的思想观念通过文化教育转变为靠自己发奋图强来勤劳致富。挖掘帮扶典型，发挥示范带动，用身边的人和事激励感召群众明理、感恩、诚信、自强，形成幸福源自奋斗、自主脱贫致富的自觉实践，多渠道全方位立体化宣传报道，讲好民大帮扶故事，传播民大帮扶声音，让主旋律高扬、正能量充沛。

（四）健康保障稳脱贫。发挥学校附属医院优势，着力推进健康扶贫，防止"因病致贫、因病返贫"。在甘南临潭、"三区三州"临夏、内蒙古巴林右旗、广西德保县、江西乐安县开展送医疗下乡、健康宣教、义诊、指导就医、入户诊疗、医疗保障救助政策宣传等活动，为群众送上优质的医疗服务和专业的医疗知识，帮助掌握健康知识、树立健康理念，建立科学、文明、健康的生活方式，真正将健康扶贫政策落到老百姓的心坎上，为脱贫攻坚帮扶工作提供健康保障。

（五）科技支撑强脱贫。聚焦"三农"发展，致力科技帮扶，促进乡村振兴。充分发挥学校智库优势和服务社会作用，在帮扶地开展种植、养殖等技术培训，提高人民群众的知识技能和致富本领；积极推进科技成果转化，保障科技服务有效实施；在甘南临潭县建立优质新大坪土豆种植实验基地、药材种植实验基地、黑麦种植实验基地，开展藜麦种植示范活动，打造惠及农业、农村、农民的理论智库平台、科研创新平台和农业技术的推广平台，为助力打赢打好脱贫攻坚战，助力实现乡村振兴作出新贡献。

（六）产业帮扶保脱贫。产业扶贫是帮助贫困地区脱贫致富的根本举措。学校以市场为导向，依托"产业扶贫＋消费扶贫"等多种方式积极帮助甘南临潭县产业持续发展。立足帮扶实际，因地制宜，助力做好甘南临潭县长川乡藜麦产业扶贫车间建设，加强技术指导，提升藜麦生产品质；做好"三区三州"临夏州蔬菜采购和内蒙古巴林右旗、广西德保县农产品采购工作，为帮扶地区脱贫攻坚尽一份心、送一份情、助一份力。

三、工作要求

（一）提高站位，坚定信心，贯彻落实打赢脱贫攻坚战各项决策部署。2020年是决胜全面建成小康社会、决战脱贫攻坚收官之年，是脱贫攻坚全面普查验收之年，也是学校建校70周年，各单位要深入学习贯彻习近平总书记关于脱贫攻坚工作的重要论述和重要指示批示精神，提高政治站位，坚定工作信心，进一步加大帮扶力度，细化工作措施，确保中央和国家民委党组、甘肃省委重大决策部署落到实处。

（二）加强领导，明确责任，确保学校帮扶工作取得显著成效。各单位要坚决扛起政治责任，加强领导、靠前指挥、精心谋划、靠实责任。要统筹抓好疫情防控和脱贫攻坚帮扶，准确分析疫情对帮扶工作带来的影响。要在抓细抓实各项帮扶任务上用力，逐项对照、逐条梳理、有序推进，确保各项帮扶任务落地落实落细，取得实效。

（三）查缺补漏，强化措施，扎实做好学校脱贫攻坚帮扶领域发现问题的整改。要高度重视中央和国家民委党组、甘肃省委脱贫攻坚"大排查"工作中指出问题的整改工作，及时查缺补漏，制定整改方案，建立整改台账，强化整改措施，确保一项一项整改落实到位。

（四）加大宣传，培塑典型，切实讲好学校脱贫攻坚帮扶故事。既要做好脱贫攻坚帮扶工作，讲好中央扶贫政策，又要讲好学校帮扶故事，梳理总结帮扶工作的好经验、好做法。要通过报刊、网络等媒介宣传学校驻村干部的典型事例和帮扶地区人民群众艰苦奋斗的感人故事，营造脱贫攻坚帮扶工作的良好氛围。

（五）求真务实，严格监督，坚持把从严从实要求贯穿脱贫攻坚帮扶全过程。加强扶贫领域作风建设，坚决反对形式主义、官僚主义，减轻基层负担，做好工作、生活、安全等各方面保障，切实做到阳光扶贫、廉洁扶贫，确保扶贫工作务实、脱贫过程扎实、脱贫结果真实。

中共西北民族大学委员会落实甘肃省中央脱贫攻坚专项巡视"回头看"和 2019 年度国家脱贫攻坚成效考核反馈意见工作方案

根据《甘肃省中央脱贫攻坚专项巡视"回头看"和2019年度国家脱贫攻坚成效考核反馈意见整改方案》(以下简称"整改方案"),对标整改方案中指出的问题,对表学校脱贫攻坚帮扶工作,主动认领、全面整改,制定如下工作方案。

一、总体要求

坚持以习近平新时代中国特色社会主义思想为指导,深入学习贯彻习近平总书记关于扶贫工作的重要论述和在决战决胜脱贫攻坚座谈会上的重要讲话精神,全面贯彻落实脱贫攻坚专项巡视"回头看"和成效考核反馈意见各项要求,切实把思想和行动统一到习近平总书记重要讲话精神和党中央关于决战决胜脱贫攻坚的重大决策部署上来,提高政治站位,强化政治担当,坚决扛起问题整改主体责任和监督责任,增强"四个意识"、坚定"四个自信"、做到"两个维护",在整改落实上见真章、动真格、求实效,通过全面整改促进学校脱贫攻坚帮扶工作全面改进。

二、工作安排

(一)紧抓问题整改落实。学校脱贫攻坚帮扶协调领导小组办公室牵头、有关部门单位配合,抓紧3个月的整改时间,对照反馈问题、对照学校落实清单、对照工作中发现的其他问题,紧盯短板弱项,从最不托底的地方、最不放心的环节抓起,抢时间、争进度、保质量,明确各个问题的整改时间表和路线图,建立问题、措施、责任、时限等清单,倒排工期、清零销号,坚决把责任扛起来、把任务落下去、把措施硬起来,保质保量按时完成各项整改任务。

(二)配合帮扶地做好脱贫攻坚专项巡视。甘肃省委将从4月上旬开始对13个市州、67个摘帽县和8个未摘帽县开展脱贫攻坚专项巡视,学校积极配合帮扶地甘南临潭县做好脱贫攻坚专项巡视工作,坚持问题导向、目标导向、结果导向,对落实脱贫攻坚政治责任再传导,对抓好各类问题整改落实再督促,对影响如期实现脱贫攻坚目标任务的问题再发现,对脱贫攻坚成效再巩固。

(三)实施脱贫攻坚问题检视清零行动。对学校梳理出的脱贫攻坚帮扶工作中存在的问题,要在6月1日前基本完成整改,对于需要长期坚持整改的要做好统筹整改。学校各部门各单位要举一反三、

点面结合、上下联动，全面彻底查漏补缺、全面彻底解决存在的问题、全面彻底见底见效。

（四）认真做好普查准备工作。根据党中央统一安排部署，今年下半年要组织开展脱贫攻坚普查。学校各级党组织和各单位必须高度重视，靠实责任，做好准备。协助帮扶地甘南临潭把基础工作做扎实，确保数据可靠、信息准确、结果真实。

三、工作要求

（一）提高政治站位。学校各级党组织和各单位要深入学习贯彻习近平总书记关于扶贫工作的重要论述，切实把思想和行动统一到习近平总书记重要讲话和党中央决策部署上来，强化思想自觉、政治自觉、行动自觉，步调一致深化脱贫攻坚帮扶成效，坚决有力全面整改问题，履行好肩负的政治责任、领导责任、工作责任。

（二）加强组织领导。学校领导要主动上手、亲力亲为，加强对整改工作的指导和督促；脱贫攻坚帮扶协调领导小组办公室要牵头抓总、抓好任务落实，各部门各单位要担起整改主体责任，一项一项抓好整改落实。

（三）强化监督保障。纪监审办公室要立足职能职责，突出政治监督，强化日常监督，持续深入开展扶贫领域腐败和作风问题专项治理，为如期打赢脱贫攻坚战提供坚强纪律保障。组织人事部要注重在脱贫攻坚一线考察识别干部。

（四）巩固帮扶成果。各部门各单位要着力巩固脱贫帮扶成果、提高脱贫帮扶质量；各帮扶责任人要及时动态调整"一户一策"，完善帮扶计划和巩固提升计划，落实好帮扶措施；要严格执行"四个不摘"要求，保持现有帮扶政策总体稳定；要切实加强驻村工作队管理，充分发挥好驻村帮扶工作队"脱贫政策宣传员、村情民意信息员、脱贫攻坚战斗员、资金项目监督员、农民群众服务员、乡村治理指导员"作用。要统筹做好疫情防控和脱贫攻坚帮扶，在脱贫攻坚帮扶中践行初心使命，以实际行动夺取疫情防控和脱贫攻坚帮扶的双胜利。

（五）讲好帮扶故事。宣传部要重视加强正面宣传，把党中央的决策和关怀宣传好，把学校帮扶政策、资金、力量等保障宣传好，把学校近年来帮扶措施、积累的经验、取得的成效宣传好，引导学校广大师生坚定打赢脱贫攻坚战的信心。

附件：临潭县驻村帮扶工作队队员调整名单

经 2020 年 4 月 30 日校党委常委会会议研究，报甘肃省委组织部批准，决定：

选派黎林同志担任流顺镇丁家堡村驻村帮扶工作队队员，驻村时间从 2020 年 5 月算起，驻村期限按照甘肃省驻村帮扶有关规定执行。

调整原流顺镇丁家堡村驻村帮扶工作队队员袁泽到流顺镇宋家庄村担任驻村帮扶工作队队员。

斯琴夫同志不再担任流顺镇宋家庄村驻村帮扶工作队队员，调回学校工作。

干部人事、机构调整工作

西北民族大学教职工因私出国（境）管理办法

第一章　总则

第一条　为进一步加强学校教职工因私出国（境）管理工作，明确管理职责，规范审批流程，根据中央和国家民委、甘肃省委有关文件精神，结合学校实际，制定本办法。

第二条　本办法适用于学校按事业编制管理的教职工、退（离）休教职工以及与学校签订劳务合同的编外用工人员。

第三条　因私出国（境）是指教职工因探亲、旅游、就医及其他私人事务而发生的出国（境）行为。

第四条　因私出国（境）证照是指因私普通护照、往来港澳通行证、大陆居民往来台湾通行证等。

第二章　登记备案

第五条　学校严格按照中央组织部等五部门《关于加强国家工作人员因私出国（境）管理的暂行规定》（公通字〔2003〕13号）和国家民委关于登记备案工作的有关要求，按照干部管理权限，开展教职工登记备案工作。

第六条　组织人事部按照相关规定，负责教职工信息的登记备案、变更事宜。

第三章　审批程序

第七条　教职工因私赴国（境）外办理私人事务、申办或领用因私出国（境）证照，按照分级管理制度履行相关申请、审核、审批程序。

（一）在职及退（离）休校级领导干部，按照干部管理权限，依据《国家民委关于干部因私出国（境）管理办法》（民委发〔2020〕4号）执行。

（二）其他在职教职工登录学校"综合门户"，在线填写《西北民族大学教职工因私出国（境）申请审批表》（以下简称《审批表》）。所在单位、保卫处、纪监审办公室、组织人事部审核并签注意见后，报校领导审批。处级干部因私出国（境）申请须报请学校主要负责人审批。

（三）其他退（离）休人员、编外用工人员，可填写纸质《审批表》。所在单位退（离）休教职工由离退休工作处负责，保卫处、纪监审办公室、组织人事部核定相关信息并签注审批意见。

第八条　教职工一般需提前20个工作日提交因私出国（境）申请，申请中须明确因私出国（境）所赴国家（地区）、事由及往来时间等信息。

第九条　因私出国（境）原则上应安排在国家法定节假日和学校寒暑假期间。有特殊情形和法律法规规定的情形，确需申请因私出国（境）的，一事一审批。

第十条　具有下列情形之一的，按规定不允许因私出国（境）：

（一）特殊岗位等中央有明确规定不适宜出国（境）的；

（二）本人或者直系亲属正在接受审计、纪律审查、监察调查，或者涉嫌犯罪，司法程序尚未终结的；

（三）其他法律法规规定的不适宜出国（境）的情形。

第十一条　教职工在办理因私出国（境）事务中，如需使用学校组织机构代码证复印件或开具相关证明材料，由个人持办理完结的《审批表》到相关部门申领。

第四章　证照管理

第十二条　证照管理按照"及时上交，集中保管"的工作原则。学校按照相关规定，由组织人事部负责集中统一保管教职工因私出国（境）证照。各单位对本单位人员证照登记、造册、建立动态管理台账，定期向组织人事部报备。

第十三条　证照借取按照"一事一批、一件一办"的原则，持有多次往返签证（注）证照或因故未在原定时间出国（境），再次申请因私出国（境）的，须重新办理申请、审核、审批手续。

第十四条　属于下列情形的，可在距离使用时间前10个工作日到组织人事部办理证照领用手续。

（一）个人因私出国（境）申请获得批准的；

（二）办结学校因公出国审批手续，需使用因私出国（境）证照的情形。

第十五条　属于下列情形的，须按规定在10个工作日内将因私出国（境）证照通过所在单位交由组织人事部集中统一保管。

（一）新申领并取得因私出国（境）证照的；

（二）新入职并持有因私出国（境）证照的；

（三）办理完签证（注）申领手续，距离出国（境）时间大于10个工作日的；

（四）完成出国（境）行程，返回学校所在地的；

（五）领取因私出国（境）证照后，因故取消出国（境）行程的情形。

第十六条　若遗失因私出国（境）证照，应及时前往出入（境）管理部门办理证照遗失注销手续并向所在单位提交情况说明。

第十七条　因不上交因私出国（境）证照而引发的违法违纪问题，追究本人及所在单位负责人的责任。

第五章 工作责任和纪律

第十八条 各单位要高度重视因私出国（境）管理工作，切实加强领导，明确责任，按照审批权限和考勤制度，由单位主要负责人进行审核，并指定专人负责日常管理，对违规审核或不认真履行职责的，将严肃追究责任。各单位根据职责，负责本单位以下工作。

（一）因私出国（境）申请的审核；

（二）因私出国（境）证照收集和信息登记；

（三）因私出国（境）返回后的回访，并将回访记录纳入工作档案；

（四）因私出国（境）相关法律法规及纪律规定的宣传教育工作；

（五）与本单位在国（境）外教职工保持联系，如有重要情况及时向学校报告；

（六）每学期开学15个工作日内，向组织人事部提交本单位教职工因私出国（境）情况报告；

（七）如发现本单位教职工外逃或者涉嫌外逃的，须在第一时间向学校报告。

第十九条 组织人事部负责因私出国（境）证照集中统一保管和因私出国（境）审批工作，及时向学校报告相关工作情况。

第二十条 保卫处、纪监审办公室等根据部门职责，做好审核工作。

第二十一条 教职工未经学校批准擅自前往国（境）外、变更出国（境）时间、行程或瞒报因私出国（境）信息，依据《西北民族大学教职工考勤管理办法》，离岗期间按旷工处理。如有违法违纪行为按《事业单位工作人员处分暂行规定》处理。

第二十二条 因私出国（境）教职工，要严格遵守有关出国（境）管理规定和外事纪律，不得做任何损害国家尊严和利益的事，不得接受外商或国（境）外中资机构（企业）的资助，不得以中共党员身份参加公开活动。每季度把在国（境）外情况向所在单位报告，如有重要情况及时报告。

第二十三条 因私出国（境）教职工，须严格遵照学校审批的出国期限和行程，回国后须及时到相关部门报到销假，未经批准不得逾期滞留。逾期不归者，按相关规定处理。

第二十四条 对涉及管理人财物、机要档案和其他重要岗位的教职工，要从严把关。涉密人员，所在单位应对其进行行前保密谈话、提醒，本人返回后及时向所在单位报告因私出国（境）时间、目的地、具体行程和遵守组织纪律、外事纪律、保密纪律有关情况。

第六章 附则

第二十五条 学校原有政策规定与本办法不一致的，以本办法为准。

第二十六条 本办法由组织人事部负责解释，自印发之日起执行。

西北民族大学绩效工资实施办法（试行）

第一章 总则

第一条 为进一步深化校内人事制度改革，发挥薪酬制度的激励导向作用，根据《人社部 财政部关于中央有关事业单位实施绩效工资的通知》（人社部发〔2016〕89号）、《国家民委关于做好实施绩效工资相关工作的通知》（民人事字〔2016〕377号）等文件精神，结合学校实际，制定本办法。

第二条 校内绩效工资的实施范围为校属各单位按学校事业单位编制管理的在编在岗教职工。

第二章 指导思想和分配原则

第三条 指导思想

以习近平新时代中国特色社会主义思想为指导，落实立德树人根本任务，深入实施人才强校战略，进一步完善和优化学校收入分配管理体制和运行机制，建立以体现岗位绩效和贡献大小为核心的分配制度，充分激发和调动教职工工作积极性和创造性，加快现代化高水平大学和一流民族大学建设进程。

第四条 分配原则

（一）坚持党的领导，确保绩效考核和薪酬分配工作的正确方向。

（二）坚持以增加知识价值为导向，坚持尊重知识、尊重人才与重实绩、重贡献相结合，完善绩效分配和激励机制。

（三）坚持科学管理，兼顾效率公平。结合学校实际，分层次、分类别、分岗位合理确定绩效分配水平，向高层次人才和教学一线倾斜，统筹处理好各类人员之间绩效分配关系。

（四）坚持激励与约束并重。明确岗位职责，突出实际贡献，完善考核评价，实现绩效与业绩和实际贡献挂钩。强化纪律约束，奖优惩劣，公平公正。

（五）坚持绩效总量控制，优化绩效分配结构，注重管理、重心下移，体现二级单位责权利相统一、财权和事权相匹配。

第三章 组织机构

第五条 学校成立绩效工资分配工作领导小组，成员由校领导和相关职能部门负责人组成，办公室设在组织人事部，领导小组主要职责是：

（一）拟定校内绩效工资实施办法。

（二）组织实施校内绩效工资分配工作。

（三）审核各二级单位绩效工资实施方案。

（四）拟定学校每年度奖励性绩效工资发放标准，报校党委常委会审定。

第六条　各单位成立绩效工资分配工作小组，由本单位班子成员和教职工代表共5—9人组成，主要职责是：

（一）拟定本单位绩效工资实施方案，确定本单位各岗位工作职责。

（二）负责本单位教职工绩效考核。

（三）组织实施本单位绩效工资分配工作。

各单位绩效工资实施方案须经本单位教职工大会审议讨论，党政联席会议研究确定，并经学校绩效工资分配工作领导小组审核备案后实施。

第四章　绩效工资总量及构成

第七条　校内绩效工资的总量按主管部门确定的绩效人均水平和在岗教职工人数确定。学校在确定的绩效工资总量范围内根据预算进行分配，原年终一次性奖金不再单发。

第八条　学校绩效工资总额由基础性绩效和奖励性绩效构成，两项比例大致为70%∶30%。

（一）基础性绩效主要由岗位绩效工资和政策性绩效工资构成，主要体现基本岗位职责，地区经济发展水平和物价水平。岗位绩效工资按学校确定的标准执行，政策性绩效工资按上级部门确定的事业单位绩效工资参考标准执行，基础性绩效工资标准见附表1。

（二）奖励性绩效工资由教学业绩、科研业绩、学生管理业绩、管理及教学辅助业绩、考核奖励绩效和其他奖励绩效等构成，主要体现各单位和教职工在教学、科研、公共服务等方面突出工作业绩和实际贡献，按相关考核办法核发。

第五章　绩效考核与核发

第九条　岗位绩效工资发放要体现在岗履职和完成基本工作量为前提，按月预发，未完成基本工作量人员由所在单位扣发相应岗位绩效工资。

（一）专任教师岗位基本工作量

1.教学基本工作量：指年度内各级岗位专任教师应完成的基本教学工作任务，课时量由教务处、研究生处根据《西北民族大学本科教学工作量计算办法》和《西北民族大学全日制研究生培养工作量计算办法（试行）》核算。

专任教师岗位年度教学基本工作量

岗位	教授	副教授	讲师	助教
课时／年	288	252	216	180

注：（1）专任教师岗位年度教学基本工作量中本科课堂教学课时数不得少于1/2。
（2）科研机构岗位根据《西北民族大学科研机构人员聘任及管理暂行办法》确定教学基本工作量。
（3）教学、科研单位兼任管理岗位的专任教师按同级岗位的1/2确定教学基本工作量。
（4）担任辅导员的专任教师教学基本工作量额定为100课时／年。
（5）各类非教学活动核定的工作量不得计入教学基本工作量。

2.科（教）研基本工作量：指年度内各级岗位专任教师应完成的基本科（教）研工作任务，分值由科研处、教务处根据《西北民族大学科研工作量计算办法》和教研工作量计算办法核算。

专任教师岗位年度科（教）研基本工作量

岗位	教授	副教授	讲师	助教
科研分／年	1000	800	400	100

注：（1）教学、科研单位兼任管理岗位的专任教师以按同级岗位的1/2确定科（教）研基本工作量。
（2）体育学院、外国语学院、音乐学院、舞蹈学院、美术学院、预科教育学院教师以及思想政治理论课教师岗位按其他学科同岗位的2/3确定科（教）研基本工作量。
（3）科研机构岗位，根据《西北民族大学科研机构人员聘任及管理暂行办法》，聘任在A岗按同级专任教师岗的2倍确定科（教）研基本工作量；聘任在B岗按同级专任教师岗的1.5倍确定科（教）研基本工作量。

3.公共服务基本工作量：根据《西北民族大学专业技术聘任管理办法》（党委发〔2018〕70号）规定的公共服务职责内容，由各单位结合职责和实际确定。

（二）管理、教辅及工勤技能岗位基本工作量

根据《西北民族大学机构改革方案》确定的校属各单位工作职责由各单位结合实际确定。

第十条　奖励性绩效工资核拨：学校通过考核核拨教学业绩、科研业绩、学生管理业绩、管理及教学辅助业绩、考核奖励和其他奖励等绩效到各二级单位。

1.教学业绩绩效，即各教学科研单位完成教学相关职能任务的奖励绩效。根据学校当年教学业绩绩效预算总额，按照本学院（部）的教学工作量超出部分在全校总超出部分的占比确定。

学院（部）教学业绩绩效（元）＝［学院（部）教学工作量－学院（部）教学基本工作量］÷（学校教学工作总量－学校教学基本工作总量）×100%×学校当年教学业绩绩效预算总额（元）

2.科（教）研业绩绩效，即各教学科研单位完成科（教）研相关职能任务的奖励绩效。根据学校当年科（教）研业绩绩效预算总额，按照本学院（部）的科（教）研工作量超出部分在全校总超出部分的占比确定。

学院（部）科（教）研业绩绩效（元）=［学院（部）科（教）研工作量－学院（部）科（教）研基本工作量］÷［学校科（教）研工作总量－学校科（教）研基本工作总量］×100%×学校当年科（教）研业绩绩效预算总额（元）

3.学生管理业绩，即各教学科研单位完成学生管理相关职能任务的奖励绩效。按各学院（部）当年1月在册学生数和学生管理绩效标准确定，根据《西北民族大学班主任工作实施办法》（民大发〔2017〕354号），学生管理绩效标准暂按60元·人/年确定。

4.管理及教学辅助业绩。根据学校管理及教学辅助岗位业绩绩效标准和各单位管理、教辅、工勤岗位数量确定。管理及教学辅助岗位业绩绩效标准见附表2。

5.考核奖励。根据《西北民族大学年度考核办法》（党委发〔2018〕132号）和专项工作考核确定的各单位年度考核结果和实际岗位数及年度奖励绩效基数确定。

6.其他奖励绩效。根据上级机关明确规定及校党委常委会议研究决定核发的其他奖励绩效。

第十一条　各单位根据本单位绩效工资实施方案，对核拨到单位的奖励绩效工资进行二次分配，对本单位没有按要求在岗履职或未完成基本工作量的教职工个人绩效工资予以扣减；对超出基本工作量的工作业绩予以绩效奖励。

第六章　绩效工资核减

第十二条　教职工违反《高等学校教师职业道德规范》《教育部关于建立健全高校师德建设长效机制的意见》和《新时代高校教师职业行为十项准则》等规定受到处分的，根据《西北民族大学师德考核办法（试行）》（党委发〔2018〕45号）、《西北民族大学教职工违法违纪违规相关待遇处理办法（试行）》（党委发〔2019〕46号）执行。

第十三条　教职工出现教学事故，根据《西北民族大学教学事故认定与处理办法》（民大发〔2017〕387号）和《西北民族大学教职工违法违纪违规相关待遇处理办法（试行）》（党委发〔2019〕46号）执行。

第十四条　教职工违纪受到党纪政纪处分，根据《西北民族大学教职工违法违纪违规相关待遇处理办法（试行）》（党委发〔2019〕46号）执行。

第十五条　教职工违反法律被采取强制措施和行政、刑事处罚，根据《中组部 人社部 监察部关于事业单位工作人员和机关工人被采取强制措施和受行政刑事处罚工资待遇处理有关问题的通知》（人社部发〔2012〕69号）执行。

第十六条　其他核减单位或个人绩效工资的情况按相关规定执行。

第七章　相关要求

第十七条　各类岗位人员在不影响本岗位工作的前提下，经所在单位和兼职单位同意后，可到校内其他单位从事兼职工作,由兼职单位发放奖励绩效工资。

第十八条 原则上,专业技术岗位人员兼任管理岗位职务,按专业技术岗位核发岗位绩效工资;管理岗位人员同时聘任在专业技术岗位,按管理岗位核发岗位绩效工资,不设定额定教学、科研、公共服务基本工作量,但教学工作量不得超过同级专任教师的1/2,特殊情况由学校党委常委会会议研究决定。

第十九条 新进人员到校工作尚未正式聘任前,从起薪当月起暂按拟聘岗位发放岗位绩效工资。

第二十条 低职高聘人员按高聘岗位发放岗位绩效工资;获得全日制博士学位学历未聘任副高级职称的专业技术人员,从取得相应学历学位之月起按现聘岗位系列专业技术7级岗位核定岗位绩效工资。

第二十一条 教学秘书岗位根据所任职务、所聘职称及在岗工作年限就高确定岗位绩效工资,在教学秘书岗位工作不满3年按副科长级标准执行,满3年按正科长级标准执行,满9年按副处长级标准执行。

第二十二条 担任学校党委常委和校长助理的正处级管理人员,其岗位绩效工资标准在管理5级基础上上浮10%。

第二十三条 与学校签订劳动合同的社会聘任人员,可根据各单位奖励绩效分配办法参与分配,原外聘教师课酬额度纳入单位教学业绩绩效。

第二十四条 调出、辞职、辞退人员自离岗次月起停发岗位绩效工资;退休人员从领取退休生活费之月起不再核发绩效工资,但承担教学任务的可核发至完成本学期教学任务为止。

第二十五条 未聘、拒聘、解聘人员绩效工资核发,根据《西北民族大学岗位聘任未聘人员管理暂行办法》执行。

第八章 附则

第二十六条 本办法由组织人事部负责解释。

第二十七条 本办法自2020年1月1日起执行,原规定与本办法不一致的按本办法执行。

西北民族大学 2020—2022 年干部教育培训规划

为培养造就一支忠诚干净担当的高素质专业化干部队伍，为学校高水平大学和一流民族大学建设提供坚强队伍保障，根据中共中央印发《2018—2022 年全国干部教育培训规划》和《国家民委关于贯彻落实〈2018-2022 年全国干部教育培训规划〉的实施意见》精神，以及《西北民族大学关于贯彻落实〈2018—2022 年全国干部教育培训规划〉的通知》要求，在总结学校干部教育培训的经验基础上，结合当前干部教育培训工作实际，制定本规划。

一、指导思想

高举中国特色社会主义伟大旗帜，全面贯彻党的十九大和十九届二中、三中、四中全会精神，以马克思列宁主义、毛泽东思想、邓小平理论、"三个代表"重要思想、科学发展观、习近平新时代中国特色社会主义思想为指导，认真贯彻落实新时代党的建设总要求和新时代党的组织路线，以坚决维护习近平总书记的核心地位、坚决维护党中央权威和集中统一领导为最高政治原则，铸牢中华民族共同体意识。坚持政治统领、服务大局，坚持以德为先、注重能力，坚持精准培训、改革创新，坚持联系实际、从严管理。围绕建立源头培养、跟踪培养、全程培养的素质培养体系，深化干部教育培训改革，不断增强教育培训时代性针对性有效性。促进广大干部特别是年轻干部思想淬炼、政治历练、实践锻炼、专业训练，发扬斗争精神，增强斗争本领，推动干部教育培训服务民族团结进步和学校教育事业发展，为实现学校"三地一库"建设目标以及高水平大学和一流民族大学奋斗目标提供坚强组织保证。

二、培训目标

（一）以习近平新时代中国特色社会主义思想，特别是习近平总书记关于教育工作和民族工作的重要论述为主要内容的理论教育更加深入，广大干部马克思主义水平和政治理论素养持续提高，不断增强"四个意识"、坚定"四个自信"、做到"两个维护"。

（二）党性教育更加扎实，广大干部理想信念、党性观念、宗旨意识进一步强化，思想觉悟、政德修养、品行作风进一步提高，信仰之基、从政之基、廉政之基进一步牢固。

（三）专业化能力培训更加精准，广大干部高等教育法律法规和民族教育政策掌握更加全面，依法治校、依规办事的能力不断增强，适应新时代、实现新目标、落实新部署的能力不断提高。

（四）知识培训更加有效，广大干部履职的基本知识体系不断健全、知识结构不断改善、综合素养不断提高，工作落实落地取得新成效，培养年轻干部、少数民族干部成长成才取得新进展。

（五）干部教育培训体系改革更加深化，干部素质培养的系统性、持续性、针对性、有效性不断增强，具有先进培训理念、科学内容体系、健全组织架构、高效运行机制的新时代学校干部教育培训体系不断完善。

通过教育培训达到《2018—2022年全国干部教育培训规划》中规定的学时要求，处级党政领导干部每年参加培训累计不少于110学时，科级以下干部每年参加培训累计不少于90学时。积极完成国家民委党组、甘肃省委及有关部门要求的培训。

三、培训内容

（一）党的基本理论教育

在大力开展习近平新时代中国特色社会主义思想教育培训的同时，组织广大干部深入学习马克思列宁主义、毛泽东思想、邓小平理论、"三个代表"重要思想、科学发展观，原原本本学习和研读经典著作，学习掌握马克思主义哲学、政治经济学、科学社会主义，学习掌握中国特色社会主义理论体系，学习掌握贯穿其中的马克思主义立场观点方法，不断深化对共产党执政规律、社会主义建设规律、人类社会发展规律的认识，自觉坚持和运用辩证唯物主义和历史唯物主义世界观、方法论分析解决问题，增强战略思维、创新思维、辩证思维、法治思维、底线思维能力，做到真学真懂真信真用。

（二）党性教育

加强理想信念教育，解决好世界观、人生观、价值观这个"总开关"问题。加强党章学习培训，全面熟悉掌握党章的基本内容，自觉尊崇党章、模范践行党章、忠诚捍卫党章。加强党规党纪特别是政治纪律和政治规矩教育，强化廉政教育，开展经常性警示教育，增强干部斗争精神和斗争本领。加强党的宗旨教育和作风教育，践行全心全意为人民服务的根本宗旨，始终保持党同人民群众的血肉联系。加强党内政治文化教育，弘扬忠诚老实、公道正派、实事求是、清正廉洁等价值观。加强党史国史、党的优良传统和世情国情党情教育，传承红色基因，永葆政治本色。加强马克思主义历史观、文化观、祖国观、民族观、宗教观教育，铸牢中华民族共同体意识。开展政德教育，引导干部明大德、守公德、严私德，自觉追求高尚情操、坚守道德底线、远离低级趣味、引领时代新风。

（三）专业化能力培训

深入学习贯彻党的十九大对高等教育和民族工作提出的新要求，开展党的民族理论政策、民族法律法规、铸牢中华民族共同体意识、民族团结进步创建等方面的培训，引导干部精准把握党中央关于高等教育和民族工作的最新精神和决策部署。加强治理体系和治理能力现代化建设教育，提升干部八项能力和工作本领，用一流的作风、一流的管理，推进"三地一库"建设和"双一流"建设，推动学校高质量发展。加强依法治校教育，围绕好干部"二十字"标准以及少数民族和民族地区干部"三个特别"要求，突出问题导向、实践导向，组织开展务实管用的专题培训，引导和帮助干部提升管理能力、锤炼工作作风、培育专业精神。

（四）知识培训

围绕新时代学校面临的新形势新任务新要求，开展学校办公室工作、党务工作、纪检巡察、学科建设、教学科研、学生管理、国际合作交流、财务工作、资产管理、安全保卫、工会工作、群团工作、信息化建设等管理工作业务知识的培训，加强分级分类施训，加快干部知识更新。按照学校党委工作部署，集中深入学习相关政策法规和行业规定，精准把握政策，规范工作程序，优化管理服务。把为师生办实事作为第一追求，加强信息化建设和大数据应用能力，着力提升信息化管理水平。在开展学校重大活动、重要工作初期及过程中，主要负责单位坚持任务导向、问题导向、目标导向、结果导向，组织相关人员进行系统工作培训，讲解工作知识，理清工作程序，明确工作任务，提高工作成效。

四、培训对象

（一）党政领导班子成员

深入学习贯彻习近平新时代中国特色社会主义思想，围绕培养造就信念过硬、政治过硬、责任过硬、能力过硬、作风过硬的执政骨干队伍，以提高政治素质、增强党性修养为根本，以提升专业能力为重点，铸牢中华民族共同体意识，落实意识形态工作责任制，突出党的群众路线教育，加强各单位领导班子成员的培训。

主要措施：一是学校各级党委理论学习中心组就关系党和国家教育、民族工作全局的重大理论和现实问题，适时召开会议专题研讨学习。二是组织人事部、继续教育学院（干部培训学院）每年开展政治理论学习专题培训，安排 50 名左右干部进行党的政治理论和党性教育的系统培训学习，培训学时不少于 40 学时。三是组织人事部每年举办在线学习培训班，提升干部政治素养和理论修养，培训学时为 100 学时。四是纪监审办公室每年开展党风廉政建设专题培训，深入学习党纪党规和相关党内法规制度等，加强党风廉政建设和警示教育，培训学时不少于 8 学时。五是组织人事部按要求组织选派优秀中青年领导干部，参加上级部门组织的干部调训。六是统战部加强领导班子中党外干部的教育培训。

（二）党务工作者

坚持和加强党的全面领导，贯彻落实新时代党的建设总要求和新时代党的组织路线，切实加强和改进基层党组织工作，充分发挥基层党组织作用，加强对各单位党组织书记、副书记、组织员等党务工作者的培训。

主要措施：一是组织人事部、马克思主义学院每年举办党建工作专题培训班，安排各级党组织书记开展坚持和加强党的全面领导、推进学校党组织"对标争先"建设计划和教师党支部书记"双带头人"培育工程等方面的学习教育，培训学时不少于16学时。二是党校每年举办党务工作者培训班，安排50名左右人员到校外培训机构进行党性教育和党务知识的系统培训学习，培训学时不少于40学时。三是学校党校每年定期举办党建工作沙龙，选择部分优秀党组织书记与各教师党支部书记交流党建工作经验，沙龙时间一般不少于一天。四是各二级单位党组织每学期至少开展一次党建工作专题培训，面向本级党组织党务工作者开展党的政治理论学习教育，培训学时不少于8学时。

（三）专业技术骨干

紧跟国家"一带一路"倡议，着眼建设一支符合新时期好干部标准、具有较高教学科研水平的高素质专业化复合型干部人才队伍，坚持社会主义办学方向，坚持立德树人根本任务，用一流的作风、一流的管理，统筹推进"三地一库"建设和"双一流"建设，为学校各项事业改革增添活力，推动学校高质量发展，奋力实现"中华民族一家亲、同心共筑中国梦"。

主要措施：一是组织人事部每年举办师德师风专题培训班，进一步提升干部教师思想政治素质、职业道德水平、学术道德规范和工作生活作风等，培训学时不少于8学时。二是发展规划与学科建设处统筹规划学校学科优势特色，开展学科建设和学术指导等方面的培训，累计培训学时不少于20学时。三是教务处开展专业审核、评估、考核及认证等方面知识的教育培训，累计培训学时不少于20学时。四是科研处开展课题申报政策方向、调查研究方法技巧、团队建设沟通协作等方面能力的教育培训，累计培训学时不少于20学时。五是研究生处开展学位点申报、研究生培养管理、研究生导师队伍建设等方面的教育培训，累计培训学时不少于20学时。

（四）科级干部

充分发挥学校教育优势和人才优势，着力培养守信念、讲奉献、有本领、重品行的高素质专业化科级干部队伍，加强民族团结进步创建教育，提高干部综合办公素质、依法依规办事能力、服务管理水平和本职业务工作技能，促进学校各项工作有序开展、顺利推进。

主要措施：一是学校办公室每年开展办公室工作能力提升培训，加强公文处理、规范办公流程、提高工作效率，培训学时不少于8学时。二是宣传部每年开展宣传思想工作骨干能力提升培训，加强宣传思想工作，提升新闻采编和舆情应对处置能力，培训学时不少于8学时。三是教务处每年开展教学管理干部能力提升培训，加强教学管理制度及规范、教学管理业务操作流程的学习，提升信息化管理技术，提高业务素质和工作能力，培训学时不少于8学时。四是学生工作部（处）、团委每年开展学生管理能力提升培训，加强学生管理、基层团支部标准化建设、学生会组织改革、学生社团管理等方面的学习，培训学时不少于8学时。五是工会、国际合作交流处、财务处、国有资产管理处、保卫处等其他单位结合改革发展和业务工作需要，三年内至少开展1次业务专题培训班，累计培训学时不少于8学时。

（五）年轻干部和少数民族干部

着眼培养造就忠实贯彻习近平新时代中国特色社会主义思想、符合新时期好干部标准、忠诚干净担当、数量充足、充满活力的高素质专业化年轻干部队伍和少数民族干部队伍，突出理想信念宗旨教育、思想道德教育、优良作风教育，加强年轻干部政治训练和实践锻炼，铸牢中华民族共同体意识。

主要措施：一是组织人事部每年举办在线学习培训班，加强年轻干部和少数民族干部政治理论学习，增强"四个意识"、坚定"四个自信"、做到"两个维护"，培训学时为100学时。二是纪监审办公室每年开展党风廉政建设专题培训，持续学习党纪党规和相关党内法规制度等，加强党风廉政建设教育，培训学时不少于8学时。三是组织人事部积极组织选派优秀年轻干部和少数民族干部，参加上级部门组织的干部调训。四是各单位加强对本单位年轻干部和少数民族干部的培养锻炼，积极提供参加政治理论和业务知识学习培训机会，确保本单位年轻干部和少数民族干部三年内至少参加一次校外培训班，累计培训学时不少于16学时。

五、保障体系

（一）健全党校培训体制

强化党委党校规范管理。坚持从严治校，加强对各分党校的业务指导，不断提高办学质量。积极与省委党校、地方干部培训机构以及兄弟高校干部教育培训机构开展交流协作，推动优质培训资源共享，实现"建、管、用"相结合，加强党性实践教学建设。

（二）运行机制

完善干部参训机制。探索需求调研制度，根据培训需求制定年度培训计划，采取系统培训与专题学习相结合的培训方式。严格执行上级调训计划，对主要领导干部、重点岗位干部有计划地安排调训。加强干部教育培训过程管理，以干部教育学风教育为抓手，着力提升教育培训质量，健全干部培训情况考核、登记、管理等制度。坚持培训与使用相结合，健全干部教育培训与干部管理沟通协调机制，把理论素养和学习能力作为干部选拔任用的重要依据。

（三）在线学习

充分利用国家教育行政学院等国家级干部教育网络平台作用，把网络学习培训作为干部教育的有效途径，有效整合网络培训资源，开展网络办班，把干部选学与网络培训结合起来，继续完善干部在线学习联络考核机制，提升在线学习实效。

（四）师资队伍建设

联合马克思主义学院等单位，打造党校教师队伍，帮助他们提高政治理论水平。建立校内师资专题库，采用集体备课、专题讲授等形式，促进党课教师知识更新机制，提高教学能力。推动领导干部、学术名家、先进典型、优秀干部等上讲台，完善党校干部教育培训名师名课库。

（五）培训方式方法创新

根据培训内容要求和干部特点，改进方式方法，开展研讨式、案例式、模拟式、体验式等方法运用的示范培训。探索运用访谈教学、论坛教学、行动学习、翻转课堂等方法。鼓励和支持干部运用网络培训、专题讲座等形式开展各方面基础性知识学习。

六、组织领导

学校党委把干部教育培训工作作为干部人才队伍建设的重要措施，纳入全校党建工作整体部署和规划。组织人事部要加强与各单位的沟通协调，及时掌握培训实施情况，加强督促和检查，确保相关单位各司其职、各尽其责、密切配合、形成合力。各举办单位要认真组织筹划，系统设计培训内容，精准选择培训对象，精心安排培训环节，厉行节约提高效能，充分发挥学校人才和智力优势，综合采取多种培训方式，推动干部教育培训工作落地见效。各单位要统筹安排内部工作，协调处理好学习与工作的关系，激励和支持干部参加培训，确保本单位参训人员全身心投入学习、加油充电，更好地为学校事业发展做出贡献。

西北民族大学处科级干部选拔任用工作实施办法

第一章 总则

第一条 为深入贯彻习近平新时代中国特色社会主义思想，全面贯彻新时代党的建设总要求和新时代党的组织路线、干部工作方针政策，更好坚持和落实党管干部原则，进一步推进干部选拔任用工作制度化、规范化、科学化，提高选人用人质量，建设忠诚干净担当的高素质专业化干部队伍，根据中共中央新修订的《党政领导干部选拔任用工作条例》等党内法规和有关国家法律，制定本办法。

第二条 选拔任用干部，必须坚持下列原则：

（一）党管干部；

（二）德才兼备、以德为先，五湖四海、任人唯贤；

（三）事业为上、人岗相适、人事相宜；

（四）公道正派、注重实绩、群众公认；

（五）民主集中制；

（六）依法依规办事。

第三条 选拔任用干部，必须把政治标准放在首位，符合将干部队伍建设成为坚持党的基本理论、基本路线、基本方略，全心全意为人民服务，具有推进新时代中国特色社会主义事业发展的能力，结构合理、团结坚强的新时代好干部要求。

树立注重基层和实践的导向，大力选拔敢于负责、勇于担当、善于作为、实绩突出的干部。

注重发现和培养选拔优秀年轻干部，用好各年龄段干部。

统筹做好培养选拔女干部、少数民族干部和党外干部工作。

对不适宜担任现职的干部应当进行调整，推进干部能上能下。

第四条 本办法适用于选拔任用学校各单位处科级干部。

经学校允许可按业务性质自行设置内部机构和聘任相应岗位管理人员的单位，参照本办法执行。

第五条 党组织推荐、提名人选的产生，适用本办法的规定，按照有关法律、章程和规定进行。

第六条 学校党委及其组织人事部按照干部管理权限履行选拔任用干部职责，切实发挥把关作用，负责本办法的组织实施。

第二章 选拔任用条件

第七条 提拔任职的干部，必须信念坚定、为民服务、勤政务实、敢于担当、清正廉洁，具备下列基本条件：

（一）自觉坚持以马克思列宁主义、毛泽东思想、邓小平理论、"三个代表"重要思想、科学发展观、习近平新时代中国特色社会主义思想为指导，努力用马克思主义立场、观点、方法分析和解决实际问题，坚持讲学习、讲政治、讲正气，牢固树立政治意识、大局意识、核心意识、看齐意识，坚决维护习近平总书记核心地位，坚决维护党中央权威和集中统一领导，自觉在思想上政治上行动上同党中央保持高度一致，经得起各种风浪考验；

（二）具有共产主义远大理想和中国特色社会主义坚定信念，坚定道路自信、理论自信、制度自信、文化自信，坚决贯彻执行党的理论和路线方针政策，立志改革开放，献身现代化事业，在社会主义建设中艰苦创业，树立正确政绩观，做出经得起实践、人民、历史检验的实绩；

（三）坚持解放思想，实事求是，与时俱进，求真务实，认真调查研究，能够把党的方针政策同学校实际相结合，卓有成效地开展工作，落实"三严三实"要求，主动担当作为，真抓实干，讲实话、办实事，求实效；

（四）有强烈的革命事业心、政治责任感和历史使命感，有斗争精神和斗争本领，有实践经验，有胜任工作的组织能力、文化水平和专业素养；

（五）正确行使人民赋予的权力，坚持原则，敢抓敢管，依法办事，以身作则，艰苦朴素，勤俭节约，坚持党的群众路线，密切联系群众，自觉接受党和群众的批评、监督，加强道德修养，讲党性、重品行、作表率，带头践行社会主义核心价值观，廉洁从政、廉洁用权、廉洁修身、廉洁齐家，做到自重自省自警自励，反对形式主义、官僚主义、享乐主义和奢靡之风，反对任何滥用职权、谋求私利的行为；

（六）坚持和维护党的民主集中制，有民主作风，有全局观念，善于团结同志，包括团结同自己有不同意见的同志一道工作。

（七）全面贯彻党的教育方针，落实立德树人根本任务，落实意识形态工作责任制，热爱教育事业，熟悉教育和办学规律，了解教学科研工作，具有一定管理能力和良好的师德师风及职业操守。

第八条 提拔任职的干部，应当具备下列基本资格：

（一）一般应当具有大学本科以上（本办法所称"以上""以下"，均含本级或者本数）文化程度。

（二）提任处级职务的，应当具有五年以上工龄。

（三）提任正处级职务的，应当在副处级岗位工作两年以上，或具有正高级专业技术职称和一定的管理工作经历。

（四）提任副处级职务的，应当在正科级岗位工作三年以上，或具有副高级以上专业技术职称，或具有中级专业技术职称三年以上，并且具有一定的管理工作经历。

（五）提任正科级职务的，应当在副科级岗位工作两年以上，或具有中级以上专业技术职称，或博士研究生毕业工作一年以上，并且具有一定的管理工作经历。

（六）提任副科级职务的，应当参加工作三年以上，或硕士研究生毕业工作一年以上，并且具有一定的管理工作经历。

（七）应当经过党校（行政学院）、干部学院或者组织人事部门认可的其他培训，培训时间应当达到干部教育培训的有关规定要求。确因特殊情况在提任前未达到培训要求的，应当在提任后一年内完成培训。

（八）具有正常履行职责的身体条件。

（九）具备提任岗位要求的其他条件。

（十）符合有关法律规定的资格要求。提任党的领导职务的，还应当符合《中国共产党章程》等规定的党龄要求。

第九条　应当逐级提拔干部。特别优秀或者工作特殊需要的干部，可以突破任职资格规定或者越级提拔。

破格提拔的特别优秀干部，应当政治过硬、德才素质突出、群众公认度高，且符合下列条件之一：在关键时刻或者承担急难险重任务中经受住考验、表现突出、作出重大贡献；在条件艰苦、环境复杂、基础差的地区或者单位工作实绩突出；在其他岗位上尽职尽责，工作实绩特别显著。

因工作特殊需要破格提拔的干部，应当符合下列情形之一：领导班子结构需要或者工作职位有特殊要求的；专业性较强的岗位或者重要专项工作急需的。

破格提拔干部必须从严掌握。不得突破本办法第七条规定的基本条件和第八条第十项规定的资格要求。任职试用期未满或者提拔任职不满一年的，不得破格提拔。不得在任职年限上连续破格。不得越两级提拔。

第十条　加强多岗位锻炼和教学一线锻炼，提任上一级职务的，具有下一级两个以上职位任职经历或在教学科研单位具有下一级职位任职经历，且近三年年度考核有一次以上优秀的优先考虑。

第三章　分析研判和动议

第十一条　组织人事部应当深化对干部的日常了解，坚持知事识人，把功夫下在平时，全方位、多角度、近距离了解干部。根据日常了解情况，对领导班子和干部进行综合分析研判，为学校党委选人用人提供依据和参考。

第十二条　学校党委或者组织人事部根据工作需要和干部队伍建设实际，结合综合分析研判情况，提出启动干部选拔任用工作意见。

第十三条　组织人事部综合有关方面建议和平时了解掌握的情况，对领导班子和干部进行动议分析，就选拔任用的职位、条件、范围、方式、程序和人选意向等提出初步建议。

个人向党组织推荐干部人选，必须负责地写出推荐材料并署名。

第十四条　组织人事部将初步建议向学校党委主要领导汇报，对初步建议进行完善，在一定范围内进行沟通酝酿，形成工作方案。

对动议的人选严格把关，根据工作需要，可以提前核查有关事项。

第十五条　研判和动议时，根据工作需要和实际情况，如确有必要，也可以把公开选拔、竞争上岗作为产生人选的一种方式。领导职位出现空缺且学校没有合适人选的，特别是需要补充紧缺专业人才或者配备结构需要干部的，可以通过公开选拔产生人选；领导职位出现空缺，学校符合资格条件人数较多且需要进一步比选择优的，可以通过竞争上岗产生人选。

公开选拔、竞争上岗应当结合岗位特点，坚持组织把关，突出政治素质、专业素养、工作实绩和一贯表现，防止简单以分数、票数取人。

公开选拔、竞争上岗设置的资格条件突破规定的，应当事先报上级组织人事部门审核同意。

第四章　民主推荐

第十六条　选拔任用干部，应当经过民主推荐。民主推荐包括谈话调研推荐和会议推荐，推荐结果作为选拔任用的重要参考，在一年内有效。

第十七条　聘期民主推荐按照职位设置全额定向推荐；个别提拔任职或者进一步使用，可以按照拟任职位进行定向推荐，也可以根据拟任职位的具体情况进行非定向推荐；进一步使用的，可以采取听取意见的方式进行，其中正处级领导职位也可以参照个别提拔任职进行民主推荐。

第十八条　聘期民主推荐应当经过下列程序：

（一）进行谈话调研推荐，提前向谈话对象提供谈话提纲、聘期岗位设置方案、干部名册等相关材料，提出有关要求，提高谈话质量；

（二）综合考虑谈话调研推荐情况以及人选条件、岗位要求、班子结构等，由学校党委或者组织人事部研究提出会议推荐参考人选，参考人选一般应当差额提出，意见比较集中时也可以等额提出；

（三）召开推荐会议，考察组说明聘期有关政策，介绍参考人选产生情况，提出有关要求，组织填写推荐表；

（四）对民主推荐情况进行综合分析；

（五）向学校党委汇报民主推荐情况。

第十九条　聘期谈话调研推荐一般由下列人员参加：

（一）学校领导班子成员；

（二）相关单位主要领导成员；

（三）其他需要参加的人员，可以根据知情度、关联度和代表性原则确定。

参加会议推荐的人员参照上列范围确定，可以适当调整。

第二十条　个别提拔任职，或者进一步使用需要进行民主推荐的，民主推荐程序可以参照本办法第十八条规定进行；必要时也可以先进行会议推荐，再进行谈话调研推荐。先进行谈话调研推荐的，可以提出会议推荐参考人选，参考人选一般应当差额提出，意见比较集中时也可以等额提出。单位人数较少、参加会议推荐人员范围与谈话调研推荐人员范围基本相同，且谈话调研推荐意见集中的，根据实际情况，可以不再进行会议推荐。

根据工作需要，可以在民主推荐前对推荐职位、条件、范围以及符合职位要求和任职条件的人选，在人选所在单位领导班子范围内进行沟通。

第二十一条　个别提拔任职，或者进一步使用需要进行民主推荐的，谈话调研推荐一般由下列人员参加：

（一）分管校领导；

（二）所在单位领导班子成员；

（三）其他需要参加的人员，可以根据知情度、关联度和代表性原则确定。

参加会议推荐的人员参照上列范围确定，可以适当调整。

第二十二条　个别岗位特殊需要的干部人选，可以由学校党委研究同意后作为考察对象。

第五章　考察

第二十三条　确定考察对象，应当根据工作需要和干部德才条件，将民主推荐与日常了解、综合分析研判以及岗位匹配度等情况综合考虑，深入分析、比较择优，防止把推荐票等同于选举票、简单以推荐票取人。

第二十四条　有下列情形之一的，不得列为考察对象：

（一）违反政治纪律和政治规矩的；

（二）群众公认度不高的；

（三）上一年年度考核结果为基本称职以下等次的；

（四）有跑官、拉票等非组织行为的；

（五）除特殊岗位需要外，配偶已移居国（境）外，或者没有配偶但子女均已移居国（境）外的；

（六）受到诫勉、组织处理或者党纪政务处分等影响期未满或者期满影响使用的；

（七）其他原因不宜提拔或者进一步使用的。

第二十五条　学校党委书记与副书记、分管组织人事、纪检监察等工作的常委根据实际情况，对聘期各单位领导班子成员考察对象人选进行酝酿，学校党委常委会研究确定考察对象。

个别提拔任职或者进一步使用，按照干部管理权限，由学校党委研究确定考察对象。

考察对象一般应当多于拟任职务人数，个别提拔任职或者进一步使用时意见比较集中的，也可以等额确定考察对象。

第二十六条 对确定的考察对象，由组织人事部进行严格考察。

第二十七条 考察拟任人选，必须依据干部选拔任用条件和不同职务的职责要求，全面考察其德、能、勤、绩、廉，严把政治关、品行关、能力关、作风关、廉洁关。

突出政治标准，注重了解政治理论学习情况和落实意识形态工作责任制情况，深入考察政治忠诚、政治定力、政治担当、政治能力、政治自律等方面的情况。

深入考察道德品行，注重师德师风表现，加强对工作时间之外表现的考察，注重了解社会公德、职业道德、家庭美德、个人品德等方面的情况。

强化专业素养考察，深入了解专业知识、专业能力、专业作风、专业精神等方面的情况。

注重考察工作实绩，围绕贯彻落实党中央重大决策部署，统筹推进"五位一体"总体布局和协调推进"四个全面"战略布局，努力推动高水平大学和一流民族大学建设，认真完成学校改革发展稳定各项决议决定，深入了解履行岗位职责、贯彻新发展理念、推动高质量发展取得的实际成效。

加强作风考察，深入了解为民服务、求真务实、勤勉敬业、敢于担当、奋发有为，遵守中央八项规定精神，反对形式主义、官僚主义、享乐主义和奢靡之风等情况。

强化廉政情况考察，深入了解遵守廉洁自律有关规定，保持高尚情操和健康情趣，慎独慎微，秉公用权，清正廉洁，不谋私利，严格要求亲属和身边工作人员等情况。

根据实际需要，针对不同层级、不同岗位考察对象，实行差异化考察，对正处级领导职位人选，坚持更高标准、更严要求，突出把握政治方向、驾驭全局、抓班子带队伍等方面情况的考察。

第二十八条 考察拟任人选，应当保证充足的考察时间，经过下列程序：

（一）制定考察工作方案；

（二）根据考察对象的不同情况，通过适当方式在一定范围内发布干部考察预告；

（三）采取个别谈话、发放征求意见表、民主测评、实地走访、查阅干部人事档案和工作资料等方法，广泛深入地了解情况，根据需要进行专项调查、延伸考察等，注意了解考察对象生活圈、社交圈情况；

（四）同考察对象面谈，进一步了解其政治立场、思想品质、价值取向、见识见解、适应能力、性格特点、心理素质等方面情况，以及缺点和不足，鉴别印证有关问题，深化对考察对象的研判；

（五）综合分析考察情况，与考察对象的一贯表现进行比较、相互印证，全面准确地对考察对象作出评价；

（六）考察组研究提出人选任用建议，向组织人事部汇报，经组织人事部集体研究提出任用建议方案，向学校党委报告。

第二十九条 考察处级职务拟任人选，个别谈话和征求意见的范围一般为：

（一）学校有关领导；

（二）考察对象所在单位领导成员；

（三）考察对象所在单位各类教职工代表；

（四）其他有关人员。

第三十条　考察科级职务拟任人选，个别谈话和征求意见的范围一般为：

（一）考察对象所在单位领导成员；

（二）考察对象所在单位各类教职工代表；

（三）其他有关人员。

第三十一条　组织人事部必须严格按照上级部门有关要求，审核考察对象的干部人事档案，按规定范围查核个人有关事项报告，就党风廉政情况听取纪检监察部门意见，对反映问题线索具体、有可查性的信访举报进行核查。对需要进行经济责任审计的考察对象，应当事先按照有关规定进行审计。纪检监察部门应当就考察对象廉洁自律情况提出结论性意见。

第三十二条　考察拟任人选，必须形成书面考察材料，建立考察文书档案。已经任职的，考察材料归入本人干部人事档案。考察材料必须写实，评判应当全面、准确、客观，用具体事例反映考察对象的情况，包括下列内容：

（一）德、能、勤、绩、廉方面的主要表现以及主要特长、行为特征；

（二）主要缺点和不足；

（三）民主推荐、民主测评、考察谈话情况；

（四）审核干部人事档案、查核个人有关事项报告、听取纪检监察部门意见、核查信访举报等情况的结论。

第三十三条　组织人事部选派具有较高素质的人员组建考察组，考察组由两名以上成员组成。考察组负责人应当由思想政治素质好、具有较丰富工作经验并熟悉干部工作的人员担任。

实行干部考察工作责任制。考察组必须坚持原则，公道正派，深入细致，如实反映考察情况和意见，对考察材料负责，履行干部选拔任用风气监督职责。

第六章　讨论决定

第三十四条　拟任人选在讨论决定或者决定呈报前，应当根据职位和人选的不同情况，在学校党委有关领导成员中进行酝酿。

非中共党员拟任人选，应当征求党委统战部门的意见。

第三十五条　选拔任用干部，应当按照干部管理权限由学校党委集体讨论作出任免决定。

第三十六条　对拟破格提拔的人选在讨论决定前，必须报经上级组织人事部门同意。越级提拔或者不经过民主推荐列为破格提拔人选的，应当在考察前报告，经批复同意后方可进行。

第三十七条　有下列情形之一的，不得提交会议讨论：

（一）没有按照规定进行民主推荐、考察的；

（二）纪检监察部门对廉洁自律情况没有作出结论性意见的，或者有不同意见的；

（三）按规定范围个人有关事项报告未查核或者经查核存疑尚未查清的；

（四）线索具体、有可查性的信访举报尚未调查清楚的；

（五）干部人事档案中身份、年龄、工龄、党龄、学历、经历等存疑尚未查清的；

（六）巡视巡察、审计等工作中发现重大问题尚未作出结论的；

（七）没有按照规定向上级报告或者报告后未经批复同意的干部任免事项；

（八）其他原因不宜提交会议讨论的。

第三十八条　学校党委讨论决定干部任免事项，必须有三分之二以上成员到会，并保证与会成员有足够时间听取情况介绍、充分发表意见。与会成员对任免事项，应当逐一发表同意、不同意或者缓议等明确意见，党委主要负责人应当最后表态。在充分讨论的基础上，采取口头表决、举手表决或者无记名投票等方式进行表决。意见分歧较大时，暂缓进行表决。

学校党委有关干部任免的决定，需要复议的，应当经党委超过半数成员同意后方可进行。

第三十九条　学校党委讨论决定干部任免事项，应当按照下列程序进行：

（一）党委分管组织人事工作的领导成员或者组织人事部负责人，逐个介绍领导职务拟任人选的推荐、考察和任免理由等情况，其中涉及破格提拔等需要按照要求事先向上级组织人事部门报告的选拔任用有关工作事项，应当说明具体事由和征求上级组织人事部门意见的情况；

（二）参加会议人员进行充分讨论；

（三）进行表决，以党委应到会成员超过半数同意形成决定。

第四十条　需要报上级部门审批的拟提拔任职的干部，必须呈报请示并附干部任免审批表、干部考察材料、本人干部人事档案和党委会议纪要、讨论记录、民主推荐情况等材料，批准后正式决定任职。需要报上级部门备案的干部，应当按照规定及时向上级组织人事部门备案。

第七章　任职

第四十一条　实行干部职务任期制度。

学校每个任期为三年。提拔任职的干部，一般应当任满当前任期。连续担任同一职务一般不超过两个任期或六年，专业技术较强的领导职务任职一般不超过三个任期。工作特殊需要的，经学校党委常委会批准后可以适当延长任职年限。

第四十二条　实行干部任职前公示制度。

提拔任职的干部，除特殊岗位和在聘期考察时已进行过公示的人选外，在党委讨论决定后、下发任职通知前，应当在一定范围内公示。公示内容应当真实准确，便于监督，涉及破格提拔的还应当说明破格的具体情形和理由。公示期不少于五个工作日。公示结果不影响任职的，办理任职手续。

第四十三条　实行干部任职试用期制度。

提拔任职的处级干部，试用期为一年。试用期满后，经考核胜任现职的，正式任职；不胜任的，免去试任职务，一般按照试任前职级或者职务层次安排工作。

第四十四条 实行干部任职谈话制度。

对决定任用的干部，由学校党委指定专人同本人谈话，肯定成绩，指出不足，提出要求和需要注意的问题。

对破格提拔以及通过公开选拔、竞争上岗任职的干部，试用期满正式任职时，学校党委还应当指定专人进行谈话。

第四十五条 学校党委明确规定干部任职时间的，按规定之日起计算；无明确规定的，按决定之日起计算。

第八章 交流、回避

第四十六条 实行干部交流制度。

（一）交流的对象主要是：因工作需要交流的；需要通过交流锻炼提高领导能力的；在一个单位工作时间较长的；按照规定需要回避的；因其他原因需要交流的。

（二）加强工作统筹，加大干部交流力度。推进西北新村校区与榆中校区之间、党政机构与教学科研教辅机构之间的干部交流，推动形成良性工作机制。

（三）干部交流由学校党委及组织人事部按照干部管理权限组织实施，严格把握人选的资格条件。干部个人不得自行联系交流事宜，领导干部不得指定交流人选。同一干部不宜频繁交流。

（四）交流的干部接到任职通知后，应当在学校党委或者组织人事部限定的时间内到任。

第四十七条 实行干部任职回避制度。

干部任职回避的亲属关系为：夫妻关系、直系血亲关系、三代以内旁系血亲以及近姻亲关系。有上列亲属关系的，不得在同一单位担任双方直接隶属于同一领导人员的职务或者有直接上下级领导关系的职务，也不得在其中一方担任领导职务的单位从事组织人事、纪检监察、审计、财务工作。

第四十八条 实行干部选拔任用工作回避制度。

学校党委及组织人事部讨论干部任免，涉及与会人员本人及其亲属的，本人必须回避。

干部考察组成员在干部考察工作中涉及其亲属的，本人必须回避。

第九章 免职、辞职、降职

第四十九条 有下列情形之一的干部，一般应当免去现职：

（一）达到任职年龄界限或者退休年龄界限的；

（二）受到责任追究应当免职的；

（三）不适宜担任现职应当免职的；

（四）因违纪违法应当免职的；

（五）辞职或者调出的；

（六）非组织选派，个人申请离职学习期限超过一年的；

（七）因健康原因，无法正常履行工作职责一年以上的；

（八）因工作需要或者其他原因应当免去现职的。

第五十条　实行干部辞职制度。辞职包括因公辞职、自愿辞职、引咎辞职和责令辞职。

辞职应当符合有关规定，手续依照法律或者有关规定程序办理。

第五十一条　引咎辞职、责令辞职和因问责被免职的干部，一年内不安排领导职务，两年内不得担任高于原任职务层次的领导职务。同时受到党纪政务处分的，按照影响期长的规定执行。

第五十二条　实行干部降职制度。在年度考核中被确定为不称职的，因工作能力较弱、受到组织处理或者其他原因不适宜担任现职务层次的，应当降职使用。降职使用的干部，其待遇按照新任职务职级的标准执行。

第五十三条　因不适宜担任现职调离岗位、免职的，一年内不得提拔。降职使用的干部重新提拔，按照有关规定执行。

重新任职或者提拔任职，应当根据具体情形、工作需要和个人情况综合考虑，合理安排使用。

对符合有关规定给予容错的干部，应当客观公正对待。

第十章　纪律和监督

第五十四条　选拔任用干部，必须严格执行本办法的各项规定，并遵守下列纪律：

（一）不准超职数配备、超机构规格提拔领导干部、超审批权限设置机构配备干部，或者违反规定擅自设置职务名称、提高干部职务职级待遇；

（二）不准采取不正当手段为本人或者他人谋取职务、提高职级待遇；

（三）不准违反规定程序动议、推荐、考察、讨论决定任免干部，或者由主要领导成员个人决定任免干部；

（四）不准私自泄露研判、动议、民主推荐、民主测评、考察、酝酿、讨论决定干部等有关情况；

（五）不准在干部考察工作中隐瞒或者歪曲事实真相；

（六）不准在民主推荐、民主测评、组织考察和选举中搞拉票、助选等非组织活动；

（七）不准利用职务便利私自干预下级或者原任职单位干部选拔任用工作；

（八）不准在机构变动，主要领导成员即将达到任职年龄界限、退休年龄界限或者已经明确即将离任时，突击提拔、调整干部；

（九）不准在干部选拔任用工作中任人唯亲、排斥异己、封官许愿，拉帮结派、搞团团伙伙，营私舞弊；

（十）不准篡改、伪造干部人事档案，或者在干部身份、年龄、工龄、党龄、学历、经历等方面弄虚作假。

第五十五条　加强干部选拔任用工作全程监督，严格执行干部选拔任用全程纪实和任前事项报告、"一报告两评议"、专项检查、离任检查、立项督查、"带病提拔"问题倒查等制度。严肃查处违反组织人事纪律的行为。对违反本办法规定的事项，按照有关规定对党委主要领导成员和有关领导成员、组织人事部有关领导成员以及其他直接责任人作出组织处理或者纪律处分；涉嫌违法犯罪的，移送有关国家机关依法处理。

对无正当理由拒不服从组织调动或者交流决定的，依规依纪依法予以免职或者降职使用，并视情节轻重给予处分。

第五十六条　实行干部选拔任用工作责任追究制度。凡用人失察失误造成严重后果的，用人上的不正之风严重、干部群众反映强烈以及对违反组织人事纪律的行为查处不力的，应当根据具体情况，严肃追究党委及其主要领导成员、有关领导成员、组织人事、纪检监察、干部考察组有关领导成员以及其他直接责任人的责任。

第五十七条　学校党委及组织人事部对干部选拔任用工作和贯彻执行本办法的情况进行监督检查，认真受理有关干部选拔任用工作的举报、申诉，制止、纠正违反本办法的行为，并对有关责任人提出处理意见或者处理建议。

纪检监察部门按照有关规定，加强对干部选拔任用工作的监督检查。

第五十八条　实行组织人事和纪检监察等有关部门联席会议制度，就加强对干部选拔任用工作的监督，沟通信息、交流情况、研究问题，提出意见和建议。联席会议由组织人事部召集。

第五十九条　学校党委及组织人事部在干部选拔任用工作中，必须严格执行本办法，坚持出以公心、公正用人，严格规范履职用权行为，自觉接受党内监督、社会监督、群众监督。各单位和党员、干部、群众对干部选拔任用工作中的违规违纪行为，有权向学校党委及组织人事、纪检监察部门举报、申诉，受理部门应当按照有关规定查核处理。

第十一章　附则

第六十条　本办法由学校组织人事部负责解释。

第六十一条　本办法自印发之日起施行。2017年1月印发的《西北民族大学处级领导干部选拔任用工作实施办法》（党委发〔2017〕7号）《西北民族大学科级干部选拔任用工作实施办法》（党委发〔2017〕8号）同时废止。

附件1：2020年西北民族大学青年教师成才奖获得者名单（15位）

社会科学研究院马少卿、土木工程学院郭启龙、生物医学研究中心冯若飞、中国民族信息技术研究院徐涛、美术学院刘志刚、中国语言文学学部汉语言文学学院韩晓清、实验教学部曹忻、马克思主义学院代瑾、生命科学与工程学院霍生东、电气工程学院刘利伟、化工学院吴尚、数学与计算机科学学院刘洋、舞蹈学院黎明东、外国语学院靳松、民族学与社会学学院常进锋

附件2：2020年西北民族大学教学名师名单（5位）

中国语言文学学部中国少数民族语言文学学院万玛项欠、管理学院丁玉芳、化工学院孙初锋、民族学与社会学学院满珂、外国语学院水彩

教学工作

在学校视频教学工作会议上的讲话

西北民族大学党委副书记、校长 郭郁烈

（2020年2月12日）

今天，学校对防疫期间的本（预）科线上教学工作进行部署安排。强调三点：

一是要准确研判当前面临的形势。全国疫情防控工作还处在关键时期，全国大中小学开学日期均已推迟，具体开学时间尚未确定。学校对下一步开学情况有三种判断，一种情况是正常开学；第二种情况是部分正常开学，即错峰到校；第三种情况是推迟开学。学校目前面临的主要是后两种情况。目前了解到的解决开学教学工作的办法主要有三种，第一种办法是推迟开学，所有教学工作待学生返校后正式开始；第二种办法是学生自学为主，学校采取灵活措施处理相关问题；第三种办法是按照既定开学时间按期开课，开展线上教学。学校已针对面临的形势和实际情况作出研判，选择按照既定的开学时间正常开课，进行线上教学。这种模式对部分正常开学和推迟开学都能够应对，目前制定的在线教学工作方案也是按照这一原则做的。

二是要认真抓好教学这个学校的中心工作。第一是按原计划准时开课；第二是要充分发挥老师的主导作用和学生的主体作用，按照新的网上授课形式和要求，老师要提前规划课程教学，调整教学方式与内容，按照线上教学的要求备课和准备相关资料；要充分考虑学生特点，让学生能够顺利学习。第三要充分考虑学科、专业特点，尤其是术课专业的特点、实验实训环节的特点、线上教学特点，及时调整教学内容，确保线上教学的科学性。第四要科学利用网上资源，利用好教育部公布的22个网络教学平台，但不能完全依赖网上资源。老师在选择网上教学资源时，要充分考虑学生的基础和特点，进行科学研判，充分发挥老师在线上教学的主导作用。要避免简单化甚至放任自流。第五要用好新型教学工具，教育部推荐的网络教学工具，如超星学习通、学堂在线（雨课堂）等已经比较成熟，老师们要认真学习，用好这些工具。

三是要加强管理服务，保证教学质量和成效。第一是负起责任。各学院（学部）要积极谋划，针对不同的特点采取不同的应对措施，做到心中有数，教学管理工作不能放松。第二是抓好培训。工欲善其事，必先利其器！针对部分老师对网络教学工具不熟悉不熟练的情况，教务处已经作出相应安排，学院（学部）要按照全覆盖的要求加紧对全体老师开展培训工作。后期要对培训情况进行检查，对不会使用、不熟练的老师要"回炉"重新培训，确保每一位老师能够使用好网络教学工具。教务处、教师教学发展中心、信息化建设与服务中心等职能部门要各司其职，相互配合，围绕网上教学培训，把工作落到实处。第三是严肃纪律。教学纪律，要强化教学各环节的管理，不能因为线上教学而松散、缺环、脱节，线上教学一个环节都不能缺，一个环节都不能松，也不能和前置课程、后续内容脱节。老师的教案等教学资料要严格按照程序进行审核。每节课都要布置足量的课外作业和学习任务，保证学生学习满负荷，要及时收交并批改作业等，及时指导答疑。学习纪律，要加强对学生的考勤和管理，学生必须按期完成课外作业任务，老师要及时批阅并计入平时成绩；对没有特殊情况又未完成学习任务的，要及时提醒，不听招呼的要严肃处理。要确保学生认真学。第四是加强督导。教务处和各学院（学部）要针对线上教学的特点，采取措施对教师备课和教学情况进行督导检查，发现问题及时解决，保证教学秩序和质量，真正做到线上线下实质等效。第五是做好服务。相关职能部门，特别是教务处、教师教学发展中心、信息化建设与服务中心要提高政治站位，为广大教师提供优质服务和技术保障。信息化建设与服务中心要确保学校网络畅通，并为老师提供必要的技术支持。培训开始后，要开通热线、组织专家为老师及时解决问题，提供帮助。

同时，各学院（学部）要同步安排好研究生教学工作，根据研究生处前期已经发布的关于开学后教学工作的有关通知，各教学单位要确保按期开课，保证质量和进度。

大面积开展线上教学是一种新情况和新挑战，在实施过程中，要加强研究、总结经验、及时解决问题，对做得好的要及时推广。我们要积极作为，变被动为主动，精心谋划、精心准备，使这项工作真正成为"教的革命"和"学的革命"的一次有益实践，确保取得良好教育教学成效。

在学校视频教学工作会议上的讲话

西北民族大学党委常委、副校长　王彦斌

（2020年2月12日）

一是要提高政治站位，强化责任担当。各学院（学部）作为教学主体，要树立大局意识和担当精神，充分认识和理解开展线上教学的重要性和紧迫性，依据学院（学部）学科专业特点，各教学单位主要负责人要亲自安排部署，明确任务分工，夯实责任，加强过程管理。

二是各教学单位要高度重视此项工作。会后，立即召开视频会议，把会议精神传达到每一位师生，成立书记、院长牵头的教学工作领导小组，统筹抓好本教学单位本（预）科线上教学工作实施方案的制定和落实工作，每位教师至少要掌握一种教学平台使用技术，每门课程成立课程小组，制定"一课一计划"，包括毕业论文、实验实践课程也要有预案，教研室要认真审定教师准备情况，原则上从3月2日起，按照课表安排在线教学，学生依据教务处平台个人课表按时学习。

三是要"上真课，真上课"，确保在线学习与线下课堂教学质量实质等效。广大教师要以"四有"好老师的标准严格要求自己，忠实履行教书育人职责，做到"上真课"。要依据教学大纲、讲义、教案、课件等教学资料，认真备课，积极探索适合线上教学的教学内容、互动方式、考核方式，要以百分之百的投入高质量完成线上教学任务。全体学生要"真上课"，要珍惜时间、克服困难、勤奋学习；要准时参加线上学习，积极与任课教师进行远程互动交流，保证学习效果。

四是教务处要加强指导、协调、督促、检查、考核、评价，同时要做好保障和服务，做到总体工作有安排，关键环节有把控，薄弱环节有监督。学院（学部）要通过各种方式监控教学进度和教学质量，保质保量完成线上教学工作，落实好每一节课的进度和质量，并且在疫情结束后，能迅速切换到正常教学方式上来。

五是疫情期间的各项工作教学单位是主体，各单位书记、院长要承担主体责任。这也是对各单位组织管理能力、协调能力，教学水平的一次检验，各学院要迅速进入状态，领导班子始终要在工作状态，知道做好此项工作的关键在哪里，那些工作是关键，那些环节任务重。书记、院长要有紧迫感、责任感。对落实不到位，推动不力，质量得不到保障的单位负责人和老师，产生不良后果的要问责。

郭郁烈校长的讲话对疫情防控期间本（预）科在线教学工作提出了明确要求，会议结束后，各学院（学部）要根据今天会议的安排和要求，立刻召开本单位视频会议，传达落实会议精神，安排部署线上教学工作，做到周密部署、认真落实、井井有条、万无一失，让学生满意、家长满意、学校满意、社会满意，切实做到停课不停学，标准不降低，把此次线上教学作为学校在教学改革中的一次重要实践，保质保量完成教学工作。

在教材工作领导小组会议上的讲话

西北民族大学党委书记　邓光玉

（根据录音整理，2020年6月28日）

今天，学校召开教材工作领导小组会议，主要任务是推动学习贯彻习近平总书记关于教材建设的重要指示批示和全国教育大会、全国高校思想政治工作会议精神，全面提升学校教材建设质量，规范教材管理，推进教材治理体系和治理能力现代化，落实立德树人根本任务。

刚才，王彦斌同志作了2020年上半年学校教材建设工作报告，听取了马克思主义学院关于《西北民族大学民族理论与民族政策课教案讲义编写及课程建设方案》的起草说明并对《方案》进行了审议，听取了教务处关于"马工程"教材使用情况及其他事项的工作汇报。中国语言文学学部、民族学与社会学学院、历史文化学院、外国语学院等4个教学单位交流了教材工作的做法和经验。总的来看，全校各单位高度重视教材工作，贯彻中央关于教材工作的重大决策态度坚决，教材选用、建设、管理等各环节工作措施落实到位。但也还存在一些问题，如"马工程"教材没有应选全选或者选而不用，优秀教材选用率有待提高；校级规划教材整体建设质量有待提升；民语类教材工作有待强化，主要是短缺问题。下面，我强调几点意见：

一、坚持教材建设正确方向

教材是学校教育教学的基本依据，是实现人才培养目标的关键，教材体系建设是坚定文化自信和教育自信的体现。教材工作是全面贯彻落实教育方针，落实立德树人根本任务的基础性工程，是关系党和国家未来发展的战略工程。中央明确强调，教材建设是国家的事权，政治性非常强。我们必须深入学习贯彻习近平总书记关于教材建设的重要指示批示精神，增强"四个意识"，坚定"四个自信"，做到"两个维护"。要本着对党和国家、对人民、对下一代高度负责的精神，从践行民族院校初心使命的高度，切实加强领导，把教材建设工作抓好，确保正确方向和价值导向。教材建设要坚持马克思主义指导地位，真正体现党和国家意志。具体要体现马克思主义中国化要求；体现中国和中华民族风格；体现党和国家对教育的要求；体现国家和民族的基本价值观；体现人类文化知识积累和创新成果。总的是贯彻党的教育方针，落实立德树人根本任务，引导学生坚定"四个自信"，做习近平新时代中国特色社会主义思想的坚定信仰者和忠实实践者，成为担当民族复兴大任的时代新人。

二、深入推进习近平新时代中国特色社会主义思想"三进"工作

教材的核心功能就是育人。我们的任务就是要用习近平新时代中国特色社会主义思想铸魂育人，习近平新时代中国特色社会主义思想是教材建设的灵魂。我们的目标就是确保教材全面贯彻习近平新时代中国特色社会主义思想。一是要全面系统、及时跟进、联系实际学习习近平新时代中国特色社会主义思想；二是不仅要学立场、观点、方法，也要学价值追求、精神境界、道德操守。老师和党员干部要先学一步、学深一步，真正学出对党忠诚、理想信念、自信自觉、责任担当和能力水平。引导青年学生深入学习马克思主义基本原理，深刻领会"八个明确""十四个坚持"的核心要义；三是做好"马工程"教材的选用工作，特别是人文社科类课程教材调整要跟上时代、符合中央最新要求，及时融入党的创新理论成果。四是开好思政课，思政课程当前的根本任务是要引导广大青年学生深入学习习近平新时代中国特色社会主义思想，增强政治认同、思想认同和情感认同。加强课程思政建设，所有课程都要同向同行、同频共振。通过实施"3个100"课程思政建设工程，深入贯彻教育部《高等学校课程思政建设指导纲要》，对标对表加强建设。

三、加强民语类和民族理论政策教材建设工作

加强这项工作是民族院校的特点、办学宗旨和定位决定的。民语类和民族理论政策教材建设的根本方向是铸牢中华民族共同体意识，体现我党民族理论创新成果。一是深入学习习近平总书记关于民族工作的重要论述，深入学习中央民族工作会议、全国民族团结表彰大会精神；二是教材要严格审核审查，确保不出现方向性偏差；三是对民语类教材要实行汉文对照本存档备案制；四是要全面贯彻习近平新时代中国特色社会主义思想，特别是习近平总书记关于民族工作的重要论述，这也是最关键的最根本的要求。

四、进一步夯实教材建设的基础性工作

目前对教材工作的整体规划研究还不够。要进一步深化习近平总书记对教材建设重要指示的理解和认识，加强对教材建设的理论研究，增强教材工作的规划性。加强对教材建设的宣传工作，形成广泛的共识，营造浓厚的舆论氛围。强化教材建设信息化管理，充分利用新技术、新手段丰富教育教学资源。

五、落实落细教材管理制度

一是落实党委对教材工作的主体责任。各级党组织必须对教材的规划、编写、审核、选用等全面负责。特别要抓好教材的政治方向、价值导向，抓好宏观规划和总体部署，抓好制度设计和政策安排。教材领导小组要切实负起责任。二是教材编写方面，要坚持马克思主义的指导地位，所有教材要有机融入中华优秀传统文化、革命文化、社会主义先进文化，还有基本的法治意识、国家安全、民族

团结等内容，真正通过教材引导学生成为中国特色社会主义事业的建设者和接班人。坚持理论联系实际，充分反映中国特色社会主义事业建设过程中的生动实践，反映党和国家对人才培养的新要求，体现"六个下功夫"的要求。遵循教育教学规律和人才培养规律，反映教学内容内在的联系、发展规律和学科特有的思维方式，符合学术规范。教材编写人员必须政治立场坚定，有正确的历史观、国家观、民族观、文化观，学术功底扎实，学风严谨，要有正面形象、正面评价、良好师德师风。三是审核和选用方面，自编教材和选用教材都要进行审核，把好政治关和学术关。政治关重点是严格审查政治方向和价值导向，学术关要审查教材基本内容的科学性、先进性、适用性。教材选用首选"马工程"教材，这是基本要求。对境外教材的选用一定要符合国家要求。凡选必审，保证选用的是优秀的教材。教材选用采购程序上要招标，防范廉洁风险。

中共西北民族大学委员会贯彻落实《关于加快和扩大新时代教育对外开放的意见》实施方案

为深入贯彻落实党的十九大和十九届二中、三中、四中全会精神，落实全国教育大会精神，进一步加快和扩大学校对外开放，根据教育部等八部门《关于加快和扩大新时代教育对外开放的意见》(教外〔2020〕8号)，结合学校实际，制定实施方案如下。

一、指导思想

以习近平新时代中国特色社会主义思想为指导，坚持教育对外开放不动摇，主动加强同世界各国的互鉴、互容、互通，坚持稳中求进工作总基调，形成更全方位、更宽领域、更多层次、更加主动的教育对外开放局面，推动教育对外开放更好服务党和国家外交工作大局，更好服务教育现代化和教育强国建设，更好服务人民群众的美好生活需要。

二、主要任务

（一）着力破除体制机制障碍

1. 改革学校外事审批政策。根据政府授予的外事审批权，优化服务，进一步落实教学科研人员专业性、学术性出访区别管理政策。

负责单位：国际合作交流处、组织人事部

2. 改革海外人才引进方式。采取超常规举措，增强海外人才引进的吸引力和针对性。发挥学校主体作用，以全职引进为主，兼顾柔性引才，探索就地引才，不唯国籍引进优秀人才。设立讲席教授计划，吸引世界一流专家、学者来校任教。把好政治关和师德师风关，有效落实海外人才保护政策，确保引才安全。

负责单位：组织人事部、国际合作交流处

3. 持续推进微改革。将教师援外期间工作业绩纳入职称评定范围。制定外籍教师聘任和管理办法，规范外籍教师准入制度。

负责单位：组织人事部、国际合作交流处

（二）培养更具全球竞争力的人才

4. 加快培养具有全球视野的高层次国际化人才。加快公共外语改革，探索建立"外语+""专业+"人才培养体系，培养"一精多会、一专多能"的国际化复合型人才。加强外语非通用语种人才培养和专业建设，大力培养"一带一路"建设急需的懂外语的各类专业技术和管理人才。

负责单位：教务处、研究生处、国际合作交流处

5. 提升学校人才培养国际竞争力。加强与世界一流大学和学术机构的实质性合作，开展高水平人才联合培养和科学研究。引进国外优质教育资源，融合到新工科、新农科、新医科、新文科人才培养的全过程。开展中外学分互认、学位互授联授。推动重心下移，调动创新团队及学部、学院的积极性、创造性，增强学科自身国际化发展的能力，将校际交流合作向学科、专业、学术带头人延伸。将实质性引进国外优质教育资源、开展高水平人才联合培养和合作科研作为对外开放水平的重要评价指标。

负责单位：发展规划与学科建设处、教务处、研究生处、科研处、国际合作交流处、财务处

（三）实现高质量内涵式发展

6. 优化出国留学工作布局。聚焦人才培养，积极构建结构合理、项目丰富、相对稳定的国际科技教育交流平台，开拓多功能、综合化、高成效的优质教育资源合作渠道。完善激励奖励制度，提升国际学术对话能力和研究参与度，拓展出国留学空间。

负责单位：国际合作交流处、教务处、研究生处、财务处

7. 做强"留学中国"品牌。来华留学工作调整培养模式、提升培养层次、设立奖学金，吸引国外优秀青年来校攻读学位，打造来华留学精品课程。推进中外学生趋同化管理和服务，加强留学生中国国情、法律法规教育和英语授课示范课程建设，培养"知华友华爱华"国际人才，服务国家外交战略。

负责单位：国际合作交流处、教务处、研究生处、学生工作部

8. 深化教育国际科技创新合作。参与国际大科学计划和大科学工程，建设国际合作研究与创新示范基地、国际合作联合实验室，积极融入全球科技创新网络。

负责单位：科研处、国际合作交流处

（四）有效防范化解风险

9. 严防外部势力渗透。提高政治站位，增强底线思维，强化风险意识、保密意识和国家安全意识。在教材选用、教学管理、学术交流、教师聘用和培养、来华留学生招生和培养、社团活动等环节中，要始终把防范美西方反华势力、宗教势力及各股敌对势力渗透摆在突出位置，确保意识形态安全、政治安全。强化制度建设，加强国家安全人民防线建设，严格执行学校涉外交往规定，加强全程监管，确保活动可控。

负责单位：宣传部、保卫处、国际合作交流处、教务处、研究生处、学生工作部

10. 主动化解风险隐患。加强对外籍教师、来华短期交流和留学人员的安全审查和规范管理。加强科研合作项目参与人员的科研伦理、知识产权、技术出口管制及国际规则等教育培训。加强出国人员安全教育引导，落实"一人一策"安全防范指导。

负责单位：国际合作交流处、保卫处、科研处

三、组织保障

11. 加强党的全面领导。充分发挥学校党委领导作用，把党的全面领导贯穿到教育对外开放全过程。学校设立教育对外开放工作领导小组，组长由党委书记、校长担任，副组长由分管外事工作校领导担任，成员包括国际合作交流处、党办（校办）、组织人事部、宣传部、学生工作部、发展规划与学科建设处、教务处、科研处、研究生处、财务处、保卫处等部门负责人，领导小组办公室设在国际合作交流处。

12. 加大保障力度。把外事干部队伍建设摆在更加重要的位置，落实管理机构、人员编制、经费等保障措施，建设一支政治过硬、理想坚定、能力突出、结构合理的外事干部队伍。推进信息化建设，建立教育对外开放数据平台。

13. 强化智力支撑。发挥学校办学特色和资源优势，提升相关研究水平能力，建立和打造高水平的"一带一路"国别和区域研究基地、中心。

西北民族大学疫情防控期间本（预）科在线教学工作实施方案

为贯彻落实习近平总书记关于坚决打赢疫情防控狙击战的重要指示精神，针对新型冠状病毒感染肺炎疫情对学校正常开学和课堂教学造成的影响，根据《教育部应对新型冠状病毒感染肺炎疫情工作领导小组办公室关于在疫情防控期间做好普通高等学校在线教学组织与管理工作的意见》（教高厅〔2020〕2号），结合学校实际，制定2020学年春季学期本（预）科在线教学组织与管理实施方案。

一、组织领导

学校成立在线教学工作领导小组，负责疫情防控期教学工作总体安排。

组　长：邓光玉、郭郁烈

副组长：王彦斌、李辉、石迎春

成　员：教务处、组织人事部、学生工作部（处）、教师教学发展中心、信息化建设与服务中心、各学院（部）主要负责人、业务副院长

领导小组下设办公室，负责组织实施疫情防控期间教学工作。

主　任：段小强

办公室成员由教务处、教师教学发展中心、信息化建设与服务中心相关人员及各教学单位分管教学的副院长组成。

二、基本原则

充分发挥教师的主导作用和学生的主体作用，积极开展线上授课和线上学习，以信息技术与教育教学深度融合的教与学改革创新，推进学习方式变革；坚持学生不离家、不返校，教师不停教、学生不停学，教学管理不放松、教学质量不降低的原则。

三、总体要求

在学校党委和行政统一领导下，教务处负责制定学校本（预）科在线教学工作总体方案，各学院（部）根据学校要求，做好在线教学组织与管理工作，确保学校本（预）科按原定开课时间（2020年3月2日）启动教学，原则上按照教学计划落实各项教学任务，重修课将根据学校实际开学时间顺延

开展。

教师准备线上教学时，务必要以任课教师的教学资料为主体，教学内容必须紧扣课程教学大纲，讲授内容以教师选用教材、讲义、教案为主，也可适当选用与课程相匹配的慕课资源为辅助开展混合式教学，同时借助超星、雨课堂等网络学习平台（工具）开展教学，确保疫情防控期间线上教学工作平稳有序开展。待疫情解除学生返校后，学校将适时切换到正常教学模式。

（一）课程教学安排

线上教学课程包括 2020 年度春季学期全部本（预）科生课程。授课教师要紧紧围绕课程教学大纲要求，科学制定教学安排。

1. 理论课

（1）通识平台选修课授课方式不变，已选课学生仍使用学校超星尔雅学习平台，完成线上视频学习，系统记录学生所有线上学习行为，作为认定学分的依据。

（2）对于学校已有的在线课程资源，由任课教师根据教学计划安排实施混合式教学，以视频学习、讨论互动、直播授课等方式组织教学。

（3）充分利用中国大学 MOOC、超星尔雅、学堂在线等开放平台的线上优质慕课，由教师采用混合式教学模式上课。学生线上学习慕课资源，教师组织线上互动和直播。在疫情防控期间完成教学任务的，可以组织线上课程考核，也可以待返校后组织课程考核。在疫情防控期未完成教学任务的，返校后按照常规教学模式接续完成教学任务。

（4）无法获得慕课资源的课程，教师可根据专业、课程特点及对平台工具的熟悉程度，选用网络教学平台上传教学大纲、教案、课件等，开展直播授课、互动研讨、线上作业等教学形式，落实形成性考核。

（5）学校提倡以教学团队、课程组等形式协同合作、朋辈互助，发挥优势，帮助计算机应用及现代教育技术能力不足教师全面落实网络教学任务，进一步提高线上教学能力和课程建设质量。

（6）各任课教师要利用好线上教学平台积极教书育人，增强"四个意识"，坚定"四个自信"，做到"两个维护"，坚持"以本为本"，践行"四个回归"，做好学生的思想政治工作，重视学生心理健康疏导，重视学生安全教育，科学防护、战胜疫情。

2. 特别类型课程

（1）思政类课程：马克思主义学院制定详细教学方案和考核方案。

（2）大学英语：外国语学院制定详细教学方案和考核方案。

（3）公共体育：体育学院制定详细教学方案和考核方案。

（4）数学类、计算机类公共课程：数学与计算机科学学院制定详细教学方案和考核方案。

（5）大学语文：文学部制定详细教学方案和考核方案。

（6）普通物理：电气工程学院制定详细教学方案和考核方案。

（7）教育学、心理学公共课程：教育科学与技术学院制定详细教学方案和考核方案。

（8）应届班课程：各开课单位可根据实际情况作出必要的时间安排和内容调整，制定在线课程学习学分互认预案，也可视疫情情况酌情减免应届生应修读的实践创新学分，切实保障学生学业不受疫情影响。

（9）艺术、体育、设计、实操类课程：开课单位指导任课教师根据授课计划，适当调整授课内容，采取直播交流、指导学生在线自主学习、讨论答疑、布置安排作业等方式合理开展教学与考核。

（二）教学准备

针对疫情防控需要，各开课单位要合理调整、统筹安排2020学年春季学期课程教学计划。

1.各开课单位主要负责人、分管责任人、各教研室主任应督促任课教师在相应教学平台创建在线教学班。各在线教学班群聊不得发布与教学无关的信息。

2.线上教学课程，上课时间和修读学生名单，原则上应与学校教学管理信息系统保持一致，线上教学期间不得随意更改教学时间及调换老师，如需更改，须履行相关调课手续，报教务处备案。

3.任课教师依据专业人才培养方案，结合课程教学要求、学生人数等，制定每门课程的线上教学方案，要求任课教师先对前四周教学内容（3月2日—29日）作出明确安排，并提前准备两周线上教学材料，至少包括课程名称、授课教师、授课时间、授课平台、授课方式等，经开课单位审议后公布并提交教务处备案。

4.各开课单位组织相关教师整理好课程电子教材、教案、课件、作业、推荐参考文献等教学资料，上传至相应网络教学平台，为网络授课做好准备工作。对于在公开慕课平台可以匹配的课程，教师可参考在线资源辅助开展线上+直播混合式教学（附件1）。

5.所有学生要及时关注学校、学院（部）工作动态及班级、课程群等各项通知，在任课教师、班主任、辅导员的指导下，制定学习计划、积极自主学习，主动通过网络、电话等方式向任课教师或导师请教，不能因新冠肺炎（NCP）疫情影响学业。

6.任课教师如因疫情不能及时返校、隔离观察、生病治疗等特殊原因，不能开展线上教学的，由开课学院临时调换任课教师或调整开课安排，全力保障落实教学工作任务。

7.对因条件限制、身体或学习困难等导致无法完成线上学习的学生，各开课单位应认真摸清情况，建立学生帮扶清单，主要通过信息技术手段，加强朋辈互助、同辈帮扶和心理辅导，多方协助学生开展学习并完成学业。

（三）教学开展与组织

1.课前：发布学习任务。使用慕课资源开展线上+直播混合式教学的教师，课前发布慕课视频观看、章节测验、文档阅读任务；不使用慕课资源开展直播教学的教师，通过相关网络教学平台在课前发布讨论、阅读相应文献资料等教学任务。

2. 课中：开展直播授课。可利用相关网络教学平台等APP发布课件，教师直播授课，并开展主题讨论、抢答、测验等课堂活动，学生做好课堂笔记。

3. 课后：讨论答疑。可布置作业、发布讨论、课外阅读，各开课单位应组织教师团队在线为学生答疑。

（四）教学评价与质量保障

1. 设置考核权重。各开课单位组织教师研讨决定课程考核权重，权重可由观看视频、参与讨论、作业、考勤、课堂笔记、读书笔记、考试等形成性评价与终结性评价的比例组合构成。

2. 记录并反馈教学与评价数据。使用相关网络教学平台课程的教学班，教学过程中各项教学数据将实时记录在相关网络教学平台后台，教务处将定期向各开课单位反馈教学数据。使用其他平台开展教学的，由任课教师在相应平台获得教与学数据留存与备案。

（五）培训与服务

教务处、教师教学发展中心提供疫情期间中国大学MOOC、超星学习通、学堂在线（雨课堂）网络教学平台操作指南（见附件2、附件3、附件4），并组织开展线上培训。在线开课期间，技术人员将实时为开课教师提供技术支持，以保障教学顺利开展。

四、实习、实践（验）课程教学安排

（一）实习、实践：疫情解除前，学校不再新安排一切校外实习、实践、实训活动，包括以分散形式进行的毕业实习，重启时间视疫情发展另行通知；暂停各类学科竞赛的集中培训活动，尽量采用线上方式进行学习；临床医学专业已在岗实习的学生要切实做好安全防护，严格遵守学校和实习单位各项管理规定和要求；原计划进行的寒假社会实践活动可推移到下一学年或下一学期进行，各开课单位须根据专业特点制定详细方案，经学院（部）教学委员会审议通过后报教务处备案。

（二）实验类课程：各开课单位要充分利用好国家虚拟仿真实验教学项目共享平台免费提供的2000余门虚拟仿真实验课程资源尽可能地开展实验教学，掌握仪器使用、熟悉操作流程，并提供在线实验教学支撑和教学考核管理，为返校后提高实体实验排课密度创造条件；原计划开学第一周完成的实验教学安排，由各学院（部）根据教学计划调整、统筹情况作出详细安排，实行分阶段排课；前四周实验教学课表报教务处审核后实施，其余实验教学安排待疫情解除学生返校后一周内提交。

（三）毕业论文（设计）：为确保应届生按时完成毕业论文（设计），各教学单位应安排指导老师充分利用网络技术开展远程指导，要求学生主动与指导老师联系；确需实验、实践、调研等数据支撑的毕业论文（设计）选题，要求学生及时与指导老师协商做好选题调整，尽力做好可能的先期各项工作，以便条件允许时能够尽快完成毕业论文（设计），同时做好后续开题、答辩等相关预案。

五、工作进度安排

（一）学校《西北民族大学疫情防控期间本（预）科在线教学工作实施方案》印发后，各教学单位依照学校总体工作安排部署，制定本单位在线教学工作实施方案。

（二）2月13日，各教学单位组织召开会议（可采取视频会议等多种方式），安排部署工作任务，启动在线教学培训（2月14日—19日为前期培训阶段）。各单位务必做到教职工全员覆盖，参加会议人员及安排部署情况于2月14日报教务处备案。

（三）2月20日，各教学单位报送教职工阶段性培训学习情况，包括任课教师对相关网络学习平台、慕课资源学习及拟选用情况，教学、学生管理人员对各类网络学习平台的熟悉掌握情况。

（四）2月21日，各教学单位报送本单位在线教学工作实施方案，学校在线教学工作领导小组办公室审定后执行。

（五）2月23日，各教学单位报送分专业每门课程教学组织详细信息，教务处审定。

（六）2月24日，各教学单位召开本单位学生工作会议（可采取视频等多种方式），详细说明开课、组班情况，确保所有学生全覆盖。

（七）2月25日，各教学单位报送分专业任课教师网络学习平台、线上教学方式正式选用情况，各授课班级组建情况。

（八）2月26日，任课教师完成前两周教学资料的上传工作，开始进行在线教学模拟测试（2月26日—2月27日），解答学生疑问。每位教师每门课程至少模拟测试2次以上，各教学单位要认真督查教师模拟测试情况，及时解决存在的问题，确保在线教学工作顺利实施。

（九）2月28日，各教学单位将任课教师线上教学模拟测试情况报教务处。

各教学单位具体实施方案及相关材料（电子版）报送至教务处教学运行科。

联系人：郎文星（电话15117001109，邮箱116547252@qq.com）；赵松（电话15002644832，邮箱1982234664@qq.com）。

有关网络教学平台培训可咨询学校教师教学发展中心。联系人：肖同梅，电话13919291837。

西北民族大学教材建设与管理办法

第一章 总则

第一条 为贯彻落实党中央、国务院关于加强和改进新形势下大中小学教材建设的意见，全面加强党的领导，落实国家事权，充分发挥教材育人功能，落实立德树人根本任务，切实加强学校教材建设与管理，努力提高各类教材质量和水平，根据教育部《普通高等学校教材管理办法》《关于深化本科教育教学改革全面提高人才培养质量的意见》等文件精神，结合学校实际，制定本办法。

第二章 指导思想

第二条 教材建设与管理必须体现党和国家意志。坚持马克思主义指导地位，体现马克思主义中国化要求，体现中国和中华民族风格，体现党和国家对教育工作的基本要求，体现国家和民族基本价值观，体现人类文化知识积累和创新成果。

第三条 全面贯彻党的教育方针，落实立德树人根本任务，用习近平新时代中国特色社会主义思想铸魂育人。立足于服务学生全面发展，坚持全员全过程全方位育人，充分体现社会主义核心价值观，加强爱国主义、集体主义、社会主义教育，引导学生增强"四个意识"、坚定"四个自信"、做到"两个维护"，把思想价值引领贯穿教育教学全过程和各环节。

第四条 坚持习近平新时代中国特色社会主义思想进教材进课堂进师生头脑。教材是解决"培养什么人、怎样培养人、为谁培养人"这一根本问题的重要载体，对教材建设与管理中涉及思想政治和意识形态审查情形的，应做到各层面、全过程、不断线。

第五条 强化组织领导，落实高校在教材建设与管理中的主体责任，健全教材管理体制机制，系统完善教材建设、编写、订购、使用和审查等制度，切实提高教材管理水平和建设质量。做好马克思主义理论研究和建设工程重点教材统一使用工作，大力促进教育教学方式方法改革，推动教材体系向教学体系转化，为提高教育教学水平提供基础性保障。

第三章 基本原则

第六条 统筹性原则。整体规划，注重教材建设与管理的顶层设计，促进不同学科专业教材系统建设与协调发展。分类指导，满足多样化人才培养需求。突出重点，着重加强优势特色学科专业的教材建设。锤炼精品，打造优质课程教学资源。

第七条　典范性原则。马克思主义理论研究和建设工程重点教材实行国家统一编写、统一审核、统一使用。优先选用国家级规划教材、教育部各专业教学指导委员会推荐的教材、获省部级以上奖励的优秀教材等。原则上每门课程必须明确所使用教材。

第八条　适用性原则。教材的建设与管理应符合高等教育规律和人才培养规律，符合培养方案、培养目标和课程教学大纲。教材内容主次分明，循序渐进，有利于学生知识、能力、素质的综合培养。

第九条　创新性原则。注重前沿学科的发展与更新，能反映本学科国内外科学研究和教学研究的新知识、新成果和新技术。鼓励基于现代教育技术的教材建设与使用。

第四章　组织机构与工作职责

第十条　教材建设与管理实行校、院两级管理制度。

第十一条　学校设立教材工作领导小组，由书记和校长担任组长，相关分管校领导任副组长，宣传部、组织人事部、学科建设与发展规划处、教务处、科研处、研究生处、国际合作交流处、图书馆、研究机构等单位主要负责人以及各学院院长为成员。

第十二条　学校教材工作领导小组工作职责是：负责学校教材工作的领导指导和组织协调；审定和检查落实教材工作各项方针、政策和措施；对教材管理总体进行政治把关；指导和协调各单位教材工作领导小组工作。学校教学指导专门委员会负责教材选用的指导、咨询、审议和评估等业务工作。教务处具体负责本（预）科和中专教材管理工作。研究生处具体负责研究生教材管理工作。

第十三条　学院、科研院所、教辅单位成立党政主要负责人为组长的本单位教材工作领导小组，对本单位教材建设与管理工作负主体责任，党政主要负责人共同为第一责任人。

第十四条　各单位教材工作领导小组工作职责是：负责对教材进行意识形态和学术水平方面的审查；制定本单位教材编写计划和教材选用计划；审核选用教材的质量；组织本单位申报各类教材建设项目；指导本单位教材研究和评价工作，并向学校推荐优秀教材等。

第十五条　学校教材工作领导小组每半年对全校教材工作情况进行检查，各单位教材工作领导小组应按时开展教材自查，并报告本单位自查情况。

第五章　建设与管理

第十六条　建设内容。

（一）根据学科专业建设、课程建设和教学改革发展要求，紧密结合人才培养目标，确定规划教材建设目标，出版具有针对性和实用性，体现学校学科专业优势的高质量校级规划教材。

（二）对没有同类正式出版教材可供选用的，开发教学实用性强、教学效果显著的自编教材。教材编写依据学科专业或课程教学标准，服务高等教育教学改革和人才培养。自编教材在经过试用后，对使用效果好的自编教材，可按照相应程序申请校级规划教材，学校将择优列为校级规划教材。

（三）建立和完善教材评奖制度，学校对教师出版的高水平教材进行奖励，鼓励教师出版的教材参与教学成果奖评选。

（四）开展教材建设与管理的调研工作，积极组织教材编写及使用经验交流。加强对教材管理的研究，提高教材建设与管理水平。

第十七条 管理内容

（一）加强教材全面审核，严把政治关和学术关。政治把关要重点审核教材的政治方向和价值导向，学术把关要重点审核教材内容的科学性、先进性和适用性。实行教材编审分离制度，遵循回避原则。

（二）规范教材选用管理，严格教材选用管理程序，强化教材选用监督，提高教材选用整体水平，确保高质量教材进课堂。

（三）教学单位对所开设的各类课程要科学、合理地选择、配置教材，正确处理选用优秀教材与自编教材的关系，定期对教材的使用情况进行分析和总结，确保优质教育资源进课堂。

（四）定期对教材进行修订，根据党的理论创新成果、科学技术最新突破、学术研究最新进展等，充实新的内容，及时淘汰内容陈旧、缺乏特色或难以修订的教材。

（五）建立教材使用效果的质量跟踪与信息反馈制度，通过督导、信息员、问卷调查、专家审议等形式开展教材评价工作。

第六章 附则

第十八条 各教学单位依据本办法，细化教材选用、自编教材、规划教材的建设管理要求、程序和内容，制定具体实施细则。

第十九条 学校预科、中专教材建设与管理参照本办法执行。

第二十条 本办法自发布之日起实施，由教务处、研究生处负责解释。原《西北民族大学教材管理办法》（民大发〔2007〕30号）、《西北民族大学校级规划教材建设与管理办法》（民大发〔2012〕485号）、《西北民族大学本科教材选用管理办法》（民大发〔2017〕387号）同时废止。

西北民族大学本科"强基行动"实施方案

为深入贯彻落实全国教育大会和新时代全国高等学校本科教育工作会议精神，根据《教育部关于深化本科教育教学改革全面提高人才培养质量的意见》《教育部关于推动高校形成就业与招生计划人才培养联动机制的指导意见》等文件要求，加快推进实施《西北民族大学加快建设一流本科教育行动计划（2018—2022）》，聚焦"厚基础、宽口径、强能力、高素质"人才培养目标，围绕"学生忙起来、教师强起来、管理严起来、效果实起来"，提升学业挑战度，深化教育教学改革，推进一流本科教育建设，实现本科教育内涵式发展，培养德智体美劳全面发展、专业基础扎实、实践能力强、综合素质高、富有创新精神和发展潜能的专门人才，结合学校实际，特制定本方案。

一、指导思想

以习近平新时代中国特色社会主义思想为指导，深入学习贯彻习近平总书记关于教育的重要论述，准确把握高等教育基本规律和人才成长规律，主动对接社会发展需求，全面落实"学生中心，产出导向，持续改进"先进理念，全面改进人才培养过程中的各领域、各方面、各环节突出问题，适当提升学业挑战度，激励学生刻苦读书学习，为学生合理增负，切实提升人才培养质量，促进毕业生多渠道就业创业，实现更高质量和更充分的就业。

二、组织领导

学校成立本科"强基行动"工作领导小组，负责总体工作安排。

组　　长：王彦斌

副组长：段小强

成　　员：各教学单位主要负责人

三、目标任务

（一）公共基础类课程

1. 分类指导、因材施教，发挥课堂教学主渠道作用，加强和改进《大学语文》《大学英语》《高等数学》《计算机》《大学物理》《化学》等公共基础类课程教学，提升学生知识水平。

2.以《大学语文》教学为抓手，深化中华优秀传统文化教育，分类制定、实施"读书计划"，提升学术论文、公文写作能力，提高学生文字信息处理能力。

3.将国家普通话水平测试、中国少数民族汉语水平等级考试与通识课程有机衔接，稳步提升高等级测试通过率。

4.以教带考、以考辅教，组建公共课教学团队，针对国家级考试每学期组织优秀团队开展大学英语四、六级考试、计算机等级考试提升班。鼓励学生积极报考、认真备考、按时参考、降低缺考率。大学英语四、六级考试、计算机等级考试缺考率低于5%，力争做到"全参与，零缺考"。大学英语四、六级考试通过率分别由现在的11%和9%提高到全省同类学校水平的20%和12%，各级计算机等级考试通过率提升10个百分点以上。

5.针对研究生入学考试中课程考试难点，组建英语、高等数学等考研相关课程考试提升班，有的放矢，增强学生考试适应力，助力学生提高考研成绩，争取研究生录取率达到20%以上。

6.加强对学生开展公务员、事业单位招考等专项备考培训，指导学生参加公务员、事业单位招考。

7.面向全体学生设置多样化、可选择、有实效的锻炼项目，组织学生每周至少参加三次课外体育锻炼，切实保证学生每天一小时体育活动时间（教育部2014年《高等学校体育工作基本标准》）。培养学生的体育兴趣，在保证体育课必修课的同时，适量增加体育选修课内容，引进更加丰富多彩的运动形式，全面提高学生体育素质。

责任单位：中国语言文学学部、外国语学院、数学与计算机科学学院、体育学院等相关教学单位

（二）创新创业

1.建好一批大学生校外实践教育基地、创业示范基地、科技创业实习基地。积极探索建设校外创业基地。加强学校专业实验室、虚拟仿真实验室、工程训练中心等实验教学平台面向全体本科生开放。

2.配齐配强创新创业教育与创业就业指导教师队伍，建立学校创新创业导师库，聘请包括知名科学家、创业成功者、企业家、风险投资人等各行各业优秀人才在内的校外专家，开展指导与培训工作。

3.在专业课教学中充分挖掘创新创业元素，推动教师广泛开展启发式、讨论式、参与式教学，把国际前沿学术发展、最新研究成果和实践经验融入课堂教学，注重培养学生的批判性和创造性思维，激发学生创新创业灵感。

4.在导师指导下，自主完成创新性研究项目设计实施、研究报告撰写、成果（学术）交流等工作；完成商业计划书编制、可行性报告、企业模拟运行、撰写创业报告等工作；采用创新训练项目或创新性实验等成果，提出具有市场前景的创新性产品或服务，积极鼓励学生申报专利，推动科研创新成果转化。

5.打造"一赛一创"活动品牌，各教学单位紧密结合学科专业特色及优势，至少与创新创业学院联合承办1项学科竞赛校内选拔赛，至少打造1项创新创业竞赛品牌。

6.鼓励学生积极参与各级各类科研训练活动和比赛，各教学单位参与人数不少于学生总人数的50%，逐步实现本科生在校期间必须参加1项早期科研训练类项目和1项学科竞赛的目标。

责任单位：教务处（创新创业学院）、各教学单位

（三）资格考试证书

1.教师资格证

对照师范类专业中学教育专业认证标准（第二级）第八条之规定，提升师范类专业人才培养质量，提高教师资格考试通过率，毕业生获得教师资格证书的比例应不低于75%。

加强教育知识与能力、学科知识与教学能力等课程教学，改进教育实习、见习等实践环节，激发学生学习的内生动力，在体育教育、应用心理学、汉语言文学、中国少数民族（藏）语言文学、数学与应用数学、数学与应用数学（藏汉双语）、物理学（藏汉双语）七个师范类专业人才培养全过程中分解落实。

责任单位：体育学院、教育科学与技术学院、中国语言文学学部、数学与计算机科学学院、电气工程学院

2.法律职业资格考试

根据《关于坚持德法兼修实施卓越法治人才教育培养计划2.0的意见》要求，把通过国家统一法律职业资格考试作为提高法律人才培养质量的重要抓手，不断提升学生就业竞争力。对标国家统一法律职业资格考试考纲要求，加强课程体系建设，优化教学内容，改革教学方法，强化协同育人，力争国家统一法律职业资格考试通过率不低于同类院校平均水平，保持逐年递增。

责任单位：法学院

3.工程类证书

以工程教育认证作为有力抓手，各相关工程专业要对照《工程教育认证标准》《工程教育认证专业类补充标准》《教育部 工业和信息化部 中国工程院关于加快建设发展新工科实施卓越工程师教育培养计划2.0的意见》及相关要求，围绕提升学生工程能力，进一步拓宽适用专业口径，重点对学生进行设计能力培养和工程训练，扎实练好"内功"，将理论知识与解决实际问题的能力有机结合，激发学生的创新精神，全面落实学生中心、产出导向、持续改进的先进理念，提升实践教学质量。

责任单位：土木工程学院、教育科学与技术学院、化工学院、电气工程学院、数学与计算机科学学院、生命科学与工程学院

4.执业医师资格证

梳理医学类本科教学存在的堵点，严格落实"2.5+2.5"人才培养方案。提升医学生的基本素养与能力，夯实医学基础知识与技能，力争执业医师资格证通过率达到全国平均水平。

责任单位：医学部

5. 社会体育指导员等证书

加强对学生的引导，鼓励学生积极参与考取社会体育指导员证、健身教练员证、裁判员证等证书。利用学校体育专业教学优势培养社会体育指导员、健身教练员、裁判员等，将社会体育指导员等的培养融入到体育课堂教学中，提高学生的体育综合能力；依托专选课程和课余实践平台，老师进行有针对性辅导，督促学生加强相应证书考试的复习；开设社会体育指导员等相关课程提升班，提高各资格证书考取通过率。

责任单位：体育学院

6. 会计专业相关证书

将会计专业相关证书考试相关内容开设对应课程提升班，鼓励学生考取会计专业相关证书；通过模块化或专业课形式有机融入到专业人才培养方案，解决学生职业岗位胜任需要的难题和学生未来持续发展能力的培养难题；做好专业知识储备，为学生今后证书考试等打好基础，增强学生的综合职业能力和就业竞争力。

责任单位：管理学院、经济学院

7. 其他专业类资格证书

各教学单位要突出专业特色，进一步从"课程导向"向"产出导向"转换，将课程与实践相融合，将实践与理论相结合，根据本专业相关资格证书实际要求，引导全体学生根据各自专业实际制定学习目标计划，实现资格证书应考取尽考取、应获得尽获得。学生专业证书的获得将作为衡量专业建设质量的重要参考。

责任单位：各相关教学单位

四、保障措施

（一）组织保障

各教学单位加强组织领导，依据目标任务，成立"强基行动"工作小组，单位负责任人作为本单位所承担的"强基行动"目标任务的第一责任人，对工作目标、实施进度、成效、经费等方面负有主要责任。

（二）制度保障

学校各相关部门加强相关制度建设。组织人事部门将"强基行动"实施情况考核纳入绩效评价体系。各教学单位制定"强基行动"实施方案，完善规章制度，建立工作台账，落实目标任务，将本单位承担的"强基行动"目标任务与专业建设、课程建设、教师队伍建设等相结合，有机融入专业人才培养方案，优化课程设置和教学内容，统筹教学组织与实施，深化教学方式方法改革，提高人才培养的灵活性、适应性、针对性。

（三）经费保障

学校设立"强基计划"专项经费，纳入学校预算，统一管理。各教学单位根据工作目标提出经费需求，明确经费开支项目，经教务处审核批准后实施。

薪酬标准：考研提升班教师课酬参照《新时代西北民族大学"形势与政策"课程教学实施方案》标准计发；其他专项提升班按照正高级 120 元 / 学时、副高级 100 元 / 学时、中级 80 元 / 学时、榆中车补 15 元 / 学时计发。

五、工作要求

充分认识"强基行动"各项工作的重要性与紧迫性，做到思想到位、认识到位、组织到位、措施到位。各单位要强化责任担当，抓住关键环节，确保优质高效完成各项任务。

（一）以适应社会需求为导向，聚焦就业率和就业质量，以严的标准和实的作风把"强基行动"各项工作落地落细、落小落实。

（二）将"强基行动"建设目标任务列入年度工作计划，明确时间节点，精心组织实施、周密安排部署、扎实有序推进。

（三）建立学校督导检查工作机制，每学期定期检查、定期通报各项工作进展情况。

（四）学校将各单位"强基行动"落实情况纳入年终教学管理考核，对按期达到目标任务的教学单位予以奖励；对表现突出的教师从奖励绩效二次分配中予以体现。

西北民族大学本科学生转专业管理办法

第一章 总则

第一条 为全面贯彻党的教育方针，落实立德树人根本任务，促进学生健康发展，满足学生专业兴趣和专长，调动本科生学习积极性，为学生提供更多自主选择和发展路径，结合学校实际，制定本管理办法。

第二条 转专业工作本着尊重学生志愿，发挥学生专长，公开、公平、公正、规范的原则进行。

第三条 转专业工作应以符合各专业现有办学条件和保证各专业正常教学秩序为前提，每个专业（大类）允许申请转出人数原则上不设比例。

第四条 转专业工作每学期办理一次。

第五条 休学创业、退役后复学或入学后因身体等特殊困难不能在原专业（大类）学习的学生，本人提出转专业申请的，学校优先考虑。

第六条 在某专业领域确有专长，获得一定成果，经申请转入学院（部）学术委员会认定的学生，可优先转入相应专业（大类）就读。

第二章 组织领导

第七条 转专业工作由教务处统筹安排，各学院（部）负责组织实施。各学院（部）负责转专业相关工作，包括制定学院（部）转专业工作方案、确定转入名额、接受咨询、组织考核、办理转入手续等。

第三章 转专业条件

第八条 学生在学习期间对其他专业有兴趣和专长的，可以申请转专业。

第九条 学生有下列情形之一者，不予转专业：

（一）身体条件不符合申请转入专业体检标准者。

（二）以特殊招生形式录取的学生，如艺术类、体育类等专业学生，不得转专业。

（三）国家有相关规定或者录取前与学校有明确约定的，不得转专业。

第四章 转专业程序

第十条 申请转专业按照如下程序办理:

(一)学院(部)根据师资队伍、教学资源、就业状况和相关条件制定转专业工作方案。

(二)申请转专业学生向所在学院(部)提出转专业申请,并由申请转专业学生将学院(部)签字盖章的《转专业审批表》和《学业成绩表》一并报拟转入学院(部)教学管理办公室。

(三)拟接收转专业学生的学院(部)对申请转专业学生情况组织审核,依据学院(部)转专业工作方案确定拟接收学生名单,并将拟接收学生提交的材料和同意转入的党政联席会议决定一并报教务处。

(四)教务处对转专业学生申请材料进行全面复核,经分管校领导审批后,确定拟转专业学生名单。

(五)拟转专业名单通过教务处网站向全校公示,公示期3个工作日,公示无异议后发文公布转专业名单。

第五章 转专业学生的管理

第十一条 学院(部)要加强学生的专业教育、学业规划、就业指导,防止学生盲目转专业。

第十二条 申请转专业学生在申请期间必须在原专业(大类)继续学习。无故旷课或有其他违纪行为者,除按学校有关规定处理外,同时取消其转专业资格。

第十三条 转专业名单正式发文公布后,相关学院(部)应做好所接收转专业学生学籍资料的交接、建档、完善工作,确保转入学生学籍资料的完整性、真实性和规范性。

第十四条 学生转专业后必须修读完转入专业(大类)培养计划规定的课程,取得相应的学分方能毕业。已学的原专业(大类)培养计划要求的课程与转入专业(大类)培养计划要求相同的课程,可以免修并申请成绩认定;因专业(大类)课程设置不同而未获得的学分,需通过补修等方式获得。

第十五条 学生转专业后,原进校时编定的学号不变,校园卡等类似证件不作变更,但学生证须进行更换。

第六章 附则

第十六条 本办法自公布之日起施行,由教务处负责解释。原《西北民族大学本科学生转专业管理办法》(民大发〔2018〕421号)同时废止。

西北民族大学推荐优秀应届本科毕业生免试攻读硕士学位研究生实施办法

第一章 总则

第一条 为进一步规范和加强学校推荐优秀应届本科毕业生免试攻读硕士学位研究生（以下简称推免）工作，根据中共中央 国务院《深化新时代教育评价改革总体方案》、教育部《全国普通高等学校推荐优秀应届本科毕业生免试攻读硕士学位研究生工作管理办法（试行）》及国家民委、教育部相关文件精神，结合学校实际，制定本办法。

第二条 推免工作认真贯彻习近平总书记关于教育的重要论述和全国教育大会精神，落实全国研究生教育会议部署，紧紧围绕立德树人根本任务，铸牢中华民族共同体意识，牢固树立质量意识，全力服务国家建设和发展。

第三条 推免工作应当坚持学生自愿申请的原则；坚持德智体美劳全面考查、综合评价、择优选拔的原则；坚持公开、公平、公正的原则。

第四条 本办法所称免试，是指学校应届本科毕业生不经过全国硕士研究生入学统一考试的初试，直接进入复试；本办法所称推荐，是指学校按规定对本校优秀应届本科毕业生进行遴选，确认其免初试资格并向招生单位推荐。

第二章 组织领导

第五条 学校成立由校领导牵头的推免生遴选工作领导小组，小组成员由教务处、研究生处、学生工作部（处）、宣传部等有关职能部门负责人、各教学单位相关负责人组成，负责统筹协调、组织管理学校推免工作。学校推免生遴选工作领导小组办公室设在教务处，负责推免工作具体组织实施。

第六条 各教学单位成立本单位推免生遴选工作小组，以主要负责人为组长，相关责任人和至少两名副教授及以上职称的教师代表为成员，负责具体组织实施本单位的推免工作。涉及推免工作的方法、程序和结果等重要事项都应落实集体议事和集体决策制度。

第三章 推荐

第七条 推免生名额分配原则

（一）学校推免生遴选工作领导小组根据国家下达的推免生名额，按照教育部的有关规定并结合学校实际情况向各教学单位分配推免名额，原则上根据应届本科毕业生人数分配。

（二）各教学单位原则上以各专业应届本科毕业生人数占本单位应届本科毕业生总人数的比例为依据，将推免名额分配到各专业，具体分配数额由各单位推免生遴选工作小组审定。

第八条 推免对象和基本条件

推免对象为学校纳入国家普通本科招生计划录取的应届毕业生（不含第二学士学位），并应同时符合以下基本条件：

（一）具有高尚的爱国主义情操和集体主义精神，社会主义信念坚定，社会责任感强，遵纪守法，积极向上，身心健康。

（二）勤奋学习，刻苦钻研，成绩优秀，无正考成绩不及格课程，前三学年（四年制）或前四学年（五年制）学业成绩列所在专业本年级前10%以内。

（三）学术研究兴趣浓厚，有较强的创新意识、创新能力和专业能力潜质。

（四）诚实守信，学风端正，无任何考试作弊和剽窃他人学术成果记录。

（五）品行表现优良，无任何违法违纪受处分记录。

（六）各学年体质健康测试成绩均达到合格。

（七）外语专业学生通过相应外语专业四级考试；艺术类、体育类专业学生全国大学英语四级成绩不低于284分；中国少数民族语言文学（不含零基础班）、汉语言、数学与应用数学（藏汉双语）、物理学（藏汉双语）、工商管理（藏汉双语）、法学（藏汉双语）等专业学生全国大学英语四级成绩不低于249分，或通过中国少数民族汉语水平等级考试（MHK）笔试及口语四级；其他专业学生全国大学英语四级考试成绩不低于425分。

（八）中国少数民族语言文学（不含零基础班）、汉语言、数学与应用数学（藏汉双语）、物理学（藏汉双语）、工商管理（藏汉双语）、法学（藏汉双语）、艺术类、体育类专业学生通过全国计算机等级考试一级；其他专业学生通过全国计算机等级考试二级或以上等级。

第九条 综合测评办法

学校采用综合测评分的方式对各专业推免报名学生进行排名。综合测评分 = 学业成绩得分 + 综合素质得分。

（一）学业成绩得分（满分90分）

学业成绩得分 = 学生前三学年（四年制）或前四学年（五年制）的学分加权平均分 × 90%

（二）综合素质得分（满分10分）

学校将学生在校期间的科研成果、竞赛获奖、获得荣誉称号、参加社会服务、参军入伍服兵役等五类纳入综合素质评价体系。学生在五类中的某一类有多项加分情况时，取该类的代表性成果予以加分。综合素质累计得分上限10分，超过时按10分计。

1.科研成果（上限2分）

——以独立作者或第一作者身份公开发表与学业相关的代表性学术论文（知识产权归属西北民族大学），加2分。

——参加国家级大学生创新创业训练计划项目的负责人和成员，结项项目负责人加2分，其他成员加1分；立项在研项目负责人加1分，其他成员加0.5分。

学生与直系亲属或学历、职称、职务明显高于本人者合作的科研成果不加分，综合测评分相同时可优先考虑。

2.竞赛获奖（上限3分）

——作为主力成员参加与学业相关的国家级各类竞赛获得一、二、三等奖的，分别加3分、2.5分、2分。

——作为主力成员参加与学业相关的省部级各类竞赛获得一、二、三等奖的，分别加2分、1.5分、1分。

——作为主力成员参加与学业相关的地厅级（不含校级）各类竞赛获奖的，加1分。

本办法所称竞赛是指由党、政、军、团等组织主办或举办的竞赛。国际赛事、非政府组织主办或举办的各类竞赛获奖，由教学单位负责认定该赛事级别，并参照上述标准加分。设特等奖的赛事，特等奖视为一等奖、其余等级相应下调一级。团体奖各成员加分分值，由教学单位负责分配和认定。

学生与直系亲属或学历、职称、职务明显高于本人者合作的竞赛奖项不加分，同等条件下可优先考虑。

3.获得荣誉称号（上限3分）

——获得国家级、省部级、地厅级（校级）五四青年奖章、优秀大学生、三好学生、优秀学生干部、优秀共青团员、优秀共青团干部或社会实践先进个人等荣誉称号的，分别加3分、2分、1分。

——获得国家级、省部级、地厅级（校级）其他荣誉称号的，由教学单位推免生遴选工作小组进行审核认定并参照上述标准予以加分（获得各级各类奖学金荣誉的，不加分）。

4.参加社会服务（上限2分）

在志愿服务、救灾抢险、支教扶贫等活动中，作出重大或较大贡献并有相关证明材料的，经教学单位推免生遴选工作小组审核认定，分别加2分、1分。

5.参军入伍服兵役（上限2分）

参军入伍服兵役已退役的，加2分。

第十条 对特殊学术专长或具有突出培养潜质者，经三名以上本校本专业教授联名推荐，经学校推免遴选工作领导小组严格审查，可不受综合排名限制，但占本专业推免生指标，且学生有关说明材料和教授推荐信要在校内进行公示。

第十一条 推免工作程序

（一）学校按照教育部有关文件规定和本办法，制定并公布年度推免工作实施方案，下达推免生名额。

（二）各教学单位按照本办法和学校年度推免工作实施方案，制订本单位年度推免工作实施细则，并于推免工作启动前在本单位内公布。

（三）符合申请条件的学生，在规定时间内按要求填写《西北民族大学推荐免试攻读硕士学位研究生资格申请表》并附相关证明材料，提交所在单位进行审核。

（四）各教学单位负责审核申请学生条件，按规定对申请学生进行综合测评，择优确定推免生初选名单，经本单位公示后报学校推免生遴选工作领导小组审定。

各教学单位应成立专家审核小组，专家组成员应具有相关学科副教授（含副教授）以上职称，一般不少于5人，专家审核小组会同本研究领域权威专家、相关期刊杂志单位或赛事主办单位等，对申请推免资格学生的代表性学术成果、竞赛获奖奖项及内容进行审核鉴定，排除抄袭、造假、冒名及有名无实等情况，并组织相关学生进行公开答辩，答辩全程应录音录像，答辩结果要公开公示。

（五）学校推免生遴选工作领导小组负责按规定审定拟推免学生名单，并对名单进行公示。公示期不得少于10个工作日，公示期间公示内容不得修改，如有变动，须对变动内容另行公示10个工作日。对有异议的学生，学校查明情况，公布处理结果。如无异议，由学校报甘肃省招生部门备案。

（六）学校在推荐阶段通过"全国推荐优秀应届本科毕业生免试攻读研究生信息公开暨管理服务系统"（以下简称"推免服务系统"，网址：http：//yz.chsi.com.cn/tm），将推荐办法，以及按照推免名额遴选并公示的推免生名单，报甘肃省教育招生考试管理机构进行政策审核，并按要求向教育部备案。备案截止后，不再进行补充备案。最终推免生名单以"推免服务系统"备案信息为准，未经学校公示及未在"推免服务系统"备案的推免生无效。

第四章　管理与监督

第十二条　切实发挥学校推免生遴选工作领导小组作用，规范学校推免工作管理，加强对推免工作相关职能部门、教学单位的协调，对推免生名额分配方案、推免办法及拟推荐名单等重要事项都应按规定程序产生并经领导小组集体研究决定。

第十三条　对在推免过程中弄虚作假，有论文抄袭、虚报获奖或科研成果等学术不端行为或者有其他严重影响推免过程和结果公平公正行为的学生，一经查实取消推免资格，已入学的取消学籍，并按学校有关学生管理规定严肃处理。

第十四条　有直系亲属参与推免的工作人员应主动回避。对在推免过程中玩忽职守、未严格履行工作职责、违反推免工作规定，特别是造成重大不良影响的单位、工作人员，学校依规依纪严肃处理。

第十五条　学校将推免工作中的学生申诉，纳入校内申诉渠道，充分保障学生申诉渠道畅通。

第十六条　学校纪检监察部门负责全程监督推免工作。

第五章　附则

第十七条　已获得推免资格的学生，在毕业时未获得学士学位或有违法违纪行为的，取消其推免资格。

第十八条　若国家出台新的推免工作政策，学校将按国家新政策执行。

第十九条　本办法由学校推免生遴选工作领导小组办公室负责解释。

第二十条　本办法自印发之日起执行，原《西北民族大学推荐优秀应届本科毕业生免试攻读硕士学位研究生实施办法》（民大发〔2016〕387号）同时废止。

附件1：西北民族大学2020年普通本科及预科招生录取工作领导小组成员名单

组　　长：邓光玉　郭郁烈

副组长：王彦斌

成　　员：段小强　杜永红　冶生贵　杨永昌　马志学　田富鹏　郑天锋　文英　赵学东　陈丽华　杨朝继　缑婷

主要职责：

（一）贯彻落实普通本科及预科招生录取工作的政策规定；

（二）严格遵守学校招生录取工作规程及工作纪律；

（三）负责报告招生委员会招生工作重要事项；

（四）听取招生办公室关于招生计划的使用，各专业考生志愿数量和调档情况以及录取结果汇报；

（五）负责选拔和培训招生录取工作人员；

（六）协调并解决招生工作中出现的各种问题。

领导小组办公室设在教务处，段小强同志兼任办公室主任。

附件2：西北民族大学2020届本科毕（结）业学生名单

中国语言文学学部

汉语言（藏汉翻译）/ 毕业117名

仁青卓玛、七美泽吉、南加卓玛、贡去乎吉、央吉、次仁美朵、扎西娜姆、嘎玛德吉、索朗德吉、格桑旦巴、确参甲、泽花、加么塔、仁真泽让、丹曾卓玛、哈尔滚、日格姐、仁清初、云登扎巴、西绕则玛、贡保草、周加卡、李加才旦、晒桑卓玛、多吉措、南吉、格日多杰、仁青卓玛、尕项端智、万玛吉、尕藏扎西、斗太才让、噶玛本、银措吉、卡毛叶、桑杰当智、索南卓玛、嘉杨拉毛、更邓、当增道吉、完代草、准格吉、吉古加、和君、拉茸江才、周燕雪、次旺卓玛、德吉措姆、旦增次仁、旦增伦珠、次仁德吉、吉玛拉宗、次拉姆、嘎玛扎西、卓嘎央白、德庆卓玛、尼琼、贡觉次仁、罗杰、阿列玛、查木基、登真扎登、德切康珠、卓玛曲措、索南、达瓦央珍、巴桑拉姆、旦真、泽翁拉姆、泽郎兰木甲、泽让卓玛、卓玛机、尚机准、泽兰、罗尔措、旺青多旦、贡秋求准、扎西曲珠、则玛泽西、刀知仁青、才让扎西、看召草、叶西卓玛、杨本多杰、吉毛加、仁青加、德吉拉毛、却杨措、杨久加、完么吉、万玛才不登、文昌多杰、索南东主、周措吉、斗格措、增太才让、松毛、尕藏杰、才让拉毛、扎西才让、刀吉草、拉毛草、吹批格追、索朗美朵、次仁央宗、旦增云旦、欧珠旺姆、扎西卓嘎、旦曲加措、旦增卓嘎、罗布桑布、次央、仓决、格桑卓玛、格桑曲珍、米玛参木决、德钦扎西

中国少数民族（藏）语言文学 / 毕业163名

嘎玛旦巴、尕哇、钟尕姐、尕拉姐、华尔旦泽郎、卓玛、仲玛甲、尕让姐、抗州泽里、卓玛措、仁欠草、西热草、完么才让、拉毛才让、拉毛才项、旦珍加布、索南杨什吉、夏吾切卓、三智多杰、周洛加、昂杰杰布、康主吉、旦知加、看召草、万么才让、仁欠当知、普布卓嘎、普布多吉、达娃卓玛、加央曲尼、德吉巴措、次久卓玛、次旦卓玛、四郎措姆、洛桑、米玛卓拉、旦增曲珍、巴桑次仁、潘多、强巴、旦正才让、四郎群培、卓玛泽初、美措机、尕让、穷登、拉准、衣措哈么、益当机、尕让甲、抗卓机、扎西格乃、拉目草、周毛克、德吉卓玛、看召加、乔旦、尕藏东周、才让卓玛、拉毛措、索南木、夏吾周毛、土旦尼玛、旦巴然吉、张更桑脑乳、尕藏吉、久西道杰、完玛吉、都尕九、卡毛才让、旦知才让、才让卓玛、才让加、达瓦桑珠、曲扎、达瓦、才仁曲宗、石塔拉姆、次仁白姆、白玛措姆、格桑曲宗、旦增顿珠、达娃次仁、次旦珍拉、拉吉、拉古、次仁塔杰、卓玛措姆、益西措加、格桑、刚坚纳么、班么刀吉、曲吉、仲特、欧珠才旦、俄尖卓玛、泽旺罗热、尕让吉、求加、拉珍措、达拉措、次冲让么、纳么足、额日多杰、东主卓玛、仁青旺杰、旦知吉、李毛扎西、多杰龙知、周先加、措毛吉、李加才让、达勒措、卡本才让、仁增拉毛、旦正才让、旦正公保、道吉才旦、周毛克、贡去才旦、豆格才让、才让三旦、当子吉、冷本扎西、道吉加、贡去吉、次白、曲尼美多、央金

212

卓玛、日尼、拉巴卓嘎、卓玛布赤、索朗央吉、白玛宗吉、拉泽、卓嘎、扎西顿珠、白玛、次仁平措、曲桑加、平措多吉、次仁曲珍、扎西卓嘎、看着措、拉毛吉、占堆、杜萌、刘梁伟、谭杰、何欣龙、周壑、张先岗、孙琪、谢天莹、充守玺、鲍西莲、李万军、严春晖、马秀英、许忠琳、杨周涛、马佳瑞、薛云

电气工程学院

电气工程及其自动化 / 毕业 159 名

孟宇翔、闫钰婧、马成龙、白俊枭、马旭升、吴梦鑫、孙瑞寅、郑展宏、彭怡能、唐杏、伊国鹏、马克元、杨浩东、洪自美、吴睿、田欢、王兴贤、刘许林、姚欣怡、向尉华、姚敦科、肖寒松、刁楠、欧权漫、韦豪、黄保霖、成梓帆、袁艇、徐杨、章程、陈宸、李明龙、李现达、普万成、李亚森、罗鑫锦、杨成、常宏鹏、马伊宁、依尔郎·阿布都热依木、鲍音太、钱全、李冠俭、丁建国、莫丽娜、詹绍能、汪云斌、马军、许志文、倪招、袁明、蔡晋炜、瞿超、孔睿、马伟、包占才、史志宏、马超、杨兵、李维翰、郭沛鑫、杨生信、黄鹏、罗向成、杨砥莲、张兴龙、唐新、罗卫东、韦兰妍、常凯旋、蔡诚、张伟、陈嘉聪、胡忠、吴惆、孙一峰、王勇、简仁杰、刘生强、乔永佳、岳阳、刘子健、谢磊、杨尚武、田伟、马明明、赵信、杨咏昊、王乃新、马小虎、杜少源、牛建星、叶子寅、陈阳、邓淞夫、马素成、韩泽康、肖逸晗、马涛、杨立东、吴义麟、任品顺、姜坦、胡匆、安兴跃、谯玲、陈铁瀚、施扬橙、韦旺、韦建全、王彦昭、陈洁、侯浩、冯永君、付加慧、刘振楠、林中笛、许文刚、马文强、赵兴、巴娜、冯子剑、旷开扬、林仁旺、马丽军、邓国春、蓝剑锋、杨维福、和仕龙、乔宇、许文双、朱宇衡、吴伟韬、马锦聪、马进才、陈先胜、彭进、林果、孙文峰、王新平、姚伦选、吴和本、杨宗师、刘洁、黄文哲、赵胜江、张赛、韩广林、刘耀珲、王姣霞、董建华、倪律、陆煜、起国雄、高峰、黄锦峰、杨奇、李金鹏、塔里哈尔·努尔

电子信息工程 / 毕业 100 名

王宇航、刘进、唐啸虎、王昭武、马利军、马玉芬、朱畅、白苗苗、马超、赵志超、唐天雅、周雯雯、王恋恋、张佳、杨睿、卢定邦、杨瑷榕、王梅、刘洪涛、张鹏飞、张琳、杨钰卓、邓小玲、吴桂勇、覃胤嘉、林剑、赵黎鹏、邓天金、常啸、刘超然、余绍伟、刀兴萍、林晓毅、杨小雪、努尔曼古丽·麦麦提江、魏彬桐、韩啸宇、马馨雅、袁凯奕、龙舒杭、马国成、周桂莲、巩海杰、余婷、孟柏旭、朱晓彤、郑儒喆、杨兴军、刘姣、尚伦宇、吴志强、宋柔雨、杨正伟、张珑缤、吴爱馨、钱金戈、岑铭、范嘉辉、李向阳、余玲燕、董鉴、贾何润远、刘云清、张松、李黎、赵张燕、达朝鹏、王祺、依明·艾力、马文华、张芷齐、谷祥拓、严哲儒、王伟鑫、肖伙生、张江北、马桂兰、杨维、黄彦凯、郑方亮、李思瑞、杨宇轩、席邦宇、姜荷花、陈琛、杨径鳗、陈嘉宝、韦鹏、梁治慧、罗荣全、韦丽春、何建甲、苏振伟、谭云辉、胡克兢、李林、李云龙、王栋昌、自文会、马俊虎

通信工程 / 毕业 111 名

赵嘉宇、陈锋、吴洪浪、施庆福、武宇强、代炎、罗奕、田国轩、闫婧、唐成荣、陈碧辉、卢梦晓、纳朋、马兆斌、崔海珍、张运锋、王荣、杨柳、邹旭东、李广南、马祥在、冷阳、吴建海、陆军成、陈蕴知、莫婷婷、杨松波、王瑞、罗波、孙川、陈松松、马诗芯、秦卓、马漫婷、李云、马立志、艾比拜·艾尼瓦尔、程青山、马卓然、梁智儒、吴阳、张颖、蒋同济、杨一炫、邓彬、法明珠、张生贵、王坤、纳俊瑞、白宁、黑富梅、陈诗婷、邓智育、段东圆、田卫、丰博文、徐娇、聂浪山、胡彬、王旭阳、李文秀、甘霖、丘礼品、覃柳娜、孟文龙、刘文一、王瑞、王乙熹、赵彬茹、张茂、林斌、张莹莹、张雯婧、朱渊隆、郑嘉琪、陈丹妮、王金希、陈星宇、黄仁虎、黄诚、杨冬琴、龙正舟、曹志伟、高宏英、景丽敏、马永强、郑毅锋、刘文悦、袁浩、薛乃垂、姚非、李明喆、杨欣瓀、陈颖、王宇航、田宇、陶秋兰、徐全、廖五静、马斌、王白石、任建军、张嘉峰、谷碧玲、黄桂友、邱诏瑜、李凌峰、苏亚丽、王建骅、薛蓉蓉、王东梁

物理学（藏汉双语）/ 毕业 38 名

白玛曲央、当增卓么、罗巴东知、加王尼玛、切江卡、才项卓玛、却三杰、才科多结、冷主先、旦巴、更尕闹布、达哇扎哈、向秋吉、华尔丛、制美、达热姐、班玛初、仁杰、达娃卓玛、仁青达介、格日泽旦、仁青罗吾、才让旺旭、交斗、欧珠旺姆、强桑、次巴拉姆、次旺塔西、白玛加措、央宗、扎罗、白玛次旦、白玛曲尼、次旦桑珠、普布扎西、达珍、贡桑达杰、益西康珠

自动化 / 毕业 96 名

卢姝宏、闫锦霖、邬鹏飞、代望、蒋伟杰、王子豪、聂念昭、谈春良、马小鹏、马伟东、丁玉琳、李传海、孙智超、胡国行、杨海丰、段昌凯、曹轩若、黄钰钧、白金笛、苏其涓、程涛、吴浩然、龙廷文、吴菊凤、廖圣涵、马小龙、马凯、徐子旭、它依尔·牙生、阿卜杜力艾则孜·安瓦尔、冉登、陈星雨、卜齐杰、石孟农、周书瑶、王凯、黄祖凡、贺丽嫒、张晓平、李永琴、马斌、洪增祥、王泰基、龙文兵、罗莉凤、韩立城、沐建龙、扶前、李宏震、樊姣妮、连军、向茂高、郑立程、王博文、钟文斌、周春、潘建函、李星锋、高伟杰、沈从庆、马学龙、张艺爽、周福才、达瓦曲珍、姜波、齐愿愿、蒋颜顿、马子健、马英福、李洋、皮宇弘、丁立兵、刘雨煊、柴鹏飞、衡巍、党佳丽、黄远涛、李明阳、姚伦智、李湘湘、张树地、廖成成、卢山、郑攀海、刘凡、王倩、张世雷、李洪军、李小伦、谢振世、陈华锋、刘鑫、拉吉、才旦布赤、张昊东、吴兰·吾瓦提江

法学院
法学 / 毕业 221 名

木热提江·吐尔洪、赛孜古尔江·吐尔逊、格桑旦增、马跃、次仁罗宗、卜梓懿、何欢、罗贵升、

王静雪、陶峰、包萨日娜、拉毛措、石凡、崔宏娅、艾尔夏提·艾尔肯、茹克亚木·赛买提、张旭、陈震、曾诚、曾慧玲、符慧玲、吴佳训、马建刚、冯小兰、马梅、蔡晓爽、王孟娣、陈鑫、张宽、李传烨、黄波、马彭香、张鑫、文婧、肖馥懿、吴海珍、农海燕、马英梅、秀智措、王佳燕、艾献亮、邱涛、王宇、张铭荃、杞坤、张天洁、马艳丽、周家宏、马子越、史煜、白玛次仁、沙和尼·叶尔江、杜银德、热依那提·居来提、李金翰、次仁卓拉、普布次仁、邵一峰、高敏、陈敏、回美儒、李国霞、韩雅倩、马浩宁、秦攀、那皮沙、吐尼牙孜·吐尔逊、吴宪、陈思思、李奉坤、宋灵艳、朱雨琪、禹艳云、李珍、马优、黑正燕、高佳菲、段松克、曾月、黄贞又、晏江风、陈美瑾、杨乾、杨选梅、杨胜玲、李杰、李兴丽、李健刚、刘芊妘、王琴、王靖博、牟秋圻、马静、冶儵逸、李爽、江琛、冯群涵、朱睿、岳廷芸、刘济川、王学珍、李宝龙、易福霞、杨霄、向巴央宗、平措顿珠、尼玛德吉、帕力扎提·德力木拉提、普布次仁、旦增、阿布都沙拉木·阿布都克尤木、叶倩、房春莹、杨昌花、蒋机稳、丁新雅、陈海燕、施喆、张露丹、夏布坎提·赛依代合买提、赛丽满·艾海提、张迪、吴凯利、李玥、邹涵懿、黄青鹏、陈寒、陈富山、马会花、虎豆豆、张琳培、常宽、田瑜玮、杨勇、钟焱嵩、张春容、任广畅、李倩、龙飘飘、谢钰杰、周妃、姜金培、黄明岳、陈丽英、何明章、谭俊好、岳静、胡生建、李桂芳、马应萍、张梓桐、杨洁、李国先、纳一帆、李翔、杨雯君、和育红、马八兰、马霞、朱磊磊、普布尺、加央欧珠、地里努尔·尔肯、赛荣、王德高、旺久卓玛、苏年勇、李佳玲、尼玛曲珍、韦洪源、袁卓牧、黄浩宇、哈维丽、韦登捷、李华辉、马婧、潘艳臻、王懿行、马法土麦、刘浩杨、张兰方、梁锦鸿、焦乃超、安庆杉、斯林、金香银、潜星旭、潘朦、纳睿彬、马秀兰、张安昊、巴桑普赤、麻钲坤、孙超凡、王庆莲、方智超、袁琳、王小雪、邓俊怡、迪丽阿热姆·如则麦麦提、孜尔达·马坦、寸杨翡、艾力牙尔·买买提明、卓玛、张珈境、徐赟、周钰若、迈尔万·买西力、阿里木江·吐鲁洪、欧黄仙、阿布都沙拉木·阿力木、陈泊宇、秦金鑫、应胜俊、彩琴毕丽、马智勇、叶振强、铁冰玉、土志军、妮尕尔阿侬·吐尔逊、娜琴

管理学院

财务管理 / 毕业 102 名

景鹏程、徐飞、朱蕊、丁悦、王雅妮、李轲、安小磊、杨丽婷、周超群、黎喜倩、高文杰、沈佳慧、赵菁睿、施睿华、郎杰、伊丽米努尔·艾木拉江、周雅姣、张洋、赵玉慧、廖婧鸣、黄云凤、熊旭辉、马蓉、马娇、杨琴、王志昂、聂力、陆焦焦、潘文丽、梁雅茹、吴丹丹、宣悦、郑宁、田雪莲、周晓飞、吴丽乐、刀嘉泽、杨灿艳、魏林、李慧琼、杨晓霞、马小红、张雨竹、陈浩、塔加、尹戈楠、阿迪莱·乃比江、英提扎·阿巴斯、木拉地力·木尔扎合买提、热夏提、齐珊、马丽丽、陶楚钰、侯天磊、汤明月、马瑾、韦小丹、姚丽珠、舒金秋、阿茹汗、马义花、马晨娜、张琳、帕提曼·努尔艾合麦提、安佳鑫、夏榕兵、罗玉婷、屈超凡、马梅娟、郑敏、王小梅、马兰英、海青英、马银盈、高基凯、吴永翠、韦娟、陈玉雪、龙啟富、张红、韦吉兴、韩维、韦汝柔、王晶、熊秀琴、妥慧洁、龙

瑶、唐伯霖、郭美花、马殿瑶、沈权美、崔朝燕、龚雪、马耀天、辛若曼、张璇、嘎玛扎西、李金原、努尔古再丽·吾布力、罕佐合热·阿卜力孜、吐尔松·乌都玛、祖力卡尔·阿西木

工商管理 / 毕业 97 名

周晔、陈传宗、徐正雄、别力克、黑晓霞、王贵、汪蕊、李懿航、陈小艳、沙龙飞、陈龙、邓慧子、刘蜜、李虎、龙霞、杨春芳、肖王薇、陶振、姬海霞、马玉杰、杨兰兰、周维、钟杰、林青、王香港、黎丽、张秀、王宇、黄文峰、雷潇、蒙兰妮、覃德福、宋宇、黄将东、韩晓梅、王增秀、李兆蓓、白加明、李永娜、万有宝、李涛、杨敏、马玲、丁涛、尤倩、拉巴卓嘎、巴桑顿珠、杨岚、喀哈尔·热则克、苏梦怡、冷曼它、刘文强、张籹嘉、张镨冉、杨忠智、李乐乐、罗昊鑫、罗芸芳、黄玉莹、唐振宇、向彦佳、陈宝莲、冶韩斌、马翠兰、袁欢、田飞、何晓花、兰晶、胡明鑫、周宇、郑雅婷、吴承娟、马文愿、刘春芸、罗国兴、葛华丽、张家明、韦福盼、兰艳丽、陈俊、刘捷丹、陈建容、李浩宇、马力、王茵、支挺、陈子航、普天遇、陈延娟、马兰兰、曲尼仁增、益西旺姆、卓玛央宗、袁畅、迪丽娜·吐尔洪、玛衣热·吐尔洪、赵俊

工商管理（藏汉双语）/ 毕业 34 名

白玛卓嘎、泽仁曲批、交巴东智、扎史农布、桑周才仁、尕多、扎西王许、满智果卡、得青卓玛、卓玛措、泽旺他、容中纳么、普布、周瓜、怕化加、南杰草、完德草、尼玛知花、扎喜吉、俄日尖措、多杰仁青、才日卓玛、措青文毛、才让东知、仲格吉、图丹卓玛、牛露、尼玛拉姆、阿旺顿珠、索朗曲珍、旦增旺堆、格桑卓玛、次仁伦珠、桑姆

公共事业管理 / 毕业 48 名

匡存强、阿力木·库尔班、阿依帕夏·艾力、闫凯、郑宇强、曹红梅、李丹、王珍、袁建平、程诗涵、符芳昊、黄严、方靖雯、安瑾、沙热、张小丽、刘曌、权文敏、刘方瑞、周漫、曾杰、王添伊、冯帆、范希望、杨丽媛、李清、张熙敬、邓晓琼、廖丽君、刘献、王春柳、李德、覃柳青、严雁莎、石登苗、姚高文、易凡丁、马艺慧、杨娜、仁青东智、马芳、白佳乐、米媛、刘丽萍、马哈萨提·道逊别克、先木西尔·赛达力、地力亚尔·地力木拉提、巴特格日力

会计学 / 毕业 99 名

严一恒、虞意婷、徐丽媛、胡少琦、李雯、妥小山、苏秋莲、符团、黄亚巧、向祎、张悦桐、蓝业、邓先旺、陈彬彬、傅玉、马赛飞、蓝许鑫、马龙凤、鞠亚敏、李丽、阿衣夏木·艾合买提、王璐、谭兵一、罗冬双、苏娟、苏红、杨龙、端英豪、代敏、许红婷、张俊、田东、李俊纬、赵习荣、申叶芹、韦德领、王镜环、马学精、杨晨、魏学园、乔花、彭媛、余晴、吴崇玺、杨圣杰、古丽尼尕

尔·艾肯、地力达尔·吐逊、李霞霞、赵子恒、唐颖、才让卓玛、李雪晴、马玉鹏、宗媛媛、黄伟民、陈雨冬、赵宏基、赵越、田霞、杨盼盼、陈鹏宇、解东、张亚丽、马甄妮、谭春林、柯红艳、李晓郦、余磊、古丽扎尔·阿不都热合曼、哈尼亚·马旦、吴优、田萌、姚诗彤、朱生忠、丁亚楠、易海芹、郑永志、穆立雪、石梅杏、熊冰果、余海雯、杨杰、黄君杰、李可可、钟红梅、李怡涵、禹燕、秦艳容、马文灿、温金兰、糟丽倩、张洁、李涛、宋琪、李婷、阿依尼格·阿不都外力、买迪娜木·提力瓦尔迪、崔奕文、努尔夏提·艾尔肯

旅游管理 / 毕业42名

石惠宇、董瑞、陈进、唐爽婷、陈桂妃、冶雅倩、马霞、余荣荣、李禹忱、王笳旭、买晨阳、吴洁、唐宁谧、朱卫、杨琴雪、周宗璇、马伟、侯晴、杨鸿锦、农媚依、黄玉梅、刘苏洁、潘金花、王倩、孔令馨、黄仁桂、王丽娜、马明远、胡芳芳、焦芙蓉、马庆秀、韩美雪、李开芳、龙生英、杨静、李敏、兰小艳、马成霞、益西曲珍、丁增卓嘎、米娜尔·赛力克哈孜、加力哈斯·胡阿尼西

化工学院

高分子材料与工程 / 毕业228名

格桑曲宗、张雯艳、王金广、宋新意、郝志远、滕释葵、杜金海、李林、纪庆、马佳敏、丁学文、马万花、杨一多、余小江、姜珊、韩佳洛、杨诚、胡超航、刘启凡、刘一苇、陈鑫、潘铖、蒙银仙、龙旻媛、罗镇林、练欢、伍明银、于晓凡、苏晓林、麻欣怡、向光泽、黄迅、蓝宏、吴俊达、罗静文、刁亚鹏、韩佳康、罗敏、毛志双、吕方平、马翔、杨双丽、卓永安、全胜华、兰亚强、冉烧腾、旺杰、次央、何瑞明、秦豆豆、黄子峰、何吉超、韩鑫、马海青、张萍萍、马月、甄文超、姚鑫、兰建伟、马金才、杨威、周根智、韩晓飞、张晨、张春、张乾、陈权、周亚瑜、孙廷勋、杨昌浩、郝传雅琨、张洪泽、王桐、陆莫兵、许露箫、罗凤波、李盈盈、李鑫洋、方涛、舒琴、刘海波、卢麒天、姜楠、杨海霞、陈腾腾、冶新龙、李紫茹、陈志玺、杨彪、牟洪斌、毛科科、吴迪、温亚茹、苏晨、赵维峰、吴晓文、拜军、冶福森、张建强、毛存存、冯香倩、郭雯睿、马逸韬、何凤、孙瑞祺、王海平、钟孟莹、袁国栋、刘常乐、刘亚川、王鹏、刘思维、陈海陆峰、高源伶、余江红、李思源、张蔓琳、蒙海姨、玉冬梅、韦丰浩、张一飞、杜原猛、陈慈航、王天聪、吴弗优、王铮、薛文凤、周任梁、苏然、李婷、胡立煊、何嘉琳、周宇婷、张鹏启、史明基、刘娅、徐彦达、马世云、白思远、牛文静、王康、王新程、梁开铭、宿林祺、覃坤、梁柏萍、张军、马海杰、芦铭章、殷若禹、李悦、柳雨卿、马俊伟、杨梅、王刚、蔡荣、陈明文、符杰峰、周铄、薛瑞琪、郭佩、陶加露、张维、锁宝山、陈洪、吴佩晏、李力、马翔照、黄露萍、覃玉春、苏丽姣、符健、李蓉利、刘红、林佳宏、王宇麟、谢太琼、张金平、丁丹、马致龙、米海刚、雷泽佑、旦增措尼、付静静、王慧铸、赵泽欣、杨云开、龙健、向晓菊、冯春明、马健、马慧、何婷婷、张芳、马东驰、吴晓梅、李嘉帅、张悦、赵庆丰、符垂新、李

红娟、王婷婷、裴名川、陈凯、王霜、冯宇萍、陈孝源、潘国华、李馥宇、蓝莹珠、陆群、韦炜、李慧毅、刘帅帅、程晓庆、张洪雨、王京生、林鑫辰、王雪、丹绍祺、李建鹏、马良斌、宗宇、石坚、宋国富、刘鹏、依拉木江·依不拉音、卡米力亚·吾不力哈斯木

环境工程 / 毕业 98 名

黄思源、孙鹏、陈奇、叶生富、王匀萱、何星谊、张荣红、龙海秀、雷占元、张静、潘亦维、陈炯、樊旭坤、毛小玲、耿学梅、蒲世爱、陈瑶、古佳丽、臧培培、李进、谈浪、张靖雲、杨涛、周丹、韩琦、何珂垣、贾绍旭、马学胜、黄兰飞、吴彤、李清楠、方林月、袁心滢、冯兴伟、赖湘、蒋灿、杨宏侃、闫梦瑶、张朝林、王海霞、李琼芳、李年年、李娅君、李照基、陈冬梅、马粉连、马吉成、黎慧、王淇、拜合提亚尔·居尔艾提、赵骐嘉、马胜梅、黄昊、刘晶、刘杨井浩、李肖和、朱春仙、陈俐君、陈霆、马婷、田龙、马聪慧、范思宇、刘皓晗、林讯、潘承欢、石秋慧、刘志丹、石家豪、杨堃华、杨进、田瑶瑶、吴东明、郭子瑜、李远宁、庞学才、王政锟、叶方圆、覃博、谭燕鸿、王璐玉、陶艺源、黄秀、李小艳、刘玮、吴继炎、董佳奇、王昱、王霞、吴竟、陈瑾芬、罗兵、杨永芳、李雪、马国仪、陈海晴、苏比努尔、陈正昂

应用化学 / 毕业 40 名

常永慧、李会会、常岳、张宇鑫、刘洋、吴东、熊瑞、史小强、仲树林、马佳兴、马欣媛、吴子瑞、王锦秋、马海洋、于小艳、邓卫霞、蔡玉芳、冯圳桦、黎德英、李冬、李诺晴、陆玉、卢彪、梁衡、和永举、张琳琳、于天力、张全梅、任小燕、周世利、魏志超、武艺煊、郭江彦、王峰、杜啟泰、杨欢、李豪、马妮、艾热提·努尔艾合买提、木叶塞尔·艾合买提

制药工程 / 毕业 99 名

赵晶、彭椅、刘丹、常娜仙、赛德、步馨、张喻媛、龙腾云、曾路遥、白延文、马智楠、袁钰铃、郭志娟、彭涛、吴小惠、姜丽影、符海花、袁伟杰、王森、张玉增、陈艳豪、杨娅、岑勇、张贞勇、黄朗、吴丽琴、朱席辉、张佳麒、徐永贤、龙燕华、黄梅樱、陈玉莲、丁卓阳、赵丽芝、潘芋帆、谭金晶、王艺峰、张岚、王振宇、马莎、周培轩、魏雯静、陈发芳、李慧敏、万琳、苏杨、严冬梅、海瑞祥、张长龙、赵珠琳、李籽梦、周秀珍、马青志、韩莹莹、吴迪、蒋港龙、马煜、罗得萍、马昊天、李娟、马悦、何小梅、张静宇、王克、佘慧丽、马泽昊、余逸凡、侯利、罗振、吴宣桦、王超、杨轩、陈义、伍明桃、杨鹏迪、杨涵博、樊龙玥、蒙美萍、闫婉青、农运英、王嘉霖、于小聪、田维、王珣、曾艳琼、许京浩、严博谙、陈莹、李义洁、刘雨艳、岩智丽、苏雪、和艳红、林丹凤、马小伟、马全进、刘红蕾、梁健国、杨婧

教育科学与技术学院

教育技术学 / 毕业 62 名

罗军、王珅、索南嘉、鲍小红、滕昊天、王媛、聂彪、张玲丽、韦红春、韩博、张焕然、孙海航、陈晨、韦宝玲、莫彩玲、刘蜜、任琴、安秋、谢艾、谭浩轩、彭灵、张妙凡、张国军、马秀梅、张振浜、扎西顿珠、格桑措姆、阿依斯巴提·努尔德别克、阿迪莱·艾麦尔、冷周、努尔曼古丽·阿布都热依木、黄尧、兰逸仙、莫才莲、海桂莲、张得超、甘诗奇、安彦红、付嵩迪、符斌竣、游佳、廖家勇、雷美、张晶、赵震宇、黄迪、方玉华、韦海姣、樊金歌、王素芳、程鑫、龚林玲、田昇、李新立、杨秋敏、赵晨、陈永兰、马金秀、杨俊、索朗卓嘎、阿丽亚·吾斯曼、白学博

数字媒体技术 / 毕业 73 名

胡培超、毛群、马玉成、马海燕、王丽莎、张施恩、孙靖东、杨婉璐、巨悦、邓胜元、张恩铭、吴东、王敏、康梅、邓连容、罗景欢、杨胜雪、王伟东、韦景严、黄彩云、韦钰琪、韦芳、蒋晶飞、马斯嫚、龙福寿、方思燕、杨洋、李志强、洪信婷、金以香、迪力亚尔·海色尔、沙雅·赛力克、阿丽亚·艾山、迪丽达尔·沙比尔、艾力江·阿布拉、满迪比力克、靳前、史健伟、杨小晴、崔乃心、杨思钰、肖文艳、许晋华、铁维思敏、王洁、姬良福、白珍达娃、张永燕、那立文、郭继胜、鄂尔德尼、郭娜、周雅倩、陈嘉琳、刘洋洋、陶鑫连、黄金美、陈亚博、白铃钰、罗惠、成逸菲、刘水清、李晓敏、尚进、姬斌、高辉、解鑫、苟震东、郭鑫琳、张钰、陈龙、赵洋、陈平娟

应用心理学 / 毕业 76 名

王迪、杜子龙、杨瑞丹、樊维、卢敏贤、马小霞、张玲、袁甜、罗玉红、李京燕、刘移林、张梦雄、陈玲、何永康、石露、许祯岱、李李、苏祯玉、邓永秀、张加薇、郭淑凤、李嘉、张子滴、蒋章顺、李贝、李子豪、李香艳、柳雨婷、周涛、陈刘君、白玛、土旦尼玛、谢姆西努尔·木合塔尔、唐加力克·阿达力别克、扎西曲珍、强巴旦增、陈宏、庄甜甜、张天玉、张匀曦、郑月玲、杨腊梅、韩雨桐、姜祎、谭治鲜、张琪、杨悦、叶丽婷、吴芳、李玺、唐卓、徐娇、胡清尧、张贤榆、肖瑜、吴怡、杨爱春、杨婉怡、李昕、李晓金、杨宏伟、曾国丽、马昕、李美娟、李沁、马小兰、郎海荃、高妮雅、落桑曲珍、米玛次仁、夏依丹·海沙尔、俄可拉斯·巴哈提开勒地、祖力阿亚提·安尼瓦尔、依尔盼·雪合拉提、葛禹汐、江钺韬

经济学院

保险学 / 毕业 42 名

张月、胡宇昂、金煜芹、尹晓雪、苏楠、仁增多杰、杨海萍、纪娟、黄进、李陈昊阳、甘曦尹、陈甜、陈欢、周瑞杰、黎兆同、梁定游、潘及新、黄卫稳、韦兰铺、乔雨欣、付博雅、魏益志、白娜、

朱智珍、王琦、李伟阳、吴选云、罗爱文、赵思佳、马俊锋、符文骞、王小军、孙晓燕、刘佳佳、高利、高艺卿、孟菲、次仁顿珠、冯志才、央宗吉巴、达娃普尺、达桑

国际经济与贸易 / 毕业 48 名

马迪娜·库夏哈孜、曹宇豪、王梦雪、王国军、杨昌安、马正元、黄幼玲、马军、杨芳、杨洁、张晓燕、范名欣、符迅、朱泳茜、隆小霞、梁潇云、田代兰、胡左锦、李艳婷、陆彦妃、柏晶、穆耶赛尔·艾木热江、马学刚、韩宝玉、李玲、马丹、李萌、马恒、冶霞飞、黎亚军、马婷婷、仁青次珍、邱思源、迪达尔·阿布力孜、胡阿提·努尔勒别克、派祖拉·肉孜、哈斯太·马合扎提、森达尔·加那尔别克、田蒙、杨晨、马欣、田萌琪、冉韬、马成萍、李子翰、高明泽、葛文静、陈良斗

国际经济与贸易（中美合作）/ 毕业 12 名

胡秋实、谢松楠、穆沁媛、喻钰、谢经纬、王鑫岳、杨韫瞳、魏韶芃、马靓、马小荞、李睿、薛鸣睿

金融学 / 毕业 108 名

雷超超、旦增罗布、石文君、糟建荣、牙昌巧、秦军慧、张鸿钰、杜启兵、满琪芳、李城、田洋、葛荣荣、马丽娜、王梦瑶、杨媜、段领梧、陈嘉敏、曾凡华、郑晓霞、罗龙、苏进良、马秀英、叶焱军、马东、马慧、邱硕、宋家俊、孟庆典、姜杨、李雨洁、蔡汉权、张柠、王媛媛、温丽莎、覃利民、桑旦次仁、韩晓月、赵强、王军、徐叶琴、颜丙晨、唐思晗、郭闪、郭维佳、皮丽扎提·金格斯、凯赛尔·依力哈木、李佳庆、吴珊、张琳钰、刘智键、马生龙、马小雨、郭浩芃、梁秋月、侯嵘、杜承豫、郭宇云、马海敏、陈银、莫霖霜、吴俊超、马山、杨昌谕、刘美玉、张俊杰、李美璇、马雪芳、禹小勇、刘宁宁、思都阿衣木、杨干干、谢忠周、左樱子、白世麟、曹梦兰、蔡为恒、谭玲玲、马超、马海梅、刘阳阳、郑清伟、李井宏、王滨、黄丽琴、杨正秧、杨文斌、门若琳、旦增罗啦、莫丽莎、姚祥宇、韩玉琴、吴旭东、谭小金、和耀萍、黄春莲、马俊霞、马永强、李先青、安文奎、郑伊琳、也尔生古丽·阿斯勒汗、都兰、黄一、彭宇娇、黄焘、刘志成、曹成野、汪宗林

经济学 / 毕业 41 名

于兵、李泽鹏、马志博、陆金芳、郭金辉、高嘉嘉、洛松顿珠、孙稀稀、欧阳婷、彭甘平、田倩雯、祁梅芳、马宝梅、余承祥、马小红、咸玲、马义秀、赵雪莲、李云、路宽、赵鹏飞、白玛玉珍、李荣富、刘静、陈锋、吴覃浪、张隆财、袁琼、杨旺锋、王紫榕、李艳清、余艳仙、武海威、王鑫桂、刘盼盼、次旦卓嘎、郭鑫义、依再提汉·吾斯曼、孜努尔·肖开提、玛依拉·阿不都热合曼、杨秀

医学部

口腔医学 / 毕业 78 名

罗文、马慧泽、赵明明、田风明、李建明、张静、马泽基、孔繁兰、赵旭茹、陈奕妤、张丽萍、李鑫、左仲、龙腾、罗红、齐明悦、依明江·依米尔、马兰兰、马泽军、阿依拉·艾日肯江、姑丽乃再尔·凯赛尔、杨秀超、马秀兰、马辉、丁玉琪、马娟、马晓萍、张建洋、马强、秦容、赵一忆、凯利比努尔·热扎克、祁翠霞、杨晓欢、马良、马小娟、魏娜、迪丽胡玛尔·图尼亚孜、热合曼·牙生、龙清、马富东、张洪荣、马希茜、海小雅、张倩倩、胡静静、金廷发、玉米提·阿帕尔、马古鲁甫·阿斯哈提、张子诚、王婷婷、谭亚玲、涂曾辉、靳帅帅、何月婷、阿孜姑·努尔、马天帅、米热阿依克孜·马木提、次仁曲珍、马振邦、马晓芳、蓝岚、苗淑兰、刘娇娇、穆艳玲、马中云、白玛央宗、刘毅国、王小倩、黄雪诗、阿洛桑多杰、周晓宇、苏皮古丽·艾尼瓦尔、赵美、杨旸、李磊、李晨璐、泽仁玉珍

历史文化学院

历史学 / 毕业 107 名

潘兴、张拓、高林子、王鑫、亓冠华、肖劲廷、吴必凯、李孟贤、纳文娥、胡军峰、张莉娟、陈霞、杨阿平、张洋、王明霞、贾锐峰、高增慧、董明路、龙跃海、潘泓静、符嘉湘、陈汝豪、林秀婷、哈旭伟、马虎、井瑶池、袁登科、刘婧婧、刘洪轩、严弘毅、孟祥洲、陈静怡、伍世尧、马吉珍、莫著森、黄婧、丁丽、吴煜、侯亚蓉、李海洋、向玉静、肖婷、黄宁、李源、马伟月、刘玉良、鲍莲明、滑学磊、韩雪、起顺菊、张宇梅、胡家硕、张豫北、巴拉姆、艾力塔姆尔·排尔哈提、李发海、向特、袁加敏、易青娴、蔡桦、蓝心甫、杨凯、岳文静、李宗艳、鲁金秀、仰小红、杨靖靖、陈宽、苏姣姣、赵康乐、夏芝蕊、祁永兴、姜越、马景山、冉静、邱良婷、龙日康、马品璋、苏姗、边姝婷、郑晗、高永辉、田涛、陆天一、任雪纯、黄婷、贾林洁、汪先青、梁晓燕、陶月、李文杰、封文静、刘燕红、胡兴欢、班娟、陈元元、吴杰、古丽尕尼·麦合木提、妥玉民、马林燕、李想、普丽妃、李青河、翟昱昊、旦增措姆、吾尔格力、地力百合热木·依马木

文物保护技术 / 毕业 44 名

木热提江·巴热提、沈翔、龙莎莎、邓艳凤、秦奇、平一帆、蔡知慧、蔡婧怡、马瑞丰、苏琴、席香帅、伍嘉欣、何倩、冯栩、韦娟娟、张福信、何孟彤、魏佳雯、覃英浩、刘嘉兰、陈玉勤、黄帆、黄荣、许之娜、王嘉琪、马伟、陈晓静、马春梅、王昱璐、刘浩、刘小玥、韩杰、冉一栩、杨严猛、黄钰莹、沈科妗、白严浩然、尚政君、罗平世、张子涵、宋昭华、李逸萱、苏富红、万美艳

文物与博物馆学 / 毕业 49 名

张靖、何若兰、段芙蓉、周明秀、张彪、兰鑫、王晶、王紫娟、刘舒婷、高紫瑛、王一伊、谭佳业、严铭玥、张瑞华、平睿霖、马祖栋、李想、樊铺英、杨雅琳、黄江艳、黄邦鸿、冯会、龙政奎、黄晓丹、邓彩玲、覃振兴、陈忠格草、汪涛、马瑞、闵小伟、杨英杰、孔德晖、张建霞、杨艺、马佳思、邵俊蓉、潘晨蕾、毕学娟、李晓花、字亚铣、段自渲、苏凡凡、赵晓慧、苏思远、卢俊杰、次仁欧珠、涂明理、关巴·恩和赛汗、郑思雨

美术学院

环境设计 / 毕业 59 名

杨润德、姜皓予、刘云鹏、王秋霞、高天、杜洁、牛荣、武嘉正、张泽阳、刘春彤、马昊、达赖措、要杰、连世心、张皓哲、姜苗苗、冯俊磊、张孟、成昌龙、杨雪卿、边临江、罗玉婷、边晓平、郭茹燕、安栋、杨盼彬、王睿智、霍喜月、周子富、胡安培、赵震、樊友波、刘远征、杨帆、景瑞康、原若阳、刘隆慧、王仔德、刘欣怡、吴嘉成、闫梦晨、周宣彤、秦耿武、张洪源、孙华伟、李正玉、孙启明、张仲绪、尹鹏宇、刘龙清、张志瑞、马驰、郑婷婷、柏峰、韦玉恩、吕娇娇、朱圆圆、张盼盼、周金秋

绘画 / 毕业 37 名

刘帅、杨凯鸿、王鹏、邓毛毛、山超凡、宁海风、王国莉、张为、李文娟、李炳辉、李小倩、曹珈宁、王佳慧、章升武、邹继瑶、陈永鑫、王沓、王菲、王腾、徐川、周辰、马静、杨建兵、全锐铭、蓝浩、林昱初、西合德杰、宋琦琪、曾博、叶富成、兰瑛、骆冠军、李彩霞、王敏、王香妮、黄琳、魏宇航

视觉传达设计 / 毕业 48 名

吴俞宏、马航航、段傲、李城宜、马晨轩、高云雪、刘焕焕、郭盼盼、刘潇、申权、杨禹瑾、渠亚宁、柴润欣、王双、范静、柳青、任芳、高晓燕、任娅荣、金晓豫、吕敏丽、陆明火、王皓冉、方梦、杜岩松、董帅、王明鑫、徐铭、王登山、王宽良、刘淑玲、李慧慧、王小兰、张伟、漆炫、高兆军、赵妍梅、张文亮、杨东淋、韩阳、佘琳娜、石坪、庞赵瑄、张露霞、地里娜尔·阿力木江、张雯欣、周杰、张钰

视觉传达设计（唐卡）/ 毕业 8 名

南吉合多杰、索朗顿珠、端智彭措、李世奎、拦俊东、才让草、张青云、南木杰才让

中国语言文学学部
汉语言（蒙汉翻译）/ 毕业 38 名

欣欣、阿斯那、伊茹、萨日盖、王艳春、策仁草、苏登珠拉、包文美、苏都娜、哈斯萨楚日、何萨仁、哈利雅、九梅、恩库瑞、娜哈雅、周慧、乌云斯琴、塔娜、苏日古格、乌日娜、乌达木、浩日娃、特日格勒、吴云格、仁青卓玛、诺日吉力玛、嘎风·依尔格吉德、乌兰·杨金苏荣、其米道尔基·赛里格林、阿勒登齐莫克、乌云思斯克·巴特兰、巴音才才克、乌德博拉、苏德、巴音达赖、木乐尔、其乐木格、阿拉斯

中国少数民族（蒙古）语言文学 / 毕业 84 名

斯日古冷、靳晓娟、萨仁其木格、斯日木恒、张满都拉、乌力吉巴图、宝勒日、木其乐、阿拉腾苏布达、乌格登、苏日格嘎、杜仁、苏日古嘎、王通拉嘎、圆圆、李文成、阿鲁斯、巴达玛宁佈、乌达玛、哈布尔、娜日苏、其力木格、迎春、李建民、柴拉干、珠娜、罗藏、索南木道布登、卓娜、吾其力巴图·克西格塔、秀仁花、乌仁洪、巴音塔纳、乌仁苏德、乌英格、海日汗、娜苏娜、吉布哈、杜兰、义如格乐图、额日德木图、伊茹、旦旦、朝鲁门、海鹰、包阿茹汉、阿格日、阿拉腾胡依格、莫日格吉乐、道力艳、陈小霞、王乌日汗、孟克傲其尔、木希雅、敖登、文光、胜利、乌日吉木、张艳光、尼玛才仁、敖其尔、陶格图才其格、宫保才仁、查丽根、哈斯巴特·乔龙、斯琴巴义尔、哈斯巴依尔、才琴巴图、黄媛媛、亚库普江·麦合木提、张田、刘红园、谷丹丹、齐语涵、刘丽芹、王雅琪、金旭、张永刚、杨柳、戴严、太红蕊、龙春燕、霍丹丹、顾美钧

民族学与社会学学院
民族学 / 毕业 54 名

陈维、李学杰、李雅宁、张舒惠、陈霞、陈倩怡、朱金凤、江涵彬、吴桂帆、吴惠宣、杨明甫、郭正东、杨艳、楚佳伟、段钰博、卢文姝、曹丹姝、吴琦、郝岩、布亚茹、李恒、蔡丹丹、张明慧、莫科、凡銎、马新宇、黄文界、李廷锴、韦忠术、黄嘉庆、艾利亚·库尔班、陈国栋、田亚平、宫喜斌、马萍、祁占相、张雨轩、龙世红、李雨馨、谢坚、品聪卓玛、马腾、马永杰、马玉龙、唐子涵、吴翰章、王文卿、韩楚琦、嘎桑达瓦、旦增罗布、其加、叶尔夏提·叶尔肯、乌兰巴特、刘润东

社会工作 / 毕业 67 名

鲍文欣、潘一鋆、陈聪、田玉竹、童胭霞、王霞、李鹏飞、禹颜丽、铁莹莹、孙天明、祝彬、杨柳娟、任欢欢、吴遵坤、牛乃卉、韦杰芩、梁希琳、覃扬练、杨琳、漆晓慧、马伯筠、王璐、袁丽雪、任鸿渊、李炜鑫、窦文倩、孟才旦卓玛、马丽霞、陈炳南、李章萍、郭丹、闫殊、蒋双林、旦增扎巴、萨拉依丁·玉素甫江、郭如、李瑾、袁芷萱、刘翠亭、方荷倩、向玉晴、田慧、林佳玲、舒越、刘港、

莫贞会、金道淑、梁宗会、兰淑懿、廖洁、黄婷、罗丹、封华科、马丽亚、陈怡、荣晓飞、张珍、马玉芳、靠玉玲、卡世豪、任洁、马晨、代铭真、袁喆、李天豪、次仁曲加、阿迪拉·买买提

社会学 / 毕业 103 名

陈帅帆、张虎、黄雅茹、闫晓雪、郑超、左惠致、戴琦、张强、陈映娜、邓鑫、李姝、许宣苗、王容、朱婧卉、余正花、苏琦、何佳雪、茹海娟、孙晨哲、张宁月、庄佳欣、袁林、蔡开桂、罗杰、杨柳、俞婷、付超然、陈宇、邰千里、姚梦柯、赵泽林、彭久榕、宋亚玲、王瀚卿、贾敬、潘颖萍、黄雪娇、林宏韬、张悦、王国莲、甘成寅、徐铭棋、沈伟娟、唐晓倩红、马自龙、张丁丹、晏菊芳、刘静怡、刘婉如、张媛、鄂·金浩、加孜依古丽·吾兰、席璞、曹琴、康宁、刘静雯、王金睿、王加贝、石欢、向高友、王雨珩、汪洋、王洁、李阳洋、谭梦雅、王冬梅、何思楠、范宇、刘美淇、智鸽、付晗、李称心、兰千钧、齐心、于光长、戴晓林、闫继豪、吴芳波、何慧、李国玉、吴邦霞、田静、吴茗丽、吴爱英、邓荣敏、韦金宁、许晶莹、陈杲然、李进、杨素贞、伊生莲、李汶晏、许佳敏、田庆、张涛麟、罗玉莲、牟博涵、汤豆豆、江白西宁、旦增旺姆、米玛再吉、韩玉、穆叶莎·卡合尔

生命科学与工程学院

动物科学 / 毕业 50 名

王燕南、苏杭、熊杰、张航、陈治霖、陆晓东、吴爽、陶秋郡、覃新桃、员佳乐、曹莹、杨芷叶、刘学壮、汪璟、李歆怡、邵燕弟、赵金潭、张森、美合日努尔·尼加提、赵明燕、陈少杰、马秀梅、刘艳文、赵名扬、任稳稳、吴浩然、冶文博、马博妍、金鑫、丁晓晨、王浩、高成宏、何林波、刘妍妍、陈裕兴、邸文婧、黄泽琳、韦克生、赵倩、肖雨、刘月帅、倪言、肖先灿、马浩壮、林翰澄、余锦程、吴尚耕、金美玉、李宏旭、伊丽达娜·迪力木拉提

动物医学 / 毕业 91 名

刘艳国、高宇、徐忠凯、高彩雯、史超、李雷斌、柳佳佳、赵英男、龚赛赛、杨长生、曾嵩玉、刘淑娟、郑侨、余若男、马明明、杜丽梅、田玲、周庆明、吴声凤、韦相苏、吴广苗、韦歆敏、李倩倩、赵谋、魏佳欢、陈明、刘素平、王微、加布、刘艺、姚一凡、何夏漪、解雁銮、杞琪、郑煜簧、彭旭英、和桂松、苏雅琳、王晨、吴俊雪、撒瑞雪、郑小雪、叶那尔·哈力别克、布买尔叶木·阿布来提、申嘉雯、何灵芝、徐叶、王宝森、张亚鹏、高雅、许丞惠、于家顺、何建兴、杨正伟、袁肇方、田奎蓉、胡锋、杨晓莉、吴小恒、冉乾东、向秋菊、代青青、赵越、黄福斌、陆新颖、农凰、周魏、朱凯、朱佳、李囹蓉、孙华林、罗仕菊、张启霖、斯达次仁、崔璨、刘金铄、周文彪、申家兴、吴专丽、杨建伟、王秋宇、王亚灵、陈宇诗、杨金梅、陈燕军、赵一珊、任莉娜、康秋月、次旺久美、那孜帕丽·卡德、张浩

生物工程 / 毕业 53 名

李磊、潘辉、李潮、马成、吴佳、吴登宇、冶鹏辉、刘容秀、杨远、吴敏、韦兴英、马为民、赵昱骁、张文轩、赫雪、覃静旺、梁婷、韦良贞、邓娟、张洪山、袁爽、闫硕、山芮、莫娟、杨帆、王嫘、晋美、格桑、阿丽米热·艾散、岳仁宽、彭帅、刘云红、陈朗、杨小玲、禹小红、王娟、郑天宇、陈文钰、彭一娟、黄柄弟、吴忠运、王春力、梧晗怡、甘森宁、覃小娇、陈倩、张忠华、谭紫仙、王丹、陆梅颖、巴桑、阿依达娜·木拉提、努尔特列克·努尔卡别克

生物技术 / 毕业 53 名

殷千钧、张琳妍、杨利媛、代海娟、白玉红、马小梅、马小梅、马一凯、周倩、冯传维、罗聪英、吴仟、刘露、马饶、安敏知、韦惠萍、凌莹、谢佳汝、卓能令、韦施利、汤尧、朱小波、李茹玉、张艳、撒青志、杨磊、陈延宏、方龙宝、边缘、卢飞燕、刘敏、黄雅琼、喜琴琴、程一飞、杨雪、舒星富、董健、任海琴、杨茂林、周野、徐瑛、苏津贤、覃雯雯、韦思婷、鲁嘉宾、彭乔烽、刘骁、姜南茜、朱艳芳、胡芳槟、马红、赵吉祥、尼格拉木·阿布利克木

食品科学与工程 / 毕业 85 名

杨洋、应傲鑫、符伊奇、王莉、韩丹阳、李慧、施小松、张艳、张晓蒙、曾丽娟、赵菊芬、马桂莲、冶金鹏、任旭广、吕晓航、程佳宁、孙婷、葛蕊、田玉凤、吕磊、谢林宏、宁小玉、徐秋凤、于文惠、卢路、黄文婷、薛旭宁、刘鸿艳、翟厅、李善瑞、张松林、杨显行、次卓玛、陈育林、钱旺、代安娜、陈胜凯、李松旋、郑美慧、柴春蓉、桂荣娟、赛娅热·库尔班江、迪力扎提·迪力木拉提、柳颖、雷世娴、王金芳、马永杰、马晔、王世昕、王亚杰、张敏、梅潇、彭巧、马娅荣、马璞、邹宇宙、吴月、谷小芳、范家强、张娅俐、谢玉丹、李强、陈纤、何金澄、覃引秋、黄业苏、杨世敏、蓝意婷、王聪、李荣、杨必宁、陈硕、何欢、袁治浩、王鹏程、索朗珠杰、刘路、王丽萍、王长乐、洪锐、马琼花、刘凤琳、李珊妮、符璐、孙秋实

数学与计算机科学学院

计算机科学与技术 / 毕业 114 名

欧翔宇、蓝馨怡、丁建成、梁建忠、郭伟、刘可欣、黄浩、陈涛、杨志春、杨嫣茹、程强豪、赵建财、马玗慧、冶龙、张桂蓝、王琴、马梅、林欣宇、冯丽彬、鞠博文、万然、涂薛罡、刘鑫宇、左崇霖、韦志豪、徐颖洁、禄景江、郭寅达、胡林景、杜艳丽、黄泊文、黄兰情、韦继松、张晓燕、张永乾、陈晓燕、陈江规、冯冲、秦泽秀、赵少芳、咸禹豪、普树芳、和帅、马正、李迪尔、佟瑶、吴欣蓉、阿依鼎·阿依别克、熊柳福、何跃清、齐子洋、栾禹鑫、谭英杰、唐立华、张可、杨弦、周梓屹、单振扬、冶俊、马月、孙晨阳、田小福、田琳琳、钟娜、孙斐、姚加奇、黎江华、杨松松、王祖

星、牟兆宁、张磊、龙艳、王发兴、毛华俊、罗诗麒、赵天洋、梁荣航、韦小丽、蒙泳锋、钟建恒、莫绕双、庞文龙、向金玉、穆拉迪力·木塔力甫、古丽加马力·依明、庹实、刘利军、郭艳茹、林家民、张馨月、杨雪龙、王旗雄、线如云、赵占海、王文成、许艳杰、魏芳娟、罗皓、杨浩、赵进、韦歆怡、梁新儀、李兰坤、施启迪、李娇、马战龙、黄佳琪、李翔、叶怀生、张立新、卞智勇、梁其柏、杨心成、于美洲

软件工程 / 毕业116名

陈彬、谢云超、贾皓然、高天旭、尚虎成、柯荣恒、杨俊、刘帅炀、马春、马伟平、曾越、马红娟、杨宇航、赵安、马媛、苏有龙、马金龙、钟福丹、邓超、覃建桥、刘頔、叶虎、吴省倩、王璠、张静强、胡轩齐、檀兴、陆咸涛、韦苏阳、张泽发、莫媛媛、覃治翔、张苡嫣、王琪、李晨、张少聪、应柠泽、李章雕、孙应迪、管为进、陈思伟、伍小强、马珍、张和、张瀚元、刘涛、张培婷、穆再排尔·阿卜杜热伊木、杨甜、黄有飞、程万杰、何伟、周靖鹏、张文帅、王雷冰、杨绍宣、司马航轮、鲁大材、王佳林、周宸、田崇如、汪慧兴、马坤、赵海超、胡海祥、马小强、洪鑫淼、阿迪力·阿卜力克木、张兆斌、撒永全、贾如君、蓝琼璨、杜乐乐、左坤、徐恺、滕树磊、李婷、安国林、高生霞、马来、梁慧琳、罗博文、凡伟、马华虎、张铮、王晓倩、谢文博、胡江林、龙怡梅、贺芝军、王虎、罗威、张辉、杨会、葛瑞、方兆琦、黄行群、覃文辉、廖群、蓝绍维、付新旗、乔意凡、刘海龙、刘湖飞、王文、徐世振、陈璟、孙锐、柳鑫、兰买勤、黎敏、李雨鑫、洪勇哲、栾悦、李世明、丁梦惺

数学与应用数学 / 毕业42名

李乃睿、唐浩、任洲、李翔睿、程璇、唐佳、龙卓臻、韩梅、绽秀芸、谢东波、苏雅馨、侯恩仕、赵曼彤、刘琳、张桃飞、李东林、潘小石、董积发、锁梦秋、任明友、左星宇、杨兵、李卓一、罗月婷婷、陈恒耸、韦磊、蒙凤萍、覃雅琦、鲁琦琦、李子祎、曹国梁、李静平、阿曼尼沙·艾合买提、热娜古丽·阿木提、李会、张里钟、王梦雅、苏智、赵双平、施月霞、张宇尘、杨进苗

数学与应用数学（藏汉双语）/ 毕业49名

尼玛加布、央珍、周毛吉、周什姐、西热卓玛、代青昂毛、班玛才旦、彭毛卓玛、扎西卓玛、拉毛才旦、周格拉毛、完玛措、更太吉、增太加、杨措吉、夺波、吉旦、泽仁卓玛、机业措、更登足、白玛措、索郎纳么、夏多措、索郎措、泽真姐、娘七合才让、拉毛卓玛、当子吉、勒加才让、卡毛吉、贡保草、道吉草、才让华尔旦、桑吉草、白吉、赤列、曲珍、次仁达瓦、益西拉姆、杰参、尼玛泽仁、格桑加布、明加、次仁卓嘎、尼玛平措、普琼次仁、索朗旦增、克珠旦卓、次仁吉宗

物联网工程 / 毕业 79 名

吴秋鑫、李杰、向昌宇、刘蓉、赵雨、高敬淳、欧阳晨星、刘京铭、王洋、黄露露、罗永贵、王梓维、王佳媛、朱建博、符明敏、吕琳涵、吴珍、吴吉勇、曹淦、班艳、姚顺熙、马念明、宋佳翰、丁祎、邓智文、韦姣艳、韦有庆、江爱梅、韦莲桂、秦冰冰、肖嘉池、赵薇玲、赵健宇、铁铸、唐亚、卢晓丽、石应红、王远鹤、门思静、王岩丰、牛博、张力文、张维展、谷若芸、刘宇森、冶晓芳、马斌、齐林深、叶旋、撒灵、刘洋、李兆翔、梁文豪、陈天海、郭婷、文朋、于顺权、毛亮、董超、范广宇、施国伟、韦泽中、翁凤兰、潘建幸、潘昱、孙馨茹、张荣桓、马瑞铃、马真瑞、陈剑、马钰、高汝东、钟华、徐文妹、王旭、付萌萌、阿依努尔·艾然提、穆亚斯尔·穆合塔尔、巴克热·吐尔孙

信息与计算科学 / 毕业 30 名

唐江冰、陈思远、霍志城、黄雨凤、彭丽蓁、杨雪儿、谢雪儿、刘执刚、张蝶、吴永花、罗江美、贺大琼、卢立卓、黄芳芳、韦丽红、韦淳荠、王驰众、冉佺、王海龙、罗辉、黄玉欢、李永芬、杨圣安、马国俊、马欣雨、苏牡、马小鹏、贾鹏辉、李宏杨、拉巴顿珠

体育学院
社会体育指导与管理 / 毕业 44 名

方向东、吴超、张志博、贵子萌、周艳、庞礼维、付建亮、董永康、和康辉、李耀君、陶永越、王寿磊、孙鹏飞、由永泉、司志凯、窦豪、柳思源、何堃、黄天帅、蓝智豪、刘虹浩、吴彤、车成、杨伟斌、吴南、马海龙、何榕、冯名月、王茜茜、张山、陈姜军、颜圳苹、牛拓、赵浩延、赵多亮、潘存贵、李静伟、冉磊、覃金花、刘长森、陈佳鹏、于涛、魏仕杰、宋鑫

体育教育 / 毕业 64 名

常宝心、马翀翘、孙永辉、魏蓉、陈洋、李酉、曾相英、杨欣雨、段亚衡、王耀、谭旭凯、符明哥、马福丽、黎向宝、李卓、孙永平、闫洁、王银、杨之立、杨海强、索南旦主、寇海亮、杨珊、黄皓、况滔、运星国、邴宇阳、姜宝平、张瑞恒、祝泽朋、阿合朱力·马木尔别克、库尔班·玉努斯、徐甜婧、李金平、张金涛、苏小玥、王秋生、杞丽仙、郭春丽、贾钰浦、王雪源、蔡子昆、蓝进安、沈思民、苏国果、孙华华、鲍兴海、柳杨、惠杨乐、司云杰、徐北方、赵国成、丁晓平、马诗尧、梁荟、刘蟹、李志刚、袁滨鸿、易港辉、符峻彬、刘延江、徐志斌、石岩、热依木江·尔阿玛扎

土木工程学院
土木工程 / 毕业 167 名

刘静、罗元璋、吉矗、吴世青、布萨丽麦·艾合麦提、刘武超、王志雄、杨顺秦、林明巍、黎

俊程、李小雨、马密、韦福、朱涛锋、赵文涛、马小晨、扎西欧珠、蒋婷婷、林来、张筱筠、凯迪尔江·阿卜杜外尔、欧阳兆琪、肖冬梅、李万欢、薛文杰、丁旺蛟、覃喜华、邰可欣、张硕、金桂甲、吴锡帮、向钦洲、曾永辉、艾锋、刘勇、刘冰艳、武明博、杨新连、杜振江、王永韬、江汇强、苏华阳、黄春东、苏子章、余钦妹、汪子棋、刘青平、张裕隆、于群、于昊渤、马君辉、李新奇、胡丁振、刘爽、张民瑞、范远宝、任新田、周园林、陈谨、韩昆山、刘振华、张昌武、刘文文、关义朋、高梦泽、米锦、牛飞鸿、余成宗、马文云、崔健、吴秋艳、刘聪、覃继万、王宏奇、张兴文、杨国兵、甘杰、冯世宏、王立猛、廖穆君、娄尚、马俊财、张鑫林、肖迪、赵晓宇、周贤通、卢运继、陈青文、王正一、冉光花、陆继伟、董睿韬、雷振云、姚晓明、周逸群、胡江龙、徐英鑫、潘春风、周训楠、刘军、王凤彧、何宇轩、何振磊、罗开和、刘行、梁江帆、赵森森、李杰、李泽培、石洪旺、吴国攀、常福军、马祎楠、袁洋、周鹏达、王川、白建忠、符天湾、罗小玲、廖永瑞、王坤、谢江林、马富学、马国全、陈炳续、聂富宏、郭靖、张凯涵、叶晓童、顾义兵、张露、马良鹏、仙玉海、汪天沅、马玉军、李学林、杨文广、韦维、宋苏堤、巴力恒·赛尔文、罗丹、石敖、锁忠保、张钘、杨雄岗、孙岩、刘泽一、曹宇航、周宇航、周箫、冶青虎、王伟、张兵、巴义轮、张玉涛、胡景润、刘俊彤、蒙江好、开赛尔江·依力哈木、田兴宇、马玉文、吴海成、马治清、张习利、曾德钰、戴禄杰、陈修乐

无机非金属材料工程 / 毕业69名

石钧文、王慧娇、樊朝阳、刘松澄、吴正淳、雷绩、覃键、符元鹏、海雁杰、张世秀、马梅、陈启旺、李行、龙林花、邓海飞、耿明阳、王吴博、黄丽娟、覃烽甲、于子雄、袁梦龙、吴真钟、陈誉文、吕伟广、刘跃阳、刘浩蔷、陈晨、李博文、马乔生、高永锋、苏亚红、马志芳、暴丹、杨永奇、艾孜买提·热夏提、苏利亚·塔西买买提、刘云恒、洪吉波、王一、黄潇葳、杜亮营、田正睿、白金龙、石锌欣、段雨薇、勉佳伟、哈圆、屈帅武、曾凤娇、韦彩曰、吴俊、杨铮、朱凤会、单鹏飞、韦胜圆、卢献议、蓝贤飞、郝文瑞、许帅钦、张雲丰、李长远、张曦蕊、奚健杨、马佳、李博、刘俊冕、王宇、高昕宇、牛霄雯

外国语学院

阿拉伯语 / 毕业81名

丁荣祥、马鹏程、李俊敏、马腾、李玺、丁润秋、马倩文、苏蓉、齐含旭、张浩楠、马淑花、胡一宁、林国奇、金雅丽、王芳、邢林、刘聪聪、迪力木拉提·多尔坤、虎倩、任晓菊、马海林、阿合库·耶尔哈力、蒋学梅、寇彩红、金日成、沙霄桐、刘瑛、罗成花、郭杰、任心雨、马琬婷、马伟英、尹晓微、吴敏、闫梦霞、马热阿提·金恩斯、沙林宝、郭海星、海潮、马世宇、常家骏、姜雪寒、马玥、陈钊、马胜龙、肖梅花、马芳、李崇超、马璘启、鞠美妍、杨世宇、洪烨、杨静静、马晓梅、马文龙、马圣娜、马婷婉、邓俊浩、马雪君、艾力克木·艾尼瓦尔、白振伊、冶廷海、李若男、杨浩、

苏晨、马锋荣、马小梅、冉敏、吴官宸、海日古丽·吐鲁洪、马佳婧、海冬、李俊平、张志本、韩蕊、马紫薇、王晓宇、曹雨然、刘俊杰、喜悦、周子宣

俄语 / 毕业 27 名

拉扎提·都兰、徐金旭、韦艳霞、孟晓明、买丽君、胡湘涛、袁巧玲、董飞跃、赵萌、余键、张真、陈前进、王欢欢、赵明、张馨月、冯月锐、潘虹宇、邢东文、杨正彪、马亚丽、韩雨欣、张明泽、郁海龙、王丽丽、居马古丽·胡萨音、古在丽努尔·亚克甫江、拜合提亚·卡买尔江

英语 / 毕业 141 名

夏米尔·夏克、王小娇、王丽莎、张倩、马瑞、庞小娥、蒋连墙、杨倩、毕霞、魏慧英、于天琪、张荣、贾洪志、李蓓、姜晓卉、蒋颖、贾长文、唐佩婷、张秋云、邓明芳、曾祥伟、莫大婷、云世媛、舒玥涵、罗一、李小凡、刘明新、玛丽娜·阿西坤、顾佳敏、梁梦思、王婷婷、岳红霞、焦国丽、台巧妹、张玉洁、马秀玲、蓝意、石少浓、陈奇、黄舒娴、李玉萍、路韬隆、鲁佳梅、范溥敏、邢珊、吴杰、曾荣佳、莫枝勤、何彦宏、曾祥英、韦娅、艾妮排·斯迪克、陈丽萍、茶增波、许静雯、阿依达娜·阿勒木江、邢宇轩、刘薇、厉成燕、高建英、高杉、张洁、刘君霞、包金格、李璐霞、刘春艳、李道健、王梅、保瑞雪、王国军、谭小琴、王以好、潘虹、于宁、李桂情、蒋子易、吴方桃、张永霞、满亚孜、马晓敏、李国花、高倩、木琳钰、赵怡玲、依甫提哈尔·白哈提牙尔、木凯代斯·艾合买提、郭正龙、石倩倩、童宗玲、李燕燕、杨全艳、梁韵、程秋娟、龙语、张志成、谭素秋、李文琴、申万江、张滢倩、杨霜、李勤香、李燕美、刘玲、陈欣鹭、易明迪、马晓霞、普爱、马梦沙、马晶、麦尔哈巴·艾尼、陆桂英、魏翔宇、王娥、付佳灵、张双彤、何爽爽、汪颖慧、闪文静、陈慧、冯树溪、李娟、何仕文、令狐鸽、霍畅畅、曾小锋、姚兰兰、毛宇清、黄秀蕾、兰信、尼玛她姆、李丁丁、覃若静、蔡星宇、刘玥、夏号然、刘龈、李草、李蔚、再米热·吐尔洪江、叶倩倩、李丹

英语（蒙英双语）/ 毕业 25 名

李春芳、阿斯尔、梁梦珍、阿丽雅、达楞塔布、乌义汗、银英、高林夫、苏日格、萨仁高娃、乌恩吉雅、额尼日乐图、春霞、王图雅、白文霞、依希曹、吉木斯、萨仁塔娜、伟乐斯、松德尔、乌云塔娜、杨文光、达西道力玛、旦登吉利、才仁玛

中国语言文学学部

汉语言（维汉翻译）/ 毕业 66 名

阿卜杜艾尼·艾麦尔、吾古力汗·克衣木、木拉提·艾合麦提、卡米力·坎吉、阿力木·塔伊尔、古丽且克热·艾力、如则托合提·图尔迪麦麦提、巴合江·赛依兰别克、加那别克、谢仁娜·亚森、

木克热·外力江、迪力亚·吐洪、亥如力尼萨汗·喀斯木、米热古丽·买买提、阿卜杜克热木·喀迪尔、阿斯古丽·买买提、穆斯塔帕·马木提、古丽胡马尔·阿合尼牙孜、图罕·马木提、萨布提·沙比尔、阿尔孜买买提·吾木尔别克、阿提坎木·艾麦提、图尔荪阿依·木尔扎、依拉木江·伊马木、帕提故丽·克日木、阿热曼·马木提、布麦热木·吾布力、肉先姑丽·亚库甫、艾尼瓦尔夏·胡加合买提、买尔孜也古丽·马合木提、唐加热克·霍贤、艾迪达尔·阿德勒特、哈依萨尔·图尔荪拜、沙比哈·马旦别克、合姆巴提·江阿努尔、苏比努尔·阿里木、甫拉提·木拉提、安孜拉·木萨哈勒木、米力阿依·麦麦吐逊、伊卜拉伊木·吾普尔、伊斯米提拉·吐尔孙、古丽胡玛·吐尔逊、穆斯塔帕·阿卜来提、孜白特·依马木、古里牙尔·依马木、阿同古丽·吐尔逊、热孜彦·卡斯木、瓦热斯江·热西提、热那古丽·艾合买提、热依兰·艾合买提、阿地江·阿不都克热木、阿衣乃再尔·吐尔洪、麦尔哈巴·麦合木提、阿布特哈帕尔·买买提阿山、塔伊尔江·艾尔肯、古再丽努尔·阿吉木、布麦尔耶姆·艾米提、古丽萨米热·买买提、努尔艾力·西尔艾力、阿吾提江·依明尼牙孜、库尔班古·沙吾提、姑丽乃扎尔·买买提明、哈白欧拉·吾仁、卡比兰·巴合通拉、阿依江·外力、木亚斯尔·阿不都江

中国少数民族（维吾尔）语言文学 / 毕业 101 名

艾合麦提·伊马木麦麦提、麦尔哈巴·麦麦提、玉山·克热木、古丽米热·艾再孜、迪力穆拉提·阿卜杜外力、古力且克热·艾尔肯、艾克拜尔·艾则孜、米丽坎木·吐尔洪、阿依加马力·亚森、拜科热·艾则孜、帕孜力亚·努尔、努尔阿力木·艾散、地丽热巴·阿合买提江、努尔艾合买提·艾尼瓦尔、米热尼沙·艾麦提、阿力木·艾再提艾力、买尔哈巴·木台力甫、依米尔艾米孜·艾比布拉、阿依木沙·拜克热、布威再乃普·阿伍提、阿布都艾尼·吐尔混、米合热班·努尔孜明、布威佐合热·阿皮孜、夏提古丽·伊敏江、阿卜杜热合曼·阿卜杜克热木、夏地也古丽·迪力夏提、阿迪拉·阿不力克木、努尔夏提·努尔麦麦提、麦尔哈巴·阿布力米提、伊力亚斯·卡木江、买吾菊旦木·阿不都克依木、古丽米热·艾白都拉、米克热阿依·依塔洪、艾合拜·艾合买提江、阿尔祖古丽·麦麦提、努尔阿卜拉·阿卜力米提、再比布拉·阿扎提、古尼格尔·艾吾拉、买迪娜木·艾山江、海热提·艾西丁、玉苏甫江·艾买提江、热萨莱提·热依木、阿孜古力·由苏甫、麦吾兰·图尔迪、玉素甫江·艾合买提、阿布都外力·托合提、米合热班·阿力木江、迪丽拜尔·热合曼、日萨来提·阿布都热合曼、佐日古丽·麦合木提、祖丽非亚·吾吉、米拉迪力·奥斯曼、艾赛提·艾海提、阿曼尼萨汗·阿布杜瓦依提、阿丽亚·玉孙、木娜瓦尔·图尔荪、木开热木·麦麦提吐尔孙、木合塔尔·托合尼牙孜、卡丽比努尔·吐尔逊、布威阿依谢姆·阿卜力米提、古力喀买尔·吐尔送巴克、阿卜杜海外尔·托合提如则、怕热地古丽·司马义、谢衣旦·哈帕尔、夏黑旦·吾买尔、艾尼瓦尔·艾沙江、苏热亚·艾尔西丁、皮克来提·阿合坦木江、艾丽菲拉·阿布都米吉提、买热帕提、苏比·斯依提江、古兰白尔·阿布都赛买提、阿地来克孜·托乎尼亚孜、吐地·托合尼亚孜、阿尔组古丽·喀

斯木、马拉提·米拉提汗、马国智、许乐、张浩、张怡雪、代芮、苏文静、苏思来、陈蒙根、魏欣元、王宁、吴丹强、敖钦、布音·巴特木思可、艾尔登碧丽格、周妍妍、吴才森、王志民、马玥、李刘青青、孙叶静、陈维鑫、杨晓菲、张钰迪、刘镇瑞、周仁芳

汉语国际教育 / 毕业 40 名

澈勒格恩、董昊、黄晟东、胡冰、邹红敏、郜艳婷、官倩楠、刘言、陈晓婷、闫小梅、曹立影、许佳洋、卢丽、吴胜兰、秦琼、田文飞、李晶、马海润、俸莲、李琪、农春梅、杨素英、韦意、彭关奇、唐子黉、马娟、马秀英、白玉娟、八沙才仁忠尕、刘晓旭、史树魁、沈芸、薛昊、朱雯琪、丁浩、王芸子、扎西卓嘎、乌孜然·哈力甫、叶尔努·俄根巴依、阿合叶尔克·叶尔肯别克

汉语言文学 / 毕业 143 名

万林云、吴慧婷、杨佳羲、任婷婷、王妹霞、雷欢欢、韩芸霞、马吉惠、李吉勇、马蕊、牟珊、张信、邓芸彩、雷港、向静、毛越、杜栋梁、王欣然、马英花、齐勋、刘雨静、张学术、柯以榕、唐琴琴、杨方元、江鑫、黄盼、林青由、罗通迅、郭小梅、王红梦、章国庆、何露宇、何明、白羽伽、曾梦平、饶明俊、谢青、金燕、杨琳茹、麦麦提图尔荪·喀斯木、甘君豪、翁湘钧、刘琪、卢强、程宏、令乐乐、马瑾荣、永西拉姆、田凯、张蕊、贠瑞环、方礼、石若芸、柳锦秀、马小芳、郭荣、李龙、马文霞、黄莲、马丽红、王川、邰贯虹、王梅、王雪花、吴桐、刘娜、庞玉、戚礼单、郭沛良、窦文旭、苏婷、樊梦奎、孙哲、韦健雯、赵秀依、廖云燕、谭求健、马福萍、陈淑慧、唐琪、冉卓凡、刘钰、周姣、梁国云、胡艺、洛桑多吉、白吉、阿迪拉·艾沙江、达吾提江·吐尔汗江、马玉梅、海思敏、杨帆、于江琴、马悦、白玛央金、努尔曼古丽·阿不都外力、依再图力·尼亚孜、何佳容、董文菊、张文琦、卢小蕊、李广丽、张芳蛾、韩伊莎、周明鑫、陈钰、吴昌树、黄兴、李英、陈国情、杨柳、解雅清、陈芳甜、马彦梅、王晓欣、杨姝薇、谭琳浩、付守洁、苏凡、王海哲、韦力予、蒋祺、许婕、覃利源、付建萍、李林斌、潘婷、苗华龙、王哲、简霞、吴婉君、扎西旺拉、阿旺卓嘎、苏比努尔·木合塔尔、王悠、撒召透、王贺、陶冶、边巴卓嘎、季晓亭、那木加甫·阿木尔、迪丽奴尔·阿布都瓦依提

舞蹈学院
舞蹈编导 / 毕业 16 名

陈泽、窦鑫雨、王严君、马永海、贺俊杰、王志鸿、周航、都如娜、贡保索南、李莹、杨丽娴、李平、辛潮妮、刘敏敏、王红伟、姜欣

舞蹈表演 / 毕业 54 名

豆周太、陈朝、杨美美、刘晓、崔娜、徐漫漫、陈艳芳、王家乐、孙亚雯、杨茗颖、翁梓琪、杨晴、蒋莹、措毛加、吴昊、斗太才让、林梦婷、马琴、尉媛、刘玥、赵凌云、张妍、秦淼娜、巩晋芳、王雪、白娜、姚雅莉、汪姿廷、林春惠、陈静、姚雨季、杨紫苗、史佳丽、夏洺远、王芳、罗燕清、李晨辉、董璇、王草、德吉、徐璐、杨楠、索南措、冯静、翟珏菲、李娜、赵刘刚、孙亚娟、何燕、周佳乐、倾粤龙、谢馨慧、刘家汝、张俊平

舞蹈学 / 毕业 59 名

莫茹、孙孟琛、李惠、陈俊俊、张然、刘鑫、滕明杰、秦婷、任紫怡、仇丽凡、陆泳邑、韩嘉成、魏金贵、多丽娜、张雯、马宁、王越、东娇娇、祝存娟、崔义香、史乃萍、陈芊羽、李小虎、郭晓楠、李瑞雪、张桐瑜、马婕、柳耶珊、刘善、王伟凯、陈玉女、姬佳佳、党玲、孙黎明、刘葱、杨雯、邓秋雨、付颖、蔡文慧、韦天盛、赫晓琦、张彦杰、杨婷、赵睿祯、邓梦菲、索南拉忠、曲羊卓玛、乔调霞、李晓玲、陈柏延、王雪、杨建超、王肖、冯彩丽、扎西才让、刘沁、王颖、李佳亮、鲍延岩

新闻传播学院

广播电视编导 / 毕业 79 名

胡英楠、齐瑞、孙焕文、张云贺、康永娜、莫立智、郭艳、董发吉、周若楠、秦森、刘艳瑜、马棋、阙宁宁、李树宇、宋雨晴、张慧敏、马欣婷、巫榕燕、廖简、曾馨怡、张婷、林书磊、阮汝梁、邱杏莹、姚丽娟、黄育谈、闫翌雯、傅怡然、查飞德、周红莉、刘碧玉、牛慧、陈君翔、宋文莎、阚润、董海霞、董欣慧、黄晨、李庆男、陈玥琪、刘蕾、李虹霏、黄文茜、孙安丽、谢谍谍、班姣姣、詹贵群、杨笋、曹艺航、尚雨翔、刘振洋、惠本桥、苑秋玲、胡秋月、孙琪佳、杨意、王坤洁、石建明、王梦利、赵俊、曾文凤、杨圆秀、徐韦唯、严嘉丽、梁清松、伍思婕、石文静、董军平、赵碧霞、任亮、王金花、代松林、王乐乐、尚惠萍、崔亚梅、刘杨、司军齐、韩丽影、安妮

广播电视学 / 毕业 93 名

焦阳、兰泽宇、曾莉莎、王馨屿、马菁遥、马百合、张劲力、蓝素婷、杨峥嵘、杨杰髦、余泽佳、马悦、马薇、郭海龙、马倩、李青汝、宋文慧、徐正一、曾雅萍、郭婉婷、杨凡、段珍、张娟梅、李灿、周梅梅、姚力维、郭雯雯、黄朝橙、谢仁凤、林金、庞广凤、华卓玛、加依娜尔、闵晓龙、温国宇、马瑞琳、王婷、姜涌、张克娇、王晨、旦增卓嘎、马那夫·肯接白克、迪里娜尔·吐鲁洪、嘎玛德吉措姆、邓妍、黄逸轩、魏书鹏、美灵、赵艺、关超、王祺瑶、拉毛措、刘焕璋、邓恒颖、刘婷、华祉祯、刘卿雨、沙璇、马华梅、丁月玲、马亮、朱艺伟、何晴、张自豪、张洪伟、彭桂香、林炜洁、吴婷、何丹、陆世明、宋晓芳、柏诗语、杜娟、贺云、曾宝玲、曾晓慧、陆柳静、李星远、谢华、马

秀兰、杨燕、魏宪玲、夏文浩、马悦、马琳娜、李东旭、张泽月、李美溶、李洋、李媛媛、嘎桑达杰、杨璐铭、夏克热扎提·塔叶尔

广告学 / 毕业 73 名

四朗巴珍、李灿丹、马瑜宏、王安鑫、陈刘殷、李金毅、张浩、袁文成、苏柳清、向岩、马悦、秦田宇、汪玟琪、彭钰雯、谢静、安丰宇、张雅飞、牟桂会、杨青龙、石慧方、吴歌、黄伟波、兰幸娟、马珂、马丽丽、马晓琴、黄子祯、吉桂芳、刘奇妹、吴欣平、高丽曦、余彩霞、纪凤岐、牙生江·阿布来、才加浦、黄秀娟、李贵阳、任松林、彭建平、张宇江、蓝海洋、范美玲、章晓蓬、董瑞、马彦平、卜若祎、张诗林、刘秀琴、齐梦嘉、张通、刘俊、龙凯园、杨正金、王贵平、黄清英、韦娟娟、贲国都、李燕、韦浩、谭月蕉、周雅婷、魏鹏、马英、胡家怡、费静波、李裕梅、马丽萍、沙希傲、普琼、次仁曲西、娜仁花、米尔班·吉恩斯、肖可可

新闻学 / 毕业 100 名

旷文、马俊祺、吴乔瑞、李诗雨、秦梦玉、王加豪、周怡伶、符宁波、黄若星、符青、郭禹、陈钰、王洋、尤嘉利、海荣、张雨、朱杰、汪子瑜、刘熠、付百云、吴琼书、张婉钰、丁乙、杨秀稳、梁鸿丽、陈菊芳、陈泓宇、覃音焦、韦湘澜、高华慧、马玮、殷若媛、高贤霞、张超燕、陶成录、马丽玥、赵荣昊、李晓妮、马媛媛、岂可杭、陈晓婷、普雪、雀怡星、马丽、吴倩、张琪、次仁央宗、加央曲达、钱宏、达吾林·达吾列提、田小芳、任佳璐、董珺、商智远、马娅兰、程杰、吴鑫、吴永珍、陆柯娴、李金城、刘施雨、肖好、肖步云、杨百兰、马春勇、金玉琴、李宁萱、耿一同、张行、张戊、孙丽萍、周巧丽、王艺馨、王娅、肖凯、王玉莹、苏昭宇、黄珊珊、马雨澄、韦时深、杨锦玲、马佳丽、李婕、刘颖、童延庆、曾智军、王瑞、李海潮、刘雨侨、张晓琴、杨灿娟、雷梦琪、和宁丽、李莹雪、马丽、张璞琢、许孟豪、边巴央宗、拉巴次仁、路嘉仪

医学部

临床医学 / 毕业 200 名

张慧芳、何晓鲁、牛鹏德、甘诚通、赵万燕、李智、阿丽米热·麦麦提、益西卓玛、黄涛、张运好、李颖、马飞龙、毛倩妮、鹿浩雯、罗智文、海瑞、齐那日苏、伊力亚尔·吾买尔江、武雅楠、刘思然、黄晓浪、杨梅、蒋中佑、王文春、朱方冰、邵香香、杨雯、陈海艳、美合日阿依·亚力坤、杨欣雨、陈汉、罗瑞翔、周淋、蒋士博、张阳印、柳珂、苏比努尔·艾合麦提、艾力亚尔·木合塔、马欣桐、陆晓山、王承建、刘恋、蓝志强、冉景航、旦增桑姆、解有成、李小玲、何瑞春、柯尊晖、格桑拉姆、马明龙、马美雕、美迪娜·麦麦提艾力、王锐、葛辉、周平、林悦、郭子涵、张鑫、张霞、马达、德吉措毛、图尔迪麦麦提·托合提麦麦提、旦增曲珍、卢慧、艾尼瓦尔江·艾尔肯、李美玲、

陈燕蓉、马鹏芳、宁雪松、禹金凤、杜葵、严治鹏、包乌英嘎、阮朝瑞、胡西塔尔·金恩斯、鞠宇、王墨涵、李佳美、张正雄、帕日扎提·艾斯卡尔、王鹏飞、龚小羽、韦如梦、陈宣文、张伟、李小芳、刘树贤、益卓桑姆、艾克丹木·艾尔肯、马麟、德庆、包崇罡、杨柳、杨田、顾美娟、马小成、李蕊宏、陈婷、彭寿光、刘文龙、肖婷婷、李王舸、司惠玲、顿斌、祖丽胡玛·库安尼牙孜、马潇、唐辰霖、李海霞、穆拉迪力·艾力、张建平、冯铱、李梦迪、马仲林、张存兰、米腾、葛世娟、扎西央宗、覃家猛、李其美、沙宁钰、余世文、李娜、雷福长、李萍、彭映辉、肖巍、李玉彪、海日古丽·艾尼瓦尔、任建蓉、李锦、赵军蕊、付俊伟、马启红、李冰倩、马登武、米国莲、艾尼瓦尔·艾力、马桂婷、仲家成、黄子斌、马海康、王红蕊、刘婉琴、陈昱共、韩海萍、玛依努尔·艾孜则、李霞、祁万财、马艳、邓丽萍、马淑珍、马欢、田俊杰、田甜、马佳琪、黎娟娟、刘娟娟、翟斌、李焱、夏木斯娅·阿里木江、杨军伟、张有弟、马凤琴、马牙生、阿依孜木古力·艾合麦提、刘飞、孙瑞琳、吉克以吉、杨芳、努尔也木·麦麦提、王晓坤、刁韵婵、马雅丽、唐锐、谢文清、李霞、黄晶晶、段金易、马娟娟、高婧、陆明洁、马菊梅、玉业英、李梦、王佳倩、王丽丽、王苗、孙枫、杨银坪、苏娜、吴会丽、王誉蓉、陈红英、段琦、麦丽凯、赵倩、李云云、安丽林、罗孙举

护理学 / 毕业90名

耿昭瑞、阿丽米热·阿不力米提、马燕、马婧、余艳、李雅露、马帅虎、薛宗楠、马颖李、李胜男、孜拉叶提·艾海提、阿吾扎尔·帕尔哈提、罗福莲、王俊芝、滕朝金、缠小露、本俊英、马玉兰、吴应兵、邢茹、雷鸣雨、班雨婷、陈祥艳、张兰兰、张瑞佳、姜佩元、邓富复、蓝舒桦、张燕、卢桂艳、朱惠惠、苏苹、周韬、曾茵茹、马梦黎、金寿瑞、杨瑞娟、杨祺、马小红、马丽梅、巴桑、旺姆、吐尔色那依·艾买提江、古丽排日扎提·买买提阿布拉、谢依旦艾山、马志清、郑美琦、谢慧琴、罗应敏、曾勤、赵生萍、徐凤岚、谭爱丽、聂海玲、高敏、李树香、那地热·艾力、张丽群、龙玮、祁国真、蒲永婷、吴成林、穆桃花、彭谷雨、马海锋、李存花、李彩霞、梅小艳、吴宗慧、罗丹、龙立、罗迎春、陈港秀、玉羡碧、何雪琪、杨子慧、彭伟华、彭静、郎米蓉、廖薇、李云梦、杨贵珍、沈建楠、马全龙、丁丽、桑杰卓玛、格桑央宗、迪丽菲亚·吐尔逊、海米代·阿布力克木、阿衣努尔·阿不都拉

医学检验技术 / 毕业66名

王妍、樊玉霞、敖小寒、沈圆、张灏辉、韦丹、黄亚平、努尔波力·买然、木巴来克·阿布都黑力力、努尔曼·麦合木提、黎清、王江苹、张艳、陈莉娇、买扎、毛琴琴、苏荣、罗豪、陈情、王倩、李影、陆中、费桂萍、韦梦婷、黄宁榕、杨玉婷、李娥、赵志香、马莉、陈琴艳、张蒙蒙、依帕热·依力哈木、祖力亚尔·阿布力米提、岳明、阿飞拉·木合亚提、罗小金、刘海曦、向晓明、刘志强、施马珍、努尔加马丽·吐尔逊、肖梦婷、张孟、向兰、田楚琪、李菊萍、韩秀琴、马春莲、马莲、

吴佳恩、吴金连、王政显、刘睿、黄建周、杨彤、黄承德、刘倢言、赵卓壹、陈满花、沙拜次力、段倩颖、黎永梅、马学华、米尔古丽、阿丽米热·阿不都、马玉兰

音乐学院

音乐表演 / 毕业 95 名

马新芳、冷知加、杨煦立、向贡加、梁超、郭宇、尚旭光、孙箐、郭昕涛、马立平、章祺昕、海丽娜、丁创阳、刘安华、刘万余、冯君、白洋、张益德、李雪彤、李小芳、马志刚、雷蕾、曾庆玉、刘帅、尹红悦、李叶楠、王晓莉、魏占平、徐濛旖、孙琪琪、马天瑞、郑恒钰、魏吉玉、王智慧、张星、张泽璐、宋睿祺、郭旭、王嘉乐、李璐坤、刘旭、赵佳琪、刘娜、胡秋韵、付伟豪、赵远坤、马驰宇、李佳逊、陈心蕾、闫肃、周越、燕光旭、黄小平、李佳欣、刘媛、胡韧、何柳青、王成、郭文龙、李京晶、张思琪、王晨、贺睿、张小晗、余乐、邓秉成、任怡静、陶惜璇、杨皓翔、方玥、裴宁宁、韦文文、李悦、吴丽媛、钱潇歌、孙样样、运斯桐、冯静欣、龙晓、张文琳、王约翰、梁蕊、高和祥、王熹桐、郭炜盛、姜田、朱醒雨、张怡婷、陈尊玲、薛百川、查秀兰、排孜丽亚·吐尔洪、唐文莹、张雪珊、王世源

音乐学 / 毕业 40 名

陈雪婷、段彤晖、李国庆、董茹、黄臻、祁旭晴、王晨丽、许露静、赵耀、杨超、刘琪、段鑫峰、张雨彤、李远吉、李彤、孙越、李鸿、李玲欣、侯斯雨、尚欣华、靳惠琳、徐子涵、郭青、朱静、邓晓波、何文杰、张嘉颖、康永强、王文娟、王斌、康政雄、张泽彬、李怡霆、侯云中、赵玉雪、雷慧秋、陈诗涵、刘佳宜、蔡中权、于佳伟

作曲与作曲技术理论 / 毕业 4 名

哈妮、索艺菲、何湘、焦琦

电气工程学院

电气工程及其自动化 / 结业 1 名

次旦多杰

电子信息工程 / 结业 1 名

安外尔·图尔荪

自动化 / 结业 3 名

韦胜雄、叶尔江·胡斯曼、马晓明

法学院
法学 / 结业 4 名

贡秋江村、普布多吉、李官皇、普布扎西

管理学院
工商管理 / 结业 2 名

韩延斌、何龙

会计学 / 结业 1 名

邓占涛

化工学院
化学工程与工艺 / 结业 2 名

央金卓嘎、鲁成虎

教育科学与技术学院
数字媒体艺术 / 结业 2 名

张嘉金、彭俊

经济学院
保险学 / 结业 4 名

张威、马浩棋、单忠阳、张朝淦

金融学 / 结业 2 名

马维龙、杨天泽

美术学院
环境设计 / 结业 1 名

包扬振

中国语言文学学部

汉语言（蒙汉翻译）／结业 2 名

巴热南、拉青

中国少数民族（蒙古）语言文学／结业 2 名

巴丽曼、李加拉

民族学与社会学学院

社会学／结业 1 名

阿曼别克·艾山

生命科学与工程学院

动物医学／结业 1 名

扎西平措

生物工程／结业 1 名

常皓

食品科学与工程／结业 1 名

李冠葆

数学与计算机科学学院

软件工程／结业 1 名

陈朝智

数学与应用数学／结业 1 名

马宇卓

体育学院

体育教育／结业 1 名

熊开宝

土木工程学院

土木工程 / 结业 14 名

努尔哈斯·努尔曼、王玮、陈锴、甘果、郭家旺、王美达、谭伟、袁巍、常宽、刘广超、艾力亚·吾买尔江、扎平、米小龙、奴尔赛力克·波拉提江

无机非金属材料工程 / 结业 4 名

冶贵民、马里斯·热合曼、伊力亚尔·艾山江、艾尔肯·库尔班

中国语言文学学部

汉语言（维汉翻译）/ 结业 3 名

法如克、凯丽比努尔·奥布力、阿合朱力·托里吾

中国少数民族（维吾尔）语言文学 / 结业 3 名

吐尔汗·塔里、艾尔巴特·阿不力孜、甫拉提·吐尔逊

中国少数民族语言文学（维语言）/ 结业 1 名

哈兰别克·胡马尔

舞蹈学院

舞蹈表演 / 结业 1 名

彭毛才旦

新闻传播学院

广播电视学 / 结业 2 名

欧庆、宋正如

新闻学 / 结业 1 名

陆才贵

医学部

医学检验技术 / 结业 1 名

木拉提·买买提明

音乐学院

音乐表演 / 结业 2 名

杨可奕、齐晋浩

科研工作

在科研工作推进会上的讲话
——凝心聚力推动校地（企）合作取得新突破

西北民族大学党委副书记、校长　郭郁烈

（2020年3月26日）

同志们：

大家下午好！

党的十八大以来，以习近平同志为核心的党中央把科技创新作为提高社会生产力和综合国力的战略支撑，高校作为科技创新的源头，理所应当要肩负起加快成果转化、促进产学研合作，服务国家重大战略需求和地方经济社会发展的使命担当。加强校地校企合作，是"把论文写在祖国的大地上，把科技成果应用在实现现代化的伟大事业中"的具体行动，也是努力实现学校六次党代会提出的"三地一库"奋斗目标的具体举措。下面，我结合学校2020年度校地（企）联合资助项目的实施，就深化校地校企合作，提高服务社会意识，增强服务社会能力谈几点意见。

一、提高认识，深刻理解加强校地（企）合作的必要性

社会服务是高校的主要办学职能之一。《国家中长期教育改革和发展规划纲要（2010—2020年）》明确提出，"高校要牢固树立主动为社会服务的意识，全方位开展服务"。加强校地（企）合作，不仅是实现学校社会服务职能，提高社会贡献率的根本途径，也是学校主动了解社会发展需求，促进自身改革，促进学校学科建设上层次、教育教学上质量、学校管理上水平的重要方式。

国家政策引领和要求高校服务社会。党的十八大以来，我国教育科技政策发生了巨大变化，习近平总书记明确提出："科学研究既要追求知识和真理，也要服务于经济社会发展和广大人民群众。广大科技工作者要把论文写在祖国的大地上，把科技成果应用在实现现代化的伟大事业中。"我国的科技发展转向高质量提升阶段。对高校的评价也由过去重视成果数量转向了更加重视科研成果转化率、社会服务能力、解决生产实践中关键技术问题的实际贡献。特别是近期科技部、教育部、国家知识产权局先后出台的《关于提升高等学校专利质量促进转化运用的若干意见》《关于规范高等学校SCI论文相关指标使用树立正确评价导向的若干意见》《关于破除科技评价中"唯论文"不良导向的若干措施（试行）》等文件充分释放了这一信号。

地方和企业亟需科技文化创新支持。十九大报告提出"加快建设创新型国家",明确"创新是引领发展的第一动力,是建设现代化经济体系的战略支撑"。创新能力成为发展的关键,创新在哪里兴起,发展动力就在哪里迸发。抓创新就是抓发展,谋创新就是谋未来。地方政府和企事业单位几乎无一例外地都把创新驱动发展作为自身的发展战略。我校服务的重点地区甘宁青新内蒙西藏等省区及市州政府、企业都围绕创新驱动发展设立了重大项目,我校所处的兰州市提出了"都会城市、精致兰州"十大项目,榆中生态创新城建设规划正在公示当中,"创新"无疑都是这些项目和规划的主题词。

学校学科专业发展和人力资源潜能发挥需要大力开展横向合作。从我校专业学科结构看,目前正在招生的 68 个专业中纯人文学科专业为 9 个,占比为 13.2%,其余 59 个专业为纯应用型专业或偏应用型专业。其实人文学科在社会文化发展、价值引领方面也可以说是应用型的。从 2018 版本科人才培养方案当中"人才培养目标"一项看,70% 以上的培养方案表明人才培养目标类型是应用型人才;从人力资源(师生)知识背景、青年人才(师生)数量及发展角度看,9 个人文学科共有教师 222 人,占专任教师总数的 20%,68 个应用型专业共有教师 846 人,占比为 80%;9 个人文专业有本科生 4590 人,占全校学生总数的 19%,59 个应用型专业学生占 81%;专任教师中 45 岁以下教师占 66%,其中博士 252 人,占教师总数的 20%、占 45 岁以下青年教师的 30%;我校应用型专业教师中具有双师型背景的极少。从学校近五年纵横向科研项目数、经费数和承担项目人员数看,学校共有 60 名教师承担横向科研项目 89 项,到账经费 1540.4 万元,年均承担横向项目教师 12 人,年均横向经费 300 余万元;416 名教师承担纵向科研项目 620 项(不含中央高校基本科研费项目和校设科研项目),到账总经费 8860.8 万元,年均承担纵向科研项目教师 124 人,年均纵向经费 1772.16 万元。从以上数据分析可以看出,目前开展横向联合、社会服务项目的人数极少。承担项目的人员虽然取得了良好的社会效益和经济效益,形成了学校服务社会横向联合工作的"高峰",但这一"高峰"不是生长在"高原"之上,而是生长在"平原"甚至"洼地"上。这种情况不利于广大青年教师的成长,不利于立德树人根本任务落实,更不利于学校事业长远发展。

开展横向合作,是学校贯彻落实党和国家政策的需要,是贯彻落实学校六次党代会确定的"三地一库"和"建设高水平大学和一流民族大学"发展目标的需要,也是提升学校事业发展平均海拔、再造高峰,充分发掘现有人力资源潜能、实现人才培养目标的需要。

二、精准施策,推动校地合作迈上新台阶

为了充分有效调动全校广大师生服务国家创新驱动发展战略的积极性,履行好学校社会服务的职能,鼓励广大师生积极承担横向科研项目,学校着眼于政策引导与支持,近期出台了《西北民族大学横向科研项目管理办法(试行)》和《2020 年度校地(企)合作联合资助项目实施方案》。一是建立横向科研项目与纵向科研项目的等效评价机制,横向项目到账经费达到一定额度,可相应认定为国家级项目、省部级项目或地厅级项目;在职称评定、职务晋升、评优评奖、人才计划、绩效考核等工作

中与同级别纵向科研项目同等对待。二是提供引导资金，今年学校拿出1500万元，作为引导资金，鼓励老师申报校地（企）合作联合资助项目，学校按照共同资助项目合同总金额的30%进行资助，同时对按期完成项目的还要给予绩效奖励。

这些是目前已经出台的激励政策。学校各职能部门要立即行动起来，根据国家政策导向，研究制定配套支持政策，保证政策供给科学、全面、合理、充分。比如在职称评定中可以对任现职以来开展横向课题的情况特别是成果转化作为一项重要的评价指标，纳入职称评价体系；在横向科研经费的使用上，要认真贯彻习近平总书记和李克强总理的有关批示、指示和讲话精神，要不折不扣地落实国务院和教育部、科技部、甘肃省关于科技"放管服"的相关政策，加大科研绩效奖励力度，增加科研投入中用于"人"的比重，充分调动我校广大师生创新创业的内在潜力和热情，形成"百花齐放春满园"的局面。

要正确认识和处理基础研究与应用研究、纵向项目与横向项目、学术成果与技术成果（包括咨询报告等）、教学与科研等的关系，掌握平衡，趋利避害，相互借色，相得益彰。

三、狠抓落实，确保圆满完成全年目标任务

这些年在广大教师中涌现了一批值得我们大家学习和借鉴的典范，例如马忠仁教授团队承接新疆天康畜牧生物技术股份有限公司技术研发项目，产生良好的社会效益和经济效益，单项到账经费达到了1000万元；陈丽华教授团队多次承接石油化工企业技术研发项目，到账经费210余万元；多拉教授团队承接"云藏藏文搜索引擎"研发，到账经费190余万元；张积良教授团队多次承接白银市、肃南县等地方政府的市政规划编制工作，到账经费180余万元；孟开教授团队承接新疆和布克赛尔蒙古族自治县《塔尔巴哈台〈江格尔〉》编纂，到账经费100万元；赛音教授团队多次承接临夏、东乡等地市、企业的歌曲创作项目，到账经费40余万元。这些项目涉及自然科学、社会科学、人文学科以及交叉学科，充分说明我们是有能力与地方、企业开展科技人文社科创新服务合作的。

学校已经初步确定了今年社会服务横向联合的质量目标，这些目标是经过较为充分的论证和分析的，只要我们坚定信心，组织得力得法，既定的目标任务是一定能够实现的。

目标已确定，关键在抓细抓实。首先，要加强对政策和形势的学习、研判，要研究各级政府的工作报告、各地事业发展规划、行业发展规划等，了解各级政府和企业的需求，有针对性地开展工作。其次，要精心谋划，精准施策，实事求是，好事办好。再次，要明确各自职责，做到各司其职，各负其责，协调配合，形成合力。我对下一步做好校地（企）联合资助项目再提几点具体要求：

一是各学院（部）、科研机构要尽快召开党政联席会，传达会议精神，以时不我待、只争朝夕的紧迫感，凝聚思想共识，制定行动方案，分解工作任务，强化任务落实。要坚持书记和院长带头抓、负总责，采取强有力举措，确保本单位年度任务目标按期实现。

二是科研处要继续广泛搜集甘宁青新内蒙西藏等周边地区，以及学校在贵州、广西、江西对口帮

扶地区产业和社会发展需求，及时发布信息，协调相关单位有针对性地开展横向合作项目，切实落实"党和政府有所呼，学校有所应"。要定期了解、督促、指导各学院（部）、科研机构推进本年度校地（企）联合资助项目，每个月向分管校领导汇报横向科研项目实施情况。

三是组织人事部要把各单位本年度校地校企联合资助项目的完成情况作为一项重要的考核指标，纳入年底的评奖评优、绩效分配等工作。

四是学生工作部（处）要广泛动员校友等人脉资源，为广大教师开展校地校企合作创造条件、搭建桥梁。

五是宣传部要及时报道学校在服务国家战略需求，服务地方经济社会发展中表现突出的典型案例，打造品牌，树立榜样；要牵头把好各类项目政治关。

六是财务处、国资处、科研处等相关部门要坚决贯彻落实国家"放管服"改革要求，在科研项目经费使用和管理、科研仪器设备采购等方面采取切实可行的措施，简化工作流程，提高服务质量。

同志们，开展校地（企）合作，既是我们主观上想做，也是客观上能做，更是国家政策、学校使命担当上该做的大事好事。今天我们具有天时地利人和的多重利好，必须紧紧抓住，机遇稍纵即逝。面对日新月异、激烈竞争的形势，抱残守缺不行、固步自封更不行，让我们提升变革创新的意识，增强行动的力量，着力"抓紧""落实"，争取为社会做出更大贡献，向西北民族大学建校70周年献上一份厚礼！

西北民族大学学术不端行为处理办法（试行）

第一章　总则

第一条　为加强学术道德建设，规范学术行为，维护学术诚信，促进学校学术研究活动的持续健康发展，依据《科研诚信案件调查处理规则（试行）》（国科发监〔2019〕323号）《高等学校预防与处理学术不端行为办法》（教育部令第40号）《西北民族大学学术委员会章程》等有关文件的规定，结合学校实际，制定本办法。

第二条　本办法所称学术不端行为是指学校教学科研人员、管理人员和学生，在科学研究或相关活动中发生的违反公认的学术准则、违背学术诚信的行为。

第三条　学校处理学术不端行为坚持教育与惩戒结合的原则，不断完善学术治理体系，营造鼓励创新、宽容失败、不骄不躁、风清气正的学术环境。

第四条　校学术委员会设立学术道德专门委员会，负责受理、调查学术不端行为的举报；受理、复查对学术不端行为的处理存在的重大异议的申诉。

第五条　校学术道德专门委员会下设办公室，办公室挂靠科研处，具体负责受理学术不端行为的举报，协助学术道德专门委员会开展相关工作。办公室由组织人事部、纪监审办公室、教务处、科研处、研究生处、学生工作处、财务处、国际合作交流处等部门主要负责人组成，在各自职责范围内协助对学术不端行为举报的调查和复查等相关事宜。

第二章　受理

第六条　任何单位和个人均可向校学术委员会实名举报本办法适用对象的学术不端行为。举报应当符合下列要求：

（一）有明确的举报对象；

（二）有明确的违规事实；

（三）有客观、明确的证据材料或查证线索。

以匿名方式举报，但事实清楚、证据充分或者线索明确的，视情况予以受理。

第七条　校学术委员会在收到符合要求的举报后15个工作日内，由校学术道德专门委员会主任指定3名委员对举报学术不端行为的材料进行初核，认为涉嫌学术不端行为，且证据线索具体、明确的，校学术道德专门委员会予以受理；认为不存在学术不端行为，或证据线索不够具体、明确的，或者被举报的学术行为不在本办法受理范围内的，校学术道德专门委员会不予受理。

第八条　举报受理情况应在完成初核后5个工作日内通知实名举报人，不予受理的应说明情况。举报人可以对不予受理提出异议并说明理由，符合受理条件的，应当受理；异议不成立的，不予受理。

第九条　对媒体公开报道、其他学术机构或社会组织主动披露的涉及本校人员的学术不端行为，由校学术道德专门委员会组织初步审查并决定是否进入正式调查。

第三章　调查

第十条　正式调查程序开始后，校学术道德专门委员会成立调查组。调查组成员可由学术道德专门委员会委员、被举报人所在二级单位负责人、具有学术权威的相关领域专家学者等组成。调查组成员原则不少于5人，必要时可聘请校外专家共同调查。被调查行为涉及资助项目的，可以邀请资助项目方委派相关专业人员加入调查组。

第十一条　调查组成员与举报人或被举报人存在合作研究、亲属或师生等关系的，举报人和被举报人有权申请相关利害关系人回避。

第十二条　调查可通过查询资料、现场查看、实验检验、询问证人、询问举报人和被举报人等方式进行。调查组认为有必要的，可以委托无利害关系的专家或第三方专业机构就有关事项进行独立调查或验证。

第十三条　调查组在调查过程中，应当认真听取被举报人的陈述、申辩，对有关事实、理由和证据进行核实；必要时，可以采取听证方式。被举报人、证人及其他有关人员应当如实回答询问，配合调查，提供相关证据材料，不能隐瞒或提供虚假信息。有关单位和个人应当为调查组开展工作提供必要的便利和协助。

第十四条　调查过程中，如出现知识产权等争议引发的法律纠纷，且该争议可能影响行为定性的，应当中止调查，待争议解决后重启调查。

第十五条　调查组应当在查清事实的基础上形成调查报告。调查报告应当包括调查人员、调查过程、事实认定及理由、调查结论等，必要时可提出对有关人员的处理建议。学术不端行为涉及多名责任人的，调查报告中应当区别各责任人在行为中所起的作用。

第十六条　正式调查原则上应当在30个工作日内完成。情况复杂的，经学校学术委员会同意，可以适当延长调查期限，但延长期限一般不超过3个月。

第十七条　接触举报材料和参与调查处理的人员，不得向无关人员透露举报人、被举报人个人信息及调查情况。

第四章　认定

第十八条　校学术道德专门委员会应当对调查组提交的调查报告进行审查，必要时应当听取调查组的汇报；校学术委员会对被调查行为是否构成学术不端行为以及行为的性质、情节等作出认定结论，必要时依职权向学校或学校有关部门提出处理建议。

第十九条　在科学研究及相关活动中有下列行为之一的，应当认定为构成学术不端行为：

（一）抄袭、剽窃、侵占他人研究成果或项目申请书；

（二）编造研究过程，伪造、篡改研究数据、图表、结论、检测报告或用户使用报告；

（三）买卖、代写论文或项目申请书，虚构同行评议专家及评议意见；

（四）以故意提供虚假信息等弄虚作假的方式或采取贿赂、利益交换等不正当手段获得科研活动审批，获取科技计划项目（专项、基金等）、科研经费、奖励、荣誉、职务职称等；

（五）违反科研伦理规范；

（六）违反奖励、专利等研究成果署名及论文发表规范；

（七）其他根据学校或者有关学术组织、相关科研管理机构制定的规则，属于学术不端的行为。

第二十条　有学术不端行为且有下列情形之一的，应当认定为情节严重：

（一）造成恶劣影响的；

（二）存在利益输送或者利益交换的；

（三）对举报人进行打击报复的；

（四）有组织实施学术不端行为的；

（五）多次实施学术不端行为的；

（六）其他造成严重后果或者恶劣影响的。

第二十一条　有学术不端行为且有下列情形之一的，可以认定为情节较轻，可从轻或减轻处理：

（一）有证据显示属于过失行为且未造成重大影响的；

（二）过错程度较轻且能积极配合调查的；

（三）在调查处理前主动纠正错误，挽回损失或有效阻止危害结果发生的；

（四）在调查中主动承认错误，并公开承诺严格遵守科研诚信要求、不再实施科研失信行为的。

第五章　处　理

第二十二条　对于构成学术不端行为的处理包括以下措施：

（一）科研诚信诫勉谈话；

（二）一定范围内或公开通报批评；

（三）暂停财政资助科研项目和科研活动，限期整改；

（四）终止或撤销财政资助的相关科研项目，按原渠道收回已拨付的资助经费、结余经费，撤销利用科研失信行为获得的相关学术奖励、荣誉称号、职务职称等，并收回奖金；

（五）一定期限直至永久取消申请或申报科技计划项目（专项、基金等）、科技奖励、科技人才称号和专业技术职务晋升等资格；

（六）取消已获得的院士等高层次专家称号，学会、协会、研究会等学术团体以及学术、学位委员会等学术工作机构的委员或成员资格；

（七）一定期限直至永久取消作为提名或推荐人、被提名或推荐人、评审专家等资格；

（八）一定期限减招、暂停招收研究生直至取消研究生导师资格；

（九）暂缓授予学位、不授予学位或撤销学位；

（十）法律、法规及规章规定的其他处理措施。

第二十三条　学校根据校学术委员会议通过的认定结论和处理建议，结合行为性质和情节轻重，依职权和规定程序对学术不端行为责任人进行处理：

（一）情节较轻的，警告、科研诚信诫勉谈话或暂停财政资助科研项目和科研活动，限期整改，暂缓授予学位；

（二）情节较重的，取消3年以内承担财政资金支持项目资格及本规则规定的其他资格，减招、暂停招收研究生，不授予学位或撤销学位；

（三）情节严重的，所在单位依法依规给予降低岗位等级或者撤职处理，取消3至5年承担财政资金支持项目资格及本规则规定的其他资格；

（四）情节特别严重的，给予取消5年以上直至永久取消其晋升职务职称、申报财政资金支持项目等资格及本办法规定的其他资格。

存在本办法第十九条（一）（二）（三）（四）情形之一的，处理不应低于前款（二）规定的尺度。同时，可以依照有关规定，给予警告、记过、降低岗位等级或者撤职、开除等处分。

学术不端行为责任人获得有关部门、机构设立的相关科研项目、学术奖励或者荣誉称号等利益的，学校根据关联情况向相关主管部门提出处理建议。

学生有学术不端行为的，按照学生管理的相关规定给予相应处分。

学术不端行为与获得学位有直接关联的，由学位授予单位作暂缓授予学位、不授予学位或者依法撤销学位等处理。

第二十四条　学校对学术不端行为作出处理决定，应出具处理决定书，载明以下内容：

（一）责任人的基本情况；

（二）经查证的事实和证据；

（三）处理意见和依据；

（四）申诉途径和期限；

（五）其他必要内容。

第二十五条　处理决定书应当送达当事人并由其本人在送达回执上签收，自送达之日起生效。当事人拒绝签收或者无法送达的，在学校指定公告栏上张贴或者在学校指定的网站或者媒体上公告，公告期为 15 个工作日，公告期满视为送达。

第二十六条　经调查认定，不构成学术不端行为的，根据被举报人申请，学校可通过一定方式做出情况说明。

第二十七条　调查处理过程中，发现举报人存在捏造事实、诬告陷害等行为的，应当认定为举报不实或者虚假举报，举报人应当承担相应责任。属于本校人员的，学校可按照有关规定给予处理；不属于本校人员的，应通报其所在单位，并提出处理建议。

第二十八条　参与举报受理、调查和处理的人员违反保密等规定，造成不良影响的，按照有关规定给予处分或者其他处理。

第六章　复核

第二十九条　举报人或被举报人对处理决定不服的，可以在收到处理决定之日起 15 日内，以书面形式向校学术委员会提出异议或复核申请。

异议和复核不影响处理决定的执行。

第三十条　校学术委员会提出异议或复核申请后，召开会议讨论，并于 15 日内作出是否受理的决定。决定受理的，另行组织调查组进行调查；决定不予受理的，书面通知当事人。

第三十一条　当事人对复核决定不服，仍以同一事实和理由提出异议或者申请复核的，不予受理；向有关主管部门提出申诉的，按照相关规定执行。

第七章　附则

第三十二条　本办法由西北民族大学学术委员会学术道德专门委员会负责解释。

第三十三条　本办法中未涉及到的学术不端行为表现形式，由校学术委员会集体讨论，并参照本办法执行。

第三十四条　本办法中未作规定的，执行国家法律、法规、规章及上级文件的规定。

第三十五条　本办法自发文公布之日起施行。原《西北民族大学学术道德规范》（民大发〔2007〕157 号）同时废止。学校此前发布的有关规章、文件中的相关规定与本办法不一致的，以本办法为准。

西北民族大学科学研究领域落实意识形态工作责任制审核管理办法

为全面落实意识形态工作责任制,确保学校的科学研究领域始终坚持正确的政治方向,根据中共中央、国务院《关于加强和改进新形势下高校思想政治工作的意见》和上级主管部门关于落实高校意识形态工作责任制的要求,结合学校科研工作实际,特制定本办法。

一、审核范围

凡署名"西北民族大学",由我校教职工或二级单位拟承担的各级各类科研项目申报及结项;拟规划建设的科研平台、科研团队;拟公开发表的学术论文、公开出版的著作、报送调研报告;拟承办或参加的各级各类学术活动、艺术作品展演活动。

二、审核要求

科研活动必须坚持正确的政治立场和政治方向,遵守国家法律法规,严守政治纪律,坚持立德树人,不得涉及以下内容:

(一)违反宪法所确定的基本原则;
(二)违背党的理论和路线方针政策,特别是党的民族理论和民族政策;
(三)否定党的领导、攻击中国特色社会主义制度;
(四)危害国家安全、颠覆国家政权、破坏国家统一、泄露(漏)国家秘密;
(五)损害国家荣誉和利益;
(六)煽动民族仇恨、民族歧视,破坏民族团结;
(七)破坏国家宗教政策,宣传邪教和封建迷信;
(八)散布谣言,扰乱社会秩序,破坏社会稳定;
(九)其他违反法律法规或者违背社会公德的内容。

三、审核管理

(一)教师或二级单位在进行科研项目申报或结项,申报科研平台、科研团队,公开发表学术论文、公开出版著作或报送调研报告,参加各级各类艺术作品展演等科研活动前必须填报《西北民族大学科学研究领域落实意识形态责任制审核表》，由所在单位党政主要负责人审核后报科研处备案。

（二）教师应邀到校外担任报告会、研讨会、讲座报告人，必须经过所在单位党组织批准，并对获批的报告人要提出明确的政治纪律要求。报告人要对自己的报告内容等负学术、政治和法律责任。

（三）学校各单位举办学术报告会、研讨会、论坛、讲座等活动，坚持"谁主办、谁负责、谁监管"的原则严把审核关。

1. 各二级单位面向本单位师生举办的论坛、讲坛、学术讲座和报告会等活动，由主办人申报，所在单位党组织审批、监管，报党委宣传部、科研处备案。

2. 各二级单位团学组织举办的论坛、讲坛、学术讲座和报告会等活动，由基层团组织申报，所在单位党组织审批、监管，报学生工作部备案。

3. 以学校名义面向全校师生举办的论坛、讲坛、学术讲座和报告会等活动按照《西北民族大学学术交流活动管理办法》的有关规定进行审核备案。

四、违规处理

（一）凡未履行审批程序，擅自承接科研项目、公开发表学术论文、公开出版著作、报送调研报告、承办或参加各级各类学术活动和艺术作品展演活动，一经查实，将取消相关科研成果业绩核算，所取得的业绩成果不得作为申报条件参加职称评审、岗位聘任、评奖评优等工作。同时学校将按照相关规定对相关责任人予以严肃处理。

（二）对因审核把关不严造成不良后果的，按照学校意识形态工作责任制相关规定追究责任，对违规违纪的单位、党员领导干部评奖评优评先实行"一票否决"。

五、附则

（一）本办法由科研处负责解释。

（二）本办法自发布之日起施行。

西北民族大学国家级科研项目培育管理办法（试行）

第一章　总则

第一条　为深入贯彻习近平新时代中国特色社会主义思想，坚持"四为"方针，面向国家需求，服务国家急需，更好服务和融入国家发展战略，结合学校实际，制定本办法。

第二条　西北民族大学国家级科研培育项目（以下简称"培育项目"）旨在鼓励和调动学校广大科研人员立足国家经济社会发展和现实需求，瞄准科学研究前沿和关键领域，开展原创性探索和研究。

第三条　培育项目的经费来源主要包括：中央高校基本科研业务费、中央高校建设世界双一流大学（学科）和特色发展引导专项资金、学校"双一流"学科建设专项经费等。

第四条　培育项目的类别包括：国家自然科学基金（重大、重点、杰青、优青、面上、青年、地区）、国家社会科学基金项目（重大、重点、青年、西部项目，含全国教育科学规划项目和全国艺术规划项目等单列学科）、国家艺术基金项目、教育部哲学社会科学研究项目（重大、重点），以及科技部、中宣部等相关科研项目。

第二章　申请与立项

第五条　原则上学校45岁及以下学术型导师、具有副教授以上职称或取得博士学位者，尚未主持在研国家级科研项目者，必须申请国家级科研项目。

第六条　申请当年未获最终立项资助的，学校依据当年申请国家级项目通讯评审结果，拟定建议立项培育资助名单，提交校学术委员会审定。

第七条　学校对拟资助项目进行校内公示，公示期为3个工作日。公示期无异议的，经校长办公会审议通过后，学校正式发文公布培育项目资助名单。

第八条　项目立项后，项目主持人签订计划任务书，明确项目指标任务，作为项目检查考核与结项的依据。

第九条　自然科学类培育项目每项资助10万元，人文社科类培育项目每项资助6万元。培育项目执行期一般为 2 年。

第三章　项目与经费管理

第十条　培育项目的项目与经费管理按照《西北民族大学中央高校基本科研业务费管理办法》(民大科研发〔2019〕1号)、《西北民族大学纵向科研项目经费管理办法（试行）》(民大财发〔2020〕3号)、《西北民族大学学科建设经费管理办法（试行）》(民大发规发〔2020〕2号)的有关规定执行。

第十一条　项目结项时，项目主持人应完成以下目标任务之一：

（一）获同类别国家级科研项目立项资助；

（二）完成计划任务书约定的目标任务。

第十二条　经检查考核，不能完成计划任务书约定目标任务或其它原因导致的终止项目或撤销项目，将收回剩余经费。

第十三条　项目经费按年度拨付，当年拨付经费不得结转，剩余经费由学校收回后统筹使用。

第四章　附则

第十四条　本办法由科研处负责解释。

第十五条　本办法自发布之日起执行。

西北民族大学横向科研项目管理办法（试行）

第一章　总则

第一条　为进一步加强和规范横向科研项目管理，鼓励和支持广大教职工积极承担横向项目，提升我校为行业和地方经济社会发展服务的能力和水平，提高科研创新能力，拓宽我校科研经费来源渠道，根据国务院《关于抓好赋予科研机构和人员更大自主权有关文件贯彻落实工作的通知》（国办发〔2018〕127号）、甘肃省《关于深化高校科技创新体制机制改革促进科技成果转移转化的实施意见》（甘教厅〔2017〕33号）等有关规定，结合学校实际，特制定本办法。

第二条　横向科研项目是指政府部门购买服务以及企事业单位、社会团体、自然人等委托的非财政资金的科研项目，包括但不限于技术开发、技术服务、技术咨询、技术转让等。

第三条　横向科研项目应坚持诚信、互利、公正、自愿的原则，同时兼顾社会效益和经济效益，不得损害学校声誉和利益。

第二章　管理职责

第四条　横向科研项目实行项目负责人负责制。项目负责人要按照合同约定及经费预算，合理、规范使用科研经费，自觉接受有关部门的监督检查，按规定及时办理结题及结账手续，对科研经费使用的真实性、合法性直接承担经济与法律责任。

第五条　科研处负责横向科研项目的过程管理、合同管理、结题管理及项目形成的无形资产管理。配合财务处、纪监审办公室做好项目经费的管理和监督检查工作。

第六条　财务处负责横向科研经费的会计核算和财务决算审核等工作，协助科研处指导项目负责人编制项目经费预算。

第七条　国有资产管理处负责对用项目经费购置仪器设备及其他资产的验收入账、变动、处置等工作，监督和指导资产使用单位及个人对设备进行日常管理。

第八条　纪监审办公室根据审计有关法规，负责科研经费的审计监督，必要时对项目经费使用和管理进行专项审计。

第九条　项目负责人所在二级管理单位负责审核履约能力及项目完成的基本保障条件，为项目实施、过程管理提供支持并实施监督。

第三章 合同管理

第十条 横向科研项目应由学校与委托方签订书面合同，未经学校授权，校内任何单位及个人均不得以学校名义对外签订合同。

第十一条 合同签订须经科研处审核认定，由学校法定代表人或委托代理人负责签署并加盖学校公章。

第十二条 合同中涉及国家秘密的条款，应严格遵守《中华人民共和国保守国家秘密法》和学校相关保密规定。项目相关人员应签订保密责任书，并按合同约定承担相应的保密责任。

第十三条 合同条款一般应包括以下内容：

（一）项目名称、项目负责人及项目组成员；

（二）项目内容、范围和要求；

（三）项目的计划、进度安排、完成期限、履约地点和方式；

（四）双方的权利和义务；

（五）技术情报和资料的保密；

（六）风险责任的承担；

（七）验收标准和方法；

（八）项目经费、间接经费比例、外拨经费及其支付方式；

（九）技术成果、知识产权的归属和收益的分配方法；

（十）违约金或者损失赔偿的计算和支付方式；

（十一）争议的解决办法。

第十四条 项目负责人持横向科研合同草案、项目经费预算和合同会签单等，经所在二级管理单位初审，报科研处审定后，按照《西北民族大学合同管理办法》签订正式合同，合同文本总数为委托方所需份数外加学校所需三份（项目负责人、二级部门、科研处各执1份）。

第十五条 项目需外协单位参与，应签订外协合同。外协合同内容应在原合同中有明确约定、与原合同的任务安排和经费预算相一致。

第十六条 合同经双方签订生效即具有法律效力，项目负责人必须全面履行职责，遵守国家有关法规、政策，维护学校权益和声誉，按期完成合同约定内容。在项目实施过程中，如项目负责人违反法律或合同约定造成他人损失的，由其个人承担全部法律责任和经济责任。

第四章 项目管理

第十七条 项目负责人负责制定项目研究计划，组织项目实施，并按期完成项目内容。项目负责人所在二级管理单位应提供必要的科研条件，保障并检查督促项目顺利实施。

第十八条 项目负责人若因出国、调离、长期休假等影响合同履行，需变更项目负责人的，在征得合同委托方同意后，经所在二级管理单位批准，到科研处办理变更手续。

第十九条　项目实施过程中，项目委托方变更单位名称的，项目负责人应向科研处提供相关部门的批准文件，委托方变更后的名称按照批准文件确定；因项目研究需要，变更其他内容的，合同各方达成一致意见，可签订补充合同或重新签订合同。在签订补充合同或重新签订合同之前，仍按原合同执行。

第二十条　合同执行过程中产生争议，由项目负责人与合作方协商解决。经协商不能达成一致，需提起诉讼或申请仲裁的，或因争议被合作方提起诉讼或提请仲裁的，项目负责人须在法定期限内书面告知二级管理单位和科研处，根据有关法律法规及合同约定研究应对。若因未按照合同约定内容履行所致的违约或因项目负责人未及时处置争议产生不良后果的，由项目负责人承担全部责任。

第二十一条　项目负责人应在合同约定期限内完成项目，按项目委托方要求报送研究成果等。在完成项目六个月内向项目委托方获取验收报告等相关合同履行完毕的证明材料，经二级管理单位审核后，到科研处备案结题。

第二十二条　未能在合同约定期限内完成的项目，项目负责人须与项目委托方协商签订延期协议，或经合同各方协商一致同意终止合同，签订合同终止协议，并报科研处备案，结余经费按照延期协议或终止协议约定办理。

第二十三条　项目研究所取得的科研成果（包括论文、专著、专利、软件著作权等），其知识产权原则上归学校所有。合同中另有约定的，按合同约定执行。项目结题后，符合科技成果申报要求的，负责人应申报科学技术成果登记，并积极申报各级各类科技奖项。

第二十四条　对于项目委托方要求保密的项目成果，应按合同相关保密条款执行，其他非涉密成果应向社会公开，注重知识产权保护，促进科研成果转化应用。

第二十五条　项目完成过程中需要采购相关仪器、设备的，其合同审核、签署及招标采购按学校相关规定执行。

第二十六条　为鼓励开展横向项目研究，建立横向科研项目与纵向科研项目的等效评价机制。横向项目经科研处认定完成或准予结题后，在职称评定、职务晋升、评优评奖、人才计划、绩效考核等对个人与所在二级单位各类评价中与同级别纵向项目同等对待。认定办法：以项目实际到账经费（不含外拨经费）认定项目层次。

（一）自然科学类：单项横向科研项目到账总经费100万元及以上或一年内项目负责人累计到账横向经费200万元及以上可等同于一项国家级一般项目进行认定；单项横向科研项目到账总经费50万元及以上或一年内项目负责人累计到账横向经费100万元及以上可等同于一项省部级一般项目进行认定；单项横向科研项目到账总经费20万元及以上或一年内项目负责人累计到账横向经费40万元及以上可等同于一项地厅级项目进行认定；

（二）社会科学类：单项横向科研项目到账总经费50万元及以上或一年内项目负责人累计到账横

向经费 100 万元及以上可等同于一项国家级一般项目进行认定；单项横向科研项目到账总经费 25 万元及以上或一年内项目负责人累计到账横向经费 50 万元及以上可等同于一项省部级一般项目进行认定；单项横向科研项目到账总经费 10 万元及以上或一年内项目负责人累计到账横向经费 20 万元及以上可等同于一项地厅级项目进行认定。

第二十七条　项目负责人是科研经费使用的直接责任人，应严格遵守国家财经纪律，对经费使用承担相关经济与法律责任。横向课题经费使用严格按照《西北民族大学科研项目经费管理办法》《西北民族大学科研项目间接费用管理办法》和《西北民族大学科研项目结余资金管理办法》等相关规定执行。

第五章　附则

第二十八条　本办法由科研处负责解释。

第二十九条　本办法自公布之日起执行。本办法若与上级政策冲突，或遇上级政策修订等情况，按照上级有关文件精神执行。

西北民族大学横向科研项目经费管理办法（试行）

第一章　总则

第一条　为调动广大教师开展横向科研工作的主动性、积极性，规范横向科研项目经费管理，充分发挥综合性大学多学科优势，提升学校服务社会能力，加快学校建设高水平大学和一流民族大学的步伐，根据《中华人民共和国合同法》《国务院关于优化科研管理提升科研绩效若干措施的通知》（国发〔2018〕25号）和《中共教育部党组关于抓好赋予科研管理更大自主权有关文件贯彻落实工作的通知》（教党函〔2019〕37号）等规定及要求，结合学校实际，制定本办法。

第二条　本办法所称横向科研经费是指政府部门购买服务以及企事业单位、社会团体、自然人等委托的非财政资金科研项目而拨入学校的科研项目经费。

第三条　学校与企事业单位、社会组织等共同出资设立的横向联合科研项目，委托方资助经费按照本办法的有关规定进行管理，学校引导经费按照《西北民族大学纵向科研项目经费管理办法》的有关规定进行管理。经费预算按照相应管理办法分别编制。

第四条　横向项目经费按照与项目委托方签订的科研合同管理使用。无具体约定的，按本办法执行。

第五条　横向科研项目经费管理实行责任制，相关部门和人员按照《西北民族大学横向科研项目管理办法》的有关规定履行职责并承担责任。

第二章　合同管理

第六条　横向项目负责人签订科研合同时，应当根据项目研究的合理需要及应纳税额、管理费用等确定合同经费额度。

第七条　符合免税条件的技术转让、技术开发、技术咨询、技术服务等类型的科研项目，项目负责人持书面合同向科研处申请，经科研处审核后报省科技部门认定登记。财务处持书面合同和省科技部门认定证明文件报税务部门备查，并开具免税票据。

第八条　横向科研项目经费预算一经制定，应严格按照合同中的经费预算开支经费，原则上不予调整。确有必要调整的，经合同各方达成一致意见，可签订补充合同或重新签订合同，在签订补充合同或重新签订合同之前，仍按原合同经费预算执行。

第三章　收入管理

第九条　学校取得的各类横向科研项目经费，统一管理，专款专用。

第十条　横向科研项目经费转入学校指定账户后，科研处按照学校规定的比例进行管理费提取和分配，会同财务处办理经费入账并开具相关票据。

第十一条　横向科研经费一般实行"款到开票"的方式，到账前确需预借票据的，由项目负责人提出申请，经财务处审批后可暂借票据，并确保已开票资金及时到账。

第四章　支出管理

第十二条　学校是科研经费管理的责任主体，科研经费实行集中核算，专款专用。项目负责人是科研经费使用的直接责任人，应严格遵守国家财经法规和纪律，对经费使用承担相关法律责任。

第十三条　横向科研项目经费开支范围一般包括：

（一）业务费

业务费指项目研究过程中发生的与科研直接相关的支出，包括设备费、材料费、测试化验加工费、燃料动力费、差旅费、会议费、国际合作与交流费、外拨费、数据采集、出版/文献/信息传播/知识产权事务费、科研活动自带车辆的过路过桥费/加油费/保险费、通信费、办公费、科研活动接待费、业务培训费、研究生培养费等支出。

（二）人员费

人员费指在项目研究过程中支付给与科研活动相关人员的劳务性支出，主要包括劳务费、专家咨询费及绩效奖励等支出。劳务费主要用于项目组成员中没有工资性收入的相关人员以及项目聘用的研究人员、科研辅助人员等的劳务性费用、社会保险补助等；绩效奖励主要用于参与项目研究人员的绩效奖励支出；专家咨询费主要用于支付专家在项目实施过程中的指导费用。

（三）管理费

横向科研管理费是指学校为组织和支持项目研究而支出的费用，主要用于学校科研事业的建设和发展、科研信息化条件的改善、购置设备、科研活动接待费、对外交流、专家研讨、专家评审（咨询）等费用支出，管理费按照项目委托方资助到账总经费（税后）扣除外拨费后的部分进行提取，并统筹管理使用。

类型	管理费提取基数 （单项项目累计到账金额）	管理费提取比例	划拨比例		
			科研管理部门	财务部门	二级管理单位
自然科学类	100万元及以下部分	4%	1.5%	1%	1.5%
	超过100万元部分	3%	1%	1%	1%
社会科学类	50万元及以下部分	4%	1.5%	1%	1.5%
	超过50万元部分	3%	1%	1%	1%

第十四条　科研活动接待费主要用于项目实施过程中所需业务招待等费用，一般控制在到账总额（扣除外拨费）的10%以内，单笔科研活动接待费不得超过3000元（含3000元），单餐不超过每人200元，陪餐人数原则上10人（含）以内不超过3人，10人以上不超过1/3。科研活动接待费实行"一事一报销"制度，业务招待活动结束后，将审批单及实际结算票据一并报财务处核准报销。

第十五条　横向科研项目费用核销按照学校相关规定执行。

第十六条　横向科研项目经费中涉及到的个人所得税由受益人自理。

第五章　结账管理

第十七条　拟结题或验收的横向科研项目，项目负责人应全面清理经费收支和应收应付等款项。暂付款尚未结清的，应在结题或验收前全部报销或归还。

第十八条　横向科研项目结题或验收时，项目负责人应当根据科研经费实际使用情况，如实编制项目经费决算，并对项目决算的真实性、准确性负责。有外拨合作单位经费的，项目负责人和合作单位的参与者分别编报项目经费决算后，由项目负责人汇总编制。对无正当理由逾期不办理结题手续的项目，学校将暂停项目经费使用，并要求项目负责人限期办理。

第十九条　经科研处认定已结题或验收的横向科研项目，由财务处结账核定后的委托方结余经费，若合同有约定的从其约定，合同没有约定的，结余经费在国家财税制度允许范围内由项目负责人自主支配，可以以科研绩效、劳务酬金和重新立项等形式使用，不得用于经费外拨。

第六章　附则

第二十条　本办法由科研处、财务处在各自职责范围内负责解释。

第二十一条　本办法自公布之日起实施。本办法若与上级政策冲突，或遇上级政策修订等情况，按照上级有关文件精神执行。

西北民族大学纵向科研项目经费管理办法（试行）

第一章　总则

第一条　为进一步调动科研人员的积极性和创造性，加强和规范学校纵向科研项目经费管理，促进学校科研工作健康有序发展，根据《关于优化科研管理提升科研绩效若干措施的通知》（国发〔2018〕25号）、《关于抓好赋予科研机构和人员更大自主权有关文件贯彻落实工作的通知》（国办发〔2018〕127号）、《关于扩大高校和科研院所科研相关自主权的若干意见》（国科发政〔2019〕260号）、《关于自然科学基金资助项目资金管理的补充通知》（国科金发财〔2018〕88号）和《关于进一步完善国家社会科学基金项目管理的有关规定》（社科工作领字〔2019〕1号）等文件精神，结合学校实际，制定本办法。

第二条　本办法的纵向科研项目经费是指经各级政府部门批准立项并拨款的科研项目经费，经费来源性质属于中央或地方财政资金。

第三条　纵向科研项目经费纳入学校统一管理，专款专用。

第二章　管理职责

第四条　学校实行"统一领导、分级管理、责任到人"的科研项目经费管理体制，建立相关部门协同管理机制。

第五条　学校是科研项目经费管理的责任主体，相关职能部门在各自的职责范围内履行管理权限。

（一）科研管理部门负责组织科研项目的申报，项目预算编制、预算调整的指导和审核，间接费用的计提，科研合同和项目结题的审签和管理，建立外协单位信息系统加强外拨经费的管理，科研项目执行的监督以及科研项目经费形成无形资产的管理。

（二）人事部门负责科研财务助理等科研项目劳务人员服务协议及相关事项的审核备案。

（三）资产管理部门负责对使用科研项目经费进行的采购及其合同签订、验收、资产入账等环节进行指导、审核和管理，监督和指导资产的日常管理。

（四）国际合作交流部门负责对项目组织开展的国际交流活动进行指导、审核和管理。

（五）财务部门负责科研项目经费的财务管理、会计核算，具体指导、协助项目负责人合理编制科研项目经费决算，开展有关财经法规、政策和制度的咨询、宣传及培训工作，监督预算的执行。

（六）监察审计部门负责科研项目经费的监督和审计工作，负责建立和完善违规、违法使用科研项目经费的查处机制，根据审计任务需要安排专项审计。

第六条 二级管理单位是科研活动的基层管理单位，对本单位科研项目经费的使用履行监管职责。具体包括：合理配置本单位资源，为科研项目实施提供条件保障；负责建立和完善本单位科研耗材的入库、领用、核销制度；监督科研项目经费预算执行，督促项目执行进度；监督和管理科研财务助理等科研项目劳务人员；负责本单位科研项目经费管理及使用信息的内部公开。

第七条 项目负责人是科研项目经费使用的直接责任人，对经费使用的合规性、合理性、真实性、有效性及相关性负责。负责科研项目经费预算编制、预算执行及结题结账工作；接受上级和学校相关部门的监督检查。项目负责人是科研财务助理等科研项目劳务人员的主要负责人，与科研项目劳务人员根据承担的任务按相关规定协商劳务费，并从核定的科研项目经费预算中支付。

第三章 预算管理

第八条 项目预算编制遵循目标相关性、政策相符性和经济合理性原则。

第九条 项目负责人应根据项目研究需要和资金开支范围及标准，科学、合理、真实地编制预算。收入预算应按照从各种不同渠道获得的资金总额编制；支出预算包括项目实施过程中发生的直接费用和间接费用，按支出科目和不同经费来源分类编制。

第十条 二级管理单位进行项目预算初审，科研管理部门会同财务部门进行预算审核。

第十一条 项目预算审核主要内容：

（一）支出预算编制是否符合国家和项目主管单位相关规定；

（二）各项支出预算的构成范围、标准是否合理、合规；

（三）间接费用或管理费等有规定比例的预算科目是否按学校相关规定填列；

（四）特殊事项是否在预算中按要求单独列示；

（五）外拨给合作单位的项目经费是否按要求明确列示；

（六）项目预算说明是否详尽、明确。

第十二条 项目需要提供自筹经费的，项目负责人需提供自筹经费来源证明材料。申请学校资助的自筹科研项目应服务于学校学科建设，科研管理部门会同财务部门审核后列入年度预算，各类纵向自筹科研项目经费资助额度如下：

（一）国家级项目：申报时有强制配套要求的，学校视财力予以资助；

（二）省部级项目：社会科学类项目每项资助 1 万元，自然科学类项目每项资助 2 万元；

（三）厅局级项目：原则上不予资助。

第十三条 学校作为依托单位且有多个单位共同承担一个项目的，项目负责人应按科研项目资助总额编制预算，有外拨合作经费的，应在预算中列明。

第十四条 项目批准立项后，经批复的项目预算将作为项目执行期内经费使用的重要依据。

第四章　预算调整

第十五条　科研项目执行过程中，因科研工作开展实际需要，在符合相关规定的前提下，可进行项目预算调整。

第十六条　科研项目总预算、外拨合作经费或设备费等事项调增的，由项目负责人提出申请，经科研管理部门审核报项目主管部门批准后方可调整；除以上调整事项外，其余直接费用的预算调整由项目负责人提出申请，经二级管理单位审核，科研管理部门审批后方可调整。

第十七条　项目间接经费预算不予调整。

第五章　收入管理

第十八条　科研项目经费到账后，财务部门统一开具票据，会同科研管理部门办理经费入账。

第十九条　科研项目经费到账前确需先开具票据的，由项目负责人提出申请，经科研管理部门和财务部门审批后可暂借票据。

第六章　支出管理

第二十条　科研项目经费支出由直接费用和间接费用组成。

第二十一条　项目主管部门对科研项目直接费用有相关规定的，按照相关规定执行；没有规定的，按学校有关规定执行。

第二十二条　科研项目直接费用是指在项目研究过程中发生的与之直接相关的费用。直接费用列支科目如下：

（一）设备费：指在项目研究过程中购置或试制专用仪器设备，对现有仪器设备进行升级改造，以及租赁外单位仪器设备而发生的费用，社会科学类项目可列支设备耗材。

（二）会议费／差旅费／国际合作与交流费：指在项目研究过程中开展学术研讨、咨询交流、考察调研等活动而发生的会议、交通、食宿等费用，以及项目研究人员出国（境）、邀请国（境）外专家来校开展学术合作与交流活动的费用。

（三）劳务费：指在项目研究过程中支付给项目组成员中在学校没有工资性收入的人员（包括在校的本科生、研究生、博士后）和访问学者等可纳入劳务费核算范围的相关费用。

（五）专家咨询费：指项目研究过程中支付给临时聘请的咨询专家的费用。

（六）出版／文献／信息传播／知识产权事务费：指在项目研究过程中，需要支付的印刷费、出版费、资料费、专用软件购买费、文献检索费、专业通信费、专利申请、成果推介及其他知识产权事务等费用。

（七）材料费：指在科研项目研究过程中消耗的各种原材料、辅助材料、低值易耗品等的采购及运输、装卸、整理等费用。

（八）测试化验加工费：指在科研项目研究过程中支付给外单位（包括校内独立核算单位）的设计、检验、测试、化验、加工、试验等费用。

（九）燃料动力费：指在项目研究开发过程中相关大型仪器设备、专用科学装置等运行发生的可以单独计量的水、电、气、燃料消耗费用等。

（九）资料费：指在项目研究过程中需要支付的图书（包括外文图书）购置费，资料收集、整理、复印、翻拍、翻译费，专用软件购买费，文献检索费等。

（十）数据采集费：指在项目研究过程中发生的调查、访谈、数据购买、数据分析及购买相应技术服务等支出的费用。

（十一）印刷出版费：指在项目研究过程中支付的打印费、印刷费及阶段性成果出版费等。

（十二）其他支出：指项目研究过程中发生的除上述费用之外的其他支出，在编制项目预算时单独列示、单独核定。

第二十三条　自然科学类纵向科研项目经费支出科目主要包括：设备费、材料费、测试化验加工费、燃料动力费、会议费/差旅费/国际合作与交流费、出版/文献/信息传播/知识产权事务费、劳务费、专家咨询费、其他支出等。

第二十四条　社会科学类纵向科研项目经费支出科目主要包括：资料费、数据采集费、会议费/差旅费/国际合作与交流费、设备费、专家咨询费、劳务费、印刷出版费、其他支出等。

第二十五条　科研项目间接费用指依托单位在组织实施项目过程中发生的无法在直接费用中列支的相关费用，其开支范围依据学校相关管理办法执行。

第二十六条　科研项目经费中差旅费、会议费、国际合作与交流费、劳务费、专家咨询费和外拨经费等费用的支出按学校相关规定执行。

第二十七条　项目主管部门对科研管理费的提取有明确规定的，按照其规定执行；没有明确规定的，按项目经费总额或项目直接经费的4%计提，其中1.5%划拨科研管理部门使用、1%划拨财务部门使用、1.5%划拨二级管理单位使用。

第二十八条　科研管理费用于学校科研事业的建设和发展、科研信息化条件的改善、购置设备和专用材料、对外交流、专家研讨、专家评审和相关人员业务培训等费用支出。

第二十九条　项目负责人非正常情况脱离学校工作岗位的，其科研项目经费一律冻结，由科研管理部门向项目主管部门报批后处理。

第七章　外拨管理

第三十条　科研项目经费外拨时，项目负责人应提供项目主管部门批复的任务书（回执）、有关合同或协议、合作（外协）单位营业执照（或组织机构代码证）、开户许可证等材料，经确认后按要求划拨合作（外协）单位。

第三十一条 项目负责人应对合作（外协）业务的真实性、相关性负责。合作（外协）单位是项目负责人、项目参与人员或其家属、直接利益关系人举办、参股的，或有其他利害关系的，项目负责人要明确说明，并提供相关材料，经科研管理部门批准后执行。

第八章 决算和结余经费管理

第三十二条 科研项目结题时，项目负责人应当如实编制项目经费决算，编制的决算必须账实相符、账表一致。有外拨合作单位经费的，项目负责人和合作单位的参与者分别编报项目经费决算后，由项目负责人汇总编制。

第三十三条 财务部门会同科研管理部门进行决算及科研项目结题申报材料审核。

第三十四条 项目结题验收后，项目主管部门对结余经费和预留经费有规定的，按规定执行；没有规定的，按照学校科研项目结余资金管理办法执行。

第九章 监督检查

第三十五条 二级管理单位应协调项目负责人定期公开内部非涉密科研项目经费的信息，包括：项目经费预算、预算调整、经费支出、外拨经费、结余资金使用、研究成果等内容。

第三十六条 严禁违规使用科研项目经费：

（一）严禁以任何方式挪用、侵占、骗取科研项目经费；

（二）严禁编造虚假合同、编制虚假预算；

（三）严禁违规将科研项目经费转拨、转移到利益相关的单位或个人；

（四）严禁购买与科研项目无关的设备、材料；

（五）严禁虚构经济业务、使用虚假票据套取科研项目经费；

（六）严禁在科研项目经费中报销个人家庭消费支出；

（七）严禁虚列、伪造名单，虚报冒领科研劳务性费用；

（八）严禁借科研协作之名，将科研项目经费挪作他用；

（九）严禁设立"小金库"。

第三十七条 学校相关部门对科研项目经费使用情况进行监督管理，并协助上级部门进行专项检查。对发生违纪违法违规问题的单位和个人，按照相关规定严肃处理。

第十章 附则

第三十八条 校设科研项目经费（含各类资助、启动、引导科研项目经费）有相应办法的，按其规定执行；没有相应办法的，参照本办法执行。校设科研项目经费（含各类资助、启动、引导科研项目经费）不得列支国际合作交流费和间接经费；在科研年度和资助总额内分年度预算、结转资金年底收缴统筹。

第三十九条 国家或项目主管部门另有规定的，按国家或项目主管部门规定执行。

第四十条 本办法由财务部门、科研管理部门在各自职责范围内负责解释。

第四十一条 本办法自发布之日起执行，原《西北民族大学科研经费管理办法》（民大发〔2017〕3号）和《西北民族大学科研项目自筹经费管理办法》（民大发〔2017〕293号）同时废止。

西北民族大学创新团队建设管理办法（试行）

第一章 总则

第一条 为加强学科队伍建设，凝聚一批优秀的教学科研创新人才，提升学科队伍的创新能力和竞争实力，充分发挥团队在学科建设工作中的聚合效应，推动学校高水平大学和一流民族大学建设，根据《中共西北民族大学委员会关于新时代全面加强人才队伍建设工作的指导意见》，结合学校实际，制定本办法。

第二条 西北民族大学创新团队以学校重点学科、省部级学科平台为依托，以知名度较高、影响力较大的专家为带头人，以优秀中青年人才为骨干，围绕相关产业、领域或研究方向，组建结构合理、分工协作、优势互补、竞争有力的研究团队。

第三条 创新团队建设坚持服务国家战略，支持地方发展与支撑学科建设相结合，坚持逐级培育与梯次推进相结合，聚焦科研创新、专业建设与人才培养。

第四条 创新团队坚持合理规划、公平竞争、公开选拔、择优遴选、分类支持、科学评价、目标考核、动态管理的原则。

第五条 学校对创新团队在人才引进、项目推荐、经费支持、实验室和仪器配置以及研究生招生等方面给予优先保障。

第二章 申报条件

第六条 申报校级创新团队应同时具备以下条件：

（一）具有相对稳定的研究方向。团队具有相对稳定、相互关联的研究方向，具有良好的合作基础，支撑本学科专业建设，承担的项目、产出的成果与学科建设、专业建设、课程体系建设相一致。

（二）具有明确先进的科学目标。研究方向符合社会发展和智库建设的需要，能够引领本学科的学科发展，体现前瞻性、创新性、引领性和时代性。具有创新的学术思想、可行的研究方向。

（三）具有相对稳定、结构合理的研究梯队。团队整体学术水平在全省乃至全国同行中具有明显特色。团队成员人数至少为7名，团队成员平均年龄不超过45周岁（社会科学领域不超过50周岁），职称结构合理，原则上至少有3人具有博士学位。

（四）具有可依托的学科创新平台。以省部级及以上学科平台（基地）为依托，或所在学科为博士学位授权点或硕士学位授权点。拥有良好的科研条件，具备一定面积的独立实验（研究）室，主要仪器设备基本齐全。

第七条　团队带头人应为学校一线教学科研人员，具有较高的学术造诣、创新性思想和较强的教学科研能力，治学严谨、师德高尚，有较强的组织协调能力和合作精神，在团队中有较高的凝聚力，能够把握团队的研究方向。具有高级职称，并具备下列条件中的1项：

（一）在国内本学科具一定学术影响力，研究成果得到国内外同行认可；

（二）曾在国际或国家级相关专业领域学术组织担任理事，或在省部级相关专业委员会（或学会）担任常务理事及以上职务；

（三）在本学科或其他相近学科担任博士生导师；

（四）入选省部级及以上人才计划；

（五）主持过或正在主持国家级教学科研项目；

（六）省级及以上教学名师、精品课负责人、规划教材负责人、优秀教学团队负责人；

（七）作为第一完成人获得过省部级及以上科研成果奖或教学成果奖。

第三章　申报程序

第八条　学部（院）要聚焦支撑学科建设需要，科学凝炼学科方向，结合人才队伍现状和学科建设工作实际，组建、培育部（院）级创新团队，团队应有明确的年度及中长期发展目标。鼓励学部（院）跨学科组建、培育创新团队，努力构建"人人进学科、人人入团队"的良好格局。

校级创新团队由学部（院）进行遴选推荐，学部（院）要立足学科建设、专业建设、课程体系建设需要，对照本办法规定，对拟申请建设的创新团队进行严格遴选，符合条件的签署推荐意见后将《西北民族大学创新团队建设计划申请书》及相关附件材料报送科研处。

第九条　科研处初审团队申请材料，将符合条件的团队申请材料提交各学科建设办公室进行评审，校学术委员会在各学科建设办公室评审的基础上进行审议并结合学校财力提出建议支持名单。

第十条　创新团队建议支持名单在校园网公示至少5个工作日。公示无异议的，经校长办公会审议通过后，学校下达科研创新团队建设立项通知，并签订《西北民族大学创新团队建设计划任务书》。

第四章　支持措施

第十一条　校级创新团队建设以3年为一个周期，年度经费资助额度原则上自然科学类团队为20万元、社会科学类团队为10万元。

第十二条　团队带头人根据团队建设需要，可申请在校内进行人员优化组合或引进国内外优秀学者，所在学部（院）和学校给予优先支持。

第十三条　学校每年优先支持团队的1名成员赴国外高水平大学或科研机构进行合作研究。

第十四条　团队带头人所在学部（院）优先为团队实验条件提供保障。

第十五条 学校在年度评估的基础上,择优推荐校级创新团队申报省部级创新团队。

第五章 绩效目标

第十六条 绩效目标考核本着服务学科建设的原则,建设期内创新团队应根据《国务院学位委员会关于开展2017年博士硕士学位授权审核工作的通知》(学位〔2017〕12号)要求,完成所在学科博士学位授权点申请条件中"学科带头人""培养质量""科学研究"和"学术交流"要求的工作任务。

(一)团队带头人应完成博士学位授权点申请条件中"学科带头人"的相应部分,按3年折算后应完成的工作任务。

(二)团队全体成员应完成博士学位授权点申请条件中"培养质量""科学研究"和"学术交流"的相应部分,按团队成员总数与本学科最低要求人数折算后,3年内应完成的科研任务。

第六章 服务管理

第十七条 营造鼓励创新、尊重规律、宽容失败的学术环境,建设期内不进行年度考核和中期检查,倡导科研团队关注长远目标并瞄准学术前沿进行潜心研究。

第十八条 建设期内,科研处配合团队邀请校外专家评估团队的工作状态和研究进展,提出建设性意见,推动团队研究工作顺利开展。

第十九条 创新团队实行带头人负责制,团队要结合实际制定本团队的管理办法,团队成员申报项目和成果、发表论文及报奖须经团队带头人审核并签署意见。

第二十条 团队建设经费使用与管理执行学校学科建设经费管理办法的有关规定。

第二十一条 建设期满目标考核成果认定依据《西北民族大学科研工作量计算办法》有关规定执行。

第二十二条 创新团队建设期届满后1个月内,向科研处提交工作总结报告,由科研处组织校外专家进行全面考核,按优秀、合格、不合格三个档次提出考核意见。考核合格以上者进入二期建设工程,建设期为三年;考核不合格者,取消下一轮申报的资格。

第二十三条 团队带头人因特殊原因不能履行职责时,所在学部(院)要依据团队带头人条件向科研处提出书面变更申请,经科研处处务会议研究后报分管校领导和校长审批。

第二十四条 团队成员因特殊原因不能履行职责或不遵守团队管理办法时,带头人有权解除其团队成员资格。

第七章 附则

第二十五条 本办法由科研处负责解释。

第二十六条 本办法自公布之日起施行。

附件1：2020年横向联合研究项目

2020年横向联合研究项目

序号	项目名称	合作单位	项目负责人
1	"十四五"时期迭部县提高富民增收水平的思路对策研究	迭部县发展和改革局	祁永安
2	"十四五"时期迭部县优化营商环境，加大招商引资优惠政策的基本思路研究	迭部县发展和改革局	祁永安
3	细胞培养技术服务	北京万泰生物药业股份有限公司	马忠仁
4	肉羊用尾菜发酵饲料技术研究及推广应用	甘肃省农业生态保护管理站	臧荣鑫
5	《白银市黄河流域生态保护和高质量发展总体规划》编制项目	白银市发展与改革委员会	张积良
6	甘肃省居民健康素养检测	甘肃省卫生健康宣传教育中心	王志凡
7	深度贫困县区居民健康素养检测	甘肃省卫生健康宣传教育中心	王志凡
8	传统文化元素在玉雕设计中的运用研究	甘肃陇艺坊文化科技有限公司	刘栋
9	Dolby Vision技术在电影《寻根周原》制作中的创新研究与应用	兰州浩发影视传媒有限公司	李克
10	抑菌性人工合成肽的筛选及培养高通量药物筛选平台的建立	兰州肽谷研究院有限公司	周建业
11	四价流感病毒裂解疫苗（MDCK细胞）	浙江天元生物药业有限公司	马忠仁
12	MDCK细胞基质流感疫苗的临床前研发	武汉生物制品研究所有限责任公司	马忠仁
13	基于MDCK细胞基质流感疫苗的临床研究	武汉生物制品研究所有限责任公司	马忠仁
14	基于MDCK细胞基质流感疫苗的生产工艺研发	武汉生物制品研究所有限责任公司	马忠仁
15	基于MDCK细胞基质流感疫苗的产业化	武汉生物制品研究所有限责任公司	马忠仁
16	甘肃地方特色餐饮业市场及品牌管理研究	兰州忠华商贸有限责任公司	马永腾
17	西北地区特色农畜产品开发与资源化利用	甘肃拜尔利汀生物科技有限公司	高丹丹
18	高原夏菜产区反刍动物地源性发酵饲料技术成果转化	榆中天保生态牧业科技有限公司	徐红伟
19	冰核细菌在中草药绿色种植病虫害防治中的应用	甘肃复兴厚生物医药科技有限公司	周建业
20	高考志愿填报系统构建及技术服务推广	兰州林儒教育科技有限责任公司	马微
21	甘肃哈萨克族阿依特斯研究	甘肃西西里文化发展有限公司	冯瑞
22	室内三维空间定位及监控系统设计与研发	兰州比特每秒科技信息有限公司	林宏伟
23	基于3D打印的数字化口腔医疗器械研发及应用研究	甘肃梅塔生物医学有限公司	周建业
24	敦煌壁画古乐器再现研究	甘肃悦石文化发展有限公司	郑颖
25	高考曲目大全声乐卷	海南省古韵文化传媒有限责任公司	常虹
26	通渭小曲音乐文化样态与创承机制研究	甘肃三和文化艺术发展有限公司	何英琴
27	凉州贤孝学理关系与活态呈现研究	甘肃星渊文化发展有限公司	韩华

续表

序号	项目名称	合作单位	项目负责人
28	免疫性不孕症患者产生自身抗体机制的基因组学研究	兰州百源基因技术有限公司	安利峰
29	何家沟水库大坝反滤层厚度有限元计算分析	宁夏水利水电工程局有限公司	石建勋
30	库区边坡稳定性及锚固系统可靠度研究	宁夏水利水电工程局有限公司	石建勋
31	陕西百讯电子科技有限公司税收管理研究	陕西百讯电子科技有限公司	郑贺娟
32	面向订单生产型制造企业的项目群资源调度管理研究	平凉市荣康实业有限公司	胡晓婷
33	《白银市国民经济和社会发展"十四五"课题研究报告》编制	白银市发展和改革委员会	张克政
34	英语口译系列微课	上海外语教育出版社有限公司	王谋清
35	《建筑节能与结构一体化墙体保温系统建筑构造》图集	甘肃省墙体材料革新和建筑节能协调领导小组办公室	王洪镇
36	可在水相中识别金属离子的稀土MOFs的设计研究	兰州工业研究院	哈斯其美格
37	张掖市"十四五"规划纲要和黄河流域生态保护与高质量发展总体规划》编制合同	张掖市发展和改革委员会	张积良
38	肉羊用生物发酵浓缩饲料应用效果评价与规模化生产	永靖县瑞霖科技养殖有限公司	臧荣鑫
39	肉牛高效养殖体系建立与阶段饲养效果分析	华池县陇塬双合牧业有限责任公司	杨具田
40	肉牛高效健康养殖关键技术研究及其饲草料资源综合开发利用	甘肃省陇原绿康生态农业有限公司	郭鹏辉
41	流感病毒载体新冠肺炎疫苗生产用无成瘤性MDCK细胞库的建立和检定	北京万泰生物药业股份有限公司	马忠仁
42	《西北地区餐饮浪费的对策及方法研究》项目合同书	甘肃驰奈生物能源系统有限公司	娜日苏
43	《民法典》法规清理委托协议	兰州市人大常委会办公室	张朝霞
44	《甘肃省属国有企业文化旅游板块发展研究》合作项目协议书	甘肃文旅创意设计有限公司	孙永龙
45	全国、全省民族团结进步创建示范区委托评估项目	甘肃省民族事务委员会	海龙
46	中国民歌少儿演唱卷	北京风韵雅乐文化艺术有限公司	赛音
47	音乐科技应用研究	成都启瑞昇科技有限公司	师丽娜
48	《甘肃之窗》研究与出版	凉州大马文化艺术研究院	尹伟先
49	敦煌医书"常服补益方"对免疫功能影响的研究	甘肃智丰生物科技有限公司	胜利
50	细胞工厂验证、测试与质控体系建立	兰州百灵生物技术有限公司	乔自林
51	生物反应器的验证与性能测试	兰州百灵生物技术有限公司	王家敏
52	车辆用涂料整体配置方案及相关工艺优化方案研究与应用	潍坊亿启新材料有限公司	孙初锋
53	基于聚落空间形态分析的规划可行性研究及应用	兰州理工大学建筑勘察设计院有限责任公司	郑海晨
54	窝沟封闭技术虚拟仿真教学实验	北京航空航天大学	周海静
55	面向乡镇卫生院供货型企业客户群的农村医疗保险绩效研究	陇南康源药业有限公司	魏宁宁

续表

序号	项目名称	合作单位	项目负责人
56	聚乙烯基废旧农用地膜回收加工关键技术与相关工艺优化方案研究与应用	兰州金土地塑料制品有限公司	张宏
57	废旧聚乙烯基农用覆盖地膜高值化利用研究	甘肃省农业生态与资源保护技术推广总站	张宏
58	BM-DCs 的制备与诱导分化和成熟	甘肃亚克隆生物科技有限公司	蔺国珍
59	拉卜楞寺学者著作保护整理	夏河县拉卜愣白塔藏文化旅游开发有限公司	扎西当知
60	5G 时代 VR 技术背景下丝绸之路沿线古今作品"主题叙事"应用研究	甘肃星艺影业有限公司	多洛肯
61	基于云平台的机械设备远程监测系统开发	甘肃航拓科技有限公司	金劲
62	"西北民大华膳牦牛肉品研发中心"校企联合研发	甘肃华膳食品工程有限公司	潘和平
63	《张掖市"十四五"军民融合发展规划编制项目》编制合同	张掖市发展和改革委员会	代瑾
64	农村公路旧水泥混凝土路面微裂均质化再生技术应用研究	甘肃公路局	武红娟
65	白银市民族团结进步创建能力提升暨民族宗教政策法规培训班委托培训项目	白银市民族宗教事务委员会	沙存善
66	2020 年农工党甘肃省委员会帮扶点贫困村创业致富带头人及同心全科项目乡村医生培训项目	中国农工民主党甘肃省委员会	牛克慧
67	2020 年中国非物质文化遗产传承人群研修项目	甘肃省文化和旅游厅	牛克慧
68	成都市少数民族代表人士和民族工作干部培训班第二阶段民族团结进步现场教学委托项目	成都市社会主义学院	沙存善
69	建筑节能与结构一体化墙体制品和装配式建筑部品部件工业化制造成套技术	天水昌兴市政工程有限公司	王洪镇
70	牦牛乳全成分分析	甘南牦牛乳研究院	田晓静
71	装配式住宅全装修关键模块分析及施工要点研究	甘肃建投科技研发有限公司	裴军军
72	信息化技术应用与装配式建筑产业化发展融合分析研究	甘肃建投科技研发有限公司	裴军军
73	《甘肃省"十四五"社会心理服务体系建设规划》编制	中共甘肃省委政法委员会	李辉
74	甘肃省大学生生态环境与健康素养问卷调查分析及基地建设项目	甘肃省生态环境科学设计研究院	李丽群
75	路学视阈下丝绸之路（甘新段）研究	南方科技大学	马英杰
76	甘南州卓尼县博峪红色土司广场雕塑、浮雕创作设计及制作	卓尼县木耳镇人民政府	才让多杰
77	灯饰结构和外观设计技术研究	中山市广普照明技术研究院	杨成慧
78	甘肃省墙体材料革新"十四五"发展规划编制	甘肃省墙体材料革新和建筑节能工作协调领导小组办公室	曹万智
79	英语教学法课程思政	上海外语教育出版社有限公司	王谋清
80	2020 年甘肃省居民健康素养监测	甘肃省卫生健康宣传教育中心	王志凡
81	2020 年甘肃省深度贫困县区居民健康素养监测	甘肃省卫生健康宣传教育中心	王志凡
82	《西藏文化史·明代卷》编撰	西藏民族大学	看本加
83	湿陷性黄土高填方回填质量控制及沉降预测研究	中建五局第三建设有限公司	石建勋

附件2：2020年结项项目

序号	项目负责人	项目名称	结题结论	项目来源
1	李小勇	基于多个气体靶的高次谐波的产生与控制研究	同意结题	国家自然科学基金地区基金
2	刘利伟	基于玻色-爱因斯坦凝聚体腔光机械系统的理论及其应用的研究	同意结题	国家自然科学基金地区基金
3	李永宏	汉语普通话空气动力学参数建模及实时评测系统研究	同意结题	国家自然科学基金地区基金
4	陈莉	沙漠生物土壤结皮藓类植物再水化复苏过程的适应机制研究	同意结题	国家自然科学基金地区基金
5	王文婷	高山植物绿绒蒿属的生态位保守性和对未来气候变化的响应研究	同意结题	国家自然科学基金地区基金
6	周建业	甘肃临夏回族自治州学龄儿童龋病微生物群落结构及其影响机理研究	同意结题	国家自然科学基金地区基金
7	赵晋	用TIF提高肿瘤细胞重离子辐照敏感性的探讨	同意结题	国家自然科学基金地区基金
8	邓涛	DNA多面体组装和生成规律研究	同意结题	国家自然科学基金地区基金
9	龙玲	RHBDF1对上皮细胞癌变重要蛋白的调控机理研究	同意结题	国家自然科学基金地区基金
10	田晓静	基于GC-MS挥发物鉴定和电子鼻信息的宁夏枸杞子品质无损检测机理研究	同意结题	国家自然科学基金地区基金
11	卢建雄	日粮碳水化合物促进猪肌内和皮下脂肪形成的差异及调控机制研究	同意结题	国家自然科学基金地区基金
12	陈轶霞	绵羊痘病毒140RING finger蛋白的泛素化相关功能的初步研究	同意结题	国家自然科学基金地区基金
13	卢永娟	非Cd系量子点敏化TiO2太阳能电池的快速电子/空穴转移设计及光电性能研究	同意结题	国家自然科学基金地区基金
14	苏琼	基于β-环糊精主客体识别作用的凹凸棒-醋酸乙烯复合乳液的制备及阻燃性能研究	同意结题	国家自然科学基金地区基金
15	胡文瑾	破损唐卡图像修复质量评价模型的研究	同意结题	国家自然科学基金地区基金
16	林强	基于健康流数据的健康演进趋势识别与实时状态评测关键技术研究	同意结题	国家自然科学基金地区基金
17	达哇彭措	拉萨藏语多维嗓音数字建模及实时评测系统研究	同意结题	国家自然科学基金地区基金
18	傅思武	基于不同黏膜佐剂的艰难梭菌类毒素疫苗微针经皮免疫效应研究	同意结题	国家自然科学基金地区基金
19	郭忠	兰州百合多糖的辐射防护作用机制研究	同意结题	国家自然科学基金地区基金
20	万福成	藏语词法句法联合分析理论与方法研究	同意结题	国家自然科学基金青年基金
21	胡阿旭	现代语音学方法下的蒙古长调发音机制研究	合格	国家社会科学基金项目
22	谢智学	甘青民俗民间体育文化发掘与整理研究	合格	国家社会科学基金项目
23	马和斌	晚清至民国时期流传于民间的阿拉伯文献搜集整理研究	合格	国家社会科学基金项目
24	巴图	青海蒙古族民间口述史研究	良好	国家社会科学基金项目
25	额尔登别力格	卫拉特民歌学术史整理与研究	良好	国家社会科学基金项目
26	娘毛加	藏族物候历研究	合格	国家社会科学基金项目

续表

序号	项目负责人	项目名称	结题结论	项目来源
27	加羊吉	藏语命名实体识别及实体知识库构建研究	良好	国家社会科学基金项目
28	段小强	甘青地区史前文化与华夏文明起源研究	合格	国家社会科学基金项目
29	郭郁烈	河西宝卷整理与研究	合格	国家社会科学基金项目
30	杨士宏	白马藏语数据库建设及与藏语书面语比较研究	合格	国家社会科学基金项目
31	多杰卓玛	基于框架语义的藏文词汇语义资源库构建研究	良好	国家社会科学基金项目
32	董晓荣	阿尔寨石窟壁画研究	合格	国家社会科学基金项目
33	杨富学	唐宋回鹘史研究	良好	国家社会科学基金项目
34	李克	哈萨克族大众传播现状及对策研究	合格	国家社会科学基金项目
35	羌洲	安多藏区社会组织与政府合作机制研究	合格	国家社会科学基金项目
36	查汗	卡尔梅克蒙古民间故事类型研究	良好	国家社会科学基金项目
37	虎有泽	甘宁青民族地区法律执行与社会稳定研究	合格	国家社会科学基金项目
38	看本加	甘青藏区的藏传佛教宁玛派俄巴及其社会影响研究	良好	国家社会科学基金项目
39	道吉才让	川甘交界处白马藏族苯教文献整理、编目及研究	合格	国家社会科学基金项目
40	久仙加	敦煌文献中的藏族伦理思想演变研究	合格	国家社会科学基金项目
41	尼玛才让	敦煌古藏文法制文献研究	良好	国家社会科学基金项目
42	沙武田	粟特美术影响下的敦煌石窟图像研究	良好	国家社会科学基金项目
43	更登三木旦	元明时期的凉州遗存藏文文献数据库建设及其应用研究	合格	国家社会科学基金项目
44	夏吾拉旦	敦煌佛典词汇汉藏对照文献研究	合格	国家社会科学基金项目
45	才让	敦煌古藏文密教文献的翻译与研究	优秀	国家社会科学基金项目
46	夏雄杨本加	敦煌古藏文戒律文献整理研究	合格	国家社会科学基金项目
47	陈强	丝绸之路（中国段）古代玻璃艺术研究	合格	国家社会科学基金艺术学
48	赛音	歌曲《中国大船》	合格	国家社会科学基金艺术学
49	赵玫	朱子"心学"研究	同意结题	教育部人文社科研究一般规划项目
50	马雄	大数据时代西北民族地区社会舆论传播及引导的建模研究	同意结题	教育部人文社科研究一般规划项目
51	仁青吉	敦煌古藏文中观论典整理研究	同意结题	教育部人文社科研究一般规划项目
52	格根塔娜	基于语音和嗓音信号的卫拉特蒙古语声学研究	同意结题	教育部人文社科研究一般规划项目
53	牛乐	临夏砖雕非物质文化遗产档案	同意结题	教育部人文社科研究一般规划项目
54	崔星	敦煌文献（汉文非佛经部分）吐蕃史料辑校	同意结题	教育部人文社科研究一般规划项目

续表

序号	项目负责人	项目名称	结题结论	项目来源
55	周松	明代达官军研究	同意结题	教育部人文社科研究一般规划项目
56	任崇强	基于空间贫困与贫困脆弱性视角的西北民族地区贫困研究	同意结题	教育部人文社科研究一般规划项目
57	云存平	马图里迪学派教义学思想及其在丝绸之路沿线的传播与影响	同意结题	教育部人文社科研究一般规划项目
58	多拉	藏文《大藏经》十种版本全文数字化及智能检索研究	同意结题	教育部哲学社会科学重大攻关项目
59	孙豫	石墨烯基 Pt 纳米导电薄膜的制备及性能研究	同意结题	甘肃省科技计划－青年基金
60	马维元	分数阶复杂网络的外部同步分析	同意结题	甘肃省科技计划－省自然科学基金
61	祁坤钰	藏文智能信息处理	同意结题	甘肃省科技计划－基础研究创新群体
62	王斌	矩阵整流式大电流励磁电源调制策略中开关频率特性的研究	同意结题	甘肃省科技计划－青年基金
63	刘华	甘肃省农村养老保障模式构建研究	同意结题	甘肃省科技计划－软科学专项
64	王成君	硅烷化凹凸棒/杂多酸（盐）复合材料的构筑及其催化性能研究	同意结题	甘肃省科技计划－青年基金
65	段志英	活性炭担载二氧化钛(001)、(101)表面异质结光催化剂制备及性能研究	同意结题	甘肃省科技计划－省自然科学基金
66	王满刚	铜催化下 β－羰基磷酸酯类化合物的合成方法研究	同意结题	甘肃省科技计划－省自然科学基金
67	王冬梅	PAHs 降解菌的筛选及降解机制研究	同意结题	甘肃省科技计划－省自然科学基金
68	王东敏	壳聚糖/纳米金可吸收抗菌手术缝线的研发及应用研究	同意结题	甘肃省科技计划－青年基金
69	马君	撒拉语语音语料库的建立及关键技术研究	同意结题	甘肃省科技计划－重点研发计划
70	高丹丹	马铃薯蛋白 ACE 抑制肽的 Plastein 反应修饰及其作用机制研究	同意结题	甘肃省科技计划－自然科学基金
71	张文博	凹凸棒石/改性纳米零价铁杂化材料的制备及其对水中污染物的去除	同意结题	甘肃省科技计划－自然科学基金
72	田晓静	基于 GC-MS 挥发物鉴定和电子鼻信息的甘肃枸杞品质无损检测机理研究	同意结题	甘肃省科技计划－自然科学基金
73	徐红伟	绵羊体脂特异性沉积相关环状 RNA 筛选及功能验证研究	同意结题	甘肃省科技计划－省青年科技基金计划
74	张平	可磁分离 TNTs/g-C3N4 纳米复合材料光催化性能研究	同意结题	甘肃省科技计划－自然科学基金
75	马忠仁	生物工程国际科技特派员	同意结题	国际科技特派员
76	邓俊娥	重塑与误读：毛姆东方系列与中国近代文化	同意结题	甘肃省社科规划项目
77	耿磊	工作队与陕甘宁边区乡村动员研究	同意结题	甘肃省社科规划项目
78	金玲	保安语语音声学实验研究	同意结题	甘肃省社科规划项目
79	祁全明	甘肃省农村闲置宅基地治理法律问题研究	同意结题	甘肃省社科规划项目

续表

序号	项目负责人	项目名称	结题结论	项目来源
80	闫艳	我国天然气产业引入竞争法律机制研究	同意结题	甘肃省社科规划项目
81	胡玉霞	新型城镇化视角下河西走廊城镇群网络空间演进模式及策略研究	同意结题	甘肃省社科规划项目
82	王超	"一带一路"背景下甘肃民族地区民间资本发展研究	同意结题	甘肃省社科规划项目
83	张健	全面建设小康社会背景下甘肃省残疾人体育健身服务组织与保障体系构建研究	同意结题	甘肃省社科规划项目
84	李小红	甘肃当代少数民族文学的本土化书写研究	同意结题	甘肃省社科规划项目
85	南宏师	甘肃农村"社火"非物质文化遗产的保护、整理与教育传承研究	同意结题	甘肃省社科规划项目
86	马廷魁	丝绸之路视域下甘肃文化传播模式的创新机制研究	同意结题	甘肃省社科规划项目
87	牛丽红	多元舆论场共存背景下甘肃民族地区主流媒体舆论引导研究	同意结题	甘肃省社科规划项目
88	李欣	"民族团结进步"主题报道与新媒体故事化表达研究	同意结题	国家民委民族研究项目
89	沙景荣	藏区中学生学业不稳定性状调查研究	同意结题	国家民委民族研究项目
90	王艳	《格萨尔》史诗与中华民族共有精神家园建设研究	同意结题	国家民委民族研究项目
91	徐涛	我国少数民族语言文字域名国际化现状调查研究	同意结题	国家民委委托项目
92	张汉彬	基于语音声学参数库的土族语音转写规范研究	同意结题	国家语委科研项目
93	额尔登别力格	突厥英雄史诗	合格	内蒙古社会科学规划项目
94	张芸	5-羟色胺系统基因多态性调节负性应激性事件对个体攻击行为的神经影像学研究	合格	甘肃省高等学校科研项目
95	杨一鸣	榆中县高原夏菜—土壤系统中镉的积累、迁移及健康风险评估研究	合格	甘肃省高等学校科研项目
96	吴伟	犬戎族的考古学观察	合格	甘肃省高等学校科研项目
97	马晓霞	ATG13蛋白在调控BVDV复制过程中活化I型干扰素信号通路的研究	合格	甘肃省高等学校科研项目
98	杜世强	低秩结构学习方法及其在图像去噪中的应用	合格	甘肃省高等学校科研项目
99	马培洁	刘尔炘著述及学术思想研究	合格	甘肃省高等学校科研项目
100	姜学龙	基于生态翻译学视角的影视翻译研究	合格	甘肃省高等学校科研项目
101	刘起	丝路文化背景下兰州工业遗产多层级保护模式研究	合格	甘肃省高等学校科研项目
102	郭凌	基于一种对数似然法的乳腺癌预后基因分析	合格	甘肃省高等学校科研项目
103	李琼毅	膜联蛋白A2在脑心肌炎病毒复制增殖中的作用机制研究	合格	甘肃省高等学校科研项目
104	李向群	基于深度学习的新型视频编码技术研究	合格	甘肃省高等学校科研项目
105	李海玲	兰州高原夏菜区残膜对土壤养分及甘蓝菜生长和产量的影响	合格	甘肃省高等学校科研项目
106	陈琼	贵金属修饰的$ZnSnO_3$微/纳米结构及复合物的制备及其气敏增强机制的研究	合格	甘肃省高等学校科研项目
107	杨成慧	大数据背景下推进教育精准扶贫研究	合格	甘肃省高等学校科研项目

续表

序号	项目负责人	项目名称	结题结论	项目来源
108	阿依木古丽·阿不都热依木	雌激素对牦牛颗粒细胞凋亡的影响及其机理	合格	甘肃省高等学校科研项目
109	张兆麟	音乐类舞台实践课程与"互联网+"融合教学的创新与研究	合格	甘肃省高等学校科研项目
110	魏锁成	动物生殖生物技术创新团队	合格	甘肃省教育厅协同创新团队项目（自筹）
111	臧荣鑫	农业废弃资源循环利用成套技术转化研究	合格	甘肃省教育厅科研成果转化培育项目（自筹）
112	曹万智	建筑节能结构一体化装配式墙体技术成果转化	合格	甘肃省教育厅省级引导科技创新发展专项资金项目
113	王艳	新冠疫情背景下线上教学面临的挑战与改革探究	同意结题	甘肃省教育科学规划"疫情与教育"专项课题
114	于国伟	面向学校师生开展新冠疫情健康素养教育	同意结题	甘肃省教育科学规划"疫情与教育"专项课题
115	马永峰	疫情期间STEM教育校本网络教研共同体构建探究	同意结题	甘肃省教育科学规划"疫情与教育"专项课题
116	王小恒	"模式混搭+平台组合+资源优化"提升线上教学质量的研究与实践	同意结题	甘肃省教育科学规划"疫情与教育"专项课题
117	邵莉媛	新冠疫情背景下线上教学在艺术设计类课程中的问题与创新	同意结题	甘肃省教育科学规划"疫情与教育"专项课题
118	马炅	新媒体环境下甘肃民族地区中学教师非正式学习研究	同意结题	甘肃省"十三五"教育科学规划项目
119	张蕾	非物质文化遗产视野下临夏花儿保护与传承研究	同意结题	甘肃省"十三五"教育科学规划项目
120	尖措太	舞蹈编创技法剧场式应用与实践研究——以"时间舞台"为例	同意结题	甘肃省"十三五"教育科学规划项目
121	马希刚	民族地区音乐教师专业发展模式研究	同意结题	甘肃省"十三五"教育科学规划项目
122	孙永龙	基于创新能力培养的旅游管理本科实践教学体系构建	同意结题	甘肃省"十三五"教育科学规划项目
123	张帆	甘肃陇东秧歌舞蹈形态遗存的整理与保护	同意结题	甘肃省"十三五"教育科学规划项目
124	周倩	甘肃甘南藏区藏族中学生英语语音超音段音位习得偏误的声学研究及其对应教学策略的探讨	同意结题	甘肃省"十三五"教育科学规划项目
125	马润春	美育在当代大学生素质教育中的作用探析	同意结题	甘肃省"十三五"教育科学规划项目
126	申亚萍	移动互联背景下甘南州夏河县女性媒介素养研究	同意结题	甘肃省"十三五"教育科学规划项目
127	朱惠平	甘肃省高校高水平乒乓球运动员竞技能力非线性系统研究	同意结题	甘肃省"十三五"教育科学规划项目
128	何向真	大数据环境下的藏语大规模开放在线教育策略研究	同意结题	甘肃省"十三五"教育科学规划项目
129	马希刚	西北传统音乐文化在兰州现代职业教育中课程体系建设研究	同意结题	兰州市社科规划项目
130	张朝霞	兰州市保障性住房闲置状况调查及对策研究	同意结题	兰州市社科规划项目

续表

序号	项目负责人	项目名称	结题结论	项目来源
131	王珊珊	争创国家历史文化名城视域下兰州"非遗"的品牌塑造与影像输出研究	同意结题	兰州市社科规划项目
132	贺卫光	兰州市民族社区公共文化服务水平提升研究—以七里河区小西湖西街社区为例	同意结题	兰州市社科规划项目
133	李炜娜	兰州城市文化软实力之"全面阅读"提升策略研究	同意结题	兰州市社科规划项目
134	赵霏	舞茸在中西医结合治疗消化道恶性肿瘤中的应用研究	同意结题	兰州市城关区科技计划项目
135	杨成慧	基于北斗的物联网技术中间件产品开发设计与研究	同意结题	兰州市城关区科技计划项目
136	于国伟	儿童幽门螺旋菌感染及其影响机制研究	同意结题	兰州市人才创新创业项目
137	汪洋	中、英校园足球体制机制发展对比研究	同意结题	甘肃省体育社会科学研究项目
138	笪川	民族健身操在甘肃民族高校的开展及推广研究	同意结题	甘肃省体育社会科学研究项目
139	谢智学	甘肃省乡村节庆体育活动的整体策划研究	同意结题	甘肃省体育社会科学研究项目
140	常子健	民族传统体育赛事与河西走廊地区旅游产业耦合发展的路径研究	同意结题	甘肃省体育社会科学研究项目
141	王珊珊	互联网+背景下体育传播特点与规律研究	同意结题	甘肃省体育社会科学研究项目
142	张云山	西北民族大学创建中长跑高水平运动队发展研究	同意结题	甘肃省体育社会科学研究项目
143	冯刚	兰州市健身俱乐部发展现状及对策研究	同意结题	甘肃省体育社会科学研究项目
144	王琳	甘肃省高校高水平运动队现状分析与对策研究	同意结题	甘肃省体育社会科学研究项目
145	代瑾	白银市资源枯竭型城市转型2018年度绩效考核自评报告编制项目	同意结题	白银市发展和改革委员会
146	张克政	白银市承接产业转移示范区实施情况自评报告编制项目	同意结题	白银市发展和改革委员会
147	张积良	甘肃省兰白老工业城市和资源型城市转型升级示范区建设方案	同意结题	甘肃省发展和改革委员会
148	马希刚	"酣客酒文化"音乐作品创作项目	同意结题	甘肃酣客商贸有限公司
149	马希刚	"新时代那吾"文化合作项目	同意结题	合作市那吾镇人民政府
150	米娟婷	"丝绸之路经济带"背景下少数民族档案资源信息化建设的发展契机及对策研究—以甘肃为列	同意结题	甘肃省档案局项目
151	孟淑娟	新型超级电容器电极材料—聚苯胺/石墨烯/MnO2纳米复合电极的可控制备及其储能机理研究	同意结题	中央高校基本科研业务费项目
152	周绍举	安多地区藏族唐卡艺术的发展现状之研究	同意结题	中央高校基本科研业务费项目
153	陈秀萍	基于WSN的穿戴式人体运动检测系统的应用研究	同意结题	中央高校基本科研业务费项目
154	李斌	民主革命时期中国共产党推动社会组织化与治理能力提升研究	同意结题	中央高校基本科研业务费项目
155	张萍	政治伦理视域下甘肃民族地区社会主义核心价值观实践问题研究	同意结题	中央高校基本科研业务费项目
156	孟祥和	基于藏文新闻文本的聚类算法研究	同意结题	中央高校基本科研业务费项目
157	林宏伟	下一代视频编码标准中的关键技术研究	同意结题	中央高校基本科研业务费项目

续表

序号	项目负责人	项目名称	结题结论	项目来源
158	王成君	硅烷化凹凸棒固载杂多酸-离子液体复合材料的制备及其催化性能研究	同意结题	中央高校基本科研业务费项目
159	刘子龙	物联网中的电子标签防碰撞识别技术研究	同意结题	中央高校基本科研业务费项目
160	马伊双	基于丝绸之路经济带建设的中哈贸易核心区物流发展研究	同意结题	中央高校基本科研业务费项目
161	薛晨浩	丝绸之路经济带战略视角下中亚入境中国旅游与贸易协调发展机理与效应研究	同意结题	中央高校基本科研业务费项目
162	盛开莉	生态女性主义文学批评在中国的传播与接受	同意结题	中央高校基本科研业务费项目
163	王颖	移动互联背景下甘南州夏河县女性媒介素养研究	同意结题	中央高校基本科研业务费项目
164	李琦	舞蹈理论与技术层面的语言流变分析研究	同意结题	中央高校基本科研业务费项目
165	李巧华	缓解制造企业服务化困境的策略研究	同意结题	中央高校基本科研业务费项目
166	苏茜	甘肃少数民族文学研究	同意结题	中央高校基本科研业务费项目
167	肖雯娟	风力发电系统低电压穿越协调控制策略研究	同意结题	中央高校基本科研业务费项目
168	寇亮	靶向性多功能纳米药物载体的合成及表征	同意结题	中央高校基本科研业务费项目
169	张轩	慢性牙周炎与冠心病的口腔微生物群落的关系研究	同意结题	中央高校基本科研业务费项目
170	寇文军	脆性材料掰断机的虚拟开发	同意结题	中央高校基本科研业务费项目
171	任洪增	中国西北少数民族题材纪录片艺术特色研究	同意结题	中央高校基本科研业务费项目
172	黄水波	流数据处理与平台构建技术研究	同意结题	中央高校基本科研业务费项目
173	焦海燕	新型功能材料的制备及性能研究	同意结题	中央高校基本科研业务费项目
174	阿布力克木·喀吾孜	16世纪至20世纪初维吾尔语言、文学、文化研究	同意结题	中央高校基本科研业务费项目
175	扎西英派	大白鼠消化道黏膜免疫系统对食品用蜡抵御作用的研究	同意结题	中央高校基本科研业务费项目
176	吴慧昊	抑菌乳酸菌筛选及其在苹果梨采后防腐保鲜中的应用研究	同意结题	中央高校基本科研业务费项目
177	辛英	甘肃天祝藏族原发性高血压与eNOS基因多态性的相关性研究	同意结题	中央高校基本科研业务费项目
178	张银霞	高血压若干易感基因多态型在甘肃回族人群中的分布	同意结题	中央高校基本科研业务费项目
179	巴图欧其尔·吾再	新疆图瓦语借词调查研究	同意结题	中央高校基本科研业务费项目
180	冷明伟	藏族日常用语情境化体验学习软件的研究与开发	同意结题	中央高校基本科研业务费项目
181	梁志成	基于AS3.0的藏语发音训练及评价系统研究与实现	同意结题	中央高校基本科研业务费项目
182	杨军	基于虚拟交互技术的藏汉双语物理演示实验课程的开发与设计	同意结题	中央高校基本科研业务费项目
183	龙艳	西北地区少数民族文学影视化传播研究	同意结题	中央高校基本科研业务费项目
184	马俊平	社会主义核心价值观视域中的法治政府建设	同意结题	中央高校基本科研业务费项目

续表

序号	项目负责人	项目名称	结题结论	项目来源
185	刘利伟	基于腔光机械系统中类电磁诱导透明及其相关现象的研究	同意结题	中央高校基本科研业务费项目
186	慕嘉	含有新分数导数的扩散方程解的存在性及正则性研究	同意结题	中央高校基本科研业务费项目
187	欧阳霞辉	amERR 基因原核表达及组织表达研究	同意结题	中央高校基本科研业务费项目
188	李振华	活性炭表面印迹材料的合成及其在重金属离子分析中的应用	同意结题	中央高校基本科研业务费项目
189	冶建华	基于冲击模型理论的种群时空动态演化特征研究	同意结题	中央高校基本科研业务费项目
190	周瀚成	生物相容性功能化离子液体中酶催化拆分（R,S）-扁桃体酸研究	同意结题	中央高校基本科研业务费项目
191	刘娟丽	中药渣生物质炭的活化制备及其吸附性能研究	同意结题	中央高校基本科研业务费项目
192	方博文	倍半萜类天然产物 mitchellenes A-E 的仿生合成研究	同意结题	中央高校基本科研业务费项目
193	周倩	藏语母语大学生英语单元音发音石化模式的声学研究	同意结题	中央高校基本科研业务费项目
194	辛瑞青	哈萨克语与英语声近义通词研究	同意结题	中央高校基本科研业务费项目
195	白晓	基于虚拟现实交互技术的甘肃藏式建筑艺术展示平台的设计与开发	同意结题	中央高校基本科研业务费项目
196	陈响	弧焊电源功率因数校正应用基础研究	同意结题	中央高校基本科研业务费项目
197	吴忠铁	预制装配式隔震结构的装配方法与其抗倒塌能力研究	同意结题	中央高校基本科研业务费项目
198	孙初锋	针对空间环境掺杂纳米颗粒的复合润滑薄膜的设计、制备及摩擦失效机理研究	同意结题	中央高校基本科研业务费项目
199	田晓静	土壤-茶叶系统中微量元素富集与迁移机理研究	同意结题	中央高校基本科研业务费项目

附件3：2020年立项各类项目

序号	项目名称	负责人	批准单位	项目级别
1	中华传统伊斯兰建筑遗产文化档案建设与本土化发展研究	牛乐	国家社科工作办公室	国家级
2	吐蕃时期敦煌文献的整理与研究	扎西当知	国家社科工作办公室	国家级
3	民汉文化交融中的清代少数民族文学家族研究	多洛肯	国家社科工作办公室	国家级
4	英雄史诗《江格尔》活态传承调查研究及数字化保护	巴图	国家社科工作办公室	国家级
5	"一带一路"视野下的藏文南亚文献整理与研究	看本加	国家社科工作办公室	国家级
6	西北民族高校大学生中华民族共同体意识培育研究	鲁顺元	国家社科工作办公室	国家级
7	"一带一路"沿线国家蒙古族"仓诗"文库建设与研究	昭日格图	国家社科工作办公室	国家级

续表

序号	项目名称	负责人	批准单位	项目级别
8	藏族传统宗教与风俗习惯关系研究	英加布	国家社科工作办公室	国家级
9	敦煌藏文写本《维摩诘经》的整理及汉藏译本比较研究	仁青吉	国家社科工作办公室	国家级
10	敦煌古藏文文献与史诗《格萨尔》渊源关系研究	才旦	国家社科工作办公室	国家级
11	敦煌藏文本唯识文献整理研究	夏吾拉旦	国家社科工作办公室	国家级
12	中国古代法律体系之敦煌古藏文司法文书研究	尼玛才让	国家社科工作办公室	国家级
13	宪法视域下实现"民族互嵌"的体制机制研究	张朝霞	国家社科工作办公室	国家级
14	西北少数民族地区城市社区应对重大突发事件模式研究	钟慧	国家社科工作办公室	国家级
15	黄河上游民族地区相对贫困农户生计能力的评估、建设和政策保障研究	刘燕华	国家社科工作办公室	国家级
16	河西走廊民族互嵌型社区铸牢中华民族共同体意识的传播符码体系重构研究	张兢	国家社科工作办公室	国家级
17	祁连山区各民族口传文学传承保护机制创新研究	张辉刚	国家社科工作办公室	国家级
18	唐祈文献整理与研究	张天佑	国家社科工作办公室	国家级
19	多元宗教文化交融视野下的藏族格萨尔信仰现状调查与研究	兰却加	国家社科工作办公室	国家级
20	Quiver 表示范畴的同调理论与导出范畴	卢博	国家自然科学基金委员会	国家级
21	高效检测和分离水中污染离子的网状超分子材料的合成及性能	刘娟	国家自然科学基金委员会	国家级
22	金属有机骨架（MOF）在功能化生物质碳上的原位自组装及其对重金属离子的电化学传感研究	魏亚军	国家自然科学基金委员会	国家级
23	基于DNA多面体构造算法的自组装关键问题研究	邓涛	国家自然科学基金委员会	国家级
24	塔里木盆地三种蜥蜴的比较景观遗传学研究	李钳	国家自然科学基金委员会	国家级
25	长链非编码 RNA lncRSFD1/RSFD2/RSFD3 调控兰州大尾羊脂肪沉积的机制研究	徐红伟	国家自然科学基金委员会	国家级
26	高能效磁悬浮平面电机电磁拓扑结构优化技术研究	张生果	国家自然科学基金委员会	国家级
27	圣像类唐卡图像的文本描述生成方法研究	胡文瑾	国家自然科学基金委员会	国家级
28	基于编码信息再利用的视频压缩性能提升技术研究	林宏伟	国家自然科学基金委员会	国家级
29	乡村振兴战略视阈下西北民族聚居农村经营合作组织的减贫效能研究	鲍洪杰	教育部	省部级
30	甘肃省民族地区生态经济状况及风险评估研究	刘华	教育部	省部级
31	西北少数民族大学生思想政治教育的现状和对策研究	王玉蛟	教育部	省部级
32	中国民族学学科学风传承及人才队伍研究——兼论在铸牢中华民族共同体意识中民族学的使命	尹伟先	中国科学技术协会	省部级
33	《江格尔》（新疆乌苏市）	孟开	文化和旅游部	省部级
34	《格斯尔》（青海海西）	斯琴	文化和旅游部	省部级
35	国家认同视角下的汉藏民族关系研究	万玛航青	国家民族事务委员会	省部级

续表

序号	项目名称	负责人	批准单位	项目级别
36	甘青藏区中小学双语教育调查研究	范忠雄	国家民族事务委员会	省部级
37	汉文佛经《天地八阳神咒经》	才让	国家民族事务委员会	省部级
38	中华文学遗产与中华民族共同体内涵建设	多洛肯	国家民族事务委员会	省部级
39	青藏高原生态蚊文明——藏文山志文献整理研究	刀吉仁青	国家民族事务委员会	省部级
40	甘肃非物质文化遗产传统美术类文化图像基因档案建设	王晓珍	国家民族事务委员会	省部级
41	铸牢中华民族共同体意识下民族高校的民族舞蹈教学与创作研究	巴特尔	国家民族事务委员会	省部级
42	交替灌溉维持紫花苜蓿地上生产力的生理机制及分子基础	刘慧霞	国家民族事务委员会	省部级
43	水窗波段阿秒脉冲优化的理论研究	李小勇	国家民族事务委员会	省部级
44	"乡村振兴"背景下甘青宁各民族婚俗文化的传播创新路径研究	张辉刚	国家民族事务委员会	省部级
45	吐谷浑政权交通地理研究	朱悦梅	国家民族事务委员会	省部级
46	西北地区多元宗教交往交流交融与中华民族共有精神家园建设研究	看本加	国家民族事务委员会	省部级
47	铸牢中华民族共同体意识的中华文化符号研究	尹伟先	国家民族事务委员会	省部级
48	"一带一路"特色农产品多语言电子商务平台人才培养项目	何向真	中共甘肃省组织部	省部级
49	磁性TNTs/BN复合材料光催化降解抗生素废水的研究	张平	中共甘肃省组织部	省部级
50	敦煌古藏文多民族文化交流文书整理研究	扎西当知	中共甘肃省委宣传部	省部级
51	黄河流域甘肃段绿色产业发展研究	齐英瑛	甘肃省哲学社会科学规划办公室	省部级
52	金融协同创新驱动甘肃绿色经济发展问题研究	张小勇	甘肃省哲学社会科学规划办公室	省部级
53	申遗成功后与"一带一路"文化背景下的中国西北花儿传承与创新研究	冯岩	甘肃省哲学社会科学规划办公室	省部级
54	甘肃民族地区红色旅游资源开发利用研究：数字赋能、多元认同与价值共创	胡潇文	甘肃省哲学社会科学规划办公室	省部级
55	民族高校铸牢中华民族共同体意识研究	杨德明	甘肃省哲学社会科学规划办公室	省部级
56	"乡村振兴战略"背景下甘肃农村体育公共服务升级路径研究	丁向东	甘肃省哲学社会科学规划办公室	省部级
57	铸牢中华民族共同体视域下的甘肃少数民族口述档案研究	陈晓梅	甘肃省哲学社会科学规划办公室	省部级
58	秦在甘肃的崛起及早期秦文化研究	吴伟	甘肃省哲学社会科学规划办公室	省部级
59	"一带一路"背景下甘肃特有少数民族的语言文化与旅游产业政策研究	赵靓	甘肃省哲学社会科学规划办公室	省部级
60	敦煌乐舞壁画中的乐谱、图像研究	郑颖	甘肃省哲学社会科学规划办公室	省部级
61	新时代甘肃民族歌剧传承发展与实践创新研究	黄锦	甘肃省哲学社会科学规划办公室	省部级

续表

序号	项目名称	负责人	批准单位	项目级别
62	祁连山区甘肃段各民族口传文学影像化传承路径创新研究	张辉刚	甘肃省哲学社会科学规划办公室	省部级
63	甘肃藏羌汉民族融合舞蹈的保护与传承发展研究	周青	甘肃省哲学社会科学规划办公室	省部级
64	新文创理念下甘肃"红色文化"融入文创产品设计研究	王茜	甘肃省哲学社会科学规划办公室	省部级
65	甘肃民族音乐文化保护传承研究	张蕾	甘肃省哲学社会科学规划办公室	省部级
66	新时代西部农民形象互文本建构	第五淳	甘肃省哲学社会科学规划办公室	省部级
67	新文创时代安口陶瓷文化的创新传播研究	王懿	甘肃省哲学社会科学规划办公室	省部级
68	高强度麦秸秆材料仿生机制构建及生物质资源化利用研究	王彦斌	甘肃省科技厅	省部级
69	市政污泥生物质炭功能化及其在绿化培植土中的应用技术示范	张宏	甘肃省科技厅	省部级
70	阴道微生物菌群结构多样性变化与宫颈癌发生的相关性研究	赵晋	甘肃省科技厅	省部级
71	一种新型颌骨骨支架材料的开发	周建业	甘肃省科技厅	省部级
72	屠宰牛血液废弃物的生物处理与资源化利用	周雪雁	甘肃省科技厅	省部级
73	超低能耗与装配化建筑围护体系关键技术研究与应用	甘季中	甘肃省科技厅	省部级
74	碳布上N，S共掺杂MnCO3纳米结构的制备及其超电容性能研究	孟淑娟	甘肃省科技厅	省部级
75	TMEM39A通过与EMCV衣壳蛋白互作调控EMCV在宿主细胞中复制的机制研究	李向茸	甘肃省科技厅	省部级
76	DAPK1与慢性肾脏病继发性甲状旁腺功能亢进的相关性研究	赵玉	甘肃省科技厅	省部级
77	基于广义正交模糊N-软集的多属性群决策问题研究	张海东	甘肃省科技厅	省部级
78	基于遗传算法的水窗波段高次谐波转换效率的优化	李小勇	甘肃省科技厅	省部级
79	罗布麻黄酮醇合成酶耐盐功能研究	郭晓农	甘肃省科技厅	省部级
80	甘肃大黄属药用植物防治高原夏菜茎腐病的关键技术研究	齐燕姣	甘肃省科技厅	省部级
81	超交联多孔TiO2-二维纳米材料-环糊精聚合物对疏水性有机污染物的吸附-原位光催化降解机理研究	于京	甘肃省科技厅	省部级
82	不同地区酥油的微生物结构与风味组学关联性研究	刘红娜	甘肃省科技厅	省部级
83	VFA通过lncRNAs调控藏羊脂肪沉积机理研究	蔡勇	甘肃省科技厅	省部级
84	3D打印可溶微针在拔牙创口愈合方面的应用基础研究	张晓慧	甘肃省科技厅	省部级
85	维生素D对猪脂肪形成的影响及机制研究	张国华	甘肃省科技厅	省部级
86	面向集成化应用的一体式柔性超级电容器的结构设计和机理研究	陈万军	甘肃省科技厅	省部级
87	强流重离子同步加速器的逐束团位置测量关键技术研究	魏晓娟	甘肃省科技厅	省部级
88	双金属MOF衍生贵金属/MOS复合材料的可控制备及对糖尿病呼气标志物丙酮的传感研究	陈琼	甘肃省科技厅	省部级

续表

序号	项目名称	负责人	批准单位	项目级别
89	塔里木盆地密点麻蜥的系统地理学和种群遗传学研究	李铀	甘肃省科技厅	省部级
90	基于生灭过程理论的毒杂草入侵扩散模型模拟研究	刘华	甘肃省科技厅	省部级
91	MDCK细胞粘附机制的研究	刘振斌	甘肃省科技厅	省部级
92	异鼠李素对TNF-α诱导的血管平滑肌细胞增殖和炎症反应的影响及其信号转导机制研究	汪晨净	甘肃省科技厅	省部级
93	绵羊卵母细胞三种体外培养模式下血管内皮生长因子（VEGF）及其受体相互作用研究	曹忻	甘肃省科技厅	省部级
94	气相自由基负离子反应的多样性对大气中含硫、含氧有害气体转化及消除机制的研究	梁俊玺	甘肃省科技厅	省部级
95	基于原子腔光机械系统的全光晶体管的研究	刘利伟	甘肃省科技厅	省部级
96	Atg13蛋白通过激活RLR/MAVS介导的IFN-β信号通路抑制PPRV增殖的机制的研究	马晓霞	甘肃省科技厅	省部级
97	气候变暖与干旱胁迫对小麦矿质元素动态积累影响及机理研究	王小恒	甘肃省科技厅	省部级
98	高熵合金/ZrB2-ZrSi2-Cf叠层复合材料的界面设计及强韧化机理研究	郭启龙	甘肃省科技厅	省部级
99	肺灌注成像的分析与挖掘关键技术研究	满正行	甘肃省科技厅	省部级
100	隔震结构预制装配式隔震层的关键装配技术研究	吴忠铁	甘肃省科技厅	省部级
101	基于运动捕捉数据的藏语拉萨话三维视位建模及人脸动画仿真	何向真	甘肃省科技厅	省部级
102	非金融企业金融化水平测度及其对甘肃实体投资的影响研究	郑贺娟	甘肃省科技厅	省部级
103	"隐性贫困"视角下甘肃民族地区精准扶贫质量提升及成果巩固战略研究	马海涯	甘肃省科技厅	省部级
104	甘肃民族地区突发新发传染病基层防控策略研究-以临夏州东乡县为例	杨秀琳	甘肃省科技厅	省部级
105	数字技术助推教师教学能力提升路径研究	郭治虎	甘肃省科技厅	省部级
106	新时代高校党组织组织力提升路径研究	李世凯	甘肃省教育厅	地厅级
107	脑心肌炎病毒VP2蛋白激活内质网应激反应的分子机制研究	李向茸	甘肃省教育厅	地厅级
108	绵羊尾脂性状的全基因组关联分析	李铀	甘肃省教育厅	地厅级
109	SelK与EMCV感染后宿主细胞凋亡相互作用关系研究	张海霞	甘肃省教育厅	地厅级
110	甘南藏区土-木混合结构抗震节能一体化研究	吴忠铁	甘肃省教育厅	地厅级
111	基于半监督学习和链路预测的大规模社交网络社团抽取研究	桂春	甘肃省教育厅	地厅级
112	联机手写梵音藏文识别中相似字区分方法研究	蔡正琦	甘肃省教育厅	地厅级
113	基于西部高海拔干燥地区掺加AS2H2大流动性高性能混凝土配合比设计及性能研究	张微	甘肃省教育厅	地厅级
114	基于动态网络部署的低能耗穿戴式无线体感网构建	何美荣	甘肃省教育厅	地厅级
115	甘肃东乡族儿童、青少年体成分与骨强度调查分析	杨秀琳	甘肃省教育厅	地厅级
116	区块链关键技术研究与应用	陶凌梅	甘肃省教育厅	地厅级

续表

序号	项目名称	负责人	批准单位	项目级别
117	甘肃省中医药养生旅游产业优化布局与创新开发合理路径研究	王亦龙	甘肃省教育厅	地厅级
118	甘肃地域文化资源在文创产品中的创新设计发展应用研究	王茜	甘肃省教育厅	地厅级
119	"一带一路"背景下甘肃省民族民间美术在高校的研究发展及创新	徐恒	甘肃省教育厅	地厅级
120	甘肃省与"一带一路"沿线俄语国家文旅合作调研以及对当地高校俄语人才培养的探索	张娟	甘肃省教育厅	地厅级
121	甘肃县级融媒体运营发展研究	秦伟	甘肃省教育厅	地厅级
122	基于语音声学方法的河湟花儿民歌曲调研究	颜霏	甘肃省教育厅	地厅级
123	藏药砂生槐醇提物诱导骨髓瘤细胞凋亡的分子机制研究	董开忠	甘肃省教育厅	地厅级
124	新冠疫情背景下线上教学面临的挑战与改革探究	王艳	甘肃省教育科学研究院	地厅级
125	"模式混搭+平台组合+资源优化"提升线上教学质量的研究与实践	王小恒	甘肃省教育科学研究院	地厅级
126	面向学校师生开展新冠疫情健康素养教育	于国伟	甘肃省教育科学研究院	地厅级
127	疫情期间STEM教育校本网络教研共同体构建探究	马永峰	甘肃省教育科学研究院	地厅级
128	新冠疫情背景下线上教学在艺术设计类课程中的问题与创新	邵莉媛	甘肃省教育科学研究院	地厅级
129	以就业为导向的工科应用型复合型高等教育人才培养模式研究	杨成慧	甘肃省教育科学研究院	地厅级
130	少数民族大学生汉语阅读课线上教学实践研究	凯丽比努·阿不都热合曼	甘肃省教育科学研究院	地厅级
131	专业承诺视域下体育师范生学习心理问题和干预研究——基于甘肃高校样本的分析	薛锋	甘肃省教育科学研究院	地厅级
132	民族院校社团活动承载美育的特征及作用路径	周鹏生	甘肃省教育科学研究院	地厅级
133	混合式教学对深度学习与高阶思维培养研究	高忠虎	甘肃省教育科学研究院	地厅级
134	"双创教育"与高校艺术设计专业教学有机融合的方法研究	王茜	甘肃省教育科学研究院	地厅级
135	"教学+产教融合+双创赛研"综合实验教学模式探索——以西北民族大学经济学综合实验教学中心为例	徐菁	甘肃省教育科学研究院	地厅级
136	通识教育在甘肃民族地区铸牢中华民族共同体意识中的价值研究	赵学东	甘肃省教育科学研究院	地厅级
137	大类培养下高等舞蹈教育教学改革研究——以西北民族大学舞蹈学院为研究对象	宋佳	甘肃省教育科学研究院	地厅级
138	构建"体教融合"模式 引领学校特色发展——以小篮球运动进校园为例	窦紫	甘肃省教育科学研究院	地厅级
139	大学博物馆教育功能的实践和作用研究	周尚娟	甘肃省教育科学研究院	地厅级
140	甘肃文化走出去的挑战与策略研究——以敦煌文化为例	赵靓	甘肃社会科学界联合会	地厅级
141	甘肃脱贫攻坚与乡村振兴有效衔接问题研究	谢宗棠	甘肃社会科学界联合会	地厅级
142	甘肃花儿活态传承及保护策略研究	常虹	甘肃社会科学界联合会	地厅级
143	"乡村振兴"背景下甘肃特有少数民族婚俗文化的传播创新路径研究	张辉刚	甘肃社会科学界联合会	地厅级

续表

序号	项目名称	负责人	批准单位	项目级别
144	编创青少年科学素养提升读本	张平	甘肃省科学技术协会	地厅级
145	甘肃体育文化宣传十四五规划专题研究	刘肖敏	甘肃省体育科学学会	地厅级
146	甘肃省"三大球"振兴发展对策研究	轩苏磊	甘肃省体育科学学会	地厅级
147	甘肃青少年体育发展"十四五"规划专题研究	冯刚	甘肃省体育科学学会	地厅级
148	宋夏兰州经营与文学书写研究	丁沂璐	兰州市社科规划办公室	地厅级
149	习近平意识形态工作重要思想研究	雷梦芹	兰州市社科规划办公室	地厅级
150	可磁分离缺陷型TNTs符合材料环境治理中的应用研究	张平	兰州市科技局	地厅级
151	重组人血清白蛋白在CHO细胞中高效表达技术研究	冯若飞	兰州市科技局	地厅级
152	运用CRISPR/Cas9介导的基因打靶技术构建定点敲入siat7e基因的悬浮培养VERO细胞	柏家林	兰州市科技局	地厅级
153	"十四五"时期迭部县提高富民增收水平的思路对策研究	祁永安	迭部县发展和改革局	横向
154	"十四五"时期迭部县优化营商环境,加大招商引资优惠政策的基本思路研究	祁永安	迭部县发展和改革局	横向
155	细胞培养技术服务	马忠仁	北京万泰生物药业股份有限公司	横向
156	肉羊用尾菜发酵饲料技术研究及推广应用	臧荣鑫	甘肃省农业生态保护管理站	横向
157	《白银市黄河流域生态保护和高质量发展总体规划》编制项目	张积良	白银市发展与改革委员会	横向
158	甘肃省居民健康素养检测	王志凡	甘肃省卫生健康宣传教育中心	横向
159	深度贫困县区居民健康素养检测	王志凡	甘肃省卫生健康宣传教育中心	横向
160	传统文化元素在玉雕设计中的运用研究	刘栋	甘肃陇艺坊文化科技有限公司	横向
161	Dolby Vision技术在电影《寻根周原》制作中的创新研究与应用	李克	兰州浩发影视传媒有限公司	横向
162	抑菌性人工合成肽的筛选及培养高通量药物筛选平台的建立	周建业	兰州肽谷研究院有限公司	横向
163	四价流感病毒裂解疫苗(MDCK细胞)	马忠仁	浙江天元生物药业有限公司	横向
164	MDCK细胞基质流感疫苗的临床前研发	马忠仁	武汉生物制品研究所有限责任公司	横向
165	基于MDCK细胞基质流感疫苗的临床研究	马忠仁	武汉生物制品研究所有限责任公司	横向
166	基于MDCK细胞基质流感疫苗的生产工艺研发	马忠仁	武汉生物制品研究所有限责任公司	横向
167	基于MDCK细胞基质流感疫苗的产业化	马忠仁	武汉生物制品研究所有限责任公司	横向
168	甘肃地方特色餐饮业市场及品牌管理研究	马永腾	兰州忠华商贸有限责任公司	横向
169	西北地区特色农畜产品开发与资源化利用	高丹丹	甘肃拜尔利汀生物科技有限公司	横向
170	高原夏菜产区反刍动物地源性发酵饲料技术成果转化	徐红伟	榆中天保生态牧业科技有限公司	横向

续表

序号	项目名称	负责人	批准单位	项目级别
171	冰核细菌在中草药绿色种植病虫害防治中的应用	周建业	甘肃复兴厚生物医药科技有限公司	横向
172	高考志愿填报系统构建及技术服务推广	马微	兰州林儒教育科技有限责任公司	横向
173	甘肃哈萨克族阿依特斯研究	冯瑞	甘肃西西里文化发展有限公司	横向
174	室内三维空间定位及监控系统设计与研发	林宏伟	兰州比特每秒科技信息有限公司	横向
175	基于3D打印的数字化口腔医疗器械研发及应用研究	周建业	甘肃梅塔生物医学有限公司	横向
176	敦煌壁画古乐器再现研究	郑颖	甘肃悦石文化发展有限公司	横向
177	高考曲目大全声乐卷	常虹	海南省古韵文化传媒有限责任公司	横向
178	通渭小曲音乐文化样态与创承机制研究	何英琴	甘肃三和文化艺术发展有限公司	横向
179	凉州贤孝学理关系与活态呈现研究	韩华	甘肃星渊文化发展有限公司	横向
180	免疫性不孕症患者产生自身抗体机制的基因组学研究	安利峰	兰州百源基因技术有限公司	横向
181	何家沟水库大坝反滤层厚度有限元计算分析	石建勋	宁夏水利水电工程局有限公司	横向
182	库区边坡稳定性及锚固系统可靠度研究	石建勋	宁夏水利水电工程局有限公司	横向
183	陕西百讯电子科技有限公司税收管理研究	郑贺娟	陕西百讯电子科技有限公司	横向
184	面向订单生产型制造企业的项目群资源调度管理研究	胡晓婷	平凉市荣康实业有限公司	横向
185	《白银市国民经济和社会发展"十四五"课题研究报告》编制	张克政	白银市发展和改革委员会	横向
186	英语口译系列微课	王谋清	上海外语教育出版社有限公司	横向
187	《建筑节能与结构一体化墙体保温系统建筑构造》图集	王洪镇	甘肃省墙体材料革新和建筑节能协调领导小组办公室	横向
188	可在水相中识别金属离子的稀土MOFs的设计研究	哈斯其美格	兰州工业研究院	横向
189	《张掖市"十四五"规划纲要和黄河流域生态保护与高质量发展总体规划》编制合同	张积良	张掖市发展和改革委员会	横向
190	肉羊用生物发酵浓缩饲料应用效果评价与规模化生产	臧荣鑫	永靖县瑞霖科技养殖有限公司	横向
191	肉牛高效养殖体系建立与阶段饲养效果分析	杨具田	华池县陇塬双合牧业有限责任公司	横向
192	肉牛高效健康养殖关键技术研究及其饲草料资源综合开发利用	郭鹏辉	甘肃省陇原绿康生态农业有限公司	横向
193	流感病毒载体新冠肺炎疫苗生产用无成瘤性MDCK细胞库的建立和检定	马忠仁	北京万泰生物药业股份有限公司	横向
194	《西北地区餐饮浪费的对策及方法研究》项目合同书	娜日苏	甘肃驰奈生物能源系统有限公司	横向
195	《民法典》法规清理委托协议	张朝霞	兰州市人大常委会办公室	横向
196	《甘肃省属国有企业文化旅游板块发展研究》合作项目协议书	孙永龙	甘肃文旅创意设计有限公司	横向

续表

序号	项目名称	负责人	批准单位	项目级别
197	全国、全省民族团结进步创建示范区委托评估项目	海龙	甘肃省民族事务委员会	横向
198	中国民歌少儿演唱卷	赛音	北京风韵雅乐文化艺术有限公司	横向
199	音乐科技应用研究	师丽娜	成都启瑞昇科技有限公司	横向
200	《甘肃之窗》研究与出版	尹伟先	凉州大马文化艺术研究院	横向
201	敦煌医书"常服补益方"对免疫功能影响的研究	胜利	甘肃智丰生物科技有限公司	横向
202	细胞工厂验证、测试与质控体系建立	乔自林	兰州百灵生物技术有限公司	横向
203	生物反应器的验证与性能测试	王家敏	兰州百灵生物技术有限公司	横向
204	车辆用涂料整体配置方案及相关工艺优化方案研究与应用	孙初锋	潍坊亿启新材料有限公司	横向
205	基于聚落空间形态分析的规划可行性研究及应用	郑海晨	兰州理工大学建筑勘察设计院有限责任公司	横向
206	窝沟封闭技术虚拟仿真教学实验	周海静	北京航空航天大学	横向
207	面向乡镇卫生院供货型企业客户群的农村医疗保险绩效研究	魏宁宁	陇南康源药业有限公司	横向
208	聚乙烯基废旧农用地膜回收加工关键技术与相关工艺优化方案研究与应用	张宏	兰州金土地塑料制品有限公司	横向
209	废旧聚乙烯基农用覆盖地膜高值化利用研究	张宏	甘肃省农业生态与资源保护技术推广总站	横向
210	BM-DCs 的制备与诱导分化和成熟	蔺国珍	甘肃亚克隆生物科技有限公司	横向
211	拉卜楞寺学者著作保护整理	扎西当知	夏河县拉卜愣白塔藏文化旅游开发有限公司	横向
212	5G 时代 VR 技术背景下丝绸之路沿线古今作品"主题叙事"应用研究	多洛肯	甘肃星艺影业有限公司	横向
213	基于云平台的机械设备远程监测系统开发	金劲	甘肃航拓科技有限公司	横向
214	"西北民大华膳牦牛肉品研发中心"校企联合研发	潘和平	甘肃华膳食品工程有限公司	横向
215	《张掖市"十四五"军民融合发展规划编制项目》编制合同	代瑾	张掖市发展和改革委员会	横向
216	农村公路旧水泥混凝土路面微裂均质化再生技术应用研究	武红娟	甘肃公路局	横向
217	白银市民族团结进步创建能力提升暨民族宗教政策法规培训班委托培训项目	沙存善	白银市民族宗教事务委员会	横向
218	2020 年农工党甘肃省委员会帮扶点贫困村创业致富带头人及同心全科项目乡村医生培训项目	牛克慧	中国农工民主党甘肃省委员会	横向
219	2020 年中国非物质文化遗产传承人群研修项目	牛克慧	甘肃省文化和旅游厅	横向
220	成都市少数民族代表人士和民族工作干部培训班第二阶段民族团结进步现场教学委托项目	沙存善	成都市社会主义学院	横向
221	建筑节能与结构一体化墙体制品和装配式建筑部品部件工业化制造成套技术	王洪镇	天水昌兴市政工程有限公司	横向
222	牦牛乳全成分分析	田晓静	甘南牦牛乳研究院	横向
223	装配式住宅全装修关键模块分析及施工要点研究	裴军军	甘肃建投科技研发有限公司	横向

续表

序号	项目名称	负责人	批准单位	项目级别
224	信息化技术应用与装配式建筑产业化发展融合分析研究	裴军军	甘肃建投科技研发有限公司	横向
225	《甘肃省"十四五"社会心理服务体系建设规划》编制	李辉	中共甘肃省委政法委员会	横向
226	甘肃省大学生生态环境与健康素养问卷调查分析及基地建设项目	李丽群	甘肃省生态环境科学设计研究院	横向
227	路学视阈下丝绸之路(甘新段)研究	马英杰	南方科技大学	横向
228	甘南州卓尼县博峪红色土司广场雕塑、浮雕创作设计及制作	才让多杰	卓尼县木耳镇人民政府	横向
229	灯饰结构和外观设计技术研究	杨成慧	中山市广普照明技术研究院	横向
230	甘肃省墙体材料革新"十四五"发展规划编制	曹万智	甘肃省墙体材料革新和建筑节能工作协调领导小组办公室	横向
231	英语教学法课程思政	王谋清	上海外语教育出版社有限公司	横向
232	2020 年甘肃省居民健康素养监测	王志凡	甘肃省卫生健康宣传教育中心	横向
233	2020 年甘肃省深度贫困县区居民健康素养监测	王志凡	甘肃省卫生健康宣传教育中心	横向
234	《西藏文化史·明代卷》编撰	看本加	西藏民族大学	横向
235	湿陷性黄土高填方回填质量控制及沉降预测研究	石建勋	中建五局第三建设有限公司	横向
236	重大突发公共卫生事件中的西北少数民族地区城市社区应对模式研究 xbmuyjrc2020019	钟慧	学校引进人才	校级
237	突发事件网络舆情风险防控问题研究 xbmuyjrc2020016	何莉莉	学校引进人才	校级
238	西北藏区学前教育深化改革现状研究 xbmuyjrc2020032	尕藏草	学校引进人才	校级
239	民族地区乡村教师队伍建设长效机制研究 xbmuyjrc2020017	马永峰	学校引进人才	校级
240	线性系统预处理技术研究 xbmuyjrc2020031	白玉琴	学校引进人才	校级
241	MOS 复合材料的可控制备及对人体呼气中 VOC 标志物的传感机理的研究 xbmuyjrc2020014	陈琼	学校引进人才	校级
242	人口视域下民族地区新兴城市群产业承接研究-以兰西城市为例 xbmuyjrc2020029	李秀芬	学校引进人才	校级
243	创意旅游视角下甘肃乡村旅游发展研究 xbmuyjrc2020012	邹品佳	学校引进人才	校级
244	复杂神经系统信息传播能效的研究 xbmuyjrc2020030	岳园	学校引进人才	校级
245	脉冲发展方程解的性质研究 xbmuyjrc2020013	张环环	学校引进人才	校级
246	基于线图谱分析的社团发现算法研究 xbmuyjrc2020010	桂春	学校引进人才	校级
247	媒介融合视域下少数民族文学研究 xbmuyjrc2020006	王艳	学校引进人才	校级
248	民族贫困地区乡村振兴实践路径研究 xbmuyjrc2020008	张龙	学校引进人才	校级
249	张载易学思想研究 xbmuyjrc2020025	马鑫焱	学校引进人才	校级
250	非酒精性脂肪肝炎发展成肝细胞癌的分子机制研究 xbmuyjrc2020022	孙娜	学校引进人才	校级
251	《智慧之源》词汇研究 xbmuyjrc2020023	刘相措	学校引进人才	校级

续表

序号	项目名称	负责人	批准单位	项目级别
252	戊型肝炎病毒 ORF2 互作宿主蛋白的筛选及其在病毒感染中的作用研究 xbmuyjrc2020021	李慧霞	学校引进人才	校级
253	藏语词类类型研究 xbmuyjrc2020024	格知合南加	学校引进人才	校级
254	生物质炭材料的制备及在污水处理、电催化、药物释放的应用 xbmuyjrc2020004	李朝霞	学校引进人才	校级
255	新疆哈萨克族与柯尔克孜族典型英雄史诗比较研究 xbmuyjrc2020026	叶尔扎提·阿地里	学校引进人才	校级
256	鲁迅作品的维吾尔语译介研究 xbmuyjrc2020027	努尔艾力·库尔班	学校引进人才	校级
257	乡村振兴战略下民族地区的农业与旅游业融合发展研究 xbmuyjrc2020007	付春燕	学校引进人才	校级
258	国际通用人工智能项目-OpenNARS 的关键技术及其应用方法研究 xbmuyjrc2020009	那孜古力·斯拉木	学校引进人才	校级
259	基于深度学习的唐卡图像数字修复研究 xbmuyjrc2020003	李巧巧	学校引进人才	校级
260	石灰柱热融加固高温冻土地基试验研究 xbmuyjrc2020015	毛云程	学校引进人才	校级
261	西北民族地区乡村居民医疗保障体系发展路径研究 xbmuyjrc2020002	刘凡	学校引进人才	校级
262	牛至精油主要活性成分调控瘤胃代谢的微生物学机制研究 xbmuyjrc2020018	周瑞	学校引进人才	校级
263	口腔致病微生物组与口腔粘膜免疫的关系研究 xbmuyjrc2020028	高江力	学校引进人才	校级
264	中国内陆高寒地区聚落形态及变迁发展研究 xbmuyjrc2020020	鲁顺元	学校引进人才	校级
265	高海拔地区少数民族女童月经初潮年龄推迟的	马薇	中央高校	校级
266	天然坡缕石负载型催化剂的制备及其对脱氢偶	乌兰	中央高校	校级
267	脑心肌炎病毒感染机制研究创新团队	冯若飞	中央高校	校级
268	西部地区特有动物种质资源保护与利用创新团	杨琨	中央高校	校级
269	JDBM 医用镁合金仿生矿化涂层的制备与研	林永盛	中央高校	校级
270	信息材料与器件制备研究	张国恒	中央高校	校级
271	民汉文学交融视野下的多民族文学遗产与文化	多洛肯	中央高校	校级
272	《江格尔》文化遗产数字化保护研究	斯琴	中央高校	校级
273	军民融合高原损伤防治药物研究创新团队	王荣	中央高校	校级
274	藏药现代化研究与开发创新团队	李茂星	中央高校	校级
275	异基因造血干细胞后移植物抗宿主病的移植免	吴涛	中央高校	校级
276	心肌病心血管损伤机制与保护研究	陈永清	中央高校	校级

续表

序号	项目名称	负责人	批准单位	项目级别
277	核心蛋白聚糖延缓常染色体显性多囊肾病进展	薛庆亮	中央高校	校级
278	苯丙素甙类化合物抑制消化道恶性肿瘤及其逆	于晓辉	中央高校	校级
279	严重腹腔感染的临床及基础研究	刘宏斌	中央高校	校级
280	结直肠癌综合诊治研究	高峰	中央高校	校级
281	新型3D打印抗感染人工骨治疗感染性骨缺损	甄平	中央高校	校级
282	西北地区骨性关节炎的分子机制、临床治疗及	李旭升	中央高校	校级
283	西部地区少数民族男性生殖障碍及治疗研究	王玲	中央高校	校级
284	高原应激损伤防治生物药物研发	哈小琴	中央高校	校级
285	释放 Mg^{2+} 的镁合金通过 Luxs/AI-	刘小荣	中央高校	校级
286	温通针法结合伤寒论经方治疗颈型颈椎病的临	扈玫琳	中央高校	校级
287	基于甘肃省临夏州回族、东乡族自然人群队列	邱皓	中央高校	校级
288	甘肃省兰州城关区30000名初中毕业生健	刘育贤	中央高校	校级
289	PGI、PGII、PGI/II 及胃泌素 G	张锦华	中央高校	校级
290	肾损伤因子-1在肾透明细胞癌中的检测及临	赵立明	中央高校	校级
291	中高度近视青少年中家族性渗出性玻璃体视网	毕小军	中央高校	校级
292	民族语言认知机制与脑科学研究团队	胡阿旭	中央高校	校级
293	"一带一路"背景下的高校民族室内乐发展研	郑颖	中央高校	校级
294	LncRNA 在食管鳞状细胞癌组织表达的	张雅青	中央高校	校级
295	祁连山区少数民族口传文学与歌谣的影像化传	张辉刚	中央高校	校级
296	土族学习者母语及英语习得田野调查研究	张汉彬	中央高校	校级
297	甘肃省旧水泥混凝土路面微裂均质化处治技术	武红娟	中央高校	校级
298	"一带一路"背景下甘肃民俗民间体育促进旅	谢智学	中央高校	校级
299	西北民族大学体育学院体育教学、训练、竞赛	王小玲	中央高校	校级
300	基于偏微分方程的图像分割及应用研究	田巧玉	中央高校	校级
301	生态数学模型理论及其应用	刘华	中央高校	校级
302	西北地区特色植物逆境适应机理研究创新团队	冯玉兰	中央高校	校级
303	魏晋时期民族融合背景下的河西儒学研究	张克政	中央高校	校级
304	基于大数据分析的区域性电子商务发展研究	马海英	中央高校	校级
305	职业教育研究	南宏师	中央高校	校级
306	天然高分子负载型催化剂的制备及其应用研究	张宏	中央高校	校级

续表

序号	项目名称	负责人	批准单位	项目级别
307	农业场景中无人车环境感知的视觉方法研究	王书志	中央高校	校级
308	基于脑电信号的蒙古语韵律感知机制研究	格根塔娜	中央高校	校级
309	新时代民族院校思想政治教育实践教学体系研	张龙	中央高校	校级
310	民乐钢琴艺术指导教学与研究	柳蔚	中央高校	校级
311	瘤源性微囊泡对小鼠肝癌移植瘤侵袭转移的影	谢晓峰	中央高校	校级
312	大学生安全急救健康素养调查与干预机制研究	彭晶	中央高校	校级
313	靶向抗肿瘤偶联多肽的设计、合成、及活性研	温小云	中央高校	校级
314	技术具身：手机媒介与身体的现象学技术哲学	祁媛	中央高校	校级
315	国家治理视阈下我国县级融媒体中心建设路径	曾培伦	中央高校	校级
316	应用型人才培养模式下舞蹈基础训练课程的改	鲜莎莎	中央高校	校级
317	中国现当代小说的地方性研究	李小红	中央高校	校级
318	法律亲属称谓的维吾尔语翻译及司法实践中的	努尔艾力·库尔班	中央高校	校级
319	城市化进程中少数民族城镇居民语言教育规划	汤琳琳	中央高校	校级
320	甘肃特有民族语言的保护与产业化发展	赵靓	中央高校	校级
321	描述与阐释：近现代中国电影译介研究	姜学龙	中央高校	校级
322	民族院校英语专业学生跨文化敏感度及效力研	华瑛	中央高校	校级
323	钢纤维混凝土的本构关系、时变效应及在桥梁	黄洪猛	中央高校	校级
324	基于甘肃高海拔地区的多纤维增强环保型大掺	张微	中央高校	校级
325	"一带一路"背景下甘肃河西走廊地区民族传	常子健	中央高校	校级
326	西北民族大学体育专业大学生就业意向调查与	边昕童	中央高校	校级
327	全民健身政策背景下甘肃省群众体育纵深发展	李军伟	中央高校	校级
328	鲁棒的低秩结构学习方法及其在可视化数据中	杜世强	中央高校	校级
329	具有模糊交流结构的模糊合作博弈的判解研究	王倩	中央高校	校级
330	基于深度学习的唐卡图像语义分割模型的研究	胡文瑾	中央高校	校级
331	唐卡语料库构建中的关键技术研究	王铁君	中央高校	校级
332	基于深度学习的网络舆情文本情感分析技术研	洪建超	中央高校	校级
333	MDCK细胞成瘤性相关circRNA的筛	杨迪	中央高校	校级
334	亚麻粕中蛋白质和植酸的高值化利用研究	魏玉梅	中央高校	校级
335	组织工程用交联透明质酸水凝胶的制备及其性	徐静	中央高校	校级

续表

序号	项目名称	负责人	批准单位	项目级别
336	西北民族大学2019年新生人群戊型肝炎流	李慧霞	中央高校	校级
337	利用新型基因编辑技术改变VERO细胞培养	马晓霞	中央高校	校级
338	中国荷斯坦牛TLRs家族基因遗传多态性与	张丽	中央高校	校级
339	藏药独一味及其复方对胡萝卜坚固杆菌的分子	陆会宁	中央高校	校级
340	牦牛产后乏情卵巢中差异表达蛋白质的研究	杨妍梅	中央高校	校级
341	甘南藏族传统节日题材绘画语言表现方式研究	王国军	中央高校	校级
342	20世纪三四十年代共产国际、联共（布）与	杨惠娟	中央高校	校级
343	近代中国的犯罪问题与社会治理研究	马静	中央高校	校级
344	周王朝对西垂的经略与秦早期历史研究	杜娟	中央高校	校级
345	βTCP-HA-GO纳米复合材料成骨效应	马彬	中央高校	校级
346	龋病易感基因的关联研究及相关基因的循证学	胡晓潘	中央高校	校级
347	绿色发展观下甘肃省电商产业扶贫实践与推进	胡玉霞	中央高校	校级
348	创客教育在民族高校的实施策略研究	王春丽	中央高校	校级
349	Ti6Al4V合金表面减摩抗磨性能研究	李朝霞	中央高校	校级
350	锰催化的炔烃双官能团化反应研究	吴尚	中央高校	校级
351	青藏高原多民族文化资源融合创新与创业实践	才让尕吉	中央高校	校级
352	跨界融合视域下牦牛文化的商业价值创新研究	世藏吉	中央高校	校级
353	肝硬化患者基于血清同型半胱氨酸，乳糖，降	陈芳芳	中央高校	校级
354	超声引导可视化细针穿刺改进小针刀法治疗腕	冯艳	中央高校	校级
355	可视化超声引导下细针穿刺改良小针刀法治疗	秦昕	中央高校	校级
356	阻塞性睡眠呼吸暂停低通气综合征及低氧血症	王芳	中央高校	校级
357	脑卒中后语言功能区损伤修复与支配其功能区	孙红军	中央高校	校级
358	新时代司法体系下藏汉双语法庭翻译问题研究	贡保华旦	中央高校	校级
359	复杂原子的光电离及其退激发过程的理论研究	王向丽	中央高校	校级
360	镍基二元金属氧化物的形貌控制、表面修饰及	陈琼	中央高校	校级
361	高阶张量稀疏性学习方法在图像分割中的应用	石玉清	中央高校	校级
362	贵金属修饰金属氧化物半导体异质结（NiO	李毛才让	中央高校	校级
363	基于模块化多电平换流器的高压直流输电系统	黄靖涛	中央高校	校级
364	重离子同步加速器数字BPM信号处理算法的	魏晓娟	中央高校	校级
365	"生命共同体"视角下藏族传统生态价值观及	昂秀措	中央高校	校级

续表

序号	项目名称	负责人	批准单位	项目级别
366	甘肃藏族民俗文化中的生态文明理念研究	王藏毛草	中央高校	校级
367	新时代甘肃农民媒体形象的实证研究	第五淳	中央高校	校级
368	甘肃彩陶纹饰的平面化呈现与普及性文化推广	周瑛	中央高校	校级
369	甘肃民族手工艺传承发展与振兴乡村经济机制	李贝	中央高校	校级
370	民族高校"思政课程"与"课程思政"协同育	赵恺	中央高校	校级
371	高原缺氧环境对卵巢功能的影响	仇晓霞	中央高校	校级
372	兰州地区变态反应性疾病总 IgE、特异性 I	陈雯莉	中央高校	校级
373	葡萄糖酸氯已定制剂对脚臭治疗效果观察及临	李忠信	中央高校	校级
374	扶正化瘀胶囊对兰州地区老年肝硬化患者内分	王琴	中央高校	校级
375	神经语言视角下的二语习得研究	图雅	中央高校	校级
376	丝绸之路与少数民族历史文化研究	吴通	中央高校	校级
377	"一带一路"文化旅游融合发展研究	王泽民	中央高校	校级
378	西部地区人群囊性肝包虫包囊自然退化机理研	董开忠	中央高校	校级
379	屠宰血液蛋白废弃物的资源化利用	孙娜	中央高校	校级
380	中西亚信息决策分析平台关键技术研究	曹晖	中央高校	校级
381	俄藏手抄本《江格尔》搜集与研究	阿尔布克·巴生	中央高校	校级
382	"一带一路"背景下甘肃彩陶文化产业走出去	康瀚予	中央高校	校级
383	一带一路战略视域下中国国际话语权提升研究	杨永锋	中央高校	校级
384	跨喜马拉雅数字传播研究	尕藏草	中央高校	校级
385	红景天根部化学成分的分离鉴定及抗癌活性研	程锦春	中央高校	校级
386	甘南州乡村文化旅游创意开发现状调研	邹品佳	中央高校	校级
387	文县旅游业对当地生态环境的影响评价	孙初锋	中央高校	校级
388	民族地区中小学创客教育及中职学校教育服务能力提升策略研究	郭治虎	中央高校	校级
389	少数民族地区农村三产融合促进农民增收现状调查	刘宏霞	中央高校	校级
390	广河及邻近地区史前彩陶的调查与整理	陈亚军	中央高校	校级
391	乡村振兴战略下的甘肃多民族地区"过渡性"城乡社区的治理研究	马鑫焱	中央高校	校级
392	牧区易地扶贫搬迁群体生活需要调查	张霖	中央高校	校级
393	新媒体在脱贫攻坚中的作用调研－以天水农村为例	范文德	中央高校	校级
394	东乡族学龄儿童乳牙患龋情况与口腔行为调查分析	马彬	中央高校	校级

续表

序号	项目名称	负责人	批准单位	项目级别
395	肃南县裕固族人群慢性非传染性疾病调查	兰咏梅	中央高校	校级
396	东乡族人群少肌症流行病学调查及风险因素分析	海向军	中央高校	校级
397	格萨尔说唱音乐调查研究	常磊	中央高校	校级
398	甘肃省蒙古语使用和翻译情况调查研究－以肃北蒙古族自治县为例	乌力吉达来	中央高校	校级
399	安多方言卓尼木耳话调查研究	桑吉才让	中央高校	校级
400	和政花儿民歌多模态数据库及数字化展示平台建设	胡阿旭	服务社会专项	校级
401	"花儿"文化数据库建设	张鹏远	服务社会专项	校级
402	花儿剧《花儿美》（暂定）故事编写与剧本创作	丰云鹏	服务社会专项	校级
403	和政县文创产品设计与开发研究	苏静怡	服务社会专项	校级
404	"松鸣花儿情"——花儿原型舞台剧创编	陈艺	服务社会专项	校级
405	和政县"花儿"音乐文化资源与旅游产业融合发展的策略研究	孙倩茹	服务社会专项	校级
406	花儿文献馆（博物馆）的筹建与布展	吴伟	服务社会专项	校级
407	和政县花儿文献馆的建设与创新性发展	马忠才	服务社会专项	校级
408	山花烂漫——甘肃和政县特色旅游文创产品研发	徐海翔	服务社会专项	校级
409	地域特色鲜明的和政县花儿文献馆视觉形象设计及展示陈列方案设计	才让多杰	服务社会专项	校级
410	和政县花儿曲种调查与县歌创作	赛音	服务社会专项	校级
411	贵德县各民族交往交流交融现状调研	才让	服务社会专项	校级
412	贵德县非物质文化遗产保护与传承研究	看本加	服务社会专项	校级
413	我国多民族文学诗学研究创新团队	阿布都外力·克热木	校级创新团队	校级
414	中西比较诗学与文艺思潮研究创新团队	韩晓清	校级创新团队	校级
415	语言翻译与中华民族共同体意识研究创新团队	文英	校级创新团队	校级
416	经典古籍文献整理研究创新团队	杨本加	校级创新团队	校级
417	多语种民族文献综合研究创新团队	娜日苏	校级创新团队	校级
418	中华多民族文学遗产与中华民族共同体意识研究创新团队	多洛肯	校级创新团队	校级
419	中国古典史诗与中华民族共同体意识研究创新团队	宁梅	校级创新团队	校级
420	西北多民族史诗与口头传统研究创新团队	孟开	校级创新团队	校级
421	多语种文学与文化传承创新团队	英加布	校级创新团队	校级
422	中国少数民族语言文学专业课程与教学创新团队	万玛项欠	校级创新团队	校级
423	民族音乐创作创新团队	赛音	校级创新团队	校级

续表

序号	项目名称	负责人	批准单位	项目级别
424	丝绸之路舞蹈创新团队	巴特尔	校级创新团队	校级
425	音乐舞蹈艺术传播创新团队	朱杰	校级创新团队	校级
426	艺术学教学创新团队	李琦	校级创新团队	校级
427	西北民族民间美术创新团队	徐海翔	校级创新团队	校级
428	民族题材绘画创作教学创新团队	冯炳超	校级创新团队	校级
429	西北民族地区铸牢中华民族共同体意识的理论与实践研究创新团队	尹伟先	校级创新团队	校级
430	马克思主义民族理论与政策创新团队	鲁顺元	校级创新团队	校级
431	丝绸之路与民族历史文化研究创新团队	赵学东	校级创新团队	校级
432	草原丝绸之路历史文化创新团队	敖特根	校级创新团队	校级
433	青藏高原区域历史文化研究创新团队	才让	校级创新团队	校级
434	西北地区历史文献研究创新团队	朱悦梅	校级创新团队	校级
435	丝绸之路沿线文化遗产研究创新团队	段小强	校级创新团队	校级
436	历史时期中国西北边疆治理与社会发展研究创新团队	周松	校级创新团队	校级
437	社会发展与社会治理研究创新团队	马忠才	校级创新团队	校级
438	西北边疆社会稳定文化机制研究创新团队	阿布都哈德	校级创新团队	校级
439	西北与中亚民俗学创新团队	满珂	校级创新团队	校级
440	计算机软件与理论创新团队	王维兰	校级创新团队	校级
441	计算机应用技术创新团队	李永宏	校级创新团队	校级
442	计算机网络与信息安全创新团队	单广荣	校级创新团队	校级
443	非线性分析创新团队	黄水波	校级创新团队	校级
444	智能计算与动力系统分析及其应用创新团队	刘华	校级创新团队	校级
445	运筹学与控制论创新团队	田双亮	校级创新团队	校级
446	信息学教学创新团队	张国恒	校级创新团队	校级
447	西北青少年教育与发展研究创新团队	尕藏草	校级创新团队	校级
448	学习科学与技术创新团队	沙景荣	校级创新团队	校级
449	外语教育研究创新团队	马纳琴	校级创新团队	校级
450	体育教学与训练教学创新团队	谢智学	校级创新团队	校级
451	有机化学创新团队	苏琼	校级创新团队	校级
452	高分子化学创新团队	陈丽华	校级创新团队	校级

续表

序号	项目名称	负责人	批准单位	项目级别
453	化学教学创新团队	王彦斌	校级创新团队	校级
454	基础兽医学创新团队	臧荣鑫	校级创新团队	校级
455	预防兽医学创新团队	陈士恩	校级创新团队	校级
456	高原地区动物疾病创新团队	魏锁成	校级创新团队	校级
457	动物遗传育种与繁殖创新团队	潘和平	校级创新团队	校级
458	动物营养与饲料科学创新团队	卢建雄	校级创新团队	校级
459	特种动物遗传资源保护利用与畜产品品质控制创新团队	杨具田	校级创新团队	校级
460	细胞代谢工程创新团队	乔自林（潘秋卫）	校级创新团队	校级
461	细胞培养创新团队	赵晋	校级创新团队	校级
462	生物制药与材料创新团队	马忠仁	校级创新团队	校级
463	生物工程材料创新团队	李志强	校级创新团队	校级
464	病原生物学与基因工程创新团队	柏家林	校级创新团队	校级
465	学科集群与跨学科教育教学创新团队	白日霞	校级创新团队	校级
466	企业管理创新团队	王泽民	校级创新团队	校级
467	投资管理创新团队	马子量	校级创新团队	校级
468	经济管理教学创新团队	李辉	校级创新团队	校级
469	马克思主义基本原理创新团队	陈改玲	校级创新团队	校级
470	马克思主义中国化研究创新团队	甄喜善	校级创新团队	校级
471	思想政治教育创新团队	岳彬	校级创新团队	校级
472	宪法学与行政法学创新团队	郑天锋	校级创新团队	校级
473	环境与资源保护法学创新团队	张贵玲	校级创新团队	校级
474	西北民族民间文艺学研究科研创新团队	郭郁烈	校级创新团队	校级
475	多语种语言与人工智能科研创新团队	多拉	校级创新团队	校级
476	西北民族地区经济与管理科研创新团队	李长亮	校级创新团队	校级

附件4：国家民委"一带一路"国别与区域研究中心学术委员会成员名单

一、中亚与中国西北边疆研究中心学术委员会

主　任：丁　宏　中央民族大学教授

副主任：赵利生　兰州大学教授

委　员：韩高年　西北师范大学教授

　　　　王建新　兰州大学教授

　　　　马东平　甘肃省社会科学研究院研究员

　　　　袁　剑　中央民族大学副教授

　　　　郝苏民　西北民族大学教授

　　　　僧　格　西北民族大学教授

　　　　马忠才　西北民族大学教授

二、喜马拉雅区域研究中心学术委员会

主　任：扎　洛　中国藏学研究中心研究员

副主任：看本加　西北民族大学教授

委　员：徐　君　四川大学教授

　　　　郁　丹　云南大学教授

　　　　阿旺嘉措　兰州大学教授

　　　　叶拉太　青海民族大学教授

　　　　才　让　西北民族大学教授

三、西亚东非研究中心学术委员会

主　任：丁　隆　对外经济贸易大学教授

副主任：陈　杰　中山大学教授

委　员：金忠杰　宁夏大学教授

　　　　刘欣路　北京外国语大学教授

　　　　王亚民　华东师范大学研究员

　　　　祁学义　西北师范大学副教授

　　　　马效佩　西北民族大学教授

　　　　王谋清　西北民族大学教授

　　　　马和斌　西北民族大学副教授

学术委员会作为研究中心的学术研究指导机构，主要负责制定、修订学术委员会章程，审议研究中心的学术研究方向及中长期研究发展规划，参与重大项目和其他开放课题的评审并提出资助额建议，参与重大成果的评审鉴定工作，对重大课题经费的合理使用提出建议并监督。

聘期自 2020 年 1 月起，任期四年。

附件 5：西北民族大学成立"创意管理研究中心"等二级单位内设科研机构

根据《西北民族大学二级单位内设科研机构管理办法（修订）》有关规定，经教学单位申请、校学术委员会审议、校长办公会议研究，同意成立以下二级单位内设科研机构：

一、成立"西部生态与土地资源法制研究中心"，负责人为王天雁副教授，依托建设单位为法学院。

二、成立"创意管理研究中心"，负责人为孙永龙副教授，依托建设单位为管理学院。聘请清华大学熊澄宇教授、雷家骕教授，西北师范大学王三北教授为学术顾问，并成立"创意管理研究中心"学术委员会，四川大学杨永忠教授为学术委员会主任，对外经济贸易大学吴承忠教授、英国伦敦政治经济学院李伯一研究员、兰州文理学院高亚芳教授、西北民族大学王泽民教授为学术委员会委员。

附件 6：西北民族大学成立"慢病及健康管理研究所"

根据《西北民族大学二级单位内设科研机构管理办法（修订）》（民大科研发〔2019〕2 号）有关规定，经单位申请、校学术委员会审议，2020 年 4 月 24 日校长办公会议研究审定，同意成立"慢病及健康管理研究所"，该研究所为二级单位内设机构，负责人为刘丽江同志，依托建设单位为校医院。

学生管理工作

西北民族大学学生会组织改革方案

为深入贯彻习近平新时代中国特色社会主义思想和中央党的群团工作会议、全国高校思想政治工作会议精神，全面落实团中央、教育部、全国学联《关于推动高校学生会（研究生会）深化改革的若干意见》《甘肃省学联学生会组织改革方案》等文件精神，服务学校第六次党代会提出的"三地一库"奋斗目标，助力推进高水平大学和一流民族大学建设，结合学校学生会组织工作实际，制定《西北民族大学学生会组织改革方案》。本方案适用于西北民族大学学生会、各学院学生会等学生会组织（以下简称学生会组织）。

一、总体要求

（一）指导思想

坚持以习近平新时代中国特色社会主义思想，全面贯彻党的十九大、十九届二中、三中、四中全会精神，以保持和增强政治性、先进性、群众性为目标，在党的领导和团的指导下，坚持立德树人，紧扣时代主题，突出问题导向，创新体制机制，坚持全心全意为同学服务的根本宗旨，激发动力、提升活力、增强吸引力和凝聚力，使学生会组织更好地代表和服务广大同学，更好地团结和凝聚广大同学听党话、跟党走，为实现"两个一百年"奋斗目标、实现中华民族伟大复兴的中国梦贡献青春力量。

（二）基本原则

坚持正确政治方向。坚持党的领导，贯彻党的教育方针，牢固树立政治意识、大局意识、核心意识、看齐意识，紧紧围绕为实现中华民族伟大复兴中国梦而奋斗的时代主题，深入贯彻中国特色社会主义群团发展道路"六个坚持"和"三统一"的基本要求，坚持全心全意为同学服务，将广大同学紧密地团结在党中央周围，引导广大同学自觉把个人理想融入到党和人民的共同奋斗之中。

坚持学生主体地位。本着全心全意为同学服务的根本原则，始终坚持以学生为本，坚持为了同学、代表同学、服务同学、依靠同学；坚持从同学中来、到同学中去，着力扩大广大同学对学生会组织工作的参与、监督和评议；坚持立德树人，引领服务广大同学努力成长为德才兼备、全面发展的中国特色社会主义合格建设者和可靠接班人。

坚持依法依章程开展工作。在学校党委领导和团委的指导下，根据《西北民族大学章程》《西北民族大学学生会章程》，进一步明晰学生会组织的基本定位和职能，加强章程和制度建设，理顺团学组织关系，充分发挥各级学生会组织开展工作的积极性和创造性。

坚持问题导向深化改革。对照学校党委期望、团委要求和学生需求，针对有的学生组织"行政化"、学生会组织脱离学生等现象，着力解决目前存在的工作机制规范性不够、工作内容服务同学成长需求不够、工作方式方法照顾同学特点不够、学生干部产生机制不规范和作风建设亟待加强等突出问题，大胆探索，勇于革新，积极稳妥推进改革。

（三）主要目标

通过体制机制改革和工作创新，使学生会组织存在的突出问题在2—3年内有明显改进，使各级学生会组织的政治性、先进性和群众性得到显著增强。

职能作用更加明确。通过改革，积极争取党组织和团组织的支持，使各级学生会组织地位得到加强，工作自主性、规范性增强，联系、代表、服务同学和维护同学权益的职能作用发挥更加充分，在参与学校治理中的作用显著提升。

代表性更加广泛。通过改革，进一步扩大学生会组织的代表性，规范代表大会代表名额分配比例和产生方式，重点扩大普通学生代表的比例，真正选出品学兼优的学生代表、学生干部；建立学生代表、学生干部直接联系同学、听取意见的制度。

队伍作风更加严实。通过改革，进一步规范学生会组织领导机构的产生方式；规范学生会干部选拔标准、评价机制，建立健全学生干部退出机制；不断强化学生干部的群众意识、责任意识、奉献意识，更好推进学生干部转变作风，坚决抵制和克服脱离广大同学的倾向，以实际行动做好广大同学的表率，赢得广大同学的信赖。

工作效能更加彰显。通过改革，进一步明确学校团学工作的组织格局，理顺学校学生会与其他学生组织的关系；规范健全各级学生会组织的机构设置，减少层次、提升效能，充分发挥互联网作用，构建扁平高效的组织体系，避免"行政化"倾向；推动各级学生组织进一步加强工作联动，推动各级学生会组织进一步完善广大同学参与、监督和评议的体制机制，努力建设服务型、学习型、创新型学生会组织，使引领和服务广大同学的水平和能力得到显著提升。

二、改革具体措施

（一）改革优化学生会组织功能定位、机构设置、组织体系

1.进一步明确学生会组织基本定位和职能。学生会是学校党委领导下的主要学生组织，是学校联系广大同学的桥梁与纽带。学生会组织以习近平新时代中国特色社会主义思想为指导，以加强对同学的政治引领为根本，以全心全意服务同学为宗旨，及时向同学传达党的声音和主张，引导广大同学自觉把个人理想融入到党和人民的共同奋斗之中；学生会面向全体同学，坚持从同学中来、到同学中去，聚焦广大同学精神成长、学习生活、成才发展、创新创业、权益维护等需求，积极引领践行社会主义

核心价值观，充分发挥引领同学坚定理想信念、帮助同学全面成长进步、促进同学养成优良学风、服务同学创新创业、代表和维护同学正当权益等方面的作用。

2. 精简优化学生会组织机构。校学生会组织遵循合理优化、精简高效的原则，减少管理层级，提升管理效能，采取"主席团+工作部门"模式，主席团成员不超过5人，部门不超过6个，工作人员总数不超过60人。

校学生会主席团集体负责学生会重大事项，实行轮值制度，设执行主席，由主席团成员轮值担任，以一学期为一个轮值周期，执行主席负责召集会议、牵头日常工作。主席团共5人，其中3人负责榆中校区学生会工作并轮值担任执行主席，1人负责西北新村校区学生会工作，1人负责研究生分会工作并担任学生会研究生分会执行主席。主席团由学生代表大会选举产生，主席团成员和执行主席候选人的资格条件应在校团委的指导下予以确定并报学校党委批准。

按照学生会的主要职能，校学生会设置办公室、学习部、文体部、权益部、综合部5个部门，分别负责做好学生会的综合事务性工作、文体艺术活动开展、学习服务以及权益维护等相关工作，其中综合部负责西北新村校区学生会各项工作。各工作部门分别设3名负责人，6名工作人员；因两校区的实际，综合部设7名工作人员；研究生分会主席团设3人（含执行主席），7名工作人员，不设其他工作部门。

聘任秘书长1名，由校团委副书记兼任；聘任副秘书长1名，由校团委专职干部兼任。

学院学生会工作人员总人数不超过30人，其中主席团成员不超过3人。除学生会主席团成员和工作部门成员，均不设置其他任何职务。

3. 进一步完善学生会组织体系。切实建立"学校、学院、班级"三级联动的工作格局。明确校级组织对院级组织、院级组织对班委会的指导职责，重点从制度设计、资源整合、活动开展等方面，加强校级学生会组织对院级学生会组织的指导、联系和帮助。巩固校院两级学生会组织的沟通和交流，定期安排班委进院级组织，院级组织进校级组织学习培训的机制；每学期定期召开2次校院学生会组织联席会议，针对性地学习文件政策、解决系列问题。丰富健全校级学生会组织对于院级学生会组织的考核制度，根据年度考核指标，每年至少召开1次由院级学生会组织向校级学生会组织的述职，并通过年度工作总结、网上展示和现场答辩的方式评选出最佳和优秀院级学生会组织。

4. 进一步规范学生代表大会制度。制定出台《西北民族大学学生代表大会工作实施细则（试行）》，规范和明确代表名额、比例分配、选举产生、覆盖面、提案征集与处理等关键环节。实行学生代表大会常任代表会议制度（简称"常代会"），常代会作为学生代表大会闭会期间的常设机构，负责监督评议学生会组织工作、监察组织章程和工作条例等实施情况、听取审议学生会组织工作报告、选举决定领导机构组织人员调整等重大事项。常代会不得代替学生会组织行使权益维护等日常执行功能。校级学生代表大会须每年召开一次，学院学生代表大会原则上每年召开一次，代表要体现广泛性。学代会选举结果应当向大会报告，并经同级党委批准，报上级学联、学生会组织备案。

（二）规范学生干部选用、培养和考核制度，加强作风建设

5. 建立健全学生干部的选拔制度。学生干部应为共产党员或共青团员，理想信念坚定，热爱和拥护中国共产党，具有强烈的爱国意识、爱国情感，弘扬和践行社会主义核心价值观，品行端正、作风务实、乐于奉献，具有全心全意为广大同学服务的觉悟和能力，学有余力、学业优良，学业成绩综合排名在本专业前30%以内，且无课业不及格情况。学生干部的选拔应面向全体同学进行，选拔要确保广大同学的知情权、参与权，选拔结果进行公示，接受广大同学监督，做到来源广泛、公开透明、公平竞争。

6. 优化学生骨干培养机制。依托"青年马克思主义者培养工程"、团校培训等平台，健全校院两级学生干部培训体系，建立完善培训课程，不断提升学生骨干的领导力和履职能力。关心支持学生干部的成长发展，建立完善以服务和贡献为导向的学生干部激励机制，坚持和推进在参加评奖评优、测评加分、推荐免试攻读研究生等政策落地落实。

7. 建立健全考核评价和退出制度。组建以学生代表为主，学生工作部（处）、团委等共同参与的评议会，建立考核评价制度。学生会主席团成员和工作部门负责人每学期向评议会述职，评议要从政治态度、道德品行、学习情况、工作成效、纪律作风等方面对其进行全面客观的综合考核评价。评价考核结果作为学生干部任免的重要依据。对于政治立场不坚定、学习成绩较差、考核不合格、违法违纪的以及其他无法正常履行职责的学生干部，按照规定和程序予以劝退、免职或罢免。

8. 加强学生干部队伍作风建设。深化学生干部健康成长教育，围绕思想作风、学习作风、工作作风、生活作风等方面开展专题培训，不断强化学生干部的宗旨意识、表率作用和严实作风，打造信念坚定、品学兼优、朝气蓬勃、心系同学的学生干部队伍；建立健全学生干部监督约束机制，促进学生干部严格自律，接受广大学生监督，坚决抵制和克服脱离广大学生的倾向；将作风建设列入学生干部选拔、考核、使用等相关工作的评价体系，作为学生干部任免的重要依据。

（三）加强思想政治引领

9. 建设学习型学生会。坚持实施"青年马克思主义者培养工程""青年大学习"行动，校院两级学生会每个月至少召开一次学习会议，以政治学习为根本，以深入学习习近平新时代中国特色社会主义思想为重点，以掌握和运用马克思主义立场、观点、方法为目的，坚持围绕中心、服务大局，坚持知行合一、学以致用，坚持问题导向、注重实效，坚持依规管理、从严治学，充分发挥引领和带动作用，引导更多青年学生努力成长为德智体美劳全面发展的社会主义建设者和接班人。

10. 坚持和推进思想政治引领阵地建设。以学生会微信公众平台为主体，以微博等新媒体为辅助，采取传统宣传与新媒体宣传相结合的方式，全方位加强思想政治引领阵地建设；重点扶持学习习近平新时代中国特色社会主义思想研究会、红色中国研究协会等思想政治类社团，以理想信念教育为核心，深入开展"中国梦""社会主义核心价值观""听党话、跟党走""青春心向党 建功新时代""我与祖国

共奋进"等主题活动，培养更多忠诚担当的优秀学生骨干，在广大同学当中更好地发挥引领和带动作用，成为引领学生思想的重要力量。

（四）健全学生权益代表和维权沟通机制

11.更好地发挥学生诉求服务中心的作用。学生会学生诉求服务中心，负责开展代表和维护广大同学合法诉求的日常工作。建立日常调研机制，完善"民大青年"APP等网络新媒体平台，及时收集、听取涉及广大同学切身利益和普遍诉求的问题，形成报告提交学校党政部门，并及时跟进，切实推动问题的解决。推动学校形成"职能部门交流会"等机制，搭建学生与学校党政领导、职能部门面对面沟通的常态化机制。推动校级学生会组织负责人成为学校有关咨询议事监督机构成员，参加学校相关会议，代表和合理有序表达同学利益诉求。校级学生会组织应合理参与学校在涉及教育教学、后勤管理、学生奖惩等同学关切事务的决策、管理和评价工作。

（五）创新工作机制，积极建设"网上学生会"

12.广泛吸纳同学共同参与工作，充分发挥基层学生会组织作用。加强和广大同学的直接联系，拓展网上工作阵地，利用好微信、微博、"民大青年"APP等网络平台，加强网络舆情关注、搜集、研判，规范自媒体管理，做好重大活动和关键节点的网上舆论引导，营造风清气正的网络环境。

（六）深化和提升服务内涵

13.密切关注同学的思想、学习和生活的现实需要，主动为他们的知识教育、素质养成、心理健康、创新创业等提供帮助，推动广大学生参与志愿服务、科技创新，激发自信自强、创新创造精神。进一步强化社会实践育人，组织广大同学深入基层一线，在实践中"增知识、受教育、长才干、作贡献"，体验国情民情，坚定理想信念。密切结合同学们的思想观念、行为特点和接受习惯，广泛开展主题鲜明、健康有益、丰富多彩的课外活动。注重发挥榜样群体的示范引领作用，开展寻访选树身边的榜样等活动，营造向上向善的校园文化氛围。引导广大学生勇于到条件艰苦的基层、国家建设的一线、项目攻关的前沿建功立业，积极为国家和地区经济社会发展做贡献。

三、工作支持和保障

14.加强党委领导和团委指导。学校党委把学生会建设纳入学校党建工作整体格局中进行统筹谋划，构建党委统一领导，学生工作部（处）、团委具体指导，各相关部门分工合作、协调运行的工作机制。学校团组织要加强对学生会组织工作的科学指导，在工作场地、经费、机制等方面给予支持和保障，充分尊重和支持学生会组织依法依章程开展工作，重点从政治方向、组织机制、骨干培养等方面给予指导和监督，在具体业务工作和活动开展中，充分尊重学生会组织的积极性、创造性和自主性。

学校团组织要指导学生会组织进一步规范财务制度,健全经费执行的公开和监督机制,增强财务工作的透明度。

四、组织实施

本方案经校党委常委会会议批准后印发,各级团组织要指导学生会组织制定具体措施,确保各项措施落实到位。各级学生会组织要在党组织的领导下、团组织的指导下,按照统一部署,把握改革重点,抓住关键节点,积极主动推进改革。

西北民族大学关于进一步做好 2020 届毕业生就业工作的意见

为深入学习贯彻习近平总书记在统筹疫情防控和经济社会发展工作部署会议上的重要讲话精神和教育部、国家民委、甘肃省教育厅关于 2020 届毕业生就业工作的安排部署，落实落细学校党委常委会专题会议要求，最大程度降低新冠肺炎疫情对就业工作的影响，现提出如下意见。

一、进一步提高认识和站位，在落实总书记重要讲话和文件会议精神上下功夫

全校各级组织和全体教职员工要认真学习领会习近平总书记重要讲话精神，贯彻落实党中央、国务院作出的一系列重要决策部署，将做好毕业生就业工作上升到学校事业发展的高度，严格执行《教育部关于应对新冠肺炎疫情做好 2020 届全国普通高等学校毕业生就业创业工作的通知》和甘肃省教育厅《关于做好疫情防控期间高校毕业生就业有关工作的通知》要求。有关部门和教学单位要结合专业特点、生源情况、就业现状等，制定本单位 2020 年度就业工作方案，靠实责任，细化措施，狠抓落实，做好服务，用实实在在的举措全力做好 2020 届毕业生就业工作。

二、进一步加强统筹指导，在顺利毕业、尽早就业上下功夫

顺利毕业是尽早就业的基础和条件，全校各单位要分工负责、协同推进，确保毕业生顺利毕业。教务处、研究生处要统筹指导各教学单位克服疫情影响，完成 2020 届毕业生课程教学、缓考补考、毕业实习、论文答辩、毕业资格的核查确认等工作，按照《西北民族大学 2020 年应届生教学管理工作指导意见》《关于进一步做好 2020 年上半年毕业研究生学位授予工作的通知》要求，完成学校 2020 年上半年毕业资格审核、学位授予工作；学生工作部（处）、团委要细化优化就业工作安排，精心组织毕业生参加网上招聘活动，利用云就业平台精准推送各类招聘信息，积极服务网上面试、网上签约，做好学生的就业指导与服务；各教学单位要切实做好毕业生相关工作的落实，靠实落细就业工作的主体责任。

三、进一步拓展领域，抓住机遇，在宣传指导和服务上下功夫

研究生处、教务处、各教学单位要抢抓 2020 年国家扩大研究生招生规模的机遇，做好研究生招生工作，让更多毕业生实现升学的愿望；保卫处和各教学单位要配合省征兵办落实好国务院、中央军委关于今年两次征集大学生参军入伍工作的部署，面向大学生开展精准宣传动员和报名工作，鼓励各族大学生积极应征入伍、加入军营建功立业；学生工作部（处）、团委要积极拓展就业领域，引导毕

业生服务国家和地方发展战略,到基层、到新业态领域就业,组织好"特岗计划""大学生村官""三支一扶""西部计划"等基层项目的报考工作;各教学单位要调动一切可调动力量,积极引导毕业生到基层、中小微企业、现代农业、社会公共服务等领域就业。

四、进一步关心关爱,在精准帮扶重点群体毕业生上下功夫

有关部门和各教学单位要准确掌握建档立卡贫困家庭、零就业家庭、少数民族、身体残疾、入伍复学、"两州一县"生源毕业生等重点群体毕业生情况,建立帮扶台账,细化帮扶措施,做到分类帮扶、精准有效、落实落细。在摸清底数的基础上,实行"一生一策"动态管理和"一对一"就业精准帮扶机制,准确掌握这些学生的求职意愿、求职困难、求职进展等情况,提供政策咨询、信息推送、跟踪扶持等服务,提升重点群体毕业生就业能力。

五、进一步强化部门联动,在招生就业联动上下功夫

学生工作部(处)、团委要充分运用就业状况反馈机制,及时向教务处、研究生处和各教学单位反馈毕业生求职、签约、升学、就业创业以及就业质量等情况;教务处、研究生处要以反馈结果作为重要依据,综合分析研判,建立招生就业联动机制,调整招生计划、优化专业课程设置、修订人才培养方案,深化教育教学综合改革,有效提升毕业生素质与社会需求的匹配度和毕业生的就业竞争能力。积极探索订单式招生培养模式。

六、进一步提升毕业生就业能力,在强化就业创业工作队伍建设上下功夫

要按就业指导教师与应届毕业生的比例原则上不低于1∶500的要求,努力打造一支相对稳定的职业化、专家化、专业化就业创业专兼职指导教师队伍,配齐配强就业部门负责人和工作人员,对辅导员、班主任等就业工作人员进行定期培训,全面提高就业创业指导教师的指导能力和服务水平。

七、进一步深化创新创业教育改革,在做好创业指导与服务上下功夫

教务处要大力推进创新创业教育改革,在培养方案、课程体系、教学方法等方面加大改革力度,推行和完善创新创业学分积累与转换、弹性学制管理和保留学籍休学创业等制度;教务处和科技园公司要进一步做好大学生创业服务平台建设和孵化工作,为学生创新创业提供项目对接、财税会计、法律政策、管理咨询等深度服务;鼓励专业教师、实验室老师全程指导学生创新创业活动,聘请行业专家、创业校友、企业家等担任学生创业团队指导教师,着力培养学生的创新意识和实践能力。

八、进一步做好校友联络工作,在校友帮扶就业上下功夫

以70周年校庆为契机,做好校友联络工作,调动校友力量,通过开展校友返校等系列活动,进

一步挖掘校友资源；号召校友关心关注毕业生就业创业，邀请知名校友返校开展就业创业讲座，与杰出校友分享职场经验，与校友企业建立就业和实习基地合作机制，举办校友企业专场网上招聘会，通过校友拓宽就业渠道，帮助更多毕业生尽早就业。

九、进一步提升管理，在督查落实就业工作上下功夫

学生工作部（处）、团委要健全就业状况核查机制，实行就业工作月报制度，加强就业数据管理，确保数据真实准确，强化督促检查和考核评估，加强就业工作年度考核；各教学单位要严格遵守就业签约工作"四不准"要求，坚决杜绝就业数据弄虚作假行为；组织和纪检监察部门要强化对就业工作的检查督查力度，对因不重视、不作为、不担当导致单位就业工作停滞不前、就业率持续下滑的单位要问责追责。

就业工作是一项系统性工作，责任重大，任务艰巨，关系民生、事关稳定，事关学校事业发展。全校各级组织和全体教职工要正视2020届毕业生就业工作面临的严峻形势，要努力克服新冠肺炎疫情影响，提高责任意识，开阔视野、创新思路，把国家政策研究透、对接好、落到位，以时不我待的紧迫感和责任感，凝心聚力、真抓实干，努力实现2020年届毕业生顺利毕业、尽早就业的目标。

西北民族大学 2020 年暑假留校学生管理服务工作方案

根据《教育部应对新冠肺炎疫情工作领导小组办公室关于做好 2020 年暑期及秋季开学期间疫情防控工作的通知》（教电〔2020〕273 号）精神，按照《关于 2019—2020 学年度暑假放假安排的通知》（民大校办发〔2020〕18 号）要求，为保证 2020 年暑假留校学生度过一个平安、健康、充实的假期，制定本方案。

一、工作原则

留校学生管理工作按照"谁主管、谁负责"的原则，落实疫情防控常态化各项要求和主体责任，坚持以学生为中心理念，切实发挥各部门、各学院（学部）、各研究生培养单位安全教育、管理和服务职责，为留校学生参加各类考试、科研、实习、补习、社会实践提供科学化、人性化的服务和管理。

二、组织机构

根据工作需要，成立 2020 年暑期留校学生工作领导小组。

组　　长：郭郁烈

副组长：玉苏甫江、李辉、王彦斌、马世俊

成　　员：冶生贵、久美道杰、韩瑛、段小强、李志强、马志学、于兰生、杨永昌，相关学部（学院、研究院）党委书记。

领导小组下设学生工作组、教学服务组、保障服务组。

三、工作组安排

（一）学生工作组

组　　长：冶生贵

副组长：久美道杰、马鸿波

成　　员：孙向涛、晁代发，留校学生学院（学部、研究院）党委副书记、辅导员、班主任

工作职责：

1.掌握留校学生信息。通过学生与学院（学部、研究院）签订的《西北民族大学学生假期留校住宿协议书》和学部（学院、研究院）填写的《西北民族大学 2020 年暑假留校住宿学生信息登记表》，

汇总留校学生名单，精准掌握留校学生信息、留校原因、起止时间、家长和班主任联系电话等重要信息。

2.加强校纪校规教育。各学院（学部、研究院）针对留校学生加强安全教育，自觉遵守校规校纪，引导学生积极参与学校组织的教学、科研、团学活动；严格遵守疫情防控的各项规定，做好自我防护，不信谣、不传谣、不造谣。

3.开展校园文化活动。充分利用互联网和新媒体平台，以贴近青年、引领青年、服务青年为导向，开展线上线下相结合的校园文化活动。

4.强化宿舍安全、卫生检查。学生公寓严格落实值班巡查制度，做好"零报告"。各学院（学部、研究院）值班人员每日深入学生宿舍进行安全、卫生检查，发现问题，现场整改，不留死角，消除隐患。

5.严格落实体温检测规定。各学院（学部、研究院）值班人员负责检查、填写晨晚检登记表，每日14：00前向学生工作部（处）、团委报送"日报告"和"零报告"统计表。出现异常情况，第一时间报告学生工作部（处）、团委和校医院，并按照应急处置流程迅速有序处置。公寓管理人员做好体温抽检工作。

6.严格执行请销假制度。学生公寓实行封闭式管理，学生不得擅自离校。确有特殊情况必须外出者，各学院（学部、研究院）要严格审批、切实履行销假程序，学生外出限时4小时，19点前必须返校。因病请假学生所在学院（学部、研究院）须指派专人负责跟踪、记录学生的诊断、治疗及康复过程，并建立工作台账。辅导员、班主任必须严格执行请销假制度，学生外出（去外地或回家）须向学院（学部、研究院）值班老师书面请假，值班老师签字后交学生公寓值班室留存。严禁学生违反疫情防控要求私自外出，违反规定将依纪严肃处理。强化值班老师责任意识，加强值班值守，保证留校学生安全。

7.做好困难学生帮扶。各学院（学部、研究院）、学生资助管理中心密切关注家庭经济困难的留校学生，特别是建档立卡、低保、特困救助供养、残疾等特殊困难学生群体，保障他们的正常学习生活，切实做到经济困难学生学习安心、生活舒心。

8.关注留校学生心理健康。各学院（学部、研究院）要及时了解留校学生心理状况、思想动态，发现存在烦躁、焦虑情绪及其他心理困扰情况学生要在做好疏导的同时，汇报学院（学部、研究院）并及时联系学校心理咨询中心开展心理咨询服务。

（二）教学服务组

组　　长：段小强、李志强

成　　员：各教学单位主要负责人，李国剑、缑婷、陈洁、顾克东、郎文星、赵松工作职责：

1. 教务处汇总、整理各教学单位暑期留校学生学习需求情况，做好暑期留校学生的学习安排；做好培训组织、管理、服务工作。

2. 研究生处和各研究生培养单位加强暑期留校研究生的日常管理。研究生导师加强对留校研究生的指导工作，与研究生共同制定假期的学习、科研计划，定期了解学生生活、学习情况，及时帮助他们解决遇到的困难和问题。

（三）保障服务组

组　长：马志学、于兰生、杨永昌

成　员：王应得、马效敏、郭天龙、贠小平、吴昊廓、杨才恩加、加沙拉提、车瑞、杨琳

工作职责：

1. 后勤管理处

（1）做好饮食及超市供应服务。安排西北新村校区清真一食堂和榆中校区清真三食堂为假期在校师生提供饮食服务。西北新村校区供餐时间为早餐7：30—9：00、午餐11：30—13：00、晚餐17：00—19：00；榆中校区供餐时间为早餐7：30—9：00、午餐11：30—13：00、晚餐17：30—19：00。两校区超市开放时间为：9：30—19：30。

（2）做好车辆通行保障。两校区通勤车继续运行，每日往返各两班次。通勤车发车时间为西北新村校区—榆中校区7：40、13：00；榆中校区—西北新村校区13：30、18：10。根据教务处学生培训需要安排好其他车辆。

（3）做好教工住宿服务。榆中校区教工公寓继续运行，为假期在校教职工提供住宿接待服务。

（4）做好物业服务。暑假期间，两校区物业部门保障校内水、电、气的正常供应，坚持做好校园环境卫生保洁。根据疫情防控常态化要求，继续开展环境整治和消杀防疫工作。各教学楼、场馆等在假期统一关闭检修，各单位如因工作需要使用，须提前预约。

（5）加强假期值班值守。在两校区安排员工实行轮流值班制，处领导带班值班，各要害部位24小时值班，并加强日常巡视检查，及时解决处理有关问题，切实保障假期安全稳定。

2. 图书馆

图书馆做好两校区开馆服务（图书馆数字资源提供24小时服务）。具体开放时间如下：

（1）西北新村校区

报刊阅览室开放时间：每周一至周五，8：30—12：00，14：30—17：00。

书库开放时间：每周三，9：00—12：00，14：30—17：00。

读者自修室、研究生自修室开放时间：8：00—21：30。

（2）榆中校区

报刊阅览室开放时间：每周一至周五，9：00—17：30。

书库开放时间：每周三，9：00—17：30。

读者自修、公共区域开放时间：每周一至周五，8：00—17：30。

3. 保卫处

（1）加强进出校园人员管理。暑假期间，西北新村校区办公的教职员工从学校正门、小东门、西门进出，学生履行请假手续后持请假条从正门、西门进出；西北新村校内家属区住户凭出入证（通行证）进出。榆中校区办公的教职员工从学校东门进出，学生履行请假手续后持请假条从东门进出。根据学校防疫工作常态化要求，门卫人员坚决做到"五个一律"，按照"一观察二验证三测量四登记"的方法对进出校园人员进行查验。重点对进校人员的有效证件"校园卡、学生证、居民身份证、通行证及健康码、请假条"等核实其真实性，严禁校外无关人员和不符合要求人员进入校园。

（2）加强进出校园车辆管理。暑假期间，西北新村校区校车、施工车辆、生活保障等车辆从西门进出，教职工车辆、公务车辆从正门或西门进出。榆中校区公务车辆、教职工车辆、从正门进出，校车、施工车辆、生活保障等车辆从下大门（东北门）进出。

（3）强化维稳工作。将维稳工作和防疫工作同安排、同部署，采取有力措施严加防控，防止漏管失控，确保政治安全。

（4）加强校园治安巡逻。每天不定时对校内进行拉网式巡查，特别是做好对重点部位和重点区域的巡逻和安全检查，及时发现安全隐患，联系相关单位立即整改，确保校园安全稳定。

（5）加强值班值守。暑假期间，保卫处在两校区24小时值班值守；保卫处值班人员联合西北民族大学派出所，做好接出警工作，严厉打击暑假期间校园违法犯罪活动，维护和整治学校及周边治安秩序，净化校园周边环境。

四、工作要求

一是提高政治站位。要落实主体责任，树立底线思维，强化风险意识，履好职、担起责，抓紧抓细抓实暑期留校学生管理和服务工作，确保学生安全健康，各项工作平稳有序，切实做到守土有责、守土担责、守土尽责。

二是层层压实责任。进一步明确责任、强化落实，形成一级抓一级、层层抓落实的工作格局，确保各项工作落实落细。

三是强化监督监察问责。要加强留校学生的管理，丰富服务内容，助力学生成长成才。对工作不力、造成后果的责任人将依法依规严肃问责。

西北民族大学 2020 年秋季学期学生返校及新生入校工作方案

为深入落实国家民委和甘肃省教育厅做好 2020 年秋季开学、新生入学有关文件要求，切实做好秋季学期学生返校和新生入校工作，坚持把师生生命安全和身体健康摆在首位，坚持常态化疫情防控要求，按照"错区域、错层次、错时、错峰"返校的原则，制定本方案。

一、组织领导

学生秋季学期开学及新生入校工作由校党委统一领导，成立综合协调组、接待组、宣传组、条件保障组、心理健康服务组、应急处置组等 6 个工作组，具体负责学生返校、新生入校等各项工作。工作组成员及工作职责如下：

（一）综合协调组

组　　长：王彦斌

成　　员：冶生贵、王志军、李志强、段小强、原牧

联 络 员：果建业、卢敏

工作职责：

1. 负责协调各工作组完成工作任务，督促工作落实；

2. 对外各项信息的报送。

（二）接待组

组　　长：李辉

成　　员：冶生贵、久美道杰、马鸿波、刘曜、许国栋、马莉、格尔勒、各学院（学部、研究院）负责人

联 络 员：孙向涛、晁代发、于凌霄

工作职责：

1. 负责学生到校前健康状况、行程安排、报到情况等信息统计汇总；

2. 负责办理公寓入住手续、入住信息统计；

3. 负责各车站接待点设置、车辆停靠、学生身份核验、体温检测；

4. 负责两校区新生报到点的组织协调工作；

5.负责学生志愿者的招募、培训工作。

（三）条件保障组

组　　长：马世俊

成　　员：马国柱、马志学、杨朝继、杨永昌、刘丽江，各学部（学院、研究院）负责人

联络员：马红梅、岳学林

工作职责：

1.负责学生隔离留观地点设置，隔离期间日常生活保障工作；

2.负责环境卫生防疫、清洁消毒和供水、供电、食品、消防、实验室、学生公寓等安全检测、隐患排查、维修维护工作；

3.负责消毒液、口罩、洗手液等防控物资储备、车辆调度工作；

4.负责校门口秩序维护、身份验证、健康码查验、体温检测和消杀等工作；

5.负责校园治安巡逻，校园迎新点和大型互动的安保工作。

（四）宣传组

组　　长：石迎春

成　　员：韩瑛、孙罡、马丽英

联络员：胡俊

工作职责：

1.负责疫情防控政策、防护知识宣传和舆情监测工作；

2.负责学生报到期间两校区的营造氛围，开学典礼、军训汇报等活动的新闻报道工作。

（五）心理健康服务组

组　　长：李辉

成　　员：冶生贵、冯丽娟、雍克勤、金荷香、王小丽、鲁玉福、周小钰、各学部（学院、研究院）心理健康指导教师

联络员：程光远

工作职责：负责学生心理健康教育、心理疏导、咨询、危机干预等工作。

（六）应急处置组

组　　长：王彦斌

成　　员：刘丽江、杨永昌、马国柱、冶生贵、马志学

联络员：张银霞

工作职责：

1. 负责与疫情防控部门和社区协调对接，落实甘肃省疫情防控有关政策要求；

2. 负责隔离观察点的布置，隔离观察、诊疗分诊等工作；

3. 负责疑似、确诊病例、密切接触人员、校园人员聚集等突发情况的处置工作。

各工作组加强协作，建立畅通高效的沟通联络、信息共享机制；建立学校、学部（院）、年级（班级）校内三级防控工作机制，加强与地方疾病预防控制机构、社区、定点发热门诊、定点医院联系，开展联防联控。各单位主要负责人为本单位秋季学期返校及新生入校工作第一责任人，成立有党政主要负责人、班主任、辅导员等人员参加的工作机构，强化协同，明确任务，责任到人。

二、工作安排

（一）秋季学期学生返校安排

1. 疫情控制良好，无中、高风险地区，学生返校时间为8月28日、29日、30日；

2. 疫情反复，出现中、高风险地区，按照国家实时发布的各地区风险等级情况，中、高风险地区学生暂缓返校（具体返校时间，根据甘肃省疫情防控有关政策由学校研究决定）；低风险地区学生8月28日—30日正常到校报到。

（二）新生入校安排

2020级新生入校时间拟定为9月1日—2日。受疫情影响可适时调整新生报到注册时间。报到时间确定后，中、高风险地区学生通过新生服务网办理网上预报到，暂不到校，由学校根据甘肃省疫情防控有关政策确定具体入校报到时间；低风险地区学生按照学校公布的报到时间正常到校报到。

（三）2020级新生入校期间，学校在火车站、兰州西站、汽车南站、汽车东站设置接待点。后勤管理处做好车辆调度，保证车辆供给，确保学生安全；接待组统筹做好车辆停靠、秩序维护、身份验证、健康码查验、保障有序乘车。每个接站点安排负责老师和学生志愿者。为减少人员流动带来的风险，提高学生自理自立能力，建议新生家属不送或者少陪送学生入校报到。

（四）保卫处在两校区校门口做好秩序维护、身份验证、健康码查验、体温检测和消杀等工作；乘坐私家车或其他社会车辆来校的学生，在学校门口指定地点进行身份验证、健康码查验、体温检测和消杀。私家车不得进入校园。

（五）所有学生到校后如出现发热、咳嗽、呕吐、乏力、咽痛、腹泻等异常情况，第一时间报告应急处置组，启动《西北民族大学学生新冠肺炎疫情防控应急预案》。

三、前期准备工作

（一）拟定返校通知，确定返校报到流程

拟定返校和报到通知，提前14天通知学生返校报到时间，告知学生返校前准备事项、返校途中注意事项、到校当天的报到流程、到校后的防护要求及备足适量口罩、自带餐盒、返校中接站安排、自驾车到校要求、各校区报到点位置等具体细节。

（二）加强家校互动，掌握学生基本信息

畅通家校联系渠道，向学生及家长及时发布学校返校工作安排、注意事项和纪律要求，掌握学生动态。开学前14天，掌握学生行动轨迹和身体健康状况。

（三）开通新生服务网，做好新生服务工作

通过新生服务网随时发布学校入学公告、报到须知、报到流程，全面采集学生报到时间、交通工具、抵达车站、随行人员、联系方式等信息，完成网上预报到，确保及时掌握新生入学报到情况。

（四）做好条件保障，顺利推进专项工作

1.全面核算现有消毒液、口罩、洗手液等防控物资储备情况，积极争取地方政府、社会力量和校友支持，多渠道做好返校及新生入校期间防控物资储备。

2.按照留观标准要求，在榆中校区和西北新村校区分别设立集中留观区域、临时留观区域，提前配备生活所需设备，保持一定比例的空余，保障临时紧急需要。

（五）开展消毒消杀，排查安全隐患

建立环境卫生和清洁消毒管理制度，全面开展学校清洁消毒工作，对教学楼、实验室、办公楼、图书馆、食堂、运动场、卫生间、公共浴室、学生公寓等区域进行全覆盖清洁消毒、开窗通风，做好校园卫生防疫工作，确保卫生达标、不留死角。对校内供水、供电、食品、消防、实验室、学生公寓等进行全覆盖安全检测、隐患排查、维修维护，确保安全运行。

四、返校后日常管理

（一）做好登记注册，开好第一次班会。逐一核实学生返校情况，持续做好疾病防控健康教育管理。通过主题班会，开展疫情宣传和健康教育，提高师生防范意识和应对处置能力，促进师生养成良好卫生习惯。

（二）严格落实晨、午检和"日报告、零报告"要求。通过"健康打卡"完成每日二次体温报告，舍长负责本宿舍同学体温检测的监督工作，辅导员定期抽查体温检测情况，掌握学生每日体温情况及相关身体、心理情况。出现异常情况，要第一时间上报应急处置组。由应急处置组进行隔离、分检、留观并建立疫情信息管理台账。

（三）严格执行请销假、因病缺勤病因追查与登记制度。学生入校后不得随意离开校园，确有特殊情况外出，须请假限时外出，并派专人负责跟踪管理；课堂考勤情况由任课教师第一时间反馈班主任，班主任核实缺勤情况后登记备案。因病请假学生须指派专人负责跟踪、记录学生的诊断、治疗及康复过程，建立工作台账。

（四）加强心理咨询服务。心理健康服务组密切关注学生心理、思想动态，特别是疫情重点地区学生的心理情况，进一步加强学生心理辅导与疏通工作，耐心细致做好学生思想工作，消除不必要的紧张和恐惧心理，稳定学生情绪，妥善进行危机干预。

（五）严格值班值守。各学院（学部、研究院）党政负责人、工作人员落实好值班制度，深入学生宿舍加强检查巡查。配合校医院做好重点检查，严防严控，不留死角。

五、工作要求

（一）提高政治站位，落实主体责任

各工作组、各单位主要负责同志要切实提高政治站位，增强"四个意识"，坚定"四个自信"，做到"两个维护"；严格执行学校党委工作要求，切实担负起主体责任，落实常态化疫情防控要求，完善本单位学生秋季返校及新生入校工作方案，及时掌握学生动态，做到守土有责，守土尽责，确保师生安全。

（二）强化全局意识，加强沟通协调

各工作组、各单位要牢固树立全校一盘棋的思想，强化大局意识和全局观念，坚决服从指挥、协调和调度，做到令行禁止。坚决贯彻执行学校党委统一部署，自觉从保障全体学生身体健康和生命安全、维护校园和谐稳定的大局想问题、办事情、抓落实，做好各部门间的信息沟通和工作协调，确保学生开学各项工作协调高效。

（三）严明纪律规矩，严肃追究问责

各工作组、各单位，特别是主要负责同志要以身作则，率先垂范，严明纪律，严守规矩，层层压实责任，坚决服从学校开学工作部署安排，严格执行，不打折扣。因个人工作失误，影响学校整体工作者，由学校纪检监察部门严肃处理。

附件：西北民族大学2019—2020学年优秀学生奖学金获奖名单

校长特别奖（2名）

王鑫儒、胡冰倩

一等奖学金（705名）

赵子瑄、张阳、聂晨浩、苏乐、许一洲、张子建、祇旭、李颖奇、陈后全、秦晓娟、张竞月、孟娜、欧阳小玲、白燕燕、刘彩云、张芷若、徐启明、张龙琴、韩鸿雨、崔长付、邱扬帆、邱凤青、张文婷、魏雪、董佳佳、陈佳荟、尼却吉、拉毛才让、完玛扬措、王启龙、尹锦山、程云涛、张哲维、张百彪、张鹏飞、马斌、刘鸿辉、田卫坤、魏菡、田泽丰、李超凡、梁爽、程立松、唐慧娜、王慧、张浩征、屠智慧、王菲、黄珊、申浩、尼玛顿珠、田松山、黄康、周静、王安楠、张栋、吴焕之、王先亮、韦又湲、久西加、交巴草、张宁、姜孟瑶、林珠、杨煦、蒋楠、伍易萌、李艳辉、戴莉娜、程若男、泽降、才让拉毛、荣曼彤、李龙纪、刘蕊、王诗佳、索南卓玛、泽仁拥卓、罗慧、吴小平、周曦、吕海梅、王睿暄、阳威、马滋苑、王颖慧、张见芬、王权、陈光美、李莉莎、李谦、王敏、零敏、钞瑞娟、黄艺、王娜、刘月、马蕊、宋欣雨、韦勤、葛玮琪、陆雪明、袁凡舒、滚昌秀、钟晓琪、曾湘兰、南杰草、罗灵娇、苏琴、罗嘉祺、支希伟、胡妍佳、梅宇涵、马秀兰、周恋婷、韦明宇、胡明澧、黄芳、李邓墁、曲尼那么、胡卓琳、苏婷、赵然、徐婧依、武钰程、孙陆瑶、刘淑丽、白瑞康、田婷瑶、文澳丽、张云楠、钟陈昊、岳兵艳、吴睿、王盈会、何瑾、刘瑾祯、关雨竹、邓博文、娄婷婷、连明利、那文钰、朱明丽、张石、杨钰洁、赵凤香、毛泽妍、高寒、计雅佳、王迎菲、范新露、王璐、昂玉红、姚丽、王梦思、陈苹、李克英、徐素婷、张烁、邱明慧、李红旭、谭欣、孙瑜辰、王梁、刘涵、马海琴、李锦、闫世龙、王子煜、徐群敏、程瑶、许成瑶、杨文海、蒋星星、陈红、韦煜培、闫安、安鑫、黄彤、李爽、刘娜、李文静、王朋、雷会英、陈兴丽、戈岩增、白羽姗、李虹利、代甜甜、王紫萌、韦雅芝、崔鹏洋、李韵冰、武娜、周诺彤、常雅婷、胡宴彬、王新宇、王璐、张超、黎乾宇、马春、谢琼、严成林、杨玲、何思源、唐君聆、柳亚辛、蔡思思、王赛爽、茆邓、邓航、王如兵、王莉、冯紫欣、董娅琼、陈琪、王奕懿、许菲航、伊栩含、谭美珍、刘云冰、董硕、武婉婷、陈雅馨、肖雯瑄、刘心宇、杨锐然、肖丹、安楠、邹欣怡、张甜恬、钱胜碧、丁梦鸽、李雨薇、马妍、孙怡、王媛媛、陈航、凌宏、刘晓婷、向晓、曲妍鹏、钱盈霖、马思慧、马小杰、李思炎、曹璇、汤艳城、龙银花、张丹、李珍艳、苏慧、王志华、杨晓庆、吴菊、马小轩、李曼君、韩轶男、王潇敏、张娜娜、张亚男、袁海玥、陈振宇、何艳英、吕永明、李双、憨昱彤、姜海盟、陈胤龙、李思逸、李海宁、徐淼、黄朝晖、乔梓桐、者秀梅、王子轩、孙洁、张思源、邵良越、黄小艳、海畅、宋海运、郭顺、万紫千、马白迪茹、唐天顺、杨志婷、高雨欣、张迪、周梦如、贾敏双、代妮妮、吴琼、樊立鹏、郭宇祺、李梅、周琪、赵丝语、任芳、靳晓俣、杨柳、杨剑皇、王宗波、肖瑶、秦晓荣、董明慧、贾彪、于强、凌晓晓、张明丽、张静、韩泽昊、杜艳霞、张芷溪、吴慧芳、蓝蓉蓉、伍星、沈怡杭、陈芷涵、雷瞿诺、宋雅芸、傅相、李甜甜、蒋家懿、党苗苗、罗斌汉、龚婷、黄蒙、王贺、杨舜铨、邹熙、宋庆涛、邢婷玉、张梦帆、李晓娟、朱玉雪、张玉双、杨晨、卢依雯、卢卓然、张雨欣、贾璐瑶、杨映雪、张梦月、耿一诺、许瑾、姚雪、李俊枫、李孟纯、峇瑞杰、苗耀方、王露晨、沈诗嘉、姚多艺、安文杰、田越、张竞文、鲁茸吾姆、曹光辉、董晓宁、詹勇鑫、傅文琪、李瑞霞、马宇鑫、覃韦丽、马艺芳、吴寅生、付金康、晁昺恺、韩思凡、许方豪、文思、冶红艳、钟泽汕、姜晶、杨中山、李毛才让、索郎卓玛、范佩静、钟闯、汪鑫、熊颖、白文硕、陈威、孙帼蔚、霍庆澳、徐榜、向宏钦、田璐、杨鑫玉、肖凡、简潇杰、李可乾、陈晓桐、张佳慧、廖虔渝、李佳、张鹏健、马立克、刘映辰、张宇航、彭月丽、郭荧炎、慕海洋、杨灵广、邵以傲、拉毛卓玛、李毛才让、张乐、雷朝潮、王智贤、郑宇宸、张雨洁、王宇适、齐晓瑜、张悦、马欣意、乔晨宇、刘乐晨、李小林、聂钰、刘朝优、丁天天、周政、林紫馨、姚博、陈稳、邹奇涛、程琛、吕耘冰、周锐、王青青、王睿雯、王春雅、谷文帅、孙冬蒲、徐强、张超杰、杨泓源、罗欢、彭硕、崔欣涛、周成绩、杨波、龚陆杰、郑峄铭、祖威威、李若一、黄晓慧、马骥顺、高海洋、李阳、汪造璇、周雅琪、苏香、施金宇、张可、王玲玲、袁柳、康茜、何丹、豆娜、黄金双、何依珂、付康茹、雷艳芳、刘瑶、万超、王福艳、王彩珠、柴高艳、农斌鑫、韩亚洁、玛伊热·阿卜力肯木、潘佳希、贾宁、刘国琪、张云、徐杰、杜怡春、吉克、康涛、张秦雨、金石玥、姚欣媛、金文丽、王靓钰、王楠、牟虹锦、李佳茵、杨彤、朱丹妮、龙珊妮、李宛芹、朱珍亿、崔楮文、刘雨鑫、滕文珺、洪一丹、陆瑶、海宁怿、汤巳予、王吉思、向智慧、朱艳红、滕靖茹、方普睿佳、曹明姝、何凤、王鑫儒、龙家慧、杨春梅、黄思懿、孙昕玥、马念、丁鑫、林焮婷、李坤、敬丽金、张则宜、李含月、刘思豫、马小梅、孔雨、李燕、林思敏、陈真、潘海燕、余肖尧、徐加存、赵健淇、杨晨霞、李高歌、谭益之、牛占秀、勾泽萱、张路遥、马小梅、梅爱萍、陈娣、张春雨、陶红兰、张婷、韦鹏宇、马鹏、胡瑞芳、张冉、马鑫宇、田世馨、黄兴藏吉、杨雪萍、胡艺还、皮启星、马生萍、束佳鑫、刘美华、马伟芳、龚焰、马小花、杨雪姣、李孟乾、钟柳柳、喜玉龙、李寻、祁雪芳、马红梅、包刀知漫、兰永、覃雪琼、王纳、肖文媛、金悦、万琪、李学尧、何俊霞、晏丽、刘亿丰、黄可、杨华飞、吴敏钰、李雪林、方彬、杨冰玉、南盼婷、蔡江滢、李俊慧、王鑫燕、许张幸、唐丹杰、诸葛晓萱、赵玛瑶、马雨阳、丁文倩、马茉岚、张泽娟、夏溪、文昕宇、马小艳、黄小宸、马启良、张永梅、许子锐、周艳、郑程熙、马海霞、常颖、王星星、刘山绮、李倪楠、武中海、郝世春、梅兰雅、熊未琴、姚浩然、刘燕、刘忠莉、华文梅、王娅蒙、叶西措毛、卓玛草、拉吉、夺吉波、仁青卓玛、兰尕措、那拉草、彭措扎西、张乐乐、刘卓然、加木草、周么磋、冷智卓玛、泽郎哈科、朗加机、甲央翁姆、孟根乌拉、买尔合巴·艾尼、牙森·买买提、木沙·芒素尔、吾斯曼·拜科日、苏比努尔·米结提、地丽胡玛尔·艾力、向铃靖、高盛棠、朱渊、梅楠、申苗苗、洪洋、阿茹汉、刘丽娜、伊日贵、乌日嘎、道格通玛拉、靳奇异、葛阿敏、孙珊、胡冰倩、熊慧敏、曹都娜、兰静、陈群英、罗健、张蕴、李晨舟、赵良、赵鹏蕊、麦热依·巴合提古丽、杨汐钰、旦增康珍、四龙翁青、卓玛草、夏道草、香切卓玛、桑吉扎西、朱睿涵、高龙越、才让扎西、李毛措、桑吉扎西、拉毛草、嘎力巴、布威萨热·麦麦提敏、拜吉尔古丽·库尔班、迪丽拜尔·艾沙、陈秋慧、于欣怡、穆错毛、邓永嘉、张弛、李丹、王颖、陈雨适、梁娜、刘海丽、倪月雅、闫效铭、阿拉坦萨其拉、范青青、海日罕、卓拉、阿力娅、山丹娜布其、何苏日古嘎、李玉荧、文晓晴

二等奖学金（1427名）

仇锦煜、马小帆、阮丽莹、陈宾祺、胡小峰、高明月、李永培、张雅洁、何心怡、马丽萍、何涛、邹利坤、卢梦环、黎宏江、黎思瑞、马志昊、马福、吕恒宇、林怡娜、李华林、韩寿英、陈胜涛、杜宇飞、梁运红、伍玲、张行仪、董超、王欢、徐凤莲、马永莲、柳路文、洪湘、王昊、聂群、云旦、马德旺、曲婕、林兵、王勇、韦雅萍、杨粤宇、严启华、罗耀翔、刘振安、李兴茂、林顺、王晓奇、王帅飞、梁毓豪、周思宇、王娇语、王飞洋、郭育杉、曹雅玲、彭洲、胡万江、杨勇、蒙芳、冀鸿俊、共么磋、叶西措、东知卓玛、梅谦、沈阳、卫恒、高子忠、冉梯、张在里、蔡志远、陆泓丞、马玲明、尤振勇、田荣华、杨金保、张波、冉启军、莫雨杰、王胜、林威甫、王枭、蒙思英、廖云强、魏成宇、田龙、符浩、刘腾、彭雪城、张世纪、乌日娜、方宇坤、敬鑫玥、朱文婷、蒲麒麟、苏成波、兰满进、杨少奇、李帅、蒋佳羽、谢芳弟、周美琪、韦世彬、索南吉、如么措、娘毛扎西、措毛、杨怡婷、银俊、王心如、李应冰、蔡志文、王鹏、张红康、蔡璐瑶、张先坤、刘恩泽、宋庭成、韩准、吉毛加、如么机、仁青措、布处、英草吉、李南熹、蒋韫琳、曹倩文、张钦驰、马七设、张巨保、马亚楠、马佳、柯林昊、马永俊、韦炜、妥林林、王于昕、潘娟、申传峰、林万钢、李瑜美、谷思琪、常师杰、杨雅婷、拉毛草、道吉草、卓玛吉、豆改才让、乔金莹、白世标、王攀媛、张文涵、龙强、朱妍、董智琛、纳朝颖、向悦、达哇卓玛、完么吉、尕都草、谭程、姚春旭、刘宇悦、丁小梅、刘淑华、李一加、闭丽钧、龙腾、武胤合、赵仕鹏、单美铃、张晶、杨君妹、尹佳鑫、岑利娜、杨开梅、王旭珍、向思曼、张冰琳、丁子扎西、旦木青、闪梦龙、韩英、马克琴、黄敏、吴兵豪、阿荣、卢明倩、吴育峰、苗慧、倪玺涵、赵梅、林宪宪、马蓉、李露、张佳丽、马道玲、丁小莉、刘慧、马海燕、白姗、李雨萌、马艳丽、魏子怡、苏梅艳、马文斌、王梦荼、杨明利、王志梅、刘彦龄、靳文聪、朱梓铜、王慧莹、赵玉茹、冯亿、李硕、陈鑫、孙佳伟、符尚平、窦昭、覃绮琪、陈小英、李乐、吴伟、阿依尼尔尔·库尔班、魏丹丹、韩丽萍、路兴驰、尉正波、胡嘉婧、农思红、张宇星、王野汀、王卓龄、凌晓凡、杨捷、吕钦雯、晏周茜、张瑞琳、李毛先、德吉措、呷绒青措、白雅琴、卜再兴、曾俊雯、彭雲、姚鸿燕、夏彤、王思梦、赵豪、陈倩、赵佩敏、刘红驿、叶佳雨、陆泓廷、孙敬、陈日燕、黄倬瑛、田进军、马佳桐、隆云超、朱惠平、徐思琦、胡佳、杨青、闵麦力克、孟芳霞、刘蓉蓉、戴雲、马文祥、肖静、王丽君、陈来宁、祁旭芳、常盈盈、谭星叶、胡艳红、马晓燕、吴靖、田珏锦、陈玲莉、张姝林、张婷、赖远州、刘昀、蒋梦蝶、蔡晓娟、杨冰、鲍学丽、邓佳璇、包海燕、田晓芳、

徐雷、石少博、马倩、姚佳浩、阎鹏远、石婷婷、彭妍妍、马蕊、任浩浩、王卓锋、段启坤、宋玲彦、李星泽、付保岗、王静松、徐敏、张蕊、李星蕊、王萱梅、刘子涵、田媛、李佳佳、张潇洁、李分、何昌树、王昭宇、张博、栗慧峰、苏敏、罗影、陈晓雪、任皓洋、黄陆、林火烨、杨鑫、杨雄、冯逸、陈怡彤、邢照敏、江文鹏、胡博文、王丽敏、张萌霞、徐前、黄忠华、王亚甜、林佳、杨楠、黄敏敏、马嫣、谭鹏辉、黄亚红、邹密、东明鑫、闫佳曼、赵增茂、杨婧、侯鑫、曹军俊、陈欢、杨涛、刘俊伟、丁柏涵、吴雪利、马昊南、罗向阳、马璐月、刘欢、吴宝鑫、尚燕军、严富耀、马春梅、刘勤生、丁秋宇、张杰、周世龙、张之格、吕晓娟、田昊、杨镇溪、龙冬雪、刘俊义、杨嘉琪、李萌愉、张译文、姚一凡、宋梦达、李文召、李菊花、韦进春、蔡张昕立、黄丽鸟、黄国彪、马圆圆、丛佩贺、覃露露、张翰轩、李丹、田孟英、马胜博、杨杨、王志康、李珍梅、张则一、刘思嘉、李孟兰、吴瑞蓉、李鑫、张彬睿、马绚丽、马海婷、吴罂铭、曹一一、吴萍、马红霞、师雅茹、魏浩民、刘正鑫、蒙丽莎、姚锦娜、饶会会、屠光雨、邹晓英、夏云凤、张小浦、郭壁瑞、祖姆热提·乃比江、普琳洁、李腾飞、陈孟丹、滕辉、许佳琪、漆冬梅、马丽桠、吕锦景、覃燕双、陈蓉、田双庆、于洁、梁健杰、秦国辉、肖霞、段玟羽、茗庚图雅、潘悦、杨海基、黄调调、汪思黔、陈莹、王睿、李娅玲、王小艺、李林书、文宣、李潇宇、张金星、杨沐奕、周美颖、杨爽、彭欣雨、马敏、吴思航、禹艳芹、王雪芬、张夏芸、雷爱欣、鲍阿迷、杨煜轩、康红梅、马小粉、武文静、岳漪涵、马玉兰、滕梦云、阿衣美·布鲁列宁、海金花、韩永寿、李越、陈静、王学芳、蒋艳、陈婷、马婧娴、彭海伦、丁学花、张霞、吴婵、冉寿春、杨荣菲、龙倩、张远欢、寒红杰、谭经建、郑荃、马家宝、曾琬艳、谢云蕾、赵静、吴妮妮、和睿娴、覃玉芬、王青、周靖玉、陈家琪、尹路露、吴忍、谢安妮、费新雨、沈悦、登泽多吉、线小军、陈露露、施欣欣、陈玥君、李纯应、马文龙、王吉航、严欣、娄馨月、刘先慧、杨菲、秦海燕、索玛、王佳慧、王爱容、欧阳慧、刘梦婷、袁叶、杨晓翠、崔玉格、石星恒、姜蓉蓉、贾智涵、舒兴钰、杨艳、罗家瑞、唐铭阳、冉雅、先木西丁·吐尔洪、郝立慧、吴化霞、林音、华丹、李玉婷、吴越、王丰莲、於漪河、李成浩、何文浩、李宇真、谭振嘉、刘瑞、吕夏南、杨开吉、李佳荣、安宁、刘伯亨、卢美娜、蒋华玲、谭洺维、李云梦、后超逸、吴秋莲、苏晓婷、段锦玄、刘英杰、丁依婷、尹悦、王一飞、李承阳、汪群林、卢家远、龙洪宇、赵玉如、刘嘉兴、张秀娟、张腾予、张周婷、毕馨予、杨乐乐、王艺睿、陈婷、李硕、杨若晨、杜喆、穆静、晋慧、张灏雯、孙启翔、李秋凤、张颖、毛腾飞、杨加瑞、史振兴、牛志丹、王子端、斗桑加、杨蕊、史镜惠、刘璇、佟慧颖、蒲燕春、冯巧雯、姚凯迪、郭芮泽、农玥缘、马月婷、龙艳美、李燕燕、陈玮昕、鲁慧颖、孙正宇、沈铭灵、张胜海、黄紫婉、李上玉、成博文、王慧、姜双、吴家梁、陈泓毅、王茹雪、蒋佳妮、陈功鋆、马雪、彭思敏、刘昕雨、代金莲、付萍、冶玉花、刘泓麟、岑好然、谢晓璇、余轩、张思琪、张诗杨、钟木莉、李超凤、董珍惠、李雅婷、王伟、孙枫艳、李燕、王艳娇、韦彬、韩雨彤、李可璇、刘绪政、侯超凡、吴迪亨、左鸿纪、罗洋、邓衡、王鹏宇、谢孟洙、雷珊珊、罗凤圆、贺芷慧、曾秋霞、黄晨、谢强、向晗一、李康莉、付宇斌、王鸿程、陈楚云、杨揖焰、巫首燕、张宇航、董珮玲、白洁、李洋、曹艳、张钰璇、赵梓彤、王苏昊、龙淇淇、邓谢容、马娜娜、洪业、冯秋媛、王长荣、刘书岐、赵鑫阳、吴鸿亿、宋硕、王子懿、徐翊萌、张惠玲、王乐童、秦晨、王腾静、罗仕银、唐娜、邓文卓、孙新然、者世愿、乔伟峰、郑隆清、本红萍、林紫慧、王燕、杨启航、时小凤、吴贝宁、王安琪、纪晓岚、苏荣杰、梁晓萍、唐甜、黄芳芳、李睿思、李羚、王冠清、高铭、可玉静、余茜、屈磊磊、魏子菁、刘兴祝、马杨子豪、沙幸子、刘炫辰、文兴珍、马娜斯、周齐新、李航军、黎世超、张玉华、匡颖臻、广春梅、查思睿、黄杨、田琴明、马雨涟、陈晓单、莫文莉、吴江龙、陆彩妹、管佩瑶、彭静、邹林妹、阿依排日·艾肯、周莹、王旭、袁瑶、魏晨佳、陈成、王宇博、杨娟、陈威特、伍辉铸、丁怡琳、马丽萍、陈明丽、杜治、胡松、张环、郭稳华、王冠博、杨森、毛泽宇、陈钰开、韦情双、孙寒飞、罗霄、达哇黄毛、彭措王么、草毛、覃飞艳、彭博、孙萌萌、花江雨、李达、高誉、徐宾、白欣、周安南、黄永璐、何华、焦利媛、周王达、张欣国、安民、陈俊丞、冯详禹、李长根、朱泰全、鲁子怡、万晓亮、刘俊、张阔、唐婷、赵盈、邹贤龙、赵宇皓、纪绮凤、贾龙龙、马华吾才让、赵伟、苏慧、马飞、左曼曼、莫星宇、闻豪、王亚彤、彭子藤、阮秋艳、郭思龙、马威、杨剑、吴丹丹、陈星雨、刘晶、廖福禄、张瑜、马超、梁麒鑫、来涛、马海城、李成茜、宋涛、何小雨、陈成果、唐亚丽、吴亚军、王春燕、陈海东、黄家珞、刘雨晴、李超、石烨、袁宝成、哇泽姐、怕华扎西、苏奴卓玛、才让拉毛、索昂代吉、华尔迫、潘俊、马晨军、马青林、刘春亚、董玉蓉、刘琪、彭德坤、和曜玺、祖里皮叶·克然木、马佳皓、鲜进彪、郑荐、周靖航、陈佳欣、封家辉、周思丹、张婷、杨勇波、杨舒婷、王瑞、宋博友、李娜、李鑫岩、柳强、杨丽、刘鑫雨、赵文辉、李卓然、周琪、贾祥传、龙澳娇、姚静、马斌、崔庭峰、张文龙、王彦桃、张牧琦、杨楠、王培照、孙廷、张贵喜、丁婉煜、张磊、张杰、刘刚、游开发、马楠鑫、杨珍、马小兰、杨晓东、杨金芳、李慧萍、徐鹏、徐翼南、孙楠杰、李恒兵、王千一、郭静、周翔、李佳祺、虎雪玲、顾亚丽、王旺飞、程春虹、彭皓睿、李智源、杨昌旭、徐航、喇琴、李雪娥、熊娆茜、吴永裕、拜桂琴、刘志迁、白涛、张岐雨、李泽云、刘艳华、罗志红、莫丽华、石鹏、李黔渝、尹飞、曾星月、侯善奥、朱棣、胡颖、陈越挺、向贞伟、郭曌宇、韩震涛、涂思源、高良、高妮沙、田彪、李乐梅、马晓磊、李龙辉、王婷、李卡、曾彩瑜、忽孝尊、毕慧敏、余凤姣、朱渤朗、陈丽洁、周颖颖、王玏、澳琪、王善博、杨康凤、刘一桓、摆莉、王文清、纳丹、王琛、王佳琦、史晓珍、王可欣、汤晓兰、何恬星、杜瑞丹、马宁、马松傲、扈黛珏、王一卓、田露露、罗光竹、王佳伊、李璇、陈诺、李友凤、马可欣、施丽萍、马应应、莫云芳、傅心雨、唐鹏程、张楠、乔玲、李佩遥、花林妹、王宇群、赵一丹、李文雅、马戈、赖俊生、田小婷、焦文璇、冉彤彤、李秋艳、帕提麦·霍吉、李洁垚、马卫娟、张梅、华玉、罗瑞梅、马一平、雍城、王文鑫、宋芸杰、林杏蓉、黄淑琦、杨锡、刘凯瑞、马兰芳、张代、薛彤、李丹妮、林小梅、杨平、申一淼、祖童、史君君、常休龙、铁雨昕、唐玉婧、徐若楠、王筱、侯丹妮、高雯、李煜、刘欢静、张佳楠、杜诗情、党珍、毛佳莹、于聪、王语彤、史新梅、祁桂梅、常如意、李宁、杨帆、李玲、马招娣、熊文宇、杨婧、马雯、唐燕玲、何一佑、钟敏烨、黄韵嘉、高岩、胡利霞、杨芳、刘睿阳、姚千、吴茜、何丹、马艳芳、李华琪、单小丽、兰菊、盖刘宝、李荣娟、张露、刘宁轩、黄菲、赵晶、柳露、何雅、黄俊、黄彩眉、王婷仪、马蓉、马俊义、梁雪茹、陈润、吴紫恺、吴丹、马启琴、宋睿、顾云川、赵舒婷、杨贝芳、彭雨欣、陈喜红、郑棋文、王娟、谭庄澜、张凤艳、赖梓瑜、陈丹芬、王鹏舒、马玲、马冉、柳亚丽、王巧巧、李琳璇、李志伟、黄森煌、徐雯婕、完么才旦、刘沙、买铭超、彭若蕾、黄梅、杨清清、兰雪荣、吕亚楠、陈璇、余若雅、李琪、杨佳怡、王媛、徐阳、邱百灵、马文芮、高金圆、马永芳、彭丽霓、罗明彩、孟庆红、王梦雅、何亚文、潘林、张莞瀛、韩静、铁玉海、杨庭、马杏娃、马尧、马昊旻、马元康、李花、杨晓彤、金文珍、何磊、汤洋、周海峰、穆合塔尔·伊马木尼亚孜、董玟君、苏比努尔·阿布力米提、热娜古丽·艾麦尔江、陕玉梅、冷松、于湖洋、张兴国、马谨、周娟红、茹比娜·木合旦尔、周彰映、辛治、吾尔古丽·吐生江、马雪、马玉萍、李学英、胡婷婷、张睿、马雪、马尚、马雨婷、付玉婷、马娅楠、瞿芳、陈俊婕、黄姝敏、田玲玲、周红祝、韦海艳、吕茜、杨晓燕、龚雨欣、毛学英、李根、鲁贵娅、韦小寒、郝启涵、杨叶、杨璐、安得晶、甘生发、刘语、张昊、马海燕、马东伝、李琳涛、依尔夏提·阿不都热西提、谢敏捷、马福斌、所强鸟、何菁荣、吴桐、马桂燕、努尔比牙·帕拉提、兰兰、王正伏、江家炜、韦仁、马雨玲、马贤秀、陈璐、冯归砚、和云霞、王锐敏、邹兴龙、马艳梅、马文俊、柏青雲、袁媛、蒋俊兰、张艳慈、马桂琴、马欣怡、彭巧、马瑞、张心怡、王琳、包云次力、田俊、彭颖、王芷棋、马薇、王梓励、李珍、何焕中、俎晨露、王爱君、李柳芳、马紫红、康淑梅、吴优、马瑞龙、王子楚、李志敏、马星辉、杨乐、海欣蕊、董美含、王尖措吉、李伟红、吉茹悦、唐钟艳、梁艾鸿、喻先杰、罗淼、李蔚绮、何文杰、庞学军、任顿、杨智涵、邓卉恬、鲁欣雨、李心瑶、段乃嫣、苏俊超、陈彦霞、黄婉清、刘芸秀、杨正豪、宋风仪、王澄宇、许诺、慕彤、华宇璠、王雯洁、廖仲楠、郭新月、高婷婷、闫学良、樊舒桐、卓玛措、泽朗仲尕、扎西卓玛、纳么卓玛、多吉降措、完地草、尕旦木草、桑杰卓么、尕让扎西、困太措、达哇东周、泽朗措、益昔措、花旦拉姆、尚机措、扎西纳么、若巴降措、卓玛草、尕藏草、乔俊燕、喜林萍、范晓萱、马梦青、南军才让、李毛才让、米玛片多、桑吉草、尕日昂姐、勒莫吉、普布次仁、色朗卓玛、知诗将参、才让卓玛、芒尕、次仁央拉、阿思汗、再乃皮古丽·艾尼、谢姆西努尔·库尔班、姑丽加马丽·艾力、阿卜杜拉·麦麦提祖农、艾力牙生·买买提托合提、阿布力孜·吐合提、凯海尔·买买提、沙尼亚木·艾山江、买迪娜·伊斯马依力、木尼热古丽·阿不都热苏力、迪里努尔·艾山、萨艾提罕·萨迪克、苏比努尔·玉素甫、努尔艾合买提·艾买尔、木合塔尔·麦麦提、佐日古丽·吐松、依马木·阿吾提、阿依排热·热依木、丁玲玲、王佳妮、张凌雁、胡永花、石琪珂、何海玲、海燕、张佳静、刘晓菲、兰光丽、袁文艳、张文礼、韦丽源、王营、莫婷婷、白萍、柴鑫鑫、拉木草、娜雅娜、乌云嘎、吴妍妍、赵聪聪、龚丽颖、杨玉琴、张云柯、尚基卓玛、卓玛加、万尕吉、切江加、郑西锦、黄瑛瑶、唐萌、梁佳鑫、牧希叶乐、吴红梅、阿尔孜姑·艾尼、陈治霖、侯新容、戚瀚匀、金鑫、杨瑾、赵志茜、杨丽、李琴琴、前白、郭珂逗、马文慧、纪美杉、崔颖、扎西草、土登王修、扎西卓玛、克周严初、格日保、桑吉草、康主吉、措热、仲格、单增曲珍、美郎桑姆、伊西旦周、漆秋园、黄凤明、穆凌云、左颖、李晓梅、吉毛加、仁西草、扎西卓玛、道吉吉、次成卓玛、才让卓玛、秦兰措尕、斗格吉、娜日苏、慧慧、阿雅拉功、哈尼、奇丽迷格、斯庆高娃、斯日古楞、茹柯耶·艾尔肯、苏比努尔·买买提、努尔比彦木·斯提尼亚孜、艾菲拉·阿不都热依木江、穆艾萨尔罕·麦提热伊木、古丽努尔·麦麦提阿卜杜拉、梁慧娴、魏易、冯洋、韩雪、刘璐、宋玲玲、訾湘琳、岑勋燕、毕敏、毛泉秀、陈祖轩、沈家莹、甘滋雨、马胜莲、覃蓉芬、焦兴娜、张凤凤、高士婷、杨欣、许佳璐、张晓晶、乌云塔娜、斯木吉德玛、乌登巴拉、南丁、乌日力嘎、恩尼日勒、乌日拉勒、布门琪琪格、木希叶乐、乌日柴胡、其其格玛、存布日、苏日古嘎、吴佳怡

三等奖学金（2462名）

王治远、戴亮、王宇航、谭传明、王涛、陶腾、任为、王家驹、翁忠杰、马文博、杨辉春、张进鑫、王智群、刘浩宇、韦品冠、刘爽、马义博、马瑞芬、杜玲玲、唐铁峰、罗明、王敬一、王道、沙学峰、刘潇元、张栢胜、温博雅、禹斐斐、马伟、马亮亮、贾越卉、王鸣飞、李柠宏、石浩、李壮、刘军、汪文豪、李明汶、梁墨迪、梁杰琛、李海超、林超伦、白鑫婷、吕威、韩进林、徐万航、覃兰星、焦亚鑫、朱振峰、兰却加、里让、白华藏闹吾、求仲、边珍、纳旦措、旦巴、索郎旺姆、扎西拉姆、仁青吉、勒毛才让、索郎哈姆、泽茸措、拉巴片多、甘云鹤、赵海烨、张恩荣、杨广顺、向镇武、付宁、李昂、马晓燕、保志康、王嘉华、何赵伟、章洪博、丁鹏、王旭东、赵凌峰、霍晓媛、王猛、齐彦、徐弘芝、参回能波、罗让龙当、郎甲措、仁青卓玛、余育财、羊秀加、黄焰辉、阳敏潇、郑艳、熊澳辉、田君航、闫鹏飞、马德旺、钟叶飞、常海洋、李亚林、黎景明、朱纪元、姚豪轩、朱晓玲、宁德雨、徐冲、马霜霜、龚文文、李佳青、杨颜、马全梅、马云、陈忠鹏、刘英凡、詹华杰、施章蕾、李恺威、韩吉峰、和清、丁凯林、周洋、翟钰佳、张琦、强雨欣、杨江东、袁清胜、杨亚敏、光祥福、杨莹莹、龙存蓉、方玉花、韦英余、蒙孝武、秦坤洁、马鹏举、吴玉南、郭锦桯、马祥品、王浩、潘开军、胡中、马社木苏、谭奇建、樊孟帆、向凯龙、马梦迪、周仕平、熊林、孙思宇、向飞宇、王悦、马小兰、赵锦洋、黄雪、龙寅婷、向洪福、曹瑞、马海龙、刘立宇、韦佳辰、马傲、尚志伟、周麟翔、刘岩、和丽慧、高坤煜、赵延婷、肖钧文、李一澈、吴星兰、毛海燕、洛桑白玛、卓玛吉、才让卓玛、帕玛、次仁旺堆、才永求藏、贡保草、完德措、卓玛央宗、扎西草、仁薛杰、洪雨阳、洪佳福、吴展鹏、刘谦、钟道禹、丁建国、何理、姚奥、周智晖、黄宇森、李健、唐凯、石胜相、张福生、肖玉笛、马明昆、代邦泽、陈泽龙、黄林康、赵龙、刘嘉豪、覃嘉慧、保学升、刘伟、孔文琦、李世杰、周亮宇、席林锋、姚江华、久西吉、拉毛吉、旦智卓玛、尹旦吉、才让东珠、索南吉、杭改、杨毛吉、刘晰来、高玉博、杨岛、周恩博、王一臣、王梓宸、包泽鹏、宋跃润、斗白、盖玛吉、卓玛草、卓玛吉、英吉草、扎西拉毛、陈汉麟、郝晨旭、马英博、钱跃、白宗、万玛措、彭毛华措、仁青卓玛、卓玛草、旦子草、俄尖能周、桑金草、牛拉毛吉、周措、万玛切卓、龙穆才郎、仁杰草、范祥祥、刘婉怡、张振煌、马小红、马闯、胡紫艺、郭汇元、马小玉、刘伟明、潘慧玲、高玲玲、程可妍、华启嘉、王楷

琪、李国英、陈银廷、刘笔、李兰兰、谢艳娇、陈向、江炜杰、李柄锦、方淑、姜淼、鲜沙沙、金娅楠、马露、王晨、鲁长春、赵瑾喆、郑皓月、滕辉、吴民澍、费依洋、袁曦泓、陈子扬、毛成龙、来静、刘欢、张志瑞、邱美琳、安荣、张旭东、徐露雨、卓悦、王英如、王娜、陈思谕、王璐、罗清文、荆煌喻、王燕、王孟庭、向子毅、绽佳慧、姚冰倩、杨梦菊、鬲夏翾、韦冠莎、孙涛、许秋云、杨言梦、覃永倩、李思佳、宋艳琴、韩慧萍、黄凤涵、任德霞、扎西央金、俄藏吉、巴桑卓玛、白玛曲桑、次旺曲珍、次仁曲宗、拉毛草、覃佳雨、祁浩梅、欧阳万鹏、黄瑶瑶、郭喜艳、杨忠、郝俊宇、兰慧、刘丽萍、马玉菲、俞祎灵、苏比努尔·吐尔逊、马艳玲、郭长会、宁艳眉、穆莹、马艾、乌仁、岑美玲、向郦、苏比努尔·地力夏提、洪妮妮、王思懿、刘宝萍、何举香、冉子为、陈正艳、古力孜热·海拉提、韩静静、杨小平、杨莲存、范莎莎、李利菊、欧阳辉、向珂雨、潘姗、马玲、李文婷、谢飞明、龙召兵、虎世林、禹云玲、陆高剑、赵玲玲、马雪玲、冯文瑜、哈嘉伟、马永萍、蓝茵、陈沛宏、于亚男、鲜花、吴凯龙、刘雁东、陈双、杜靖琪、澳冬、尕芷拉毛、杨秀卓玛、仁青卓玛、甲央卓玛、卓么措、张洪梅、龙培、龙诗宇、韩雪、马晓旭、王玉萍、马森、龚诗淇、徐航、田景、王桂花、周元新、唐雅蒙、黄自豪、沙晴、覃冰冰、朱启庆、马萍、李艳、杨红梅、何潇华、周利娟、梁旭、王建梅、布威阿依夏姆·托合提、古再努·伊力、虎志霞、邓贞、孔燕锦、钟静、马静、拉茸卓玛、草吉、卓玛草、江初卓玛、易当措、求江草、向巴措、丁子草、胡沙沙、舒蕾、王静、马蓉燕、杨福、黄镇、谭姗姗、凌萍鲜、任传博、常海艳、刘莉琳、张中珂、于泽龙、张胜芸、马世俊、秦林航、李文悦、白思曼、王人可、陈煜、陶亚秀、殷茂华、阳颖、周宣灵、刘喆、黄英、易鸣、张夏月、张欣、梁雪梅、李婧瑶、史梦露、蓝国楠、吴银操、周书俊、田晓雯鹏、马芳、马雪倩、蓝梓雯、马进萍、马龙、武佳佳、王子龙、孙学林、马金花、沙草曼、马兰花、宋月悦、魏海燕、陈芊骊、马小燕、黄代吉、邓碧慧、辛沅蓉、张雪琪、马玉林、马灵艳、卢小雨、马璇、魏婷、甄丽丽、苏欣雨、马海啸、摆福成、张姝、佘佳楠、邱翠红、史雯飞、王馨如、唐小萱、马思琦、谢兰卡、朱家文、王璿、熊小松、王帅、宗吉、刘丽花、谢卫滔、王晓婕、杨宜越、李奇刚、左伊婷、张又丹、茶丽美、潘柳燕、何文兵、宋瑞璇、胡建玲、熊光山、曲高艳、许筱涵、龙镜峰、黄立、刘勇、康香蕊、巫庆元、苏海霞、林逸、蔡江涛、张涵、杨芳、邢子傲、孙铭材、杨子超、李巧莹、韦美溜、赵厚成、郑晨、龙飞虎、龙培、禹小艳、何仁鹏、靠晓萍、冉光伟、徐彪、石丽娟、牛琛、王冰、王欣、罗淼铎、向俭、于娜、魏心庆、李年丽、李雪媛、李棋、陈周秀、赵智慧、强围、鲁俊利、柴世彪、王卓、马倩、袁紫豪、杨凌杰、黄丽笑、董昌华、田宇萱、王帅棋、张弛、陈一卓、佟佳荧、赵姝、陶亚南、方云龙、邓士雨、杨优菊、李雪梅、陶志斌、马文庚、马煜、金燕、文磊、何艳雨、黎鸿、王申庆、李泰平、郝彦鹏、何倩、柳棋洲、张博、周源博、赵怡琳、葛文斌、李诗兰、王得才、马承坚、冯尉谦、张天乐、李海灵、马宇星、高金垚、涂光亮、刘思成、赵莉敏、马新龙、张龚玺、张和、杨志伟、黎江琴、马银贵、肖法焕、付泽方、刘芯苗、黄文俊、舒婷、陈江涛、黄浪、马勇、蓝雨轩、史科、刘源、孙铭、李娇、方艳荣、刘占旭、罗贵艳、王建全、唐发成、骆传涛、文成措、裴海燕、卜晓东、雷淞、刘秋序、谭博、黄润、李杜霞、陈曦、包嘉颖、杨芬、霍月、聂郁霏、曾令芮、毛琦、朱坤丽、韦柳华、孙小红、王凌飞、王兴、王慧、黄明琨、姚练醒、覃献婷、刁紫允、熊高宏、王舒瑶、梅汇斌、赖禹言、游美兰、张滔、陈星宇、杨湘锐、陆萍、李若伊、李文源、潘金华、李炜楠、杨仕达、马振龙、黄传宗、王燕燕、梁瑾、赵瑜璇、张燕、付丽佳、冯名仙、汪占录、王自权、马春艳、张雪、王子康、侯雪玲、肖智坤、张颖、徐丹、王培章、高云、郭涛、唐妍、刘静微、方艳瑞、覃益秋、张语、马帅、姚铭栩、马佳月、马海蕊、许灿远、连弘浩、杨成、金杨、项荟霖、陈鹏宇、黄沛刚、王小红、陆楚超、林玲、简志欣、曾晶、马玲玲、张洛晨、李国峰、于希峒、王洪翠、李登明、任鹏飞、梅赛措、周伟、张可佳、刘云飞、朱佳琳、沙玉秀、李雯、姜文靖、王铭、毛辛羽、罗震荃、韩棕阳、韩玉洁、毛宝华、白奇峰、何奉珍、杨隽逸、张仕伟、王美晨、任姣姣、朱兰、徐红巾、赵洪瑶、格松玉珍、赵萌琪、赵文婷、杨娜、陈思静、仲雨瑶、谷峰、王晨晰、李榕桓、王洁、孙思危、关立韩、张雨晗、涂鑫、自点江楠、胡国琴、唐博宁、唐慧婵、马蕊、李彤、罗缅芳、游兴星、飞如扎·赛力克、苏瑞、冯金凤、刘利、马雪珺、余思艺、马晓艳、王奕卜、赵文莉、陈照明、贾伟、白舒怡、舒勉、杨娟、张敏、赵家敏、杨越、袁东平、徐慧子、王艺霏、覃笑然、陈媚瑶、彭晓萌、穆聪、张正、何优、吴婷、宋林欣、钱荣绍、覃小丽、齐霞、李文婧、蒋继仙、陆柳萍、邹循、刘昌松、马志芳、蒋薇、罗欣宇、范黎霞、金子力、吴若彬、韩子仪、杨海艳、刘雅慧、房玉香、梁洁、王靖、周颖、黄宛心、韦沁好、蒋松、卓玛、艾敏捷、李代琳、张慧琴、马学军、闵志宇、徐业峰、唐爱虹、胡珂松、李志敏、向蕊、常明阳、杨瑞、彭齐欢、杨迁琴、周胜男、刘明宇、刘泽鑫、姜晴、冉雨洁、王子涵、王赵鑫、刘蔡雨莹、王梓骅、马成忠、马焱鑫、虎威、段方晴、黄伟、陈诺、马尧、李婉茹、邱旭、王梅、李悦、王琴、丁志花、锁才茂、祁进花、杨金莲、邓琼、蓝双荣、印祺英、陈彭捷、张泽坤、毛世花、唐克川、李娜、冯春宇、王振瑜、罗彩娥、尉文惠、陈欣、李秋梅、古丽夏提·买买提努尔、朋毛措、沙巴艾提·依布拉依木、马丽、张宇涵、毕晶晶、薛敏、梁慧娟、朱明芝、叶奇璟、杨光、伍欣、刘新茹、冉鑫、赵高锋、钟春平、严洁、武晓梦、丁丽、江姚姚、韦敏、梁妍、张国淑、肖晓琴、岳姿、王明阳、姜羽佳、尹彤、向瑜、孙喆、李亚欣、张静雪、杨家彪、林思晓、陈永财、陈振元、牛飒涵、胡玥、江雨婷、李晓芳、谭佳乐、董佳文、朱杜娟、马慧欣、吴昊哲、吴帮美、张睿哲、罗彬勇、周晓双、张文慧、吴东洋、吴关旭、马龙君、刘益鹏、滕明怡、尹正英、马绍杰、王元禄、麦正青、马悦、黄秀健、卢俐蓁、舒孝政、马艳琴、张逸静、李佩勇、王雨婷、李青林、马樱子、高洪刚、李琦、张月、张家齐、王雪、李卓潞、杨玉璞、赵泽庶、戈雅萱、吴玉立、胡超杰、杨林燕、舒杨、雷梦佳、朱俊、马思琦、赵梦艳、马金瑞、钱小豪、顾大腾、王海波、刘露西、罗小兰、闫嘉鹿、李生珍、杨思、李建云、马丽、丁嘉怡、文家念、马晓媛、麻妮艳、罗晶匀、罗玉、黄艳琪、马玲、马龙、顾林花、梁淑慧、马龙、马智兴、詹子豪、贾洁、邓彩霞、黄桂芳、王晟瑞、薛水霞、潘舒芸、汪亚轩、班国兰、吉朵朵、杨青霞、索南曲仲、杨玉容、刘云微、马芳怡、方婷、何朋飞、迪丽娜孜·艾来提、李铭阳、毛芸、杨柳、何春艳、李岚、崔亮亮、罗惠茹、何生雪、范文硕、余文琴、唐辉晶、张晶晶、赵祎欣、李素森、吕苗苗、汪娟娟、马萍、祁秀兰、和慧、刘志亮、王雪静、赵红红、赵丹、吴梦琦、徐琰、张晓弟、杨凯利、宋菲、符畅、冯正荣、李佳睿、郑星、张儒弟、马蕾、张美玉、肖栋、王强、张倩倩、黄文玉、孔硕、张梦媛、张英霞、苏子恒、王秋霞、王安慧、梁康、蒋可卓、王宛宁、张翔轩、徐梦林、张易、李梅娜、张迎鹏、董毅斌、王炳元、俞珍源、包洋洋、陈娇娇、武茂尚、车蕊、武照梵、李远、李臻、罗银锟、周然、沙阿一社、刘旭、雍长江、黄珂语、石耀东、白旭贤、吴磊、王小龙、甄翠颖、赵耀诚、缪苏宁、朱云、孙梦鸿、陈小艺、李林、潘萍萍、蒋鑫楠、宋星瑶、吴平会、付琼、李泽西、韩育蓉、胡梦霞、付云逸、陈祎瑶、邓子琦、潘浩宇、张震、李和春、卫兰芳、唐娅秋、方思宇、肖涵文、熊光杰、祁丽睿、吴小灵、王静、徐昊睿、芮翠萍、程亚洁、石睿、周嘉琪、黄鸿、马小兰、龙雪霏、黄吉成、吴明利、张鹏鹤、刘成龙、吴明丽、李思琦、于成程、马桂艳、马小燕、许娜、马学萍、方涣入、陈志英、张婷、黄师、何倩、雷洁、喇晓娟、马佳莹、余健灵、张顺威、王新让、张合星、夏紫薇、成炽、于海连、李舒悦、田书瑞、谢培川、曹颖、钟雨清、央宗、唐小茜、刘仲权、马尚辉、李佩兰、吴雍沁、穆烁、马诗琪、和建芳、邱丽霞、吕敬、安佳秀、田谜、杨国武、朱雪蕾、曹明浩、张苗爽、杨雪莹、马建爽、孙雨琪、叶桐桐、孙希强、孟如愿、袁可萱、魏敬怡、陆弈橙、侯清月、赵阳、艾克帕尔·艾尔肯、周桂花、李昊峻、韦冠宇、陈云、王馨敏、王若寒、刘沅林、陶志东、冉权、马海丽、赵晓萌、徐欣维、钱露、李舒溦、田丹、王华、马莹、李桂娟、万凯生、索珍、贾雨蒙、龙宏沼、钟泽宇、周毛措、吴侃、陈嘉辉、李晓玲、袁龙、黄华霓、黄一迪、张润泽、祝欣郁、张永袁、黄凯、郝晓萌、吴绍米、鲁媛媛、和金梅、钟璧欢、廖庆艳、刘海晶、梁灿香、李美语、王逸韬、张田果、李雪、周倩、热依兰木·吐尔洪、覃品仙、王晓航、李卫伟、郑明洋、全昱吉、张小琴、张姗、姚墨月、曾诗雨、孙嘉雯、李俐璇、时春芳、刘国萍、梁娜、刘瑜、吕春迎、陈琳琳、龙进宝、韦丽美、赵淑美、黄锦涛、王金凤、王佳、张业涛、陈子豪、周宇、彭润生、周银、夏邵杰、韦晶晶、杨云松、阮红燕、张杏杏、韦雪娟、王桂芳、陈玄烨、张文豪、王瑞、韩华婷、李静、彭真、龚春华、冯艳芳、常慧慧、石书骏、梁晓雨、洪成、丰王妹、徐南涛、张佑轩、李尚霖、杨建国、高明霞、古金雨、马雪兰、廖华玲、冯柳青、郑茜琳、韦欣娴、马颖诗、赵知雨、马慧龙、朗加旺姆、曹驰、李佳艺、把多珊、李雅玲、安丽菊、王慧、和学明、郎漫雨、刘长涛、石静雯、田佳敏、张宇、马丽、陈书琴、李森林、卓盈盈、祁永梅、施生玲、吴育艳、吴睿敏、马悦、石子吟、杨情、孙翔、马如兰、李振、林伟杰、梁恒滔、黄洪基、李妍、谢彩艳、张文强、程烁杰、黄灵杰、薛宁、唐莹、韦倩蓉、王松、马季元、李岚泽、邱金库、谢亮、马志虎、吴文贞、黄保传、王镇、胡莹、韦艳迎、周奕、才让草、仁欠草、德吉卓玛、阿旺曲珍、桑吉曲珍、代吉、才昂草毛、完地草、芒莫、扎西草、马金钰、夏琴、胡磊、刘芳君、罗芽、熊梦彪、周拉才让、黎志杏、李映东、黄凤玉、陈发燕、谷咪雪、张佳乐、吴金兰、刘淳、李欣蔚、郭世浩、张健武、郑晓东、马艺珊、姚春源、郝钇渊、龙智磊、彭立森、罗瑞钦、多吉卓玛、吴芊、尼丝来提·阿不都克尤木、熊俊鹏、邹卓宏、丁浩、雷少灵、顾浩、祖丽胡玛尔·图尔荪江、崔笑莹、李宏博、马举栋、白梅、热孜万古丽·亚森、游怡、陈良海、王尧、刘轩睿、廖鹏翔、李泽鹏、任福平、李胜、寇文慧、李丞、马小红、杨嘉豪、蔡国彦、杨向国、张舒瑞、魏超、黄仟甲、段琦、韩梦龙、王源皓、谢爽、王世东、王苗苗、王亭燕、丁浩然、曾航、李玉洁、张子馨、李源、代维、司冰、韦光洋、罗婧、唐思佳、张书瑞、谭捷、郑文涛、赫鹏飞、吴奇龙、孙春晓、韦美秋、贺思谦、曾思融、雷昇、肖洋、吕豪淳、程然、易学炳、李贤、黄婷婷、李亮桥、陆远渝、梁振双、孙树辉、罗坤、杨博、贾西尔、李毛扎西、色尚措、成林曲忠、知卡、次乃翁姆、索南当智、旦增曲珍、南杰草、万么措、更却开周、李毛才让、顾白玛央珍、索朗班珍、谢琴、彭艺文、王葛、李奥奇、颜丽华、代亮、满鑫、贺泽菁、王瑶、马玉梅、方卫英、张琦睿、排日代姆·艾麦提、蒋国强、鲜富祥、王恬、孙培玮、肖文杰、孙佳莹、张阳、刘涌涛、李品花、李富仁、所兴严、秦亚蓉、韦昌潜、王美提、黄伟、钟雨嘉、石伟、张海燕、陆雪花、沈婷、曾叶芳、黎桂杨、和博凡、唐雪华、蒋坤、姚佳飞、魏龙、李瑞珍、李昶、王琼、穆艳萍、牛皓、谭邓宁、周杰、谢金芳、祝鑫伟、张庆宁、杨金贵、焦玉坤、马荣、何遂龙、王俏娜、贾宇、丁敏、巩森森、王逸航、刘向东、邹敏、李莲惠、蒲山、邓红艳、苏一梅、沈蕾军、冯昊宇、周游、侯智珑、雷雨杰、魏沾旭、李自国、王嘉纬、马兵、张汉卿、李承泽、李沅澄、王志华、王斌恒、洪笛、冯驰骅、左昌昆、王丁洁、肖轶、周佳杭、杨涵、刘家和、彭释演、黄梓轩、杨祖宪、牛晓冬、王宇翔、刘畅、王法凯、牛小慧、赵萱、何建海、买文慧、杨子鸣、张宇、蔡云、王学军、何雨、曾祥、徐刚龙、张智飞、严鹏、夏凤兴、郑贤宇、申林、陈朝忍、樊世明、侯其鹏、毛喜弟、卢佩雪、刘储铭、杨康、梁增伟、郭普渊、苟益芯、罗有发、马红霞、马鑫、陈盈如、李文杰、石贺元、方震宇、马岳、王小武、邵亚兵、潘庭贤、马吉文、马赫泽、陈豪、张磊、陈源灿、王涛、卢志刚、吕少波、蒋梦、姜旭、梁鸿富、杜宝林、翟雪怡、蔡新蕊、杨帆进、张艳萍、高雄、莫艳婷、杨莉莉、吴昊卓、虎岳、刘峥峥、樊宇、马琴、洪乃涛、蒋得洋、唐忠晴、顾云飞、米小强、吴志坚、刘文硕、苏佩杏、陈靖予、陈欢、薛达、马德亚提·塔勒哈提别克、梁玉婷、王汝辰、赵璇、姚欣婷、田芳、李洋洋、罗宇、彭茂茹、陕雨欣、唐璇、洪艺曼、张思怡、李旺、马海涛、马斌、谭钧琳、王思嘉、杨婷婷、韦政连、刘芯廷、杨可、严凤莲、邴诗雯、孙洁、达纳·哈依娜尔、锡芊方、张于欣、李媛、阿迪莱·艾力克、梁意意、计九凤、王瑶、罗智慧、宗倩、翟欣璐、李丽娜、费锦秀、达金慧、马晓蕊、施国娟、赫子翔、陈仲文、陈红、易剑蓉、陆小瑞、韦荷婧、李芷琪、冯雅伟、黄佳洁、蒋庭英、何千千、杨艳、锁馨燕、梅亚博、巫殿兰、何亚芳、罗雅郡、马佳玉、潘秋媚、程琪雅、张盈盈、许欢、王梦娣、赵仕丽、罗雨洁、莫珍娜、王瑞倩、吴雪儿、张莹莹、马玉莲、茶彦文、苏晓琦、吴圣安、覃雪梦、马晓娜、陈静、甘迦琦、郭文卓、马建丽、周亚龙、丁涛、乔鑫、穆合塔尔·斯依提艾买尔、段冬雪、冬嘎·苏冬、潘诗寒、李梦颖、杨利莎、黄倩、徐秀琴、任汝蝶、曹丽、杨佳琪、姚腾垠、左倩雯、刘敏婕、郭涛、刘靓、程诗琦、何倩、赵绮雯、宫喜喜、段琮超、黄晶莹、黄峭琳、陆荣、姚东廷、许蓉蓉、李敏楠、贾禹成、杭一博、任子健、唐佳薇、陈琪、卜晨鸽、丁弘峰、陈少文、张潇、郑淑龙、李全圳、席林柯、吴蕊娇、彭贵卫、于芷欣、羊秋成、赵佳乐、张宏柱、赵浩桦、李鑫、甘奕龙、林芸霏、李丹、黄菲、何翠花、郑书彩、黄译萱、干芳、王靖雯、陈文芳、黄欣、伊潇、黄冰静、王佳宁、达庆阁、王小梅、杜婷婷、陈小丽、吴红烨、李琦、章飘浪、杨超健、陈小沫、白晨阳、王迎虎、王玉艳、朱钏婷、赵庆杰、黄晨晨、马力诺、张英儿、张思雨、许秀荣、贾雁淇、刘继瑶、潘燕、陈一君、马英、陆婷、刘思凡、韦俊龙、张娜、廖瑶、曹丙娥、邓惠珊、杨惠、李星、刘倩倩、马云佳、何茜、高雅、韩浩文、侯天旭、耿星星、郭凌玥、陈梦啸、刘庆华、王巧巧、贺洁静、王占帅、赵紫艳、陈海清、欧瑶、陈丹荷、张衍鹏、罗思静、袁改娟、王婷、黄金芝、刘冰、周泽远、郭晶楠、陈天贺、赵相龙、刘文静、魏子航、杨艳萍、杨梅、符凤飞、孙智伟、李俊思、张悦、韦秋娟、郭穗、董俊琦、马欣欣、邓欣雨、李雪、蓝云侦、何仕莲、马亚宁、佀涵、余双庆、罗雅丹、何小娇、刘文霞、杨佳欣、彭淑敏、杨曼宁、杨玉红、韦日笑、蒙佩茹、龙秀宾、黄如梦、周培熙、张紫淇、邹金燕、贾秋寒、石鉴霞、纪婷婷、丁利伟、吴彩婷、马丽莎、张美、孔维艳、张旭、农婷婷、苏湛、席会媛、梁高艺、颜仕奋、杨仕敏、马维莲、陈钰滢、杨玲玲、秦艳、王吴行、杨雪瑶、黄宸玥、覃靖友、王悦、马伟涵、肖笭、张海洪、晋珂、和玉莹、韦霏霏、周越男、袁春晖、张苗、范思丹、张阳波、秦彩云、孙广正、江旖旎、施建婷、农丽颖、段玉华、马洁、徐青、杨聪、马宁婧、苏倩、张路伟、宋诗源、冯旭彤、何学燕、赵沁怡、张月霞、马丽博、谭颜枝、马勇、李珂鑫、曾山、祁雪、德吉彩玛、伊丽姆努尔·库尔班、胡光文、刘军、马健、刘小青、马世弘、杨斌、马占华、李东强、朱祥辉、关苗苗、马春梅、吴钟毅、梁冰、李保国、杨梅、乌超、门鹏飞、赵莉、杨菊花、唐秀雷、郑兰兰、杨雪鹤、李怡雪、张宁、汪海元、蔡贺南、张迎香、井薇、马东武、张涛、韩冰、杨船文、黎晨、全香英、邓露、袁媛、方路花、杜昂洋、郭应萧、李沛、罗柳林、马芳、艾克达·吾甫尔、杨媛媛、赵寒、覃湘意、刘诗韵、杨子骥、穆晓琴、古丽米热·艾尼瓦尔、马主麻、阿依米热·阿力木、何小倩、薄景浩正、陶礼媛、胡雄、柴红飞、马尚林、李志程、王夺、马玲玲、江楠、马显、蓝小萍、高羽、牟曼琴、马海兰、王志欢、廖家业、马子怡、杨利伟、王福蕊、周志强、唐金鑫、刘禄、葛姝鸿、张钱钱、邓可欣、彭芸、黄海仁、胡梦倩、杨慧玲、祖木来提·艾克兰木、龙凤珍、李燕、杨灿、舒琪、韦欢、祁美芬、李雅端、陶娟、马桂花、陈玉钰、李文丽、马海龙、赵惠婷、杨苑新、向陈雪钰、马霞、李英芳、赵文红、杨海凤、李慧、陶媛媛、杨湘吉、彭安琪、谢景怡、刘羽、马红艳、杜有芳、米旺红、杨绿梅、周晨杰、马婉莹、赵月琪、李嘉仪、刘洋君、雷甜甜、田蕊、邓国军、曹耀星、苏芳珍、马明秀、马雪贞、鲁龙平、张华兰、杨晓芳、马伟花、高亚珍、马晓燕、杨雕鹏、朱康伟、马凯丽、马金梅、伊力亚斯·艾力、陈柯亦、吴家雄、杨静、李强、王德欢、谭力、董翌雪、吴丹、冯钧、李琛、韩洁、程钰、周广福、马兰、乃飞赛·依明江、马子兰、邓怡然、马允浩、马瑾、马祥、马小国、李美琪、许喻田、热衣拉·艾买尔、索南吉、杨春秀、付瑞丽、谢建林、姜秉辰、杨昀卫、孟晨、胡晨馨、马晓梅、张群康、李生俊、宽菊兰、欧平琴、马文艳、艾麦提江·图尔洪、汪富强、马丽雅、王宇辰、包彦芳、金思航、邢欣、美合日阿依·努尔麦麦提、杨明祥、马良斌、李鹭、赵子君、马秋平、马宁、杨艳、彭微、何晓云、张应芝、马亚琴、张娇、马咏梅、马亚琴、王蓉、孙高玲、彭诗情、黄庆、杜新玲、余海琳、杨青春、段庆丽、石航、谭以明、王铄、邓立斌、田玉蓉、敖佳颖、李洁、王光英、薛文丽、张焯雯、郭晓娜、朱佳欣、钱金叶、赵建雯、陈一兴、夏世喜、龙娟娟、舒娟、韩利佳、徐小涵、刘金慧、汤懿群、韩莹、李晓娟、曹雪妮、张月、蔡如诗、赵昭、闫旭、陈含婷、马艺秦、康学斌、哈若思、王进人、周丽萍、任敏、葛婷、贾紫岚、牛彤彤、张定泽、刘嘉宁、张霞、郭璇、勇妍、王刚华、董珍、李文荣、晁福芳、肖永秀、洛桑卓玛、吉毛加、利毛措、色珍、旦增央吉、德吉曲宗、色日、桑吉卓玛、巴桑普尺、泽郎措、娘其合道吉、桑珍、才让卓玛、拉毛多旦、白玛、才仁多杰、赤列、多德加、德吉卓嘎、甲么措、达嘎措姆、次仁央加、索朗央吉、平措阿旺、尼珍、麦拉措、旦增色珍、才央金美、俄尖吉、拉吉、公保加、白玛俄沙、当增扎西、巴桑、拉毛草、韦武恒、周星、胡译允、蒋辉、黄静、杨江艳、马子钦、李志昊、扎西草、旦正卓玛、拉郎卓玛、杨尖措、卡毛吉、夏果措、德吉卓嘎、平措卓玛、索朗措姆、神珍王牡、加央坚参、次仁巴珠、达瓦、占尕吉、才让拉毛、卓玛太、彭玛初、羊吉措、扎西卓玛、达藏卓玛、才让拉毛、南措吉、扎西卓玛、绒地草、达娃桑姆、增巴草、白明亮、乌日拉嘎、乌斯汗、苏龙、卓玛、努尔米那·艾买尔、布加米来汗·托合提、古丽娜扎尔·艾力艾合买提、吉日汗勒布比·艾尔肯、柔则尼亚孜·太外库力、洪都孜·胡完尼西汗、扎依兰·艾合买、卡丽比努尔·阿布力米提、祖木热提·热合曼、阿布都斯地克·阿布都肉苏力、阿依古丽·阿卜力米提、外斯麦、地拉热木·努尔买买提、其曼古丽·玉素甫、迪丽热巴·吐尔洪、苏比伊努尔·约麦尔、帕丽达·玉山、于苏甫·艾合买提、买尔旦·亚合甫江、艾孜古丽·米吉提、艾科拜尔·库尔班、谢依代·热合曼、麦尔比耶·奥布力、阿依夏米古丽·吐尔孙、齐满姑力·亚森、帕太姆·奥斯曼、阿西古丽·热合曼、张雪雯、郭栋文、李玮瑶、赵莉、唐彬、李洁微、牙东意、杨叶、甘幸晓、尹加航、夏倩茹、王初、刘栋林、罗田田、贾润泽、王艺卓、马姗姗、谭卢燕、华崇伟、贺国雨、杨旭霞、张歆煜、山凯霖、袁海慧、赵艳珍、王红梅、陶诺恩、海拉、图娜乐金、乌吉木吉、赵志杰、阿拉腾干德尔、吉胡楞图、曹日古嘎、参斯尔、高日罕、逯晶、翟佳佳、杨连连、龙子慧、洪都斯·吾拉阿力江、韩晓娣、王玉茹、李伟龙、桑杰草、仁青本、追机牙、拉毛仲、格让哈么、尼达卓玛、华日旦奥赛日、廖芳华、宋清华、达么姐、向巴措、王修拉么、苏叶、阿都庆、查干塔娜、包雪梅、哈丽雅、布热比古丽·阿布都热依穆、伊力亚尔·阿力木、吾热姑丽·玉苏甫、阿孜古丽·艾买尔、古丽米热·艾买尔、阿依夏穆姑丽·吐拉克、姚芳、买馨婷、马永红、刘安、张硕、张琦、张贺丹、马婷婷、都拉汗、娜何芽、都丽苏玛、朝宝、车苏日娜、齐振豪、乌吉斯古楞、玲玲、马禄浩、周诗杰、王晓田、李喜梦、王永文、李子涵、胡美红、仁青卓玛、当子草、扎西东主、仁青吉、尕松布措、尕让草、兰青吉、尕藏才让、尼宗、班巴东智、贡去草、多杰扎西、扎西卓玛、那杰草、俄若才让、拉姆、贡呷拥措、洛绒拥措、吉毛吉、格桑曲珍、白玛拉宗、王芷馨、郑娇杨、马跃、杨正君、王奥、吴光慧、沈燕、马啸晖、禹云艳、汪孝莲、马倩倩、娜姆措、完么东智、多杰扎西、看召草、周毛克、桑杰吉、贡保草、索南拉藏、次仁旺堆、央珍、当增卓玛、白玛俄沙、忠格加、力存吉、曹都斯琴、侯海燕、浩斯龙、傲尔玛·乌吉玛、阿卜力孜·赛麦提、阿布杜热合曼·麦图苏、古力皮彦木·艾散、古力米热·麦提图拉、迪丽胡玛尔·卡米力、布合丽切木·阿克木江、凯丽比努尔·艾孜孜、艾丽菲热·多来提江、迪丽努尔·阿卜杜凯尤木、祖米热·卡德江、石学霞、刘书鹏、陈莹银、何花、王嘉慧、韦金杏、马生梅、马小花、侯璐瑶、梁媛、周栩冰、毛舒蕾、曾甜、赵锦、李恒婧羽、马小莲、黄晋宇、邓婉馨、易俊帆、施懿、何娟、申彩燕、李优兰、巩慧婷、杨佳雪、韩慧霞、刘晓庆、邓杉杉、王娟子、张翔、杜慧艳、杨亚亚、陈映艳、方焕、邵兰舒、杨洋、熊道美、李娟娟、星仓萍、袁芳、陈子悠、方勇春、范强儿、孟繁荣、雷婷、永梅、查苏娜、苏亚乐、木齐尔、敖敦、乌雅汉、乌云塔娜、新吉乐、周睿杰、闫情雪、陈凤彧

李国香奖学金（4名）

买尔合巴·艾尼、凯丽比努尔·麦麦提、凯海尔·买买提、努尔艾合买提·艾买尔

才旦夏茸奖学金（3名）

才让多杰、多杰扎西、次旦朗杰

优秀学生干部奖学金（888名）

张哲、胡小峰、郝振、李蔚敏、秦国振、陈顺燕、刘逸飞、李华林、秦璇、马珮瑶、贾越卉、韩立鹏、韩进林、兰却加、汪涛、王广汇、李丽婷、丁鹏、李兴茂、谷鹏旭、李远航、袁世佳、崔长付、兰志飚、蒋渝娟、孙海阳、郭家宁、孟繁吉、刘奇、敏海琳、杨露、简宁宁、韩忠福、沙丽香、韩旭、王勇、刘荣、冉亮、黄庆茹、胡万江、李佳琦、杨善斌、宋宜臻、陈佳荟、尔金绕登、完玛扬措、王子谦、李京昊、屈景辉、尹洁铭、田君航、马奥婷、王森珑、韩吉峰、丁凯林、安开燚、何佳兴、马社木苏、刘宸希、紫罗拉·吐逊江、和丽慧、孙馨靖、王明、丹智多吉、刘谦、唐凯、忽江莹、刘恩泽、韩准、尕藏仁青、交巴草、符欣欣、宋春霞、李志航、代会淋、徐璐瑶、申传峰、缐晓峰、罗民全、达瓦则玛、窦剑旭、罗世生、边传龙、马义文、完颜泓皓、朱妍、赵雪芬、翟蓓蓓、张琳敏、钱跃、根确多吉、马小玉、于涵、王明章、张韵琦、贾学民、王一淇、姚梦涵、朱贤濮、马世海、杨梦菊、姚笑寒、才让卓玛、任渝、余伟雄、宋孜烜、陈航、倪玺涵、杨程皓、向珂雨、王娜、马海燕、禹云玲、贺万君、关佳新、韩林江、滚昌秀、于洋、董玲、在旦拉毛、艾科拜尔·安外尔、席晓彤、冉钊、马林祥、陈妍舟、李志为、张雁书、陈锦涛、魏丹丹、安华壹、马小丽、裴志丽、马俊、麻三霞、王永成、杨娅丽、黄元楠、杨红梅、王鑫月、知诗江参、赵南、张中珂、陶亚秀、陈日燕、白瑞康、马海龙、田晓雯鹏、王子龙、马青林、丁杰、保家斌、陈玲莉、连明利、张婷、覃珺、丁新、田伟、侯森山、丁志平、加苏尔·阿布都克热木、玉佳佳、马雪琴、赵乐、邢子傲、禹小艳、付保岗、杨计玲、马佳瑞、张哲源、高宇飞、曲轩锐、鲁俊利、万玛索南、孙鑫、闫东洋、陈严双、马文学、

高少卿、高晓、林火烨、黎轲炜、刘娜、范思璇、王强、李强文、周星辰、王上冲、张美晨、王帅棋、马心丹、杨国伟、罗毅、王雨萱、莫松霖、谭静瑶、李珏、王旖樱、黎曼、任韵涵、金宇峰、张庆龙、刘贺、薛雅文、熊佳璐、边筠雯、王云、杨小盛、邹渝杨、王申庆、阿力艳·库地热提、孙铭、兰玉娇、冉永乐、闫安、田昊、姚一凡、戈岩增、肖智坤、潘迪、蒋亭宇、金杨、刘思嘉、李孟兰、周义星、马红霞、覃丹、石勇刚、罗淦、苏静、金莎、李雯、韩棕阳、陆宝世、赵玥、李勒、于江淼、徐红巾、朱兰、吕锦景、杨兵兵、乔世莲、杨瑷嘉、赵洪瑶、杨朝军、于洁、田双庆、傅闽翌、秦国辉、高诗芮、拜正刚、杨薇、刘巧云、谭琴琴、仲雨瑶、段玫羽、池晟、海日娜、谭家伦、茗庚图雅、张本田、万九鑫、陶影、许菲航、张筱宇、房海蝶、自点江楠、韩梦瑶、杨淳皓、何优、陈九兵、马成龙、彭希璇、杨小燕、艾敏捷、李楠、马雪莲、韩美琳、王凯、马婉婷、冉雨洁、马云、刘泽鑫、刘玉欢、尹钰君、和杉、李祥、于文丽、马珉玉、向晓、杨荣菲、银丽珍、李尚飞、马强、潘任伟、马光祖、莫青桃、于悦、马吉如、黄伦丽、王誉莹、陈献婷、李嘉辰、林涛、曲丞尉、关燕茹、王敬淇、崔弘雨、李瑶、王冉冉、杨洋、虎彦花、谢云蕾、王文川、曹璇、汤艳城、和睿娴、和建雯、张泽坤、曲涛、毕晶晶、岳姿、韦敏、冉鑫、石浩枫、李曼君、云凯旋、马阿诗、张君艳、杨振吉、王静宜、唐铭阳、李佩勇、袁海玥、张云鹤、高洪刚、符仙瑾、刘璐、韦丽伟、赵翔、陈牧、王欢、杨昇烨、叶剑飞、刘家玉、孙丽菲、张晋之、邓海燕、张文萱、於漪河、吴璇、王晟瑞、尹悦、靳俊山、刘春雨、周兆宇、李晓凡、唐涛、和慧、豆本加、陈校康、刘梅梅、陈草草、孙瑞泽、刘强、符畅、尉琦、王一泽、雷艳、徐婷、王一杰、傅鹏宇、成小芳、陈光平、米蕾、郑星、洪燕、马静雅、王东婧、孟涛涛、周梦如、孙启翔、苏雨轩、王子端、斗桑加、刘庚泉、李晓伟、高维灏、李臻、马伟、刁卉、和银春、吴磊、沈铭灵、谭雪琴、李上玉、朱云、蒋鑫楠、李萌萌、金昭、卢榕楠、何志勇、赵亮、陈烁、马娅薇、刘海、张震、肖淋文、刘笑含、陈嘉璐、李永胜、刘晓丽、韦文璇、张妘凡、郑智文、任桐玉、陈小嘎、马虎祥、刘欣雨、范星北、方思宇、杜东泽、芮宇涵、雷彤、马刚、李超凤、张洛宁、陈芷涵、谢培川、曾秋霞、沈振宇、党苗苗、杨佳庆、王贺、从丙超、王苏昊、李昊峻、刘苗、王敏、成明月、向茂钰、杨扬、李帅帅、霍旭、黄国梁、马涛涛、余晓雪、史笑宁、莫荣纤、莘若兰、李叶、段云波、柳美彦、赵诗佳、任琴、费孝桐、赵彩霞、陈天莹、张梦清、马蕊、常铭元、李双娇、李佳怡、万凯生、王云琴、王燕、申青忠、张田果、王冠清、陈子豪、柴德奇、张文豪、张优、马关浩、黄杨、管佩瑶、舒月潼、刘为嵩、林伟杰、李怡汝、姚硕、张文强、胡松、郭琦、刘清泉、青梅求占、德吉卓玛、赵佳琳、艾昌江、熊梦彪、徐占远、陈佳音、禹志艳、韦梅芳、文金强、唐少秋、彭悦、刘云、梁策、刘炀、张欣国、穆小军、侯嘉成、田保书、向莉、李成泓、刘美萱、纪绮凤、祁东升、者润玉、马华吾才让、朋毛谢热、刘羽茜、张溪溪、王旭、廖燕妮、吴春妮、杨文慧、龙驰宇、陈果、王晓燕、黄媛、马进平、柳兴莲、王凯、何雨、兰汶鑫、叶桐、张昊东、郭星琪、赵叔韬、卢林松、崔笑莹、蔡国彦、马腾、韦光洋、郑文涛、王丽亚、东也多杰、陈茹旭、杨家骥、杨勇波、杨舒婷、龙思钦、杨丽、李鑫岩、马荣、杨争争、安龙龙、杨宣、刘有为、马欣宇、蒲山、贾祥传、王征、唐澳、马斌、冯昊宇、吴广友、侯智珑、李承泽、齐宏禄、李建龙、谢智洋、郑翔峰、罗千翔、赵彦华、王彪、姜升、圆圆、李星润、姬厚真、卫哲、赵朋飞、余文达、张戈、王春雅、同雨轩、冯伦、顾俊、龙斌、张伟康、杨澳、周强、白胜洪、潘丹妮、赵岩、杨春梅、曾雨馨、勾秀明、马小龙、王永、张耘豪、李大智、王法凯、杨昌旭、张岐雨、唐万红、胡颖、吕少波、王婷、刘峥峥、李文博、苏童、马准、马玉香、张学森、张博阳、黄家强、余佳欣、王嘉基、杨婷慧、李文武、杨雨婷、李楠、包亚力、刘瑞欢、刘明、马海晗、马宏奎、龚伟峰、文奇如汗、雷森林、吴佳琳、章丽、龙治宇、龙乙迪、刘永叶、马珊珊、向海浪、吴妍、木克热木·买买提、黄彩虹、丁亚梅、马瑞、杨江帆、马德亚提·塔勒哈提别克、马玉轩、王佳琦、王思嘉、刘国琪、向洪操、李文雅、马玉莲、王虎林、冯涛、郭涛、宋芸杰、谢佳蓉、刘凯瑞、赵玉玺、王诗雨、王锋、王艳玉、陈怡璇、陈佩瑶、韦家美、张代、王楠、牟虹锦、李宛芹、朱丹妮、唐玉婧、常休龙、杜诗情、李悦、伊潇、张译尹、张亚曦、谭雪飞、何俊仙、何珈阅、张子杨、谢帮蕊、黎咏雯、薛鹏飞、熊文宇、孙金婷、彭奇峰、许竞文、龙羽翔、李想、杨澎锴、张兰英、丛逸冰、秦安娜、曹明姝、梁峻杰、曹丙娥、刘思凡、陈樾漢、赵艺瑾、艾昱君、向纪源、张建敏、丁子龙、黄璇、陈倩、王明贵、田森容、方亦嘉、王泽瀚、冉建周、杨建、马楚菡、李昆云、李大和、盖刘宝、王宝国、刘晨、黄高琴、杨曼宁、李志伟、马伟涵、李高歌、范思丹、张苗、余若雅、赵沁怡、兰羽、王梦雅、王存杨、李富禄、梁黟岳、雷银花、何磊、顾锡鑫、李晓蓉、马玉萍、韩冰、易凡、王安妮、古丽米热·艾尼瓦尔、马忠梅、马宝山、李寻、余剑霞、兰杰、冶小燕、李航、苏生林、马晓伟、马鹤月、李雲、孙艺馨、胡雪原、麦尔萨巴·买买提艾力、马小丽、贾生财、赵蓉、王日烁、盛文、牟曼琴、买丽婷、马楠、熊思达、杨翔、刘一、李萌、杨旭、周志强、张亚鹏、扈文正、丁潇、邱忠亮、桑雪、南盼婷、金晓雪、鲍琴、李斌斌、谢植标、李佳琪、王敏、杨占莉、张小羽、余青、杨迪、周延玲、周越、彭芸、阙欣、郭彩芳、马静、付佳萍、封硕、赵梓涵、伏慧珍、刘桂茹、刘璐、郎林岳、马启良、马永楠、刘洋、安颜、郭里彬、马丽、王光英、韩旭、赵宇、翟若兰、夏世喜、杨行宇、韩利佳、郭胜财、徐小涵、马春燕、胡宸宇、闫旭、华宇璠、盛雨薇、华文梅、周毛才让、尕让扎西、索南尖参、周鸿、杨路东、罗永超、李志昊、叶西卓么、多杰扎西、次仁巴珠、阿思汗、古丽娜扎尔·艾力艾合买提、帕热曼·吾麦热、凯海尔·买买提、依马木·阿吾提、向铃靖、李鹏芳、寇中美、田会、赵敏、马严、马姗姗、马强、牧仁、其乐木格、龙子慧、雷婧男、尕豆草、仁青本、仁青旺姆、尼达卓玛、秀毛措、华庆加布、杨丹凝、张瑜、力毛太、索南康卓、四郎称着、交巴扎西、呼斯乐、胡玛柯孜·吐尔洪、阿力木·艾合买提、阿布都沙拉木·艾力木、迪达尔·托乎塔汗、肖娟、马贝贝、闫思诺、王泓、杨瑾、高睿曼、史学忠、石凌傅、张凌霜、杨璐、珠娜、乌尼尔其其格、郭珂逗、阿扎玛特·艾赛提、马达吾德、勒毛才让、才让草、次仁塔青、杨正君、多杰扎西、白玛俄沙、阿力玛、阿布杜热合曼·麦图荪、麦尔丹·阿不来提、陈维娅、张校宁、张弛、郭子健、吴雅楠、崔雅芳、查木哈格、阿依波力·沙吾列提别克、王孝玉、李玉荧

创新创业奖（9名）

陈顺燕、丁若荷、刘玥、泽让东周、王平、叶天松、丁昊、张毅、蔡贺南

文体活动优胜奖（77名）

吴昊、张思雨、李晶晶、王孝丽、阿地来·海力力、王兴、华正蓉、迪娜尔·吉格尔别克、唐君聆、柳亚辛、王玺、阿艳·阿地里、马诗宇、陈荣晟、王艺睿、杨康、卓么杰、李培福、李宝康、杨珺、张芷溪、才让草、扎西草、高海静、彭飞宇、李俊良、杨丽、王岑涛、齐晓瑜、丁敏、马欣意、文乐乐、何嘉昌、吴弦昊、阿依波拉提·哈山、张凯波、胡月凤、马欣宇、杜鹏林、陈俊霖、王征、张小兵、开塞尔·买买提、马斌、阿依波力·艾地力、王彦桃、韦海认、张鑫、郭云仁、李承泽、施金宇、王美钎、姜铎彬、尚军亮、李凯伦、龙娟娟、邵晨、唐奕然、张子璇、杨春林、赵九亚、马艺秦、闫旭、才让扎西、艾克拜江·吾司曼、阿娜尔·阿德尔别克、凯丽比努尔·麦麦提、木沙·芒素尔、迪丽努尔·麦麦提敏、西热帕木·亚森、瓦哈甫江·买买提、艾里亚尔·木沙、布麦日艳木·阿力木江、努尔阿力木·克力木、德力格尔玛、拉毛措、额尼日乐

精神文明新风奖（244名）

杨可心、杨霄、魏西叶、和宇鹏、陈家伟、杨兴海、韩忠福、邓增卓玛、张文龙、金昱君、马祥品、郁昊楠、马旭璇、唐凯、马七设、缐晓峰、索朗曲措、古志敏、王娅、纳朝颖、张琳敏、马海雄、何再林、孙涛、朱颜、郭小慧、任渝、买买提艾力·艾尔肯、马耀、向珂雨、李露、马文斌、张钰涵、杨海涛、杨增华、裴志丽、王悦、黄元楠、张影、陈日燕、刘忠燎、马进虎、祁旭芳、周明哲、张石、谢佳伟、程丹、余媛媛、马蕊、任浩浩、李镇伯、温程宇、哈力木拉提·阿不都克热木、王佳驹、郎云川、唐瞻军、张福波、麻雨晴、潘燕菲、罗毅、闪依依、石雪瑶、孙雨萌、陈红、刘思嘉、孟娇晔、马春、马红霞、任姣姣、蔡晓璇、高诗芮、拜正刚、樊文轩、尹勇皓、艾力克木·艾合麦提、刘泽鑫、高海钦、关燕茹、王敬淇、曲丞尉、易井涛、杨振吉、张云鹤、张军、米热依·吐勒斯别克、喜金龙、刘克轩、李宝康、蔡婷婷、唐相国、蔡聪聪、高维灏、赵丝语、才乌奕恒、哈斯哈提·呼散、和银春、姜双、卡丽比努尔·库尔班、羊涛、付琼、李泽西、张家豪、何志勇、刘笑含、覃煜清、马雪、赵羽杰、马镘雅、马丽、张岑、唐娅秋、于成程、马玉冰、李晓丽、李仁青卓玛、张维嘉、陈志英、陶冶、从丙超、朱雅雯、张嘉仪、王林楠、柳美彦、韩晨、廖艳凤、李双娇、陈红、黄婕、陈子豪、戈嘉宇、许永碧、符小凯、道吉才让、徐占远、尼加提·木合台尔、杨海梅、谭鹏、侯嘉成、王子一、马佳勇、向莉、祁东升、考太昂吉、何思怡、徐百灵、蔡汝峰、缐小国、朴贺东、罗千翔、陈冰川、赵堃、杨生平、麻世龙、庞中苑、刘雅昆、葛洋、马可欣、欧亭、乔玲、黄峭琳、谢浩、孙明涛、李耀、崔天浩、陈怡璇、李国鹏、张毅、柳彤、孙琦、王碟、商龙军、秦安娜、王莹莹、张屏、刘春雨、赵秋雨、符诗茵、张妍、何茜、李洁、侯天旭、王宝国、韦日笑、黄泽琳、吴成章、马忠明、杨林燕、尤培

蒙、张昊、兰杰、苏生林、马鹤月、张小燕、席建蓉、马文轩、马玉斌、马良、张力、杨文英、郭相高财郎、文兵兵、马佳、马雪、刘锦华、张力尧、孙娟娟、陈淑雯、李文广、摆玉凤、马玉蕊、丁文倩、万莉、马静、郭里彬、彭子强、曾思豪、刘金慧、刘浩、达菁、王天佳、郭胜财、胡江林、贾紫岚、卓玛、斯那江初、曲江措、麦尔旦·艾力、胡力胡玛尔·库扎提、布麦日艳木·阿力木江、孙文雯、旦增巴姆、马严、萨其拉、龙子慧、扎西才让、娘去乎才让、斯那追格、苏日娜、萨仁格根、古丽米热·亚力坤、格桑卓嘎、恩尼日勒、周睿杰、文晓晴

优秀毕业生奖学金（892 名）

张阳、马喆、阮丽莹、李爽、仇锦煜、赵子瑄、张明保、韩璐斌、聂晨浩、胡小峰、翁忠杰、张雅洁、何心怡、高明月、胡玉柱、许一洲、王智群、陈顺燕、卢梦环、林海迪、田珂、崔捷、吕恒宇、陈家伟、杨耀华、林怡娜、李华林、陈后全、赵翠、马瑞芬、唐铁峰、毛晓鹏、张栢胜、刘潇元、孙青江、杜宇飞、丁美丹、秦晓娟、张竞月、伍玲、马珮瑶、鲁丹、孟雪婷、韦群群、梁墨迪、徐婧、黄晶莹、罗锦涛、白燕燕、班佳琪、刘彩云、郭敏杰、冉冉、泽中、仁青吉、云旦、才让拉毛、卓么才让、仁欠吉、姚文达、杨妍、冯敏、徐启明、汪涛、和宇鹏、王安敏、杜静、杨粤宇、保康俊、何赵伟、李欣、喻瑶、王彬、潘磊奥、郎涛、交巴草、才让东珠、九西草、杭改、布处、久西加、索南吉、毛璐、何思南、吴梦淇、张巨保、张钦驰、赵翊含、姜孟瑶、张宁、温馨睿、冉硕仪、莫融玲、徐璐瑶、郭珏苒、蒋楠、崔桓、赵楠楠、姜芷珊、杨煦、申传峰、王敏、常师杰、程若男、谢丽红、戴莉娜、蒋林峰、马瑞俪、马尚梅、许秋云、卢云玉、朱颜、魏月萍、杨文双、邹习雪、王建蓉、王旭珍、马宁、杨开梅、姚笑寒、王颖慧、妮吾吉、阿追、甲央共波、尕项卓玛、松志娟、葛欣宇、周丹、赵菁、马紫轩、任渝、杨秋悦、李谦、俞裪灵、马耀、焦辉川、陈航、李晶晶、王敏、杨程皓、冯赛赛、郝云飞、谢贤明、黄艺、丁代代、黄丽华、韦露、毛莎、王娜、刘月、李露、丁若荷、韦勤、康虎燕、刘玥、马文斌、魏子怡、苏梅艳、虎世林、胡艳川、王志梅、蓝茵、陈鲜、王瑜、马小燕、毛敏、张海恩、马琳娜、杨笑笑、吴靖、王瞳、靳春花、徐婧、刘丽花、连明利、朱福晋、柯霆、黄翼、丁新、邹存良、那文钰、朱明丽、滕福康、张石、杨冰、谭雨诺、蒋梦蝶、周子恒、赵凤香、包海燕、向文峻、苏楠、徐雷、侯森山、杨钰洁、刘勇、任浩浩、苏海霞、余媛媛、张涵、姚佳浩、杨进进、王平、谢利英、赵乐、王卓锋、李耀祖、李春光、邢子傲、廖诗雨、徐敏、罗臣、王璐、王佳琦、付保岗、范新露、邢梦轩、杨计玲、张哲源、牛琛、李镇伯、徐彪、杨艳波、安源、刘子涵、由立冕、曲轩锐、陈鹏、阿巧生、李分、刘东涵、王小菊、赵智慧、罗影、潘星雨、陈晓雪、苏敏、鲁俊利、高丹、陈娟、张超、王新宇、王璐、黎乾宇、吴瑞蓉、马春、马红霞、吴曌铭、严紫微、韩雪、刘正鑫、罗淦、谢琼、姚锦娜、魏浩民、严成林、马丽娟、金莎、杨玲、邹晓英、钟萃宁、何思源、姜文靖、王铭、沙玉秀、夏云凤、唐君聆、韩玉洁、柳亚辛、毛辛羽、赵玥、张亚楠、彭瑶、蔡思思、李腾飞、于江淼、王如兵、马瑞欣、邓航、茚邓、吕锦景、罗志民、鲍阿迷、安楠、陈志聪、肖丹、

艾敏捷、邹欣怡、赵典典、钱胜碧、谢贤、马小粉、丁梦鸽、钱小茜、陈攀、张甜恬、杨雯、陈玉蝶、李冬梅、李雨薇、何奕国、李越、彭齐欢、马妍、闵志宇、韩永寿、常明阳、刘玉欢、张秀月、王学芳、孙怡、何雪丽、程家茹、杨梦园、马云、严高洪、陈诺、彭海伦、陈航、王娜、凌宏、丁学花、王元禄、崔玉格、张娜娜、张亚男、石星恒、舒兴钰、舒孝政、杜婷婷、杨兰、魏巍、杨丽娜、杨艳、何艳英、张云鹤、袁海玥、吕永明、杨春燕、豆艳霞、陈振宇、于琴霞、赵子伟、刘璐、马子焱、高洪刚、李青林、李双、靳俊山、龙洪宇、马珂研、宋海运、孙丽娅、韩慧香、郭顺、万紫千、唐辉晶、张晶晶、张林、戴思竹、张珂昱、毕馨予、王一迪、马白迪茹、张腾、杨志婷、唐天顺、张好、马月婷、黄珏婷、赵丝语、郭芮泽、农玥缘、龙艳美、李恩、陈玮昕、任芳、王郑澄、孙正宇、吴磊、石耀东、沈铭灵、靳晓俣、甄翠颖、杨柳、黄紫婉、李上玉、杨剑皇、王诺怡、王慧、成博文、邓新、吴家梁、朱云、王宗波、肖瑶、陈功鋆、张家康、秦晓荣、蒋佳妮、陈雪、王茹雪、张齐革、姜涛、贺芷慧、邱丽霞、李甜甜、沈振宇、曹明浩、谢强、张宁、张苗爽、党苗苗、黄嫣、付宇斌、张绍广、陈楚云、杨佳庆、叶桐桐、龚婷、陈兴浩、王贺、曹艳、张雪婷、从丙超、潘红、黄蒙、徐晓华、赵阳、王苏昊、龙淇淇、朱雅雯、杨小朵、刘沅林、朱乔峰、毕冬琳、杨玉玲、马越、李昊峻、晏铭英、尹彬绪、甫洪宽、马有晴、刘苗、刘孟豪、杨妹金、西力旦·艾尔肯、向茂钰、韩雯、洪金瑶、成明月、邹熙、宋庆涛、罗家敏、邢婷玉、宋硕、杨芝芝、林伟杰、何杨、顾丽红、付洁、曹光辉、丁艳、董晓宁、徐聪、李瑞霞、詹勇鑫、陈倩、黄奇、马宇鑫、傅文琪、覃韦丽、张翔、唐莹、郭琦、郑涛、邱金库、庞龙龙、胡松、周钱、晁舁恺、赵婷、许方豪、孙寒飞、杨中山、韩思凡、文思、杨少康、周奕、姜晶、韦情双、何春丹、才让草、青梅求占、索郎卓玛、才昂草毛、李毛才让、德吉卓玛、加措塔、扎西措、艾昌江、张美、汪鑫、李应秀、赵佳琳、任慧瑜、范佩静、马艳、熊颖、陈佳音、徐占远、匡杜坤、杨嘉薇、陈扬胜、陈威、喻晴雯、韦梅芳、霍庆澳、彭悦、焦向雨、汪浩、陈谕霖、唐少秋、黄正斌、黄书凡、杨舒婷、李娜、郭亚军、牛皓、王瑞、李鑫岩、马小利、谢金芳、韩小影、周蒙蒙、张悦、王俏娜、刘鑫雨、乔晨宇、马荣、赵文辉、王鑫、斯比奴尔·艾力、唐思婷、曾揭子康、叶天松、孙可欣、陈明、李翔、姚博、仁丽杰、刘刚、林紫馨、颜奎、旃开发、王彪、陈稳、程琛、杨珍、吕耘冰、邹奇涛、常宇涵、童正宇、周锐、杨晓东、姬厚真、刘莉、马小龙、陈宇龙、卫哲、王锐海、余文达、王睿雯、王青青、杨金芳、徐鹏、王雅媚、徐光德、董天佐、张荷芳、马子璇、马正淼、李文博、张英杰、祁慧贤、马准、魏仕雨、马玉香、张学森、闫靓、张千千、敏帆、马燕红、张浩冉、胡霄、黄家强、施金宇、王玲玲、余佳欣、郑凝脂、袁柳、龙紫怡、杨婷慧、杨雨婷、角易璟、罗燕、宣楠鈺、黄雪、包亚力、王昊、刘晓煜、向艳、王小花、毛珊、马李蓉、姚腾垠、郭涛、姚欣媛、金石玥、刘靓、李姊薇、莫郁、杨万鹏、王文鑫、刘博也、罗淑文、黄铭杨子、张津瑜、赵玉玺、杨总吉乐、郑芳、杜玥、谷楠、于聪、洪一丹、王语彤、李悦、蒲婷霞、罗燕、史卯灯、何翠花、史文莉、陆瑶、史新梅、章飘浪、袁菊、张亚曦、罗悦绮、杨帆、何俊仙、张子杨、黄瀵、常如意、马艾柯、马招娣、黎咏雯、王嘉文、王玲玲、熊文宇、刘旭、汤巳予、孙金婷、叶文丽、王吉思、陈黎明、姜健平、姚颖、唐燕玲、张雯露、彭奇峰、黄豫琪、赵琳、向智慧、李想、易玲、杨荣智、敬琳、项超、滕靖茹、孙淑娴、庞利民、马春芳、朱艳红、赵沁怡、张春雨、李策、李都红、米悦、陶红兰、海涵、鲁娅楠、韦鹏宇、张婷、王梦雅、刘军、田丹、许林林、妥莉、邵国锋、夏米西努尔·玉山江、夏鹏、白延雪、古丽妮戈尔·扎克尔、周慧、马文杰、张冉、罗梦云、穆合塔尔·伊马木尼亚孜、杨冬、郑兰兰、李秀兰、董玟君、马鑫宇、周方怡、蔡贺南、田世馨、尤培蒙、马世杰、马娜、黄兴藏吉、李瑞、束佳鑫、毛佳泉、胡艺还、闫姗、方路花、龚焰、陈俊婕、易凡、奉慧婷、黄姝敏、周婷、田敏、王运、郭少凡、张晓丽、申玲、黄可、刘亿丰、甘翠婷、向合彬、江楠、姚慧敏、韦仁、马嘉蕊、杨华飞、闻玉婷、韩旭、温南海、杨福亮、王宇豪、李璐瑶、薛文丽、袁浩、杨如雪、焦蕾、石娟、肖宇森、简熔、刘敏辉、阳明芮、新吉娅、常颖、郭坤、马雯璇、陈彦霞、苏俊超、王星星、蔡德强、何翔、翟若兰、刘山绮、李倪楠、刘忠莉、华文梅、董珍、桑杰卓么、才让多杰、拉吉、青措加、仁青卓玛、多杰拉旦、才仁多杰、泽仁当州、达娃卓嘎、桑吉吉、桑丁巴忠、尚机措、泽朗措、才让扎西、孖藏草、公保加、叶登杰、那拉草、彭措扎西、云才让、旦正才让、卓玛、蒋辉、袁静、刘卓然、马梦青、漆佳成、罗永超、周鸿、丁子卓么、叶西卓么、冷智卓玛、力毛加、南军才让、勒莫吉、多杰扎西、彭玛初、旦知加、羊吉措、曲江措、甲央翁姆、旦木求卓玛、扎西卓玛、万德吉、萨日盖、孟根乌拉、苏龙、查苏娜、白明亮、卓玛、娜木日、扎依兰·艾合买、谢姆西努尔·库尔班、买尔合巴·艾尼、再乃皮古丽·艾尼、古丽娜扎尔·艾力艾合买提、帕热曼·吾麦热、阿布都斯地克·阿布都肉苏力、艾力牙生、买买提托合提、牙森·买买提、阿布力孜·吐合提、买迪娜·伊斯马依力、地拉热木·努尔买买提、凯海尔·买买提、于苏甫·艾合买提、吾斯曼·拜科日、布麦日艳木·阿力木江、依马木·阿吾提、努尔艾合买提·艾买尔、阿布都克依木·巴拉提、佐日古丽·吐松、郭栋文、胡永花、丁玲玲、谢佩佩、张美玲、何海玲、马清风、赵莉、高盛棠、尹加航、黄莹、赵瑞芳、焦梅、田会、赵敏、蓝稍清、梅楠、李艳丽、刘晓菲、洪洋、张思思、申苗苗、韦丽源、杨焕、白萍、张文礼、李积玲、刘梦宇、赵艳珍、黄海鑫、海拉、额尔敦乌英嘎、陶诺恩、娜荷芽、苏日格、高日罕、苏日娜、参斯尔、其乐木格、其达拉图、肖尧、靳奇异、龙子慧、张云柯、龚丽颖

学科建设与研究生工作

西北民族大学学科专业结构布局优化调整方案

学科专业结构是大学的基本架构，是开展教学和科研活动的基础，关系到学校整体办学功能的发挥和长远发展。为更好地适应经济社会发展需求和学科发展趋势，构建与"国内一流、区域引领、民族特色"相适应的学科专业体系，结合学校实际，制定本方案。

一、指导思想

以习近平新时代中国特色社会主义思想为指导，以"双一流"建设战略为引领，对标《博士硕士学位授权审核办法》和《学位授权审核申请基本条件》，统筹规划学校学科专业建设，以改革为动力，优化调整学位授权点和研究生招生学科专业结构布局，优化学科资源配置，加快学科升级转型，突出一流学科建设导向，探索创新学科建设管理体制，促进学科学位点建设高质量发展。

二、工作目标

通过优化学科专业结构，调整学科专业布局，明确学科建设单位的主体责任和建设任务，进一步合理配置学校资源，深化体制机制改革，实现"结构布局合理、建设层级清晰、竞争优势持续"的学科专业优化调整目标。

三、工作原则

（一）有利于落实主体责任。统筹解决学位点建设分散、主体责任不清、现有资源整合不够、体制机制阻碍发展等问题，在学校深化综合改革的背景下，探索创新学科建设管理体制，通过组建学部，明确学科建设单位的主体责任和建设任务，增强学校的整体学术竞争实力。

（二）有利于一流学科建设。统筹解决好目前学科规划定位不够清晰、优势与特色不够明显等问题，按一流学科建设口径为主线组建学部，进一步打破学科壁垒，促进交叉融合，形成高水平学科集群，开拓新的学科领域和研究方向，更好地服务立德树人根本任务。

（三）有利于高质量发展。统筹解决内涵发展动力不足、人才队伍分散、科教融合不足、人才培养质量难以拔高等问题，深入推进学科专业布局调整，整合教育教学资源，打造科研创新团队，汇聚高层次领军人才，改革人才培养机制，提高整体效益和水平，促进学校学科专业建设高质量发展。

四、工作任务

学校在现有学院、科研机构建制不变的前提下，原则上按一流学科建设口径组建学部，统筹规划管理学部学科建设、学位点建设、人才队伍建设和科学研究等工作。

（一）学部设置

1. 民族学社会学学部

以甘肃省民族学一流学科建设口径组建民族学社会学学部，管理民族学、社会学、中国史、社会工作等4个硕士点，负责社会科学研究院、民族学与社会学学院、历史文化学院的学科建设和学位点建设工作。

2. 信息学部

以甘肃省计算机科学与民族信息技术一流学科建设口径组建信息学部，管理计算机科学与技术、数学、电子信息等3个硕士点，负责中国民族信息技术研究院、数学与计算机科学学院、电气工程学院的学科建设和学位点建设工作。

3. 生命科学学部

以甘肃省生物工程一流学科建设口径组建生命科学学部，管理兽医学、畜牧学等2个硕士点，负责生物医学研究中心、生命科学与工程学院的学科建设和学位点建设工作，协调医学部的学科建设和学位点建设工作。

4. 艺术学部

以学校艺术类一流学科建设口径组建艺术学部，管理音乐与舞蹈学、美术学、艺术等3个硕士点，负责音乐学院、舞蹈学院、美术学院、新闻传播学院的学科建设和学位点建设工作。

5. 经济与管理学部

以学校经济与管理学科群组建经济与管理学部，管理工商管理、金融等2个硕士点，负责经济学院、管理学院的学科建设和学位点建设工作。

6. 教育学学部

以学校教育学类学科群组建教育学学部，管理教育学、体育等2个硕士点，负责教育科学与技术学院、体育学院、外国语学院的学科建设和学位点建设工作。

7. 材料化工学部

以学校材料与化工学科群组建材料化工学部，管理化学、材料与化工等2个硕士点，负责化工学院、土木工程学院的学科建设和学位点建设工作。

（二）学部定位与职责

学校组建学部，要以强有力的制度为保障、以完备的组织机构为依托、以实质性的学术管理工作为关键，将学部定位为"加强版的学术管理枢纽"。学部承担的学术管理工作包括：负责学科建设和学科整合，推进资源共享与协同创新，统筹开展队伍建设工作，组织各类学术评审，组织博士、硕士点申报，组织重大课题研究、学术交流、产学研合作。

1. 岗位设置

（1）学部设主任1名，副主任若干名，实行任期制。学部主任一般由知名教授兼任，副主任一般由学院、科研单位院长（主任）和分管科研、研究生工作的副院长（副主任）兼任。

（2）学部设综合办公室，配备主任（副主任）1名，配备工作人员一般为3名。

2. 工作职责

（1）一流学科建设。研究拟定学部一流学科和省部级以上重点学科的规划。

（2）学位点建设。研究部署学部拟新增博士、硕士学位点，以及现有学位点的建设、发展和评估工作。

（3）队伍建设。研究拟定学部人才队伍建设规划和团队建设，统筹协调各学院的人才招聘工作。

（4）科学研究。研究部署学部重大课题研究、学术评审、学术交流、产学研合作等工作。

（5）学科平台建设。研究部署学部交叉学科平台的申报、建设、运行和评估管理等工作。

（6）国际合作交流。研究部署学部围绕学科建设开展的对外科技、学术、文化交流和国际教育合作等工作。

（7）社会服务。研究拟定学部服务国家战略需求和地方经济社会发展的总体规划与布局，统筹开展重大项目成果转化及校地校企合作等社会服务工作。

（8）组织建设。负责学部学术分委员会的组建及运行，学部综合办公室负责协调推进。

（9）经费管理。设立学部运行专项经费和学科建设专项经费，划拨在学部主要负责人所在学院或科研机构，由学部统筹管理和使用，不用于设备和资产购置。

（10）资产管理。统筹学部办公科研设备和资产的申请和使用，具体划归学部主要负责人所在学院或科研机构管理。

3. 议事规则

学部的议事机构为学部部务会，贯彻执行学校及上级相关文件要求，提出和制定本学部工作总体规划、工作目标和工作任务。涉及学部职责范围内的重大事项均通过部务会的形式集体领导、集体研究、集体决策。学部决策部署的事项，均由学院按其议事规则研究落实，特别要加强党的领导，发挥党组织的把关作用。

4. 考核管理

学部年度履职情况，由学校学科建设与学位点建设归口管理部门进行专项考核。学部人员纳入所在学院进行考核，其年度考核等次根据学部专项考核和本人所在学院考核结果综合确定。

（三）学院定位与职责

根据《西北民族大学机构改革方案》（党委发〔2018〕39号），学院职责和内设机构建制保持不变，独立开展各项工作。

1.岗位设置

学院原有领导班子及科级机构岗位设置和人员聘任等保持不变。

2.工作职责

（1）负责组织实施本学院专业建设、师资队伍建设、研究生教育、教学设施建设等工作；

（2）负责教育教学管理和教育教学改革工作，组织制定并实施本学院各专业人才培养方案，加强课程建设、教材建设，对教学过程进行全面管理、检查、监控、督导；

（3）负责教研室、实验室、实践实训基地建设和运行管理工作，组织安排教研活动和实践教学活动；

（4）负责组织本学院师生开展有关学科领域的科学研究和技术开发等工作；

（5）负责教职工和学生的管理服务工作，做好教师职业发展和学生学习援助等工作；

（6）负责本学院教职工的考核、奖惩及专业技术职务的评聘推荐等工作；

（7）负责组织开展师生学术交流活动，积极做好对口支援受援等工作；

（8）负责本学院各项经费的管理使用等工作；

（9）负责规章制度的建设及执行工作。

（10）完成上级组织交办的工作。

3.议事规则

学院的议事机制按照《西北民族大学学院党政联席会议议事规则》《西北民族大学学院党组织会议议事规则》（党委发〔2018〕86号）执行。

（四）运行机制

根据以上职责分工，学部与学院的运行机制如下：

1.学科建设。学部负责一流学科和省部级以上重点学科的整体规划及学科建设相关经费的统筹使用。学院负责组织实施学科建设相关具体工作。

2.学位点建设。学部统筹拟新增或动态调整学位点，以及现有学位点的规划、发展和评估工作。学院负责组织实施学位点建设相关具体工作。

3.队伍建设。学部负责本学部人才队伍建设的整体规划。学院负责落实人才队伍规划、人才项目、团队建设和人才招聘的具体工作。

4.科学研究。学部负责重大科研项目申报、学术交流、产学研合作等工作的整体规划。学院负责组织实施科学研究具体工作。

5.学科平台建设。学部拟定交叉学科平台的规划、统筹申报和评估等工作。学院负责所属学科平台的建设和日常运行管理。

6.学术组织管理。按照《高等学校学术委员会规程》，结合学校实际，制定学术分委员会设置及运行方案。

按照《中华人民共和国学位条例》《中华人民共和国学位条例暂行实施办法》的规定，根据学科门类设立学位评定分委员会。

7.国际合作交流。学部统筹围绕学科建设开展对外科技、学术、文化交流和国际教育合作等工作。学院负责组织实施国际合作交流相关具体工作。

8.社会服务。学部统筹与规划社会服务工作，学院负责组织实施社会服务相关具体工作。

9.经费及资产管理。学部统筹分配学部学科建设、重大科研项目、学位点建设等相关经费，学院负责所属相关学科建设、科学研究、学位点运行等相关经费。

五、学部人员聘任

（一）民族学社会学学部

主　　任：才让

副主任：赵学东、贺卫光、尹伟先、冯瑞、马忠才、杨永锋

综合办公室主任：马艳

综合办公室工作人员：靳莉、杨定昆、陈芳

（二）信息学部

主　　任：李永宏

副主任：单广荣、张国恒、王维兰、刘华、胡阿旭、何向真

综合办公室主任：许娜

综合办公室工作人员：吕士良、章元、张静

（三）生命科学学部

主　　任：马忠仁

副主任：臧荣鑫、柏家林、乔自林、冯若飞、霍生东

综合办公室主任：张德荣

综合办公室工作人员：赵静、张海霞、陈伟基

（四）艺术学部

主　任：赛音

副主任：李琦、王万成、朱杰、徐海翔、陈世祥、桑吉顿珠、冯炳超、马小龙、宋佳

综合办公室主任：陈瑾

综合办公室工作人员：贠欣、易亮、谢建英、周新颖

（五）经济与管理学部

主　任：才让加

副主任：王泽民、王超、孙永龙

综合办公室副主任：苏秀洁

综合办公室工作人员：马晶金、柳瀛、刘珊珊

（六）教育学学部

主　任：沙景荣

副主任：王谋清、谢志学、马和斌、马永峰、朱惠平

综合办公室主任：毛鲜

综合办公室工作人员：杨万梅、任亭亭、马晓燕

（七）材料化工学部

主　任：曹万智

副主任：陈丽华、张宏、张平、武红娟

综合办公室副主任：王丹丹

综合办公室工作人员：魏相君、马晶、马斌

六、工作要求

学科专业的优化调整是学校建设发展和综合改革的重大举措，工作难度大、开创性强，需汇聚广大专家学者、师生员工的集体智慧，全校动员、形成共识、整体推进。

（一）加强组织领导

在校党委领导下，成立学科专业结构优化调整工作领导小组负责学科专业结构布局优化调整工作的统一组织、协调和领导工作。由书记、校长任组长，相关校领导任副组长，成员由相关职能部门和学术委员会成员代表等组成，领导小组办公室设在组织人事部。主要负责学科专业结构顶层设计、优

化调整、资源调配、政策制定等工作。

（二）强化协调联动

学科专业结构布局优化调整是一项系统性的工作。要与研究生学位点的管理与建设、本科专业的管理与建设、师资队伍建设、资源优化配置等工作有机结合起来，学校相关职能部门要密切配合，形成联动机制，保证工作顺利开展。

（三）优化资源配置

经过学科专业结构优化和调整，原则上学院之间不能再办重复的学科方向，学科建设主体要统一，同一个一级学科只能有一个建设主体。学校将不断深化学科投入机制、人力资源激励、资源共享等配套改革，与学科专业优化调整工作同步进行，不断完善机制体制，提高学科专业优化调整工作效益，提高学校整体管理水平，推进学科专业发展。

（四）增强责任意识

此次学科专业结构调整工作，是关系到学校未来发展的一项重要工作，也是关系到师生员工切身利益的大事。各单位务必高度重视、统一思想，做好思想动员和舆论宣传，提高站位，增强责任感，提高执行力，处理好个人与组织、局部利益与整体利益的关系，从学校发展大局和全局出发，按照学校的统一部署和要求积极主动做好相关工作，不能影响正常教学科研任务，维护学校正常运行、和谐稳定。

西北民族大学一流学科建设项目管理办法（试行）

第一章　总则

第一条　为全面贯彻落实党的教育方针，深入实施教育强国战略，扎实推进一流学科建设，根据教育部《关于高等学校加快"双一流"建设的指导意见》、甘肃省教育厅《关于加快推进甘肃省高等学校"双一流"特色建设工程的意见》《西北民族大学高水平建设方案》《西北民族大学一流学科建设实施方案（2017—2020年）》有关要求，特制定本办法。

第二条　一流学科建设将通过支持一流学科建设项目（以下简称"建设项目"）的方式进行，鼓励建设项目聚焦国家战略，聚焦甘肃省绿色崛起发展战略，产生一批引领和促进国民经济和社会发展、服务少数民族和民族地区、服务甘肃省十大生态产业发展的重大标志性成果。

第三条　建设项目的立项支持范围为列入《西北民族大学一流学科建设实施方案（2017—2020年）》的一流学科、艺术类校级一流学科和相关建设内容。省部级各类其它学科项目建设工作可参照本办法执行。

第四条　项目管理按照"择优扶强、目标导向、动态调整、注重实效"的原则，严把项目遴选关，强化过程管理，确保各学科在不同层次和不同领域办出特色、争创一流。

第五条　建设项目分为师资队伍、人才培养、科学研究、社会服务、文化传承创新、国际交流合作等六类。各项目建设周期原则上为三年。

第二章　建设目标

第六条　各学科要聚焦项目建设，积极面向世界科技前沿，面向国民经济主战场，面向国家重大需求，紧密围绕甘肃省十大生态产业布局和发展战略，优化学科布局，加强对学科前沿领域的战略布局，快速提升一流学科建设水平。产生对区域产业结构调整、社会文化发展起到关键促进作用的重大突破。

第七条　各一流学科要对标国内外相关一流学科，聚焦师资队伍、人才培养、科学研究、社会服务、文化传承创新、国际交流合作等方面的建设重点领域和改革关键环节，明确重点任务，通过项目建设，不断扩大学科优势，着力补齐学科短板。

第三章 项目建设任务

第八条 师资队伍建设项目主要任务：引育或柔性引进一批活跃于国际、国内学术前沿的一流专家、学科领军人才和人才科研项目等，造就一批政治素质强，整体水平高，潜心教书育人，师德师风优良的高水平人才队伍。应重点围绕以下标志性成果开展立项：

1. 新增两院院士有效候选人、长江学者特聘教授、国家杰出青年基金获得者、千人计划人选、国家高层次人才特殊支持计划入选者（杰出人才、领军人才）等国家级人才；

2. 新增国家优青基金获得者、青年长江学者、青年千人计划人选、国家高层次人才特殊支持计划青年拔尖人才等国家级青年人才；

3. 新增全国高校黄大年式教师团队、国家自然科学基金创新研究群体、国家级创新团队、国防科技创新团队等国家级团队；

4. 对标博士硕士学位授权审核申请基本条件、全国学科评估指标体系的省部级团队。

第九条 人才培养项目主要任务：坚持立德树人根本任务，在人才培养模式创新、精品资源共享课程建设、教学成果等方面取得重要显著性成果，人才培养质量得到行业及社会高度认可，应重点围绕以下标志性成果开展立项：

1. 获国家级教学成果奖；

2. 获批"双万计划"国家级、省级一流本科专业点；

3. 获批国家级精品资源共享课程；

4. 获批"十四五"国家级规划教材；

5. 培养的学生在国家（国际）级大赛上获得第一名（冠军、金奖）等；

6. 立德树人方面的典型案例在高校推广并取得显著效果；

7. 优秀教师事迹或研究生教育教学综合改革典型经验在国家级、省级媒体获得宣传并产生广泛影响；

8. 对标博士硕士学位授权审核申请基本条件、全国学科评估指标体系的省部级成果奖。

第十条 科学研究项目主要任务：注重开展前沿基础研究，增强学科原始创新和共性技术研发能力，强化协同创新，开展创造性转化与创新性发展性工作，形成具有重要影响的新知识、新理论，为解决重大理论问题和重大关键核心技术瓶颈提供长期战略储备与源头供给。应重点围绕以下标志性成果开展立项：

1. 获批国家科技重大专项、国家重点研发计划、国家自然科学基金重大重点项目、国家社会科学基金重大重点项目、国家重大科研仪器项目等国家级重大重点科研项目；

2. 获批国家实验室、国家重大科技基础设施、国家重点实验室、国家工程技术研究中心、国家工程研究中心、国家工程实验室、国家实验教学示范中心、国防科技重点实验室、省部共建国家重点实验室、国际科技合作基地、国家级智库等国家级科研平台；

3. 在 Science、Nature、Cell、PNAS 等世界顶级期刊及子刊上发表的论文，以及 ESI（基本科学指标数据库）高被引 3%；

4. 人文社会学科在本学科领域国内外顶级期刊上发表论文；

5. 获得国家最高科学技术奖、自然科学奖、技术发明奖、科技进步奖，教育部高等学校科学研究优秀成果奖；

6. 对标博士硕士学位授权审核申请基本条件、全国学科评估指标体系的省部级科研类奖项。

第十一条 社会服务项目主要任务：面向国家战略、服务少数民族和民族地区，服务地方经济社会发展，推进产教深度融合，加强科技成果转化，攻克经济转型、产业升级的重大关键核心技术瓶颈，解决制约区域经济社会发展的重大现实问题，为维护国家国防安全、粮食安全、生态安全、能源安全、产业安全、军民融合等方面做出突出重大贡献。应重点围绕以下标志性成果开展立项：

1. 获批国家级成果转化平台；

2. 成果转化到账经费 1000 万元以上；

3. 承担国家重大公益类推广项目；

4. 被国家领导人或省部级主要领导同志批示、转化为政策并产生重大影响的资政建议。

第十二条 文化传承创新项目主要任务：践行社会主义核心价值观，积极传承弘扬中华优秀传统文化，在弘扬和传播新时代精神中发挥积极作用，形成一批反映和讴歌中华民族共同体意识的文化艺术精品，为提升甘肃省文化软实力发挥关键作用。应重点围绕以下标志性成果开展立项：

1. 获批国家社会科学基金（艺术学）、国家艺术基金、全国艺术科学规划项目、国家文化科技提升计划、国家文化创新工程项目、文化部科技创新项目等国家级重点项目；

2. 艺术作品入选"五个一"工程奖；

3. 获得相关领域最高奖的艺术作品；

4. 在文化传承创新、非物质文化遗产保护、推动社会主义核心价值观及先进文化建设等方面做出突出贡献。

第十三条 国际交流合作项目主要任务：在学术交流、科学研究和人才培养等方面与世界高水平大学和学术机构加强合作，深度参与国际项目，提升民族高等教育的国际影响力。应重点围绕以下标志性成果开展立项：

1. 新增国家认定的中外合作办学项目（或机构）；

2. 有序开展国际化课程群建设；

3. 积极扩大留学生（学历生）招生规模；

4. 主办或承办高水平国际学术会议；

5. 参与重大国际合作研究项目；

6. 新增在国际学术期刊、高水平国际学术会议及国际组织中任职的学科成员；

7. 积极参与到国际标准和规则的制定过程中。

第四章　责任主体与分工

第十四条　学校学科建设领导小组办公室负责组织制定全校建设项目的总体规划和年度计划；组织开展项目建设的审批、进度调度、年度考核、动态调整、结项验收等工作。

第十五条　各一流学科建设办公室负责本一流学科建设项目的总体规划和年度计划制定、申报、组织实施、经费分配与日常管理；配合学校做好本学科建设项目的立项管理、进度调度、年度考核、动态调整、结项验收等工作。

第十六条　建设项目实行项目负责人制，项目负责人对项目申报、项目任务目标与重大标志性成果的确定、经费预算、项目建设、组织结项等全过程负责，接受本学科建设单位和学校内部相关管理部门对经费使用、建设进度、建设结果的监督。

第五章　项目管理

第十七条　各一流学科建设办公室以重大标志性成果产出、社会服务为导向，组织相关学科开展项目论证、设计和申报工作。学校学术委员会组织专家对申报项目进行评审，报学校党委常委会审批。

第十八条　各一流学科建设办公室可统筹本一流学科建设资金，以一流学科为主体，促进多学科交叉与协同发展，培育跨学科交叉研究方向，联合申报跨学科建设项目。

第十九条　各一流学科要建立动态调整机制，对于成效不显著、进展缓慢或出现重大问题的项目，应终止或变更新的项目，报学校学科建设领导小组办公室核准。

第二十条　各一流学科要建立项目风险预警机制，在意识形态、安全生产、技术风险、经费使用等方面严格把关，及时发现、解决项目建设过程中的问题，确保建设安全平稳运行。

第二十一条　各一流学科建设办公室对建设项目任务完成情况、资金使用情况等进行年度考核，考核结果报学校备案。对于存在重大问题以及违反财经纪律等情况，一经核实，终止该项目建设。

第二十二条　项目建设资金实行专项拨款，预算与经费使用按照《西北民族大学一流学科建设专项资金管理办法》（试行）相关要求执行。

第六章　附则

第二十三条　各一流学科应以项目建设为契机，结合本学科实际，由各一流学科建设办公室组织制定本学科项目申报与建设实施细则。

第二十四条　本办法由发展规划与学科建设处负责解释，自发布之日起实施。

西北民族大学一流学科建设专项资金管理办法（试行）

第一章 总则

第一条 为加快推进学校一流学科建设，加强一流学科建设专项资金管理，提高建设经费使用效益，根据教育部《关于高等学校加快"双一流"建设的指导意见》、甘肃省教育厅《关于加快推进甘肃省高等学校"双一流"特色建设工程的意见》《西北民族大学高水平大学建设方案》《西北民族大学一流学科建设实施方案（2017—2020年）》有关要求，结合学校实际，制定本办法。

第二条 本办法中的学科为列入《西北民族大学一流学科建设实施方案（2017—2020年）》的一流学科、艺术类校级一流学科。一流学科建设专项资金是指除中央高校建设世界一流大学（学科）和特色发展引导专项资金之外的学校其他资金（以下称一流学科建设经费）。

第三条 一流学科建设经费的分配、使用和管理遵循"质量导向，突出学科；因素分配，公平公正；注重绩效，动态调整"原则。

第二章 预算管理

第四条 学校按照《西北民族大学一流学科建设实施方案（2017—2020年）》安排一流学科建设专项资金，实行预算制管理。

第五条 学校学科建设领导小组办公室牵头，财务处、组织人事部、科研处、研究生处、教务处、国际合作交流处、国有资产管理处等相关单位配合，根据各学科建设基础、建设成效、建设特色、建设水平等因素，组织编制学校一流学科建设经费年度分配方案。经学校学科建设领导小组审议、学校党委常委会批准后生效实施。各一流学科建设办公室根据学校年度经费分配方案，按照一流学科建设规划要求，编制年度预算安排，全面负责本学科建设经费的分配与使用。

第六条 预算一经审定，须严格执行，一般不作调整。确有必要调整时，应按照规定程序重新报批。

第三章 支出和决算管理

第七条 一流学科建设经费主要用于一流学科建设相关的师资队伍、人才培养、科学研究、社会服务、文化传承创新、国际交流合作等方面建设。经费的具体使用范围包括：

（一）师资队伍建设经费。围绕一流学科培养、引进、聘任学术领军人才、高级（战略）管理人才和建设优秀创新团队等对应的人员经费及人才建设项目、团队建设项目对应的预算。

组织人事部会同学校学科建设领导小组办公室、财务处、各一流学科建设办公室对本类项目的预算申报、执行和绩效考核履行管理职责。

（二）人才培养经费。围绕培养一流创新人才，提升学生综合素质、创新创业和实践能力，建立导向正确、科学有效的人才培养体系等对应的人才培养预算。

研究生处、教务处会同学校学科建设领导小组办公室、财务处、国有资产管理处等部门以及各一流学科建设办公室对本类项目的预算申报、执行和绩效考核履行管理职责。

（三）科学研究经费。围绕一流学科建设相关的学科研究方向和学科科研平台体系建设，建立协同联合、重点突出、产出明显的学科科研平台建设项目对应的预算。用于前沿基础研究，增强学科原始创新和共性技术研发能力，创新科研组织模式，强化协同创新，开展创造性转化与创新性发展性工作，形成具有重要影响的新知识、新理论，为解决重大理论问题和重大关键核心技术瓶颈提供长期战略储备与源头供给等项目对应的预算。

科研处会同学校学科建设领导小组办公室、财务处、国有资产管理处等部门以及各一流学科建设办公室对本类项目的预算申报、执行和绩效考核履行管理职责。

（四）社会服务经费。用于面向国家战略、服务少数民族和民族地区、服务甘肃省十大生态产业发展的重大标志性成果。提升社会服务能力，探索校企、校地合作新模式，建立"双一流"建设研究成果转移转化、促进学科产学研用的建设项目对应的预算。

科研处会同学校学科建设领导小组办公室、财务处、各一流学科建设办公室等对本类项目的预算申报、执行和绩效考核履行管理职责。

（五）文化传承创新经费。建设一流大学文化，践行社会主义核心价值观，积极传承弘扬中华优秀传统文化，形成一批反映和讴歌中华民族共同体意识的文化艺术精品等项目对应的预算。

学校学科建设领导小组办公室会同科研处、宣传部、学生工作部（处）、团委等部门以及各一流学科建设办公室对本类项目的预算申报、执行和绩效考核履行管理职责。

（六）国际交流合作经费。围绕一流学科建设推进，搭建引智平台、国际化人才队伍建设、国际化学生培养等国际交流合作项目对应的预算。

国际合作交流处会同学校学科建设领导小组办公室、组织人事部、研究生处、教务处、各一流学科建设办公室等部门对本类项目的预算申报、执行和绩效考核履行管理职责。

第八条　一流学科建设经费不得用于偿还贷款、支付罚款、捐赠、赞助、对外投资等支出，不得用于房屋建筑物购建等支出，不得作为其他项目的配套资金，也不得用于国家规定不得列支的其他支出。

第九条　在一流学科建设组织实施过程中，学校鼓励和引导建设资金向队伍建设、人才培养、科学研究倾斜，原则上控制用于仪器设备购置的经费支出。确需购置的，须由各一流学科建设办公室组织专家论证，经学校学科建设领导小组办公室审定，并列入年度预算列支。

第十条　使用一流学科建设经费购置的仪器设备、图书资料等固定资产，均属于国有资产，纳入学校资产进行统一管理。

第十一条　一流学科建设经费支出审批程序严格按照学校财务相关规定执行。

第十二条　各一流学科建设经费支出情况要公开透明，适时适度予以公示，接受各方面监督。

第四章　监督检查和绩效评价

第十三条　年度末，各一流学科建设办公室开展预算执行绩效自我评估，形成一流学科建设经费预算执行、使用效益等情况自评报告，报学校学科建设领导小组办公室。

第十四条　学校纪监审办公室、组织人事部、财务处、发展规划与学科建设处、科研处、研究生处、教务处、国有资产管理处等部门联合对一流学科建设经费的使用情况定期进行监督检查。

第十五条　学校对一流学科建设项目实行绩效考评制度，根据建设规划实施情况、建设任务完成情况、预算执行情况、专项资金使用效益等进行绩效考评。

第五章　附则

第十六条　各一流学科结合本学科实际，由各一流学科建设办公室组织制定本学科经费分配与使用实施细则。

第十七条　本办法由学校财务处、发展规划与学科建设处负责解释，自发布之日起施行。

西北民族大学学科建设经费管理办法（试行）

第一章　总则

第一条　为进一步规范学校学科建设经费管理，根据教育部《关于高等学校加快"双一流"建设的指导意见》、财政部《中央高校建设世界一流大学（学科）和特色发展引导专项资金管理办法》等文件精神，结合学校学科建设实际，特制定本办法。

第二条　本办法所指的学科包括一流学科、省部级重点学科以及省部级学科建设平台。

第三条　学科建设经费包括上级下达的学科建设专项经费和学校划拨的学科建设经费。

第四条　学科建设经费是指稳定支持学科创新团队开展学科建设的经费。学科建设经费的使用坚持"公开透明、预算控制、统筹规划、专款专用"的原则，按学科方向创新团队分配使用。

第二章　经费使用范围

第五条　学科建设经费的使用范围包括：

（一）师资队伍建设。围绕学科建设，培养、引进、聘任学术领军人才、学科带头人、学术骨干名师、建设优秀创新团队，包括教师攻读学位、做访问学者、进修、培训等所需费用；

（二）人才培养。用于学生参加学术交流，包括参加学术会议、科技竞赛、暑期学校、短期访学、课程进修班等活动的费用；学生发表高水平学术论文的费用；建设研究生教学项目的费用；建设学生联合培养基地的费用等；

（三）科学研究。用于促进本学科学术团队科学研究能力的提升。相关科研活动开支范围符合《西北民族大学纵向科研经费管理办法》；

（四）社会服务。用于服务国家重大战略需求和地方经济社会发展，促进产学研合作，加快成果转化等社会服务类研究项目所需费用，开支范围符合《西北民族大学纵向科研经费管理办法》；

（五）文化传承创新。围绕"西北"和"民族"的鲜明特点，积极传承弘扬中华民族优秀传统文化，用于打造一批形式多样、感召力强、参与性广、反映和讴歌中华民族共同体意识的学校特色品牌活动所需费用，开支范围符合《西北民族大学纵向科研经费管理办法》；

（六）国际交流合作。围绕学科建设，开展国际科研交流项目、搭建引智平台、主（承）办国际学术会议、本学科优秀团队成员及在读研究生、本科生赴国（境）外访学、留学、研修或联合培养，参加国际学术会议、学科类竞赛、开展学术、文化交流及实习实践（含专业实习、社会调研）、本学科团队成员邀请国（境）外专家来校开展学术交流活动等所需费用。

第六条 学科建设经费不得用于偿还贷款、支付罚款、捐赠、赞助、对外投资等，不得用于房屋建筑物等，不得作为其他项目的配套资金，也不得用于国家规定不得列支的其他支出。

第三章 经费使用与管理

第七条 学科建设经费的使用必须严格遵守学校财务管理制度，在核准的预算范围内合理使用。审计监察部门、财务部门、发展规划与学科建设部门等对各学科建设经费的使用进行常规性全面监督，发现问题及时纠正。对经费使用不当、学科建设成效不明显，或造成严重浪费致使难以达到预期目标的，学校有权随时终止经费使用。

第八条 学科建设经费实行预算制。学科建设领导小组办公室每年年底根据学校学科建设预算控制数、学科建设目标和发展规划、各学科上一年度建设绩效对本年度学科建设经费进行二次分配，并组织各学科编制支出预算和绩效目标，经费划拨至各学科团队。

第九条 学科建设经费的使用与管理实行学科团队负责人责任制。学科团队负责人全面负责本学科建设经费的使用与管理，根据国务院学位委员会《学位授权审核申请基本条件》制定年度学科建设绩效目标。

第十条 使用学科建设经费所形成的资产均属于国有资产，纳入学校资产统一管理。

第十一条 使用学科建设经费资助的项目，其成果须统一注明"西北民族大学学科建设经费资助"。

第十二条 各学科团队每年年底须提交本学科年度建设总结、经费使用绩效自评报告，经牵头建设单位审核并签署意见后，报学校学科建设领导小组办公室。学科年度经费使用报告将作为下一年度经费划拨与使用的重要依据。

第十三条 学科建设经费的支出和管理按照西北民族大学现有相关规定执行。

第四章 绩效考核与激励

第十四条 学科建设经费实行年度绩效考核制度。学校学科建设领导小组根据各学科的年度建设总结、经费使用绩效自评报告对其上一年度的建设情况进行考核。

第十五条 对建设绩效突出、经费执行得力的学科将在下一年度适当增加预算额度；对建设成效不明显、执行率未达到序时要求的学科，将核减下一年度预算额度。

第五章 附则

第十六条 本办法由西北民族大学发展规划与学科建设处（学科建设领导小组办公室）、财务处负责解释。

第十七条 本办法自发布之日起实施。

西北民族大学 2020 年博士研究生招生工作办法（网络远程版）

第一章　总则

第一条　为切实稳妥做好 2020 年博士研究生考试招生工作，学校深入贯彻落实习近平总书记关于常态化疫情防控工作的重要讲话、重要指示批示精神，根据《教育部办公厅关于做好 2020 年招收攻读博士学位研究生工作的通知》（教学厅函〔2020〕9号）要求及相关文件精神，按照"健康第一、公平至上、质量为先"的要求，结合甘肃省疫情防控实际情况，制订本办法。

第二条　学校博士研究生培养工作旨在培养本门学科上掌握坚实宽广的基础理论和系统深入的专门知识，具有独立从事科学研究工作的能力，在科学或专门技术上做出创造性成果的高级专门人才。

第三条　博士研究生招生方式为普通招考，即面向符合报考条件的人员进行考试选拔博士生的招生方式。

第四条　博士研究生按其学习方式分为全日制博士和非全日制博士两种，学校仅招收全日制博士生。

第五条　博士研究生按其录取类别分为定向就业和非定向就业两种类型。定向就业的博士研究生在被录取前与我校、用人单位签订定向协议书。

报考"少数民族高层次骨干人才计划"的考生被录取前须签订定向协议书，在职考生须同时与我校、定向单位、定向单位所在省级教育行政部门签订定向协议书；非在职考生（含应届毕业生和无工作单位的往届毕业生）须同时与我校、生源所在地省级教育行政部门签订定向协议书。

第六条　博士研究生招生工作本着公平、公正、公开的原则进行，严格执行公示制度，并接受纪检监察部门、考生以及社会各界的监督。相关单位要高度重视，认真组织，规范程序，严守纪律，强化责任。如果发现违规违纪行为，学校将追究责任，严肃处理。

第二章　组织领导

第七条　招生工作在学校招生委员会的领导下进行，学校研究生招生录取工作领导小组具体负责相关工作。

学校研究生招生录取工作领导小组名单如下：

组　长：白日霞

成　员：李志强、王志军、韩瑛、杜永红、冶生贵、段小强、杨永昌、马志学、文英、贺卫光、

赛音、李永宏、田富鹏、刘丽江、杨朝继、李嘉慧

学校纪检监察部门对博士研究生招生工作进行全程监督检查,严肃处理违纪违规问题。

第八条　研究生处负责博士研究生初试的组织和实施。中国语言文学学部负责博士研究生复试的组织和实施,专业课二、同等学力加试专业课的考试在复试时进行。学部成立研究生招生工作领导小组,组长为第一责任人,须与研究生处签订责任书。复试工作开展前,中国语言文学学部须制定《西北民族大学 2020 年博士研究生招生考试复试录取工作实施细则》(以下简称《实施细则》),报研究生处审核备案后,方可开展相关工作。

第九条　中国语言文学学部负责成立复试工作小组,工作小组由导师组、思政考核人员、外语测试人员和秘书构成,设组长 1 名。导师组成员不少于 5 人,考试时由组长通过抽签的方式随机确定导师组组成人员(不少于 3 人),外语测试人员 2 人,思政考核人员 1 人,秘书 2 人,其中 1 人为技术秘书,负责系统及设备的调试和使用、录音录像、候场考生审核等工作。

导师组、外语测试人员和思政考核人员须现场独立评分,评分记录及相关汇总统计资料任何人不得改动。复试工作全部结束后,统一交研究生处保管。

第十条　博士研究生招生工作人员须按要求签订诚信承诺书,确保试卷等涉密材料及信息的安全。

第十一条　命题、制卷和评卷等相关工作须严格按照学校相关文件及当年要求执行。

第十二条　本年度本人或有亲属报考我校博士研究生的人员,须主动申请回避博士研究生招生的相关工作。

第三章　招生计划及分配规则

第十三条　2020 年,学校共 43 个博士研究生招生计划,其中"少数民族高层次骨干计划"4 个。

第十四条　普通计划：由中国语言文学学部严格按照《国务院学位委员会关于印发〈博士硕士学位授权审核办法〉的通知》(学位〔2017〕9 号)中关于"中国语言文学"博士学位授权点建设标准进行统筹分配。

第十五条　少数民族高层次骨干人才计划：该计划单列,优先考虑无普通计划考生上线的博士生导师,剩余骨干计划根据上线考生成绩排名情况结合在编在岗博士生导师普通计划数统筹分配。原则上每位博士生导师最多可分配 1 名骨干计划。

第四章　报考条件、报名流程及资格审查

第十六条　考生须思想品德良好,身心健康,符合《西北民族大学 2020 年博士研究生招生简章》《西北民族大学 2020 年博士研究生招生专业目录》规定的各项报考条件。

第十七条　报名流程参照《西北民族大学 2020 年博士研究生招生简章》相关规定进行。针对个别考生在网报中填写多条信息的情况,学校将按照考生邮寄至学校的《2020 年博士研究生网报信息

简表》中的"报名号"确定为唯一有效报考信息，其他网报信息视为无效信息。

资格审查由研究生处统一组织，考生可根据研究生处公布的资格审查通过名单和缴费方式缴纳报名费。在规定时间内，资格审查未通过或未缴费的考生不予准考。

第五章　申请材料评价

第十八条　初试前，中国语言文学学部组织专家对考生的申请材料进行审查，并对考生的科研创新能力进行评价。专家应通过考生的硕士课程成绩、硕士学位论文及评议书、考生参与科研、发表论文、出版专著、获奖等情况及专家推荐意见、考生自我评价等材料对其作出评价结论，该结论可作为录取环节的重要参考依据之一。

第六章　考试

第十九条　考试形式。

统筹考虑当前国内疫情防控形势和学校实际情况，确定采取网络远程方式进行初试和复试。初试采取网络远程笔试的方式，复试采取网络远程面试的方式。软件平台拟选用学信网招生远程面试系统、阿里钉钉及腾讯会议，具体参见《考生须知》。

第二十条　考试时间。

2020年6月30日—7月5日，具体时间安排另行公告。考生不按时参加考试的，视为自动放弃考试资格。

第二十一条　考试环境及设备要求。

（一）设备要求

采取双机位考试。"1号机位"，即用于考试的设备，1部手机或1台笔记本电脑。用于采集考生音频、视频和查看试题，位于考生正前方。"2号机位"，即用于监控考场环境和上传答卷的设备，1部手机或1台笔记本电脑，位于考生侧后方，确保考生和考试屏幕能够清晰地被工作组看到。

（二）环境要求

考生须提前关闭移动设备录屏、音乐、闹钟等可能影响正常考试的应用程序，提前做好休眠时间、拒接电话和语音通话等设置。确保网络信号能满足考试要求，且连接正常。请考生按学校要求配合完成网络远程考试前系统的调试，确保设备功能、考试环境等满足学校要求。

（三）材料要求

1.考生须在考试前按要求签订《诚信考试承诺书》，确保提交材料真实和考试过程诚信。

2.考生须携带本人有效居民身份证候考，并主动配合身份验证核查和考试环境查验，自觉服从工作人员管理。

3.考生每场考试需准备足量 A4 白纸和至少 2 支黑色中性笔。

第二十二条　考场规则。

（一）场地要求

考生应选择独立、可封闭的房间作为考场。考试期间，考场须保持安静、明亮、整洁，无遮挡。考生需提前将本人网络考试设备调试完毕并提前进入候考区等待考试，除考试要求的设备和物品外，不得存放任何书刊、报纸、资料、电子设备等。考场只允许考生 1 人在场，严禁他人进入。

（二）视频要求

1.考生须将面部及上半身清晰出现在 1 号机位视频画面正中间，不得遮挡耳朵，不得佩戴帽子、墨镜、口罩、耳机、耳饰等物品。考试过程中不得使用美颜、滤镜等修图软件；本人须全程出镜，不得中途离开，以保证身份确认及考试全程实时监控。考试时，考生须独立作答，双手置于屏幕可视范围内，严禁查看任何电子资料和纸质资料等。

2.网络考试开始后，考生不得随意转换视频连接界面或中断视频。因网络或设备故障中断的应及时与工作人员联系，由现场考试工作小组确定是否继续或重新考试。

（三）纪律要求

1.考试内容属于国家秘密，考生应自觉履行保密义务，严禁对网络考试过程进行录音、录像或截屏，考试内容不得向第三方传播或寻求帮助，不得将考题内容泄露或传播。违反上述规定者，一经发现查实，按考试违纪对待，取消该科目考试成绩，情节严重的报国家有关部门依法处理。

2.考生应知晓并自觉遵守国家相关考试法律法规。不得有违纪、作弊等行为，如有违反将按《中华人民共和国教育法》《国家教育考试违规处理办法》等予以严肃处理，取消录取资格，并记入《考生考试诚信档案》。涉嫌违法的，移送司法机关，依照《中华人民共和国刑法》等追究法律责任。

第二十三条　考试内容。

（一）初试和加试

初试科目包括外语、业务课一、业务课二和同等学力考生思想政治理论，加试科目包括同等学力考生两门硕士学位主干课程，每科满分 100 分，考试时间 1 小时（不含业务课二和加试科目，以上科目在复试时进行）。

（二）复试

复试包括学术水平考查、外语能力测试、思想政治素质和品德考核等。

1. 学术水平考查：复试小组根据专业培养目标的要求，通过面试考查考生综合运用所学知识的能力、科研创新能力、对本学科前沿领域及最新研究动态的掌握情况等。复试中还应参考考生申请材料审核情况，对其进行综合测评，判断考生是否具备博士生培养的潜能和素质。

2. 思想政治素质和品德考核：思想政治素质和品德考核是博士研究生招生复试的重要内容和录取的重要依据。各复试小组须严格遵循实事求是的原则，认真做好考核工作。考核内容主要包括考生的政治态度、思想表现、学习（工作）态度、道德品质、遵纪守法、诚实守信等方面。

3. 根据考生初试选考外语语种分别进行外语能力测试。外语科目选考"英语+梵文"（各占50%）的考生须测试英语。

第七章　成绩核算及录取规则

第二十四条　成绩核算。

总成绩＝初试总分（即外语成绩＋业务课一成绩＋业务课二成绩）×60%＋复试面试成绩（即学术水平平均成绩）×30%＋外语听说测试成绩×10%

第二十五条　学校依据"择优录取、保证质量、宁缺毋滥"的原则进行。

第二十六条　根据招生计划数和考生成绩划定最低控制分数线。对上线考生按照《实施细则》中相关规定进行录取。

有以下情形之一的，不予录取或录取资格无效：

思想政治素质和品德考核不合格者，不予录取；不参加体检、不在指定地点体检或体检不合格者，录取资格无效；少数民族高层次骨干人才计划考生以及其他定向就业考生未在规定时间提交定向协议书者，录取资格无效。

第八章　体检

第二十七条　鉴于疫情防控特殊形势，复试阶段的体检在新生入学时统一进行，由学校医院负责组织。

第九章　违规处理

第二十八条　在博士生招生考试中有违规或弄虚作假等行为的，按《国家教育考试违规处理办法》及相关规定严肃处理。对在校生，应通知其所在学校，由其所在学校按有关规定给予处分，直至开除学籍；对在职考生，应通知考生所在单位，由考生所在单位视情节给予党纪或政务处分。构成犯罪的，由司法机关依法追究刑事责任。

研究生新生入学后3个月内，学校要对所有考生进行全面复查。复查不合格的，取消学籍；情节严重的，移交有关部门调查处理。

第二十九条　对在招生工作中玩忽职守、滥用职权、徇私舞弊或者违反有关规定给招生工作造成损失的人员，按照相关文件严肃处理。

第三十条　招生工作中，严禁学校任何部门或人员举办或参与举办考试招生辅导活动；严禁学校任何部门或人员向社会培训机构提供考试招生辅导活动场所和设施，严禁学校任何部门或人员委托社会培训机构进行考试招生辅导培训、招生宣传和组织活动，违反规定的要追究有关部门和相关人员责任。

第十章　信息公开公示

第三十一条　招生政策、招生简章、招生专业目录、考生资格等信息由研究生处在学校研究生招生信息网站中公布。《实施细则》由中国语言文学学部在本单位网站中公布。

第三十二条　拟录取名单由研究生处在学校研究生招生信息网站中统一公示，公示时间不少于10个工作日。

第三十三条　以上信息按照"谁公开、谁把关""谁公开、谁解释"的原则执行。

第三十四条　招生咨询电话：

研究生招生办公室：唐老师 0931-2938299

中国语言文学学部：张老师 13659432035

监督举报电话：0931-2938568

第三十五条　本办法未尽事宜或与国家后续相关文件不一致的，按照国家最新规定执行。本办法由西北民族大学研究生处负责解释。

西北民族大学研究生科研创新奖学金评选办法（试行）

第一章 总则

为提高研究生培养质量，鼓励研究生积极参加科研活动，全面提高研究生科研能力和创新水平，根据《教育部 国家发展改革委 财政部关于深化研究生教育改革的意见》《财政部 国家发展改革委 教育部关于完善研究生教育投入机制的意见》等文件精神，结合学校实际，制定本办法。

第二章 奖励标准和评选条件

第一条 本奖学金每学年评选一次，每学年奖励10万元。

第二条 奖励标准及名额：奖励标准不设等级，每生5000元。每学年奖励人数不超过20人；若达到评定标准的学生人数超过20人，则取前二十名奖励；若达到评定标准的学生人数未超过20人，则按实际人数奖励。

第三条 西北民族大学全日制在籍在校博士研究生及二、三年级硕士研究生，均可申请。有下列情况之一者不得参评：

（一）受纪律处分、通报批评者；

（二）考试课程不及格者；

（三）抄袭、造假等学术不端行为者；

（四）延期毕业、休学、保留学籍等学籍异动者；

（五）其他被认定不得参评的。

第三章 评选标准

第四条 热爱祖国，拥护中国共产党的领导，践行社会主义核心价值观，认真学习贯彻落实习近平新时代中国特色社会主义思想。

第五条 遵纪守法，遵守学校各项规章制度，诚实守信，遵守科学道德规范，有较好的思想政治素养和道德素质。

第六条 研究生取得的科研成果、所参加的科研课题或科研活动，必须与所学专业紧密相关，且成果署名第一单位为西北民族大学，科研业绩计分包括已发表论文、获得专利、参加科研课题、获得科研奖励、参加科研创新活动获奖等方面，各项得分求和计入总分，按总分高低综合排名。

（一）学术论文

在读期间以第一作者或第二作者（其导师为第一作者，视为第一作者）发表并正式见刊的论文计分如下：参编论文计分可计1项，取最高分，第二名系数为0.5，第三名系数为0.2，第四名及以后系数为0.1。

1. SCI检索收录的期刊论文15分/篇；

2. EI检索收录的期刊论文、CSSCI（核心版）论文、CSCD（核心版）论文12分/篇；

3. 中文核心期刊、CSSCI（扩展版）论文、CSCD（扩展版）论文8分/篇；

4. SCI、EI会议检索/CPCI-S（ISTP）/CPCI-SSH（ISSHP）论文5分/篇；

5. 其他论文1分/篇。

（二）专利与软件著作权

在读期间以第一作者或第二作者（其导师为第一作者，视为第一作者）获得专利与软件著作权计分如下：参加专利或软件著作权计分可计1项，取最高分，排序以证书为准，第二名系数为0.5，第三名系数为0.2，第四名及以后系数为0.1。

国家发明专利15分，其他国家专利与软件著作权5分（专利权人署名必须是西北民族大学）。

（三）科研课题

1. 在读期间参加国家级、省部级、厅局级、校级等纵向科研课题分别计16分、12分、8分、4分，横向课题计8分。第二名系数为0.9，第三名系数为0.8，依次递减，最小系数为0.1；参加科研课题计分只计1项，取最高分；

2. 在读期间主持省级、校级、院级研究生基金项目（含研究生科研创新项目）分别计3分、2分、1分；参加省级、校级、院级研究生基金项目（含研究生实践基地资助项目、创新资助项目等）分别计0.3分、0.2分、0.1分；研究生基金项目（含研究生实践基地资助项目、创新资助项目等）计分只计1项，取最高分。

（四）科研成果获奖

在读期间获得科研奖励计分如下：

国家级一等奖20分，二等奖16分，三等奖12分，优秀奖10分；

省部级一等奖16分，二等奖12分，三等奖8分，优秀奖6分；

厅局级一等奖12分，二等奖8分，三等奖4分，优秀奖2分；

校级一等奖6分，二等奖4分，三等奖2分，优秀奖1分。

排序以证书为准，计分系数为第一名系数为1，第二名系数为0.9，第三名系数为0.8，依次递减，最小系数为0.1。参加获得科研奖励计分只计1项，取最高分；同名次奖励只计1次最高分。

（五）著作

在读期间出版著作计分如下：

1. 在中华书局、商务印书馆、三联书店、人民出版社、上海古籍出版社、人民文学出版社、人民教育出版社、高等教育出版社、科学出版社、外语教学与研究出版社、中国社会科学出版社、中国科学技术出版社、社会科学文献出版社、中国藏学出版社、民族出版社（仅限于民族语言文字类书籍）出版的专著计20分、编著计15分；

2. 在民族出版社（汉语言文字类书籍）、北京大学出版社、清华大学出版社、中国人民大学出版社以及国务院各部门直属的出版社出版的专著计15分、编著计10分；

3. 在其他出版社出版的专著计10分、编著计5分；

计分系数第一名系数为1，第二名系数为0.5，第三名系数为0.2，第四名及以后系数为0.1。

（六）科技竞赛和学科竞赛等创新活动

参加科技竞赛等创新活动获奖计分具体如下：

1. 国家级一等奖10分，二等奖8分，三等奖6分，优秀奖4分；
2. 省部级一等奖8分，二等奖6分，三等奖4分，优秀奖2分；
3. 厅局级一等奖6分，二等奖4分，三等奖2分，优秀奖1分；
4. 校级一等奖4分，二等奖2分，三等奖1分，优秀奖1分。

同名奖励只计1次最高分。各级学会、协会主办的科技创新活动奖励级别由评审领导小组集体讨论认定。

（七）参加学术会议和学术讲座

参加国内外学术会议，作报告一次0.5分。参加研究生处组织的学术讲座一次0.1分，总计不超过1分。

第四章 评选程序

第七条 本奖学金每年9月—10月份评选，由学生工作部（处）发文，各学院、学部、研究院组织申报。

第八条 学校国家奖助学金评审领导小组统筹领导、协调、监督研究生科研创新奖学金评审工作。

第九条 评定结果公示五个工作日后报校长办公会议审定。

第十条 学生工作部（处）、团委按评选标准发放奖学金。

第十一条　申报人填写《西北民族大学研究生科研创新奖学金申请（审批）表》存入学生本人档案。

第五章　附则

第十二条　本办法由学生工作部（处）、团委负责解释，自发布之日起施行。

西北民族大学国家和行业急需紧缺学科研究生资助办法（试行）

第一条　为资助国家和行业急需紧缺学科专业研究生，结合学校实际，制定本办法。

第二条　国家和行业急需紧缺学科研究生资助金由学校出资。

第三条　本办法中国家和行业急需紧缺学科指临床医学专业学位硕士中的全科、儿科、妇产科、精神科、病理科、麻醉科、老年医学、康复等专业，以及人工智能、储能技术、区块链、新材料、网络空间安全等学科专业。

第四条　对符合条件的新生由学校一次性发放。资助标准为每生 3000 元。

第五条　基本条件：

（一）具有中华人民共和国国籍；

（二）被我校录取并按时注册报到取得学籍；

（三）热爱社会主义祖国，拥护中国共产党的领导；

（四）遵守宪法和法律，遵守学校规章制度；

（五）诚实守信，道德品质优良；

（六）勤奋学习，积极上进。

第六条　获得国家和行业急需紧缺学科资助金的学生，在同一学年内，可参加国家和校级优秀学生奖学金及其他各类奖助学金的评选。

第七条　研究生处负责审核，学生工作部（处）、团委负责发放。

第八条　各学院、学部、研究院不得截留、挤占、挪用资助金，同时接受审计、纪检监察等部门和主管部门的检查和监督。

第九条　国家和行业急需紧缺学科根据国家战略和民生领域急需实行动态调整，以当年全国研究生招生计划明确的急需紧缺学科为准。

第十条　本办法由学生工作部（处）、团委负责解释，自发布之日起施行。

西北民族大学研究生学业奖学金评定办法

第一章 总则

第一条 为激励研究生勤奋学习、潜心科研、勇于创新、积极进取，根据国家《研究生学业奖学金管理暂行办法》(财教〔2013〕219号)规定，现结合学校实际，制定本办法。

第二条 研究生学业奖学金由中央财政拨款、学校学费收入、社会捐助等构成，用于奖励、支持学校表现良好的研究生更好地完成学业。

第二章 奖励比例及标准

第三条 学校根据实际情况确定研究生学业奖学金的覆盖面、等级和奖励标准。

（一）硕士研究生学业奖学金：

1. 一等奖比例为百分之十五，金额为8000元；
2. 二等奖比例为百分之二十五，金额为6000元；
3. 三等奖比例为百分之三十，金额为3000元。

（二）博士研究生学业奖学金：

1. 一等奖比例为百分之二十，金额为12000元；
2. 二等奖比例为百分之三十，金额为8000元；
3. 三等奖比例为百分之三十，金额为4000元。

第三章 评选范围及条件

第四条 研究生学业奖学金的评选范围为纳入全国研究生招生计划且具有中华人民共和国国籍的在校二、三年级全日制研究生，未列入评选范围的一年级全日制研究生按《西北民族大学新生学业奖学金评定办法》执行。

第五条 评选研究生学业奖学金，应当同时具备下列条件：

（一）热爱社会主义祖国，拥护中国共产党的领导；
（二）遵守宪法和法律，遵守学校校纪校规及规章制度；

（三）诚实守信，品学兼优；

（四）积极参与科学研究和社会实践。

第四章　名额分配及评选办法

第六条　学业奖学金的名额根据各学院、学部、研究院（以下简称"培养单位"）当年有资格参与学业奖学金评定的在学研究生人数进行分配，名额分配应向基础学科和国家急需的学科（专业、方向）以及专业学位研究生倾斜。

第七条　各培养单位根据《西北民族大学研究生综合考核计分办法》对参评研究生上一学年度（9月1日至次年8月31日）的表现进行综合考核并排名。

第八条　按照学业奖学金各等级名额，以总分排名确定研究生学业奖学金等级。若总分相同，以权重较大的计分项排名。

第九条　研究生综合考核年度内有下列情形之一的，学校有权视情节轻重取消学业奖学金评选资格或延缓发放奖学金或顺延参评：

（一）触犯法律受到司法机关追责的；

（二）违反校纪校规，受到纪律处分的；

（三）在科学研究过程中，有舞弊作伪等学术不端行为的；

（四）课程考试成绩不及格的；

（五）违反公民道德规范，造成恶劣影响的；

（六）政治思想表现（A）考核中"综合评价"不合格的。

第十条　二年级参评博士生科研创新能力（C项）得分为零分者只能参评三等学业奖学金，低于4分者不得参评一等学业奖学金；三年级参评博士生科研创新能力（C项）得分低于4分者只能参评三等学业奖学金，低于20分者不得参评一等学业奖学金。

导师名下本年级只有一名具备学业奖学金参评资格博士生的，未加权前学习成绩（B项）得分低于85分、科研创新能力（C项）得分低于同级博士生一等学业奖学金该项最低分数者，不得参评一等学业奖学金。

第十一条　学术型硕士二年级研究生，未加权前学习成绩（B项）得分低于80分、科研创新能力（C项）得分低于4分，实践能力（D项）、文体活动和社会工作（E项）得分为0者不得参评一等学业奖学金；三年级研究生，未加权前学习成绩（B项）得分低于80分、科研创新能力（C项）得分低于5分，实践能力（D项）得分为0者不得参评一等学业奖学金。

本年级只有一名具备学业奖学金参评资格的，未加权前学习成绩（B项）得分低于85分不得参评一等学业奖学金。

第十二条　专业学位硕士二年级研究生，未加权前B项（学习成绩）得分低于80分、实践能力

（D项）得分低于4分、文体活动和社会工作（E项）得分为0者不得参评一等学业奖学金；三年级研究生（或毕业生），未加权前学习成绩（B项）得分低于80分、实践能力（D项）得分低于4分、文体活动和社会工作（E项）得分为0者不得参评一等学业奖学金。

本年级只有一名具备学业奖学金参评资格的，未加权前学习成绩（B项）得分低于85分者不得参评一等学业奖学金。

第十三条　学业奖学金按基本学制年限进行评选，对于延期毕业的研究生，在其延长期内不予评定学业奖学金。办理保留入学资格、休学、停学等学籍异动手续的研究生，待其恢复学籍并按要求缴纳学费后，方有资格参加复学后其所在年级学业奖学金的评定。

第五章　评审组织与程序

第十四条　学校国家奖助学金评审领导小组统筹领导、协调、监督研究生学业奖学金评审工作。

第十五条　各研究生培养单位需成立研究生学业奖学金评审委员会，评审委员会由培养单位党政领导和管理人员、研究生导师、研究生代表等组成，党委（党总支、直属党支部）书记任主任委员，负责本单位研究生学业奖学金的组织、初评等工作。研究生学业奖学金评审委员会成员总数须为单数，委员会组成人员需报研究生工作部备案。

第十六条　每年9月中旬，学校开展研究生学业奖学金评审工作。有意愿且符合申请研究生学业奖学金条件的研究生，由本人如实填写《西北民族大学研究生学业奖学金申请审批表》，向所在培养单位评审委员会提出申请。

第十七条　各培养单位须在评审前将本单位制定的研究生学业奖学金评审细则予以公示，并报研究生工作部备案。评审实施细则应包含研究生学业奖学金具体的评定程序和标准。培养单位评审委员会主任委员负责组织评审会议，对申请人进行初步评审，确定获奖名单后，应在本单位内进行不少于3个工作日的公示。公示材料应包括每位参评研究生的具体评分依据，公示无异议后，将评审结果报告及相关材料送交研究生工作部备案。

第十八条　学校国家奖助学金评审领导小组对各培养单位的评审结果进行审定，审定结果将在全校范围内进行不少于5个工作日的公示。

第十九条　公示无异议后报学校有关会议审批。

第二十条　研究生学业奖学金的评审工作应坚持公开、公平、公正、择优的原则，严格执行国家有关教育法规，杜绝弄虚作假。

第二十一条　个人申诉按照《西北民族大学学生申诉处理实施办法》（民大纪监审发〔2019〕4号）办理。

第六章　奖学金发放、管理与监督

第二十二条　学校于每年评奖结束后，一次性发放研究生学业奖学金，并将研究生获得学业奖学金情况记入学生学籍档案。

第二十三条　学校严格执行国家相关财政法规和本办法的规定，对研究生学业奖学金加强管理，专款专用，不得截留、挤占、挪用，并自觉接受财政、审计、纪检监察、主管机关等部门的检查和监督。

第七章　附则

第二十四条　获得研究生学业奖学金奖励的研究生，可以同时获得研究生国家奖学金、研究生国家助学金等其他研究生国家奖助政策以及校内其他研究生奖助政策资助。

第二十五条　本办法由研究生工作部负责解释，自发布之日起施行。原《西北民族大学研究生学业奖学金管理暂行办法》（民大发〔2017〕364号）同时废止。

附件1：西北民族大学新增博士硕士学位授权点申报工作领导小组成员名单

一、领导小组成员名单

组　　长：邓光玉、郭郁烈

副组长：白日霞、玉苏甫江、李辉、王彦斌、马世俊、石迎春、杨晓、郎永杰

成　　员：研究生处、科研处、组织人事部、发展规划与学科建设处、学生工作部（处）、团委、教务处、学校办公室、宣传部、国际合作交流处、财务处、国有资产管理处、后勤管理处等职能部门主要负责人及各学院（部）、科研单位主要负责人

工作职责：统筹协调、全面指导2020年博士硕士学位授权点申报工作，并对相关重大问题进行决策；领导各拟建设申报学位点依托学部（院）有序开展博士硕士点建设申报工作；加强顶层设计，优化学位点结构布局，提升学科建设与学位点建设整体水平。

二、领导小组办公室人员组成

新增博士硕士学位授权点申报工作领导小组下设办公室，负责处理具体事务。

办公室主任：白日霞

工作人员：李志强、杨具田、顾克东、薛国梁、赵仁杰

办公地点：西北新村校区蝴蝶厅

办公电话：2938505

联系人：赵仁杰

附件2：学校博士后管理办公室组成人员调整名单

主　　任：李志强、齐卫权

成　　员：李嘉慧、唐守嵘、马莉、袁宗年、昂秀措

博士后管理办公室设在研究生处，负责博士后日常管理工作。

附件3：西北民族大学 2020 级研究生新生学业奖学金获奖名单

2020 级博士

中国语言文学学部

张曦萍、塞黑迪·赛达合买提、乔呼和、崔正升、赫剑梅、张凯、张玛亚、满拉、周亮、甘地格朝、欧兰清、王晶、扎西南杰、马希刚、旦增聪美、卓麻扎西、乌日其木格、先巴才让、多杰才让、范武杰、赵敏、徐文娣、王琰、师云鹏、佟春香、富荣、格日拉措、乌木花、哈拉木吉、王宇光、桑吉杰、昂秀措、马莉、万玛项杰、朋毛措、才让吉、索南多杰、仁青、晏庆波、朱子茜、展丽蕊、展丽蕊、包彩华、乌日罕

2020 级硕士

管理学院

扎喜吉、白玛拉姆

美术学院

刘帅、何卖子、刘浩、董尚斌、屈超繁、张晶颖、王增花、贺希鹏、孙昊、王亚东、李悦榕、宗丽芳、关爽、王禹卓、牛万敏、张静博、王沓、伏洁、马少杰、张为、李拉毛吉、章升武

数学与计算机科学学院

代青昂毛、王为琼、韦磊、蒋家民、拉毛才旦、拉毛措、李翔睿、金磊、彭丽蓁、韩校涛、马努日、鲁琦琦、杨进苗、郭艳茹、赵少芳

外国语学院

张慧、徐文玉

舞蹈学院

窦鑫雨、周映君、罗燕清、曾铄、闫天天、马祎、马璇、林鹭、李曼拉措姆、张淑宏、马丽雅

音乐学院

李彤、刘万余、曾丽媛、李程博、石姣、王源西、黄海涛、任怡静、李娜、余乐、赵丽云、钱潇歌、张文琳、李明珊、刘晓娟、程靖、王玉坤、罗惠、张雨彤、韦文文、妥丽姗、祁香、常亚男、王俊淑、王涛、张前、陈素洁、常帅印、马改均、魏瑛、何俊红、于伟、程建伟、李宜轩、张雅渊、肖克、朱静、赵珍善、杨振宇、吴灵芝、阿克拉依·吐尔达洪、俞皓莹、柳青卓、白泽琦、吕含之、黄小平、李宜蔓、郭建英、于春雷

中国民族信息技术研究院

拉毛措、刘舒、张凯武、马辈强、旺青多旦、旦正才让、三智多杰、马强

中国语言文学学部

次成卓玛、谢仁娜·亚森、夏提古丽·伊敏江、桑吉德吉、包文美、海日汗、南方、运思宇、吴婉君、罗通迅、王贺、孙叶静、阿布都外力·阿力木、帕如克·阿不都肉素力、阿布都合里力·吾布力、文昌多杰、德吉拉毛、完么吉、增太才让、万玛才旦、仲格草、尕藏扎西、完么才让、仁青加、索南木、拉毛措、东主卓玛、周洛加、才让吉、日格姐、羊本才让、公保加、尼玛占堆、白玛伦珠、塔娜、苏都娜、道日敖、宝坦其日、阿拉木莎、浩日娃、苏日古嘎、斯日古冷、干迪、阿拉腾苏布达、圆圆、佟苗苗、春霞、明星、其勒木格、曹都其力格尔

铸牢中华民族共同体意识研究院

仁欠当知、土旦尼玛、才让东知、万么才让、万玛才不登、完德加、李先才让、供波山周、拉毛才让、尕藏吉、公保加、罗尔措

电气工程学院

汪国桢、王恋恋

法学院

张伟男、孔昕玥、陆文静、向燕敏、孙巾贤、刘卓群、才让扎西、蒋康元、焦文善、陈栋、石若芸、范智有、虎询、石佳、马俊梅、马兆薇、龙葳、杜聪黎

管理学院

赵伟

经济学院

白仁钦、朱孟换、葛金杰、于艳霞、李昊儒、李婷、萨如拉、马玉莹、木开然木·吾斯曼

马克思主义学院

白克洋、路韫隆、妥小忠、吴怡飞、李福荣、刘镇瑞、刘兴艳、雷超超、张怡雪、薛欣茹、马瑾荣、陈天娜、王茜

民族学与社会学学院

杨慧文、沈雪琛、谭梦雅、才让扎西、杜萌、陈霞、郝岩、何思楠、张琪、聂福媛、蔡欣妤、李登峰、马昊男、龙世红、皮丽扎提·金格斯

体育学院

任鸿飞、周方柔、黄鑫、张迪、秦振翼、刘建苹、张博雅、周艳、韩伯臻、张志博、杨晶晶、吴朝举、张济显、司志凯、周苗苗

化工学院

王嘉霖

教育科学与技术学院

程实、吴宛容、毛晓龙、苏比努尔·开沙尔

历史文化学院

刘鹏鹏、陆苗苗、丁小珊、向华威、雷占元、刘旸、张惠芳、朱骁、米治鹏、刘晨亮、刘俊伟、霍浩敏、吴蓉、张鑫、朱顺顺、冉易

生命科学与工程学院

任稳稳、郑青波、韦体、符璐、胡慧楠、董健、冯海月、张潇文、马春英、周魏、廖月姣、马小梅、吴登宇、高彩雯、彭乔烽、苏津贤、李倩倩、梁鹏、马玲利、袁肇方、姚一凡、胡淞茗

土木工程学院

张锌、马斌

新闻传播学院

商智远

附件4：西北民族大学2019—2020学年研究生优秀学生奖学金获奖名单

一等奖学金

法学院

靖欣仪、胡晓霖、杨茜淋、赵满星、闫向阳、任晓晶、李凡、李孝泉、王敏、姚雪、陆雅琪、张帅、高芯如、江国庆

管理学院

刘丹、朱峰鑫

化工学院

郭茗寒、赵淑静、张仲晦、周春宇、夏苗苗、田奇、段钰、王茹、钟彬、韩智超

教育科学与技术学院

看召草、李芷璇

经济学院

田靖文、周莉、孙璐璐、陈晓晴、刘登惠、周畅

历史文化学院

王小红、祁欣、魏豪、吴青青、李文平

马克思主义学院

常会超、张慧峰、侯科、张琰、张思远、徐白鸽

美术学院

邓吉刚、卢星、李金凤、何宛锦、李晓蕊、王钦、张俊芳

民族学与社会学学院

张倩玉、周迪、谢昀珂、韩颖、闫美欣、丁泽凌、陈晓玉、陈康丽

生命科学与工程学院

许淑娟、刘元林、马瑞仙、耿金静、柯义强、李春阳、金丽、任卫合、石嘉琛、田程程、钟文

数学与计算机科学学院

兰开阳、张凯、闫晨、日毛吉、刘一甫

体育学院

林迪、韩星、鲁晓飞、董雷、王亚冰、李倩、李艳芸、王伟、张子鹏、王博兴、段晨铭、吕阳、郑越

外国语学院

刘芸、李洁

舞蹈学院

张倩、马筱婷、兰洋、宗学良、周思涵

新闻传播学院

郭文豪、朱楠、刘美辰

医学部

田蕊、张翠珍、张玲、陈小衡、蒲雯婕、李聪、郑鑫、张璐璐、张子龙

音乐学院

尹智超、胡蓝方、易雯雯、段毓毓、李烁、王娟、李丹、王帅、戴娟娟、孟媛

中国民族信息技术研究院

贾莉、孙浩、张原召、刘丁、汤明昊、古明霄、胡叶荣、张毅豪、张帆、张东娇、马淑珍

中国语言文学学部

仁欠扎西、多杰尖措、周太才让、邓德扎西、韩明明、多杰才旦、夏吾才旦、华旦、达楞高日布、巴图孟和、岑霞、英青加、拉毛草、彭毛措、完么、更藏多杰、达抗尖参、罗松求培、青梅巴毛、张姗惠、姚丽娟、蔡佳航、热合米图拉·吐达吉、阿卜杜外力·塔西卡热、南拉才让、张俊娅、刘玉忠、完么措、孟祥和、日孜万古力·喀哈尔、易晓慧、德白、田美、德德玛、胡媛杰、贡保杰、努尔比耶·依明、胡梦杰

铸牢中华民族共同体意识研究院

完德才让、更藏加

二等奖学金

电气工程学院

户维文

法学院

冯琪、孔玉祥、卢锴、柴菲、隋梦元、孔俊楠、王光琴、刘贝贝、刘晶、郑朋冲、徐畅、何欣阳、何梦佳、吴佳岭、刘美辰、康瑞英、张金福、杨强、郭世英、罗招红、艾浏洋、王怡彤、徐松林、孙艳梅、徐娜、禹宁宁

管理学院

高晶、张洁茹、吉美洁、茹朵朵

化工学院

张传涛、陈立飞、褚玲、张映、廖孟德、白俊、谢鑫、魏茁、张娟、张雅婷、徐娟娟、姚昕乐、石小琴、丁圆、鲍园园、卢亚红、王九玲

教育科学与技术学院

张红妍、颜云青、李茂兰、郑天娇

经济学院

王昊、马晶、张泽瑞、孔维榕、张锦华、孙辉、丁然、李子航、李怡、王昱懿、闫政达

历史文化学院

象毛措、何瑞、乔思瑶、马文玉、蔡鸿宇、肖正伟、蒋云信、闫珠君、马琼

马克思主义学院

周昕、张倩、马睿、张小虎、马小军、李星星、赵薇、张蓉、丁自云、李雪峰、冯坤、杨丹丹、李蔚波

美术学院

孙颖、王秋月、田多元、池浩、曹倩倩、王凯、王京鑫、吴绍虹、孔令仪、卢倩、王艺筱、罗瑞锋

民族学与社会学学院

蒋雪秘、达那尔·毛肯、玛合巴尔·克然木、马仲林、王泽平、吴宇婷、王玉桃、王昕桠、尹诗媛、兰博、张婧、阿玲、雒小凤、王羽、伏文倩、彭武琴、宁玉琪、杨彦楠、边志巧、孟令聪、罗婷婷

生命科学与工程学院

毕英杰、李生军、白生菊、乌拉木别克·对谢喀德尔、龙鸣、王美皓、敖慧娟、常凡凡、郑相相、王兴东、刘新宇、罗龙龙、粟雨芯、覃圣、杨许花、李方琳、朱凯、魏芳、刘宏涛

数学与计算机科学学院

高思雨、陈园园、刘漫、胡鹏飞、李同同、蔡瑾、王璐、张梦梦、黄奕轩

体育学院

朱怡伟、陈婧帆、黄海燕、连梦龙、董学光、王顺英、石海凤、陈民昊、毛艺谋、刘臻、张鑫、李振京、庄园、梁金艳、向雨、马浚洋、罗源、李朋真、张中元、张帆、颜梦一、向玉波

外国语学院

任笑君、黄悦、昝羊吉照玛、张慧颖

舞蹈学院

张凯、闫雨婷、刘佳、闫亚男、刘越、任贞、黄梦婷、瞿志豪

新闻传播学院

马丽娅、刘岩、师刘杰、王匀

医学部

马天宇、王治清、马晓红、陈紫韵、祖甜甜、杨嘉祺、王文瑞、甄祥、赵延珍、蒋慧敏、宋国栋、史鋆祯、曹释露、颜萧、赵凡、马玲、薛雅珺、彭凯、王峰、刘威、张强、王昕、马万军、涂鹏、魏新龙、罗海波、向泓宇、马艳庆

音乐学院

张逸歌、宋伟、刘晶、曹沐坤、李丹丹、徐凡清、张小晚、孟凡腾、杨娟娟、李瑞瑞、韩涵、谢娇、汪智涛、柳文博、王炜、张阳、田丰

中国民族信息技术研究院

张淋均、杨学斌、孟家豪、李金成、李思旋、牛潞、李鹏琦、张霞霞、先泽加、何国源、王迪、黄梦歌、严威、韩姣、张磊、朱傲、陶怡轩、娜琳、李多吉草

中国语言文学学部

张利娟、金叶子、高政飞、李美汝、坚斌、辛六十三、胡学炜、王铭璇、王鼎、马玉桂、郝玉胜、胡雅宁、张晗、尕旦才让、冷本扎西、陶鸿宇、吴文霞、塔拉、亚黎、李润秀、洛桑平措、多杰吉、

班玛卡召、周他才让、桑吉当知、南麦、蒲次、孟美英、张克草、满都拉、王红洁、交巴草、阿拉坦宝鲁尔、萨其日拉、沃德乐、拉毛才让、卓玛、万么加、张策、盛雪莲、月琴、赛汉娜、陶力、孙亚男、查娜、才让拉毛、桑吉卓玛、赛强加、孟吉多杰、斗拉加、美争松毛、东智才旦、才让当知、董弨、韩雪纯、李俊男、刘丽婷、李连旭、陈芯星、排孜丽耶·瓦哈甫、吾吉阿布拉·麦麦提

铸牢中华民族共同体意识研究院

南太加、华尔真、卓玛吉、得姐措么、南木杰、万玛措、道吉仁欠、尕藏草、斗拉太

三等奖学金

电气工程学院

王倩如

法学院

蒋相前、张子勋、杜国华、王涛、禅永波、陈晶晶、赵爽、王筱涵、王琦、孙平平、姜琳琳、何文杰、曹云云、侯旺林、王小莉、王杨、刘瑄、瞿晓芳、范育豪、于慧婷、玄成杰、杨自豪、南艳丽、刘炜瀚、李德坡、芦俊林、段享、施港花、郭钰铜、叶雪影

管理学院

闫苗苗、马诗蕾、傅瑶青、谢维唯、王淑娜

化工学院

刘痒痒、张陆军、蒋红艳、贺丰洋、姜英宇、朱振亚、杜建斌、岳铭强、王宏宇、裴志远、席蓓、康莉会、魏静、刘琪、吴代琼、蒋膨蔚、徐开慧、王典、刘梦实、梁丽春

教育科学与技术学院

张平凡、骆钰彤、舒红、马海兰

经济学院

义平军、王红娟、吐尔逊古力·阿比孜、王渊钊、马倩茹、孙倪文杰、唐苗苗、侯佳雪、智亚楠、孙志浩、肖海、张韩韩、魏计发

历史文化学院

桑加才让、丁琳、向定龙、杨森、马千娇、苏亚超、胡琴、杨博珺、毛鹏、王萌、李巧林

马克思主义学院

张苗苗、王明霞、张馨月、李泽阳、茶金军、王志杰、外力·奴尔霍加、高央、徐帅佳、鹿波、朱铭君、李雪萍、窦昉昊、敏鹏程

美术学院

安琪、王锐、马小花、文路路、陈耀民、张雪松、杜丽、刘书含、陈雪娇、郑永锋、梁柯静、王芸、郭兆龙、徐惠

民族学与社会学学院

孔祥翔、肖士敏、卢文慧、张继苹、陆楚云、洪淼、程慧子、唐艾艾、秦志霞、赵廷、卓玛草、苏姣、董寒星、张银、王清、张晓艳、张嘉顺、郭康珩、许凌云、来和盼、徐晋、张艳

生命科学与工程学院

马洪鑫、王峰、刘斯汝、摆倩文、苏强、赵天宇、拜小强、马咸莹、舒文秀、张晶、谢晶宇、马石霞、陈树吾、李凤迪、张棚、刘文凯、李菊、郭寿清、陈祎玮、王略宇、蔡德育、顾亚荣

数学与计算机科学学院

曾富亮、秦亚红、曹传贵、韩成成、辛辰辰、薛盼盼、杨婷婷、安卓昊、李志明、姜伟欣、李一凡

体育学院

欢钰然、佑乾鑫、李宁、郝梓殷、孙万壹、史岩、冯志凯、曾潇、史培业、杨芷瑛、陈德怀、赵博、赵元、刘健、朱琦、吴亚超、孙文雪、田淑萍、江民明、张萌、杨春雨柳、刘永进、李浩申、韩聪、赵文飞、王一雯

外国语学院

徐梓清、马雪梅、马永萍、和恒博

舞蹈学院

谢佳西、王跃然、孙威、崔朦迪、付文晔、许帆、卜凡琳、申宏姣、刘振宏

新闻传播学院

张艳丽、唐苏雅、万玛什杰、骆叶、丁晓曦

医学部

徐玮晟、刘军伟、祝杏、王枫、秦进、李庆钊、胡润三、杨珍珍、马麒、王波、何喜燕、张泽营、王钊、吴凯、李秀兰、颜荷花、芮雪、魏彪、王媛茹、陈一鸣、张丽媛、程永刚、张玥、弓宵、何彬宾、孙晓伟、张蕊

音乐学院

宋雨轩、曾思静、常璐、张丽媛、黄海清、韩蓉、陈劲文、夏铭阳、廖紫韦、王子涵、马颖艺、黄锐、庞锦、马维桦、王明月、吴文婷、张珍、李慧、张晓洁、卢斐

中国民族信息技术研究院

增思涛、高瑞婷、武堂颖、师海波、杨方韬、金荣、吴甜甜、李浩田、叶苑芝、李永敏、才让卓玛、格智多杰、车郭怡、张国伟、崔泽宇、徐章博、单睿康、张婷婷、宁泽楠、张靖怡、肖庆江、杨昊、索南达杰

中国语言文学学部

乌日汗、吴永芳、关桂云、周晓霞、张晶、刘泽国、吐逊阿衣·艾力、王倩、青春、澈力格尔、张晓源、王会玲、布仁塔娜、德力格仍贵、魏蓝天、王美荣、张瑞禅、万玛草、尕让措、宽才吉、旦正加、完玛才让、扎西卓玛、才让扎西、义旦吉、德迁吉、阿迪娜·吐尔逊、谢婧、周俊清、余美婷、艾赛丽古丽·吐尔迪、龚季红、苏比努尔·阿不都拉、马倩玉、尕藏东智、蒋亭亭、孙芸霞、扎央拉莫、斯琴格日乐、更他加、巩丹阳、张福、张琪、才让多杰、刘敬伟、高鸽、木其尔、阿力玛、萨其拉、图布新巴雅尔、岳丰凯、更藏拉毛、本杰加、当增吉、切增卓玛、项毛卓玛、更藏多杰、叶忠措、东主才让、当格卓玛、达娃卓玛、滕云月、慈学怡、德吉昂毛、郑雅丹、黄小梦、王雯莉、尼格热·阿不来提

铸牢中华民族共同体意识研究院

宽太加、李毛太、然仲、南太才让、果特、斗格杰布、旦正多杰、才让本

科研创新奖学金

管理学院

刘丹

化工学院

赵淑静、张仲晦

教育科学与技术学院

看召草

经济学院

田靖文

美术学院

邓吉刚

生命科学与工程学院

刘元林、龙鸣、摆倩文、金丽

数学与计算机科学学院

日毛吉、张凯

中国民族信息技术研究院

贾莉、王梦环、张淋均、古明霄

中国语言文学学部

仁欠扎西、夏吾才旦、张俊娅、南拉才让

多识奖学金

中国语言文学学部

多杰尖措、邓德扎西、南拉才让

优秀研究生

法学院

卢锴、王涛、靖欣仪、李凡、王敏、艾浏洋、任晓晶、禹宁宁

管理学院

张洁茹、朱峰鑫

化工学院

陈立飞、褚玲、张映、廖孟德、王茹、钟彬、张雅婷、石小琴、田奇、张娟

教育科学与技术学院

张红妍、李茂兰

经济学院

周莉、刘登惠、周畅、孔维榕、孙辉、李子航

历史文化学院

象毛措、祁欣、魏豪、马文玉、李文平

马克思主义学院

周昕、张思远、马睿、董玮、李星星、赵薇、张蓉

美术学院

卢星、王秋月、李金凤、何宛锦、曹倩倩、王钦、孔令仪

民族学与社会学学院

周迪、蒋雪秘、陆楚云、张倩玉、孔祥翔、伏文倩、陈康丽、彭武琴、吴宇婷

生命科学与工程学院

毕英杰、李生军、白生菊、乌拉木别克·对谢喀德尔、郑相相、舒文秀、任卫合、石嘉琛、杨许花、钟文、朱凯

数学与计算机科学学院

兰开阳、张凯、闫晨、李同同、蔡瑾

体育学院

韩星、鲁晓飞、王亚冰、朱怡伟、董学光、王顺英、石海凤、王伟、王博兴、李朋真、孙文雪、韩聪、赵文飞

外国语学院

刘芸、张慧颖

舞蹈学院

张凯、宗学良、付文晔、黄梦婷、周思涵

新闻传播学院

马丽娅、刘美辰、万玛什杰

医学部

陈紫韵、祖甜甜、杨嘉祺、张玲、王文瑞、甄祥、赵延珍、陈小衡、蒋慧敏、宋国栋、张丽媛、马万军、张璐璐、马艳庆

音乐学院

胡佳蕾、刘晶、李丹丹、胡蓝方、王甲娣、易雯雯、王娟、张阳、王帅

中国民族信息技术研究院

刘丁、杨学斌、孟家豪、李思旋、胡叶荣、张毅豪、张帆、张东娇、何国源、王迪、黄梦歌

中国语言文学学部

张利娟、达楞高日布、巴图孟和、阿雅娜、苗文才、岑霞、魏好日娃、完么、蔡佳航、阿迪娜·吐尔逊、胡莹莹、希吉热、张克草、满都拉、王红洁、交巴草、阿拉坦宝鲁尔、张俊娅、德白、胡媛杰、阿力玛、郑雅丹、切增卓玛、叶忠措、陈芯星、王雯莉、贡保杰、胡梦杰、努尔比耶·依明

铸牢中华民族共同体意识研究院

完德才让、南太加、华尔真、更藏加

优秀毕业研究生

法学院

孔俊楠、冯琪、胡晓霖、赵满星、闫向阳、徐松林、郭世英、王怡彤、罗招红

管理学院

刘丹、闫苗苗

化工学院

赵淑静、张仲晦、周春宇、夏苗苗、张传涛、郭茗寒

教育科学与技术学院

看召草

经济学院

田靖文、孙璐璐

历史文化学院

王小红、桑加才让、吴青青、何瑞

马克思主义学院

常会超、张小虎、茶金军

美术学院

邓吉刚、田多元、王锐

民族学与社会学学院

谢昀珂、卢文慧、张继苹、王泽平、肖士敏、韩颖、张晓艳、宁玉琪、陈晓玉、孟令聪、闫美欣

生命科学与工程学院

许淑娟、马瑞仙、耿金静、柯义强、敖慧娟、常凡凡、李春阳、王兴东

数学与计算机科学学院

日毛吉、高思雨、陈园园、刘漫

体育学院

林迪、董雷、李倩、李艳芸、陈婧帆、黄海燕、连梦龙、陈民昊、毛艺谋

外国语学院

马雪梅、任笑君

舞蹈学院

张倩、闫雨婷

新闻传播学院

郭文豪、朱楠

医学部

祝杏、王枫、秦进、张翠珍、史銎祯、颜萧、赵凡、马玲、薛雅珺、彭凯、王峰、刘威、张强、王昕

音乐学院

张逸歌、宋伟、曹沐坤

中国民族信息技术研究院

贾莉、孙浩、张原召、张淋均、李金成、汤明昊、古明霄、先泽加

中国语言文学学部

阿卜杜外力·塔西卡热、金叶子、李美汝、热合米图拉·吐达吉、王铭璇、胡学炜、吴文霞、塔拉、李润秀、英青加、彭毛措、南麦、青梅巴毛、张姗惠、谢婧、姚丽娟、罗松求培、达抗尖参、拉毛草、洛桑平措、布仁塔娜

铸牢中华民族共同体意识研究院

得姐措么、卓玛吉、南木杰

优秀研究生干部

电气工程学院

王倩如

法学院

卢锴、闫向阳、李凡、禹宁宁

管理学院

高晶

化工学院

姜英宇、鲍园园

教育科学与技术学院

张红妍

经济学院

周莉、孙璐璐、刘登惠、周畅

历史文化学院

魏豪

马克思主义学院

马睿、李星星

美术学院

邓吉刚、池浩

民族学与社会学学院

达那尔·毛肯

生命科学与工程学院

刘新宇、粟雨芯、田程程

数学与计算机科学学院

刘漫、曹传贵

体育学院

韩星、王顺英、王博兴

外国语学院

黄悦

舞蹈学院

宗学良

新闻传播学院

郭文豪、师刘杰

医学部

马天宇、甄祥、徐兆晨、张皓

音乐学院

胡佳蕾、王炜

中国民族信息技术研究院

刘丁、金荣、张淋均、张东娇、王迪

中国语言文学学部

胡学炜、巴图孟和、完么、阿迪娜·吐尔逊、张姗惠、阿卜杜外力·塔西卡热、高政飞、希吉热、张俊娅、易晓慧、胡媛杰、切增卓玛、吾吉阿布拉·麦麦提、陈芯星、德德玛

铸牢中华民族共同体意识研究院

南太加、南木杰、道吉仁欠

国际合作与交流工作

西北民族大学 2020 年出国（境）留学学生信息一览表

序号	姓名	性别	所在学院	年级及专业	留学院校	停留时间	备注
1	曹方	男	医学部	2017级临床医学研究生	中国澳门科技大学	2020年1月12日-18日	医学交流研修
2	朱匡政	男		2017级临床医学研究生			
3	雷维商	男		2017级临床医学研究生			
4	田蕊	女		2018级临床医学研究生			
5	徐玮晟	男		2018级临床医学研究生			
6	权芮	女		2018级临床医学研究生			
7	蒲雯婕	女		2019级临床医学研究生			
8	赵东明	男		2017级临床医学研究生			
9	石磊	男		2017级临床医学研究生			
10	孟小煊	女		2017级临床医学研究生			
11	李泰	男		2017级临床医学研究生			
12	黄莺	女		2017级临床医学研究生			
13	孙冠男	女		2017级临床医学研究生			
14	刘泽欣	男		2017级临床医学研究生			
15	杨航宇	男		2017级临床医学研究生			
16	王文瑞	女		2018级临床医学研究生			
17	曹释露	女		2018级临床医学研究生			
18	甄祥	男		2018级临床医学研究生			
19	颜萧	女		2018级临床医学研究生			
20	赵延珍	女		2018级临床医学研究生			
21	薛雅珺	女		2018级临床医学研究生			
22	吴阳	女		2018级临床医学研究生			
23	戚秋焕	女		2018级临床医学研究生			
24	蒋慧敏	女		2018级临床医学研究生			
25	马玲	女		2018级临床医学研究生			
26	李聪	男		2019级临床医学研究生			

续表

序号	姓名	性别	所在学院	年级及专业	留学院校	停留时间	备注
27	魏新龙	男	医学部	2019级临床医学研究生	中国澳门科技大学	2020年1月12日-18日	医学交流研修
28	邹波	男		2019级临床医学研究生			
29	段卓琳	女	外国语学院	2017级英语班本科生	美国福特海斯州立大学	2020年1月14日-12月30日	自费留学
30	丁学花	女	经济学院	2017级级经济学本科	中国澳门大学	2020年10月7日-2022年7月30日	国家民委项目
31	张明泽	男	外国语学院	2016级俄语	乌克兰基辅国立大学国际关系学院KHY	2020年11月30日-2022年3月14日	国家留学基金委项目

2020年，我校共选派来自医学部、经济学院、外国语学院的31名学生分别赴中国澳门科技大学（28人）、美国福特海斯州立大学（1人）、中国澳门大学（1人）、乌克兰基辅国立大学（1人）等3个国家及地区的4所高校攻读学位、研修学习、访学交流。其中1名学生获国家民委项目资助、1名学生获国家留学基金委项目。

西北民族大学 2020 年短期来校访学国（境）外专家信息一览表

西北民族大学 2020 年度外国（地区）短期专家项目执行情况统计表

序号	邀请单位	项目执行人	项目名称	团组成员	国家（地区）	来华目的	工作单位	来访身份	来访时间
1	音乐学院	桑吉顿珠	西部高校管乐教学模式的管乐团教育现状与对策研究	陈宥安	中国台湾	讲学	贵阳交响乐团	演奏员	2020年9月19日至2020年9月22日
				黄郁婷	中国台湾	讲学		演奏员	
				黄士鯀	中国台湾	讲学		演奏员	
				尤里·波夫秋克 IURII BOVTIUK	乌克兰	讲学		演奏员	
				朱利安·斯蒂文 Julian Stiven	哥伦比亚	讲学		演奏员	
				库斯努利纳·艾格 KHUSNULLINA AIGUL	乌克兰	讲学		演奏员	
				巴苏米安·阿雷恩·罗斯特姆 BARSOUMIAN ALAIN ROSTOM	法国	讲学		演奏员	
				奥列克山大·穆里克 OLEKSANDR MULYK	乌克兰	讲学		演奏员	
				谢尔盖·楚利莫夫 SERGII CHULYMOV	乌克兰	讲学		演奏员	
2	医学部	何蕊芳	新冠肺炎疫情心理危机干预项目	真荣城辉明 MAESHIRO TERUAKI	日本	讲学	大和内观研修所	博士	2020年12月13日至12月19日

2020 年度，学校共聘请短期专家 10 名，分别来自 5 个国家及地区（中国台湾、乌克兰、哥伦比亚、法国、日本），同 2 个单位（音乐学院、医学部）开展了讲学、科研合作、交流工作。其中博士、教授 1 名，来自一带一路沿线国家的专家 4 名。

西北民族大学 2020 年国际学生信息一览表

西北民族大学国际学生信息一览表

序号	姓名	性别	国籍	专业
1	Tonga Yopa Christel Gabin	男	喀麦隆	汉语言
2	Akhmadalieva Munisa	女	乌兹别克斯坦	汉语言
3	Ali Hussam Aref Mohammed	男	也门	汉语言
4	MOUSSAOUSAID ABDELAZIZ	男	阿尔及利亚	汉语言
5	PARK JIHWAN	男	韩国	汉语言
6	GALARZA DE LA SOBERA ROSA STELLA	女	巴拉圭	汉语言

西北民族大学 2020 年来校港澳台学生一览表

序号	姓名	性别	地区	专业	入学时间	备注
1	陈柔安	女	中国台湾	舞蹈学院舞蹈表演专业	2018.09	学历生（本科）

2020年度，我校共有来自喀麦隆、也门、乌兹别克斯坦、阿尔及利亚、巴拉圭、韩国6个国家的6名国际学生（非学历生）。另有1名学生来自中国台湾。

西北民族大学 2020 年因公出国（境）信息一览表

团组编号	人员编号	姓名	性别	政治面貌	所在单位	出访国家（地区）	出访事由	经费来源
1	1	郭蕾	女	中共党员	中国信息技术研究院	美国	赴美国犹他州立大学访学（国家留基委西部项目）	由国家留学基金与学校共同负担
2	2	赵晋	女	中共党员	医学院	中国澳门	赴澳门参加研修学习及交流洽谈活动	赵晋教授、周云松教授、莫晓丹老师的出访费用从学校教学科研人员出国（境）经费中列支；马青副处长、冯越老师在澳门期间的交通、食宿费用由国际健康促进协会承担，其他费用从学校出国（境）经费中列支
	3	周云松	男		医学院			
	4	莫晓丹	女		医学院			
	5	马青	女	中共党员	国际合作交流处			
	6	冯越	女	中共党员	国际合作交流处			
3	7	刘舒雯	女		新闻传播学院	泰国	赴泰国布拉帕大学攻读博士学位	全部费用由刘舒雯老师个人负担
4	8	敏振海	男		法学院	德国	赴德国纽伦堡大学访学	清华大学优秀博士生出国项目承担
5	9	尹胜麟	男		音乐学院	波兰	赴波兰肖邦音乐学院攻读博士学位	全部费用由尹胜麟老师个人负担

西北民族大学 2020 年长期国（境）外专家聘任信息一览表

序号	姓名	性别	学历	国籍	工作单位	讲授课程或工作任务	授课时间	备注
1	PEREGIL CHRISTINE FAILAGUTAN	女	本科	菲律宾	外国语学院	中级英语听说、英语口语、高级英语听说	2020.2-2021.1	
2	MOUSTAFA MAHMOUD HUSSEIN SHAABAN	男	博士	埃及	外国语学院	阿拉伯文学史、阿拉伯语精读、阿拉伯语语音、阿拉伯文学史	2020.2-2021.1	
3	HAZEM FATHY GELANY MOHAMED	男	本科	埃及	外国语学院	阿拉伯语口语1、阿拉伯语视听3、当代阿拉伯小说、阿拉伯语口语2	2020.2-2021.1	
4	SHAMOTINA ELVIRA	女	硕士	俄罗斯	外国语学院	高级口语2、俄语会话2、俄语写作2、视听说2、俄语电视新闻、视听说1、高级口语1、俄语写作1、俄语会话1、俄语外贸外事应用文	2020.2-2021.1	
5	RAO ATIF	男	硕士	巴基斯坦	经济学院	MGT 3700、FIN4300、ECN5600、ECN3170、POLS3100	2020.2-2021.1	
6	WANG RUIXI	男	硕士	德国	音乐学院	器乐演奏2、器乐演奏4、器乐演奏6、器乐演奏3、器乐演奏5、器乐演奏7、器乐演奏8、重奏6、室内乐2、乐队困难片段2、乐队困难片段4、乐队排练2、乐队排练4、	2020.2-2021.1	
7	OCA JHEFFREY VILLAREAL	男	本科	菲律宾	外国语学院	大学英语1、大学英语3	2020.2-2021.1	
8	HARIS MULYADI	男	本科	印度尼西亚	外国语学院	综合英语、中级英语听说、高级英语听说、英语听说、英语口语	2020.2-2021.1	
9	ZULQARNAIN	男	博士	巴基斯坦	生物医学研究中心	科研	2020.2-2020.9	当年离职
10	LEE MARIA F K	女	硕士	加拿大	国际教育学院	雅思、英语口语、英语写作	2020.2-2021.1	
11	LEE ROBERT THOMAS WEI TAM	男	硕士	加拿大	国际教育学院	雅思、英语口语、英语写作	2020.2-2021.1	
12	AMJAD ALI	男	博士	巴基斯坦	生物医学研究中心	科研	2020.2-2021.1	

2020年度，学校共聘请了12名长期外专，来自7个国家和地区（分别是：加拿大、俄罗斯、德国、埃及、菲律宾、巴基斯坦和印度尼西亚）在5个单位任职（分别是：外国语学院、经济学院、音乐学院、生物医学研究中心及国际教育学院）承担了45门课程的教授及科研工作。

教代会、工代会

在第八届教代会暨工会第十一届工代会三次会议上的讲话

西北民族大学党委书记 邓光玉

（2020年3月14日）

各位代表，同志们：

在大家的共同努力下，学校第八届教职工代表大会暨工会第十一届会员代表大会三次会议已经顺利完成各项议程，即将闭幕。

这次会议是在深入学习贯彻习近平新时代中国特色社会主义思想，全面贯彻落实党的十九大和十九届二中、三中、四中全会精神，全面深化综合改革、推进学校各项事业高质量发展的关键时期和疫情防控的特殊时期召开的一次重要会议。会议期间，各位代表本着对事业高度负责的态度，建睿智之言、献务实之策、谋创新之举，展现了良好的精神风貌和强烈的使命担当。会议内容实、形式新、效果好，是一次民主团结、凝聚共识、催人奋进的大会。在此，我谨代表学校党委，向大会的成功召开表示热烈祝贺！向各位代表并通过你们，向全体教职员工和离退休老同志，特别是坚守在疫情防控一线的干部职工，表示崇高的敬意和衷心的感谢！

时代不负奋斗者，韶华永眷追梦人。过去的一年，是学校发展历程中极不平凡的一年，我们解决了许多长期想解决而没有解决的难题，办成了许多过去想办而没有办成的大事，大家用汗水浇灌收获，以实干笃定前行，各项工作取得了很大成绩。成绩的取得，凝结着教代会、工会的辛勤和付出，凝结着各族师生的智慧和力量。

2020年是全面建成小康社会、实现第一个百年奋斗目标的决胜之年，是学校"十三五"规划的收官之年，"十四五"规划的谋篇之年，也是学校建校70周年。新方位赋予新使命，新征程呼唤新作为。我们要不忘初心、赓续奋斗，抓住机遇，乘势而为，为学校各项事业实现新发展新跨越开好局、起好步、奠好基。这里，我就做好全年工作，强调几点意见。

一是坚持以政治建设为统领，加强党对学校的全面领导。加强党对学校的全面领导，是坚持新时代中国特色社会主义高校办学方向的根本保证。要高举习近平新时代中国特色社会主义思想伟大旗帜，特别是深入学习习近平总书记关于教育和民族工作的重要论述，坚持党委把方向、管大局、做决策、抓班子、带队伍、保落实，确保学校始终成为坚持党的领导的坚强阵地。要以政治建设为统领，把政治标准和政治要求贯穿于学校党的建设全过程，把政治指标作为衡量全校各级党组织履行主体责任和党建工作质量的硬指标，着力增强各级党组织政治功能，提高政治领导力和思想引领力。要树立大抓基层的鲜明导向，以提升组织力为重点，完善基层组织体系，激发基层活力，推动基层党组织全面进步、全面过硬，为办好西北民族大学提供坚强组织保证。

二是坚持立德树人根本任务，全面提升人才培养质量。高校立身之本在于立德树人，只有培养出一流人才的高校，才能够成为一流大学。要坚持社会主义办学方向，把"综合协同育人"作为根本途径，把"四个服务"作为根本要求，把"坚持以人民为中心发展教育"作为根本宗旨，形成更高水平的人才培养体系。要牢牢抓住理想信念这个中心环节，切实增强用习近平新时代中国特色社会主义思想铸魂育人的自觉自信，扎实推动思政课改革创新，建强思政课教师队伍，进一步健全完善健全"三全育人"工作体系，全面提升思政工作质量。要认真落实意识形态工作责任制，加强意识形态阵地管理，牢固树立底线思维，做好意识形态领域风险防范化解工作，牢牢把握意识形态工作的领导权、主导权、话语权。要进一步加强师德师风建设，把师德师风作为教师考核评价的第一标准，选树优秀教师典型，从严查处师德失范行为，引导广大教师争做"四有好老师"，成为"四个引路人"，实现"四个相统一"。

三是坚持依法治校民主管理，推进学校治理体系和治理能力现代化。健全和完善现代大学制度，是推进高等教育改革的一个重大战略课题，是加快教育现代化的制度保障。要坚持依法治校，加快学校章程的修订完善，持续推进学校规章制度"废改立留"工作，坚决破除制约和阻碍学校事业发展的体制机制瓶颈，保障学校综合改革顺利推进。要坚持民主管理，全心全意依靠教职工办学，充分发挥工会、教代会桥梁纽带作用，依法保障教职工和广大学生在学校管理中的知情权、监督权和参与权，真正做到"民有所呼，我有所应"，不断增强广大师生员工的获得感、幸福感、安全感。要把贯彻落实党的十九届四中全会精神与落实中央和国家民委党组、甘肃省委各项决策部署相互贯通起来，与学校综合改革工作紧密结合起来，不断完善学校内部治理，着力固根基、扬优势、补短板、强弱项，进一步加强制度建设，强化制度意识，提高制度执行力，真正把制度优势转化为学校的治理效能。

四是坚持高质量发展目标，加快一流民族大学和高水平大学建设步伐。高质量的教育是夺取新时代中国特色社会主义伟大胜利的坚实基础和强力引擎，也是学校内涵式发展的必然选择。建设一流民族大学和高水平大学，必须靠质量来说话、以效果来衡量。要把关注点放在提高教育质量上来，突出质量内涵，增强质量意识，推进教育向内涵发展转变，坚持以方向领质量、借标准定质量、靠课改提质量、以师资保质量、用评价促质量，切实提高办学效益。要加快建设高水平本科教育，促进研究生教育内涵发展，扎实推进一流学科专业建设，切实加强师资队伍建设，提升教学育人水平，不断提高招生与就业创业质量，持续提升科研创新能力和社会服务水平，争取在发展中赢得主动、赢得优势、赢得未来。特别是在"十四五"规划编制中，要全面落实高质量发展要求，确保编制出一个贯彻新发展理念、符合学校实际的高质量"十四五"规划。

同志们，身逢盛世当不负盛世，生逢其时应奋斗其时。让我们更加紧密地团结在以习近平同志为核心的党中央周围，不忘初心、牢记使命，以梦为马、不负韶华，做起而行之的行动者，当攻坚克难的奋斗者，以良好的精神面貌和突出的工作业绩，向西北民族大学建校七十周年献礼，为决胜全面建成小康社会做出新的更大贡献！

在西北民族大学第八届教职工代表大会暨工会第十一届会员代表大会三次会议上的报告

——盯紧目标 抓紧落实 以优异成绩庆祝建校 70 周年

西北民族大学党委副书记、校长 郭郁烈

（2020 年 3 月 14 日）

各位代表、同志们：

今天，学校第八届教职工代表大会暨工会第十一届会员代表大会三次会议如期召开。在此，我代表校党委、校行政对大家并通过大家向全校教职员工表示亲切慰问和崇高敬意！

现在，我向大会报告工作。请各位代表审议并提出意见建议。

一、2019 年工作回顾

在学校党委的坚强领导下，我们坚持以习近平新时代中国特色社会主义思想为引领，认真学习贯彻党的十九大和历次全会精神，全面落实中央和国家民委党组、甘肃省委各项决策部署，落实第六次党代会明确的奋斗目标，坚持立德树人，深化综合改革，促进内涵发展，各项事业取得了显著成效。

（一）落实立德树人根本任务，人才培养能力不断增强

一是思政工作和校园文化建设不断强化。开展思政理论课创优一体化行动，制定实施 3 个 100 课程思政工程建设方案、承办甘肃省高校形势与政策专题宣讲集体备课会，推进课程思政与思政课程深度融合。美育体育活动丰富多彩，受到师生和社会赞誉，连续 24 年开展民族团结进步教育月活动，育人环境不断优化。

二是本科教育教学逐步加强。落实学校教育工作会议确定的一流本科行动计划，完成培养方案修订，提升本科教学质量。土木工程专业和 6 个师范类专业开展认证，一批教学平台投入使用。获批省部级教改类项目 23 项；获批"双创"教育试点改革专业 1 个、教学团队 1 个；获各类学科竞赛国际级奖 12 项、国家级奖 25 项、省级奖 219 项；获批国家级一流专业 2 个，省级一流专业 12 个，校级一流专业 4 个。20 个专业首次在甘青宁本科一批次招生，招生计划完成率 99.31%；本科第一志愿录取率 93.4%，生源质量大幅提升；共建共管甘肃省第二人民医院，作为直属附属医院并更名为西北民

族大学附属医院，解决了医学专业办学的缺项。

三是研究生培养质量不断提升。对1个博士学位授权点、16个硕士学位授权点、8个专业学位授权点开展达标评估，3个硕士点通过甘肃省专项评估，2个工程硕士专业学位点完成对应调整。评选研究生科研创新项目160项，资助研究生参加国内学术会议150余人次，研究生科学研究、实践创新水平得到提高。临床医学专业硕士学位点整改取得重要进展。

四是学生教育管理服务水平逐步提高。加强学生常规管理，教育教学和生活秩序良好；开展学业援助，参加师生共11000余人（次）。开展心理咨询与心理危机干预，服务和干预1300余人次。强化资助育人，累计发放各类资助1.1亿元，资助3万余人次。开展就业指导和培训，鼓励毕业生到基层、民族地区就业创业，举办专场招聘会150余场，发布就业信息1700余条，2019年毕业生就业率达80.45%。

（二）大力实施人才强校战略，人才队伍建设成效明显

一是人事人才改革扎实推进。召开人事人才工作会议，出台学校《关于新时代全面加强人才队伍建设工作的指导意见》《柔性引进人才办法》《科研机构人员聘任及管理暂行办法》，修订完善高层次人才引进办法，深化专业技术聘任制改革，完成部分人员的转岗聘任，从制度机制上保障人才队伍建设，有效解决人才外流问题。

二是引才稳才工作同步发力。引进高层次人才26人，接收"西部之光"访问学者2人。召开教师节表彰大会，举行教师荣休仪式和新入职教师宣誓仪式，教师职业荣誉感不断增强。371人（次）参加教师教学培训，8人入选中西部高校青年骨干教师访问学者，50余名教职工攻读学位、出国访学，扎实做好政策留人、感情留人、事业留人。

三是师资队伍建设取得新成效。全年获评国家民委突贡专家奖1人、领军人才支持计划4人、民族问题研究中青年专家、教学名师、青年教学标兵各2人；入选国家民委中青年英才计划8人、创新团队支持计划1个；88人获批享受"甘肃省高层次人才津贴"、1人获评"甘肃省高等学校教学名师"、3人获评"甘肃省普通高等学校青年教师成才奖"，完成省领军人才聘期考核，1人晋升第一层次、3人新入选、7人续聘。

（三）发挥一流学科引领作用，学科专业水平整体提升

一是"双一流"建设力度加大。制定并实施学校《一流学科建设项目管理办法》。增设艺术类校级一流学科，形成"4+1"学科建设新格局。52个一流学科中央高校基本科研项目通过审核结项。中国语言文学在2019年中国最好学科排名中位列全国前19%。

二是专业结构不断优化。组建中国语言文学学部、医学部；新增航空服务艺术与管理、数据科学与大数据专业；预警食品科学与工程等6个专业，停招信息与计算科学等2个专业。

（四）对接国家与区域重大战略，社会服务能力不断提高

一是科研工作亮点纷呈。大型《格萨尔文库》出版发行；发表SCI收录检索论文等247篇，出版论著62部，获专利授权86项。"新型免拆复合保温模板现浇混凝土节能墙体结构体系研究"成果获省科学技术进步二等奖。获批国家社科基金重大项目4项、国家社科基金"冷门""绝学"项目3项、国家自然科学基金项目11项、社科基金项目14项、省部级项目29项，全年科研项目到账经费4189万元。

二是平台建设扎实推进。与省属国资企业组建成立"甘肃鸿智达网络技术股份有限公司"，用企业运作的方式推动"一带一路特色农产品多语言电子商务平台"上线运行。成立《玛纳斯》《江格尔》等5个研究中心，获批"中亚与中国西北边疆研究中心"等3个国别和区域研究中心。生物工程与技术国家民委重点实验室以优异成绩通过评估。

三是发挥学校智力优势。编写国家通用语言文字简明学习读本，推进网络学习APP研发。落实高校支持中小学美育、体育特色发展实施计划。举办西藏自治区深度贫困县（区）藏汉双语翻译业务等培训，为务川白山羊产业提供科技支撑。学校获甘肃省脱贫攻坚帮扶工作考核"优秀"等次。

（五）深化拓展对外合作，开放办学力度进一步加大

一是交流合作不断深化。与俄罗斯列宾美术学院等国外高水平大学签订校际合作协议4项。选派49个团组、220人次赴国（境）外开展文化交流活动，20余名学生赴国（境）外高校留学、研修。全年获批外专引智项目27项、594万元。聘请188名长短期国（境）外专家来校任教、访学，举办4场国际会议，开展"寻甘同味，舞乐敦煌—2019陇台大学生敦煌文化研习营"活动。

二是对口支援工作扎实推进。2名教师作为川大博导参与博士生招生，30名骨干教师赴川大进修学习。首次实现两校干部交流挂职，川大3名干部挂任学院、职能处室负责人，19名川大专家学者来校开展学术交流。学校6名副处级干部在川大挂职锻炼，95人次赴川大调研学习，10名教师考取川大博士研究生；50名学生参加"2019川大国际课程周""优秀大学生暑期夏令营"活动，持续开展与川大联合培养本科生工作。

三是校际校地合作不断深化。与西南民大、甘肃农大签署战略合作框架协议，11名教师遴选为对方博导。与940医院签订协议，挂牌学校临床医学院；与省卫健委签署《落实＜国家民委 甘肃省政府共建共管西北民族大学直属附属医院合作协议＞实施方案》，推进医教协同；与城关区签订协作办学协议，协同建设西北民族大学附属幼儿园、小学、中学。

（六）强化运行保障，办学条件得到有力改善

一是服务支撑体系不断加强。强化内部审计和过程审计，2018年经济责任审计问题整改全部落实。贯彻落实政府会计制度，学校收入预算完成率99.13%，首次获得预算执行国家财政奖励经费1552万元。开展资产清查盘点，完善"资产综合管理网络平台"。建立学校大型仪器设备共享机制和

实验室开放管理机制。加快图书文献、档案资源数字化建设进程。提高学校医院公共卫生服务水平。学校科技园建设进展顺利，校属企业稳步发展。

二是民生福祉得到持续提升。完成留学生公寓楼、文科教学楼、榆中校区派出所建设改造项目，开工建设实验实训大楼一期工程，推进教职工住宅（一期）工程3、4、5、10号楼建设。投入物价平抑基金280万元，保持学生食堂饭菜价格稳定。新教工公寓启用，接待能力进一步增强。增设3处学校通勤车停靠点，方便师生出行。开设"深夜食堂"，延长食堂营业时间，满足师生生活需要。

三是校园安全防线不断巩固。制定《校园安全稳定综合治理工作实施方案》，建立风险防控工作台账，强化安全排查和风险隐患处置。发挥学校派出所功能，配合开展扫黑除恶等专项整治，在全省平安校园考核中位居前列。

（七）坚持稳中求进，综合改革不断推进

一是推进制度创新和治理能力建设。加快推进现代大学制度建设，清理规章制度542项，修订238项、制定53项、废止67项，发挥制度管人管事管权作用。

二是深化"放管服"改革。进一步简化程序、优化服务，增强学院办学自主权。推进智慧校园建设一期项目，加大在线财务服务力度，提升网上办文、办事、办会能力水平，让数据多跑路，师生少跑路、不跑路。

（八）坚持党对学校的领导，组织保障更加坚强有力

一是坚持党委领导下的校长负责制。深入开展"不忘初心、牢记使命"主题教育。落实党对学校工作全面领导制度，发挥各级党组织作用，修订党委常委会会议、校长办公会议议事规则，制定《"三重一大"决策制度实施办法》，进一步规范学校决策行为，防范化解决策风险。

二是廉政建设稳步推进。深入落实学校《贯彻中央八项规定实施细则的实施办法》，明确"一岗双责"事项，进一步靠实廉政责任。赴甘肃省廉政教育基地参观学习，举办"守纪律、讲规矩"主题报告会，组织纪检委员研讨班，营造风清气正的干事创业环境。

三是作风建设不断深化。印发实施《关于落实解决形式主义突出问题为基层减负工作的通知》，全校文件、会议数量同比减少三分之一。贯彻落实中央关于过"紧日子"的要求，推进公务用车改革，全年学校一般性支出压减10%以上，"三公"经费下降13.6%。

过去一年所取得的成绩，是国家民委党组、甘肃省委省政府关心支持的结果，是学校党委坚强领导的结果，更是全校师生员工齐心协力、奋力拼搏的结果。在此，我向大家表示衷心的感谢！

二、形势任务和总体要求

习近平总书记在十九大报告中提出，加快一流大学和一流学科建设，实现高等教育内涵式发展。

这是新时代高等教育的新使命、新任务、新机遇，是学校工作的根本遵循和行动指南。高等教育改革的"四梁八柱"基本建立、各项工作已经进入"内部精装修"的阶段；国家提出"一带一路"倡议、推动新一轮西部大开发战略和省委省政府实施榆中生态创新城建设规划。这些，对我们既是挑战也是机遇。我们必须精准研判所处方位，正视自身短板弱项，清醒把握改革发展任务。

一是学科专业改革发展的任务繁重。学科特色还不够鲜明。学科建设靠学校、科研成果归自己的惯性思维比较严重。以二级学院为主体的学科建设责任没有完全落实。学科整合优化不够。学位点建设和整改任务艰巨。专业结构、布局、内涵建设还不能完全适应经济社会发展需求。

二是人才队伍建设的任务繁重。稳住人才、引进人才等方面的矛盾比较突出。评价体系不够科学，对于人才成长的激励制度有待进一步落实。高层次人才尤其是拔尖青年人才仍然缺乏。学科建设缺少重大研究成果、权威话语权和具有较高社会美誉度标志性人物的支撑。学科团队建设的自觉性不强，梯队断层严重。教师教学能力和综合素养需要进一步提升。

三是科研提质增量的任务繁重。科研工作的内生动力有待加强，服务国家重大战略仍有差距，与区域经济发展的契合度、对社会的贡献度仍然较低，产出和服务能力与社会需求尤其是区域经济社会发展不完全适应。联合攻关、解决复杂现实难题的能力有待进一步增强。应用性研究的量和质，与应用性学科专业在学校的占比不成比例。新老学科平台的建设还需加强统筹，加大力度。

四是人才培养质量提升的任务繁重。德智体美劳全面发展的人才培养模式还不完善。"四新"人才培养模式还不健全。教师师德规范还需不断加强。创新创业教育实践与新的形势政策要求还有差距。产教融合、科教融合的协同培养机制尚未完全形成。教学方法相对陈旧。给学生"增负"的具体举措还需探索。

五是治理体系和治理能力提升的任务繁重。以立德树人为根本的"三全"育人格局还需完善；内部治理结构、运行机制和管理制度还不够健全。科学合理的评价体系还有待于进一步建构和完善。以绩效为目标的内审、内控体系亟需健全和施行。部分干部学习意识、政策意识、法治意识、规则意识不强，危机意识缺乏，执行力不足。

六是服务保障支撑体系建设的任务繁重。办学空间结构性矛盾仍然存在，办学环境条件尚需进一步优化。还贷压力、资金紧缺明显。服务能力和质量与师生员工期待还有距离。受疫情影响，预算执行变数增大。

七是思政教育和安全稳定的任务十分繁重。思政工作针对性和实效性有待加强。意识形态领域和防范"三股势力"渗透的斗争形势依然复杂严峻。文明校园、和谐校园、绿色校园、法治校园、平安校园创建任务艰巨。

困难与希望同在，挑战与机遇并存。面对新的形势和任务，我们必须深入研究，认真反思，不断改进提升自我。

一要进一步革新思想观念。我们要深入研究高等教育面临的形势，深入研究党和国家的方针政策，进一步强化全局观念、法治观念、求真观念，大局意识、规矩意识、务实意识。要运用"思想"的力量，引领我们的行动和实践。

二要进一步提升能力水平。我们要有本领恐慌的危机感，"吾日三省吾身"的自觉性，不断查找自身的短板和弱项，通过刻苦的学习和实践，提高自身综合素质，增强发现问题、分析问题、解决问题的能力和水平。

三要进一步转变作风状态。我们要坚决杜绝庸政懒政怠政行为，以时不我待的紧迫感和危机感，不待扬鞭自奋蹄的进取状态，积极作为，努力奋进，让"黄土地"和"黄河"精神成为我们每一位西北民大人的风貌。

四要进一步强化抓紧落实。"坐而论道，不如起而行之""抓而不紧，等于不抓"。我们要发扬实事求是的精神，一切从实际出发，周密谋划，科学决策，认准了目标、布署了工作就要紧紧抓住不放，高标准落地落实，有作有成，善作善成，有始有终，善始善终。

三、2020年主要工作

2020年学校工作思路是：高举中国特色社会主义伟大旗帜，以习近平新时代中国特色社会主义思想为指导，深入学习贯彻十九届四中全会精神，贯彻学校第六次党代会精神，全面加强党的领导，在"抓紧""落实"上着力，进一步深化综合改革、进一步推进依法治校、进一步构建现代大学制度、进一步提升学校综合实力，奋力建设高水平大学和一流民族大学。

（一）抓紧人才培养，落实立德树人根本任务

一是加大力度推进习近平新时代中国特色社会主义思想"三进"工作。完成"马克思主义三重工程""三个100"课程思政建设工程年度任务。做到"马工程"重点教材应用全用，促进教材体系向教学体系转化，努力实现课程思政、专业思政工作全覆盖。

二是按照学校教学工作会议提出的"健全问题、课程、政策、任务、责任五个清单和台账，逐项抓好落实"要求和"两个根本、两个基础、两个革命、两个建设、两个保障"的思路，细化分解各项工作任务，明确年度工作目标，并切实落实到位。

三是贯彻实施能力导向一体化人才培养体系，优化各类教学资源配置，进一步加强创新创业平台建设，努力培养学生的实践能力、创新能力和创业能力。启动实施"基础学科拔尖学生培养计划2.0"，建设基础学科拔尖学生培养基地。

四是坚持本科教学的中心地位，加强教育教学制度建设，落实"四个回归"，继续强化教授为本科生上课制度，积极探索给本科生"增负"的路径、方法。

五是进一步加强学生学业援助、心理危机救助、生活困难资助；加强学生法制教育，增强学生法治意识；加大文明宿舍建设力度，让学生宿舍成为健康成长的重要场所。

六是强化教育教学质量监控，完善学校教学督导体系，建立覆盖人才培养全过程的闭环质量监控体系。

（二）抓紧综合改革，落实内部治理体系建设任务

一是启动学校"十四五"规划编制工作，科学确定学校"十四五"总体、专项和院部（中心）发展规划。完成学校章程修订，持续推进规章制度"废、留、改、立、释"工作，加快推进学校治理体系和治理能力现代化。

二是坚持和完善党对学校全面领导的制度体系。深化学术评价体系、管理方式、职称评审和绩效分配制度改革。建立人员聘用年薪制、协议工资、项目工资等灵活薪酬分配体系。

三是围绕会计制度改革，加快财务信息化、核算标准化等建设，常态化推进预算执行。

四是强化制度执行，努力把制度优势转化为治理效能。

（三）抓紧学科建设，落实学位点建设和整改任务

一是对标对表，全力迎接全国第五轮学科评估；以五个一流学科建设为引领，辐射带动一批一级学科、省部级重点学科建设发展。

二是深化学科改革，召开学科建设工作会议。持续开展学科结构优化、特色凝练工作，构造各学科之间相互支撑、高度融合的学科生态，不断催生新的学科增长点。抓紧建立与国家战略需求和区域经济社会发展需求相适应的学科体系。

三是做好新一轮学位授权点申报准备工作。全面完成临床医学硕士专业学位点整改任务。提升附属医院主要医疗指标与综合能力。完成中国语言文学博士后科研流动站评估工作。

（四）抓紧科学研究，落实横向突破任务

一是深化科研体制改革，优化科研激励和绩效评价机制，出台学校《学术不端行为处理办法》。进一步提升科研管理信息化服务水平，推行"一站式"科研管理服务。加强科研创新平台建设，调整和优化现有平台，建设科技成果转化示范基地和"双创"示范园，促进科研反哺教学。

二是出台学校《横向科研项目管理办法》《2020年度校地合作联合资助项目实施方案》。加力校地校企合作，助力甘肃"十大"产业发展、兰州"都会城市，精致兰州"建设和民族地区发展。推进武陵山片区和"三区三州"科技扶贫项目落地落实。做好年度调研规划和组织实施，力争产出高水平调研成果，充分发挥智库作用。

三是抓好已获批国家社科基金重大项目执行工作。组织好本年度各类重大项目选题征集、申报。充分发挥各类研究和服务平台作用。

（五）抓紧队伍建设，落实引才稳才用才任务

一是全面落实学校《高层次人才引进办法》《教职工教育培训工作管理办法》《科研机构人员聘任及管理暂行办法》，进一步完善人才引进、公开招聘、职称评审、考核评价等制度建设以及与之相互配套、衔接的一系列办法措施。落实"兰山学者"人才计划、教辅队伍专业化水平提升计划、管理服务队伍整体素质提升计划。

二是确保完成公开招聘、特设岗位、柔性引进等人才队伍建设任务。采用合同聘用、项目合作、指导团队形式，支持各类引进人才开展工作。

三是用好现有人才，为人才发挥作用尽力创造良好条件。积极参与国家及上级部门开展的各类人才工程项目。继续推动提升人才队伍学历层次和教学科研水平，力争取得新的突破。

（六）抓紧开放办学，落实国际国内合作任务

一是持续加强同国（境）外高校及相关社会机构的交流合作，建立校际合作平台及人才培训网络。拓展与"一带一路"沿线国家高校和科研机构的实质性合作。持续加强外专引智共享机制建设。提升国际学生培养质量。

二是持续推进四川大学对口支援，制定学校《对口支援管理办法》。落实好两校对口支援年度计划各项任务，不断放大四川大学对口支援实际效应。

三是加强校地校际合作，积极拓展与国内、省内高校合作渠道，逐步实现资源共享、平台共建、人才互用。加强与省、市、区政府合作，不断优化改善办学环境。全面落实幼小初合作办学协议。

（七）抓紧民望民生，落实服务保障提升任务

一是抢抓政策机遇，协调榆中校区南侧道路、南大门和教职工住宅区建设。推进实验实训大楼一期项目建设和大学生室内活动中心立项。实现西北新村校区教职工10号公寓楼竣工、3、4、5号主体结构封顶，文科教学楼、留学生公寓楼工程正式投入使用。完成榆中校区设施改造、扩容和绿化工程。全面更新两校区多媒体教学设备。力争实现旧住宅楼加装电梯零的突破、11路公交车由东向西线路设立学校站点。

二是提升后勤服务保障能力水平，注重卫生安全，提高饮食质量。抓紧预算项目招标采购、加快资产报废处置。加强实验室安全管理，实施大型仪器设备共享和实验室开放绩效考核。实施智慧校园及大数据应用二期建设。推进智慧图书馆升级。完成西北新村校区安防升级改造、档案资源数字化项目。结合疫情防控，切实提高校医院公共卫生服务水平。

三是围绕建设文明校园、和谐校园、美丽校园、法治校园、平安校园主题，开展系列文化活动。完成校庆筹备各项任务，开展建校70周年系列活动，把系列活动和学校全年常规工作结合起来，纳入工作计划，一项一项落实到位。

四是加强校友会和基金会建设，完善校友信息，多角度服务校友，多渠道争取社会捐赠，增强学校办学实力。

五是发挥离退休干部的独特优势；坚持思想上关心、生活上照顾、精神上关怀，保持敬重之心、倾注关爱之情，多做务实之事、依法保障离退休干部各项权益，主动排忧解难，让广大离退休干部安心舒心暖心。

（八）抓紧勤政廉政，落实党风政风建设任务

一是落实学校全面从严治党工作会议精神，着力提高政治能力，提升防范化解风险本领。严格落实党委领导下的校长负责制，严格执行学校议事规则、规范学院会议制度。充分发挥"两代会"代表委员作用，坚持依法治校、依法治教、依法治学；坚持正确办学方向，坚决维护校园安全稳定。

二是深入贯彻中央八项规定精神，严格执行领导干部年度、聘期述廉制度，召开全校内控（审计）会议。强化对重点领域和关键环节的监督，建立健全风险预警、内外监督、考核评价和责任追究等机制。

三是以转变思想作风和工作作风为重点，加强政风、学风、校风建设，促进勤政廉政，从严查处违法违纪、师德失范行为，构建作风建设长效机制。

四是全面贯彻习近平总书记关于疫情防控工作的重要讲话、指示批示精神和党中央、国务院决策部署，按照教育部"五个一律"要求和属地各项工作安排，做好学校疫情防控、线上教学服务、学生返校准备等工作，坚持全年工作目标不动摇。

2020年是我国实现第一个百年目标、全面建成小康社会的收官之年，也是学校70周年校庆的喜庆之年。2020年，注定是不平凡的一年，这一年我们在抗击新冠肺炎疫情的人民战役中开启新年，学校高质量发展还重任在肩。我们要一手抓疫情防控，一手抓学校发展，两手都要抓，两手都要硬，两手都要赢！

各位代表，同志们：

上下同欲者胜，同舟共济者赢。让我们更加紧密地团结在以习近平同志为核心的党中央周围，在国家民委党组、甘肃省委和学校党委的坚强领导下，不忘初心、牢记使命，努力书写学校高质量发展的新答卷，以优异成绩迎接70周年校庆！

财务工作

在西北民族大学 2020 年度内部控制暨内部审计工作会议上的讲话

西北民族大学党委书记　邓光玉

（2020 年 4 月 2 日）

同志们：

刚才郁烈同志作了一个很全面、很重要的报告。报告站在推进学校治理体系和治理能力现代化的高度，深刻阐述了加强内控建设和内审工作的重要意义，全面总结了学校内控建设和内审工作取得的新成效，深刻分析了学校内控建设的短板弱项，明确提出了内控建设要求，部署安排了 2020 年内审工作。请大家认真学习领会，抓好贯彻落实。下面我再强调三点意见。

一、提高站位，不断加强和改进内控建设和内部审计工作

内控建设和内部审计是学校治理体系、治理能力的重要组成部分。不仅是业务工作，更是政治工作。我们必须深入学习贯彻习近平总书记关于审计工作的重要论述，深入学习十九届四中全会精神，增强"四个意识"，坚定"四个自信"，做到"两个维护"，强化守土有责、守土担责、守土尽责的政治担当，用好内控建设和内部审计监督这一重要抓手，发挥预防保护、服务促进、评价鉴证功能，不折不扣落实全面从严治党责任，提高履职尽责本领和防范各种风险的能力，用内控建设和内审工作取得的新成效推进学校治理体系和治理能力现代化。

二、加强统筹，切实把内控建设深度融入学校治理

要注重内控建设与党建工作深度融合。以内控强党建，将内控建设作为落实全面从严治党主体责任的重要抓手；以党建促内控，把党风廉政建设新要求贯穿内控建设全过程。针对巡视、巡察、审计反馈问题，进一步梳理廉政风险点，完善内控机制，把推进全面从严治党向纵深发展的要求落到实处。

要注重内控建设与学校综合改革深度融合。增强内控制度的执行力、约束力，将内控要求落实到办学治校的全过程。要把完善内控体系建设有机融入学校综合改革，列入"十四五"规划。

要注重内控建设与日常监督深度融合。将内控建设作为加强日常监督的重要内容，通过严密的内控工作流程和风险防范措施，堵塞漏洞。严格执行学校选人用人、招聘招生、岗位管理、奖项评定、

项目（课题）评审、政府采购、资产管理、合同管理、预算管理等方面的规定，自觉尊崇制度、维护制度，强化制度的约束力。

三、加强领导，确保工作部署落实到位

要切实把党的领导贯穿到内部控制建设和内部审计工作全过程、各环节。坚持内部审计服务学校中心工作和大局的理念，要聚焦重点、创新理念，不断提高内部审计监督的广度和深度。要压实工作责任、注重成果运用、构建长效机制，推动各项工作制度化、规范化、科学化。要形成监督合力，把内审监督与纪检监察、组织人事、校内巡察等贯通起来，完善学校治理监督体系。

在西北民族大学 2020 年度内部控制暨内部审计工作会议上的讲话

西北民族大学党委副书记、校长 郭郁烈

（2020 年 4 月 2 日）

同志们：

根据学校 2020 年工作安排，今天下午召开内部控制暨内部审计工作会议。这次会议的主要任务是：以习近平新时代中国特色社会主义思想为指导，深入学习贯彻党的十九届四中全会精神，认真贯彻落实党中央、国务院和国家民委、教育部、甘肃省关于高校工作的决策部署和具体要求，紧紧围绕办学目标和学校 2020 年工作要点，完善内控建设，强化内审监督，增强底线思维，防范化解风险，着力推进学校治理体系和治理能力现代化。

《教育部直属高校经济活动内部控制指南（试行）》（教财厅〔2016〕2 号）指出："高校内部控制是指学校为实现办学目标，通过制定制度、实施措施和执行程序，对经济活动的风险进行防范和管控。高校内部控制的目标主要包括：保证学校经济活动合法合规、资产安全和使用有效、财务信息真实完整，有效防范舞弊和预防腐败，提高资源配置和使用效益。"近年来，学校聚焦立德树人这一根本，坚持党对学校工作的全面领导，坚持社会主义办学方向，铸牢中华民族共同体意识，推进依法治校，完善治理体系，提高治理能力，坚持固根基、扬优势、补短板、强弱项，各项工作取得了显著成果。

2020 年是学校"十四五"规划谋划之年，是推进综合改革任务完成的关键之年，也是学校建校 70 周年。进一步加强内部控制建设，推进和完善学校治理体系和治理能力现代化，是今年的一项重要工作目标和任务。

一、充分认识内控建设在推进学校治理体系和治理能力现代化过程中的重要意义

第一，提高认识，筑牢思想根基。高校内部控制建设是实现学校办学目标和事业发展规划的重要举措，也是学校人才培养和科学研究工作顺利进行的重要保障手段。通过规范管理、有效控制、追责问效、防范风险，支持学校的可持续发展。《教育部直属高校经济活动内部控制指南（试行）》明确要求"高校党政领导班子及其各级领导干部要高度重视内部控制建设，要将建立健全内部控制作为高校健全治理体系和提高治理能力建设的重要组成部分，列入学校长期规划，常抓不懈。"

习近平总书记在主持召开中央审计委员会第一次会议时指出，要加强内部审计工作的指导和监督，调动内部审计和社会审计的力量，增强审计监督合力，做到"应审必审、凡审必严、严肃问责"。我们要认真学习习近平总书记对审计工作的重要指示精神，充分认识内部审计是作为高校经济决策科学化、内部管理规范化、风险防控常态化的一项重要制度设计，既是高校强化内部控制不可或缺的重要手段，又是国家治理体系的基础环节和重要组成部分。学校党委和行政高度重视审计结果和审计整改，党委常委会会议专门听取审计事项实施情况报告，校长办公会审议落实审计整改方案、整改措施，专题会议推进审计整改，力求通过对审计结果的运用和审计整改成效的巩固，不断提升学校治理能力。我们深刻认识到加强内部控制建设是推进学校治理体系和治理能力现代化的需要。

第二，履行职责，服务中心工作。内部控制暨内部审计是对学校控制环境、预决算管理、资产管理、债务管理、收入管理、支出管理、合同管理、采购管理、工程项目管理、科研项目管理、财政专项项目管理、经济活动信息化管理、所属企业管理、教育基金会管理、其他附属单位管理的系统全面的监督评价。2018年以来，学校内部审计实施基建工程（大型维修）项目跟踪审计18项，报审金额2.5亿元，审减率9.26%。对70名党政主要负责人进行经济责任离任审计，开展科研项目结项（题）审计18项，组织完成2018年学校内部控制建设情况评价报告，积极协助配合上级主管部门开展校主要领导经济责任离任审计，提出了一批审计整改建议，维护了学校内部活动秩序。

第三，完善制度，发挥内控效果。去年以来，学校根据新时代新形势新要求，全方位开展管理制度"废、留、改、立、释"工作，修订完善新建了一系列规章制度，目前正在抓紧修订学校章程、学术委员会章程等。学校初步形成了内部控制的制度体系，为进一步强化内部控制，做好内部审计提供了基本的制度保障。

二、增强责任意识，直面学校内部控制工作存在的差距

在充分肯定学校内部控制建设成绩的同时，我们还必须保持清醒头脑，充分认识学校内部控制建设与新时代新形势新任务的要求还有较大差距。

（一）思想认识还不到位。具体表现在：一是对内部控制和审计重要性的认识还不到位。二是"过紧日子"的思想还没有完全树立，大手大脚，跑冒滴漏等浪费现象还比较多。三是绩效观念、目标意识不强，花钱必问效、无效必问责的意识没有完全树立。四是学习政策、研究政策、运用政策和按规矩办事的意识不强，执行政策中普遍存在只顾一点不及其余，片面化简单化机械化现象突出。五是"抓紧"和"落实"都不够到位。对制度和工作抓而不紧的现象、该抓紧的不抓紧、该放手的抓住不放的现象并存，一些制度办法停留在口头上，把安排了当落实了现象明显，踏石留印、抓铁有痕的干劲和精神还不够。六是一些同志大局观念、全局意识还不强，部门意识、"自留地"思想等落后的小农经济意识与现代管理格格不入。

（二）组织架构和制度建设还存在弱项。学校内控组织架构还不够完整系统。制度供给不足，无

章可循或有章不循，内部机制不完善、权责边界不清晰、岗位职责模糊、运行流程倒置、节点控制不科学、监督落实不到位等，这些问题不仅存在于学校经济活动过程中，同样也存在于管理、服务过程中。例如，二级学院（部、中心、所）党组织与所在单位行政职责划分，学校章程就有明确规定，党政主要负责人的职责，学校党委印发的《西北民族大学机构改革方案》（党委发〔2018〕39号）非常清晰，但在实际工作中，一些二级学院（部、中心、所）并没有很好地去研究执行，存在党政职责不清晰，主要负责人之间职责模糊，有些甚至缺位、错位、越位，影响事业发展。一些部门对职责范围内的工作内容政策方向研究不深不透不系统，上级主管部门出台的政策理解把握不准，出台政策要么照搬照抄、脱离实际，要么闭门造车、不能与时俱进。

（三）工作过程中还存在抓而不紧、落而不实等问题。"应审必审、凡审必严、严肃问责"还没有完全落实到位，教育部《指南》中规定的15个方面有一些内审还没有涉及；审计整改不到位，虽经历了多次审计整改、巡视整改等，但仍然存在一些整改事项没有落实到位，或者改了又犯，没有治本，没有形成长效机制，经不起检查的现象比较突出；预算编制和执行仍然存在薄弱环节，对预算严肃性的认识不到位，全口径预算还不够彻底，预算项目论证不科学、不严密、不精准，导致预算执行难、随意、滞后、调整频繁等现象时有发生，抓预算执行就是抓事业发展，预算执行的状态就是我们工作的状态的观念还没有完全树立；开源节流差距明显。

从内控角度讲，学校目前还存在资源综合效能不高、人财物资源协调不匹配、资源拥有与发挥效率不充分、管理不到位等问题。重购置轻使用、重占有轻共享的现象比较普遍。还没有形成一套行之有效的绩效评价机制。如2019年审计发现个别设备长时间闲置，甚至没有开箱；一些出版合同支付费用后长时间没有执行；个别实验室耗费大量资金购置设备，实际取得的成果和利用率不高；一些大型仪器设备年运行机时数很低、甚至不达标。办公用房分配缺乏制度规范，"贫富不均"现象引发矛盾，影响工作积极性；教学用房紧张与空闲现象并存；实验室评估和认证面积不达标与闲置、利用率低并存等问题。这些都说明，内控存在薄弱环节，资源统筹配置能力偏弱，责任意识和本领担当需要增强。

从外部审计反馈结果看，还存在以下几方面问题：一是内控制度建设和执行方面，存在"三重一大"制度落实不到位，合同台账登记不健全等问题。二是采购方面，存在统一采购分次报销，规避采购制度；合同签订不规范，服务支出超出服务商的经营范围等问题。三是资产管理方面，存在资产处置报废手续不全，办理固定资产入账手续不及时，个别资产闲置，一些资产账实不符等问题。四是财务报销方面，存在差旅费超标准、住宿费明细不清、报销票据抬头书写不规范，往来账款清理不及时等问题。这些虽然都是审计发现的个别情况，但必须举一反三、补齐短板，防患于未然。

（四）内控队伍建设亟需加强。学校内控队伍素质参差不齐，责任意识、担当精神、业务能力、政策水平等与新时代新形势新任务的要求还不完全适应。

这些问题的存在原因是多方面的，我们既要科学分析，理性对待，又要坚定决心，增强信心，以刀刃向内，自我革命的勇气，坚决予以解决。

三、完善内控体系和加强审计监督，为完成年度工作目标提供有力保障

近期，学校召开了"两代会"、全面从严治党工作会议，印发了2020年工作要点，对学校年度工作任务作了全面部署和安排，内部控制建设要紧紧围绕学校确定的各项工作任务目标开展。

第一，强化思想认识。要进一步提高对内部控制工作重要性的认识。内部控制是规范权力运行的重要手段，是强化过程监管的重要方式，是提高资源绩效的重要保障。加强内部控制工作，是完善学校内部治理结构和健全权力约束机制的重要措施，对促进高校科学发展具有重要意义。要高度重视内部审计工作，切实发挥内部审计"免疫系统"作用，通过内部审计规范学校经济管理，落实领导干部经济责任，提高资源绩效。要把构建系统完备、科学规范、运行有效的制度体系贯穿于学校内部控制建设和日常工作全过程。要正视差距，直面学校内部控制存在的短板和弱项，进一步增强工作的紧迫感、责任感，切实组织好实施好学校内部控制建设，为提升办学效益提供保障。要牢固树立过"紧日子"思想，勤俭节约、艰苦奋斗。"过紧日子"既是国家要求，也是学校事业发展的内在需要，我们要立足学校实际情况办事业，不做超越学校实际情况和发展阶段的事情，不做突破财力的事情，尽力而为，量力而行。要压减一般性支出，严格支出活动审批。要严格控制会议、培训、差旅等活动审批，在国家规定的经费开支标准内，厉行节约；压减"三公"经费预算；除紧急、特别、重大特殊事项外，一般不再追加年度预算。

第二，强化监督约束。要进一步建立健全内部控制关键岗位责任制，确保不相容岗位相互分离、相互制约和相互监督。要梳理办学业务流程和各类经济活动，充分利用现代科学技术手段，明确业务环节、系统分析活动风险，确定风险点，选择风险应对策略，提高学校管理服务水平和风险防控能力，促进学校可持续发展，更好发挥内部控制在提升治理水平、规范内部权力、促进依法治校、推进廉政建设中的作用。

第三，强化资源配置。内控建设的基本路径就是要强化职责，防范风险隐患，提高资源综合效能。要使内部控制思想深入每个教职工，形成人人注重风险防范、处处强化责任意识的良好氛围。构建与现代大学治理体系相适应的，权责一致、制衡有效、运行顺畅、执行有力、管理科学的内部控制体系。目前，学校校园占地面积3071.22亩，拥有房屋建筑面积74.8万平方米，固定资产原值39.05亿元，其中教学科研仪器设备4.9亿元，图书藏书401.83万册（含电子图书），拥有中外文献资料库53个，实现两校区有线无线网络全覆盖，网络出口宽带达到15.3G。现有在岗在编教职工1904人，其中专任教师1289人，硕士以上1000人，非在编在岗人员1564人，年度各种渠道办学资金来源预算收入14亿多元（2020年），这些都是学校办学的基础核心资源。比起发达地区高校，也许这些资源不算什么优势，但在西部、甘肃地区，与相同规模的在兰高校比较，学校国家财政教育经费拨款还是有优势的，总体来讲还是高的，这也充分体现了党和国家对民族高校发展的重视和关怀。当然，地方高校

也有自己的优势资源。我们面临着两地办学等诸多困难问题，但有些问题是无法回避的，必须通过制度建设，努力把所拥有的资源优势转换为办学质量优势，把环境不利因素转化为奋斗前行的力量，践行初心和使命，振奋精神、迎难而上。2020年学校预算人员经费近7.5亿元，如何才能更好更有效地发挥这笔资金的保障和激励作用，进一步激发广大教职工新时代新担当新作为，进一步激发2.6万余名各民族青年学子奋发图强，更好地保障634名曾经为民大发展做出贡献的老同志过好退休生活。这都需要继续改革，不断完善体制机制，统筹优化资源结构，提高资金使用的综合绩效。还要积极"开源"，多渠道筹资。下一步要确定学校年度收入任务目标，调动部门工作积极性和主动性，围绕科研合作、成果转化、教育培训、社会捐赠等确定管理部门年度收入目标，努力寻找新的增长点，促进学校收入的增长，为学校事业发展奠定坚实基础。

第四，强化制度建设。各部门各单位要以谋划学校"十四五"规划为契机，进一步拓宽视野，全面审视内部控制制度建设。要站位高、目标远、落地实，把内控建设体系放在学校改革发展、教学科研的大局中来思考、谋划和部署，把内控建设新理念新制度新思想新方法融入到各项规划和日常办学治校上，提高学校内部管理水平。要积极发挥制度管长远、管根本的重要作用，持续规范内部经济活动和业务活动，建立完善科学高效的制度体系和监督评价机制，从制度上消除风险隐患。各部门各单位要仔细梳理规章制度、完善制度体系、规范业务流程，做好自查自纠工作，提质增效，高质量完成各项工作任务。

第五，强化预算执行管理。要树立抓预算执行就是抓事业发展，预算执行的状态就是我们工作的状态的观念；要转变思想观念，从"钱等项目"变为"项目等钱"，提早谋划；要优化项目，科学论证，精准设计，把有限的资金花到最需要的地方；要加强督办，建立预算执行督办机制；完善奖惩措施，在保障财政资金安全和效益的同时，充分调动各级项目负责人加快预算执行的积极性和主动性。要突出"绩效"观念，全面推进绩效管理。以全面预算绩效管理为重要抓手，优化预算管理模式，落实资金使用单位主体责任，盘活存量，统筹校内资金，强化资金使用效益，把"花钱必问效、无效必问责"的要求落到实处。

《西北民族大学2020年度内部审计工作计划》已经党委常委会会议审议通过实施。《工作计划》围绕学校主要经济活动内容，共确定了10多项重点工作和主要任务，各方面都要高度重视，认真抓好落实。

一要着力落实学校重大决策项目跟踪审计。按照学校党委、行政的统一部署和要求，积极落实确定的重大建设项目的跟踪审计。加强和完善预算绩效管理过程的审计监督，督促协助做好预算执行工作。

二要着力拓展优化内审方式，增强审计监督效能。积极探索融合式、"1+N"等审计组织方式，努力做到"一审多项""一审多果""一果多用"，把经济责任审计、专项审计、基建（维修）项目审计、经济合同审计等有机结合起来，积极探索多项目融合、多视角分析、多方式结合的内部审计方式，做好内部审计项目、内部审计组织方式"两统筹",推进内部审计工作高质量发展。

三要着力完善内部控制评价机制,加强风险防控。坚持以问题、目标和效果为导向,有针对性地开展学校内部控制的某个要素、某项业务活动以及业务活动某个环节的内部控制审计评价,通过揭示内部控制缺陷,提出健全优化内部控制建议并督促执行,推动管理工作规范化。

四要着力开展经济责任审计,促进党风廉政建设。科学稳慎精准有效推进经济责任审计,坚持"三个区分开来"。聚焦领导干部守纪、守法、守规和尽责情况,聚焦严格贯彻落实中央八项规定及其实施细则精神,聚焦党风廉政建设责任制落实情况,将任期经济责任审计与离任经济责任审计相结合,重点促进领导干部守土有责、守土尽责、守土担责。

五要着力推进审计整改,强化内部审计结果运用。加强内部审计发现问题整改,明确被审计单位主要负责人为整改第一责任人,要及时研究分析审计建议,建立审计发现问题整改台账,注重堵塞管理漏洞,建立健全长效机制,提高管理绩效。健全整改责任追究机制。强化内部审计结果的运用,加强内部审计与学校纪检、巡察、组织人事等部门的沟通协作,建立信息共享等机制,努力提升内部审计工作成效。目前学校还有审计发现的5个问题按计划正处于整改阶段,希望相关部门责任人一定要负起责任,善始善终,整改到位。要营造良好环境,让大家在规规矩矩、清清爽爽、干干净净的氛围中工作。

六要着力规范审计程序,积极支持配合内部审计工作。内审部门要加强依法审计意识,把准定位和角度,恪守内部审计的权利边界,创新审计方法,不断提高审计质量。各部门各单位要积极支持配合内部审计工作,依法自觉接受审计监督,切实做到以审促改,以改促建。

七要加强内部控制建设,防范财务风险。把内部控制风险评估、预算执行、业务流程梳理、资产定期核查盘点与跟踪管理等作为内部控制制度建立与实施的重点工作,进一步提升内部控制效果,实现对经济业务和与经济业务相关事项的风险进行更有效的控制。

八要加强内控队伍自身建设。要进一步提高政治站位、思想水平、政策水平和工作能力;要不断强化思想淬炼、政治历练、实践锻炼、专业训练,确保高质量完成各项工作任务。

同志们,当前学校一方面要统筹抓紧抓实抓细疫情防控工作,一方面要统筹推进学校改革发展稳定各项工作。我们一定要坚持不懈深入学习贯彻习近平总书记关于审计工作的重要指示批示精神,贯彻落实国家民委、教育部、甘肃省和学校党委对内部控制工作的部署要求,紧紧围绕学校中心工作和目标任务,坚持稳中求进工作总基调,主动适应新时代新形势新要求,创新工作思路,增强服务意识,积极有效发挥内部审计监督职能作用。聚焦抓重点、补短板、强弱项,完善内部控制制度机制,推动学校重大决策和政策措施的有效落实。学校内部控制建设领导小组牵头部门要切实增强责任意识,全面总结学校办学70年来取得的成功经验,找准内部控制体系建设新的切入点和突破口,高质量完成学校内部控制建设实施方案,并抓好落地落实。各部门各单位要以只争朝夕的紧迫感、重担在肩的责任感,以踏石留印、抓铁有痕的务实精神,抓紧落实各项工作任务,以优异的成绩迎接建校70周年。

在财务工作会议上的讲话

西北民族大学党委书记 邓光玉

（2020年7月10日，根据录音整理）

今天召开财务工作会议，主要任务是深入学习贯彻习近平总书记关于财政工作的重要论述，总结学校前一阶段的财务工作，部署下一阶段的财务任务，推进学校财务治理体系和治理能力现代化。同时，表彰学费收缴管理先进集体和先进个人。首先我代表校党委、行政再次对受到表彰的先进集体和先进个人表示祝贺！对全校财务工作者辛勤工作表示感谢！也希望受到表彰的集体和个人再接再厉，争取更大成绩。刚才，朝继同志传达了国家民委财务工作会议精神，李辉同志回顾了学校财务工作，并对下一阶段工作做出了部署，请抓好落实。我强调几点意见：

一、提高政治站位，把牢财务工作正确方向

财务工作比较具体，增强工作方向感，防止陷入事务主义。

要深入学习习近平新时代中国特色社会主义经济思想和习近平总书记关于财政工作重要指示批示精神，贯彻全国"两会"精神和国家民委财务工作会议的部署，增强"四个意识"，坚定"四个自信"，做到"两个维护"，牢固树立艰苦奋斗、勤俭节约的思想。坚决贯彻过"紧日子"的要求，提高资金使用效益，增强科学理财、依法理财水平，提升财务治理能力。

要把握发展总体形势。受全球疫情冲击，世界经济严重衰退，产业链、供应链循环受阻，国际贸易投资萎缩，大宗商品市场动荡，全球经济可能负增长。国内消费、投资、出口下滑，就业压力显著加大，企业特别是民营企业、中小微企业困难凸显，金融领域的风险有所积聚，基层财政收支矛盾加剧。可以说，全球疫情和世界经济形势严峻复杂，我国发展面临的挑战前所未有。今年政府工作报告没有提出全年经济增长具体目标，而是集中精力抓好"六稳六保"。同时，我们也要看到优势：有中国特色社会主义的制度优势，有完整的产业体系和雄厚的物质技术基础，有超大规模的市场优势和内需潜力，有庞大的人力资本和人才资源，有持续释放的改革开放红利，有丰富的宏观调控的经验和工具，我国经济稳中向好、长期向好的发展趋势没有变。从民委系统和学校的经费投入情况看，压减比例还是比较大，委属高校经费压减了8.2亿元，我们学校压减了8400万。我们要在这个大背景下来谋划推进财务工作。

要把握财务工作基本要求，就是过"紧日子"。要坚持勤俭办一切事业，把钱花在刀刃上、紧要

处。学校党委印发了《关于树立过"紧日子"思想 建立厉行节约长效机制的意见》，要坚决落实好。大力压减一般性支出，削减低效支出，可压尽压、应压尽压。认真落实中央八项规定及实施细则精神，严格开支标准，大力精简会议、差旅、培训、调研、论坛、庆典活动，强化"三公经费"的管理。

二、聚焦服务大局，体现财务工作根本价值

今年要做好两张答卷，就是贯彻落实习近平总书记关于统筹推进疫情防控和经济社会发展工作的重要讲话精神。坚持生命至上、人民至上，坚持以人民为中心的发展思想，把人民群众生命安全和身体健康放在第一位。要做好常态化下的疫情防控工作，又要推进经济社会高质量发展。财务工作要紧扣做好这两张答卷开展。具体到学校，要切实保障以下几个方面的重点支出。

一是常态化疫情防控慎终如始，克服麻痹思想，坚决落实防控措施，确保师生健康安全，决不能前功尽弃。二是服务"六稳六保"，"六保"是应对各种风险挑战的重要保证，特别是民生问题、就业问题和运转问题都和我们息息相关。三是助力脱贫攻坚，今年是脱贫攻坚决战决胜的一年，也是实现第一个百年奋斗目标的一年，认识、人员、工作要到位，经费保障也要到位，体现财务部门的政治自觉。四是落实立德树人根本任务，"三全"育人机制、"十大"育人体系的构建，更全面的教育体系、更高水平的培养体系、更科学的评价体系、更有力的保障体系的构建等方面的经费要优先保证，特别是花在学生身上的经费一分都不能减。五是铸牢中华民族共同体意识，这是新时代民族工作的鲜明主线，要有机融入人才培养和科学研究，这方面的研究、活动等经费要优先保障。六是学校和谐稳定，这是事关办学方向的大事，首先是政治安全，包括意识形态安全、生产安全、减灾防灾和其他方面的安全等工作。七是"十四五"发展规划编制。今年是"十三五"规划的收官之年、"十四五"规划谋划之年，要高度重视规划在引领学校发展中的重要作用，科学谋划，加强研究，努力编制出能够引领学校未来发展的高质量的五年发展规划。

三、狠抓整改落实，补齐财务工作的短板弱项

近年来，学校财务工作有了很大提升，财务制度不断健全，财务报销流程持续优化，经济责任更加明确，信息化水平不断提高，保障和服务立德树人根本任务的能力不断增强。但是也存在不少问题，特别是巡视审计提出的问题和李辉同志在报告中指出的七个方面问题，归结起来主要还是站位问题、责任问题、作风问题和能力问题。要坚持问题导向，切实抓好整改落实，尤其是巡视整改和审计整改问题，这是一项重大的政治任务。通过问题整改，举一反三，完善制度，健全机制，切实补齐短板弱项。同时，要加强审计工作对预算执行的动态监控，及时发现问题，对发现的问题要立行立改，即知即改。

四、突出治理效能，增强财务工作保障能力

财务工作涉及很多方面，要全面系统把握，形成体系、形成合力。

（一）推进预算执行

今年学校预算执行下了真功夫，6月份超过60%，但不能松劲，要持续在加快执行进度、提高预算执行的均衡性和有效性、提高资金使用效益上下功夫。合理预算是前提，要强化运用零基预算理念，坚持量入为出，打破基数概念和支出固化格局，提高预算编制的科学性和准确性，取消无效支出，压减低效支出。

（二）深化绩效管理

增强绩效意识，加强预算管理，树立"花钱必问效、无效必问责"意识。要按照《西北民族大学全面实施预算绩效管理实施方案》开展绩效评价，落实绩效主体，优化绩效管理流程，完善绩效评价指标和标准。强化绩效效能，硬化约束管理，加强信息公开，形成全方位、全过程、全覆盖的预算绩效管理体系。

（三）推进重大项目建设

重大项目建设特别是基建项目建设，资金量大、影响大，要加强加快前期工作，切实保证进度，保证质量，保证安全。要提前做好项目储备，严格项目入库审核，不具备实施条件的项目一律不得入库，防止安排了预算但实施不了的情况发生。

（四）大宗物资采购

落实政府采购制度，切实履行主体责任，立足预算安排和绩效目标，开展采购需求调研，合理确定采购需求，规范采购行为。前段时间，学校纪委对反映招投标和政府采购的问题进行了集中核查。从检查情况看，有些环节还不严谨、不够规范，与供应商不良接触，学校党委按第一种形态作了处理，就是要咬耳扯袖，防止违规违纪问题发生。今后必须进一步落实主体责任，保证采购质量，规范程序。

（五）资产管理

一是要明确责任，严格落实主体责任。二是加大整合力度，提高资产使用效益。三是要完善制度，规范开展资产管理。四是要强化考评，提升资产管理水平。

（六）节能减排

学校创建节约型公共机构示范单位取得积极成效，要继续引导广大师生勤俭节约，形成节能环保、

绿色低碳、文明健康的工作生活方式，杜绝长明灯、长流水现象，尽最大可能减少跑、冒、滴、漏。

（七）加强内部控制

学校召开了专门会议，对进一步推动完善内部控制体系建设作了部署。要进一步增强依法治校意识，加强制度建设，提升制度执行力，完善内部控制体系建设，强化内部流程控制，防范化解重大风险，提高办学效益，加快推进学校财务治理体系和治理能力的现代化。

（八）依法多渠道筹措资金

一是争取财政资金支持，预算执行要好、绩效要好是前提，预算与绩效相挂钩。二是加大科研"放管服"改革、扩大自主权、优化服务，撬动横向科研项目经费。三是积极争取社会捐赠及配比。四是增加经营性收入。五是盘活存量资金，加强结转和结余资金管理，避免资金闲置和沉淀。

五、坚持全面从严，提升财务工作履职水平

财务管理是学校治理体系的重要组成部分，财务管理能力是学校管理能力的重要体现，要站在推进学校治理体系和治理能力现代化的高度来加强财务管理工作。

（一）推进全面从严治党

要贯彻新时代党的建设总要求，坚持以政治建设为统领，全面推进政治建设、思想建设、组织建设、作风建设和纪律建设，特别是要把制度建设贯穿其中。

（二）严肃财经纪律

这是底线。要认真履行预算编制和预算执行责任，切实落实财经制度，加强审计监督，强化制度约束。坚持先有预算、后有支出，人员经费、公用经费和项目支出不得相互挤占，不得超标准超范围发放津补贴，严禁设立小金库。对出现的违法违纪违规行为，及时纠正，严肃处理。

（三）加强制度建设

坚持问题导向，认真梳理新旧会计制度转换过程中存在的问题，完善配套制度。严格财经纪律，特别是八项规定方面的制度，扎紧制度笼子，健全"放管服"制度，努力形成更加扎实有效、科学完备的制度体系。

（四）加强队伍建设

要按照十九大提出的增强"八种本领"要求，建设高素质专业化的队伍，提高职业能力。随着国

家财税制度改革,预算管理、资产管理、政府采购、内部控制等有很多新规定、新要求,要及时学习、加强培训、精准把握,既不擅自开绿灯又不自设障碍,防止"一管就死,一放就乱"的情况。总之,就是要打造政治坚定、业务精通、作风优良、廉洁勤政的财务工作队伍,提升财务治理效能,推进学校高质量发展。

谢谢大家!

在财务工作会议上的讲话

西北民族大学党委副书记、校长　郭郁烈

（2020年7月10日，根据录音整理）

同志们：

今天下午学校召开财务工作会议，会议内容非常重要。会议总结学校前一阶段的财务工作，部署下一阶段的财务任务。刚才，光玉同志从政治站位开始讲起，到财务工作如何保障、财务工作如何把握，一直到具体的各项工作，非常细致、非常全面。财务处要牵头贯彻落实好本次会议精神，认真整理光玉同志讲话要求，各单位要深入学习，将讲话要求变成具体、可操作、可执行的工作举措。

下面，我就贯彻落实好本次会议精神讲三点意见。

一、树立政策观念，增强规矩意识

财务工作是全局性、基础性的工作，是学校的血液，有了财务这个血液流动，学校这个肌体才能充满生机。观念意识是首要问题，工作中经常出现的一些问题说到底是观念的问题，而观念的主要责任在于领导。现在，学校有一支能力素质都很好的中青年教师队伍、干部队伍，但为什么还是会出现问题？原因在少数领导缺乏政策观念、规矩意识，对政策学习、理解、贯彻落实不到位，导致工作落实不到位，甚至出现违规违纪。反映在具体工作中，缺乏认真贯彻政策的意识，因此就留下后患。比如锅炉房建设的问题，应按要求建设，我们却没有按照规矩做事，导致既拿不到安保证书也拿不到供热证书。现在增加了环评，我们更拿不到环评证书。如果老老实实、不打折扣、不搞变通，这种事就不会发生。类似的问题还有很多，概括起来说，就是政策意识和观念的问题。政策观念不强、规矩意识缺乏，是一个很突出的问题，遇到问题不找政策、不找制度，而是找领导讨说法。政策不执行、规矩不遵守，出问题是必然，陷入被动也是必然的，只是时间问题。无论是财务工作还是其他方面的工作，都要树立政策观念，增强规矩意识。

二、坚持问题导向，转变作风态度

今天会议，大家能够感受到特别的一点，就是直接点出问题，这和过去的会议有很大不同。我们要有问题意识，对内要正视不足、对外要讲好学校故事。对内如果不讲问题、不去正视问题，问题就得不到认知、得不到分析和解决，当问题爆发的时候，就会产生比较大的影响。问题意识是我们做好自己工作的基本风度和胸怀。目前作风问题和态度问题是影响我们工作的主要方面，要让正视问题成为一种自觉，要让刀刃向内成为一种习惯，只有正视问题才能发现不足、找到短板，才能查漏补缺，不断进步。

三、切实振奋精神，鼓足干劲落实

学校是共和国民族院校的长子，发展了 70 年，有深厚的历史积淀。今后一个时期，摆在我们面前的任务还很艰巨、很繁重。要高标准完成学校各项工作，这就要求我们各级干部，务必以良好的精神状态、强烈的事业心和责任感，以及对工作高度负责的态度，按照学校部署安排，切实抓好各项工作的贯彻落实，齐心协力、勤奋努力，以"功成不必在我"的精神境界和"功成必定有我"的责任担当，确保学校各项决策部署落地生根、开花结果，把学校办得越来越好。

在财务工作会议上的报告
——2019年财务工作回顾及2020年财务工作安排意见

西北民族大学党委副书记、副校长　李辉

同志们：

根据学校工作安排，我简要回顾2019年财务工作，并按照国家民委2020年财务工作会议要求和常委会会议贯彻落实意见，梳理存在的问题和短板，提出2020年财务工作思考。

一、2019年财务工作

2019年，学校财务工作深入贯彻校党委安排部署，聚焦中心任务，强化服务保障，严控财务风险，积极为"三地一库"建设做好服务和保障。一是积极沟通协调，财政拨款收入增幅较大，提高了学校办学经费保障能力。2019年学校各项收入12.76亿元，较2018年增加1.5亿元，增长13.32%。二是聚焦立德树人中心任务，优化支出结构，教学经费和科研经费投入分别较2018年增长21.42%和30.48%。三是全面落实学生各类资助政策，加强资助体系建设。2019年发放各类"奖、助、贷、偿、补"资金11,042.63万元。四是坚决服务国家战略，2019年投入近500万元用于脱贫攻坚工作。五是提高风险防控能力，着力化解学校债务。2019年偿还银行贷款本金5000万元，债务风险总体安全可控。六是牢固树立过"紧日子"思想。2019年压减一般性支出10%以上，"三公"经费下降13.57%。七是落实财务"放管服"要求。2019年制定、修订了财政专项经费、差旅费和公务卡等管理办法。八是实施政府会计制度，基本实现了"双功能、双基础、双报告"的改革目标。九是不断夯实绩效管理基础，2019年对六大类专项资金开展了绩效评价，实现了项目支出绩效评价全覆盖。

二、2020年学校预算调整情况

今年以来，经济下行叠加减税降费、疫情防控等因素，财政收支矛盾异常凸显。根据国家民委《财务司关于进一步调减2020年部门预算控制数并调整编报"二上"预算的通知》，调减我校财政拨款预算8,407.68万元，调减率为8.34%，具体情况为：

（一）基本支出

调减3,137.68万元，调整后为81,409.64万元。特别是公用经费调减预算3,288.10万元，调减后16,013.62万元。重点压缩业务、印刷、差旅、会议、培训、一般性课题研究、因公出国（境）和公务接待等方面的支出。

（二）项目支出

调减5,270万元，调减后为11,024万元，其中：

1.中央高校建设世界一流大学（学科）和特色发展引导专项，由1,000万元调减为690万元，调减310万元。

2.中央高校教育教学改革专项，由1,328万元调减为898万元，调减430万元。

3.中央高校基本科研业务费，由1,898万元调减为1,308万元，调减590万元。

4.中央高校管理改革等绩效拨款，由1,552万元调减为886万元，调减666万元。

5.中央高校捐赠配比专项，由10万元调减为6万元，调减4万元。

6.中央投资基本建设—榆中校区实验实训大楼二期工程，由2,000万元调减为1,500万元，调减500万元。

7.中央高校改善基本办学条件专项，由8,506万元调减为5,736万元，调减2,770万元。

三、今年1-6月份学校财政资金预算执行情况

校党委、行政高度重视预算执行工作，建立了预算执行例会协同推进机制和预算执行通报机制。召开预算执行推进会议6次，编制预算支出执行情况简报4期，有力推动了项目预算执行工作。

截至6月底，学校财政资金当年预算执行率为44.89%，其中：基本支出执行率为41.94%，项目支出执行率为66.64%。学校以前年度结转财政资金预算执行率为77.86%。其中：基本支出执行率为100%，项目支出执行率为34.71%。

本年度项目支出预算执行率高于序时进度16.64%，实现了"时间过半、任务过半"，为多年来的首次。但基本支出预算执行率由于以下项目执行的滞后，仅为41.94%，低于序时进度8.06%。

一是附属医院年初安排预算3755.97万元，支出159.71万元，执行率为4.25%；二是横向科研项目配套经费预算1,500万元，执行为零；三是学科建设专项经费预算580万元，实际支出20.68万元，执行率为3.57%；四是教学实习基地建设专项经费（附属中小学及幼儿园）预算170万元，执行为零；五是馆藏档案全面数字化及信息化建设预算106.24万元，执行为零；六是教学奖励经费预算400万元，执行为零；七是科研平台及基地建设经费预算343万元，支出71.54万元，执行率为20.85%；八是校史馆布展经费预算142万元，支出6万元，执行率为4.23%。九是全校教职工（含社聘职工）体检费预算119.5万元，执行为零。十是2020年奖励绩效预发部分预算2,889万元，执行为零。

四、学校财务工作中存在的问题和短板

(一)预算编制合理性还需增强

一是一些部门在预算申报环节"狮子大开口",存在"头戴三尺帽,砍掉一节有一半"编制思想(案例1:2019年智慧教室建设及改造项目评审申报预算2,844.37万元,第三方评审机构经评审后审减742.59万元,审减率26.11%;案例2:2020年重点实验室设备购置项目申报1,483.69万元,第三方评审机构经评审后审减492.67万元,审减率33.21%)。二是一些部门编制预算时缺乏充分的调查研究和科学论证(案例:2020年西北新村校区锅炉房扩容及民泰公寓采暖炉更新项目,预算已下达,但在实施时才发现环保不达标、安评不达标)。三是有的部门编制预算"顶天不立地",片面追求"高精尖",项目编制脱离学校实际情况(案例:偏好进口设备和高端设备购置,缺少更高的绩效目标支持。北京瑞华会计师事务所对2019年重点实验室建设项目给出的评审结论为:"学校应立足总体发展规划,对项目的投入产出进行评估,对绩效进行考核,避免高投入、低产出的项目申报,确保购置仪器设备配置与学校教学科研水平相一致")。四是有的部门预算编制与发展规划联系不紧密,造成预算编制漏事、漏项(部门项目负责人和单位责任人,由于缺乏统筹意识,不按评估要求逐年平衡履行建设任务,待验收、评估时一次性向学校索要经费,甚至将相关问题怪罪于学校经费投入不足)。

(二)预算执行能力还需提升

一是一些部门"重要钱、轻执行",热衷于项目的立项工作,但对项目的执行和结果缺乏有效的监督和评价(案例:档案馆馆藏档案全面数字化及信息化建设项目从2017年立项,连续三年结转,至今预算执行率仅为35%)。二是部分项目管理机制不健全,没有严格按照任务书去执行,严重削弱了预算的严肃性和约束力(案例:2020年多媒体集中控制管理平台更新项目,申报预算596.35万元,招标后预算执行395.06万元,造成资金结余)。三是部分预算执行均衡性和时效性不强,全年预算执行前松后紧,导致与年初设定的绩效目标脱钩断档(案例:大部分单位上半年基本支出预算执行缓慢,预算执行主要集中在下半年特别是第四季度)。四是项目预算执行前期准备时间长、审批流程慢,严重制约了关键节点预算考核工作(案例:具体项目实施中,从财政专项预算下达到校内审签流转结束约需2个月时间,从招标文件起草到开标约需1个月时间,从中标公告发布到合同签订约需半个月)。五是基本建设项目预算执行缓慢,影响学校整体预算执行率(案例1:由于榆中校区文科教学楼没有按时竣工,导致智慧教室改造工程、新金融智慧学习工场设备购置、研究生学习室设备及家具购置等项目无法实施;案例2:榆中校区实验实训大楼二期工程,若在今年9月不能支付预付款、年底不能支付工程进度款,将直接影响学校9月、12月两个重要节点的预算考核)。六是个别以前年度结转项目执行缓慢,存在资金收回风险。(案例:由于留学生公寓楼没有交付使用,导致留学生公寓楼设

备家具购置项目的设备家具无法安装，该项目上年结转资金 626.48 万元，截至目前预算执行率仅为 21.73%。）

（三）绩效评价机制还需完善

一是预算绩效管理意识淡薄。二是对项目质量指标、效益指标和服务对象满意度关注不够，只停留在对资金使用是否合理、是否超支、是否有挤占和挪用、是否验收合格等基础性产出指标方面（案例：2019 年中央高校基本科研业务费项目由于绩效指标设置不合理，被统战审计局作为审计问题指出，要求学校整改）。三是学校预算绩效评价制度尚未建立，缺少科学合理的评价标准和高质量的指标设置方法。

（四）内部控制建设还需补齐短板

一是在控制环境方面还存在意识薄弱、沟通不畅和设计缺陷。二是在实施过程方面还存在制度建设不完善、流程设计不合理、信息化建设不够。三是在监督评价方面还存在监督评价机制不健全的问题。

（五）资产管理基础还需进一步夯实

一是学校虽然基本形成统一领导、归口管理、分级负责、责任到人的管理体制，但对于资产管理的职责范围、权限内容还未真正形成统一的认识和界限（案例：学校资产出租存在多头管理，后勤管理处、信息化建设与服务中心、国有资产管理处等部门均涉及资产出租业务）。二是大型仪器共享机制不畅，利用率和共享率低，存在重复购置、部门化、单位化、甚至个人化和闲置浪费的现象（案例：科技部明确要求 50 万元以上大型教学科研仪器设备年运行使用机时总数应不少于 1200 小时／年，学校要求达到 800 小时／年，而 2019 年历史文化学院 X 射线荧光分析仪和三维数码视频文物显微镜系统年使用机时数分别仅为 53 小时和 153.51 小时，生命科学与工程学院葡萄酒中试设备年使用机时数仅为 191.67 小时，远远低于科技部和学校要求标准）。三是公用房屋管理缺少学校层面的宏观调控和统筹规划，缺乏有效的动态调整机制。四是对无形资产和存货管理的制度不健全。

（六）政府采购综合效益还需提高

一是一些单位采购工作计划性不强，缺乏前期市场调研和前瞻性考虑，只顾眼前，不考虑采购计划的系统性（案例：项目归口管理单位没有很好履行相应职责，对各学院申报的项目简单叠加，只"统"不"筹"）。二是存在招标文件制作不够严谨，招标过程时效性不强，履约验收不够规范等现象（案例：2020 年文献资源建设项目，在经费审批过程中发现合同签订在后，项目验收在前）。三是科研仪器设备（服务）采购"放管服"落实力度不够，需要尽快建章立制（案例：科技部等 6 部委

2019年印发的《关于扩大高校和科研院所科研相关自主权的若干意见》，要求建立科研设备耗材采购管理制度，至今在我校尚未落实相应配套制度）。

（七）"放管服"改革还需深入

一是在贯彻落实"放管服"改革中，存在形式主义现象，还停留在审批式管理阶段，重制约、轻服务观念比较严重。二是工作协调联动不顺畅，管理权限下放中整体联动、业务协同不够，部分关联事项下放不协调不同步，导致教职工办事来回跑。三是审批环节多、耗时长的问题依然存在，单位间服务职责不明确，审批流程不清晰，首问负责、信息公开、限时办结等机制落实不到位，涉及多部门办理的事项还存在互为前置、重复审批现象。四是承接能力不足，对上级部门下放的权力存在"接不住""用不好"的现象。五是信息数据互联互通不到位，部门之间信息共享机制不健全，"信息孤岛"问题尚未破解。

五、下一步的工作思路和安排意见

（一）提高政治站位，牢固树立过"紧日子"思想

一是全校职工要全面贯彻落实党中央、国务院及上级主管部门关于过"紧日子"、厉行节约的有关要求，继续发扬艰苦奋斗、勤俭节约的优良作风，从思想上真正认识到过"紧日子"的重要意义。二是严格落实《中共西北民族大学委员会关于树立过"紧日子"思想 建立厉行节约长效机制的意见》，坚持精打细算，严禁铺张浪费和大手大脚花钱，对不该开支或不必开支的事项一律不得开支，切实提高资金使用效率。三是强化危机意识，在国家财政面临"减收增支"的大背景下，2020年学校财政拨款调减，2021年财政拨款形势也不容乐观，面对这些实际困难，全校各级干部必须提高政治站位，做好长期过"紧日子"的思想准备。

（二）实施全面预算管理，优化资源配置

一是实行"全员参与、全过程管理、全方位覆盖"的全面预算管理体系，做到预算编制"不漏人、不漏事、不漏项"。二是强化项目库储备和审核评审工作，加强对重大项目和重点支出的保障力度。三是建立实时监控、及时核查、跟踪问效的预算管理动态监控体系，完善预算执行进度和绩效目标"双监控"机制，建立完善多层次预算监督体系，形成预算监督合力。

（三）推进预算执行，落实学校发展目标

"抓预算执行就是抓事业发展"，预算执行是学校干事创业的风向标，是反映工作状态最直观的窗口，执行预算就是落实学校发展目标。财务部门要充分发挥牵头部门作用，落实主体责任，组织项目实施单位群策群力、通力配合，科学细致制定项目执行计划，逐项分析预算执行情况，落实执行任务

清单，及时协调执行中存在的困难。特别是协调基建部门全面推进基本建设项目工程进度。

（四）实施绩效管理，提高资金使用效益

一是牢固树立"花钱必问效、无效必问责"的理念，出台学校全面实施预算绩效管理实施方案，到 2020 年底学校基本建成全方位、全过程、全覆盖的制度管理体系。二是完善指标化、规范化的预算绩效目标管理机制，出台学校预算绩效管理办法，加强预算绩效指标应用和动态管理。

（五）健全内控制度，提升理财管财水平

一是以资金流为主线全面梳理现行内部管理制度，继续完善经济活动内部流程，控制关键节点，建立经济活动风险评估机制。二是积极探索引进社会第三方专业机构以问题导向、目标导向和效果导向，将学校内部控制建设与评价引向深入。三是加强业务层面内部控制科学化、精细化管理。四是明确目标，加强培训，切实增强内部控制建设的实效性。

（六）严肃财经纪律，严格财务管理

一是落实经济责任制，进一步明确各单位和各级干部在经济活动中的职责和权限、权利和义务，杜绝在财务核销和合同流转中只"签"不"审"的现象。二是加大财经纪律和财务制度的宣传力度，充分发挥兼职财务秘书作用。三是严格规范会计核算，严格执行经费开支范围和标准，严格执行公务卡强制结算目录，从严控制"三公"经费预算。四是积极推进学校层面和单位层面的预决算信息公开制度，坚持以公开为常态、不公开为例外，依法依规主动公开预决算和政府采购信息。

（七）发挥内审职能，有效推进审计工作

一是结合新形势对内审工作提出的新要求，围绕中心任务，主抓重点领域，强化审计监督与服务功能，推进内审制度化和规范化建设。二是要充分发挥内审工作在推动履职尽责、完善管理运行机制、促进经费有效使用和提高办学效益等方面的积极作用，建立起与学校发展建设相适应的经济监督和制约机制。三是加强统筹协调，创新工作手段，着力落实年初确定的内审工作任务。

（八）加强资产管理，提升使用效益

一是各单位要高度重视资产预算管理，以现有资产存量为依据，合理编制资产预算，有效提升资产使用效益。二是资产和财务部门要加强预算审核，严禁超标准和无预算购置。三是进一步理顺资产管理的职责范围、权限内容，加强无形资产和存货等资产管理，提高大型仪器设备的使用效率。

（九）优化采购流程，提高采购效率

一是促进政府采购管理和预算管理、资产管理、合同管理等工作的深度融合，提高采购工作效率。二是加强采购活动的计划性，确保依法合规、及时高效。三是进一步加强验收环节管理，严格执行合同约定。四是强化廉政责任，加强采购风险防控。五是继续推进政府采购领域"放管服"改革，在优化科研仪器设备（服务）购置、助力精准扶贫等方面不断争创实绩。

（十）夯实基础工作，巩固政府会计制度改革成果

一是尽快完成财务管理系统与科研管理系统的有效对接，进一步完善财务管理系统与资产管理系统、学生管理系统、教务管理系统等业务系统的融合。二是加大往来款项的清理力度，清理长期挂账，避免"清了旧账挂新账"等问题反弹。三是加强各类合同的清理规范工作，明确责任主体，优化业务流程，建立完善合同分类管理制度和信息系统。四是建立健全学生欠费清理工作机制，推进学生欠费清缴工作。

（十一）推动节能减排，落实节约要求

一是各单位要认真贯彻《党政机关厉行节约反对浪费条例》，将节能减排工作与落实过"紧日子"要求结合起来，从节约一张纸、一滴水、一度电做起，杜绝长流水、长明灯，充分利用信息平台，降低办公用品及其他消耗性支出。二是提高全校师生员工对建设节约型校园重要性的认识，强化以勤俭节约为荣、铺张浪费为耻的意识，自觉做到建设节约型校园从我做起、从点滴做起，在全校形成艰苦奋斗勤俭办学的良好氛围。

（十二）深化"放管服"改革，提高工作效率

一是以"宽"的尺度大力简化审批程序，要在制度建设上下功夫，大力消除"放管服"改革中存在的制度性障碍。二是以"严"的标准大力加强事中事后监管，要在日常监管上下功夫，建立跨部门协同配合机制，提高管理的效率和效果。三是以"实"的态度积极实施服务新举措，要在信息系统上下功夫，破除"信息孤岛"，建立数据接口，畅通信息渠道，尽快实现跨系统数据互联互通和信息共享。

同志们，2020年已过去6个多月，学校发展继往开来，开拓奋进责无旁贷，我们要在校党委的坚强领导下，认真贯彻落实国家民委财务工作会议精神要求，主动适应新时代、新形势、新要求，准确把握我国当前经济形势和国家财政状况，创新工作思路，增强服务意识，以只争朝夕的紧迫感、重担在肩的责任感，踏石留印、抓铁有痕，以优异的成绩迎接建校70周年！

谢谢大家！

在学校内部控制建设培训暨启动会上的讲话

西北民族大学党委副书记、校长　郭郁烈

（2020年12月14日）

同志们：

这次会议是学校改革发展进入新阶段、主要目标是提升学校内部治理体系和治理能力的一次重要会议。希望大家认真贯彻本次会议精神，全力抓好落实，把学校的内部控制建设工作提高到一个新的水平。

下面，就如何做好学校内部控制建设工作，讲几点意见。

一、提高思想认识，把内部控制建设摆到重要位置

内部控制既是高校的一项重要管理活动，又是一项重要的制度安排，是高校治理的基石。实施好内部控制建设，对提高学校管理水平，改进教育、教学、科研、社会服务的质量和效率，规范财经秩序，都具有重要意义。

（一）实施内部控制建设，有利于推动党风政风廉政建设

习近平总书记强调，要加强对权力运行的制约和监督，把权力关进制度的笼子里，形成不敢腐的惩戒机制、不能腐的防范机制、不易腐的保障机制。从一定意义上说，搞好内部控制，能够起到制度笼子的作用。实施内控规范，建立完善的内部控制体系，对于建立健全权力运行的制约和监督体系，减少自由裁量权的空间和余地，用制度来限制权力的滥用，具有重要的促进作用。

内部控制不仅可以规范学校的管理，促进各项工作的顺利开展，也可以有效地堵住漏洞，防止各种舞弊和腐败问题发生。在当前形势下，推进学校内部控制建设有助于强化风险意识，统一思想认识；有助于防范化解重大风险。建立健全学校内部控制，能够将我们过去孤立、分散、非连续、小视野的内部控制和风险管理模式逐步向一体化的、连续性的、大视野的模式转化。通过有效的风险识别、评估和应对，进一步提高学校层面风险的事前防范和控制能力。

（二）实施内部控制建设，有利于提高我校内部管理水平

目前，学校内部控制总体上还是比较薄弱，突出表现在：对绩效重视不足，内部控制意识不强；

预算编制不够科学，预算约束软化；未广泛开展以内部控制为主体的审计，监督力度不够。内部控制建设是提高学校管理水平的有效途径，掌握好、使用好内部控制这一有力的武器，能够保障制度执行，促进学校规范化、科学化管理，进一步增强服务水平。学校开展内部控制体系建设，就是要以此为契机，认真梳理各项工作流程，排查关键风险点，厘清管理权限，落实管理责任，切实提升内部管理能力。同时，围绕风险识别、风险评估和风险应对，甄别出影响学校发展的重大、重要风险，并制定出实用、有效的风险应对方案和改进措施，真正做到防范风险、管理风险和驾驭风险，逐步建立起一套先进、完善、操作性强和能够长期发挥效果的内部控制体系，并确保体系与实际管理工作有效结合，为学校重大决策起到真正的保驾护航作用。

二、准确把握内部控制的内在要求

内部控制能够梳理业务流程，瞄准内部管理中的薄弱环节，强化机制建设，将制衡机制嵌入到内部管理制度之中，是指导学校加强内部管理的重要依据。要加强对内部控制的学习，吃透内部控制的精神，准确把握内部控制的内涵和要点。

（一）制衡是实现内部控制的基本要素

所谓制衡，就是在学校的岗位设置、权责分配、业务流程等方面形成相互制约、相互监督的机制设计。内部控制就是抓住工作的客观规律，实施流程再造，将制衡机制嵌入到各管理工作当中去，实现决策、执行和监督相互分离、相互制约。

（二）"关口前移"是实现内部控制的主要特点

内部控制是"未病先防"。要通过制衡机制、流程再造和信息化手段在日常管理中的运用，对学校业务管理活动的各种风险等进行事前的防范、事中的控制、事后的监督和纠正，及时堵塞制度漏洞、消除管理隐患，不给极个别的违法违规违纪人员以可乘之机。内部控制制度设计，将管控的关口前移，防范于未然，成本低、损失小、效益高。实现内部控制，在防止国有资产流失、提升资源使用绩效的同时，也有利于保护我们的干部。

（三）学校重视是实现内部控制的关键

内部控制要靠学校各单位和岗位加强沟通、相互协调、通力合作，才可形成联动机制。单位内部和跨单位的沟通协调和通力合作离不开各级管理干部的高度重视和大力支持，重视程度是内部控制建设与有效实施最重要的保障。各级管理干部要树立起风险防范的意识，进一步增强责任感和使命感，实现从"要我内控"到"我要内控"的理念转变，从而在学校内部营造起良好的内部控制建设氛围，确保内部控制建设工作顺利推进。

三、扎实做好内部控制建设工作

内部控制建设是一项系统工程，也是一项长期的工作任务，不可能毕其功于一役。我们要始终保持奋发有为的精神状态，加强领导、齐心协力、密切合作，共同把内部控制建设的实施工作抓实抓好。在建设过程中，要注重把握以下三点：

（一）加强内部控制建设的组织领导

各单位要将落实内部控制建设作为当前和今后一个时期的重要工作来抓。学校特别是牵头单位要高度重视，切实加强对内部控制建设实施的组织领导、统筹安排，确保内部控制建设实施到位。相关单位主要负责人要精心组织、全力配合，做好本单位人员配备、工作协调，按照学校实施计划，完成相应的工作任务。

（二）抓好内部控制建设重要环节

各单位要按照内部控制建设的统一要求，结合自身的特点，抓好建立健全内部管理制度、实施业务流程再造、强化信息系统建设、定期开展内控自我评价等重要环节，把内部控制建设的各项制度要求逐项落实到位。要提升内部控制管理工作水平，必须做到三个坚持。首先，坚持融合，要将内控管理思想与管理体系、管理模式、管理方法的融合，统一内部控制体系平台。其次，坚持深入，要运用内部控制的理念和方法，研究并完善管理体系、管理模式。第三，坚持拓展，内部控制范围要拓展到所有单位、所有业务，由财务风险管理为重点逐步延伸拓展到其他领域。

（三）细化内部控制建设措施

各单位要按照学校要求，加强沟通、协调、配合，齐抓共管，形成合力；要制定详细的实施方案，把每一项工作在单位内部细化分解，明确具体工作内容和要求、落实单位分管责任人、分解时间进度及主要控制点，安排专人积极配合学校内控建设组开展访谈安排和调研等工作，确保按照时间进度完成各个阶段工作任务。各单位主要负责人要积极解决内部控制建设中遇到的困难和问题；在单位内部加强舆论宣传引导，让内部控制的理念深入人心，在单位内形成注重风险防范、强化责任意识的良好风气，为贯彻实施内控规范营造良好的舆论氛围。

同志们，内部控制建设是一项长期的、复杂的艰巨任务。希望大家要以高度的事业心和责任感，以科学严谨、务实高效的工作作风，扎扎实实做好各项工作，全面实现内部控制建设目标，不断开创内控管理工作新局面，为推进学校各项事业健康发展做出更大贡献！

西北民族大学内部控制建设工作实施方案

为全面落实《关于进一步推动完善学校内部控制体系建设工作的意见》《西北民族大学全面推进内部控制体系建设工作任务分解方案》，结合实际情况，制定学校内部控制建设工作实施方案。

一、工作目标

根据学校内部控制建设目标，结合监管环境和内部需求制定内部控制策略，以学校发展战略为基石、以风险防控为导向、以业务流程为载体，从内控环境出发，有效设置内部控制组织体系，厚植内部控制文化，培育内部控制意识，搭建和完善内部控制制度和流程，梳理和识别内控缺陷，提出切实可行的改进建议，并以此建立和完善内部控制评价监督机制，从而建成内部控制的闭环管理体系，形成内部控制的长效运行机制。

二、工作内容

内部控制体系建设工作内容包括学校层面内部控制体系建设与业务层面内部控制体系建设。

学校层面内部控制体系建设内容包括：学校发展规划、内部控制组织架构、运行机制、关键岗位与人员、会计与信息系统等内容。

业务层面内部控制体系建设内容包括：学校预决算管理、资产管理、债务管理、收入管理、支出管理、合同管理、采购管理、工程项目管理、科研项目管理、财政专项项目管理、经济活动信息化管理、所属企业管理、教育基金会管理和其他附属单位等具体业务。

三、实施步骤

根据学校内部控制建设与实施的目标及内容，为保证学校内部控制建设工作有序进行，聘请经验丰富的社会第三方专业机构协助学校开展内部控制体系建设工作。学校内部控制体系建设按步骤分以下阶段完成：

（一）安排部署、初步诊断阶段（2020年11月20日—12月6日）

1. 制定实施方案与工作计划。明确内部控制体系建设工作的指导思想、工作原则、阶段目标和方法步骤。

2. 安排部署。确定学校各部门工作联系人及其分工。

3.编制《内部控制手册》。根据学校实际进行初步诊断，对学校管理成熟度进行评估，编制学校《内部控制手册》。

本阶段成果包括但不限于：

（1）西北民族大学经济活动内部控制建设工作管理办法（试行）；

（2）确定社会第三方专业合作机构；

（3）内部控制手册。

（二）经济活动风险评估阶段（2020年12月7日—12月15日）

1.编制学校风险数据库。通过查阅学校各类经济业务制度，访谈经济业务相关部门领导及工作人员，了解学校各类经济业务特点和开展状况，以及以往风险事件发生情况，辨识学校当前存在的、可能会影响学校内部控制目标实现的各类风险，形成适用于学校的风险数据库。

2.确定学校重大、重要风险。在建立风险数据库、风险评估标准基础上，评估学校单位层面与业务层面的重大风险，重点关注内部控制工作的组织情况、建设情况、内部控制制度完善情况、内部控制关键岗位人员的管理情况、财务信息的编报情况，以及预算、收支、资产、建设项目等重点业务领域，进行深度分解与分析。

3.明确内部控制体系建设的重点。通过发现重大及重要风险领域，评价现有内部控制措施的有效性，判断重大及重要风险的管控现状，为后续内部控制体系建设提供参考。

本阶段成果包括但不限于：

（1）经济活动风险清单；

（2）经济活动风险数据库；

（3）风险调查问卷；

（4）重大风险地图；

（5）风险评估报告。

（三）管理诊断与改进建议阶阶段（2020年12月7日—12月25日）

1.管理诊断并形成管理诊断报告。对学校重要经济活动管理现状进行诊断。通过诊断发现内部控制缺陷和管理薄弱环节，并对内部控制缺陷和管理薄弱环节进行清晰描述、分析成因及风险影响、明确责任部门及对应的建议措施，最终形成《管理诊断报告》。

2.制定整改计划。根据内部控制缺陷整改涉及的范围和复杂性，提出内部控制缺陷整改的初步意见，制定合理、有效的缺陷整改计划，作为持续跟踪缺陷整改落实情况的依据。

本阶段成果包括但不限于：

（1）管理诊断报告；

(2)整改计划。

(四)搭建内部控制流程体系与梳理业务流程阶段(2020年12月7日—12月30日)

1.搭建流程框架。本阶段将深入了解学校的组织架构、业务内容、管理需要等,搭建适合的业务流程体系框架,该框架以管理职能、业务板块为纵轴,以重要性水平为横轴,形成三级流程体系。

2.编制流程体系文件。以流程体系框架为基础,梳理业务流程,编制流程体系文件形成内部控制流程控制规范手册。

3.编制风险控制矩阵。根据"目标—风险—控制"的风险管理逻辑,编制风险控制矩阵,确保风险管理工作与制度对接与流程对接。

本阶段成果包括但不限于：

(1)内部控制流程体系整体框架；

(2)内部控制流程图；

(3)内部控制流程描述；

(4)风险控制矩阵。

(五)制度评审及制度框架搭建阶段(2020年12月21日—12月30日)

1.搭建制度框架。结合业务流程框架,梳理学校现有制度文件,与业务流程进行匹配,搭建适合的制度体系框架,实现制度流程一体化管理。

2.开展制度评审工作。使用专业分析程序和方法,识别制度体系中的结构型缺陷,完善并健全内部控制制度,形成制度审阅建议。

本阶段成果包括但不限于：

(1)流程制度匹配框架；

(2)制度评审报告。

(六)成果汇总阶段(2020年12月25日—2021年1月8日)

依据内部控制规范和管理建议内容,改进各类内部控制流程,优化内部控制手册,并进行内部控制体系建设工作总结汇报,最终建立起一套科学、系统的全面风险管理和内部控制体系建设的方法与规范,为学校内部控制体系建设、运行和维护提供指引,同时提供风险评估与内部控制工作的规范方法和工具。

本阶段成果包括但不限于：内部控制建设工作汇报。

四、预期效果

（一）增强学校管控能力

通过内控体系建设，将学校内部管控和外部监管要求细化落实到各管理层级，确保学校治理理念和控制要求一贯到底、有效执行，有效打通业务管理壁垒，提高学校管理水平。

（二）提高学校依法治校水平

建设完善制度体系，落实学校管控要求，避免制度执行力逐级弱化；实施分级授权管理，明确部门间、各管理层级间职责界面，建立科学明晰、相互制衡的授权关系；通过风险预警、流程监控和评价检查等全过程监督，实现对违规违纪行为的事前防止、事中发现和事后纠正，促进学校合规管理、依法办学。

（三）提升全员风险管理意识

在体系建设及应用过程中，通过多种形式普及风险管理知识，培育风险管理文化，树立全方位、全过程、全员性的风险意识。随着全员风险意识的不断加强，风险管理工作由被动完成任务转变为全面风险管理和日常管理有效融合，做到"防患于未然"。

（四）实现学校管理"四个转变"

通过以风险为导向的内部控制措施，融入各项业务环节和业务操作，实现学校管理由事后处理向事前防范转变；通过内部控制手册的制定和应用，实现学校管理由经验与习惯向系统化、制度化、流程化管理转变；通过内部控制评价和风险管理监督改进，实现学校管理由以往的结果管理向过程管控转变；通过对未来中长期所面临风险的全局性、趋势性研判，准确定位风险管理工作的方向和重点，逐渐实现风险管理由"风险防范型"向"决策支撑型"的转变。

西北民族大学经济活动内部控制建设工作管理办法

第一章 总则

第一条 为进一步提升学校治理能力和治理水平，防范和管控经济活动风险，根据财政部《行政事业单位内部控制规范（试行）》《财政部关于全面推进行政事业单位内部控制建设的指导意见》和《教育部直属高校经济活动内部控制指南（试行）》等文件精神，结合学校实际，制定本办法。

第二条 本办法所称经济活动内部控制，是指学校为实现办学目标和控制目标，通过制定制度、实施措施和执行程序，对经济活动的风险进行防范和管控。

第三条 本办法适用于学校预决算、资产、收入与支出、合同、采购、工程项目、财政专项与科研项目等方面经济活动的内部控制。

第四条 学校经济活动内部控制建设与实施的目标主要包括：保证学校经济活动合法合规、资产安全和使用有效、财务信息真实完整，有效防范舞弊和预防腐败，提高资源配置和使用效益。

第五条 学校经济活动内部控制建设与实施的任务主要包括：全面梳理各项经济业务，明确业务流程，分析风险隐患，完善风险评估机制，制定风险应对策略，实现经济活动内部控制体系全面、有效。

第六条 学校建设与实施经济活动内部控制，应当遵循以下原则。

（一）全面性原则。内部控制应贯穿学校经济活动的决策、执行和监督全过程，逐步实现对经济活动的全面控制。

（二）重要性原则。内部控制应当关注学校的重要经济活动和高风险领域，突出针对重要业务、重要管理环节可能产生的风险点的防控。

（三）制衡性原则。内部控制应当在学校的部门设置、权责分工、业务流程等方面形成相互制约、相互监督、兼顾效益的机制。

（四）适应性原则。内部控制应当符合国家有关规定和学校的实际情况，并随着外部环境的变化、学校发展目标和经济活动的调整，不断改进与完善。

第二章 组织保障

第七条 校长是学校经济活动内部控制建设工作的首要责任人，在学校党委领导下，对经济活动内部控制的建立健全和有效实施负责；学校领导班子成员对各自分管领域的经济活动内部控制的建立健全和有效实施承担直接领导责任；各单位的主要负责人对本单位经济活动内部控制的建立健全和有效实施承担具体责任。

第八条 成立西北民族大学内部控制建设领导小组，校长担任组长，学校领导班子成员担任副组长，财务处、学校办公室、组织人事部、发展规划与学科建设处、科研处、国有资产管理处、基建处、后勤管理处、图书馆、信息化建设与服务中心、医学部、资产经营公司、医院、教育发展基金会等单位的主要负责人为小组成员。领导小组下设办公室，办公室设在财务处。

校属各党政机构、教学单位、科研单位、教辅单位主要负责人为本单位内部控制建设工作第一责任人。

第九条 学校内部控制建设领导小组的主要职责：

（一）规划和确定学校内部控制建设与实施工作的基本思路、工作重点、建设计划等；

（二）领导组织全校各部门开展内部控制建设与实施；

（三）建立健全学校内部控制建设组织体系，推动内部控制建设常态化。

第十条 学校内部控制建设领导小组办公室的主要职责

（一）落实内部控制建设领导小组安排的工作；

（二）协调推动学校经济活动内部控制建设与实施工作；

（三）协调推动学校经济活动内部控制中存在问题的整改工作；

（四）开展其他内部控制建设工作。

第三章 建设内容与任务分工

第十一条 学校经济活动内部控制建设的主要内容包括学校层面与业务层面的内部控制。

第十二条 学校层面内部控制建设的主要内容及任务分工：

（一）发展规划。主要涉及学校的长远发展愿景与发展规划的制定与实施，由发展规划与学科建设处牵头负责；

（二）组织架构。主要涉及学校内部各层级机构设置及其职责权限、人员编制、工作决策、执行与监督等，由组织部人事部牵头负责；

（三）运行机制。主要涉及学校重大经济决策、重大经济事项、大额资金支付业务的决策机制、执行机制、协同机制、监督机制等，由学校办公室牵头负责；

（四）关键岗位与人员。主要涉及学校经济活动中关键岗位的职责权限、任职条件和工作要求、职业道德教育和业务培训、定期轮岗以及考核奖惩机制等，由组织部人事部牵头负责；

（五）会计与信息系统。包括会计系统与信息系统。

1. 会计系统：主要涉及会计机构设置、会计人员配备、会计管理制度与业务处理流程等，其中会计机构设置、会计人员配备由组织部人事部牵头负责，会计管理制度与业务处理流程由财务处牵头负责；

2.信息系统：纳入业务层面内部控制建设内容，由信息化建设与服务中心牵头负责。

第十三条　业务层面内部控制建设的主要内容及任务分工

（一）预决算管理。主要涉及预算编制、预算执行与调整、决算报告、预算绩效管理等，由财务处牵头负责。

（二）资产管理。主要涉及资产配置、资产使用、资产处置等，由国有资产管理处总牵头负责。

1.非存货类流动资产：由财务处牵头负责；

2.存货类流动资产：由国有资产管理处牵头负责；

3.房屋及构筑物；专用设备；通用设备；家具、用具、装具及动植物类固定资产：由国有资产管理处牵头负责；

4.图书类固定资产：由图书馆牵头负责；

5.档案类固定资产：由学校办公室牵头负责；

6.文物和陈列品类固定资产：由博物馆牵头负责；

7.商标、校名、校誉、商誉类无形资产：由学校办公室牵头负责；

8.专利权、著作权、非专利技术等无形资产：由科研处牵头负责；

9.土地使用权、非固定资产类软件等：由国有资产管理处牵头负责。

（三）债务管理。主要涉及债务的形成、债务的使用与偿还、债务的清理和档案保管等，由财务处牵头负责。

（四）收入管理。主要涉及收入项目及标准确定、收入确认及核算、票据领用、保管及核销等，由财务处牵头负责。

（五）支出管理。主要涉及支出申请与审批、资金支付审核与核算等，由财务处牵头负责。

（六）合同管理。主要涉及合同的订立、履行、归档等，由学校办公室牵头负责。

（七）采购管理。主要涉及采购预算与采购计划编制、采购方式、采购合同、验收等，由国有资产管理处牵头负责。

（八）工程项目管理。主要涉及基建与修缮工程立项、审批、设计、招标、施工、竣工验收等，由基建处、后勤管理处分头负责。

（九）科研项目管理。主要涉及科研项目申请、立项、执行、结题验收以及经费管理等，由科研处牵头负责。

（十）财政专项项目管理。主要涉及财政专项项目申报、立项、执行、结项和资金结转结余、绩效评价等，由专项归口管理单位及财务处分工分头负责。

（十一）经济活动信息化管理。主要涉及将学校经济活动的主要流程纳入学校管理信息系统中，包括系统规划、设计开发、运行维护、安全保障等，由信息化建设与服务中心牵头负责。

（十二）所属企业管理。主要涉及学校投资公司及其子公司的内部控制管理等，由资产经营公司牵头负责。

（十三）教育基金会管理。主要涉及教育基金会组织机构、运行、筹资、资金使用、投资、信息公开等内部控制管理，由学校教育发展基金会负责。

（十四）其他附属单位。主要涉及后勤集团、口腔医院、医院等二级独立核算单位的内部控制管理，由后勤管理处、医学部、医院负责。

第四章　建设与实施

第十四条　学校内部控制建设领导小组制定学校经济活动内部控制建设的总体发展规划，明确建设目标与内容、责任分工、时间节点等；各类经济活动内部控制建设与实施的牵头单位负责具体落实。

第十五条　各牵头负责单位根据工作部署，分别梳理预决算、资产、收入与支出、采购、合同、工程项目、财政专项与科研项目等方面经济活动的制度与业务流程，分析经济活动风险，查找风险点，明确关键环节与控制目标，编制各项经济活动内部控制手册并有效实施。

第十六条　各牵头负责单位应在领导班子中指定一名成员具体负责本单位的内部控制建设与实施工作，并安排专人负责本单位经济活动内部控制的日常管理与运行。

第五章　监督与评价

第十七条　学校通过经济活动内部控制监督与评价，发现经济活动内部控制建设与实施过程中存在的突出问题、管理漏洞和薄弱环节，进一步改进和完善内部控制。

第十八条　学校纪监审办公室在经济责任审计、年度预决算审计等工作中，应对有关经济活动内部控制的制衡性和有效性进行检查，并将检查中发现的问题在审计报告中进行披露。

第十九条　学校内部控制评价监督工作小组，对学校经济活动内部控制建设与实施情况开展内部控制评价与监督检查，并组织编制《内部控制评价报告》和《内部控制风险评估报告》，对学校内部控制的完善性、有效性作出评价。

第二十条　各单位根据检查意见和评价、评估报告，依据整改要求，进一步健全制度、完善工作流程、规范岗位管理，堵塞漏洞，提交整改情况报告，并将经济活动内部控制的更新情况向财务处进行报备。

第二十一条　学校应依法接受审计、财政等主管部门对经济活动内部控制建设和实施情况进行的监督检查，针对监督检查中发现的问题与建议，及时进行整改与落实，提高学校治理能力水平。

第六章 附则

第二十二条 本办法由内部控制建设领导小组办公室负责解释。本办法未尽事宜，按照财政部《行政事业单位内部控制规范（试行）》《财政部关于全面推进行政事业单位内部控制建设的指导意见》和《教育部直属高校经济活动内部控制指南（试行）》等规定执行。

第二十三条 本办法自发布之日起施行，学校其他有关规定与本办法不一致的，以本办法为准。

综合治理与安全保卫工作

西北民族大学安全管理包抓机制工作方案

为全面贯彻落实习近平总书记有关安全工作的重要论述和甘肃省委省政府关于学校安全管理工作的相关要求，进一步完善管理体系和工作机制，推动责任落实，织密织牢学校安全防护网，按照"党政同责、一岗双责、齐抓共管、失职追责"的工作原则，结合学校工作实际，制订本工作方案。

一、总体要求

以习近平新时代中国特色社会主义思想为指导，全面贯彻落实党中央、国务院和省委、省政府有关学校安全工作的决策部署和工作安排，进一步贯彻落实甘肃省教育厅等十二部门《关于进一步建立健全学校安全管理工作机制的意见》（甘教厅〔2019〕30号）等文件规定，着眼于防范化解各类安全风险和学校安全管理工作的规范化、精细化，着力构建思想认识到位、管理措施到位、责任落实到位和一级抓一级、层层抓落实的管理体系、责任体系，建立"不漏一院、不漏一班、不漏一生"的全覆盖管理格局，确保学校安全工作无盲区、无空白，全面预防各类安全事件，创造安全文明校园环境。

二、包抓形式

结合校内联系制度建立学校包抓机制。实行学校领导班子成员包抓联系单位进行督查；各单位党政一把手包抓本单位开展普查；辅导员、班主任包抓年级、班级开展巡查；班级学生综治员进行排查的安全包抓工作形式。

三、包抓职责

（一）学校领导班子成员包抓联系单位进行督查工作职责。学校领导班子成员要按照联系单位开展包抓督促工作，督促指导包抓联系单位全面落实省市关于学校安全管理制度和责任体系、细化实化管理措施、层层靠实管理责任，切实提高安全管理水平。每学期定期听取包抓联系单位安全工作情况汇报，研究解决包抓联系单位安全管理工作中存在的突出困难和问题；每学期至少深入包抓联系单位开展1次学校安全工作调研检查。包抓联系单位发生安全事件时，要视事件情形采取有效方式督促指导包抓联系单位尽快妥善处置。

（二）各单位党政一把手包抓本单位开展普查工作职责。各单位党政一把手结合本单位实际情况开展普查工作，按照甘肃省教育厅、学校的安排部署，全面落实安全管理主体责任，结合实际进一步健全各项规章制度，落实校舍安全、校车和交通安全、食品安全、消防安全、实验室及危化品安全、教育教学设备安全、网络安全、集体活动安全及疫情防控常态化管控安全的管理责任，认真开展安全巡查、网格化管理等。按要求配合相关单位开展安全教育、法治教育、防欺凌教育、思想品德教育、心理健康教育和心理疏导、隐患排查整治和矛盾纠纷排查化解、家校协同共育等。每学期定期听取辅导员、班主任安全工作情况汇报，研究解决安全管理工作中存在的实际困难和问题，注重听取意见建议并及时转化为实际工作措施；每学期要至少深入教研室、班级开展1次安全工作调研检查，每学期要至少邀请安全一线专业人员为师生开展2次安全知识讲座或安全形势教育或各类安全警示教育等。包抓单位发生安全事件时，要及时深入单位处置。

（三）辅导员、班主任包抓年级、班级开展巡查工作职责。各学院辅导员要明确责任分工包抓年级和班级，落实落小落细安全管理的各项措施和要求，并根据学生年龄特点不断创新管理办法。要定期定时对包抓年级、班级学生的情况进行仔细排查，准确掌握班级学生构成以及单亲家庭、离弃家庭、特异体质、心理疾病、学习困难、家庭困难、情感困惑学生和留守儿童、进城务工人员子女等学生的基本情况并建立教育管理和帮扶工作台账，每月至少组织开展1次谈心谈话，及时掌握学生思想行为动态、情绪变化等，有针对性地及时进行帮扶教育和干预引导。及时研究解决工作中存在的突出问题，指导包抓年级、班级按要求配合开展好安全教育、法治教育、防欺凌教育、思想品德教育、心理健康教育、隐患排查整治和矛盾纠纷排查化解、家校协同共育等工作。要利用好各种平台积极做好国家安全、反电信诈骗、防欺凌、禁毒、防溺水、交通安全、食品卫生安全等宣传教育工作。

（四）班级学生综治员进行排查工作职责。按学校统一安排部署和要求，积极组织本班学生配合相关部门开展安全教育、法治教育、防欺凌教育、思想品德教育、心理健康教育、隐患排查整治、矛盾纠纷排查化解等工作。通过多种形式，定期摸排学生矛盾纠纷线索，在班级张贴"拒绝欺凌暴力 创建友善班级"倡议书，与学生签订"拒绝欺凌和暴力承诺书"，严防欺凌事件。

四、工作要求

（一）提高政治站位。建立学校安全包抓工作机制，是进一步完善横向到边、纵向到底和安全人人抓的学校安全管理责任体系的具体措施。各单位要进一步提高政治站位，加强组织领导，制定具体的包抓工作方案，明确任务分工，靠实包抓责任，逐级逐层建好包抓机制，确保包抓工作落实到位，确保每个单位、每个年级、每个班级都有包抓责任人。

（二）严格职责落实。各单位要根据工作实际，准确掌握安全工作规律和特点，进一步丰富充实、细化实化包抓工作职责，狠抓职责落实。要坚持问题导向和底线思维，突出重点，从薄弱环境入手，持续推进并着力构建长效机制，切实提高学校安全管理工作整体水平，有效遏制和减少各类安全事件，保障师生安全和校园稳定。

（三）改进工作作风。各单位要持续改进工作作风，力戒形式主义、官僚主义，绵绵用力，久久为功，把安全管理工作真正抓紧抓实，把安全包抓机制切实落到实处，确保取得实效。要逐级加强检查指导，对于工作不认真、执行不严格、落实不到位的，要通过通报、挂牌督办、实地督导等措施，督促限期整改落实。

西北民族大学突发公共卫生事件应急处置预案

一、目的

为有效预防、及时控制和妥善处理学校突发公共卫生事件，提高快速反应和应急处置能力，最大限度降低突发公共卫生事件对师生员工造成的危害，确保师生员工身体健康和生命安全，确保正常的教育教学和生活秩序，维护学校安全稳定。

二、编制依据

依据《中华人民共和国突发事件应对法》《中华人民共和国传染病防治法》《中华人民共和国食品卫生法》《突发公共卫生事件应急条例》《国家突发公共事件总体应急预案》《国家突发公共卫生事件应急预案》和《甘肃省突发公共事件总体应急预案》等法规制度，结合学校实际，制定本预案。

三、工作原则

统一领导、快速反应，分级负责、属地管理，预防为主、及时控制，系统联动、群防群控，以人为本、生命至上。

四、适用范围

本预案适用于校园内及学校所在地区发生的、可能对师生员工身体健康与生命安全造成危害的重大传染病、群体性不明原因疾病、食物中毒等公共卫生事件的应急处理工作。

五、组织机构与工作职责

（一）成立学校突发公共卫生事件应急处置工作领导小组（以下简称"领导小组"）

组　　长：邓光玉、郭郁烈

副组长：玉苏甫江、李辉、王彦斌、马世俊、石迎春、白日霞、杨晓、郎永杰

成　　员：学校办公室、校医院、后勤管理处、组织人事部、宣传部、学生工作部（处）、团委、教务处、财务处、国有资产管理处、保卫处、信息化建设与服务中心、实验教学部、附属医院等部门主要负责人，各学院（部）党委主要负责人

领导小组下设办公室和四个保障组（附件1），办公室设在学校办公室，王志军兼任办公室主任，

刘丽江、马志学任办公室副主任。

（二）主要职责

制定应对突发公共卫生事件的应急处置预案；具体实施突发公共卫生事件的应对处置工作，配合地方卫健、疾控等部门调查病源等；及时向上级教育行政主管部门、卫健、疾控部门等报告学校突发公共卫生事件情况；开展突发公共卫生事件应急演练；根据突发公共卫生事件的性质，配合查处有关责任人。

（三）运行机制

按照领导小组的工作安排，领导小组办公室具体负责紧急应对工作。发生特别重大突发公共卫生事件（附件2）时，学校立即启动应急处置预案，并调集领导小组成员、相关部门工作人员集中办公。

六、信息报送与信息发布

（一）信息报送要求

1.迅速：各学院（部）、各部门应第一时间向领导小组办公室报告；学校办公室、校医院应在规定时间内向国家民委、省教育厅和地方卫健、疾控部门报告，不得迟报。

2.准确：初次报送的信息内容要客观真实、快速有效；续报信息要准确详实，不得主观臆断，不得谎报。

（二）信息报告

1.突发公共卫生事件责任报告单位和责任报告人。

报告单位：学校突发公共卫生事件应急处置领导小组

报告人：学校突发公共卫生事件应急处置工作办公室

2.突发公共卫生事件报告时限及程序（按照《西北民族大学值班工作规定》执行）。

（三）信息发布

学校突发公共卫生事件应急处置领导小组依据卫健、疾控、食药监等部门出具的检测结果、情况应急处置等，适时发布通告信息。

（四）突发公共卫生事件信息报送程序

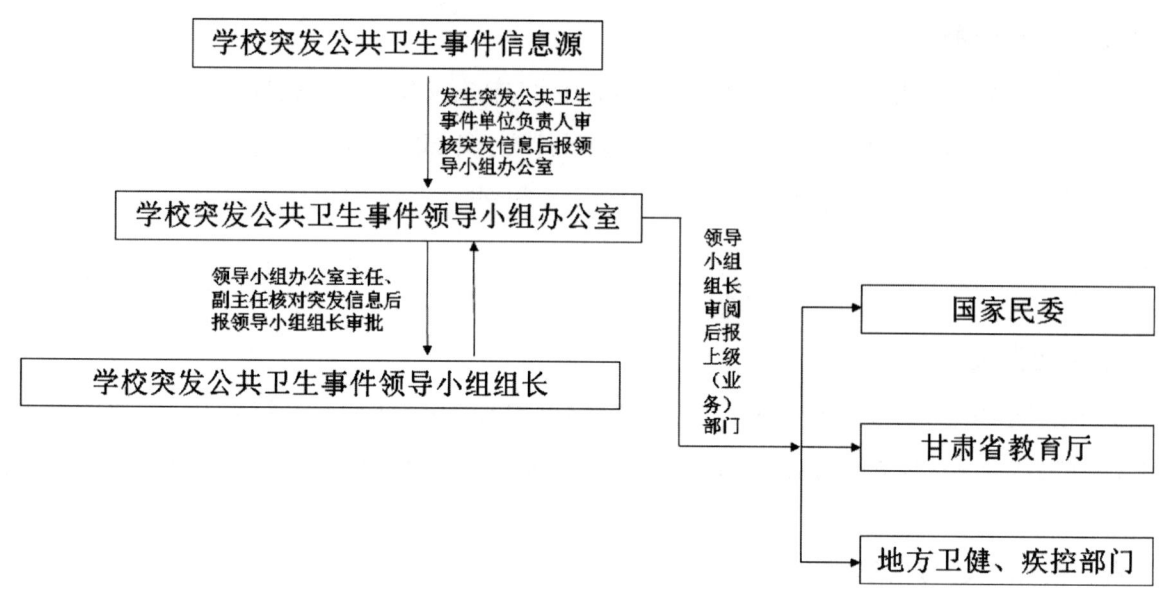

七、应急处置职责分工

学校办公室负责协调校内外有关部门，完善信息收集汇总渠道，不断完善应急处置预案。

校医院负责收集、分析研判突发公共卫生事件发生信息并及时预警，按属地化管理原则，向榆中县或城关区卫健、疾控部门报送信息；采取有效措施及时发现传染病患者并隔离防范；强化对师生的培训和日常教育，定期开展应急演练活动。

后勤管理处负责食品卫生安全管理，切实做到食堂必须取得餐饮服务许可、食堂从业人员必须持有健康合格证；对食堂、教学楼等重点场所开展卫生消杀工作。

组织人事部负责教职员工的服务管理，发挥党组织战斗堡垒作用和党员先锋模范作用。

宣传部负责做好舆情监测，加强正面宣传引导。

学生工作部（处）负责学生宿舍环境卫生消毒，加强宿舍卫生管理，改善通风条件；落实学生晨午检制度、因病缺课登记追踪制度。

保卫处负责落实人防物防技防措施，做好学校有毒、有害、放射性等物品的安全管理；加强校园巡逻和进出校门管理。

国资处负责突发公共卫生事件应急设备、场地、物资等的购置、储备和调配等工作。

实验教学部加强实验室安全管理，对存放有毒、有害试剂、药品等危化物品的存储柜必须设置双锁、由双人管理。

八、后期工作

突发公共卫生事件应急处置结束后,要争取在最短时间内恢复学校正常教学和生活秩序。

(一)尽快恢复学校正常教学秩序。对因传染病流行而致暂时集体停课的,必须对教室、阅览室、食堂等场所进行彻底清扫、消毒后,方能复课;因传染病暂时停学的学生,必须在恢复健康,经有关部门确定没有传染性并出具有效的病愈证明后方可复学;因水源污染造成传染病流行,其水源必须经卫生部门检测合格后,方可重新启用。

(二)根据调查结果,对导致事件发生的有关责任人或责任单位,依法追究责任。

(三)积极协调、配合有关部门做好受到突发公共卫生事件伤害人员的善后工作。

(四)对突发事件反映出的相关问题、存在的卫生隐患问题及有关部门提出的整改意见进行整改。

九、附则

(一)鉴于学校集体食物中毒、传染病流行事件涉及学生健康安全,社会关注度高,对未达到本预案一般突发公共卫生事件标准的,学校除按照《食品卫生安全法》《传染病防治法》等相关规定,向地方卫健、疾控部门报告外,还应参照一般突发公共卫生事件应急措施进行处理。

(二)本预案自印发之日起实施,原《西北民族大学突发公共事件应急预案》中相关规定与本预案不一致的,依照本预案规定执行。

附件：2019年度校园安全稳定综合治理工作优秀单位、良好单位、优秀责任人、先进个人名单

一、2019年度校园安全稳定综合治理工作优秀单位（8个）

土木工程学院、维吾尔语言文化学院、舞蹈学院、外国语学院、经济学院、学校办公室、财务处、学报编辑部

二、2019年度校园安全稳定综合治理工作良好单位（13个）

医学院、预科教育学院、新闻传播学院、音乐学院、马克思主义学院、科研处、宣传部、统战部、组织人事部、学生工作部（处）、团委、纪监审办公室、保卫处、后勤管理处、信息化建设与服务中心

三、2019年度校园安全稳定综合治理工作优秀责任人（8人）

董化琪（土木工程学院）、努妮莎（维吾尔语言文化学院）、杜才祯（舞蹈学院）、王谋清（外国语学院）、梁红绪（经济学院）、王志军（学校办公室）、杨朝继（财务处）、第环宁（学报编辑部）

四、2019年度校园安全稳定综合治理工作先进个人（17人）

王亦龙（管理学院）、赵军雷（民族学与社会学学院）、王康（电气工程学院）、先巴东知（教育科学与技术学院）、王鹏（体育学院）、桑德合才旦（藏语言文化学院）、李宇红（生命科学与工程学院）、王君强（预科教育学院）、邓文科（宣传部、统战部）、乌兰（实验教学部）、孙沛华（组织人事部）、晁代发［学生工作部（处）、团委］、严江立（教务处）、安永国（工会、离退休干部工作处）、冯越（国际合作交流处）、马雄（基建处）、魏小琴（保卫处）

西北民族大学 2020 年大事记

1月

2日,学校在偃山楼二楼会议室召开四川大学对口支援西北民族大学挂职干部座谈会。

6日,副校长白日霞一行四人前往宁夏回族自治区人民医院开展临床医学硕士学位点评估整改调研工作。

7日,学校在礼堂东厅召开统一战线成员代表座谈会。

11日,学校在文津楼学术报告厅召开"不忘初心、牢记使命"主题教育总结大会。

9—13日,2020年甘肃省普通高校招生舞蹈学类专业统考工作在我校进行。校长郭郁烈、副校长王彦斌、纪委书记杨晓,省教育考试院普招处副处长袁小鹏在考试期间检查指导统考工作。

16日,西北民族大学与兰州市城关区人民政府举行协作办学协议签订仪式。兰州市城关区区委书记武和谦,区委副书记、区政府区长乔建新,区委常委、宣传部部长张淼,区委常委、区委办公室主任张海宾,副区长付松华,西北民族大学党委书记邓光玉,党委副书记、校长郭郁烈,党委常委、副校长王彦斌,副校长白日霞出席签约仪式。

24日,党委副书记、校长郭郁烈,副校长玉苏甫江在校办值班人员的陪同下,亲切看望慰问依然坚守在工作岗位的一线教职工,向他们拜年,送上节日的祝福。

31日,校党委书记、学校新型冠状病毒感染的肺炎疫情防控工作领导小组组长邓光玉主持召开第四次领导小组会议。

2月

1日,学校党委书记邓光玉、副校长王彦斌一行赴西北民族大学附属医院看望疫情防控一线的医护人员。

2日,兰州市城关区卫生健康局一行3人对学校卫生安全和新型冠状病毒感染肺炎传染病防控工作开展监督检查和工作指导。

2日,甘肃省委教育工委书记、省教育厅厅长、省教育厅疫情防控工作领导小组组长王海燕深入学校调研、检查学校疫情防控工作。

2日,校党委书记、学校新型冠状病毒感染的肺炎疫情防控工作领导小组组长邓光玉主持召开领导小组各工作组会议。

4日,校党委书记、学校新型冠状病毒感染的肺炎疫情防控工作领导小组组长邓光玉通过学习强国视频会议系统主持召开党委常委会(扩大)会议暨疫情防控领导小组第五次会议。

5日,学校党委利用学习强国视频会议系统召开疫情防控调度会议。

6日,学校疫情防控工作领导办公室召开会议,听取了各工作组近期疫情防控工作开展情况及存在的问题,对下一步具体工作作出安排部署。

11日,学校党委常委、纪委书记、学校疫情防控工作领导小组副组长杨晓带队,对学校各项重点防疫措施的落实情况进行实地检查。

11日，甘肃省、兰州市卫生监督部门专家组一行5人监督检查学校校医院新型冠状病毒肺炎防控工作。

12日，学校通过学习强国视频会议系统召开第二次疫情防控调度视频会议。

16日，西北民族大学附属医院（甘肃省第二人民医院）第四批共19名医护工作者（6名医生、13名护士）支援湖北医疗队出发。

17日，西北民族大学附属医院（甘肃省第二人民医院）第五批共6名队员支援湖北医疗队紧急集结出发。

21日，校党委副书记、校长、学校疫情防控工作领导小组组长郭郁烈主持召开领导小组会议。

25日，学校召开视频工作会议，安排部署开学本（预）科在线教学各项工作。

25日，学校以"钉钉"视频会议方式召开全校干部大会。

28日，校党委书记邓光玉，校党委副书记、校长郭郁烈与校党委其他领导班子成员带头分别在所在党支部捐款。

3月

2日，我校2007级校友、甘肃省新如新科贸有限责任公司法人、董事长杨乐为学校捐赠一台热成像传感器通过测温门，助力学校校园疫情防控。

2日，由甘肃省教育工委主办、西北民族大学承办的全省高校2020年春季学期"众志成城 共克时艰"形势与政策课集体备课会通过"陇政钉"视频会议召开在线视频直播。

3日，校医院党员医生张帅捐赠40套医用隔离衣，助力学校疫情防控工作。

6日，学校团委以视频会议方式召开新学期第一次团干工作例会，安排部署新学期各项工作任务。

13日，党委书记邓光玉、校长郭郁烈前往兰州市政府就学校发展和学校服务榆中生态创新城建设与市长张伟文、常务副市长吕林邦座谈交流。副校长马世俊、白日霞参加座谈。

14日，学校通过视频会议方式召开第八届教职工代表大会暨工会第十一届会员代表大会三次会议。

18日，学校召开2020年全面从严治党工作视频会议。

19日，学校学位点建设与博士后流动站评估工作推进会在礼堂东厅召开。

20日，学校召开2020年脱贫攻坚帮扶工作协调领导小组专题会议。

20日，学校组织召开2020届毕业生就业工作推进视频会议。

20日，学校通过网络视频方式召开人才引进工作推进会，对学校2020年人才引进工作进行再动员、再部署、再要求。

20日，学校以视频会议方式召开开学以来线上教学工作总结交流会。

26日，学校召开"抓紧科学研究，落实横向突破任务"科研工作推进视频会，主会场设在偃山楼二楼会议室。

27日，学校党委常委会召开会议专题研究审议2020年脱贫攻坚帮扶工作方案，对脱贫攻坚帮扶工作做出部署安排。

30日，学校召开2020年内部控制暨审计工作视频会议。学校党委副书记、校长郭郁烈作《加强内控建设强化内审监督 推进学校治理体系和治理能力现代化》主题报告。

4月

1日，学校在礼堂东厅召开"落实兰州市城关区人民政府与西北民族大学协作办学协议"专题会议。

2日，网络安全与信息化建设工作领导小组会议在礼堂东厅召开。

2日，民族团结进步创建工作领导小组会议在礼堂东厅召开。

4日，悼念抗击新冠肺炎疫情斗争牺牲烈士和逝世同胞活动在两校区举行。

9日，副省长张世珍到学校调研疫情防控措施落实和开学准备工作。

13日，学校在附属医院召开会议，宣布学校党委关于附属医院、临床医学院领导班子任职决定。

13—19日，学校党委常委、副校长玉苏甫江，党委常委、纪委书记杨晓一行9人就有关合作事宜前往酒泉市和敦煌研究院进行考察调研。

16日，学校线上召开基层党组织"对标争先"建设工作推进会。

17日，校领导邓光玉、郭郁烈、李辉、王彦斌、马世俊、石迎春、白日霞等到榆中校区躬行楼南侧绿地参加植树活动。

17日，原物理系90届校友敏正龙向学校捐赠300颗油松树苗。

21日，学校意识形态工作会议在礼堂东厅召开。

22日，学校召开教学委员会会议，评审推荐2020年甘肃省本科教学质量提高项目和甘肃省高等学校创新创业教育改革项目。

22—23日，党委书记邓光玉，党委常委、副校长王彦斌，脱贫攻坚工作总协调人杨志武和学校办公室、组织人事部有关负责人赴临潭县开展脱贫攻坚帮扶工作。

23日，学校经济管理学科群建设推进会在礼堂东厅召开。

25日，西北民族大学以视频会议的形式承办了第六届民族（地区）高校马克思主义理论学科研究生论坛。

26—27日，学校党委副书记、校长郭郁烈，党委常委、副校长王彦斌一行深入学校临潭籍学生家庭进行家访，了解学生疫情防控期间学习、生活情况。

26—30日，学校领导郭郁烈、玉苏甫江、李辉、王彦斌、马世俊、石迎春、白日霞、杨晓及部分处级干部共121人先后赴临潭县流顺镇、长川乡开展入户帮扶工作。

30日，党委书记邓光玉在礼堂东厅主持召开学校党委理论学习中心组（扩大）学习研讨会，围绕铸牢中华民族共同体意识进行专题学习。

5月

6日，西北民族大学与玉门市人民政府合作框架协议签约仪式在学校举行。

9日，敦煌研究院副院长罗华庆一行4人来我校就双方开展合作进行调研。

11日，阿克塞县委常委、统战部部长宏伟一行来我校就双方开展合作进行调研。11日，学校召开四川大学来校挂职干部座谈会。

12日，学校召开2020年第3次预算执行推进会。

12日，学校2020年全国硕士研究生招生复试录取工作部署会议在偃山楼二楼会议室召开，会议采取现场和网络视频的方式进行。

12日，西北民族大学附属医院与四川大学华西医院对口支援合作协议签署仪式在四川大学华西医院举行。

14日，西北民族大学邀请甘肃省纪委监委党风政风监督室副主任富鹤亭作党风廉政建设警示教育专题讲座。

14日，化工学院2013届校友魄拉旺杰向学校捐赠特别制作的300条牦牛绒围巾和1000块牦牛绒手帕，价值人民币40万元。

15日，学校在西北新村校区开展了2020年春季学期学生返校应急演练。

15日，肃北蒙古族自治县县委副书记牧仁一行就校地合作来我校考察洽谈。

16—17日，党委副书记、校长郭郁烈、副书记、副校长李辉、党委常委、副校长王彦斌分别在两校区检查督导学生返校工作准备情况，相关部门负责人陪同。

17日，白日霞副校长带队，科研处、美术学院、音乐学院及舞蹈学院一行9人前往和政县，就"花儿的艺术传承与保护"开展校地合作座谈交流。

18日，学校召开武陵山片区联络员座谈会。

20日，学校在西北新村校区民和体育场举行了2020年春季学期学生返校复学第一次升国旗仪式，全体校领导、党员干部、医学部学生代表参加。

21日，学校新增硕士点申报工作推进会在礼堂东厅召开。

22日，学校保密委员会会议在偃山楼二楼会议室召开。

22日，甘肃省委教育工委在兰州大学举办省级重点马克思主义学院对口支援民办高校思想政治教育工作签约仪式。

23—24日，校党委书记邓光玉到榆中校区走访看望返校学生，检查部分在建教学楼宇、校园环境和校园公共服务设施。

25日，校长郭郁烈深入教学一线，检查教学整体运行情况。

27日，学校纪委在偃山楼二楼会议室召开纪委全委会会议。会议传达学习了习近平总书记在5月14日中央政治局常务委员会会议、在中共中央召开的党外人士座谈会、在山西调研时的重要讲话精神，通报了前5个月纪委工作要点落实情况，审议了《西北民族大学处级及以下党员干部党纪处分工作流程图》。

27日，学校附属医院召开抗"疫"队员座谈会。

29日，学校办公室党支部、组织人事部党支部在礼堂东厅组织开展"铸牢中华民族共同体意识、落实立德树人根本任务"主题党日活动。

6月

1日，学校党委书记邓光玉，党委副书记、副校长玉苏甫江，党委副书记、副校长李辉等校领导分别在两校区检查线下教学运行情况。

2日，学校与甘肃省委政法委在西北新村校区举行《甘肃省"十四五"社会心理服务体系建设规划》委托编制协议签约仪式。

2日，学校党委副书记、副校长玉苏甫江带队赴兰州石化职业技术学院调研。

2日，兰州市城关区教育局党组书记、局长王生堂、第十九中教育集团总校校长丁学廉来校共商推进校地教育合作事宜。

3日，重组扩容后的兰州市第十九中学教育集团揭牌活动在金塔路小学隆重举行。3日，中共和政县县委常委、宣传部马占祥部长一行来校就推进校地校企合作、共同做好非遗项目"花儿"的传承与保护工作、和政县文化旅游产业发展需求对接等工作展开了座谈。

4日，学校学生就业工作领导小组会议在礼堂东厅召开。

5日，学校邀请战"疫"凯旋归来的附属医院医护人员代表，在大礼堂为师生代表举办了一场生动感人、催人奋进的报告会。

6日，我校"全国民族团结进步教育基地"及"铸牢中华民族共同体意识研究院"揭牌仪式在社会科学研究院《格萨尔》文化展厅举行。

8日，西北民族大学教师教学发展中心与学校工会协同策划，邀请西北师范大学文学院许琰教授（全国第三届青教赛一等奖获得者）做了教师教学竞赛能力提升的首场培训。

10日，应青海省贵德县人民政府邀请，副校长白日霞率社会科学研究院、科研处一行5人前往贵德县对接校地合作相关事宜，并在前期深入沟通的基础上签订了《贵德县人民政府 西北民族大学校地合作框架协议》。校地合作签约仪式在贵德县人民政府举行。

12日，西北民族大学与甘肃省高级人民法院战略合作框架协议签订仪式在西北民族大学礼堂东厅举行，甘肃省高级人民法院党组书记、院长张海波出席并讲话。

14日，西北民族大学70周年校庆倒计时100天暨校旗传递活动启动仪式在学校大礼堂举行。

16日，我校召开党委常委会会议，专题学习了习近平总书记6月8日至10日在宁夏回族自治区考察时的重要讲话精神和《国家民委办公厅关于学习贯彻习近平总书记宁夏考察重要讲话精神的通知》。

16日，我校召开党委常委会会议，专题学习教育部印发的《高等学校课程思政建设指导纲要》。

17日，兰州市税务局党委委员、总经济师苏生才一行7人来学校调研2019年度个人所得税综合所得汇算清缴工作。

20日，学校党委副书记、副校长李辉在榆中校区走访调研，了解学生返校后的学习、生活情况。

20日，和政县松鸣岩镇法台山景区举办了2020年和政油菜花旅游节开幕式，由甘肃省广播电视总台、西北民族大学、中共和政县委、和政县人民政府联合主办的"2020年和政油菜花旅游节开幕式文艺演出"亮相开幕式。

22日，西北民族大学2020年学生毕业典礼暨学位授予仪式在礼堂隆重举行。

22—24日，学校党委常委、纪委书记杨晓带队一行四人赴临潭县开展脱贫攻坚专项督查检查。

23日，西北民族大学与甘肃省档案馆合作框架协议签约仪式在礼堂东厅举行。

28日，临夏州体育局局长海云一行六人来学校调研，就今后学校对口帮扶临夏州体育工作和双方合作事宜进行了座谈。

30日，学校党委副书记、副校长玉苏甫江带队赴武威考察调研组与武威市委统战部、古浪县委统战部在古浪县八步沙林场开展了一场特殊的主题党日活动。

7月

1日，学校党委举行"共过政治生日，不忘誓言初心"活动，庆祝中国共产党成立99周年。

2日，西北民族大学与敦煌市人民政府签订合作框架协议。

6日，校长郭郁烈在学校办公室主任王志军的陪同下走访体育学院并与体育学院班子成员进行座谈。

6日，校庆工作专题会在偃山楼二楼会议室召开。

7—10日，学校120名帮扶责任人赴临潭县流顺镇、长川乡开展入户帮扶工作。

10日，学校财务工作会议在文津楼学术报告厅召开。

13日，党委统战部召开民主党派负责人和党外代表人士"十四五"规划建言献策座谈会。

14日，西北民族大学与兰州市城关区民政局合作框架协议签约仪式在礼堂东厅举行。

15日，甘肃省副省长、省招委会主任张世珍一行来校检查指导全省2020年航空服务艺术与管理专业统一考试和高考评卷工作。

15日，学校党委在礼堂东厅召开党建工作例会。

15日，西北民族大学在青海省贵德县举行"铸牢中华民族共同体意识研究与实践基地"授牌仪式。

20日，临夏州文化广电和旅游局副局长马颖一行11人来校就"西北民族大学2020年助力临夏州'民族团结进步创建'暨教育扶贫系列活动行"等相关工作进行对接、座谈交流。

21日，党委副书记、校长郭郁烈，党委常委、副校长王彦斌、马世俊赴榆中校区看望暑期留校学生，检查、调研相关工作。

24日，贵州遵义国际辣椒博览会考察团一行16人莅临我校考察指导工作。

29日，学校召开了2021年中央高校改善基本办学条件专项项目线上专家评审会。

8月

4日，2020年普通高校招生录取工作正式开始，招生录取期间，党委副书记、校长郭郁烈，党委副书记、副校长玉苏甫江，党委常委、副校长王彦斌及相关职能部门负责人来到学校2020年普通高校招生录取工作现场，检查指导学校招生工作。

5日，中南民族大学校史编辑部主任、图书馆馆长李庆福，校党政办副主任、校史编辑部副主任黎大勇等一行10人来校调研考察校史修编、图书服务管理等工作。

9日，党委常委、副校长马世俊带领后勤管理处处长马志学、副处长郭天龙及后勤相关部门负责人，先后前往学校附属医院（甘肃省第二人民医院）、附属中学（兰州市第十九中学）、附属小学（西北新村小学）和西北新村校区的暑期维修项目施工现场，检查工程实施情况。

12日，学校召开2020年暑期就业工作推进会议。

12日，校党委书记邓光玉前往榆中校区，看望暑期值班教职工、留校学生，深入教学楼、实验室、食堂、学生公寓、图书馆及建筑工地检查工作。

17—20日，学校党委副书记、校长郭郁烈受邀带队参加第5届贵州·遵义国际辣椒博览会，出席开幕式暨贵州朝天椒优势特色产业集群项目启动仪式。

17—21日，学校党委副书记、校长郭郁烈及学校办公室、组织人事部有关负责同志在贵州遵义市、湖南张家界市武陵源区及永定区进行脱贫攻坚帮扶工作调研，推进与武陵山片区的交流合作与发展，检查指导联络员工作。

19日，校党委副书记、副校长、工会主席玉苏甫江同志带队赴西北新村校区和榆中校区慰问坚守岗位一线工作的教职员工和值班人员。

28—29日，校领导郭郁烈、李辉、马世俊一行实地检查两校区新学期各项准备工作，确保秋季开学和学生返校工作平稳有序。

29日，学校在礼堂三楼召开新学期教学例会。

31日，校党委书记邓光玉、党委常委、副校长王彦斌深入教学一线检查开学教学工作。

9月

1日，甘肃省学位办专家组现场评估学校临床医学硕士专业学位授权点整改工作会议在附属医院会议室召开。

2日，学校在西北新村校区举行了2020年大学生应征入伍欢送仪式。

7日，西北民族大学在八路军兰州办事处纪念馆建立铸牢中华民族共同体意识教育教学基地及马克思主义学院实践教学基地并举行揭牌仪式。

8日，第六届中国国际"互联网+"大学生创新创业大赛甘肃省分赛决赛暨闭幕颁奖仪式在兰州财经大学落下帷幕，我校获得4项金奖，1项银奖，5项铜奖的好成绩。

10日，组织人事部、校工会组织召开了"立德树人奋进担当，教育脱贫托举希望"——庆祝第36个教师节部分教师代表慰问座谈会。

12日，甘肃民族师范学院党委书记杨卓玛，党委副书记、校长陈正武，党委副书记杨士钰等一行6人来校调研座谈。

14日，党委副书记、校长郭郁烈深入榆中校区学生公寓，检查督促工作。

16日，学校贯彻落实全国研究生教育大会精神推进会在文津楼二楼学术报告厅召开。

17日，西北民族大学铸牢中华民族共同体意识教育教学基地、西北民族大学马克思主义学院实践教学基地揭牌仪式在武威市凉州会盟纪念馆举行。

19日，"北京大学社会学人类学研究所铸牢中华民族共同体意识协同创新研究基地"在西北民族大学举行揭牌仪式。

19日，中国民族学学会高层论坛"民族事务治理体系和治理能力现代化暨西北民族大学建校七十周年纪念"学术研讨在我校举行。

19—20日，由西北民族大学主办，中国语言文学学部和中国蒙古学学会卫拉特学专业委员会共同举办的"庆祝西北民族大学建校70周年暨第十一届全国卫拉特学学术研讨会"在榆中校区顺利召开。

20日，河北民族师范学院党委书记苏国安、党委副书记、校长杨宏、科研处副处长刘佩等一行3人来学校调研座谈。

20日，作为西北民族大学校庆70周年系列活动之一的"第八届全国民族（地区）院校外语学科高端论坛"在学校召开。

21日，"《黄河之滨也很美》——庆祝西北民族大学建校70周年音乐会"在兰州音乐厅奏响。

22日，由甘肃省文化和旅游厅主办、西北民族大学承办的2020年中国非物质文化遗产传承人群研培计划——剪纸文创班开班式在学校礼堂东厅举行。

23日，西北民族大学与酒泉市政府举行校地合作框架协议签约仪式。

24日，学校调研组在校党委副书记、副校长玉苏甫江带领下，在酒泉市瓜州县深入乡镇、社区、文化旅游综合体开展校地合作调研。

25日，学校在榆中校区图书馆前广场举办2020年秋季校园招聘会。

25日，西北民族大学与肃北县蒙古族自治县政府举行校地合作框架协议签约仪式，学校民族团结进步联创共建基地、马克思主义学院实践教学基地揭牌仪式同时举行。

26日，西北民族大学与阿克塞哈萨克族自治县政府举行校地合作框架协议签约仪式，并为学校民族团结进步联创共建基地、马克思主义学院实践教学基地举行揭牌仪式。

29日，邓光玉同志在西北民族大学附属医院出席平安甘肃心理危机干预与研究中心揭牌仪式。

10月

2日，学校在礼堂三楼会议室召开2020年新增博士硕士学位授权点申报工作动员会。

8日，副校长王彦斌在经济学院调研指导"新金融智慧学习工场"项目建设情况。

9日，在学校70周年校庆之际，由甘肃省文化和旅游厅主办，西北民族大学承办的"中国非物质文化遗产传承人群研培计划"研培成果展在学校举行。

10日，2020姚基金希望小学篮球季（甘肃赛区）志愿者出征仪式在榆中校区举行。

14日，我校兼职教授、俄罗斯工程院院士、国家重点基础研究发展计划（973）项目首席科学家、中国科学院西北生态环境资源研究院马巍研究员应邀到我校作学术报告。

15日，在建校70周年之际，学校党委书记邓光玉、校长郭郁烈在《民族画报》（2020年第10期，总第685期）发表署名文章《壮心西北奏弦歌 砥砺七秩铸辉煌》。

15日，《中国民族》杂志2020年09期发行，刊登西北民族大学校庆专题文章24篇，分别从"筑梦、奋进、英才、典藏"四个专题对学校进行了介绍，刊发了校党委书记邓光玉发表的署名文章《铸牢中华民族共同体意识 建设现代化高水平大学》，并对校党委副书记、校长郭郁烈进行了专访。

15日，学习强国平台发布西北民族大学校庆专题文章《邓光玉：继往开来 逐梦前行 续七秩辉煌》、学校建校70周年形象宣传片《筑梦之路》、校歌MV《扬起时代的风帆》等。

15日，在学校喜迎70周年校庆之际，四川大学对口支援西北民族大学2020年度联席会议在西北新村校区召开。

15日，喜庆建校70周年之际，全国18所民族院校嘉宾参观考察了西北民族大学科技园及附属医院。

15—16日，国家民委党组副书记、副主任（正部长级）刘慧在校庆期间出席民族（地区）院校党委书记（或校长）座谈、观看教学成果展示、走访学校大学科技园、图书馆、生物医学研究中心、中国民族信息技术研究院，并与师生代表座谈交流，甘肃省委常委、统战部部长马廷礼，国家民委监督检查司司长隋青、教育科技司司长田联刚、办公厅副主任王守利陪同调研。

16日，甘肃省委书记、省人大常委会主任林铎，国家民委党组副书记、副主任（正部长级）刘慧，甘肃省委副书记、省长唐仁健，省政协主席、党组书记欧阳坚和省领导李荣灿、马廷礼、王嘉毅、石谋军、王玺玉，兰州大学党委书记马小洁，甘肃省高级人民法院原院长梁明远，国家民委、甘肃省、兰州市有关方面领导出席在礼堂召开的"铸牢中华民族共同体意识，建设现代化高水平大学——西北民族大学建校70周年纪念大会"。

18日，由全国金融专业学位研究生教育指导委员会（以下简称全国金融教指委）主办，兰州财经大学、兰州大学、西北民族大学、西北师范大学联合承办的2020年全国金融专业学位研究生教育工作会议暨第四届中国金融教育发展论坛在兰州举办。

20日，甘肃省教育厅厅长王海燕一行4人来学校调研学科建设与博士硕士学位授权点申报工作。

20日，西北民族大学与甘肃华膳食品工程有限公司签订合作协议。

22—23日，我校举办2020年二级单位党组织纪检委员能力提升培训班。

24日，由我校举办的遵义市县级干部综合能力提升培训班在学校开班。

28日，省委宣传部理论处处长李庆武一行对学校承建的甘肃省哲学社会科学重大研究基地"民族地区经济社会发展研究中心"进行现场考察，并对学校的科研管理和马克思主义学院建设工作进行了调研。

29日，由中国科协科学技术研究中心、共青团甘肃省委主办的科学家精神报告团"传承2020"兰州行《黄旭华的故事》西北民族大学报告会在大礼堂举行。

30日，校长郭郁烈深入舞蹈学院、音乐学院开展调研工作。

11月

2日，由学校承办的酒泉市铸牢中华民族共同体意识培训班在学校开班。

3日，由教育部新文科建设工作组主办的新文科建设工作会议（视频会议）在山东大学（威海）召开，学校在文津楼二楼学术报告厅设分会场。

3日，由西北民族大学校党委宣传部、统战部、学生工作部（处）、团委，中国语言文学学部联合主办的"推广国家通用语言文字，铸牢中华民族共同体意识"主题活动暨第十届"中华颂"经典诗文诵读大赛在榆中校区举行。

4日，教育部发展规划司副司长楼旭庆一行6人莅临学校就"十四五"时期高等教育事业发展有关问题进行调研。

4日，学校召开党委常委会会议，专题学习党的十九届五中全会精神。

6—8日，由甘肃省教育厅主办，西北民族大学承办，广州市中海达测绘科技有限公司协办的"中海达"杯第三届甘肃省大学生测绘技能大赛暨全国大学生测绘技能大赛选拔赛在西北民族大学榆中校区致真楼 125 学术报告厅开幕。

8—9 日，应天津荣程集团邀请，副校长白日霞率科研处、教务处、土木工程学院、新闻传播学院一行 6 人赴天津荣程集团对接校企合作事宜并进行了实地走访调研，荣程集团董事会主席张荣华会见并座谈。

9 日，我校党委召开 2020 年巡察工作动员部署会。

13—14 日，我校第二十一次学生代表大会在榆中校区召开。

14—15 日，由西北民族大学主办，西北民族大学中国语言文学学部承办，中国蒙古学学会卫拉特专业委员会协办的"西北民族大学首届《江格尔》学术研讨会暨《江格尔》研究中心成立揭牌仪式"在兰州市白马浪酒店召开。

16 日，学校召开深化新时代教育评价改革暨第五轮学科评估工作部署会。

19 日，学校召开第八届教职工代表大会暨工会第十一届会员代表大会三次会议提案工作督办会。

19 日，宁夏自治区人民医院党委书记李银山等一行 4 人来校调研座谈。

20 日，由学校承办的江西省乐安县领导干部政治理论提升培训班在学校开班。

20—21 日，甘肃省动物细胞技术创新中心和生物工程与技术国家民委重点实验室 2020 年学术委员会会议在珠海喜来登酒店召开。

23 日，西北民族大学与河北民族师范学院合作协议签约仪式在河北民族师范学院举行。西北民族大学副校长白日霞出席仪式。

24 日，学校在礼堂三楼会议室召开西北民族大学本科"强基行动"工作研讨会。

24 日，国家民委系统 2020 年图书报刊社会效益评价考核工作调研座谈在礼堂东厅开展，国家民委文宣司副司长张剑辉主持，委系统图书报刊出版单位参加。

25 日，西北民族大学口腔医学国家民委重点实验室、甘肃省口腔疾病研究重点实验室 2020 年度学术委员会会议召开。

26 日，铸牢中华民族共同体意识——第九届国家民委青年读书演讲活动选拔赛在我校榆中校区举办。

28—29 日，党委副书记、校长郭郁烈，党委常委、副校长王彦斌，脱贫攻坚帮扶工作总协调人杨志武及组织人事部等单位负责同志赴临潭县开展精准帮扶"2020 年入冬送温暖"活动。

29 日，由西北民族大学、甘肃省归国华侨联合会主办《永远的黄河大合唱》书籍捐赠仪式暨西北民族大学"侨胞之家"揭牌仪式在音乐学院音乐厅举行。

29 日，应甘南州卓尼县人民政府邀请，校长郭郁烈、副校长王彦斌，组织人事部、科研处、美术学院等部门相关人员一行 9 人赴卓尼县进行了实地走访、调研，并签订了《卓尼县人民政府西北民族大学校地合作框架协议》。

12月

1日，西北民族大学与甘肃易览大数据科技有限公司合作框架协议签约仪式暨兰州牛肉面大数据报告发布会在礼堂东厅举行。

1日，教育部、人力资源社会保障部在北京召开2021届全国普通高校毕业生就业创业工作网络视频会议。我校在文津楼学术厅设立分会场。

3—4日，国家民委党组成员、副主任边巴扎西聚焦学校党的建设、思想政治工作、校园安全稳定工作、铸牢中华民族共同体意识教育等来校调研。

4日，甘肃省青年普法志愿者法治文化基层行"12.4"国家宪法日暨"普法志愿者普法行"宣传活动在兰州市市民广场举行。

6日，由学生工作处（部）、团委主办，新闻传播学院承办的第十三届"金话筒"校园主持人大赛决赛在榆中校区就业大厅拉开帷幕。

6日，学校举行第十五届"一二·九"校园迷你马拉松活动。我校党委副书记、副校长玉苏甫江及各学院代表参加开赛仪式。

7日，甘肃省文化旅游厅厅长陈卫中及领导班子一行调研兰州大剧院演艺中心。9日，西北民族大学召开会议研究部署推进铸牢中华民族共同体意识工作。

7—9日，西北民族大学党委副书记、副校长李辉带队，信息学部主要负责人和学科带头人等一行6人到四川大学院调研。

10日，甘肃省高校马克思主义学院联盟2020年度工作会议在我校召开。

10日，学校召开2020年度审计整改工作会议。

11日，甘肃省委常委、省委统战部部长、省政协党组副书记马廷礼来校作了题为"深入学习贯彻党的十九届五中全会精神不断铸牢中华民族共同体意识"的辅导报告。

11—12日，舞蹈学院在大礼堂连续举办了两场"铸牢中华民族共同体意识——2021届本科毕业生教学成果展示暨供需推介会"活动。

14日，学校在文津楼学术报告厅召开了内部控制建设培训暨启动会。

15日，2020姚基金希望小学篮球季（甘肃赛区）开幕式在西北民族大学榆中校区举行。

15日，学校与武威市政府、凉州区政府签署全面合作框架协议。

16日，学校在文津楼学术厅召开2020年学生就业工作会议。

16日，广东省校友联谊会向母校捐赠国画——《桃李满天下》作品一幅，校党委副书记、副校长、甘肃西北民族大学教育发展基金会理事长李辉代表学校接受捐赠。

16日，西北民族大学与临夏回族自治州人民政府合作框架协议签约仪式在临夏州委民族会堂举行。

16日，学校在偃山楼二楼会议室召开民主党派负责人和党外代表人士学习中共十九届五中全会精神座谈会。

18日，2020姚基金希望小学篮球季（甘肃赛区）在学校榆中校区圆满闭幕。

18日，青海省人民政府副省长杨志文率青海省政府办公厅、教育厅、科技厅、人才办、青海大学、青海师范大学、青海民族大学、西宁大学筹建办负责人来校调研指导工作。

21日，西北民族大学新年音乐会在兰州音乐厅上演。

21日，学校党委召开2020年度二级单位党组织书记抓基层党建述职评议考核会。

23日，党委书记邓光玉，党委副书记、校长郭郁烈，副校长白日霞赴附属学校调研协作办学落实情况和学校建设工作，并向全体师生致以新年美好祝福。

24日，学校召开2020年本科教学工作会议暨新文科建设工作启动会。

26—28日，学校成立了以校长郭郁烈为组长，副校长白日霞、副校长王彦斌、纪委书记杨晓为副组长的考点领导小组。

27日，甘肃省"反恐怖宣传教育进校园"启动仪式在我校举行。

29日，由四川省美术家协会、西南民族大学、北方民族大学和西北民族大学主办，西南民族大学艺术学院承办的"第二届西部民族高校师生美术作品联展"在西南民族大学美术馆隆重开幕。

图书在版编目(CIP)数据

西北民族大学年鉴.2020 / 西北民族大学学校办公室编. -- 北京：民族出版社，2022.7
ISBN 978-7-105-16665-7

Ⅰ.①西… Ⅱ.①西… Ⅲ.①西北民族大学-2020-年鉴 Ⅳ.①G649.284.21-54

中国版本图书馆CIP数据核字（2022）第069930号

西北民族大学年鉴2020

策划编辑	李燕妮
责任编辑	李燕妮
装帧设计	海龙视觉
出版发行	民族出版社
地　　址	北京市和平里北街14号
邮　　编	100013
网　　址	http://www.mzpub.com
印　　刷	北京盛通印刷股份有限公司
经　　销	各地新华书店
版　　次	2022年7月第1版　2022年7月北京第1次印刷
开　　本	880毫米×1230毫米　1/16
字　　数	700千字
印　　张	30.25
定　　价	360.00元

ISBN 978-7-105-16665-7／G·2203（汉1067）

该书若有印装质量问题，请与本社发行部联系退换
编辑室电话：010-64228001　发行部电话：010-64224782